中国民法典适用大全

婚姻家庭卷

最高人民法院民法典贯彻实施工作领导小组　编著

人民法院出版社

图书在版编目（CIP）数据

中国民法典适用大全．婚姻家庭卷 / 最高人民法院民法典贯彻实施工作领导小组编著．-- 北京 : 人民法院出版社，2022.12
ISBN 978-7-5109-3579-4

Ⅰ．①中… Ⅱ．①最… Ⅲ．①民法－法典－法律适用－中国②婚姻法－法律适用－中国 Ⅳ．①D923.05

中国版本图书馆CIP数据核字(2022)第166913号

中国民法典适用大全（婚姻家庭卷）

最高人民法院民法典贯彻实施工作领导小组　编著

策划编辑　陈建德　李安尼
责任编辑　巩　雪　张　艺　赵芳慧
执行编辑　沈洁雯
装帧设计　天平文创视觉设计
出版发行　人民法院出版社
地　　址　北京市东城区东交民巷27号（100745）
电　　话　（010）67550658（责任编辑）　67550558（发行部查询）
　　　　　65223677（读者服务部）
客服QQ　2092078039
网　　址　http://www.courtbook.com.cn
E－mail　courtpress@sohu.com
印　　刷　三河市国英印务有限公司
经　　销　新华书店

开　　本　787毫米×1092毫米　1/16
字　　数　680千字
印　　张　40.25
版　　次　2022年12月第1版　2022年12月第1次印刷
书　　号　ISBN 978-7-5109-3579-4
定　　价　138.00元

“民法典适用大全”小程序使用图示

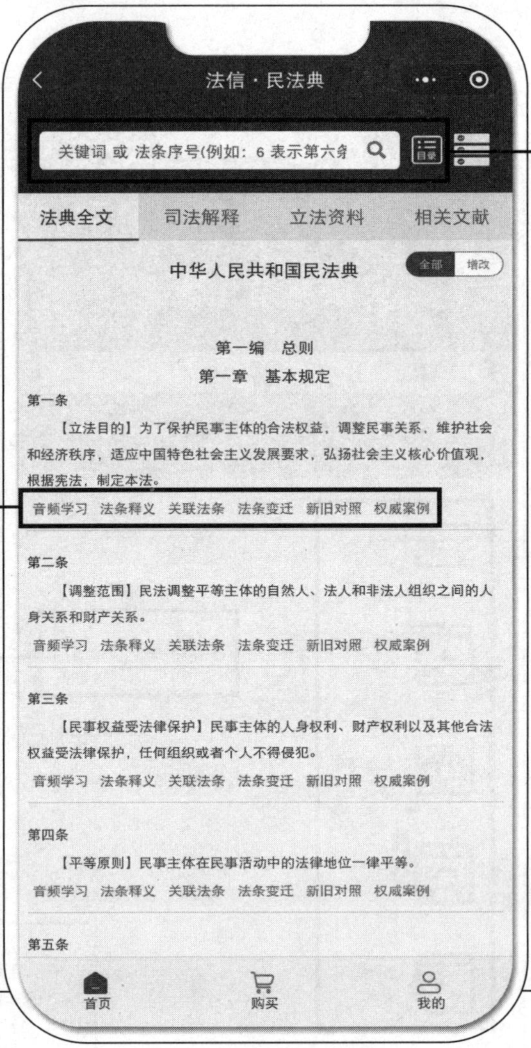

三种检索方式

关 键 词

条文序号

目录导航

六大功能

音频学习

法条释义

关联法条

法条变迁

新旧对照

权威案例

“民法典适用大全”小程序

全面深化民法典贯彻实施
为推进中国式现代化提供有力司法服务

民法典是中华人民共和国成立以来第一部以“法典”命名的法律，是党的十八大以来全面推进依法治国的标志性立法成果，在中国特色社会主义法律体系中具有重要地位。以习近平同志为核心的党中央高度重视民法典贯彻实施工作，作出一系列重大部署。2020年5月29日，十九届中央政治局就“切实实施民法典”举行第二十次集体学习，习近平总书记主持学习时强调，全党要切实推动民法典实施，以更好推进全面依法治国、建设社会主义法治国家，更好保障人民权益，指出“各级司法机关要秉持公正司法，提高民事案件审判水平和效率。要加强民事司法工作，提高办案质量和司法公信力。要及时完善相关民事司法解释，使之同民法典及有关法律规定和精神保持一致，统一民事法律适用标准。要加强涉及财产权保护、人格权保护、知识产权保护、生态环境保护等重点领域的民事审判工作和监督指导工作，及时回应社会关切”。习近平总书记的重要讲话为贯彻实施民法典指明了方向，提供了根本遵循。党的二十大报告明确指出，必须更好发挥法治固根本、稳预期、利长远的保障作用，在法治轨道上全面建设社会主义现代化国家，并对统筹法律立改废释纂、严格公正司法提出明确要求，对深入贯彻实施民法典具有重要指导意义。

最高人民法院坚持以习近平新时代中国特色社会主义思想为指

导，深入贯彻习近平法治思想，认真学习贯彻习近平总书记关于切实实施民法典的重要论述，深刻领悟“两个确立”的决定性意义，增强“四个意识”、坚定“四个自信”、做到“两个维护”，全面落实党中央决策部署，深刻理解和把握民法典的核心要义和重要制度，积极推动贯彻实施好民法典。在前期成立最高人民法院民法典编纂工作研究小组的基础上，专门成立民法典贯彻实施工作领导小组，党组书记、院长周强担任组长，研究制定一系列措施，就贯彻实施民法典提出具体要求。全国各级人民法院严格依据民法典公正审理案件，深入研究民法典司法适用理论和实践问题，分析总结典型案例，推动民法典贯彻实施取得显著成效。

为深入学习宣传贯彻党的二十大精神，贯彻党中央关于坚持全面依法治国、推进法治中国建设的重大决策部署，系统反映人民法院贯彻实施民法典举措成果，全面总结新时代民商事审判经验，最高人民法院民法典贯彻实施工作领导小组组织编写了《中国民法典适用大全》(以下简称《适用大全》)，为学习宣传贯彻民法典、推进法治中国建设提供权威审判指导。

一、《适用大全》的编辑背景

民法典颁布后，人民法院深入推动民法典学习宣传和贯彻实施，取得一系列经验成果，为《适用大全》的编辑出版提供了丰富素材，奠定了坚实基础。

一是全面清理已有司法解释。最高人民法院完成中华人民共和国成立以来最为全面系统规范的司法解释清理工作，对中华人民共和国成立以来至2020年5月28日有效的全部591件司法解释逐一清理，废止116件，修改111件。其中，直接废止司法解释89件，另有27件废止后重新整合出台新的司法解释；修改的司法解释包括民事类27件、商事类29件、知识产权类18件、民事诉讼类19件、执行类

18件。完成清理工作后，作出司法解释废止、修改决定，自2021年1月1日起与民法典同步施行。

二是及时制定配套司法解释。最高人民法院坚持以问题为导向、以审判执行需求为出发点、以准确理解和适用法律为原则，构建多层次民法典配套司法解释。制定适用民法典时间效力的解释，整合制定民法典物权编解释、担保制度解释、婚姻家庭编解释、继承编解释、建设工程施工合同解释、劳动争议解释等，出台民法典总则编解释、人脸识别解释、生态环境侵权惩罚性赔偿解释等，有力配合民法典贯彻实施。

三是广泛开展学习宣传。最高人民法院统筹部署全国各级人民法院学习培训宣传工作。举行“人民法院大讲堂”活动，分层次、全覆盖培训干警120余万人次。以人民群众喜闻乐见的方式开展民法典普法宣传，会同中宣部等组织开展“美好生活·民法典相伴”主题宣传，推出“一分钟带你了解民法典”系列普法动漫等栏目。发挥典型案件示范引领作用，配合民法典总则编解释颁布，同步发布第一批13件人民法院贯彻实施民法典典型案例。

据统计，自2021年1月1日至2022年9月30日，全国各级人民法院根据民法典及相关司法解释的规定，共审结一审民商事案件2737万件。人民法院统一法律适用工作成效更加彰显，人民群众司法获得感、满意度持续提升。尤其是根据民法典新规，办理人格权侵害禁令、人身安全保护令案件8067件，让人民生活更加安全、更有尊严；审结环境侵权类案件3502件，促进发展更加和谐、更可持续。

二、《适用大全》的重大意义

《适用大全》是人民法院深入学习贯彻党的二十大精神，深入贯彻习近平法治思想，切实贯彻实施民法典、确保民法典统一正确适用，推动新时代新征程人民法院民事审判工作高质量发展的最新成果和重要举措，编辑出版《适用大全》意义重大。

第一，编辑出版《适用大全》是人民法院深入学习贯彻党的二十大精神、深入贯彻习近平法治思想的实际行动。党的二十大报告对坚持全面依法治国、推进法治中国建设作出专题论述、专门部署。民法典作为党的十八大以来全面推进依法治国的标志性立法成果，体现社会主义性质、符合人民利益和愿望、顺应时代发展要求，闪耀着习近平法治思想的光芒。编辑出版《适用大全》，有利于各级人民法院深入贯彻落实党的二十大精神，严格公正司法，深化司法体制综合配套改革，全面准确落实司法责任制，加快建设公正高效权威的社会主义司法制度，努力让人民群众在每一个司法案件中感受到公平正义，确保习近平总书记关于切实实施民法典的重要讲话和重要指示精神不折不扣落到实处，以正确贯彻实施民法典的生动实践坚定不移推进法治中国建设。

第二，编辑出版《适用大全》是人民法院正确贯彻实施民法典，推进司法为民、公正司法的应有之义。人民性是中国特色社会主义司法制度的本质属性，实现好、维护好、发展好最广大人民根本利益是我国司法工作的出发点和落脚点。编辑出版《适用大全》，有利于各级人民法院正确理解掌握民法典的核心精神、基本原则和具体制度，切实把民法典对生命健康、财产安全、交易便利、生活幸福、人格尊严等各方面权利的平等保护贯彻落实到审判执行工作的全过程、各方面，不断提高运用民法典维护人民权益、化解矛盾纠纷、促进社会和谐稳定的能力和水平，更好地满足和保障人民美好生活需要。

第三，编辑出版《适用大全》是人民法院提高司法能力，服务全面建设社会主义现代化国家、以中国式现代化全面推进中华民族伟大复兴的必然要求。民法典将庞大的民事法律规范按照完整逻辑体系予以整合，健全充实了民事权利种类，充分展现我国多年来关于市场经济体制改革的一系列重要制度成果，积极回应新时代人民司法关切，是高质量发展的助推器和法治保障。编辑出版《适用大全》，有利于各级人民法院统一裁判尺度，完整、准确、全面贯彻新发展理念，构建新发展格局，助力营造稳定公平透明、可预期的法治化营商环境；有利于各级人民法院围绕满足人民群众多元司法需求，深化司法体制综合配套改革和智慧法院建设，全面准确落实司法责任制，推进审判体系和审判能力现代化，充分发挥审判职能作用，服务全面建设社会主义现代化国家、以中国式现代化全面推进中华民族伟大复兴。

三、《适用大全》的编辑目标

《适用大全》作者群体主要为最高人民法院法官，同时吸收部分地方法院法官和高等院校中青年学者参加。编辑基本要求是以民法典条文为中心，体系化编辑相关法律法规、司法解释、司法指导性文件、权威释义、指导性案例、典型案例等内容，并基于我国民商合一的立法模式，将有关商事、知识产权、涉外民事关系等法律的具体适用纳入其中，形成民法典司法适用的逻辑体系，方便法律适用参考和普法宣传。通过编辑《适用大全》，力图实现以下目标：

一是推动民商事案件裁判尺度统一。向广大法官阐释好民法典关于坚持主体平等、保护财产权利、便利交易流转、维护人格尊严、促进家庭和谐、追究侵权责任等基本要求，阐释好民法典关于见义勇为、紧急救助、好意同乘、高空抛物、情势变更、保理合同等一系列创新性规定，指引广大法官强化法典化体系化思维，准确把握基本原则与具体规定、总则与分则、民法典与民商事特别法之间的适用关系，不断提升法律适用的系统性、科学性、准确性。

二是总结新时代民商事审判经验。系统梳理相关司法解释和司法指导性文件，深入挖掘民事案例“富矿”，全面总结和展示新时代各级人民法院坚持以习近平新时代中国特色社会主义思想为指导，深入贯彻习近平法治思想，认真履行司法职能，推进全面依法治国探索形成的新经验、新举措、新成就，为人民法院服务保障中国式现代化奠定坚实基础。

三是助力更高水平的法治中国建设。整理汇编相关规定、释义、案例，既帮助广大法官准确理解民法典条文的精神要义，准确把握司法适用中的重点难点问题，提高办案质量和司法公信力，又帮助人民群众提高找法用法效率，促进民法典普法宣传和贯彻实施。

四、《适用大全》的体例结构

《适用大全》共计12卷33册，分为三大部分：

第一部分为法典卷。以民法典七编制结构为基础，分为总则卷、物权卷、合同卷、人格权卷、婚姻家庭卷、继承卷、侵权责任卷（含附则）。本部分将民法典的1260个条文全部收录，并围绕每一个条文编辑关联规定、条文释义、典型案例等内容。

第二部分为扩展卷。在法典卷的基础上增加知识产权与竞争卷、生态环境卷、商事卷、涉外商事海事卷。本部分主要是针对相关法律中与审判工作密切相关的条文开展编辑工作。

第三部分为索引卷。本部分旨在方便检索查阅（平装版不设索引卷）。

在体例安排上，以民法典具体条文为中心，设置关联规定、条文释义、适用指引、指导案例、典型案例、类案检索等栏目。其中，关联规定栏目主要收录与民法典或有关法律条文密切相关的法律、行政法规、司法解释、部门规章及司法指导性文件。条文释义栏目主要介绍目标条文的条文主旨、条文演变和条文解读。适用指引栏目侧重分析目标条文在审判实践中的重点难点问题。指导案例栏目主要收录目标条文涉及的相应指导性案例。典型案例栏目主要收录党的十八大以来最高人民法院的公报、工作报告中列举的案例，以及最高人民法院各部门发布评选的典型案例、优秀案例。类案检索主要收录其他相关案例。全书共收录案例3000余件，包括指导性案例、典型案例800余件。

五、《适用大全》的指导价值及其他说明事项

《适用大全》是一部服务审判执行、普法宣传、研究教学、生产经营、社会生活的法律适用工具书。各级人民法院和法官在阅读参考《适用大全》时，主要用途有三：一是可以民法典条文为基础，一揽子查找到相应的法律规定、司法解释、典型案例等，快速全面了解相关法律规定和政策精神，更加准确把握民法典立法精神、条款含义。二是可借鉴《适用大全》汇集的理论成果、关联规定、裁判观点，结合具体实际总结典型案例，提炼裁判规则。三是可利用《适用大全》提供的丰富素材，组织业务培训和普法宣传，弘扬社会主义法治精神，推动尊法学法守法用法在全社会蔚然成风。

广大法官在使用《适用大全》时，应当注意以下两方面问题：一是严格遵守裁判文书引用法律、法规、司法解释的规定。本书关联规定部分收录的法律、行政法规、司法解释、部门规章及司法指导性文件等，旨在帮助法官掌握相关法律规定、政策精神。其中司法指导性文件、部门规章等不能作为裁判依据援引。裁判文书在引用法律、法规等规范性文件时，应当严格遵照《最高人民法院关于裁判文书引用法律、法规等规范性法律文件的规定》。二是区别使用参考案例。本书收录的指导性案例应严格参照适用，典型案例可作为裁判适用参考，类案检索中的案例仅在于提示法官有相关裁判存在，便于检索查找。

各级人民法院要坚持以习近平新时代中国特色社会主义思想为指导，深入学习贯彻党的二十大精神，深入贯彻习近平法治思想，切实把思想和行动统一到习近平总书记关于切实实施民法典的重要论述精神上来，深刻领悟“两个确立”的决定性意义，增强“四个意识”、坚定“四个自信”、做到“两个维护”，以学好用好《适用大全》为抓手，全面深化民法典贯彻实施，增强服务保障高质量发展的司法能

力，夯实推进审判体系和审判能力现代化的实践基础，服务大局、司法为民、公正司法，在坚持全面依法治国、推进法治中国建设的伟大实践中不断开辟司法事业发展新天地，为全面建设社会主义现代化国家、以中国式现代化全面推进中华民族伟大复兴提供有力司法服务！

本书的编辑出版得到了各级人民法院、有关单位和社会各界的大力支持。在此，向为本书编辑出版提供帮助支持的全国人大常委会法工委、最高人民检察院、司法部，其他有关中央和国家机关、法学理论界的专家学者，以及广大人民群众、新闻媒体和社会各界表示衷心的感谢！

最高人民法院民法典贯彻实施工作领导小组

二〇二二年十一月二十八日

凡 例

一、本书有关条文释义和典型案例中法律、行政法规名称一般用简称，例如《中华人民共和国民法典》简称《民法典》。

二、本书有关条文释义和典型案例中下列司法解释一般也使用简称：

文件全称	简称	相关信息
《最高人民法院关于贯彻执行〈中华人民共和国民法通则〉若干问题的意见（试行）》（已失效）	《民法通则意见》	发文字号：法（办）发〔1988〕6号 公布日期：1988年4月2日 施行日期：1988年4月2日 失效日期：2021年1月1日
《最高人民法院关于人民法院审理离婚案件如何认定夫妻感情确已破裂的若干具体意见》（已失效）	《认定夫妻感情破裂的意见》	发文字号：法（民）发〔1989〕38号 公布日期：1989年12月13日 施行日期：1989年12月13日 失效日期：2021年1月1日
《最高人民法院关于人民法院审理离婚案件处理子女抚养问题的若干具体意见》（已失效）	《离婚案件子女抚养意见》	发文字号：法发〔1993〕30号 公布日期：1993年11月3日 施行日期：1993年11月3日 失效日期：2021年1月1日
《最高人民法院关于人民法院审理离婚案件处理财产分割问题的若干具体意见》（已失效）	《离婚案件财产分割意见》	发文字号：法发〔1993〕32号 公布日期：1993年11月3日 施行日期：1993年11月3日 失效日期：2021年1月1日

文件全称	简称	相关信息
《最高人民法院关于民事诉讼证据的若干规定》	《民事诉讼证据规定》	发文字号：法释〔2001〕33号 公布日期：2001年12月21日 施行日期：2002年4月1日 修正施行日期：2020年5月1日
《最高人民法院关于适用〈中华人民共和国婚姻法〉若干问题的解释（一）》（已失效）	《婚姻法解释（一）》	发文字号：法释〔2001〕30号 公布日期：2001年12月25日 施行日期：2001年12月27日 失效日期：2021年1月1日
《最高人民法院关于适用〈中华人民共和国婚姻法〉若干问题的解释（二）》（已失效）	《婚姻法解释（二）》	发文字号：法释〔2003〕19号 公布日期：2003年12月25日 施行日期：2004年4月1日 失效日期：2021年1月1日
《最高人民法院关于适用〈中华人民共和国婚姻法〉若干问题的解释（三）》（已失效）	《婚姻法解释（三）》	发文字号：法释〔2011〕18号 公布日期：2011年8月9日 施行日期：2011年8月13日 失效日期：2021年1月1日
《最高人民法院关于适用〈中华人民共和国民事诉讼法〉的解释》	《民事诉讼法解释》	发文字号：法释〔2015〕5号 公布日期：2015年1月30日 施行日期：2015年2月4日 第一次修正施行日期：2021年1月1日 第二次修正施行日期：2022年4月10日
《最高人民法院关于适用〈中华人民共和国民法典〉婚姻家庭编的解释（一）》	《民法典婚姻家庭编解释（一）》	发文字号：法释〔2020〕22号 公布日期：2020年12月29日 施行日期：2021年1月1日
《最高人民法院关于适用〈中华人民共和国民法典〉继承编的解释（一）》	《民法典继承编解释（一）》	发文字号：法释〔2020〕23号 公布日期：2020年12月29日 施行日期：2021年1月1日

三、本书“关联规定”栏目中的“法律、行政法规、司法解释”收录了国务院及国务院办公厅发布的行政规范性文件。

四、本书部分案例中引用的法律法规、司法解释等为案件审理当时所适用，在参照过程中应注意以法律法规、司法解释等文件的最新规定为准。

目 录

第一章 一般规定

第二章 结 婚

第三章 家庭关系

第一节 夫妻关系

第二节 父母子女关系和其他近亲属关系

第四章 离 婚

第五章　收　养

第一节　收养关系的成立

第二节　收养的效力

第三节　收养关系的解除

第一章 一般规定

第一千零四十条 本编调整因婚姻家庭产生的民事关系。

关联规定

法律、行政法规、司法解释

《中华人民共和国民法典》

第二条 民法调整平等主体的自然人、法人和非法人组织之间的人身关系和财产关系。

条文释义

一、本条主旨

本条是关于婚姻家庭编的调整范围的规定。

二、条文演变

从历史沿革来看，我国婚姻法经历了四次比较大的变革：1950 年原《婚姻法》、1980 年原《婚姻法》、2001 年修正的原《婚姻法》以及《民法典》。1950 年 5 月 1 日，中华人民共和国第一部《婚姻法》正式出台。该部《婚姻法》第 1 条突出强调了其立法宗旨和原则，但并未明确调整对象。该法第 1 条规定，废除包办婚姻、男尊女卑、漠视子女利益的封建主义婚姻制度。实行男女婚姻自由、一夫一妻、男女平等、保护妇女和子女合法权益的新民主主义婚姻制度。1980 年原《婚姻法》适应了时代需要，在第 1 条明确规定“本法是婚姻家庭关系的基本准则”。2001 年修正的原《婚姻法》关于调整范围的表述延续了 1980 年原《婚姻法》的规定。本条对 2001 年修正的原《婚姻法》第 1 条进行修改完善，以“调整范围”明确了条文的内容，同时将“婚姻家庭关系”进一步明确为“因婚姻家庭产生的民事关系”，以此将本编的调整范围纳入《民法典》的调整范围体系之内。

三、条文解读

（一）婚姻家庭编调整因婚姻家庭产生的民事关系

从调整对象的范围来看，婚姻家庭编既调整因婚姻产生的民事关系，又调整因家庭产生的民事关系。婚姻是指男女双方以永久共同生活为目的依法缔结的配偶关系。家庭是指由配偶、父母、子女和其他共同生活的近亲属形成的亲属关系。因缔结、变更、终止婚姻产生的民事法律关系及其动态变化过程中产生的民事关系，以及因家庭成员的共同生活产生的民事法律关系，都是婚姻家庭编的调整对象。

本条规定，婚姻家庭编调整因婚姻家庭产生的民事关系。这就说明，婚姻家庭编调整的是配偶、父母、子女、家庭成员及其他共同生活的近亲属之间因婚姻关系或因家庭关系产生的民事关系，具有“私法”属性，发生在配偶、父母、子女、家庭成员及其他共同生活的近亲属之间的违法犯罪行为不适用婚姻家庭编规定。

（二）婚姻家庭法属于身份法

婚姻家庭编是形式意义上的婚姻家庭法。从调整对象的性质来看，婚姻家庭编既调整婚姻家庭成员之间的人身关系，又调整婚姻家庭成员之间的财产关系。其中人身关系处于主导性、决定性地位，财产关系基于人身关系而产生并以维系婚姻家庭成员间人身关系为目的，处于从属性地位。婚姻家庭编所调整的财产关系因人身关系的变化而变动。例如，男女二人选择缔结婚姻关系，就会产生夫妻共同财产和个人财产的认定问题；夫妻二人选择终止婚姻关系，就会产生夫妻共同财产的分割、夫妻共同债务与个人债务的认定问题。因此，婚姻家庭编所指的财产关系，是以人身关系为前提，直接体现一定经济内容或者以一定财产为媒介所形成的社会关系，它随着人身关系的产生、变更、消灭而变化。从这个意义上说，婚姻家庭法所调整的对象是以彼此具有婚姻、血缘

（含法律拟制）和共同生活关系的婚姻家庭成员之间的人身关系为核心和基础的。因此，婚姻家庭法实质上属于身份法。

（三）婚姻家庭编调整的民事法律关系不以等价有偿为基础前提

婚姻家庭编调整的民事法律关系有其特殊性。区别于合同关系、侵权关系等民事法律关系，婚姻家庭编所调整的法律关系不以等价有偿作为基础前提和基本原则。例如，夫妻共同财产制不是简单地一分为二，而是强调夫妻一方对所有的共同财产都具有支配性，无论一方对夫妻共同财产的增加是否存在贡献或者贡献程度如何，都不能基于此剥夺夫妻一方对共同财产的支配权。夫妻一方未经对方同意处分夫妻共同财产的，除日常家事代理之外，构成无权处分。再如，夫妻共同债务的认定也体现了这一特征。夫妻共同债务的认定除遵循“共债共签”的基本原则之外，夫妻一方对外举债是用于夫妻共同生活、共同生产经营的，也应认定为夫妻共同债务。因此，夫妻一方对外负债的，不能仅以其个人负债为由认定为夫妻个人债务。

（四）并非所有的婚姻家庭关系均由婚姻家庭编调整

婚姻家庭领域涉及社会伦理道德、风俗习惯等多方面内容，法律并非解决所有婚姻家庭关系的最有力手段。同时，法律也无法有效解决所有的婚姻家庭问题。因此，诸如同性婚姻的效力、无配偶者非婚同居的人身关系等不属于本编的调整范围。

适用指引

一、同居关系的含义

同居关系，是指男女二人之间因包括性生活在内的共同居住生活形成的社会关系。我国婚姻家庭法并未对同居关系进行法律上的界定。广义的同居关系可以分为婚内同居、非婚同居和有配偶者与他人同居。

（一）婚内同居

婚内同居，是指男女双方办理结婚登记取得夫妻身份后共同生活。这是婚姻的本质所在，是夫妻双方的权利和义务，是受法律保护的婚姻关系的组成部分。

（二）非婚同居

非婚同居，是指没有配偶的男女双方没有办理结婚登记即共同生活。受传统观念影响，男女双方没有办理结婚登记即共同生活曾被认为是严重违反道德的行为，甚至被界定为"非法同居"。最高人民法院于1989年11月21日颁布施行的原《关于人民法院审理未办结婚登记而以夫妻名义同居生活案件的若干意见》第3条曾明确规定，"自民政部新的婚姻登记管理条例施行之日起，没有配偶的男女，未办结婚登记即以夫妻名义同居生活，按非法同居关系对待"。随着社会观念的变化，人们逐渐意识到男女双方是否结婚属于个人对生活态度的选择，而且法律并未禁止没有办理结婚登记的男女双方同居生活，认定此行为"非法"缺乏法律依据。所以，最高人民法院于2001年12月27日施行的原《婚姻法解释（一）》第5条规定，1994年2月1日民政部《婚姻登记管理条例》公布实施以后，男女双方符合结婚实质要件的，人民法院应当告知其在案件受理前补办结婚登记；未补办结婚登记的，按解除同居关系处理。至此，对于男女双方未经结婚登记而共同生活的，对其性质交由道德进行评判，不再进行合法与否的判断，并以"非婚同居"这一中性词语表达其含义。对其理解应当注意两点：一是这种同居关系由于缺少婚姻的基础而不会受到法律的保障，双方都有权随时解除同居关系；二是对于其中男女双方都符合结婚实质要件的，可根据《民法典》第1049条规定通过补办结婚登记的方式取得婚姻关系。

（三）有配偶者与他人同居

根据《民法典婚姻家庭编解释（一）》第2条规定，有配偶者与他人同居是指有配偶者与婚外异性，不以夫妻名义，持续、稳定地共同居住。这种行为不仅严重违背社会伦理道德和善良风俗，而且是对一夫一妻制原则的违反，是受到我国法律禁止的行为。《民法典》第1042条明确规定禁止重婚，禁止有配偶者与他人同居。构成重婚情节严重的，还可能构成刑事犯罪。

二、同居关系的司法处理

在上述三种同居关系中，因婚内同居属于合法的婚姻关系，当然适用婚姻家庭法律调整。此处所指同居关系限于非婚同居和有配偶者与他人同居的情形。其中，非婚同居关系本身不受婚姻家庭法调整。但是因同居关系产生的子女抚养、财产分割则属于民事法律关系，属于婚姻家庭编的调整对象。司法实践中，在处理同居关系时应注意以下几点：

一是同居关系的解除纠纷不属于人民法院的主管范围。《民法典婚姻家庭编解释（一）》第3条第1款规定："当事人提起诉讼仅请求解除同居关系的，人民法院不予受理；已经受理的，裁定驳回起诉。"同居关系的性质评判，属于道德范畴。同居关系是否应当解除，属于当事人对待婚恋生活的态度选择。因此，当事人仅以解除同居关系为由诉至法院的，不属于人民法院受理民事案件的范围。

二是同居关系导致的财产分割及子女抚养纠纷，属于普通民事案件。《民法典婚姻家庭编解释（一）》第3条第2款规定："当事人因同居期间财产分割或者子女抚养纠纷提起诉讼的，人民法院应当受理。"同居期间，由于双方共同生活，还可能共同经营，既有各自的收入所得，也可能因共同购置或者其他共同法律行为共同取得财产。在同居关系终止时，双方对各自所有的财产予以明确，对共同所有的财产进行分割，属于普通的财产关系，相关的纠纷属于人民法院的受理范围。

三是处理同居关系导致的财产纠纷，可参考以下思路：（1）若当事人就财产归属有协议的，遵照其协议；（2）若当事人对同居期间财产归属不能达成一致的，由人民法院依法进行分割。原则上，各自所得，归各自所有；双方当事人同居期间基于共同法律行为所得的财产，按照共有处理。

四是处理当事人因同居导致的子女抚养纠纷，应坚持非婚生子女与婚生子女享有同等的权利，坚持未成年子女利益最大化原则，具体应当参照《民法典》婚姻家庭编有关处理离婚后子女抚养问题的相关规定进行处理。

五是因同居关系导致的损害赔偿纠纷的处理。同居关系解除后，一方当事人有终止妊娠、分娩或者遭受暴力伤害等情形，要求另一方负担其实际支出或者将来有可能支出的费用的，人民法院应予支持。另一方当事人已经自愿给付超出实际支出的财产，事后给付方反悔请求返还的，人民法院一般不予支持。一方以双方解除同居关系为由，请求对方支付精神损害赔偿的，人民法院一般不予支持。

第一千零四十一条　婚姻家庭受国家保护。

实行婚姻自由、一夫一妻、男女平等的婚姻制度。

保护妇女、未成年人、老年人、残疾人的合法权益。

关联规定

一、法律、行政法规、司法解释

1.《中华人民共和国宪法》

第四十九条　婚姻、家庭、母亲和儿童受国家的保护。

夫妻双方有实行计划生育的义务。

父母有抚养教育未成年子女的义务，成年子女有赡养扶助父母的义务。

禁止破坏婚姻自由，禁止虐待老人、妇女和儿童。

2.《中华人民共和国未成年人保护法》

第三条　国家保障未成年人的生存权、发展权、受保护权、参与权等权利。

未成年人依法平等地享有各项权利，不因本人及其父母或者其他监护人的民族、种族、性别、户籍、职业、宗教信仰、教育程度、家庭状况、身心健康状况等受到歧视。

3.《中华人民共和国妇女权益保障法》

第二条　妇女在政治的、经济的、文化的、社会的和家庭的生活等各方面享有同男子平等的权利。

实行男女平等是国家的基本国策。国家采取必要措施，逐步完善保障妇女权益的各项制度，消除对妇女一切形式的歧视。

国家保护妇女依法享有的特殊权益。

禁止歧视、虐待、遗弃、残害妇女。

4.《中华人民共和国老年人权益保障法》

第三条　国家保障老年人依法享有的权益。

老年人有从国家和社会获得物质帮助的权利，有享受社会服务和社会优待的权利，有参与社会发展和共享发展成果的权利。

禁止歧视、侮辱、虐待或者遗弃老年人。

5.《中华人民共和国残疾人保障法》

第三条　残疾人在政治、经济、文化、社会和家庭生活等方面享有同其他公民平等的权利。

残疾人的公民权利和人格尊严受法律保护。

禁止基于残疾的歧视。禁止侮辱、侵害残疾人。禁止通过大众传播媒介或者其他方式贬低损害残疾人人格。

二、司法指导性文件

《第八次全国法院民事商事审判工作会议（民事部分）纪要》

1. 在审理婚姻家庭案件中，应注重对未成年人权益的保护，特别是涉及家庭暴力的离婚案件，从未成年子女利益最大化的原则出发，对于实施家庭暴力的父母一方，一般不宜判决其直接抚养未成年子女。

条文释义

一、本条主旨

本条是关于婚姻家庭关系基本原则的规定。

二、条文演变

1950年原《婚姻法》第1条既是立法目的的规定，也是婚姻家庭关系基本原则的规定。从该条规定可知，婚姻法立法之初即确立了婚姻自由、一夫一妻、男女权利平等、保护妇女与子女合法权益的基本原则。1980年原《婚姻法》第2条分三款对婚姻家庭关系基本原则进行了完善，其中，第1款延续了1950年原《婚姻法》有关婚姻自由、男女平等、一夫一妻三项原则；第2款对特殊群体的保护原则进行专门规定，同时，在1950年原《婚姻法》规定的“保护妇女和儿童权益”的基础上增加对老人合法权益的保护规定，修改为“保护妇女、儿童和老人的合法权益”；第3款增加规定实行计划生育的原则。这些原则被2001年修正的原《婚姻法》所延续。本条以2001年修正的原《婚姻法》第2条的规定为基础进行了修改完善：一是增加“婚姻家庭受国家保护”的原则，作为本条的第1款；二是将2001年修正的原《婚姻法》第2条第1款的“婚姻自由、一夫一妻、男女权利平等”原则调整为第2款；三是对特殊群体的保护原则调整为第3款，并在2001年修正的原《婚姻法》规定的保护妇女、儿童和老人合法权益的基础上，增加保护残疾人合法权益的规定，表述为“保护妇女、未成年人、老年人、残疾人的合法权益”；四是删除了2001年修正的原《婚姻法》第2条第3款“实行计划生育”的规定。

三、条文解读

本条确立了婚姻家庭关系的五大原则，即婚姻家庭受国家保护原则，婚姻自由原则，一夫一妻制原则，男女平等原则，保护妇女、未成年人、老年人、残疾人合法权益原则。

（一）婚姻家庭受国家保护原则

婚姻家庭受国家保护，是宪法明确规定的原则。我国《宪法》第49条第1款规定：“婚姻、家庭、母亲和儿童受国家的保护。”本条将这一宪法原则明确为婚姻家庭关系的基本原则，是对宪法原则的具体化，也是对国家保护婚姻家庭的重申。在《民法典》编纂过程中，有代表提出，《民法典（草案）》中的物权编、合同编、人格权编、继承编均在“一般规定”章节中明确规定了物权、合同、人格权、继承权受国家或法律保护，为保证各编体例的统一，应在婚姻家庭编“一般规定”中明确该基本原则。《民法典》编纂采纳了这一意见。

（二）婚姻自由原则

婚姻自由是指自然人有权按照自己的意志，依法缔结和解除婚姻关系，不受他人非法干涉的自由。

婚姻自由包括结婚自由和离婚自由。结婚自由是依法建立婚姻关系的自由，是指男女双方均有权按照自己的意愿选择缔结婚姻、与谁缔结婚姻以及何时缔结婚姻，禁止他人或任何组织以任何形式干涉。离婚自由是依法解除婚姻关系的自由，是指婚姻双方当事人有权自主地选择结束婚姻，有权就财产分割、子女抚养、债务分配等问题进行协商决定。双方自愿离婚的，可以通过协议离婚的方式解决。一方要求离婚的，可以向法院起诉离婚。结婚自由和离婚自由共同构成婚姻自由原则的完整含义，结婚自由是实现婚姻自由的先决条件，离婚自由是结婚自由的必要补充，没有离婚自由，就不可能有完全的婚姻自由。法律保障婚姻自由，体现了婚姻家庭关系的人法属性。

婚姻自由是法律赋予自然人的一种权利，任何人不能强制或干涉。例如，法律禁止各种形式的包办和买卖婚姻；但是婚姻自由并非绝对自由，婚姻自由的行使必须符合法律规定。不管是结婚自由还是离婚自由，均需要符合法律规定的条件和程序，在法律规定的范围内行使权利，不得违背法律规定的条件和程序。

（三）一夫一妻制原则

我国实行一夫一妻制度，即一男一女结为夫妻的制度。我国法律不承认同性婚姻的合法性，是符合我国的基本国情和社会文化传统的。一夫一妻制度是社会主义婚姻家庭制度的基本原则，是在婚姻关系中实现男女平等的基石。

（四）男女平等原则

男女平等，是指妇女在政治、经济、文化、社会和家庭生活等各方面享有同男性平等的权利。实行男女平等，既是我国的宪法原则，也是我国的一项基本国策。在婚姻家庭关系中，男女平等主要表现为，男女有平等的权利缔结婚姻、解除婚姻，男女双方在家庭中的地位平等，有权平等地支配夫妻共同财产等。

（五）保护妇女、未成年人、老年人、残疾人合法权益原则

保护妇女合法权益包含两方面含义：一是男女平等原则；二是应根据实际情况，对妇女的合法权益进行特殊保护。例如，《民法典》婚姻家庭编中的第1082条规定，女方在怀孕期间、分娩后1年内或者终止妊娠后6个月内，男方不得提出离婚；但是，女方提出离婚或者人民法院认为确有必要受理男方离婚请求的除外。

保护未成年人合法权益应体现未成年人利益最大化原则。例如，《民法典》婚姻家庭编中的第1084条规定，父母与子女间的关系，不因父母离婚而消除。离婚后，子女无论由父或者母直接抚养，仍是父母双方的子女。离婚后，父母

对于子女仍有抚养、教育、保护的权利和义务。离婚后，不满2周岁的子女，以由母亲直接抚养为原则。已满2周岁的子女，父母双方对抚养问题协议不成的，由人民法院根据双方的具体情况，按照最有利于未成年子女的原则判决。子女已满8周岁的，应当尊重其真实意愿。

保护老年人合法权益原则是维护家庭关系和谐稳定的重要内容。作为子女，应自觉承担起对老年人的赡养责任，尊老养老，让老年人安享晚年。《民法典》婚姻家庭编中的第1067条规定，成年子女不履行赡养义务的，缺乏劳动能力或者生活困难的父母，有要求成年子女给付赡养费的权利。

保护残疾人合法权益原则是《民法典》的新增内容。对残疾人进行特殊保护是我国《宪法》规定的基本原则。《宪法》第45条规定："中华人民共和国公民在年老、疾病或者丧失劳动能力的情况下，有从国家和社会获得物质帮助的权利。国家发展为公民享受这些权利所需要的社会保险、社会救济和医疗卫生事业。国家和社会保障残废军人的生活，抚恤烈士家属，优待军人家属。国家和社会帮助安排盲、聋、哑和其他有残疾的公民的劳动、生活和教育。"《民法典》婚姻家庭编新增对残疾人的权益保护，符合婚姻家庭制度的立法目的，体现了婚姻家庭制度的功能。保障残疾人婚姻家庭权益，能够促进家庭和谐安定，也体现了公平和正义。①

① 黄薇主编：《中华人民共和国民法典婚姻家庭编释义》，法律出版社2020年版，第11页。

第一千零四十二条　禁止包办、买卖婚姻和其他干涉婚姻自由的行为。禁止借婚姻索取财物。

禁止重婚。禁止有配偶者与他人同居。

禁止家庭暴力。禁止家庭成员间的虐待和遗弃。

关联规定

一、法律、行政法规、司法解释

1.《中华人民共和国未成年人保护法》

第十七条　未成年人的父母或者其他监护人不得实施下列行为：

（一）虐待、遗弃、非法送养未成年人或者对未成年人实施家庭暴力；

（二）放任、教唆或者利用未成年人实施违法犯罪行为；

（三）放任、唆使未成年人参与邪教、迷信活动或者接受恐怖主义、分裂主义、极端主义等侵害；

（四）放任、唆使未成年人吸烟（含电子烟，下同）、饮酒、赌博、流浪乞讨或者欺凌他人；

（五）放任或者迫使应当接受义务教育的未成年人失学、辍学；

（六）放任未成年人沉迷网络，接触危害或者可能影响其身心健康的图书、报刊、电影、广播电视节目、音像制品、电子出版物和网络信息等；

（七）放任未成年人进入营业性娱乐场所、酒吧、互联网上网服务营业场所等不适宜未成年人活动的场所；

（八）允许或者迫使未成年人从事国家规定以外的劳动；

（九）允许、迫使未成年人结婚或者为未成年人订立婚约；

（十）违法处分、侵吞未成年人的财产或者利用未成年人牟取不正当利益；

（十一）其他侵犯未成年人身心健康、财产权益或者不依法履行未成年人保护义务的行为。

2.《中华人民共和国妇女权益保障法》

第四十六条 禁止对妇女实施家庭暴力。

国家采取措施，预防和制止家庭暴力。

公安、民政、司法行政等部门以及城乡基层群众性自治组织、社会团体，应当在各自的职责范围内预防和制止家庭暴力，依法为受害妇女提供救助。

第五十八条 违反本法规定，对妇女实施性骚扰或者家庭暴力，构成违反治安管理行为的，受害人可以提请公安机关对违法行为人依法给予行政处罚，也可以依法向人民法院提起民事诉讼。

3.《中华人民共和国老年人权益保障法》

第三条 国家保障老年人依法享有的权益。

老年人有从国家和社会获得物质帮助的权利，有享受社会服务和社会优待的权利，有参与社会发展和共享发展成果的权利。

禁止歧视、侮辱、虐待或者遗弃老年人。

4.《中华人民共和国残疾人保障法》

第九条 残疾人的扶养人必须对残疾人履行扶养义务。

残疾人的监护人必须履行监护职责，尊重被监护人的意愿，维护被监护人的合法权益。

残疾人的亲属、监护人应当鼓励和帮助残疾人增强自立能力。

禁止对残疾人实施家庭暴力，禁止虐待、遗弃残疾人。

5.《中华人民共和国精神卫生法》

第五条 全社会应当尊重、理解、关爱精神障碍患者。

任何组织或者个人不得歧视、侮辱、虐待精神障碍患者，不得非法限制精神障碍患者的人身自由。

新闻报道和文学艺术作品等不得含有歧视、侮辱精神障碍患者的内容。

6.《中华人民共和国反家庭暴力法》

第三条 家庭成员之间应当互相帮助，互相关爱，和睦相处，履行家庭义务。

反家庭暴力是国家、社会和每个家庭的共同责任。

国家禁止任何形式的家庭暴力。

第十二条 未成年人的监护人应当以文明的方式进行家庭教育，依法履行监护和教育职责，不得实施家庭暴力。

7.《最高人民法院关于适用〈中华人民共和国民法典〉婚姻家庭编的解释（一）》

第一条　持续性、经常性的家庭暴力，可以认定为民法典第一千零四十二条、第一千零七十九条、第一千零九十一条所称的“虐待”。

第二条　民法典第一千零四十二条、第一千零七十九条、第一千零九十一条规定的“与他人同居”的情形，是指有配偶者与婚外异性，不以夫妻名义，持续、稳定地共同居住。

第五条　当事人请求返还按照习俗给付的彩礼的，如果查明属于以下情形，人民法院应当予以支持：

（一）双方未办理结婚登记手续；

（二）双方办理结婚登记手续但确未共同生活；

（三）婚前给付并导致给付人生活困难。

适用前款第二项、第三项的规定，应当以双方离婚为条件。

二、司法指导性文件

《第八次全国法院民事商事审判工作会议（民事部分）纪要》

1. 在审理婚姻家庭案件中，应注重对未成年人权益的保护，特别是涉及家庭暴力的离婚案件，从未成年子女利益最大化的原则出发，对于实施家庭暴力的父母一方，一般不宜判决其直接抚养未成年子女。

条文释义

一、本条主旨

本条是关于婚姻家庭关系中禁止行为的规定。

二、条文演变

有关婚姻家庭关系中禁止行为的规定早在1950年原《婚姻法》中即有所体现。1950年原《婚姻法》第2条规定：“禁止重婚、纳妾。禁止童养媳，禁止干涉寡妇婚姻自由。禁止任何人藉婚姻关系问题索取财物。”1980年原《婚姻法》第3条规定，禁止包办、买卖婚姻和其他干涉婚姻自由的行为，禁止借婚姻索取财物，禁止重婚，禁止家庭成员间的虐待和遗弃。2001 年修正的原《婚姻法》在 1980 年原《婚姻法》的基础上，新增禁止有配偶者与他人同居以及禁止家庭暴力的规定。本条延续了 2001 年修正的原《婚姻法》有关婚姻家庭关系禁止性规定的相关内容。

三、条文解读

（一）禁止包办、买卖婚姻和其他干涉婚姻自由的行为，禁止借婚姻索取财物

该禁止性规定是婚姻自由原则的体现。坚持婚姻自由原则，就是要反对包办婚姻、买卖婚姻以及其他干涉婚姻自由的行为。包办婚姻，是指第三人违反婚姻自由的原则，强迫包办他人婚姻的行为。买卖婚姻，是指第三人以获取财物为目的，强迫他人缔结婚姻的行为。借婚姻索取财物，是指除买卖婚姻以外的以索取对方财物为目的的缔结婚姻的行为。

包办婚姻和买卖婚姻都是违反婚姻自由的行为，都是第三人强迫他人缔结婚姻的行为，两者的不同主要体现在：买卖婚姻以索取财物为目的，包办婚姻无此项特征。买卖婚姻和借婚姻索取财物都是以索取财物为目的缔结婚姻的行为，两者的区别在于：买卖婚姻多体现为贩卖女性或把女性身体当作财物，而借婚姻索取财物的行为，多体现为女方以索要巨额彩礼作为缔结婚姻关系的前提。

（二）禁止重婚

禁止重婚是实行一夫一妻制的体现。重婚，是指有配偶的人与他人结婚的行为，或明知他人有配偶而与他人登记结婚的违法行为。重婚分为法律上的重婚和事实上的重婚。法律上的重婚，是指有配偶的人未办理离婚登记与他人登记结婚的行为。事实上的重婚，是指有配偶者虽未与他人登记结婚，但以夫妻名义共同居住生活的，也构成重婚。对于重婚者，法律明令禁止，不仅会依法解除其同居关系，还会追究其刑事责任。

（三）禁止有配偶者与他人同居

有配偶者与他人同居，是指有配偶者与婚外异性，不以夫妻名义，持续、

稳定地共同居住，这种非法同居行为也为《民法典》婚姻家庭编所禁止。需要注意的是，事实上的重婚和有配偶者与他人同居之间最大的区别就在于是否以夫妻名义共同居住生活，如果双方以夫妻名义共同居住生活，则构成事实上的重婚；如果双方没有以夫妻名义同居生活，则不属于《刑法》处罚的范围，而属于《民法典》婚姻家庭编禁止的行为。

（四）禁止家庭暴力，禁止家庭成员间的虐待和遗弃

家庭暴力，是指家庭成员之间以殴打、捆绑、残害、限制人身自由以及经常性谩骂、恐吓等方式实施的身体、精神等侵害行为。家庭成员之间应当互帮互助，团结友爱、和睦相处，禁止家庭暴力。当事人遭受家庭暴力或者面临家庭暴力的现实危险，可以向人民法院申请人身安全保护令。家庭成员之间的虐待，是指持续性、经常性的家庭暴力。虐待家庭成员情节恶劣的，构成虐待罪。家庭成员之间的遗弃，是指对于年老、年幼、患病或其他没有独立生活能力的人，负有赡养、抚养或扶养义务的人不履行其义务的行为，主要包括子女不履行赡养老人的义务遗弃老人、父母不履行抚养义务遗弃子女等行为。遗弃家庭成员情节恶劣的，构成遗弃罪。

适用指引

一、严格区分借婚姻索取财物与给付彩礼的民间习惯

彩礼，是指婚姻关系当事人一方（主要指男方）及其亲属依据习俗向对方（主要指女方）及其亲属给付的钱物。彩礼的给付与否以及给付数额的确定一般与当地风俗和经济社会发展水平相关联。彩礼又称为聘礼，是一种民间习俗，未被法律明文禁止。而借婚姻索取财物是《民法典》婚姻家庭编明令禁止的行为，是当事人借缔结婚姻的手段，达到索取财物目的的行为。正确区分二者，可从给付方是否自愿进行分析：彩礼是一种民间习俗，一般是男女双方或其家庭的自愿馈赠，属于赠与；而借婚姻索取财物一方当事人是违背缔结婚姻对方当事人意愿，以缔结结婚为手段，强迫对方支付一定金额财产的行为。

应当注意的是，彩礼在某些特殊情形下可以返还。《民法典婚姻家庭编解

释（一）》第5条规定，当事人请求返还按照习俗给付的彩礼的，如果查明属于以下情形，人民法院应当予以支持：（1）双方未办理结婚登记手续；（2）双方办理结婚登记手续但确未共同生活；（3）婚前给付并导致给付人生活困难。适用前述第2项、第3项的规定，应当以双方离婚为条件。

二、区分同居关系与有配偶者与他人同居

此处所指的同居关系，是指非基于合法婚姻关系产生的，在无配偶的男女之间、同性之间发生的持续稳定地共同生活的关系，同居关系不属于《民法典》婚姻家庭编的调整范围。当事人提起诉讼仅请求解除同居关系的，人民法院不予受理；已经受理的，裁定驳回起诉；当事人因同居期间财产分割或者子女抚养纠纷提起诉讼的，人民法院应当受理。而有配偶者与他人同居，是《民法典》婚姻家庭编所禁止的行为，是指有配偶者与他人以夫妻名义共同生活。这种行为违背了一夫一妻制度，违背了社会道德风尚，应予禁止。

三、区分有配偶者与他人同居、重婚

有配偶者与他人同居，是指有配偶者在婚姻关系存续期间，与其他异性虽未办理结婚登记，但仍以夫妻名义共同持续稳定生活的情形。该种情形为《民法典》婚姻家庭编所禁止。重婚，是指有配偶者在尚未办理离婚登记的情形下，与其他异性缔结婚姻关系的行为。重婚不仅是《民法典》婚姻家庭编明令禁止的行为，构成犯罪的，还需要依法被追究刑事责任。

类案检索

李某1与李某2婚约纠纷案

关键词：同居　彩礼返还

裁判摘要：本案中，虽然双方未办理结婚登记，但双方同居期间育有一女，且在同居期间彩礼账户里的钱已被双方陆续取出，加之双方同居期间收入不稳定，李某2主张彩礼已经用于双方同居期间共同生活和抚养孩子，符合双方所陈述的实际情况，一审判决李某2不返还李某1彩礼，合理合法，应予支持。

【案　　号】（2021）鲁 03 民终 2261 号

【审理法院】山东省淄博市中级人民法院

【来　　源】《中国法院 2022 年度案例》

第一千零四十三条　家庭应当树立优良家风，弘扬家庭美德，重视家庭文明建设。

夫妻应当互相忠实，互相尊重，互相关爱；家庭成员应当敬老爱幼，互相帮助，维护平等、和睦、文明的婚姻家庭关系。

关联规定

法律、行政法规、司法解释

《最高人民法院关于适用〈中华人民共和国民法典〉婚姻家庭编的解释（一）》

第四条　当事人仅以民法典第一千零四十三条为依据提起诉讼的，人民法院不予受理；已经受理的，裁定驳回起诉。

条文释义

一、本条主旨

本条是关于婚姻家庭道德规范的规定。

二、条文演变

有关婚姻家庭道德规范的规定最早出现于2001年修正的原《婚姻法》之中，该法第4条规定："夫妻应当互相忠实，互相尊重；家庭成员间应当敬老爱幼，互相帮助，维护平等、和睦、文明的婚姻家庭关系。"本条在2001年修正的原《婚姻法》第4条规定的基础上，新增有关家风和家庭美德的规定，首次将优良家风建设条款纳入婚姻家事法律之中。家风建设和家庭美德的道德规范纳入《民法典》，不仅宣示了国家对优良家风建设的高度重视和强力倡导，而且可以强化家庭和家庭成员的责任感和义务感，推进家庭弘扬优良家风的知行合一。

三、条文解读

本条是对配偶相互忠实和家庭成员相互尊重的规定。本条第1款规定，家庭应当树立优良家风，弘扬家庭美德，重视家庭文明建设。《民法典》首次将家风条款纳入法典。据全国人大常委会法工委民法室有关负责人介绍，在《民法典》各分编编纂中，有常委委员、专家学者提出，为了更好地贯彻落实习近平总书记关于加强家庭文明建设的讲话精神，弘扬家庭美德，体现社会主义核心价值观，建议增加有关家风和家庭美德的规定。全国人大宪法和法律委员会经研究后采纳了上述意见，将家风建设条款纳入《民法典》。

婚姻家庭关系纷繁复杂，既需要依靠法律规范调整各项婚姻家庭民事法律关系，也需要依靠婚姻家庭道德规范倡导和宣示精神文明建设各项举措。婚姻家庭关系的调整需要法治与德治相结合，《民法典》婚姻家庭编作为调整因婚姻家庭产生的民事关系的专编，必须大力弘扬夫妻互敬、孝老爱亲、家庭和睦的中华民族传统家庭美德，将家风建设入典，正是全面体现社会主义核心价值观的应有之举。通过增加相关规定，从法律制度层面引领弘扬家庭美德，维护平等、和睦、文明的婚姻家庭关系。

本条第2款规定，夫妻应当互相忠实，互相尊重，互相关爱；家庭成员应当敬老爱幼，互相帮助，维护平等、和睦、文明的婚姻家庭关系。弘扬优良家风不是一句空话，需要家庭成员的共同努力。第2款的规定对于树立优良家风，弘扬家庭美德提供了具体的操作规范，对建设和谐、平等、尊重、互助、互爱的家庭关系具有良好的助推作用。

适用指引

一、本条性质为倡导性规范，不是裁判规范

倡导性规范，是指提倡和引导人们为或不为某种行为的法律规范。实际上，不是所有的法律条文都是命令、禁止、允许或不允许行为人作出一定的行为，有些法律条文是号召性、宣示性、倡导性的条文，这些条文鼓励人们做某些行为，以此来指引公众的行为方向。这些条文一般不具有强制执行力，也不

是裁判规范，当事人仅以该条文起诉的，人民法院不予受理，已经受理的，裁定驳回起诉。

本条即为婚姻家庭编的倡导性规范，其所规定的忠诚协议是一种夫妻间的道德义务，法律并不赋予其强制执行力。《民法典婚姻家庭编解释（一）》第4条规定："当事人仅以民法典第一千零四十三条为依据提起诉讼的，人民法院不予受理；已经受理的，裁定驳回起诉。"

二、夫妻忠诚协议的效力认定及相关纠纷的处理

实践中，多有婚姻双方为保证彼此忠诚，在结婚前或婚姻关系存续期间签订以"背叛方"向对方支付精神损害赔偿，放弃子女抚养权或探视权，甚至不再婚为"违约"代价的协议，俗称"夫妻忠诚协议"。一般来说，夫妻忠诚协议可分为两类：一是对人身权利进行限制的协议，如限制一方再婚或探望子女；二是涉及精神损害赔偿的协议，如协议中约定，一方若违背忠诚义务，应向对方支付精神损害赔偿或"净身出户"。司法实践中对夫妻忠诚协议的效力认定存在不同的观点。

（一）夫妻忠诚协议相关纠纷的不同司法观点

有的法院对因此类协议产生的纠纷予以受理，对于忠诚协议中涉及财产分配的条款认定有效，对涉及人身权利的条款认定无效。理由如下：夫妻之间相互忠诚是婚姻法规定的义务，忠诚协议是夫妻双方真实意思表示，不违反法律、行政法规规定，对其中涉及财产的约定，原则上应认定为有效（如显失公平，当事人可以主张撤销或者调整）；而人身权利（如不得探望未成年子女、离婚后不得再婚等）是人的基本权利，夫妻双方无权进行约定，因此应当认定无效。

有的法院对因此类协议产生的纠纷不予受理，理由如下：夫妻之间签订忠诚协议，应由当事人本着诚信原则自觉自愿履行，法律并不禁止夫妻之间签订此类协议，但也不赋予此类协议强制执行力。如果法院受理此类忠诚协议纠纷，主张按忠诚协议赔偿的一方当事人，既要证明协议内容是真实的，没有欺诈、胁迫的情形，又要证明对方具有违反忠诚协议的行为，由此可能导致其为获取证据而作出窃听电话、私拆信件等行为，侵犯他人的个人隐私，甚至可使得夫妻之间的感情纠葛演变为刑事犯罪案件。因此，从整体社会效果考虑，法

院对夫妻之间的忠诚协议纠纷以不受理为宜。另外，赋予忠诚协议法律强制力的后果之一，就是鼓励当事人在婚前签订一个可以“拴住”对方的忠诚协议，这不仅会加大婚姻成本，而且也会使建立在双方情感和信任基础上的婚姻关系变质。忠诚协议实质上属于情感、道德范畴，当事人自觉自愿履行当然不禁止，如违反忠诚协议一方心甘情愿净身出户或赔偿若干金钱，为自己的出轨行为付出经济上的代价。但是如果一方不愿履行，不应强迫其履行忠诚协议，就如同超过诉讼时效的债权债务，是否履行全凭债务人的自愿。例如，江苏省高级人民法院 2019 年 7 月 18 日印发的《家事纠纷案件审理指南（婚姻家庭部分）》中指出：“夫妻忠诚协议是夫妻双方在结婚前后，为保证双方在婚姻关系存续期间不违反夫妻忠诚义务而以书面形式约定违约金或者赔偿金责任的协议。夫妻是否忠诚属于情感道德领域的范畴，夫妻双方订立的忠诚协议应当自觉履行。夫妻一方起诉主张确认忠诚协议的效力或者以夫妻另一方违反忠诚协议为由主张其承担责任的，裁定不予受理，已经受理的，裁定驳回起诉。”从上述规定来看，对有关忠诚协议问题均倾向于法院不予受理，已经受理的裁定驳回起诉。[①]

（二）处理夫妻忠诚协议相关纠纷的原则

我们认为，夫妻关系是民事主体最私密和最核心的领域，法律不宜干涉太多。夫妻是否忠诚属于情感道德领域的问题，是一种道德义务。夫妻双方之间订立的忠诚协议应由双方当事人本着诚信原则自觉履行，法律不禁止此类协议的签订，但也不赋予此类协议强制执行力。因此，人民法院以不受理为宜。

但夫妻一方提出离婚，并以对方存在出轨、婚外情等情形提起离婚损害赔偿的，人民法院应当受理。虽然人民法院不宜对忠诚协议的效力作出评价，但一方存在出轨等情形的，可以作为另一方提起离婚损害赔偿的考量因素进行处理。

---

① 最高人民法院民法典贯彻实施工作领导小组主编：《中华人民共和国民法典婚姻家庭编继承编理解与适用》，人民法院出版社 2020 年版，第 38 页。

类案检索

一、李某与马某离婚纠纷案

关键词： 夫妻忠诚协议　强制执行力

裁判摘要： 夫妻间订立的忠诚协议应由当事人自觉履行，法律不赋予其强制执行力，不能以此作为分割夫妻共同财产或确定子女抚养权归属的依据。

【来　　源】 2019年度江苏法院婚姻家庭十大典型案例

二、那某与陈某离婚后财产纠纷案

关键词： 忠实义务　损害赔偿

裁判摘要： 夫妻关系存续期间，妻子与他人发生婚外性关系，并生育孩子，丈夫在婚姻关系存续期间甚至离婚后一段时间亦不知情，并认为孩子系妻子与其所生，一直履行抚养义务。妻子的行为严重违反了夫妻之间应当互相忠实、互相尊重的义务，给配偶中不知情的一方造成了巨大情感伤害和财产损失。因此，在有相关证据综合证明之下，不知情的无过错方有权要求对方就精神损害和财产损失进行赔偿；赔偿诉讼的提出时间应当是知道或应当知道违反忠实义务行为存在的时间。

【案　　号】（2008）二中民终字第03723号

【审理法院】 北京市第二中级人民法院

【来　　源】《人民司法·案例》2009年第22期

第一千零四十四条　收养应当遵循最有利于被收养人的原则，保障被收养人和收养人的合法权益。

禁止借收养名义买卖未成年人。

关联规定

一、法律、行政法规、司法解释

《中华人民共和国未成年人保护法》

第四条　保护未成年人，应当坚持最有利于未成年人的原则。处理涉及未成年人事项，应当符合下列要求：

（一）给予未成年人特殊、优先保护；

（二）尊重未成年人人格尊严；

（三）保护未成年人隐私权和个人信息；

（四）适应未成年人身心健康发展的规律和特点；

（五）听取未成年人的意见；

（六）保护与教育相结合。

二、司法指导性文件

1.《最高人民法院关于生母已将女儿给人收养而祖母要求收回抚养孙女应否支持问题的批复》

上海市高级人民法院：

你院（87）沪高民他字第 10 号《关于生母已将女儿给他人收养而祖母要求收回抚养孙女应否支持的请示报告》收悉。

据你院报告称：丁杏瑞（丈夫已故）有一子二女，其子周吉芳和张兰于 1986 年 3 月登记结婚，同年 11 月 22 日周吉芳病故。1987 年 2 月张兰生一女，委托护士将女婴送给王明星、陈德芳夫妇（无子女）抚养。丁得知后，要张兰将孙女领回由她抚养，被拒绝。为此，丁杏瑞诉讼到人民法院。

经研究，我们基本上同意你院审判委员会意见，即根据该案具体情况，从更有利于儿童的利益和健康成长考虑，张兰将其女儿送给王明星夫妇抚养是法律所允许的，可予维持。在审理中，要尽力做好说服工作，争取调解解决。

2.《最高人民法院关于非婚生子抚养问题的复函》

内蒙古自治区高级人民法院：

你院内法民字〔1980〕10号关于高玉兰非婚生子抚养纠纷一案的请示报告收悉。据报送材料和卷宗所载，王桂芳之子郭才生前与高玉兰恋爱过程中致高怀孕，高于1979年1月23日生一男孩后即及时送给事先找妥的收养人徐金柱抚养，后王桂芳以“留后代”为由要求抚养，虽经喜桂图旗人民法院及呼伦贝尔盟中级人民法院判决归王桂芳抚养，但因生母高玉兰与收养人徐家均不同意，执行不通，而你院拟改变原判决。

经我们研究，认为根据婚姻法规定精神，处理这类案件，应以保障儿童身心健康成长为出发点，从该案实际情况看，收养人徐金柱夫妇未生育子女，对所争之男孩从出生到现在已抚养一年多了，又有较好的抚养条件，有利于儿童的成长，应该承认此抚养关系和予以保护。至于王桂芳虽与此男孩有血缘关系，但孩子生父已死，生母为孩子利益着想，有权决定送人抚养，况且王桂芳家抚养条件不利于孩子身心健康成长。因此，我们同意你院的处理意见，即改判由收养人徐金柱继续抚养为宜。对王桂芳之诉讼请求，不予支持，应说服其息诉。

条文释义

一、本条主旨

本条是关于收养基本原则的规定。

二、条文演变

收养制度是婚姻家庭关系的重要组成部分，它不仅体现着血脉与家族的存续，还标志着一个国家从人伦习俗到立法上的包容性与丰富性。收养制度的本质是突破自然血亲关系的纽带，同时也是在法律上承认拟制血亲关系的一项亲属制度。我国最早对收养关系进行规制的法律为1991年原《收养法》，该法

第2条规定，收养应当有利于被收养的未成年人的抚养、成长，遵循平等自愿的原则，并不得违背社会公德。第3条规定，收养不得违背计划生育的法律、法规。第19条规定，严禁买卖儿童或者借收养名义买卖儿童。1998年修正原《收养法》时，从平衡收养关系各方权益保护的角度，新增保障被收养人和收养人合法权益的表述，规定为“收养应当有利于被收养的未成年人的抚养、成长，保障被收养人和收养人的合法权益，遵循平等自愿的原则，并不得违背社会公德”。本条在吸收1998年修正的原《收养法》有关收养制度基本原则的基础上进行如下完善：（1）将“收养应当有利于被收养的未成年人的抚养、成长”的具体表述上升为“收养应当遵循最有利于被收养人的原则”这一原则性表述，是《民法典》在收养领域贯彻最有利于未成年人原则的体现。（2）删除了“遵循平等自愿的原则，并不得违背社会公德”的表述，因为《民法典》总则编中的第4条和第8条分别确立了民事主体在民事活动中的法律地位平等的原则和民事主体从事民事活动不得违背公序良俗的原则。收养关系当事人作为民事主体在收养活动中应当遵循《民法典》的各项基本原则，因此婚姻家庭编没有必要再重述这些原则内容。（3）删除了第3条“收养不得违背计划生育的法律、法规”的内容，原因在于随着我国生育政策的调整，婚姻家庭编已经不再将“计划生育”作为基本原则。

三、条文解读

收养，是指收养人按照法律规定的程序领养他人的子女为自己的子女，依法创设拟制血亲亲子关系的身份法律行为。收养行为的法律效果就是创设拟制血亲关系，即拟制血亲的亲子关系。在收养法律关系中，收养人称为养父、养母，被收养人称为养子、养女。养父母子女关系，在法律上具有与生父母子女关系相同的法律地位，即具有相同的权利义务关系。收养关系成立后，养子女与其生父母之间的权利义务关系消灭。

（一）收养应当遵循最有利于被收养人的原则

这是《民法典》关于收养制度的基本规定，该原则要求政府、社会组织等在解决收养关系问题时应该从被收养人的利益出发进行考量，为司法实践中解决收养关系纠纷提供了统一的价值引导。在收养制度的各项原则中具有统领地位。根据《民法典》第1093条规定：“下列未成年人，可以被收养：（一）丧失父母的孤儿；（二）查找不到生父母的未成年人；（三）生父母有特殊困难无力抚养的子女。”由此可见，被收养人为未成年人。未成年人因其智力、行为能力的不健全，不能或者很难独立在社会中生存。对于某些特殊的未成年人（丧失父母、父母不能抚养等），法律应对其进行特别保护。收养应当遵循最有利于被收养人的原则，是“未成年人利益最大化”原则在收养制度中的体现，是婚姻家事领域对未成年人利益的特殊倾斜保护。《民法典》有关收养制度的具体规定，均体现了对被收养人的倾斜保护。例如，《民法典》第1114条规定，收养人在被收养人成年以前，不得解除收养关系，但是收养人、送养人双方协议解除的除外。养子女8周岁以上的，应当征得本人同意。收养人不履行抚养义务，有虐待、遗弃等侵害未成年养子女合法权益行为的，送养人有权要求解除养父母与养子女间的收养关系。送养人、收养人不能达成解除收养关系协议的，可以向人民法院提起诉讼。

（二）保障被收养人和收养人的合法权益

这一原则要求在收养法律关系中应当兼顾收养人与被收养人双方的利益保护，该原则也是当今世界各国和地区收养立法普遍遵循的基本原则。收养是基于收养人的收养行为产生的民事法律关系，涉及收养人、送养人和被收养子女三方主体的利益。特别是收养关系成立后，收养人和被收养人之间形成了拟制父母子女关系，双方具有法律上的权利和义务，不能只单方强调保护未成年的被收养人的利益，而是应当要求双方均应依照法律关于父母子女关系的规定行使权利、履行义务。从收养制度功能的角度看，该制度一方面是使丧失父母的孤儿、因特殊原因不能与父母共同生活的子女，由养父母进行抚养教育，从而享受家庭的温暖，健康成长；另一方面是使没有子女或只有一名子女的养父母在亲情上得到慰藉，在晚年时得以老有所养。因此，为保障收养关系的健康发展，在以“最有利于被收养人”为首要原则的前提下，亦应当对收养人的合法权益给予保护，特别是在养父母将养子女抚养成人后，更应当重视对养父母权益的保护，使收养人与被收养人合法权益得到平等实现。例如，《民法典》第1118条规定，收养关系解除后，经养父母抚养的成年养子女，对缺乏劳动能力又缺乏生活来源的养父母，应当给付生活费；因养子女成年后虐待、遗弃养父母而解除收养关系的，养父母可以要求养子女补偿收养期间支出的抚养费；生父母非因养父母虐待、遗弃养子女要求解除收养关系的，养父母可以要求生父母适当补偿收养期间支出的抚养费。《民法典》第 1043 条关于树立优良家风、弘扬家庭美德、重视家庭文明建设的倡导，也同样适用于养父母子女。

（三）禁止借收养名义买卖未成年人

联合国大会2000年5月25日通过并开放给各国签字、批准和加入的《〈儿童权利公约〉关于买卖儿童、儿童卖淫和儿童色情制品问题的任择议定书》第2条（a）规定，买卖儿童系指任何人或群体将儿童转予另一人或群体以换取报酬或其他补偿的行为或交易。对于买卖儿童，我国《刑法》第 240 条、第 241 条分别规定了拐卖儿童罪和收买被拐卖的儿童罪，所以拐卖儿童的人和收买被拐卖儿童的人，都构成犯罪，但罪名不同，量刑不同，二者相较，拐卖儿童罪是重罪，体现出刑法重点打击拐卖行为的立法目的。而收买被拐卖儿童，一般是因为自己无法生育或者受到重男轻女思想影响未能生育男孩。此种情况下，行为人收买儿童后一般会对收买的儿童履行抚养义务，甚至视如己出。但是无论如何，买卖未成年人和收养未成年人是两类性质截然不同的行为。为逃避刑事制裁，实践中存在借用收养形式实施买卖未成年人犯罪行为的现象。为遵循被收养人利益最大化原则，本原则从法律层面明确禁止以收养之名行买卖未成年之实的违法行为，从收养法律关系领域杜绝拐卖儿童和收买被拐卖儿童现象的发生，彻底斩断"人贩子"和买方的犯罪链条。因此，该项原则作为收养制度的一项基本原则，通过对违法犯罪行为的禁止，进一步强化对收养行为合法性与规范性的要求，是对保障被收养人利益原则的深化，有助于防止收养领域中的违法犯罪行为，进一步完善收养制度。[①] 为加强对假借收养之名买卖未成年人的犯罪行为的打击力度，提供了民事法律上的依据。

适用指引

一、收养需满足法律规定的条件，并办理相关手续

根据被收养人利益最大化原则，收养关系的成立虽然是当事人之间的私事，但是需要国家的监督，需要公权力的干预。在我国表现为收养的双方应满

① 最高人民法院民法典贯彻实施工作领导小组主编：《中华人民共和国民法典婚姻家庭编继承编理解与适用》，人民法院出版社 2020 年版，第 45 页。

足一定的条件并履行登记程序。《民法典》第1105条对收养登记、收养协议、收养公证以及收养评估等作出规定。收养登记，是指国家通过主管部门对申请建立收养关系的当事人，依照法律规定的收养条件进行审查，对符合收养条件的予以登记确立，从而形成收养关系的一种制度。收养登记制度是国家对收养关系进行监督的体现，确保收养行为符合法律规定的条件和程序，以保障收养人和被收养人的合法权益，更是体现了对被收养人权益的倾斜保护。《民法典》第1105条第1款规定，收养应当向县级以上人民政府的民政部门登记，收养关系自登记之日起成立。

收养查找不到生父母的未成年人的，办理登记的民政部门应当在登记前予以公告。这一规定是为了最大限度地维持原始家庭关系的稳定，以保障被收养人的合法权益。

收养关系当事人自愿签订收养协议的，可以签订收养协议。签订收养协议并非强制性行为，是收养关系当事人的自愿行为。按照法律规定的收养程序办理了收养登记，但未签订收养协议的，收养关系不因未签订收养协议而无效。

收养评估，是指由相关专业人员或有能力的社会组织或机构采取科学、专业的方式，对收养人是否具备抚养教育被收养的未成年人的能力的综合评估。收养评估是保障被收养人利益的体现，通过收养评估可以客观科学地反映收养人是否有能力、有条件收养被收养人，是否能够保障被收养人健康成长和生活。《民法典》第1105条第5款规定，县级以上人民政府民政部门应当依法进行收养评估。就收养评估，民政部2020年12月30日印发并与《民法典》同日施行的《收养评估办法（试行）》第1条将制定办法的目的明确为“保障被收养人的合法权益”，体现了遵循最有利于被收养人的原则。该办法通过更好地把握收养申请人“抚养、教育和保护被收养人的能力”，进一步强化“有能力才能收养”“符合法定条件才能收养”“有利于被收养人才能收养”的认识，有利于引导改变当前部分家庭完全从满足自身需要出发、忽视被收养未成年人需求的观念，有利于进一步推进在全社会形成以被收养未成年人为中心的收养理念。

二、事实收养关系的效力认定

收养关系的成立应满足一定的手续和条件。在原《收养法》生效之前，司法实践中存在虽未办理收养登记，但已经形成长期稳定共同生活的事实收养的情形。这种情形多为亲友、群众公认或由村委会、居委会等有关组织加以证明。因此，对于原《收养法》生效之前形成事实收养的，应当按照收养关系对待。

原《收养法》生效后，未按照法律规定办理收养手续，进行收养登记的，应认定为非法收养，不受法律保护。

第一千零四十五条　亲属包括配偶、血亲和姻亲。

配偶、父母、子女、兄弟姐妹、祖父母、外祖父母、孙子女、外孙子女为近亲属。

配偶、父母、子女和其他共同生活的近亲属为家庭成员。

关联规定

法律、行政法规、司法解释

《最高人民法院关于适用〈中华人民共和国民事诉讼法〉的解释》

第八十五条　根据民事诉讼法第六十一条第二款第二项规定，与当事人有夫妻、直系血亲、三代以内旁系血亲、近姻亲关系以及其他有抚养、赡养关系的亲属，可以当事人近亲属的名义作为诉讼代理人。

条文释义

一、本条主旨

本条是关于亲属、近亲属、家庭成员范围的规定。

二、条文演变

本条为新增法条。《民法典》首次对亲属、近亲属和家庭成员的范围作出规定，与《刑法》上近亲属的概念相区别，成为搭建家庭关系中权利和义务的基石。

三、条文解读

（一）亲属包括配偶、血亲和姻亲

从本条规定可以看出，亲属的范围可分为两类：一是因血缘关系产生；二是因婚姻关系产生。我国《民法典》将配偶这一基于婚姻关系产生的亲属关系单列出来，主要是因为配偶在亲属关系中居于核心地位，位于近亲属的首位。这也侧面反映了婚姻家事关系中男女平等的原则。配偶既是姻亲关系产生的媒介，也是血亲关系产生的一项基础。如果没有男女缔结婚姻的事实，则没有姻亲关系产生的基础。如果没有男女缔结婚姻的基础，则不会有夫妻生育产生血亲关系的前提。血亲关系是基于血缘关系和法律拟制产生的亲属关系，既包括因自然血缘关系产生的亲属关系，也包括因收养等产生的法律拟制血亲关系。自然血亲关系因出生而产生，因死亡而终止。拟制血亲关系因收养或者继父母与继子女形成抚养教育事实而发生，因一方死亡或者养父母子女关系、继父母子女关系解除而终止。姻亲关系是指以婚姻关系为媒介形成的亲属关系，因婚姻关系缔结而产生，因婚姻关系的解除或撤销而终止。对于司法实践中存在的丧偶儿媳和女婿继续赡养公婆、岳父母的情形，不能因事实的继续赡养行为的存在而否定姻亲关系的终止。司法实践中出现的这种情形应特殊对待，根据《民法典》第1129条规定，丧偶儿媳对公婆，丧偶女婿对岳父母，尽了主要赡养义务的，作为第一顺序继承人。这一规定是从权利义务相一致和对等的角度出发，对符合社会主义核心价值观和中华民族孝道观念的行为的赞扬和肯定，不能作为认定姻亲关系继续存在的根据。

（二）配偶、父母、子女、兄弟姐妹、祖父母、外祖父母、孙子女、外孙子女为近亲属

民法中的近亲属的范围和刑法中近亲属的范围有所区别。根据本条规定，民法中的近亲属，是指配偶、父母、子女、兄弟姐妹、祖父母、外祖父母、孙子女、外孙子女，而刑法中的近亲属，是指夫、妻、父、母、子、女、同胞兄弟姐妹。由此可见，民法中近亲属的范围较刑法更广泛。

（三）配偶、父母、子女和其他共同生活的近亲属为家庭成员

家庭成员的范围较近亲属和亲属的范围而言更加狭窄。家庭成员应为近亲属，但对于三类家庭成员不强调其共同生活的属性，即配偶、父母和子女。这三类近亲属关系的存在，不因其是否共同生活而割裂。成年子女缔结婚姻后，与父母分开居住的，不影响其与父母之间血缘关系的联系；配偶二人因工作等各种原因分居两地的，也不影响配偶居于近亲属关系的核心地位。这是因为，基于人类社会伦理，家庭是基于夫妻而产生的社会基本生活单位，是人类得以繁衍的前提。因此，无论夫妻二人是否共同生活，均不影响配偶居于近亲属的核心地位。

而在这三类以外的近亲属，应以是否共同生活进行限定。如何理解共同生活。我们认为，这里的共同生活应强调持续性、稳定性，以及共同创造性。即这种生活不是短暂的、临时的，而是基于共同创造、财产共有而产生的。

第二章　结　婚

第一千零四十六条　结婚应当男女双方完全自愿，禁止任何一方对另一方加以强迫，禁止任何组织或者个人加以干涉。

关联规定

法律、行政法规、司法解释

1.《中华人民共和国宪法》

第四十九条　婚姻、家庭、母亲和儿童受国家的保护。

夫妻双方有实行计划生育的义务。

父母有抚养教育未成年子女的义务，成年子女有赡养扶助父母的义务。

禁止破坏婚姻自由，禁止虐待老人、妇女和儿童。

2.《中华人民共和国妇女权益保障法》

第四十四条　国家保护妇女的婚姻自主权。禁止干涉妇女的结婚、离婚自由。

条文解读

一、本条主旨

本条是关于结婚自愿的规定。

二、条文演变

1950年原《婚姻法》即明确规定了结婚自愿的条件，该法第3条规定："结婚须男女双方本人完全自愿，不许任何一方对他方加以强迫或任何第三者加以干涉。"1980年原《婚姻法》将结婚自愿规定于第4条："结婚必须男女双方完全自愿，不许任何一方对他方加以强迫或任何第三者加以干涉。”文字表述上删除了“男女双方本人完全自愿”中的“本人”一词，更加精炼。2001年修正的原《婚姻法》以第5条完全延续了1980年原《婚姻法》有关结婚自愿的规定。《民法典》第1046条对2001年修正的原《婚姻法》第5条的语句结构和文字进行了完善：（1）将对男女双方完全自愿的要求由“必须”改为“应当”。在法律规范中，“应当”和“必须”都属于强制性规范用语，但是从强制的程度上“必须”比“应当”更为严厉，使用“必须”的法律条文属于义务性的规范，而且没有例外和特殊，必须履行；使用“应当”的法律条文一般是一种原则性的规定或者要求，在执行中可以有一定的灵活性，允许例外。从规范的角度，立法表述一般避免使用“必须”，使用“应当”更为科学、规范。（2）将来自婚姻当事人一方的强迫和当事人以外的第三方的干涉，由一句拆分为两句，对两类主体的行为分别进行约束，明确了当事人和第三方都应当承担不干涉他人婚姻自由的义务，而且更加清晰地表明婚姻当事人承担的是对另一方的义务，第三方承担的是对婚姻当事人双方的义务。（3）将“不许”改为“禁止”，文字更准确，语气更严厉，语句结构更简洁。（4）把对当事人以外的第三方由“第三者”改为“任何组织或者个人”，更加准确。

三、条文解读

（一）结婚的条件

理论上，结婚的条件包括结婚的必备条件和禁止条件，这是从积极和消极两个方面对结婚的条件进行规制。结婚的必备条件，又称积极条件，是指当事人在结婚时必须具备的条件。根据《民法典》第1046条和第1047条规定，在我国，结婚的必要条件有二：一是男女双方完全自愿；二是男女双方均达到法定婚龄。结婚的禁止条件，又称消极条件、排除条件、婚姻的障碍，是指法律不允许结婚的情况。《民法典》第1048条是对结婚禁止条件的规定，即直系血亲或者三代以内的旁系血亲禁止结婚。禁止结婚的条件是对结婚必备条件的补充，二者共同构成完整的结婚的条件。

（二）结婚应当男女双方完全自愿

婚姻是民事法律行为，成立婚姻应当由男女双方自愿达成结婚合意，这是当代各国结婚立法的通例，是婚姻自由原则在结婚制度中的具体体现。婚姻是特殊的民事法律行为。家庭是社会的细胞，只有男女双方本着自愿的原则缔结婚姻关系，才能保障家庭关系设立的和谐稳定。婚姻关系既包括人身关系也包括财产关系，其中，人身关系为主，财产关系为辅。因此，是否创设婚姻关系应遵循双方当事人的自由意志，但创设婚姻关系应当遵守的程序以及需要满足的条件，由法律进行规定限制。

本条是婚姻自由原则在结婚领域的体现，即婚姻关系的缔结应当全凭自愿，且这种自愿是男女双方均自愿，而且不是第三方进行干涉下的“自愿”，若父母等第三者采用包办、买卖形式强迫男女双方缔结婚姻关系的，属于可撤销的婚姻关系。

当然，这种自愿不禁止男女双方在缔结婚姻关系前征求己方父母、亲属、朋友等的意见。

（三）同意结婚的意思表示需男女双方共同向婚姻登记机关作出

缔结婚姻是要式行为。想要缔结婚姻的双方当事人除满足缔结婚姻的年龄要件等实质要件之外，同意结婚的意思表示还需要二人同时向婚姻登记机关作出。在我国，申请结婚登记的男女双方当事人需要共同向婚姻登记机关作出申请结婚的意思表示，双方当事人未向婚姻登记机关办理结婚登记的，婚姻关系未缔结。

适用指引

关于结婚非自愿情况的司法处理

本条规定实质上也隐藏着缔结婚姻的双方当事人对缔结婚姻关系应达成合意，这也是结婚的必备要件之一。若男女双方缔结婚姻非自愿的，如一方对另一方加以胁迫的，受胁迫的一方有权自胁迫行为终止之日起 1 年内向人民法院提出请求撤销婚姻关系，被非法限制人身自由的，应当自恢复人身自由之日起 1 年内向人民法院请求撤销婚姻关系。以此为由申请撤销婚姻关系的，应承担举证责任，不能承担举证责任的，应承担举证不能的法律后果。

第一千零四十七条　结婚年龄，男不得早于二十二周岁，女不得早于二十周岁。

关联规定

法律、行政法规、司法解释

1.《婚姻登记条例》

第六条　办理结婚登记的当事人有下列情形之一的，婚姻登记机关不予登记：

（一）未到法定结婚年龄的；

（二）非双方自愿的；

（三）一方或者双方已有配偶的；

（四）属于直系血亲或者三代以内旁系血亲的；

（五）患有医学上认为不应当结婚的疾病的。

2.《最高人民法院关于适用〈中华人民共和国民法典〉婚姻家庭编的解释（一）》

第九条　有权依据民法典第一千零五十一条规定向人民法院就已办理结婚登记的婚姻请求确认婚姻无效的主体，包括婚姻当事人及利害关系人。其中，利害关系人包括：

（一）以重婚为由的，为当事人的近亲属及基层组织；

（二）以未到法定婚龄为由的，为未到法定婚龄者的近亲属；

（三）以有禁止结婚的亲属关系为由的，为当事人的近亲属。

条文释义

一、本条主旨

本条是关于法定年龄结婚的规定。

二、条文演变

1950年原《婚姻法》规定的法定结婚年龄为男20岁，女18岁，该法第4条规定："男二十岁，女十八岁，始得结婚。"这是基于当时的经济社会文化发展水平所确定的，也是为社会公众所认可的。为了落实计划生育的政策，1980年原《婚姻法》对法定结婚年龄作出修改，将男女的结婚年龄分别提高2周岁，并倡导晚婚晚育。该法第5条规定："结婚年龄，男不得早于二十二周岁，女不得早于二十周岁。晚婚晚育应予鼓励。"2001年修正的原《婚姻法》第6条完全延续了1980年原《婚姻法》有关法定婚龄的规定。《民法典》第1047条吸收了1980年原《婚姻法》对结婚年龄的规定，但是删除了"晚婚晚育应予鼓励"的规定，以配合国家二胎、三胎生育政策的实施。

三、条文解读

本条作为说明性法条，只是规定了结婚的年龄限制条件，不涉及法律后果。婚姻家事关系是人身关系和财产关系的结合，人身关系是建立婚姻家事关系的基础。男女双方本着自愿原则缔结婚姻关系应属自愿，但应达到什么样的年龄、履行什么样的手续应由法律明确规定。

我国法定结婚年龄的规定是基于经济社会发展水平及人的身体发育和智力成熟情况综合确定的。根据学者对193个国家和地区的法定结婚年龄的统计分析，明确规定男性结婚年龄的国家和地区有187个。男性法定结婚年龄最高的为22岁，多数国家和地区处于18岁至22岁之间。其中，采用18岁标准的有130个，占比69.5%。女性法定结婚年龄最高的为21岁，多数国家和地区处于18岁至21岁之间。采用18岁标准的有121个，占比65.4%。

在《民法典》编纂过程中，有的代表委员建议应统一男女的法定结婚年龄，就这一问题，立法部门征求了有关部门的意见，还就该问题请有关部门进行了社会调查，经综合各方面因素，《民法典》未对结婚的法定年龄作出修改，是符合社会公众一般认知，也是符合当下我国的经济文化社会发展水平的。

需要注意的是，男女双方选择在什么年龄缔结婚姻是需要满足法律规定的最低限度的，也就是说，《民法典》规定的法定结婚年龄是最低的结婚年龄，而对结婚年龄的上限未作出规定。

适用指引

一、结婚的当事人应当具有结婚的行为能力

如前所述，本条是说明性法条，说明了结婚应当满足的年龄条件。那是否所有满足年龄条件的自然人缔结的婚姻关系均系有效的婚姻关系呢？我们认为，本条隐藏着结婚的当事人应当具有结婚行为能力的含义。具体来说，想要缔结婚姻关系的双方当事人除应满足本条规定的年龄限制条件外，还应当对是否缔结婚姻关系具有辨别能力。

18周岁以上的自然人为完全民事行为能力人，22周岁以上的男性、20周岁以上的女性可以结婚，但是在辨认个人行为上有问题（包括不能辨认和不能完全辨认）的自然人，可能是无民事行为能力人或者限制民事行为能力人。其是否具有结婚的行为能力应区别对待。若达到法定结婚年龄的自然人为无民事行为能力人，其当然不具备缔结婚姻的行为能力。若达到法定结婚年龄的自然人是限制民事行为能力人，则需要考量其作出的缔结婚姻的意思表示是否与其智力、精神状况相当。例如，因限制民事行为能力人不具备缔结婚姻的行为能力而认定其婚姻存在瑕疵时，应当由鉴定机构出具相关说明，并明确其无缔结婚姻的行为能力，且无缔结婚姻的行为能力在其缔结婚姻前就已经存在。[①]

二、本条规定的法定结婚年龄为最低年龄

本条规定的法定结婚年龄不是最佳年龄，也不是最高年龄，而是最低年龄。婚姻家庭关系除应遵循法律规定外，还受道德情感伦理等因素的共同作用。因此，法律从最大限度尊重当事人缔结婚姻自由的角度出发，仅规定了缔结婚姻的最低年龄。

---

① 薛宁兰、谢鸿飞主编：《民法典评注·婚姻家庭编》，中国法制出版社2020年版，第63页。

第一千零四十八条 直系血亲或者三代以内的旁系血亲禁止结婚。

关联规定

法律、行政法规、司法解释

《婚姻登记条例》

第六条 办理结婚登记的当事人有下列情形之一的，婚姻登记机关不予登记：

（一）未到法定结婚年龄的；

（二）非双方自愿的；

（三）一方或者双方已有配偶的；

（四）属于直系血亲或者三代以内旁系血亲的；

（五）患有医学上认为不应当结婚的疾病的。

条文释义

一、本条主旨

本条是关于禁止结婚的规定。

二、条文演变

1950年原《婚姻法》即存在有关禁止结婚的规定，该法第5条规定：“男女有下列情形之一者，禁止结婚：一、为直系血亲，或为同胞的兄弟姊妹和同父异母或同母异父的兄弟姊妹者；其他五代内的旁系血亲间禁止结婚的问题，从习惯。二、有生理缺陷不能发生性行为者。三、患花柳病或精神失常未经治愈，患麻风或其他在医学上认为不应结婚之疾病者。”1980年原《婚姻法》第6条对禁止结婚的条件除保留“直系血亲”外，还进行了重大修订：（1）将禁止结婚的旁系血亲由“兄弟姊妹”扩大到“三代以内的旁系血亲”，同时，在三代以内旁系血亲禁止结婚的情况下，原为社会习俗认可的“表兄妹婚”不再具有合法性，因此取消了兄弟姐妹以外的“其他五代内的旁系血亲间禁止结婚的问题，从习惯”的规定。（2）删除了“有生理缺陷不能发生性行为者”禁婚的规定，主要理由是这种生理缺陷没有传染性、遗传性，对对方健康没有影响，而且尽管夫妻间的性生活是夫妻生活中的重要内容，但却不是唯一的内容，当事人明知对方有生理有缺陷不能发生性行为而自愿结婚的属于婚姻自由的范畴，法律不宜干涉。（3）对于禁婚疾病，删除了花柳病、精神失常，对于患麻风病予以保留，但是增加了“未经治愈”的限制；同时保留了“患其他在医学上认为不应当结婚的疾病”的表述，目的是为通过医学发展攻克疾病留出空间。2001 年修正的原《婚姻法》部分沿用了 1980 年原《婚姻法》有关禁止结婚的规定，该法第 7 条规定，有下列情形之一的，禁止结婚：（1）直系血亲和三代以内的旁系血亲；（2）患有医学上认为不应当结婚的疾病。即该条保留了禁婚亲的规定，但是对禁婚疾病不再采取列举的方式。《民法典》编纂时进一步作出重大调整，只保留了禁婚亲的规定，删除了“患有医学上认为不应当结婚的疾病”这一禁止结婚的条件，将“一方患有重大疾病的”纳入《民法典》第 1053 条规定的可撤销婚姻中，体现了对当事人婚姻自由的尊重。

三、条文解读

（一）直系血亲和三代以内旁系血亲不得结婚

血亲包括自然血亲和拟制血亲，自然血亲是指基于血缘关系产生的亲属关系；拟制血亲是指基于收养、继父母子女等关系的出现而产生的亲属关系，拟制血亲和自然血亲享有同等的权利和义务。

婚姻家庭领域禁止直系血亲和三代以内旁系血亲缔结婚姻关系，主要是基于优生优育的目的考量和家庭伦理的价值考量。从医学角度而言，血缘过近的亲属之间结为夫妻，更易将双方的生理缺陷遗传给下一代。其中，直系血亲，是指和自己有直接血缘关系的亲属，具有生与被生关系。直系血亲就是指父母与子女、祖父母与孙子女、外祖父母与外孙子女间的血缘关系。因为这些成员在家系图中是一代接一代地垂直分布的，所以叫称为“直系”。旁系血亲，是指与自己具有间接血缘关系的亲属，即除直系血亲以外的、与自己同出一源的血亲。三代以内的旁系血亲主要包括：（1）同父同母的兄弟姐妹和同母异父、同父异母的兄弟姐妹；（2）不同辈分的叔叔、伯伯、姨母、舅舅、姑母、侄（女）、甥（女）。

（二）删除了“患有医学上认为不应当结婚的疾病”的规定

原《婚姻法》将患有医学上认为不应当结婚的疾病作为禁止结婚的条件。《民法典》编纂时，将这一禁止条件删除，有以下两个方面的考虑：

一是缔结婚姻是宪法赋予公民的权利，婚姻自由也是婚姻家庭关系的基石。以当事人患有某种疾病作为禁止结婚的条件是对当事人婚姻自由的限制。若一方当事人婚前患有重大疾病，另一方当事人与其缔结婚姻的时候对这一情况是明知或者应知的，法律不应对双方缔结婚姻与否进行干预和限制。

二是目前对于何为不应当结婚的疾病，医学上仍旧无法得出确定的结论。随着现代医学技术的不断发展，疾病的治愈率也在不断提高，这就导致不应当结婚的疾病在审判实践中难以有明确的标准。目前的司法实践中，多以《母婴保健法》《传染病防治法》规定的指定传染病，即艾滋病、淋病、梅毒、麻风病以及医学上认为影响结婚和生育的其他传染病进行判断。此外，对于一些上述两部法律明文规定以外的不宜结婚的疾病，如先天性生殖系统疾病、尿毒症、生理缺陷等在审判实践中也被认定为不应当结婚的疾病。《民法典》婚姻家庭编没有明确规定哪些疾病属于不应当结婚的疾病，主要是出于对双方当事人结婚自由的尊重。即使当事人一方患有疾病，但另一方在婚前知情且基于自愿缔结婚姻关系的，法律对此不应一味禁止。

为顺应时代的发展要求，《民法典》不再将“疾病”作为禁止结婚的条件，将是否结婚的决定权返还缔结婚姻的双方当事人，最大限度地体现了对当事人结婚自由的保障。但同时应当注意的是，法律不再规定禁止患有某些疾病的人结婚，并不意味着法律对此不进行干预，任由当事人作为。《民法典》第 1053 条第 1 款规定，一方患有重大疾病的，应当在结婚登记前如实告知另一方；不如实告知的，另一方可以向人民法院请求撤销婚姻。请求撤销婚姻的，应当自知道或者应当知道撤销事由之日起 1 年内提出。[①]

① 薛宁兰、谢鸿飞主编：《民法典评注 · 婚姻家庭编》，中国法制出版社 2020 年版，第 69 页。

第一千零四十九条　要求结婚的男女双方应当亲自到婚姻登记机关申请结婚登记。符合本法规定的，予以登记，发给结婚证。完成结婚登记，即确立婚姻关系。未办理结婚登记的，应当补办登记。

关联规定

法律、行政法规、司法解释

1.《婚姻登记条例》

第二条　内地居民办理婚姻登记的机关是县级人民政府民政部门或者乡（镇）人民政府，省、自治区、直辖市人民政府可以按照便民原则确定农村居民办理婚姻登记的具体机关。

中国公民同外国人，内地居民同香港特别行政区居民（以下简称香港居民）、澳门特别行政区居民（以下简称澳门居民）、台湾地区居民（以下简称台湾居民）、华侨办理婚姻登记的机关是省、自治区、直辖市人民政府民政部门或者省、自治区、直辖市人民政府民政部门确定的机关。

第三条　婚姻登记机关的婚姻登记员应当接受婚姻登记业务培训，经考核合格，方可从事婚姻登记工作。

婚姻登记机关办理婚姻登记，除按收费标准向当事人收取工本费外，不得收取其他费用或者附加其他义务。

第四条　内地居民结婚，男女双方应当共同到一方当事人常住户口所在地的婚姻登记机关办理结婚登记。

中国公民同外国人在中国内地结婚的，内地居民同香港居民、澳门居民、台湾居民、华侨在中国内地结婚的，男女双方应当共同到内地居民常住户口所在地的婚姻登记机关办理结婚登记。

第五条　办理结婚登记的内地居民应当出具下列证件和证明材料：

（一）本人的户口簿、身份证；

（二）本人无配偶以及与对方当事人没有直系血亲和三代以内旁系血亲关

系的签字声明。

办理结婚登记的香港居民、澳门居民、台湾居民应当出具下列证件和证明材料：

（一）本人的有效通行证、身份证；

（二）经居住地公证机构公证的本人无配偶以及与对方当事人没有直系血亲和三代以内旁系血亲关系的声明。

办理结婚登记的华侨应当出具下列证件和证明材料：

（一）本人的有效护照；

（二）居住国公证机构或者有权机关出具的、经中华人民共和国驻该国使（领）馆认证的本人无配偶以及与对方当事人没有直系血亲和三代以内旁系血亲关系的证明，或者中华人民共和国驻该国使（领）馆出具的本人无配偶以及与对方当事人没有直系血亲和三代以内旁系血亲关系的证明。

办理结婚登记的外国人应当出具下列证件和证明材料：

（一）本人的有效护照或者其他有效的国际旅行证件；

（二）所在国公证机构或者有权机关出具的、经中华人民共和国驻该国使（领）馆认证或者该国驻华使（领）馆认证的本人无配偶的证明，或者所在国驻华使（领）馆出具的本人无配偶的证明。

2.《最高人民法院关于适用〈中华人民共和国民法典〉婚姻家庭编的解释（一）》

第六条　男女双方依据民法典第一千零四十九条规定补办结婚登记的，婚姻关系的效力从双方均符合民法典所规定的结婚的实质要件时起算。

第七条　未依据民法典第一千零四十九条规定办理结婚登记而以夫妻名义共同生活的男女，提起诉讼要求离婚的，应当区别对待：

（一）1994 年 2 月 1 日民政部《婚姻登记管理条例》公布实施以前，男女双方已经符合结婚实质要件的，按事实婚姻处理。

（二）1994 年 2 月 1 日民政部《婚姻登记管理条例》公布实施以后，男女双方符合结婚实质要件的，人民法院应当告知其补办结婚登记。未补办结婚登记的，依据本解释第三条规定处理。

第八条　未依据民法典第一千零四十九条规定办理结婚登记而以夫妻名义共同生活的男女，一方死亡，另一方以配偶身份主张享有继承权的，依据本解释第七条的原则处理。

条文释义

一、本条主旨

本条是关于结婚登记的规定。

二、条文演变

1950年原《婚姻法》第6条即为有关结婚登记的规定，该条规定："结婚应男女双方亲到所在地（区、乡）人民政府登记。凡合于本法规定的结婚，所在地人民政府应即发给结婚证。凡不合于本法规定的结婚，不予登记。"1980年原《婚姻法》第7条规定："要求结婚的男女双方必须亲自到婚姻登记机关进行结婚登记。符合本法规定的，予以登记，发给结婚证，取得结婚证，即确立夫妻关系。"2001年修正的原《婚姻法》第8条在1980年原《婚姻法》第7条规定的基础上，增加了"未办理结婚登记的，应当补办登记"的规定。《民法典》第1049条沿袭了2001年修正的原《婚姻法》第8条的规定，但是进行了文字性调整：一是将"必须"改为"应当"；二是将"取得结婚证"改为"完成结婚登记"，强调确立婚姻关系的依据是婚姻登记机关的登记行为，而非当事人取得结婚证的行为。以上修改使法条的表述更为科学、规范。

三、条文解读

结婚除应具备法律规定的结婚条件外，还应履行法定的程序。根据本条规定，在我国，符合法定结婚条件的男女，只有办理结婚登记，才能确立婚姻关系并受到国家的承认和保护。婚姻登记，是国家机关对婚姻关系的缔结进行监督和管理的一项制度，有利于保障一夫一妻、结婚自由原则的实现。

（一）婚姻登记机关

婚姻登记包括结婚登记和离婚登记。根据《婚姻登记条例》规定，国务院民政部门主管全国的婚姻登记管理工作，县级以上地方各级人民政府的民政部门主管本行政区域内的婚姻登记管理工作；婚姻登记管理机关，在城市是街道办事处或者市辖区、不设区的市人民政府的民政部门，在农村是乡、民族乡、镇的人民政府。该条例第2条规定，内地居民办理婚姻登记的机关是县级人民政府民政部门或者乡（镇）人民政府，省、自治区、直辖市人民政府可以按照便民原则确定农村居民办理婚姻登记的具体机关。该条例第 4 条规定，我国公民同外国人在我国内地结婚的，内地居民同我国香港特别行政区居民、澳门特别行政区居民、台湾地区居民、华侨在内地结婚的，男女双方应当共同到内地居民常住户口所在地的婚姻登记机关办理结婚登记。针对男女双方均居住于国外的，该条例第 19 条规定，我国驻外使（领）馆可以依照该条例的有关规定，为男女双方均居住于驻在国的我国公民办理婚姻登记。

（二）结婚登记程序

根据《婚姻登记条例》规定，结婚登记可分为申请、审查和登记三个环节。

1. 申请

内地居民结婚，我国公民同外国人在我国内地结婚，内地居民同我国香港特别行政区居民、澳门特别行政区居民、台湾地区居民、华侨在中国内地结婚，男女双方应当共同到《婚姻登记条例》第 4 规定的婚姻登记机关办理结婚登记。《婚姻登记条例》第 5 条分别对内地居民、港澳台地区居民、华侨、外国人申请结婚应当出具的证件和证明材料进行了规定：

（1）办理结婚登记的内地居民应当出具：

①本人的户口簿、身份证；

②本人无配偶以及与对方当事人没有直系血亲和三代以内旁系血亲关系的签字声明。

（2）办理结婚登记的香港特别行政区居民、澳门特别行政区居民、台湾地区居民应当出具：

①本人的有效通行证、身份证；

②经居住地公证机构公证的本人无配偶以及与对方当事人没有直系血亲和三代以内旁系血亲关系的声明。

（3）办理结婚登记的华侨应当出具下列证件和证明材料：

①本人的有效护照；

②居住国公证机构或者有权机关出具的、经中华人民共和国驻该国使（领）馆认证的本人无配偶以及与对方当事人没有直系血亲和三代以内旁系血亲关系的证明，或者中华人民共和国驻该国使（领）馆出具的本人无配偶以及

与对方当事人没有直系血亲和三代以内旁系血亲关系的证明。

（4）办理结婚登记的外国人应当出具下列证件和证明材料：

①本人的有效护照或者其他有效的国际旅行证件；

②所在国公证机构或者有权机关出具的、经中华人民共和国驻该国使（领）馆认证或者该国驻华使（领）馆认证的本人无配偶的证明，或者所在国驻华使（领）馆出具的本人无配偶的证明。

2. 审查

审查，是指婚姻登记管理机关对当事人的申请应当进行审查，查明结婚申请是否符合结婚条件，有疑义的应当向当事人询问，必要时可要求当事人补充有关证明材料。《婚姻登记条例》第 7 条规定，婚姻登记机关应当对结婚登记当事人出具的证件、证明材料进行审查并询问相关情况。

3. 登记

婚姻登记机关经审查，对当事人符合结婚条件的，应当当场予以登记，发给结婚证；对当事人不符合结婚条件不予登记的，应当向当事人说明理由。

（三）补办结婚登记

补办结婚登记，是指符合法定结婚条件的男女，未经结婚登记即以夫妻名义同居生活，后双方共同到婚姻登记机关申请结婚登记的行为。《民法典婚姻家庭编解释（一）》第 6 条规定，男女双方依据《民法典》第 1049 条规定补办结婚登记的，婚姻关系的效力从双方均符合《民法典》所规定的结婚的实质要件时起算。可见，我国法律通过赋予补办结婚登记效力的溯及力，对现实社会因风俗习惯等原因导致的一定数量的未经登记程序的“事实婚姻”效力有条件地认可，目的是尽可能使当事人双方的权利义务关系纳入婚姻家庭法保护范畴，稳定婚姻家庭关系和社会交易关系。《婚姻登记条例》第 8 条规定：“男女双方补办结婚登记的，适用本条例结婚登记的规定。”即男女双方补办结婚登记的具体申请流程和携带材料与办理结婚登记要求相同。

适用指引

事实婚姻的效力认定

事实婚姻作为一种婚姻关系的客观存在，是相对于经合法登记确立的婚姻而言的。广义的事实婚姻，是指男女双方未经结婚登记即以夫妻名义同居生活的事实；狭义的事实婚姻，是指没有配偶的男女双方未经依法登记，即以夫妻名义共同居住生活的事实。广义的事实婚姻涉及违反一夫一妻制的行为，婚姻家庭法所讨论的一般是狭义的事实婚姻，此种情形下，群众往往也认为男女双方存在夫妻关系。事实婚姻产生的原因比较复杂，主要是受传统仪式婚的影响，认为按照习俗举办婚礼就取得了结婚的效力；有的是因为当事人未达到法定结婚年龄逃避登记；也有当事人法律意识淡漠等原因。有关事实婚姻的效力认定，长期以来，司法实践始终本着既严格依法认定又兼顾客观现实的原则，从历次关于事实婚姻认定的司法解释的态度看，伴随我国法治建设的进程，对于事实婚姻认定的标准是趋严的，特别是鉴于1994年施行的原《婚姻登记管理条例》第24条曾规定："未到法定结婚年龄的公民以夫妻名义同居的，或者符合结婚条件的当事人未经结婚登记以夫妻名义同居的，其婚姻关系无效，不受法律保护。"《民法典婚姻家庭编解释（一）》第7条规定，未依据《民法典》第1049条规定办理结婚登记而以夫妻名义共同生活的男女，提起诉讼要求离婚的，应当区别对待：（1）1994年2月1日民政部原《婚姻登记管理条例》公布实施以前，男女双方已经符合结婚实质要件的，按事实婚姻处理。（2）1994年2月1日民政部原《婚姻登记管理条例》公布实施以后，男女双方符合结婚实质要件的，人民法院应当告知其补办结婚登记。未补办结婚登记的，依据同居关系处理。即当事人提起诉讼仅请求解除同居关系的，人民法院不予受理，已经受理的，裁定驳回起诉；对于当事人因同居期间财产分割或者子女抚养纠纷提起诉讼的，人民法院应当受理。

第一千零五十条　登记结婚后，按照男女双方约定，女方可以成为男方家庭的成员，男方可以成为女方家庭的成员。

关联规定

法律、行政法规、司法解释

《中华人民共和国妇女权益保障法》

第四十三条　国家保障妇女享有与男子平等的婚姻家庭权利。

条文释义

一、本条主旨

本条是关于婚后男女双方互为对方家庭成员的规定。

二、条文演变

本条沿袭了2001年修正的原《婚姻法》第9条规定。1950年原《婚姻法》并未对结婚后双方互为对方家庭成员进行明确规定。1980年原《婚姻法》为破除旧婚姻风俗的影响和体现男女平等原则，在该法第8条中规定了，登记结婚后，根据男女双方约定，女方可以成为男方家庭的成员，男方也可以成为女方家庭的成员。从立法目的看，意在提倡男方到女方家落户，解决当时有女无儿家庭的实际困难。2001年修正的原《婚姻法》延续了1980年原《婚姻法》的规定，其第9条规定，登记结婚后，根据男女双方约定，女方可以成为男方家庭的成员，男方可以成为女方家庭的成员。相较于1980年原《婚姻法》规定，该条删除了“也”字，进一步体现了婚姻家庭关系中男女平等的观念和原则。

三、条文解读

本条为不完全条文，属于说明性质的法条。登记结婚后，双方互为家庭成员的规定是男女双方在婚姻家庭关系中地位平等的体现。在旧婚姻制度和习俗的影响下，婚后一般是女方成为男方的家庭成员，而男方到女方家庭生活的，被称为“入赘”，往往受到歧视。中华人民共和国成立后，倡导男女平等，男方到女方家不应当受到歧视，应改变旧风俗。1980 年原《婚姻法》新增男女双方登记结婚后，互为对方家庭成员的规定，对破除旧婚姻制度和传统风俗产生了重要的影响。

夫妻双方缔结婚姻后，应为共同生活的伴侣，家庭地位平等。男女双方办理结婚登记后，婚姻关系即受到法律保护。男女双方依照约定，可以选择去何处生活，既可以到自己的住所组建家庭，也可以一方进入另一方家庭中，成为其家庭成员。

第一千零五十一条　有下列情形之一的，婚姻无效：

（一）重婚；

（二）有禁止结婚的亲属关系；

（三）未到法定婚龄。

关联规定

法律、行政法规、司法解释

《最高人民法院关于适用〈中华人民共和国民法典〉婚姻家庭编的解释（一）》

第九条　有权依据民法典第一千零五十一条规定向人民法院就已办理结婚登记的婚姻请求确认婚姻无效的主体，包括婚姻当事人及利害关系人。其中，利害关系人包括：

（一）以重婚为由的，为当事人的近亲属及基层组织；

（二）以未到法定婚龄为由的，为未到法定婚龄者的近亲属；

（三）以有禁止结婚的亲属关系为由的，为当事人的近亲属。

第十条　当事人依据民法典第一千零五十一条规定向人民法院请求确认婚姻无效，法定的无效婚姻情形在提起诉讼时已经消失的，人民法院不予支持。

第十一条　人民法院受理请求确认婚姻无效案件后，原告申请撤诉的，不予准许。

对婚姻效力的审理不适用调解，应当依法作出判决。

涉及财产分割和子女抚养的，可以调解。调解达成协议的，另行制作调解书；未达成调解协议的，应当一并作出判决。

第十二条　人民法院受理离婚案件后，经审理确属无效婚姻的，应当将婚姻无效的情形告知当事人，并依法作出确认婚姻无效的判决。

第十三条　人民法院就同一婚姻关系分别受理了离婚和请求确认婚姻无效案件的，对于离婚案件的审理，应当待请求确认婚姻无效案件作出判决后进行。

第十四条 夫妻一方或者双方死亡后，生存一方或者利害关系人依据民法典第一千零五十一条的规定请求确认婚姻无效的，人民法院应当受理。

第十五条 利害关系人依据民法典第一千零五十一条的规定，请求人民法院确认婚姻无效的，利害关系人为原告，婚姻关系当事人双方为被告。

夫妻一方死亡的，生存一方为被告。

条文释义

一、本条主旨

本条是关于婚姻无效的规定。

二、条文演变

我国1950年原《婚姻法》和1980年原《婚姻法》均未规定无效婚姻制度。2001年修正的原《婚姻法》第10条规定："有下列情形之一的，婚姻无效：（一）重婚的；（二）有禁止结婚的亲属关系的；（三）婚前患有医学上认为不应当结婚的疾病，婚后尚未治愈的；（四）未到法定婚龄的。"《民法典》本条与2001年修正的原《婚姻法》第10条相比，除文字表述更精炼外，还删除了"婚前患有医学上认为不应当结婚的疾病，婚后尚未治愈"这一无效情形，使婚姻无效的情形由四项变为三项，从而适当地缩减了婚姻无效范围，让更多的婚姻有效。

三、条文解读

结婚必须符合法律规定的条件。不符合法律规定的结婚条件的婚姻，根据其违反法律规定的严重程度的不同，分为无效婚姻和可撤销婚姻两类。本条是关于婚姻无效情形的规定。第一种无效情形是重婚。我国基本婚姻制度系一夫一妻制，重婚违反一夫一妻制，属于无效婚姻。第二种无效情形是有禁止结婚的亲属关系。这既是为了婚姻双方当事人及其后代的健康考虑，也是为了符合基本的伦理道德和维护亲属秩序。第三种无效情形是未达到法定婚龄结婚。

（一）建立无效婚姻制度的必要性

无效婚姻，亦称婚姻无效，是指欠缺婚姻成立的法定条件而不发生法律效力的男女两性结合。换言之，无效婚姻，是指不具备法定结婚实质要件或形式要件的两性结合，在法律上不具有婚姻效力，应当被宣告为无效的婚姻。无效婚姻并非婚姻的一个种类，其实质上只是一种同居关系。1985 年国务院批准、1986 年民政部发布施行的原《婚姻登记办法》，1994 年国务院批准并于同年由民政部发布施行的原《婚姻登记管理条例》，2003 年国务院制定、公布施行的《婚姻登记条例》对婚姻无效的原因及处理进行了规定。原《婚姻法》在 2001 年修正前亦对结婚的积极性要件和消极性要件进行了规定，但并没有对违反这些规定的婚姻效力进行规定。2001 年修正的原《婚姻法》增设了无效婚姻制度，在法律层面上建立起一整套系统的婚姻无效制度。

结婚应当符合一定的条件，如结婚必须男女双方完全自愿；结婚年龄，男不得早于 22 周岁，女不得早于 20 周岁；直系血亲和三代以内旁系血亲不得结婚等。一般来讲，婚姻成立要件可分为公益要件和私益要件。通常情形下，违背公益要件的婚姻关系被认为对社会危害性较大，应为无效婚姻；而违背私益要件的婚姻关系则被认为对社会危害性较小，为可撤销婚姻。从域外婚姻无效制度的立法趋势看，无效婚姻与可撤销婚姻的区别正逐步缩小，且总的趋势是无效婚姻的种类逐渐减少，相应扩大可撤销婚姻的范围。域外婚姻无效制度的立法发展趋势对我国进一步完善无效婚姻制度具有一定的参考意义。因此，从完备我国婚姻家庭法律制度的角度出发，《民法典》本编对无效婚姻作出明确规定。

（二）无效婚姻的情形

本条以列举的方式，规定了无效婚姻的三种情形。根据本条规定，有下列情形之一的，婚姻无效：（1）重婚；（2）有禁止结婚的亲属关系；（3）未到法定婚龄。

1. 重婚

我国实行一夫一妻的婚姻制度。因此，一夫一妻制是我国婚姻家庭的基本制度。一夫一妻制是一男一女结为夫妻的婚姻制度。也就是说，一个男子只能娶一位妻子，一个女子只能嫁给一位丈夫。一个人不能同时与两个或者两个以上的人缔结婚姻。简而言之，任何人都只能有一个配偶，不能同时有两个或者更多的配偶。一夫一妻制是社会主义婚姻家庭制度的基本原则，是在婚姻关系上实现男女平等的必要条件，也是男女真心相爱、建立美满婚姻的要求。实行一夫一妻制就必须旗帜鲜明地反对重婚。

所谓重婚，是指有配偶的人又与他人结婚的违法行为，或者明知他人有配偶而与他人结婚的违法行为。重婚包括两种形式：一是法律上的重婚。法律上的重婚，是指当事人办理了两次或者两次以上的结婚登记手续，即前面的登记婚姻未依法解除，又与他人办理结婚登记手续。是否构成法律上的重婚，只考虑当事人是否办理了结婚登记手续，至于双方当事人是否举行婚礼、是否同居，在所不问。二是事实上的重婚。事实上的重婚，是指现有的婚姻关系未依法解除，又与他人以夫妻名义共同生活，即使未办理结婚登记手续，但在事实上构成重婚。事实上的重婚较为复杂，包括前一婚姻是登记婚姻、后一婚姻是事实婚姻，或者前一婚姻是事实婚姻，后一婚姻是登记婚姻，或者前后婚姻都是事实婚姻等情形。

由于重婚违反了我国一夫一妻的婚姻家庭制度，严重违背了社会主义道德风尚，不符合社会主义核心价值观，不利于婚姻家庭和谐与社会稳定，法律上必须对其进行否定性的评价。因此本条明确规定重婚（指重婚者的第二个婚姻）是无效婚姻。

另外，重婚行为不仅严重违背公序良俗，除否定重婚的婚姻效力外，我国《刑法》第 258 条还将具有下列情形之一的认定为重婚罪，规定为刑事犯罪：（1）有配偶者而重婚的；（2）明知他人有配偶而与之结婚的。

2. 有禁止结婚的亲属关系

禁止近亲结婚，是伦理秩序的要求，是人类近亲结婚史上血的代价和教训的总结，是保障优先优育的关键。禁止近亲结婚是古今中外法律的通例，只是禁止结婚的亲属关系范围大小不一以及对亲等的计算各有不同。由于当事人之间的亲属关系并不因其中一方死亡而消灭，因而属于本条规定的近亲结婚的，即使一方当事人死亡，其此前已缔结的婚姻仍属无效婚姻。

近亲结婚对社会具有一定的危害性。因此，将有禁止结婚的亲属关系的婚姻规定为无效婚姻。本条中规定的“有禁止结婚的亲属关系”，是指有《民法典》第 1048 条规定的禁止结婚的情形，即结婚的男女双方是直系血亲或者是三代以内的旁系血亲。

3. 未到法定婚龄

《民法典》第1047条规定，结婚年龄，男不得早于22周岁，女不得早于20周岁。男22周岁和女20周岁，是男女可以结婚的法定婚龄。法定的结婚年龄是指法律规定的男女可以结婚的最低年龄。也就是说，男女双方不到这个年龄就不能结婚，只有达到或者高于这个年龄才能结婚。男女当事人结婚，未达到法定结婚年龄，违反法定结婚年龄的规定，因此将其规定为无效婚姻。

这里需要注意的是，无效婚姻的当事人所生子女权利仍受法律保护，非婚生子女享有与婚生子女同等的权利，任何组织或个人不得加以危害和歧视。

《民法典》将2001年修正的原《婚姻法》中规定的“患有医学上认为不应当结婚的疾病，婚后尚未治愈的”婚姻无效情形予以删除，不再作为婚姻无效的事由之一。多数国家的立法例没有强制婚检的要求，少数要求结婚应提供近期健康证明。在当事人的健康存在问题时，医生仅是向当事人说明注意事项，而非禁止其结婚。如果结婚后，发现另一方患有严重的传染病或者恶性疾病，可以请求离婚。我国2003年10月1日施行的《婚姻登记条例》取消了强制婚前健康检查制度，婚前健康检查不再是结婚的法定程序。其目的在于最大限度保障结婚自由，体现了国家对公民权利的尊重，是社会文明进步的标志。在取消强制婚前健康检查制度的情况下，2001年修正后的原《婚姻法》中有关“患有医学上认为不应当结婚的疾病”禁止结婚的规定没有必要继续保留。如果患病一方婚前隐瞒的病情足以影响对方对结婚的选择和判断时，应当作为可撤销婚姻的事由处理。

在《民法典》编纂过程中，从一审稿开始直到三审稿，对于婚姻无效的原因均包括“以伪造、变造、冒用证件等方式骗取结婚登记的”的规定，但最终审议稿并未采纳。当事人以伪造、变造、冒用证件等方式骗取结婚登记情形实属于登记瑕疵的问题。由于婚姻登记是婚姻登记机关的行政行为，婚姻登记存在瑕疵的，不属于民事纠纷，当事人可以通过依法申请行政复议或者提起行政诉讼的方式，撤销该错误的婚姻登记。

（三）确认婚姻无效的请求权主体范围及行权期限

婚姻效力问题关系婚姻双方当事人的重大利益，关系其近亲属利益甚至整个社会公共利益。因此，请求确认婚姻无效的主体应与婚姻效力具有利害关系。根据《民法典婚姻家庭编解释（一）》第9条的规定，请求确认婚姻无效的主体为婚姻当事人及利害关系人，对利害关系人的范围，又根据不同的事由作出了不同的规定。具体包括：（1）以重婚为由请求确认婚姻无效的，为当事人的近亲属及基层组织。由于重婚行为不仅严重违反一夫一妻制，损害婚姻当事人的利益，还损害了社会公共利益。因此，婚姻当事人、当事人的近亲属以及基层组织均可以重婚为由请求确认婚姻无效。根据《民法典》规定，近亲属包括配偶、父母、子女、兄弟姐妹、祖父母、外祖父母、孙子女、外孙子女；基层组织包括当事人所在单位、住所地居民委员会、村民委员会、派出所、民政部门、工会及妇联等有关组织或者机构。（2）以未达法定婚龄为由请求确认婚姻无效的，由于未达法定婚龄的婚姻，主要涉及当事人及其近亲属，一般对社会公众并无大的损害，故请求确认婚姻无效的主体限于未达法定婚龄者的近亲属。（3）以有禁止结婚的亲属关系为由请求确认婚姻无效的，利害关系人为当事人的近亲属。是否存在禁止结婚的亲属关系，一般不为外人所知，故规定能够请求确认婚姻无效的，也限于当事人自己及其近亲属。

司法解释对请求确认婚姻无效期限的变化。《民法典婚姻家庭编解释（一）》第14条规定："夫妻一方或者双方死亡后，生存一方或者利害关系人依据民法典第一千零五十一条的规定请求确认婚姻无效的，人民法院应当受理。"而原《婚姻法解释（二）》第5条规定，夫妻一方或者双方死亡，死亡后1年内，生存一方或者利害关系人申请宣告婚姻无效的，人民法院应当受理。当时主要的考虑是确认婚姻无效之后可能出现继承纠纷的处理。如果当事人不及时行使请求权，财产关系将较长期处于不稳定状态，如此不仅直接影响到当事人财产返还请求权、继承权等的及时实现，而且不利于法院的处理以及保护当事人的利益。从保护当事人合法权益及维护社会和谐稳定的角度出发，当事人或利害关系人应在合理期限内行使请求确认婚姻无效的权利。《民法典》公布后，最高人民法院在清理司法解释过程中向全国人大常委会法工委征求意见时，全国人大常委会法工委提出，其中1年期间法律依据不足。后经研究，该1年期间确无相应的法律依据，故予以删除。

（四）确认婚姻无效的机关

婚姻当事人或者利害关系人请求确认婚姻无效的，应当向人民法院提起。在我国，确认婚姻无效的机关经历了由婚姻登记机关与人民法院向仅为人民法院的转变。我国原《婚姻法》均未对确认婚姻无效的机关作出明确规定，根据

1994年原《婚姻登记管理条例》第25条规定，婚姻登记机关发现申请婚姻登记的当事人弄虚作假、骗取婚姻登记的，应当撤销婚姻登记，对结婚、复婚的当事人宣布其婚姻无效并收回结婚证，赋予婚姻登记机关撤销婚姻登记和确认婚姻无效的权力。2003年《婚姻登记条例》第16条规定，“婚姻登记机关收到人民法院宣告婚姻无效或者撤销婚姻的判决书副本后，应当将该判决书副本收入当事人的婚姻登记档案”。该条例删除了婚姻登记机关确认婚姻无效的规定，只规定了在受胁迫结婚的情况下，婚姻登记机关应当撤销该婚姻登记。因此，2003年后，婚姻登记机关并无确认婚姻无效的职权。根据《民法典》的规定，结合《民法典婚姻家庭编解释（一）》的规定，婚姻无效只能由人民法院确认。毕竟，虽然婚姻关系主要是婚姻双方当事人的私人事务，但无效婚姻不仅涉及婚姻当事人的利益，还涉及其他利害关系人的权益以及社会公共利益。因此，婚姻是否无效应当由人民法院作出认定，婚姻当事人没有自由处分的权利。

适用指引

一、无效婚姻认定的阻却事由问题

所谓阻却事由，是指阻止、妨碍某特定法律关系的有效成立或者阻碍某种条件成就的事项。

原《婚姻法解释（一）》第8条规定：“当事人依据婚姻法第十条规定向人民法院申请宣告婚姻无效的，申请时，法定的无效婚姻情形已经消失的，人民法院不予支持。”《民法典婚姻家庭编解释（一）》第10条规定：“当事人依据民法典第一千零五十一条规定向人民法院请求确认婚姻无效，法定的无效婚姻情形在提起诉讼时已经消失的，人民法院不予支持。”两相比较即知，二者的基本原则和理念保持不变，仅在法律依据和文字表述上进行修改。

对《民法典》第1051条规定的三种无效婚姻类型的阻却事由应具体分析：

一是关于因有禁止结婚的亲属关系而形成的无效婚姻的阻却事由。通常情况下，由于存在禁止结婚的亲属关系而形成的无效婚姻，不存在阻却事由，任何时候都可以请求确认其为无效婚姻。

二是关于因重婚而形成的无效婚姻的阻却事由。考虑到重婚的严重社会危害性，我们倾向于认为，原则上该种情形不存在阻却事由。即使当事人的一个婚姻关系已经解除，仍然不能消除当事人的重婚行为及其社会危害性。当事人一方、近亲属或者基层组织以对方当事人存在重婚情形而主张婚姻无效时，对方当事人不得以已解除一个婚姻关系予以抗辩，人民法院亦不可以相同理由认可现有婚姻有效。但如果重婚中对方是善意的，即不知道或者不应当知道一方重婚的，对于该善意相对方是否需要予以特别保护，有待司法实践进一步探索。

三是关于因未达法定婚龄而形成的无效婚姻的阻却事由。从我国立法关于无效婚姻列举的各种类型看，未达法定婚龄这一无效事由是随着时间的经过而终将自然消失的一种。许多的实际案例告诉我们，构成早婚的，当事人年龄距最低结婚年龄要求也不会提前太多，往往等到当事人发生争议时，已经符合了允许结婚的年龄要求。对这些在发生争议时已经符合法律要件规定的婚姻关系，没有必要将其确认为无效婚姻。未到法定结婚年龄的婚姻，应当在男女当事人未到法定结婚年龄届至前提出或确认其婚姻无效，人民法院确认某婚姻关系时，关于双方是否符合法定婚龄条件，仅以其审理时的实际年龄为标准。

二、利害关系人诉讼地位的列明

《民法典婚姻家庭编解释（一）》第 15 条规定："利害关系人依据民法典第一千零五十一条的规定，请求人民法院确认婚姻无效的，利害关系人为原告，婚姻关系当事人双方为被告。夫妻一方死亡的，生存一方为被告。"这一规定与原《婚姻法解释（二）》第 6 条规定不同。该解释规定，利害关系人向人民法院申请宣告婚姻无效的，利害关系人为申请人，婚姻关系当事人双方为被申请人；夫妻一方死亡的，生存一方为被申请人；夫妻双方均已死亡的，不列被申请人。

三、婚姻无效制度的溯及力问题

人民法院审理关于婚姻效力的案件时，应当注意区分适用婚姻无效原因。2001 年修正的原《婚姻法》颁布之前，我国原《婚姻法》并未对婚姻无效的事由作出规定，有的当事人可能存在如禁止结婚的亲属关系等，但如今已共同生活几十年，并生儿育女，若此时确认其婚姻无效，反而会使已形成多年的稳定的人身关系和财产关系发生巨大的变动，对当事人及其家庭都会造成不利影响，甚至会引起不良的社会效应。故宜根据法不溯及既往的原则，在 2001 年之前结婚的，若存在《民法典》规定的婚姻无效的情形的，应当以当时的法律对其婚姻效力进行认定。

四、请求确认婚姻无效纠纷案件中不适用撤诉

人民法院受理请求确认婚姻无效案件后，经审查确属无效婚姻的，应当依法作出确认婚姻无效的判决，原告申请撤诉的，不予准许。但民事诉讼法上的撤诉包括两种情形：一种是当事人出于对自己权利的处分，主动向人民法院申请撤诉；另一种则是由于原告未按期交纳诉讼费用，经传票传唤，无正当理由拒不到庭的，或者未经法庭许可中途退庭的，依法按撤诉处理。当事人请求确认婚姻无效的纠纷被人民法院受理后，不按规定交纳诉讼费或者发生其他按撤诉处理的情形时，若人民法院经审查发现该婚姻确属无效的，根据举重以明轻的原则，在当事人发生按撤诉处理的情况时，因无效婚姻是违反法律禁止性规定的违法婚姻，人民法院有权确认其无效并据此作出确认婚姻无效的判决，不得按撤诉处理。同理，当事人向人民法院提起离婚之诉，人民法院经审查发现该婚姻属无效婚姻的，若当事人在人民法院告知其婚姻无效后提出撤诉申请，人民法院应当不予准许，并在向当事人进行释明后作出确认婚姻无效的判决。

五、宣告死亡判决被撤销的，不影响确认婚姻无效判决的效力

在夫妻一方或者双方死亡的情况下，生存一方或者利害关系人仍可以请求确认婚姻无效，人民法院在审理此类案件的过程中要注意区分当事人自然死亡与宣告死亡的情形。根据《民法典》规定，宣告死亡会产生婚姻关系终止、继承开始等法律效果，此时夫妻中生存的一方或者利害关系人仍可向人民法院请求确认婚姻无效。但由于宣告死亡只是一种法律上的推定，被宣告死亡的人有可能还存活于世。若死亡宣告被撤销，其配偶无再婚或未向婚姻登记机关书面声明不愿意恢复的，婚姻关系自撤销死亡宣告之日起自行恢复。而无效婚姻因违反法律禁止性规定无效，不受法律的保护与认可，其效力并不会因为宣告死亡的判决被撤销而受影响，即使被宣告死亡的人重新出现，其与另一方当事人的婚姻，因存在法定无效事由而属于无效婚姻，如果该婚姻已被人民法院确认无效，则即使死亡宣告判决被撤销，确认婚姻无效的判决也将继续有效。

六、离婚案件中，人民法院有权主动确认婚姻无效

无效婚姻是违法婚姻，人民法院在审理案件过程中，若发现当事人的婚姻属于无效婚姻的，有权依法作出确认婚姻无效的判决。《民法典婚姻家庭编解释（一）》第12条规定："人民法院受理离婚案件后，经审理确属无效婚姻的，应当将婚姻无效的情形告知当事人，并依法作出确认婚姻无效的判决。"因此，对于当事人起诉离婚的案件，若人民法院审理后发现其婚姻属于无效婚姻，则人民法院首先应当向当事人释明，将婚姻无效的情形告知当事人。此时，当事人可以变更其诉讼请求为确认婚姻无效，人民法院依法作出确认婚姻无效的判决。但若当事人在法院释明之后不愿意变更诉讼请求，坚持请求作出离婚判决的，人民法院应当依职权作出确认婚姻无效的判决。离婚诉讼属于形成之诉，是为了解除婚姻当事人既存的婚姻关系，但在婚姻无效的情形下，当事人之间本就不存在有效的婚姻关系。

类案检索

申某与明某婚姻无效纠纷案

关键词： 婚姻无效 重婚

裁判摘要：《民法典》第1051条规定："有下列情形之一的，婚姻无效：（一）重婚；（二）有禁止结婚的亲属关系；（三）未到法定婚龄。"本案中，明某在与王某婚姻关系存续期间，又与申某登记结婚，其行为已构成重婚。重婚是严重违反一夫一妻制原则的行为，虽然在申某提起本案诉讼之前明某已经解除了其与王某的婚姻关系，但并不影响其与申某婚姻无效的认定。一审法院判决驳回申某诉讼请求不当，二审予以纠正。

【案 号】（2021）豫05民终1403

【审理法院】 河南省安阳市中级人民法院

第一千零五十二条　因胁迫结婚的，受胁迫的一方可以向人民法院请求撤销婚姻。

请求撤销婚姻的，应当自胁迫行为终止之日起一年内提出。

被非法限制人身自由的当事人请求撤销婚姻的，应当自恢复人身自由之日起一年内提出。

关联规定

法律、行政法规、司法解释

1.《婚姻登记条例》

第九条　因胁迫结婚的，受胁迫的当事人依据婚姻法第十一条的规定向婚姻登记机关请求撤销其婚姻的，应当出具下列证明材料：

（一）本人的身份证、结婚证；

（二）能够证明受胁迫结婚的证明材料。

婚姻登记机关经审查认为受胁迫结婚的情况属实且不涉及子女抚养、财产及债务问题的，应当撤销该婚姻，宣告结婚证作废。

2.《最高人民法院关于适用〈中华人民共和国民法典〉婚姻家庭编的解释（一）》

第十八条　行为人以给另一方当事人或者其近亲属的生命、身体、健康、名誉、财产等方面造成损害为要挟，迫使另一方当事人违背真实意愿结婚的，可以认定为民法典第一千零五十二条所称的“胁迫”。

因受胁迫而请求撤销婚姻的，只能是受胁迫一方的婚姻关系当事人本人。

第十九条　民法典第一千零五十二条规定的“一年”，不适用诉讼时效中止、中断或者延长的规定。

受胁迫或者被非法限制人身自由的当事人请求撤销婚姻的，不适用民法典第一百五十二条第二款的规定。

条文释义

一、本条主旨

本条是关于因胁迫而缔结的婚姻可请求撤销的规定。

二、条文演变

我国1950年原《婚姻法》和1980年原《婚姻法》均未规定受胁迫婚姻可撤销。2001年修正的原《婚姻法》第11条规定："因胁迫结婚的，受胁迫的一方可以向婚姻登记机关或人民法院请求撤销该婚姻。受胁迫的一方撤销婚姻的请求，应当自结婚登记之日起一年内提出。被非法限制人身自由的当事人请求撤销婚姻的，应当自恢复人身自由之日起一年内提出。"《民法典》的本条与2001年修正的原《婚姻法》第11条相比，有两处重要修改：一是受胁迫的一方只能向人民法院请求撤销因胁迫而缔结的婚姻，而不能向婚姻登记机关提出请求。这是因为婚姻登记机关作为行政机关不宜行使撤销婚姻这一民事法律行为，更为重要的是，婚姻撤销之后，还可能存在婚姻撤销之后的财产分割与女子抚养争议。婚姻登记机关难以处理这两种争议，即使婚姻登记机关撤销了因胁迫而缔结的婚姻，当事人之间的财产分割与子女抚养争议，仍然得请求人民法院处理。二是请求撤销受胁迫婚姻的起算点修改为"自胁迫行为终止之日起"，而不是"自结婚登记之日起"。此处修改是因为实务中存在"自结婚登记之日起"1年内，"胁迫行为"可能仍未消除的情况。将撤销婚姻的请求权行使期限的起算点改为"自胁迫行为终止之日起"更符合客观实际情况，有利于保护受胁迫一方的合法权益。

三、条文解读

可撤销婚姻，是指当事人因意思表示不真实而成立的婚姻，或者当事人成立的婚姻在结婚的要件上有欠缺，通过有撤销权的当事人行使撤销权，使已经发生法律效力的婚姻关系失去法律效力。根据《民法典》规定，当事人享有婚姻自由，结婚必须男女双方完全自愿，禁止任何一方对另一方加以强迫，禁止任何组织、个人加以干涉。因胁迫而缔结的婚姻关系，严重违背当事人的自由意志，不符合结婚的法定要件，受胁迫的一方当事人有权请求撤销违背其真实意思的婚姻。

（一）关于本条规定的背景

2001年原《婚姻法》修改时，对不符合婚姻法规定的结婚条件的婚姻是规定为无效婚姻，还是分别规定为无效婚姻、可撤销婚姻，存在很大的分歧。有意见认为，不宜将不符合结婚条件的婚姻分为无效婚姻和可撤销婚姻两种情形，应当统一规定为无效婚姻。主要理由在于：（1）我国实行的是结婚登记制度，要求结婚的男女在符合婚姻法规定的结婚应当具备的实质条件的情况下，还应当到婚姻登记管理机关履行结婚登记手续，婚姻登记管理机关对当事人要求结婚的申请进行审查，符合婚姻法规定的，予以登记，发给结婚证。取得结婚证，才确立了夫妻关系。即使要求结婚的男女当事人弄虚作假、欺骗婚姻登记管理机关或者婚姻登记管理机关不依法履行职责等，使一些欠缺结婚实质要件的男女当事人经婚姻登记机关办理了结婚登记手续，成为夫妻，那么，否认或者撤销这种婚姻关系的法律效力，必须由国家行使。因此，对不符合法定结婚条件的婚姻只有规定无效婚姻，国家才能有权干预。（2）可撤销婚姻与法理相悖。和谁恋爱结婚是当事人的私事，而结婚登记则是一种行政行为，行政行为没有民事法律行为中那种无效与可撤销的区分，不能套用民事法律行为的规则。

上述意见虽不无一定道理，但究其实质，结婚虽需国家认可，但结婚的行为性质仍属民事法律行为，当然适用民事法律行为的规则。结婚中的违法行为，如同其他民事法律行为一样，需要根据不同的情形作出不同的处理。各种违法行为不论表现形式如何，也不论其复杂程度如何，都大体可以分为两类：一类是必须认定其无效的，另一类是撤销与否可交当事人处理的。将侵犯当事人利益行为的撤销权交与当事人，是许多国家和地区的通常做法。无效婚姻与可撤销婚姻是有区别的。无效婚姻多违反公序良俗，国家应当主动干预此种婚姻。而可撤销婚姻多侵犯私人利益，对此种婚姻，只有当事人和法律规定的有请求权的特定人才能请求撤销婚姻关系。因此，实践中在处理这两类行为时应区分以下两点：一是申请的当事人不同。可撤销的婚姻必须由具有撤销权的当事人提出；无效婚姻除了当事人可以提出婚姻无效的申请外，国家有关部门或者利害关系人也可以依职权或者依据法律规定，提出某一婚姻关系为无效婚姻的申请。二是申请的时间也不同。可撤销婚姻的当事人提出撤销婚姻效力的申请必须在法律赋予其行使撤销权的期间内提出，超过该期间，撤销权消灭；提出婚姻无效的申请，往往以客观上是否存在法定无效婚姻的情形为准。因胁迫而结婚的当事人在婚姻生活中的实际状况客观上各有不同。其中，不乏有的婚后建立了感情，家庭和睦，这类婚姻是否撤销宜由当事人决定。因此，2001年修正的原《婚姻法》规定了无效婚姻，也规定了可撤销婚姻。《民法典》维持了这样的规定。

因胁迫而结婚，主要是指婚姻关系中的一方当事人或者婚姻关系之外的第三人，以对婚姻关系中的另一方当事人或者其近亲属的生命、身体、健康、名誉、财产等造成损害为要挟，迫使其违反自己的意愿而与对方缔结的婚姻关系。胁迫婚姻违反了结婚须男女双方完全自愿的原则，是违法婚姻。不过，考虑被胁迫的一方，在结婚时虽然是违背了自己的意愿与他人缔结了婚姻关系，但有可能在与他人结婚后，组建了家庭，经过一段时间的共同生活，与对方建立了一定的感情，婚姻关系还不错，特别在有了孩子的情况下，与对方和孩子更产生了一种难以割舍的关系。在这种情况下，法律明确规定胁迫婚姻为无效婚姻，不一定适当。所以将因胁迫而缔结的婚姻，规定为可撤销婚姻，把否定其婚姻效力的申请请求权交给受胁迫方。如果受胁迫方不想维持因胁迫而缔结的婚姻，可以向人民法院请求撤销该婚姻，人民法院经审查核实，宣告该婚姻没有法律效力；如果最初受胁迫，但后来愿意共同生活，则可以放弃申请撤销婚姻效力的请求权，人民法院不能主动撤销当事人的婚姻关系。

（二）提出撤销婚姻效力的请求权人

可撤销婚姻通常侵犯私人利益、侵害个人的意思自治和真实意愿表达，因而有权提出撤销婚姻效力的申请人只能是因胁迫结婚的被胁迫人。这是由于在因胁迫而缔结的婚姻中，受胁迫方在缔结婚姻关系时，不能真实地表达自己的意愿，婚姻关系违背受胁迫方的意志。为了贯彻执行婚姻自主的基本原则，保护当事人的合法权益，让受胁迫方能充分地表达自己的婚姻意志，规定尽管胁迫婚姻已经成立，但是受胁迫方仍可以在胁迫的婚姻成立后向人民法院提出撤销其婚姻效力的申请。由于胁迫婚姻的另一方当事人在结婚时已经明确知道自己将与被胁迫方结婚，且愿意与其结婚，因此胁迫婚姻的该方当事人在婚姻关系成立后，没有提出撤销婚姻效力的请求权。

何谓胁迫？根据《现代汉语词典》的定义，胁迫指威胁强迫。在法律中，构成胁迫需要胁迫者具有故意，实施非法的胁迫行为，且被胁迫者因胁迫做出了违背其真实意愿的行为。除民法外，《刑法》《治安管理处罚法》《未成年人保护法》等法律都对“胁迫”行为有相应规定。本条中的“胁迫”与《民法典》第150条规定的“胁迫”的含义、构成要件、法律后果基本相同。因而对本条的理解，应当结合《民法典》第150条的规定和《民法典婚姻家庭编解释（一）》第18条的规定。该条司法解释明确，行为人以给另一方当事人或者其近亲属的生命、身体、健康、名誉、财产等方面造成损害为要挟，迫使另一方当事人违背真实意愿结婚的，可以认定为《民法典》第1052条所称的“胁迫”。

（三）提出撤销婚姻效力申请的时间

因胁迫而结婚的，受胁迫方虽然具有撤销该婚姻效力的请求权，但是这一请求权的行使不是没有任何限制的。撤销权属于形成权，行使撤销权会引起民事法律关系的变动。在可撤销婚姻纠纷中，撤销权人单方行使撤销权的行为将使已经成立的婚姻关系被撤销，涉及婚姻另一方当事人的权益。故为了避免法律关系长期处于不确定的状态以及基于对婚姻另一方当事人权益的保护，法律应当规定撤销权人行使撤销权有一定的期限限制。本条规定，受胁迫的一方撤销婚姻效力的请求，应当自胁迫行为终止之日起1年内提出；被非法限制人身自由的当事人请求撤销婚姻的，应当自恢复人身自由之日起1年内提出。这一规定表明，受胁迫方必须在法律规定的时间内行使其撤销婚姻效力的请求权。因胁迫而缔结的婚姻往往是受胁迫方违背了自己的意愿而缔结的婚姻，如果结婚后受胁迫方自愿接受了已经成立的婚姻关系，那么法律就会让这一婚姻关系继续有效。如果结婚后受胁迫方不愿维持已经成立的婚姻关系，就可以请求人民法院撤销其婚姻效力，使已经缔结的婚姻关系失效。然而，如果受胁迫方长期不行使这一权利，不主张撤销婚姻的效力，就会使得这一婚姻关系长期处于一种不稳定的状态，不利于保护婚姻双方当事人的合法权益，特别是不利于保护双方当事人所生子女的利益，进而也不利于维护家庭与社会的稳定。此外，还可能使人民法院在判断是否撤销当事人婚姻效力时，由于时间过长而无法作出准确的判断。因此，受胁迫方提出撤销婚姻效力的请求权必须在法律规定的时间内行使，如果超过了法律规定的期限还不行使，受胁迫方就失去了请求撤销婚姻效力的权利，其所缔结的婚姻成为合法有效的婚姻，受胁迫方不得再以相同的理由申请撤销该婚姻。

依据本条的规定，受胁迫方行使撤销婚姻效力的请求权的期限是一年。也就是说，在这一年期限内，受胁迫方必须决定是否提出撤销婚姻效力的申请。否则，受胁迫方就失去了提出申请撤销婚姻效力的权利。那么，这一年的期限从何时起算呢？本条规定的这一年期限的起算时间有两种情形：第一，自胁迫行为终止之日起算，即受胁迫方应当在胁迫行为终止之日起 1 年内决定是否申请撤销其婚姻的效力。这里需要说明的是，2001 年修正的原《婚姻法》第 11 条规定的是"自结婚登记之日起一年内提出"，本条修改为"自胁迫行为终止之日起一年内提出"。因为胁迫行为可能延续到结婚登记完成的 1 年之后，由"结婚登记之日起"改为"胁迫行为终止之日起"更为合理。第二，自受胁迫方恢复人身自由之日起算，即受胁迫方自恢复人身自由之日起 1 年内决定是否申请撤销其婚姻的效力。这种情况主要考虑在受胁迫的婚姻中，有的受胁迫方是被非法限制人身自由的，如果被绑架、被拐卖的妇女被迫与他人缔结婚姻关系，这些妇女在被他人限制人身自由还未被有关部门解救前，是无法提出撤销婚姻效力的申请的，故被非法限制人身自由的受胁迫方提出撤销婚姻效力的申请期限必须从其恢复人身自由之日起算。

（四）有权撤销婚姻效力的机关

根据本条规定，有权撤销婚姻关系的机关为人民法院。这与 2001 年修正的原《婚姻法》的规定不同。该法第 11 条规定，因胁迫结婚的，受胁迫的一方可以向婚姻登记机关或者人民法院请求撤销该婚姻。这次编纂《民法典》，只保留了向人民法院请求撤销婚姻的规定，删除了向婚姻登记机关请求撤销婚姻的规定。这是因为，因受胁迫撤销婚姻的问题非常复杂，是否存在胁迫、撤销婚姻后如何处理双方的财产关系和可能出现的子女抚养问题，都需要经过审理才能查清楚和作出合理的裁判。这一工作由婚姻登记机关进行并不合适，不符合其行政机关的性质，应当由人民法院处理。在立法过程中，许多学者、单位提出，可撤销婚姻应当由人民法院处理，而不应再由婚姻登记机关处理。有关主管部门也提出，行政部门处理可撤销婚姻难度很大，特别是如果涉及财产关系处理和子女抚养，双方很难达成协议，最后还得由人民法院处理，所以不应再规定可撤销婚姻由婚姻登记机关处理，而应只规定由人民法院处理。从国外的情况看，可撤销婚姻基本上也是由法院处理。因此，《民法典》删除有关受胁迫方向婚姻登记机关请求撤销婚姻的规定，此类可撤销婚姻的纠纷统一由人民法院处理。

另外，《民法典》第 150 条规定："一方或者第三人以胁迫手段，使对方在违背真实意思的情况下实施的民事法律行为，受胁迫方有权请求人民法院或者仲裁机构予以撤销。"由于婚姻关系属于人身关系，因而受胁迫方只能请求人民法院撤销因胁迫缔结的婚姻关系，而不能向仲裁机构提出相关申请。

适用指引

一、在婚姻纠纷案件中，人民法院不得主动撤销婚姻

可撤销婚姻以当事人提出撤销申请为前提，人民法院在审理案件过程中应当严格遵循"不告不理"原则，尊重当事人的婚姻自由，即使发现一方当事人是因胁迫而结婚的，在当事人未提出撤销婚姻的诉讼请求时，也不得依职权撤销婚姻。

二、可撤销婚姻与无效婚姻的差异

人民法院审理婚姻纠纷案件时，应当注意区分无效婚姻和可撤销婚姻。无效婚姻与可撤销婚姻存在以下不同：（1）请求权主体不同。请求确认婚姻无效的主体可以是婚姻当事人，也可以是利害关系人，具体包括当事人的近亲属及基层组织。可撤销婚姻中只有受胁迫一方的婚姻关系当事人本人有权提出。（2）所损害的利益范围不同。无效婚姻违反法律禁止性规定，违背公序良俗，不仅涉及婚姻当事人自身的利益，还涉及社会公共利益。而可撤销婚姻主要是违背婚姻一方当事人的自由意志。（3）行使请求权的期限不同。根据《民法典婚姻家庭编解释（一）》第 14 条"夫妻一方或者双方死亡后，生存一方或者利害关系人依据民法典第一千零五十一条的规定请求确认婚姻无效的，人民法院应当受理"之规定，婚姻无效的，只要无效事由存在，权利主体就可以请求确认婚姻无效。对于可撤销婚姻，撤销权人应当自胁迫行为终止之日起 1 年内提出，若被非法限制人身自由，则自恢复人身自由之日起 1 年内提出。

三、对本条中的一年期限规定的适用

《民法典婚姻家庭编解释（一）》第 19 条规定：“民法典第一千零五十二条规定的‘一年’，不适用诉讼时效中止、中断或者延长的规定。受胁迫或者被非法限制人身自由的当事人请求撤销婚姻的，不适用民法典第一百五十二条第二款的规定。”《民法典》第 1052 条虽然明确了 1 年期限，但未如第 152 条第 2 款一样对撤销权消灭的客观标准进行规定。考虑到胁迫或非法限制人身自由的情形可能一直处于持续状态，如果自被胁迫或者非法限制人身自由之日起 5 年内没有行使撤销权的，撤销权即消灭，将对当事人的基本人身权益产生重大影响。从最大限度保护当事人婚姻自主权和妇女权益的角度，明确受胁迫或者被非法限制人身自由的当事人请求撤销婚姻的，不适用《民法典》第 152 条第 2 款的规定，以体现婚姻家庭编保护当事人婚姻自主权的基本价值取向。

四、举证责任相关问题

受胁迫的当事人向人民法院请求撤销婚姻关系的，应当提供证据证明缔结的婚姻为胁迫婚姻。具体包括以下三点：（1）须证明存在胁迫行为，即行为人实施了以对受胁迫人及其近亲属的生命、身体、健康、名誉、财产等方面造成损害为要挟的不法行为。（2）须证明胁迫人的违法行为与受胁迫人同意结婚的意思表示之间存在因果关系，即受胁迫人之所以同意结婚，是因为胁迫行为使其产生恐惧心理，并基于恐惧而不得不同意结婚。（3）须在法律规定的期限内请求人民法院撤销因胁迫而缔结的婚姻。只有前面三个方面的证据都存在，人民法院才依法撤销相应婚姻。当然，对方当事人如果对提出撤销婚姻的一方当事人的请求表示异议，可以举证证明不存在胁迫行为，或者因果关系不成立，或者对方提出撤销婚姻的时间已超过 1 年期限等。这三方面的证据，只要有一方面成立，人民法院就不得撤销相应的婚姻。

类案检索

柴某与戴某撤销婚姻纠纷案

关键词： 胁迫　婚姻撤销

裁判摘要：原告柴某与被告戴某原系恋人关系，2020年11月24日，被告通过微信向原告发送不实的医院检验报告单及彩超检查报告单，导致原告误认为被告已怀孕。被告以此为理由要求原告与其登记结婚，并告知原告如果不与其领取结婚证就打掉孩子并自杀。2020年11月26日，原被告在区民政局进行了婚姻登记。双方登记结婚后，原告发现被告尚未怀孕，遂起诉至法院要求撤销与被告的婚姻，庭审中被告对胁迫事实予以认可。本案原告诉请撤销婚姻，被告同意撤销婚姻。法院经审理后认为，原告与被告登记结婚并非原告的真实意思表示，乃因被告以自杀、已怀孕等虚假事实相胁迫而作出的不真实意思表示。根据《民法典》第1052条第1款“因胁迫结婚的，受胁迫的一方可以向人民法院请求撤销婚姻”及第1054条第1款“无效的或者被撤销的婚姻自始没有法律约束力，当事人不具有夫妻的权利和义务。同居期间所得的财产，由当事人协议处理；协议不成的，由人民法院根据照顾无过错方的原则判决。对重婚导致的无效婚姻的财产处理，不得侵害合法婚姻当事人的财产权益。当事人所生的子女，适用本法关于父母子女的规定”的规定，原告因受胁迫登记结婚，庭审中，被告对胁迫事实予以认可，故原告请求撤销其与被告之间的婚姻关系应予支持。

【案　　号】（2021）鄂0192民初911号

【审理法院】湖北省武汉市东湖新技术开发区人民法院

第一千零五十三条　一方患有重大疾病的，应当在结婚登记前如实告知另一方；不如实告知的，另一方可以向人民法院请求撤销婚姻。

请求撤销婚姻的，应当自知道或者应当知道撤销事由之日起一年内提出。

关联规定

法律、行政法规、司法解释

1.《中华人民共和国母婴保健法》

第八条　婚前医学检查包括对下列疾病的检查：

（一）严重遗传性疾病；

（二）指定传染病；

（三）有关精神病。

经婚前医学检查，医疗保健机构应当出具婚前医学检查证明。

第九条　经婚前医学检查，对患指定传染病在传染期内或者有关精神病在发病期内的，医师应当提出医学意见；准备结婚的男女双方应当暂缓结婚。

第十条　经婚前医学检查，对诊断患医学上认为不宜生育的严重遗传性疾病的，医师应当向男女双方说明情况，提出医学意见；经男女双方同意，采取长效避孕措施或者施行结扎手术后不生育的，可以结婚。但《中华人民共和国婚姻法》规定禁止结婚的除外。

第三十八条　本法下列用语的含义：

指定传染病，是指《中华人民共和国传染病防治法》中规定的艾滋病、淋病、梅毒、麻疯病以及医学上认为影响结婚和生育的其他传染病。

严重遗传性疾病，是指由于遗传因素先天形成，患者全部或者部分丧失自主生活能力，后代再现风险高，医学上认为不宜生育的遗传性疾病。

有关精神病，是指精神分裂症、躁狂抑郁型精神病以及其他重型精神病。

产前诊断，是指对胎儿进行先天性缺陷和遗传性疾病的诊断。

2.《中华人民共和国传染病防治法》

第三条 本法规定的传染病分为甲类、乙类和丙类。

甲类传染病是指：鼠疫、霍乱。

乙类传染病是指：传染性非典型肺炎、艾滋病、病毒性肝炎、脊髓灰质炎、人感染高致病性禽流感、麻疹、流行性出血热、狂犬病、流行性乙型脑炎、登革热、炭疽、细菌性和阿米巴性痢疾、肺结核、伤寒和副伤寒、流行性脑脊髓膜炎、百日咳、白喉、新生儿破伤风、猩红热、布鲁氏菌病、淋病、梅毒、钩端螺旋体病、血吸虫病、疟疾。

丙类传染病是指：流行性感冒、流行性腮腺炎、风疹、急性出血性结膜炎、麻风病、流行性和地方性斑疹伤寒、黑热病、包虫病、丝虫病，除霍乱、细菌性和阿米巴性痢疾、伤寒和副伤寒以外的感染性腹泻病。

国务院卫生行政部门根据传染病暴发、流行情况和危害程度，可以决定增加、减少或者调整乙类、丙类传染病病种并予以公布。

条文释义

一、本条主旨

本条是关于隐瞒重大疾病的婚姻可撤销的规定。

二、条文演变

本条是在2001年修正的原《婚姻法》第7条的基础上修改而成。该法第7条规定："有下列情形之一的，禁止结婚：（一）直系血亲和三代以内的旁系血亲；（二）患有医学上认为不应当结婚的疾病。"《民法典》未保留2001年修正的原《婚姻法》第7条第2项关于禁止结婚的条件的规定，而是将"隐瞒重大疾病"作为撤销婚姻的条件并予以专条规定。《民法典》虽未将患有医学上认为不应当结婚的疾病的情形规定为婚姻无效的事由，但考虑到一方当事人婚前已患有重大疾病的情形对于另一方当事人是否愿意结婚有重大影响，规定当事人负有重大疾病婚前告知义务，未如实告知的，另一方当事人有权以此为由请求撤销婚姻。

三、条文解读

（一）立法背景

2001年修正的原《婚姻法》只规定因胁迫而缔结的婚姻为可撤销婚姻。《民法典》增加了可撤销婚姻的类型。按照《民法典》的规定，可撤销婚姻的事由有两项：一是因胁迫而结婚的；二是一方婚前患有重大疾病未如实告知的。

婚姻自由是我国婚姻制度的基本原则，在不违背公序良俗和国家利益的前提下，应当尽可能地保障自然人的婚姻自主权。因此2001年修正的原《婚姻法》将一方患有法律规定禁止结婚的疾病的情形作为无效婚姻处理已不符合社会发展趋势。虽然2001年修正的原《婚姻法》规定“患有医学上认为不应当结婚的疾病”的人禁止结婚，其目的主要出于保护另一方配偶及其家庭成员的健康和实现优生优育，但随着科学技术的进步和现代医疗的发展，不宜结婚的疾病范围已经逐渐缩小，许多疾病都能够通过有效的手段预防甚至治愈。对于某些传染类疾病，若做好相应的防护工作和治疗，亦不会影响家庭成员的身体健康。同时，遗传类的疾病虽然通过婚姻的方式确实无法避免遗传给子孙后代的可能，会影响后代的生活，但现代社会婚姻生活的方式呈现出多元化现象，婚姻不一定与生育挂钩，夫妻双方选择共同组建家庭相互扶持，并同意不生育的现象已属平常。结婚会增加疾病遗传是建立在婚姻必然会生育的基础上，然而生育并不必然是婚姻的义务，而是当事人的自由选择。另外，从技术层面来看，患有遗传类疾病的婚姻当事人亦可以通过避孕措施、施行结扎手术等方式防止怀孕，从而避免将疾病遗传给下一代。因此，以一方当事人患有医学上不适宜结婚的疾病来限制公民的婚姻自由权已不具备充足的理由，法律亦不宜再强制对患有重大疾病的当事人自愿缔结婚姻的效力给予否定性评价，故《民法典》未再规定患有特定疾病的人禁止结婚。

不过，男女结婚组成家庭后，不仅开始了两个人的共同生活，夫妻之间相互依存、相互帮助、相互扶养，而且还承担着养育子女的义务。如果婚前患有医学上认为不应当结婚的疾病，结婚后则可能传染给对方或者传染、遗传给下一代，不利于家庭的和睦、幸福。因此，为了配偶和子女的身体健康，如果婚前患有重大疾病，就不应隐瞒，而是应当在结婚前如实告知另一方；结婚登记前不如实告知的，结婚登记后，另一方有权向人民法院请求撤销婚姻。

理解本条规定时，应当注意婚姻一方当事人婚前重大疾病告知义务与侵犯当事人的隐私权无关。由于夫妻在共同空间内长久生活，两性关系具有高度亲密性，经济上互相扶持，精神上相互抚慰，故患病的一方当事人如果决定结婚，应当将其真实情况告知另一方当事人。患者的病史固然属于患者的隐私，在其他情形下，其隐私权应当得到尊重和保护，但涉及结婚时，毕竟婚姻不是单纯的个人事务，涉及婚姻双方当事人。因而一方患有重大疾病，对另一方当事人是否愿意结婚有重大影响，另一方当事人对其结婚对象是否患有重大疾病当然享有知情权。

（二）理解本条规定值得注意的问题

本条是婚姻自由原则在结婚制度中的具体表现。尽管《民法典》不再规定禁止患有重大疾病的人结婚，但不等于法律对此类问题听之任之。法律一方面规定“一方患有重大疾病的，应当在结婚登记前如实告知另一方”，以保护另一方的知情权；另一方面规定“不如实告知的，另一方可以向人民法院请求撤销婚姻”，以明确不如实告知的法律后果，将撤销婚姻的请求权赋予被隐瞒的一方，其目的在于维护婚姻自由的婚姻家庭制度，保障婚姻自由的实现。为了更好地理解本条的规范目的，以下问题值得注意。

1.“重大疾病”的范围

依字面理解，重大疾病应指治愈难度大、治疗费用高且在较长一段时间内严重影响患者的正常工作和生活的疾病。1950 年的原《婚姻法》规定了“花柳病”“精神失常未经治愈”与“麻风或其他在医学上认为不应结婚之疾病”作为禁婚疾病。1980 年的原《婚姻法》规定了“麻风病未经治愈或患其他在医学上认为不应当结婚的疾病”为禁婚疾病。2001 年修正的原《婚姻法》规定的禁婚条件未列明具体的疾病名称。2017 年修正的《母婴保健法》第 8 条第 1 款规定，婚前医学检查的疾病包括：（1）严重遗传性疾病；（2）指定传染病；（3）有关精神病。《母婴保健法》第 9 条进一步规定，经婚前医学检查，对患指定传染病在传染期内或者有关精神病在发病期内的，医师应当提出医学意见，准备结婚的男女应当暂缓结婚；第 10 条规定，患医学上认为不宜生育的严重遗传性疾病的，医师应当向男女双方说明情况，提出医学意见。严重遗传性疾病，是指由于遗传因素先天形成，患者全部或者部分丧失自主生活能力，后代再现风险高，医学上认为不宜生育的遗传性疾病。2013 年修正的《传染病防治法》第 3 条第 1 款规定："本法规定的传染病分为甲类、乙类和丙类。"该条分别对各类传染病的具体内容有明确界定。《母婴保健法》所称指定传染病具体包括《传染病防治法》中规定的艾滋病、淋病、梅毒、麻风病以及医学上认为影响结婚或者生育的其他传染病。有关精神病，则是指精神分裂症、躁狂抑郁型精神病以及其他严重精神病。《母婴保健法》规定的"严重遗传性疾病""指定传染病"与"有关精神病"是否属于《民法典》本条规定的重大疾病，或者本条规定的重大疾病是指哪些疾病，《民法典》没有明确。当今科学技术在不断进步，医疗水平在快速提高。不同时期所认定的重大疾病，可能完全是不同的。《民法典》本条规定的重大疾病包括哪些疾病，或者某种疾病是不是重大疾病，需要司法机关和有关部门在司法实践中予以认定。

2. 重大疾病发病时间限于结婚登记之前

本条所规定的"患有重大疾病"的患病时间应早于结婚登记之时，即患病一方在办理结婚登记前所患疾病应有医学诊断或进行过治疗。若一方在婚后才患有重大疾病但未如实告知另一方的，因何时患病、是否患病难以预见，且婚后患病并不能溯及影响到另一方是否决定结婚的真实意思，故婚后一方患有重大疾病且未告知另一方的，不符合本条规定，另一方不享有撤销权。而且，本条规定指向的是患有重大疾病的一方知情且未在结婚登记前如实告知另一方的情形。因此，若一方虽患有重大疾病但并不知晓已患病事实，故其虽然符合在结婚登记前已患病且未在结婚登记前如实告知另一方，但鉴于其并无隐瞒的故意，其缔结婚姻的行为并不违反本条规定的婚前如实告知义务，不构成可撤销婚姻，另一方当事人不得以此为由请求撤销婚姻。

3. 享有撤销权的主体

如果患病一方已经在结婚登记前将自己患病的事实如实告知另一方当事人，另一方当事人仍自愿与其结婚的，则另一方当事人在婚姻关系存续期间不得再以一方患有重大疾病但婚前未告知为由行使撤销权，请求撤销婚姻。但是，若患病一方虽告知患病事实，但隐瞒或未如实告知所患疾病发展程度，则仍应视为未履行婚前如实告知义务，另一方当事人有权行使本条规定的撤销权。

《民法典》规定的有权请求人民法院撤销婚姻的主体应仅限于未被如实告知的另一方当事人本人。明知患有重大疾病却未如实告知的本质上属于欺诈，因而只有被隐瞒的另一方当事人才享有撤销权，实施隐瞒行为的一方当事人不能行使撤销权。同时，因一方当事人隐瞒自己患有重大疾病的事实主要侵害的是另一方当事人的知情权，是否撤销婚姻取决于另一方当事人，故只有享有撤销权的婚姻另一方当事人本人可行使撤销权，其近亲属不能以本条规定的事由请求撤销当事人的婚姻。

4. 撤销权的行使及行使期限

被隐瞒的一方当事人依据本条请求人民法院撤销婚姻的，应自知道或者应当知道撤销事由之日起 1 年内向人民法院提出。为了促使当事人及时行使权利和尽早结束法律关系不稳定的状态，《民法典》对一方当事人行使撤销权的期限进行了限制。需要注意的是，该期间属于除斥期间，不适用诉讼时效中止、中断和延长的规定。被隐瞒的一方当事人应当自知道或者应当知道撤销事由之日起 1 年内提请撤销婚姻之诉，超过 1 年的，人民法院不予支持。实践中，在一方当事人不主动告知并刻意隐瞒的情况下，另一方当事人是比较难以知悉相关情况的，处于不知情的状态中，直到患病一方当事人进行身体检查或者病症十分明显时其才获悉相关情况，则被隐瞒的一方当事人应自其知道另一方当事人患病事实之日起 1 年内，可请求撤销婚姻。有的患病当事人在婚后可能已经有明显的症状，如果一般人能够据此得知其可能患有重大疾病的，则另一方当事人将被推定为应当知道。所以本条中所谓“知道”，是指有直接和充分的证据证明当事人知道对方患病；“应当知道”，是指虽然没有直接和充分的证据证明当事人知道，但是根据生活经验和相关事实、证据，按照一般人的普遍认知能力，运用逻辑推理可以推断当事人知道对方患病。

5. 有权撤销婚姻的机关只能是人民法院

与《民法典》第 1052 条相同，本条规定有权撤销婚姻关系的机关为人民法院，不是民政部门，更不是仲裁机构。其理由与《民法典》第 1052 条规定的理由完全相同。因而婚姻一方当事人以另一方患有重大疾病但婚前未告知为由请求撤销婚姻的，应当向人民法院提出。本条并未赋予婚姻登记机关在此种情形下有权接受当事人的申请或依职权撤销婚姻，因而婚姻登记机关不得依职权或依申请对违反重大疾病婚前告知义务的婚姻进行撤销。宣告婚姻无效或者撤销婚姻，事关婚姻关系当事人的民事权利义务以及子女和其他近亲属的权益，只能由行使国家审判权的法院对当事人的婚姻关系进行认定，并对相关法律后果予以裁判。这不仅涉及行政权、审判权的划分，而且涉及行政权干预私生活的范围。依现行法律，我国婚姻登记机关作为国家行政机关，其职能仅限于对当事人的结婚和离婚进行形式上的审查，对符合条件的登记在案，以体现国家对婚姻关系的认可。撤销婚姻涉及对于实体法上的婚姻法律关系效力的认定，要求民政部门对此进行审查，则意味着民政部门须进行实质审查和裁决。这将超出民政部门的能力和职权。撤销已经存在的婚姻关系，并非单纯涉及婚姻的效力，往往还涉及共同财产的分割、未成年子女抚养、债务清偿等事项，民政部门无法处理这些问题。

适用指引

患有重大疾病的一方未如实告知，本质上构成欺诈，需要在主观和客观两方面均为重大或者重要。就主观方面而言，必须满足结婚时有关疾病的事项因被隐瞒而使一方发生错误的认知，如果知道对方疾病事项，就一定不会结婚。也就是说，从隐瞒到错误认识再到结婚是一连串的因果关系，如果没有隐瞒就没有结婚。隐瞒的疾病事项对婚姻有着决定性影响。在客观方面，也必须相当重大或者重要。有的解释为涉及“婚姻要素”，有的解释为涉及“婚姻本质”。当然，主观方面与客观方面是相联系的。

人民法院在审理请求撤销婚姻的案件中，除一方患有“医学上认为不应当结婚的疾病”或者“患指定传染病在传染期内或者有关精神病在发病期内的”情况外，非患病一方以患病一方所患疾病构成重大疾病且未告知为由请求撤销婚姻的，人民法院应当审慎认定非患病一方指称对方所患疾病是否符合《民法典》规定的“重大疾病”。本条立法目的在于通过保障婚姻双方的知情权而最终维护婚姻自由自愿原则。因而婚姻一方当事人办理结婚登记前已患有的疾病是否构成《民法典》规定的“重大疾病”，人民法院在审查被隐瞒一方提出的撤销婚姻请求应否支持时，应按照该“重大疾病”是否能够足以影响另一方当事人决定结婚的自由意志或者是否对双方婚后生活造成重大影响的标准严格把握。审理相关案件时不仅要审查未如实告知该“重大疾病”是否会给未患病的婚姻当事人的家庭生活造成损害以致影响到未患病一方当事人结婚的真实意思表示，还要审查双方当事人缔结婚姻关系后的家庭生活实际情况、是否生育小孩、婚后生活紧密度等。在一些特殊案件中，比如老年人提出的撤销婚姻案，更要慎重甄别“重大疾病”的范围。实践中，由于老年人身体健康情况无法预计，不少老年人或多或少都患有一些该年龄阶段常见的疾病。因此，对于一方当事人依据本条请求撤销婚姻的，人民法院要结合案件的具体情况，重点审查一方患有的“重大疾病”是否足以影响另一方当事人缔结婚姻关系的真实意思表示。

典型案例

傅某与黎某撤销婚姻纠纷案

关键词：重大疾病　撤销婚姻

裁判摘要：依照相关规定，血友病A型是严重的遗传性凝血障碍疾病，属于重大疾病。根据我国《民法典》第1053条“一方患有重大疾病的，应当在结婚登记前如实告知另一方；不如实告知的，另一方可以向人民法院请求撤销婚姻。请求撤销婚姻的，应当自知道或者应当知道撤销事由之日起一年内提出”的规定，原告傅某在知晓撤销事由的一年内向法院提出撤销婚姻的诉讼，其提出撤销与被告的婚姻关系，具有事实和法律依据，法院依法判决撤销原告傅某与被告黎某的婚姻关系。

基本案情：原告傅某经人介绍与被告黎某相识恋爱一年多后，于2020年5月下旬登记结婚。2020年8月，被告在当地一医院拔牙后出血十多天不止，后经该医院诊断为血友病A型。当月的月底另经相关检验机构检验，还检测到A型血友病F8基因变异，检验结果解释中载明“A型血友病以X连锁隐性方式遗传，患者多为男性；女性携带者有50%的概率将致病变异传递给子代，其获得致病变异的子代中，儿子往往是患者，女儿为携带者”。被告在婚前已知晓自己患有此病，其在办理结婚登记时未如实告知对方，且未治愈。另查明，2017年6月22日，国务院向十二届全国人大常委会关于药品管理工作情况的报告称，将血友病纳入重大疾病保障试点范围。2017年9月22日，原国家卫生计生委办公厅《关于印发孕产妇妊娠风险评估与管理工作规范的通知》（国卫办妇幼发〔2017〕35号）中附件2孕产妇妊娠风险筛查表，血友病被列为严重的遗传性疾病。国务院办公厅《关于印发国家贫困地区儿童发展规划（2014—2020年）的通知》（国办发〔2014〕67号），将血友病作为儿童重大疾病，并提高医疗保障。法庭上，被告承认婚前未如实告知患有重大疾病属实，并同意撤销与原告方的婚姻。

【审理法院】四川省简阳市人民法院

【来　　源】《人民法院报》2021 年 4 月 8 日第 3 版

类案检索

张某某与刘某某撤销婚姻纠纷案

关键词：严重遗传性疾病　婚姻撤销

裁判摘要：《民法典》第 1053 条规定："一方患有重大疾病的，应当在结婚登记前如实告知另一方；不如实告知的，另一方可以向人民法院请求撤销婚姻。请求撤销婚姻的，应当自知道或者应当知道撤销事由之日起一年内提出。"关于重大疾病的具体范围，《民法典》并无明确规定。《母婴保健法》第 9 条规定："经婚前医学检查，对患指定传染病在传染期内或者有关精神病在发病期内的，医师应当提出医学意见；准备结婚的男女双方应当暂缓结婚。"第 10 条规定："经婚前医学检查，对诊断患医学上认为不宜生育的严重遗传性疾病的，医师应当向男女双方说明情况，提出医学意见；经男女双方同意，采取长效避孕措施或者施行结扎手术后不生育的，可以结婚。但《中华人民共和国婚姻法》规定禁止结婚的除外。"本案中，刘某某于 2020 年 1 月 6 日出院时被山东省精神卫生中心诊断为患有双相情感障碍，目前为不伴有精神病性状的躁狂发作。后双方恋爱来往，至双方在 2020 年 5 月 20 日登记结婚时，已近五个月，张某某所提交的证据不足以证明刘某某在双方结婚登记时属于精神疾病的发病期，且刘某某 2020 年 12 月 14 日治疗出院后，双方感情甚好。故张某某以刘某某患有重大疾病不如实告知为由要求撤销婚姻依据不足，不予支持。

【案　　号】(2021）鲁 01 民终 7257 号

【审理法院】山东省济南市中级人民法院

第一千零五十四条　无效的或者被撤销的婚姻自始没有法律约束力，当事人不具有夫妻的权利和义务。同居期间所得的财产，由当事人协议处理；协议不成的，由人民法院根据照顾无过错方的原则判决。对重婚导致的无效婚姻的财产处理，不得侵害合法婚姻当事人的财产权益。当事人所生的子女，适用本法关于父母子女的规定。

婚姻无效或者被撤销的，无过错方有权请求损害赔偿。

关联规定

法律、行政法规、司法解释

《最高人民法院关于适用〈中华人民共和国民法典〉婚姻家庭编的解释（一）》

第三条　当事人提起诉讼仅请求解除同居关系的，人民法院不予受理；已经受理的，裁定驳回起诉。

当事人因同居期间财产分割或者子女抚养纠纷提起诉讼的，人民法院应当受理。

第十六条　人民法院审理重婚导致的无效婚姻案件时，涉及财产处理的，应当准许合法婚姻当事人作为有独立请求权的第三人参加诉讼。

第二十条　民法典第一千零五十四条所规定的“自始没有法律约束力”，是指无效婚姻或者可撤销婚姻在依法被确认无效或者被撤销时，才确定该婚姻自始不受法律保护。

第二十一条　人民法院根据当事人的请求，依法确认婚姻无效或者撤销婚姻的，应当收缴双方的结婚证书并将生效的判决书寄送当地婚姻登记管理机关。

第二十二条　被确认无效或者被撤销的婚姻，当事人同居期间所得的财产，除有证据证明为当事人一方所有的以外，按共同共有处理。

条文释义

一、本条主旨

本条是关于婚姻无效或者被撤销法律后果的规定。

二、条文演变

我国 1950 年原《婚姻法》和 1980 年原《婚姻法》均没有无效婚姻制度的规定。2001 年修正的原《婚姻法》第 12 条规定："无效或被撤销的婚姻，自始无效。当事人不具有夫妻的权利和义务。同居期间所得的财产，由当事人协议处理；协议不成时，由人民法院根据照顾无过错方的原则判决。对重婚导致的婚姻无效的财产处理，不得侵害合法婚姻当事人的财产权益。当事人所生的子女，适用本法有关父母子女的规定。"《民法典》本条第 1 款保留了 2001 年修正的原《婚姻法》第 12 条的内容，但将"自始无效"修改为"自始没有法律约束力"，表述上更加清晰；第 2 款是新增内容，明确规定了无过错方在婚姻无效或者被撤销时享有损害赔偿请求权。

三、条文解读

立法上规定无效婚姻或者可撤销婚姻制度的目的在于维护法律的严肃性与权威性，有效规制婚姻当事人的婚姻行为，切实维护婚姻当事人的婚姻家庭权益，从法律上进一步巩固婚姻家庭制度与中华民族优良传统与伦理秩序。同时，也对婚姻家庭权益遭受损害的当事人予以法律保护。本条规定的目的在于明确婚姻无效及婚姻被撤销后的具体法律后果，以规范当事人的民事法律行为和人民法院的审判活动。婚姻无效或者被撤销，必然涉及当事人及利害关系人的身份与财产两方面的法律后果。

依据本条规定，婚姻无效或者被撤销的，自始没有法律约束力，当事人之间不存在有效的婚姻关系，因此也不具有夫妻的权利义务。由于当事人之间的婚姻自始没有法律效力，双方共同生活期间的关系定性为同居关系。同居期间所得财产的处理原则，首先应当尊重当事人的自由，由双方协议处理；不能达成协议的，人民法院在判决时，应当按照照顾无过错方的原则进行。对因重婚导致婚姻无效的，不能损害重婚一方第一个合法婚姻的配偶一方当事人的财产权益。当事人之间虽无合法有效的婚姻关系，但并不影响父母子女的关系。婚姻无效或者被撤销的，对于婚姻无效或者被撤销没有过错的一方，有权请求过错方赔偿损失。

（一）婚姻无效与婚姻被撤销的异同

婚姻无效与婚姻被撤销的法律效力是相同的，即自始没有法律约束力。第一，无效婚姻和被撤销的婚姻都是违反法律规定的婚姻，从办理结婚登记一开始就不具有合法有效的法律效力，因此，在婚姻被确认无效和被依法撤销后，该婚姻溯及登记时即不具有法律约束力，而非自人民法院确认婚姻无效或者撤销婚姻后才不发生法律效力。第二，无效婚姻与被撤销婚姻虽然自始没有法律约束力，但并非只要存在法定无效情形的婚姻从一开始就当然无效、无须任何有权机关宣告或者确认。尽管无效婚姻存在法定无效原因，但只有经过有权机关宣告或者确认程序后，发生无效的后果，并溯及婚姻的开始。若未经宣告或确认程序的，则该婚姻仍视为有效婚姻。考虑到违法婚姻作为一种既存的社会关系，总是以婚姻的形式向社会辐射、扩散，并以此为基础形成各种社会关系，产生多种社会影响。如若认定当然无效，无效婚姻无须人民法院进行确认便自始无效，不利于当事人合法权益的保护，也不利于对合法婚姻和违法婚姻的区分，并可能危害婚姻秩序。《民法典婚姻家庭编解释（一）》第20条规定："民法典第一千零五十四条所规定的'自始没有法律约束力'，是指无效婚姻或者可撤销婚姻在依法被确认无效或者被撤销时，才确定该婚姻自始不受法律保护。"[①] 因此，婚姻无效虽然为绝对无效，但从《民法典》有关婚姻无效的规定分析，实采宣告无效主义，须经人民法院宣告确认，该无效婚姻才正式不受法律保护，在未经人民法院确认之前，该婚姻即使存在无效事由，仍具有婚姻的法律效力。可撤销婚姻实为相对无效，当事人若在法定期间内不行使撤销权，该婚姻则为有效婚姻并受法律保护；当事人在法定期间内行使撤销权的，只有当人民法院撤销该婚姻时，该婚姻才自始不具备法律约束力，在未经人民法院作出撤销判决前，该婚姻仍为有效婚姻。

无效婚姻和可撤销婚姻虽然在法律后果上是一致的，但无效婚姻和可撤销婚姻还是有所不同：（1）无效婚姻是违反禁止结婚条件的，当事人或是已有配

① 最高人民法院在起草、制定该司法解释时，书面征求了全国人大常委会法工委的意见，该委对本条未提出不同意见。

偶，或是有不能结婚的亲属关系或者不到法定婚龄。可撤销婚姻是因为胁迫，本人不自愿，或者因为受隐瞒重大疾病导致认知错误，如果知道就不会结婚。（2）对于无效婚姻，当事人、利害关系人和相关组织都可以请求确认无效，人民法院可依法确认无效。受胁迫和因隐瞒重大疾病的两类可撤销婚姻，只有婚姻当事人可以申请撤销，人民法院必须依当事人的申请而撤销。（3）无效婚姻的确认没有时间限制，人民法院根据实际情况而决定是否确认无效。可撤销婚姻必须由当事人在规定的时限内提出撤销请求，超出规定的时限则不能再提出撤销，如果要解除婚姻关系则必须通过离婚的程序解决。

（二）婚姻被确认无效或者被撤销后的人身关系

无效或者被撤销的婚姻，当事人之间不具有夫妻的权利和义务。《民法典》规定，夫妻有相互扶养的义务。一方不履行扶养义务时，需要扶养的一方，有权要求对方给付扶养费。夫妻有相互继承遗产的权利。夫妻一方因抚育子女、照料老人、协助另一方工作等负担较多义务的，离婚时有权向另一方请求补偿，另一方应当给予补偿。离婚时，如一方生活困难，有负担能力的另一方应当给予适当帮助。因一方重婚或者与他人同居、实施家庭暴力、虐待、遗弃家庭成员或者其他重大过错而导致离婚的，无过错方有权请求损害赔偿。《民法典》有关夫妻权利义务的规定，前提是合法婚姻，是有效婚姻。由于无效婚姻、可撤销婚姻欠缺婚姻成立的法定条件，是不合法婚姻，有关夫妻权利义务的规定对无效婚姻、被撤销婚姻的当事人都不适用。婚姻被确认无效或者被撤销的，双方当事人之间不具有夫妻之间的人身关系，既不承担相互扶养的义务，也不享有配偶继承权，双方共同生活期间为同居期间，相关权利义务比照同居法律关系予以处理。若婚姻被确认无效或者被撤销之前，在同居期间一方当事人已死亡的，另一方当事人不能以配偶的身份继承对方的遗产。若符合《民法典》规定的，即“继承人以外的对被继承人扶养较多的”，可以分给适当的遗产。

（三）婚姻被确认无效或者被撤销后的父母子女关系

无效或者被撤销的婚姻，当事人所生子女的权利义务适用《民法典》有关父母子女间的权利义务的规定。无效婚姻、可撤销婚姻不具有法律效力，但由于男女当事人的同居关系，可能产生生儿育女的事实，随之而来的是对无效婚姻、可撤销婚姻所生子女法律地位的确定。从逻辑上分析，由于无效婚姻、被撤销婚姻的男女双方没有合法的夫妻关系，他们在共同生活期间所生子女应为非婚子女，但从世界各国的立法规定及司法实践看，许多国家都从保护子女利益原则出发，对无效婚姻、被撤销婚姻当事人共同生活期间所生的子女采取保护的原则，承认其子女的合法地位。我国婚姻法律确立的基本原则之一是保护妇女、未成年人、老年人、残疾人的合法权益。《民法典》第1071条第1款规定，非婚生子女享有与婚生子女同等的权利，任何组织或者个人不得加以危害和歧视。这是因为父母子女间的关系主要是来自相互间存在的血缘关系，法律上虽对不符合法定条件的婚姻规定为无效或者可撤销，但父母与子女间的血缘关系是客观存在的，不因夫妻婚姻关系的无效、被撤销而消灭。因此在规定无效婚姻、被撤销婚姻当事人所生子女的法律地位时，坚持并贯彻了这一基本原则，规定无效或者被撤销的婚姻当事人所生子女的权利义务，与合法婚姻当事人所生子女的权利义务一样。如父母对未成年子女有抚养、教育和保护的义务，成年子女对父母有赡养、扶助和保护的义务。父母不履行抚养义务的，未成年或者不能独立生活的成年子女，有要求父母给付抚养费的权利。成年子女不履行赡养义务的，缺乏劳动能力或者生活困难的父母，有要求成年子女给付赡养费的权利。父母有抚养、教育、保护未成年子女的权利和义务，未成年子女造成他人损害的，父母应当依法承担民事责任。婚姻关系被确认为无效或者被撤销后，父母对子女仍有抚养、教育和保护的权利义务，一方抚养子女，另一方应当负担部分或者全部抚养费。不直接抚养子女的父或母，有探望子女的权利，另一方有协助的义务。

（四）婚姻被确认无效或者被撤销后的财产法律关系

婚姻无效或者被撤销的，双方当事人之间的财产关系不适用夫妻财产制的规定。夫妻财产制以夫妻身份为基础，但婚姻无效或者被撤销的双方当事人自始不存在合法有效的夫妻关系，不适用夫妻财产制的规定。对于同居期间所得的财产，首先应当尊重当事人对自己财产的处分权，若当事人对同居期间的财产归属有约定，则按约定处理；若没有约定，也应当由双方当事人协商确定。当事人无法达成协议的，则由人民法院按照照顾无过错方的原则进行处理。此处“照顾无过错方的原则”主要是考虑到有的婚姻无效或者被撤销，另一方当事人可能并不知情，其以为是合法有效的婚姻并对该段婚姻付出，对婚姻无效和婚姻被撤销并无过错，故人民法院在对财产进行处理时，应当适当照顾无过错方，对无过错方可多分财产。《民法典婚姻家庭编解释（一）》第22条规定："被确认无效或者被撤销的婚姻，当事人同居期间所得的财产，除有证据证明为当事人一方所有的以外，按共同共有处理。"因此，人民法院在对当事人同居期间的财产进行处理时，除当事人能够证明为一方所有的财产外，同居期间所得的财产均应按双方共同共有予以处理。如果一方当事人主张是其个人财产的，应当负举证责任。也就是说，处理无效婚姻或者被撤销婚姻当事人同居期间所得财产的原则如下：（1）双方当事人同居期间各自的收入认定为个人财产。双方各自继承和受赠的财产，按照个人财产对待。（2）同居期间当事人双方共同所得的收入和购置的财产，按照共同共有处理。婚姻被确认无效或者婚姻关系被撤销后，双方当事人都有权请求从共有财产中分割出属于自己的份额。

本条对因重婚导致的婚姻无效后双方的财产处理进行了特别规定，即不得侵害合法婚姻当事人的财产权益。在因重婚而导致婚姻无效的情形下，重婚的双方当事人对同居期间的财产的处理很可能损害重婚一方第一个合法婚姻的配偶一方当事人的财产权益。比如，甲与乙之间存在合法有效的婚姻关系，在婚姻关系存续期间，甲隐瞒已婚状态，又与丙另行登记结婚，并用其工资为丙购买房屋一套。后经人民法院宣告确认，甲与丙的婚姻因重婚而自始无效。在处理分配甲丙同居期间的财产时，甲自愿放弃该套房屋。因甲的工资实为甲乙双方夫妻共同财产，其放弃用工资为丙购买的房屋，实则侵害了乙的财产权益。因此，为保护合法婚姻中配偶当事人的合法财产权益，本条特别强调在对因重婚导致的婚姻无效后财产处理时不得侵害合法婚姻当事人的财产权益。《民法典婚姻家庭编解释（一）》第16条规定："人民法院审理重婚导致的无效婚姻案件时，涉及财产处理的，应当准许合法婚姻当事人作为有独立请求权的第三人参加诉讼。"因此，法律赋予合法婚姻的当事人作为有独立请求权的第三人参加因重婚引发的无效婚姻诉讼，不仅有利于人民法院查明重婚的当事人在同居期间所得财产的真实情况，亦有利于保护合法婚姻的一方当事人的财产权益。

（五）婚姻被确认无效或者被撤销的，无过错方享有损害赔偿请求权

无效婚姻和被撤销婚姻给无过错的当事人带来了极大的伤害，仅规定根据

照顾无过错方的原则分配财产是远远不够的。受到伤害就应有权请求赔偿，伤害他人就得承担赔偿责任。婚姻无效和被撤销的，还应当赋予无过错方请求损害赔偿的权利，有利于保护无过错方的权益。婚姻虽然具有无效和被撤销的事由，但对于无过错的一方当事人而言，在婚姻未被人民法院确认无效或撤销之前，其已为该婚姻投入了精力和金钱，该婚姻因另一方当事人的过错而无效或者被撤销的，无过错一方无论在精神上还是经济上都会遭受损害，依据公平原则，当然应赋予无过错一方当事人向过错一方当事人请求损害赔偿的权利。

一方当事人主张无过错方损害赔偿请求权，应当举证证明其因该无效婚姻或可撤销婚姻受有损害，且自己对婚姻无效或被撤销以及该损害的发生并无过错。这里需要注意的是，《民法典》规定的无过错方损害赔偿请求权的权利主体仅限于无过错方，对婚姻无效或被撤销有过错的，不享有损害赔偿请求权；若双方均有过错的，则双方均不享有该权利。若一方当事人在同居期间对另一方有侵权行为的，则适用《民法典》侵权责任编的规定，受害人享有的侵权损害赔偿请求权不属于本条规定的无过错方损害赔偿请求权。一般来讲，重婚情形下，无过错方通常为未婚一方，但是，若其结婚时亦已知悉对方已婚状态的，则其无权依据本条请求损害赔偿。存在禁止结婚的亲属关系的无效婚姻的情形，对于是否具备禁止结婚的亲属关系，双方当事人自身都比较清楚，很难说哪一方具有过错，另一方是否完全不知情属于无过错，需要个案具体判断。未达法定婚龄的无效婚姻的情形，符合法定婚龄的一方通常为无过错方，但符合法定婚龄的婚姻一方在婚前已明知对方未达法定婚龄，但仍与之结婚的，不应视为无过错方。在被撤销婚姻的情形下，胁迫或患有重大疾病婚前未告知对方的一方当事人明显存在过错，被胁迫或未被告知真实情况的另一方当事人不存在过错，可依本条行使损害赔偿请求权。

适用指引

一、无过错方损害赔偿请求权的提出时间

依据《民法典》第1051~1053条的规定，婚姻无效的事由包括重婚、有禁止结婚的亲属关系、未达法定婚龄；可撤销婚姻的事由为受胁迫结婚、一方患有重大疾病婚前未告知。因此，一方当事人根据本条规定主张无过错方损害

赔偿请求权，应当是在讼争婚姻已经被人民法院确认无效或被撤销之后，或者请求确定婚姻无效或者撤销婚姻的同时请求损害赔偿。婚姻虽然具备无效事由或者可撤销事由，但是无过错方并未请求人民法院确认婚姻无效或者撤销婚姻，而是单独提请损害赔偿的，人民法院不予受理。如果无过错方在请求人民法院确认婚姻无效或者请求撤销婚姻时未一并提请损害赔偿请求的，可以自人民法院作出确认婚姻无效或者撤销婚姻判决之日起 3 年内另行向人民法院起诉，要求过错方承担损害赔偿责任。

二、无过错方损害赔偿请求权的损害赔偿范围

本条规定的损害赔偿责任范围，既包括物质损害赔偿，亦包括精神损害赔偿。《民法典婚姻家庭编解释（一）》第 86 条规定："民法典第一千零九十一条规定的'损害赔偿'，包括物质损害赔偿和精神损害赔偿。涉及精神损害赔偿的，适用《最高人民法院关于确定民事侵权精神损害赔偿责任若干问题的解释》的有关规定。"本条第 2 款与《民法典》第 1091 条规定的原则一致，故对损害赔偿范围的认定，也应参照适用《民法典婚姻家庭编解释（一）》第 86 条规定。

三、无过错方损害赔偿请求权的损害赔偿责任主体

根据本条规定，婚姻被确认无效或被撤销的，无过错方享有损害赔偿请求权。一般来讲，承担本条规定的损害赔偿责任主体为无过错方的配偶，并无疑义。但是，因受胁迫而请求撤销婚姻的情形下，若实施胁迫行为的当事人并不仅限于婚姻当事人，如婚姻当事人的近亲属。此时，损害赔偿责任的责任主体不应仅仅限于另一方当事人。比如男方的父母和男方一起胁迫女方结婚并限制女方的人身自由，女方因此遭受极大的身体上和精神上的痛苦，女方恢复人身自由后请求撤销该婚姻并主张损害赔偿，但男方没有经济收入，为了及时全面得到赔偿，女方将男方及其父母同时列为被告，这种情况下支持女方的赔偿请求，对保护无过错方显然是有利的，法律也没有规定承担损害赔偿的主体只能是胁迫婚姻的过错方。实际上，《民法典》第 150 条规定："一方或者第三人以胁迫手段，使对方在违背真实意思的情况下实施的民事法律行为，受胁迫方有权请求人民法院或者仲裁机构予以撤销。"而且《民法典》第 1052 条中的"胁迫"，应当包括婚姻一方当事人的胁迫，也包括第三人即婚姻当事人的近亲属的胁迫。

典型案例

马某与虎某离婚纠纷案

关键词：有禁止结婚的亲属关系　婚姻无效

裁判摘要：一审法院经审理认为，虽然原、被告双方均认可存在姑表亲表兄妹关系，但均不能提交证据予以证实，根据《民事诉讼证据规定》第8条第1款的规定，身份关系应提交证据予以证实，不能以当事人的自认来确认，故对被告关于双方系表兄妹关系的抗辩意见不予采信。双方存在合法夫妻关系，感情确已破裂，符合离婚条件，依照《婚姻法》以及《婚姻法解释（二）》相关规定，判决：一、准予原告虎某与被告马某离婚；女儿随原告生活，被告每月支付抚养费500元；原告虎某娘家陪嫁物古兰经、字画一幅（三联）归原告所有，婚姻关系存续期间购买的香炉归原告所有；原、被告双方夫妻关系存续期间购买的住房由被告马某居住、使用，暂不进行分割。宣判后，被告马某对一审判决不服，提起上诉。马某认为，一审认定双方存在婚姻关系属认定事实错误，双方婚姻无效，并提供马沟村村民委员会和宁夏西吉县兴平派出所出具的证明予以证实。二审法院对马某提交的身份关系证明的真实性、合法性、关联性予以认定，作出（2013）石民终字第254-1号民事判决，宣告原、被告婚姻无效。同时作出（2013）石民终字第254-2号民事判决书，撤销（2012）石大民初字第2161号民事判决第一项即准予原告与被告离婚，对一审涉及的子女抚养和财产分割等判项予以维持原判。

基本案情：原告虎某与被告马某系姑表亲表兄妹关系，于2004年12月20日在双方父母的主持下登记结婚。后生育一女。原告娘家陪嫁的现存物品包括古兰经、字画一副（三联）。婚后双方共同购买了位于大武口区锦林小区的住房一套、香炉一个。因被告系先天性聋哑人，双方性格不合、交流不畅，经常为家庭琐事争执，原告于2011年7月带孩子离家出走到新疆维吾尔自治区打工至今。原告诉至法院，要求：判决确认原、被告之间婚姻无效；判决女儿由原告抚养，被告每月支付抚养费1000元；依法分割双方婚姻关系存续期间的共同财产（大武口区南沙窝锦林小区的房屋1套，住房公积金4万元）；依法判决香炉、古兰经等陪嫁物品、原告个人用品归原告所有。在诉讼过程中，因原告无法提交证据证实双方系姑表亲表兄妹关系，其将确认原、被告之间婚姻关系无效的诉求变更为要求判决原、被告双方离婚。被告辩称不同意离婚，原、被告系姑表亲表兄妹关系，婚姻无效；原告陈述被告家人干涉婚姻不属实。被告也明确表示无法提交双方系姑表亲表兄妹关系的证据。

【案　　号】（2013）石民终字第254–1号

【审理法院】宁夏回族自治区石嘴山市中级人民法院

【来　　源】《人民司法·案例》2013年第20期

第三章　家庭关系

第一节　夫妻关系

第一千零五十五条　夫妻在婚姻家庭中地位平等。

关联规定

法律、行政法规、司法解释

1.《中华人民共和国宪法》

第四十八条　中华人民共和国妇女在政治的、经济的、文化的、社会的和家庭的生活等各方面享有同男子平等的权利。

国家保护妇女的权利和利益，实行男女同工同酬，培养和选拔妇女干部。

2.《中华人民共和国民法典》

第四条　民事主体在民事活动中的法律地位一律平等。

第一千零四十一条　婚姻家庭受国家保护。

实行婚姻自由、一夫一妻、男女平等的婚姻制度。

保护妇女、未成年人、老年人、残疾人的合法权益。

第一千零五十八条　夫妻双方平等享有对未成年子女抚养、教育和保护的权利，共同承担对未成年子女抚养、教育和保护的义务。

第一千零六十条　夫妻一方因家庭日常生活需要而实施的民事法律行为，对夫妻双方发生效力，但是夫妻一方与相对人另有约定的除外。

夫妻之间对一方可以实施的民事法律行为范围的限制，不得对抗善意相对人。

3.《中华人民共和国妇女权益保障法》

第二条　妇女在政治的、经济的、文化的、社会的和家庭的生活等各方面享有同男子平等的权利。

实行男女平等是国家的基本国策。国家采取必要措施，逐步完善保障妇女权益的各项制度，消除对妇女一切形式的歧视。

国家保护妇女依法享有的特殊权益。

禁止歧视、虐待、遗弃、残害妇女。

第四十三条 国家保障妇女享有与男子平等的婚姻家庭权利。

条文释义

一、本条主旨

本条是关于夫妻地位平等原则的规定。

二、条文演变

男尊女卑、男女地位不平等是封建主义思想。在我国，男女平等首先是一项宪法原则。《宪法》第 48 条第 1 款规定："中华人民共和国妇女在政治的、经济的、文化的、社会的和家庭的生活等各方面享有同男子平等的权利。" 1950 年制定的原《婚姻法》第 1 条明确废除了"男尊女卑"的封建主义婚姻制度，确立了"男女权利平等、保护妇女和子女合法权益"的婚姻法基本原则，该法第 7 条再次重申了这一原则："夫妻为共同生活的伴侣，在家庭中地位平等。" 1980 年原《婚姻法》第 9 条进一步简化规定为："夫妻在家庭中地位平等。" 2001 年修正的原《婚姻法》延续了该规定，将此规定于第 13 条中。

本条即源于 2001 年修正的原《婚姻法》第 13 条，仅就文字作了个别调整，将原"家庭"改为"婚姻家庭"，以在表述上与"婚姻家庭编"更为契合。

三、条文解读

夫妻在婚姻家庭中地位平等既是《宪法》男女平等原则在婚姻家庭领域的具体体现，同时也是民事主体平等原则在婚姻家庭领域的具体体现。《民法典》总则编中的第 4 条明确规定："民事主体在民事活动中的法律地位一律平等。" 作为民事法律关系的重要组成部分，夫妻之间在有关身份关系和财产关系中法律地位也应当是平等的。夫妻地位平等，既包括夫妻在婚姻家庭关系中享有平等的权利，也包括双方应承担平等的义务。

（一）婚姻关系

我国现阶段只认可异性之间的婚姻关系，暂不认可同性婚姻。虽然同性婚姻在部分国家或地区得到了法律的认可，但是我国尚未在法律层面确认同性婚姻。《民法典》第1046条明确规定："结婚应当男女双方完全自愿，禁止任何一方对另一方加以强迫，禁止任何组织或者个人加以干涉。"事实上，在现阶段，我国法律不仅在婚姻关系中不调整同性之间的婚姻关系，在同居问题上，对同性之间的同居亦未作出明确的规定。根据《民法典婚姻家庭编解释（一）》第2条的规定，《民法典》第1042条、第1079条、第1091条中规定的"与他人同居"的情形，是指有配偶者与婚外异性，不以夫妻名义，持续、稳定地共同居住。

要注意区分法律婚与事实婚。在1994年2月1日之前，男女双方符合结婚实质要件的，按事实婚姻处理。在1994年2月1日以后，男女双方符合结婚实质要件的，应当补办结婚登记，否则按同居关系处理，即在1994年2月1日之后，原则上不再承认事实婚。对此，原《婚姻法解释（一）》第5条明确作出过规定："未按婚姻法第八条规定办理结婚登记而以夫妻名义共同生活的男女，起诉到人民法院要求离婚的，应当区别对待：（一）1994年2月1日民政部《婚姻登记管理条例》公布实施以前，男女双方已经符合结婚实质要件的，按事实婚姻处理。（二）1994年2月1日民政部《婚姻登记管理条例》公布实施以后，男女双方符合结婚实质要件的，人民法院应当告知其在案件受理前补办结婚登记；未补办结婚登记的，按解除同居关系处理。"《民法典婚姻家庭编解释（一）》第7条承继了这一规定。

（二）婚姻家庭

本条所称"婚姻家庭"的范围比较广，不仅指婚姻家庭关系，也涵盖婚姻家庭生活。前者既包括婚姻家庭编第三章第一节所规定的夫妻关系，也包括第三章第二节所规定的父母子女关系和其他近亲属关系。例如，依据《民法典》第1058条规定，夫妻双方教育、保护未成年子女的权利义务是平等的。按照立法工作者的意见，这里的婚姻家庭关系应作广义的理解，亦即夫妻双方在法律关系形成时的地位是平等的，双方都有结婚的自由。同理，双方在法律关系消灭时亦是平等的，双方都享有离婚自由。就前者的范围而言，其既包含纯粹的身份关系，也包含身份财产关系。纯粹身份关系指向纯粹身份性的权利义务，如同居请求权、夫妻在人身上的扶养请求权等；而身份财产关系的内容则指向基于身份而形成的财产性的权利义务，如夫妻双方对夫妻共同财产的平等处理权、夫妻扶养费给付请求权。[①]

（三）地位平等

本条中的地位平等具有以下含义：

第一，夫妻在婚姻家庭中地位平等的规定，是处理夫妻关系的指导原则，是确定夫妻之间各项权利义务的基础。夫妻地位平等意味着夫妻在共同生活中平等地行使法律规定的权利，平等地履行法律规定的义务，共同承担对婚姻、家庭和社会的责任。在“家庭关系”一章规定夫妻地位平等，也是婚姻家庭编一般规定一章中规定的男女平等原则在婚姻家庭关系中的具体体现。夫妻地位平等作为家庭关系一章的第 1 条，也是家庭关系一章其他各条的指导原则，家庭关系一章中其他各条都要贯彻这一原则。“家庭关系”一章只有 20 余条，而现实生活是复杂的，涉及婚姻家庭关系会出现各种各样的情况，因此在司法实践中，要依据具体情况解决好矛盾和纠纷，依法作出裁判。在法律没有具体规定的情况下，对夫妻关系的处理，就要依据夫妻在婚姻家庭中地位平等这一规定作出判断。因此，本条规定也为司法实践中处理夫妻之间的权利义务纠纷提供了依据。

第二，规定夫妻在婚姻家庭中地位平等的主要意义在于，强调夫妻在人格上的平等以及权利义务的平等。夫妻双方应当互相尊重对方的人格独立，不得剥夺对方享有的权利，不得有夫妻任何一方只享有权利不尽义务，或者只尽义务而不享有权利。特别是要强调保护妇女，保护妻子在家庭中的人格独立，禁止歧视妇女，禁止家庭暴力，禁止对妻子的虐待和遗弃。重点是要保护妇女在家庭中的各项权益。

第三，规定夫妻在婚姻家庭中地位平等，不是指夫妻的权利义务一一对等，更不是指夫妻要平均承担家庭劳务等。平等不是平均，权利义务可以合理

① 参见薛宁兰、谢鸿飞主编：《民法典评注·婚姻家庭编》，中国法制出版社 2020 年版，第 111 页。

分配和承担，家庭劳务也可以合理分担。对于婚姻家庭事务，夫妻双方均有权发表意见，应当协商作出决定，一方不应独断专行。①

第四，夫妻在婚姻家庭中地位平等，包括夫妻双方在人身关系和财产关系两个方面的权利和义务是完全平等的。双方平等地享有权利，同时平等地承担义务。法律不允许夫妻任何一方只享受权利而不履行义务，或者只尽义务而不享受权利。主要包括：（1）夫妻间人身权利义务平等；（2）对夫妻共同财产有平等的处理权；（3）对子女有平等的监护权；（4）相互间有平等的扶养义务与继承权。

适用指引

一、本规定不能作为独立的请求权基础

本规定作为一项法律原则，本身不能作为独立的请求权基础。由于规则在适用上具有优先性，如果法律已经明确规定了体现本原则的具体规则，则不应直接适用本规范作为裁判依据。但是前文所说的裁判意义主要体现在三个方面。首先，与总则编中的平等原则一样，它可以作为解释具体规则的叠加理由。例如，将地位平等原则作为辅助理由论证夫妻双方应按照均等的份额分割夫妻共同财产。其次，地位平等原则作为婚姻家庭价值秩序的一部分，属于《民法典》第 153 条第 2 款所规定的“公序良俗”。如果夫妻双方所实施的法律行为严重违反地位平等原则，该行为属于违背公序良俗的无效法律行为。但是地位平等本身并不是概括条款。最后，本原则作为婚姻家庭价值秩序中的核心内容，在法律续造时具有重要的意义。尤其是，地位平等为《民法典》第 464 条第 2 款和第 1001 条的参照适用创造了基础。②

二、更加注重实质平等

审判实践中，平等保护夫妻双方合法权益要注重实质平等，而不仅仅是形

① 参见石宏主编：《〈中华人民共和国民法典〉释解与适用·婚姻家庭编继承编》，人民法院出版社 2020 年版，第 41 页。

② 参见薛宁兰、谢鸿飞主编：《民法典评注·婚姻家庭编》，中国法制出版社 2020 年版，第 112 页。

式上的平等，尤其是在双方的权利发生冲突时。这也是《民法典》婚姻家庭编一般规定中的第 1041 条的应有之义，即在实行男女平等的婚姻制度基础上，也要特别保护妇女的合法权益。比如，虽然夫妻双方均平等地享有生育权，但在夫妻之间因生育利益发生冲突时，判断哪一方享有生育决定权时，需要特别考虑保护妇女合法权益。男女双方虽基于自身人格独立和完整都享有生育权，但其生育权在实现上存在明显区别。生育行为需要具备一定的生理、健康条件，并存在生育风险。基于生理结构和分工的不同，妻子为妊娠、分娩在人身自由、身心健康等方面较丈夫承担了更多生理风险及心理压力，其为抚育子女成长通常也会较丈夫付出更多。因此，生育对女性利益的影响大于男性。为此，《妇女权益保障法》第 51 条第 1 款规定："妇女有按照国家有关规定生育子女的权利，也有不生育的自由。"为了维护妇女权益，法律将生育权内涵扩张至不生育的自由。与生育自由相比，不生育自由更应具有绝对性。所以，当夫妻生育权发生冲突时，尤其是丈夫有生育意愿而妻子无生育意愿的情况下，侧重于妇女权益的特殊保护，既符合立法本意，也是司法公正的要求。为此，《民法典婚姻家庭编解释（一）》第 23 条规定，夫以妻擅自中止妊娠侵犯其生育权为由请求损害赔偿的，人民法院不予支持。该规定的基础即在于保护妇女的生育决定权。妇女受孕后，胎儿构成妇女人身的组成部分。丈夫生育权的实现不得侵害妻子的人身自由权。因此，未经丈夫同意，妻子擅自中止妊娠，并不构成对丈夫生育权的侵权。生育权具有人格权的属性，且在现阶段受到夫妻必须协力才能完成生育行为的人的生物属性制约，所以，此种情况下，妻子擅自中止妊娠的行为本质上不是侵权而只是双方生育权发生冲突。由于女性是生育活动的主要承担者，如果女性不能支配自己的身体，不能拥有拒绝生育的权利，就必然成为生育的工具，就必然没有尊严和人权可言。因此，双方在是否生育问题上发生争议时，赋予女性生育决定权，不违背该条立法目的，也更符合《民法典》婚姻家庭编一般规定中的婚姻家庭基本原则。当然，生育是个人生命延续、人类自身繁衍和社会持续发展的基本活动，也是婚姻的一个重要职能，婚姻中任何一方生育孩子的愿望都是合理的。在现代社会，生育权的本质和特性决定了不能强制公民生育。夫妻生育权，是夫妻共同享有的权利，须双方共同行使。夫妻双方在行使这一权利时，应当平等协商、相互尊重、相互体贴，充分尊重对方的生育意愿，不得将自己的意思强加给对方。当夫妻一方因生育问题提起诉讼，主张生育的丈夫对于擅自中止妊娠的妻子提起损害赔偿之诉，无论是基于违约还是基于侵权，人民法院均应驳回其诉讼请求。确实无法消除分歧的，当事人可通过离婚等途径寻求生育权救济。①

三、婚内分割夫妻共同财产

夫妻双方对夫妻共同财产享有平等的处分权，但并不意味着双方的意见总是一致的，尤其是在一方恶意转移财产损害另一方利益或者一方需要负担负有法定抚养义务的人应支付的巨额费用时。在夫妻双方并不想解除婚姻关系时，此时原则上不能分割夫妻共同财产。但为平等保护夫妻双方权益，原《婚姻法解释（三）》第4条规定："婚姻关系存续期间，夫妻一方请求分割共同财产的，人民法院不予支持，但有下列重大理由且不损害债权人利益的除外：（一）一方有隐藏、转移、变卖、毁损、挥霍夫妻共同财产或者伪造夫妻共同债务等严重损害夫妻共同财产利益行为的；（二）一方负有法定扶养义务的人患重大疾病需要医治，另一方不同意支付相关医疗费用的。"《民法典》婚姻家庭编在立法过程中也完全吸纳了上述司法解释的规定，在第1066条进行了相应规定。夫妻共同财产不仅是婚姻家庭生活得以正常运转的物质保障，也是权利义务得以实现和履行的物质基础。在特别情况下允许双方分割财产，能够更好地保障夫妻另一方财产的安全，真正实现夫妻权利平等，使得家庭的保障功能不致因一方的问题而受到影响。该种在夫妻法定共同财产制度下增设的重大理由分割财产情形符合婚姻家庭法律的基本原则，也与《民法典》物权编关于共同共有的规定是一致的。根据《民法典》物权编中的第303条规定，没有约定或者约定不明确的，共同共有人在共有的基础丧失或者有重大理由需要分割时可以请求分割。《民法典》第1066条规定的两种情形实际上就是对"重大理由"在夫妻共同财产制度情形下的具体化。如此，既可以保持婚姻家庭关系的稳定，同时又能保障夫妻双方对共有财产的平等处分权利。婚内分割夫妻共同财产毕竟为例外情形，因此，在适用中需要严格掌握，不能任意扩大解释。

---

① 参见最高人民法院民法典贯彻实施工作领导小组主编：《中华人民共和国民法典婚姻家庭编继承编理解与适用》，人民法院出版社2020年版，第114页。

类案检索

杨某某与胡某1赠与纠纷案

关键词：夫妻平等　财产权

裁判摘要：在婚姻存续期间，夫妻双方对共同财产具有平等的权利，对于非因日常生活需要对夫妻共同财产作重要处理决定的，夫妻双方应当平等协商，取得一致意见。夫妻一方将大额共同财产赠与他人，严重损害了另一方的财产权益。违背公序良俗和违反法律规定的行为不受法律保护，因此该赠与行为无效，受赠人应予返还。

【案　　号】（2021）川0724民初676号

【审理法院】四川省绵阳市安州区人民法院

第一千零五十六条　夫妻双方都有各自使用自己姓名的权利。

关联规定

法律、行政法规、司法解释

《中华人民共和国民法典》

第一百一十条　自然人享有生命权、身体权、健康权、姓名权、肖像权、名誉权、荣誉权、隐私权、婚姻自主权等权利。

法人、非法人组织享有名称权、名誉权和荣誉权。

第九百九十条　人格权是民事主体享有的生命权、身体权、健康权、姓名权、名称权、肖像权、名誉权、荣誉权、隐私权等权利。

除前款规定的人格权外，自然人享有基于人身自由、人格尊严产生的其他人格权益。

第九百九十五条　人格权受到侵害的，受害人有权依照本法和其他法律的规定请求行为人承担民事责任。受害人的停止侵害、排除妨碍、消除危险、消除影响、恢复名誉、赔礼道歉请求权，不适用诉讼时效的规定。

第一千零一十二条　自然人享有姓名权，有权依法决定、使用、变更或者许可他人使用自己的姓名，但是不得违背公序良俗。

条文释义

一、本条主旨

本条是关于夫妻姓名权平等原则的规定。

二、条文演变

夫妻平等地享有姓名权是男女平等原则的具体体现。在中华人民共和国成立前，女性的姓名，尤其是姓氏是严格受到夫权制约的。妻从夫姓即是男尊女卑的典型表现之一。

1950年原《婚姻法》第1条规定："废除包办强迫、男尊女卑、漠视子女利益的封建主义婚姻制度。实行男女婚姻自由、一夫一妻、男女权利平等、保护妇女和子女合法权益的新民主主义婚姻制度。"该条明确废止了男尊女卑的封建婚姻制度，确立了男女权利平等的婚姻原则。在姓名权方面，1950年原《婚姻法》第11条也作出了明确的规定："夫妻有各用自己姓名的权利。"废除了在姓名问题上歧视妇女的旧法，代之以夫妻在姓名权上完全平等的规定。

1980年原《婚姻法》延续了该精神，其在第10条规定："夫妻双方都有各用自己姓名的权利。"该规定更进一步明确了夫妻姓名权的平等性。该条相对于1950年原《婚姻法》第11条来说，只是作了文字上的修改，增加了"双方"二字，更加强调了女方在这方面享有的权利。2001年修改原《婚姻法》时对该条未作任何改动，继续沿用此规定，其在第14条规定："夫妻双方都有各用自己姓名的权利。"

这一规定的实际含义就是指妇女在结婚后有权使用自己的姓名，主要是保护已婚妇女的姓名权。当然，也不排除结婚后男方到女方家生活后，对男方姓名权的保护，但这毕竟属于少数情况。由于中华人民共和国成立后妇女解放运动的持续推进，妇女结婚后仍然使用自己姓名已成为婚姻家庭生活的当然内容，绝大部分社会公众已经在思想上接受了夫妻享有平等的姓名权这一原则。在实践中，夫妻双方之间的姓名权纠纷案件已很少见，但本条继续规定夫妻双方都有各自使用自己姓名的权利，对于巩固夫妻在婚姻家庭中的平等地位，仍具有一定的意义。

三、条文解读

（一）姓名权

姓名是姓氏和名的合称，姓氏代表宗族或血缘，而名则是为了区分特定主体与他人。在之前，除了"姓"和"名"以外，人们可能还有"字"和"号"，但近年来，"字"和"号"在社会生活中已几近消失。每个自然人均依法享有姓名权。

姓名权，是指自然人依法享有的决定、使用、变更或者许可他人使用自己的姓名并排除他人干涉或者非法使用的权利。姓名权是自然人的一项重要人格权，是自然人享有独立人格的重要标志。

根据《民法典》第1012条的规定，姓名权的权能主要包括姓名决定、姓名使用、姓名变更、姓名许可使用和姓名保有等。

一是姓名决定权，指的是自然人享有的决定其姓名的权利。在不违背法律规定和公序良俗的前提下，自然人可以决定自己的姓名，但以具备相应的民事行为能力为限。无民事行为能力人的姓名须由监护人同意或决定。限制民事行为能力人的姓名，在尊重其本人真实意思的情况下，可以由其监护人代为确定。在父母双方共同抚养的情况下，父母双方一般应协商确定子女的姓名。

二是姓名使用权，指的是自然人依法使用自己姓名参与社会交往，实施各类行为的权利。在特定情形中，如实使用姓名也是一种义务，不如实使用自己的姓名需要承担一定的民事责任。

三是姓名变更权，是“指自然人有权依照法律规定变更自己的姓名，是姓名决定权的自然延伸”。[①] 姓名变更可能会涉及第三人的利益，《民法典》第1016条第1款规定：“自然人决定、变更姓名，或者法人、非法人组织决定、变更、转让名称的，应当依法向有关机关办理登记手续，但是法律另有规定的除外。”姓名变更应当履行法定的程序。《户口登记条例》第18条规定：“公民变更姓名，依照下列规定办理：（一）未满十八周岁的人需要变更姓名的时候，由本人或者父母、收养人向户口登记机关申请变更登记；（二）十八周岁以上的人需要变更姓名的时候，由本人向户口登记机关申请变更登记。”各地的户口管理规范中对姓名变更的理由也作出了相应规定。

四是姓名许可使用权，是指许可他人使用自己姓名的权利，主要指向姓名权的商业化利用。根据《民法典》第993条的规定，除依照法律规定或者根据其性质不得许可外，自然人可以将自己的姓名授权他人使用。在自然人的姓名具有较大影响从而容易让公众认为特定的商品或者服务与该自然人的姓名存在特定联系时，未经许可使用的第三人需要承担侵权责任。[②]

五是姓名保有权，指的是自然人有权保持自己的姓名，非经本人同意不得强迫其放弃或变更姓名。姓名保有权也是姓名权的权能之一，任何人均不得强

① 参见王利明：《人格权研究》，中国人民大学出版社2012年版，第369页。

② 参见迈克尔·杰弗里·乔丹与国家知识产权局、乔丹体育股份有限公司商标争议行政纠纷案，最高人民法院（2018）最高法行再32号行政判决书。

迫他人放弃或变更已合法存在的姓名。

（二）夫妻的姓名权

夫或者妻有无独立的姓名权是夫或者妻在婚姻家庭中有无独立人格的重要标志。根据本条规定，自然人的姓名权不受婚姻的影响，男女双方结婚后，其婚前姓名无须改变，妇女结婚后仍然有权使用自己的姓名。夫妻各自使用自己的姓名意味着婚姻不会对夫妻双方的姓名权产生任何影响，既不会对夫妻双方的姓氏产生影响，也不会对夫妻双方的名字产生任何影响，夫妻双方仍然独立地享有自己的姓名权，体现了婚姻人格平等的基本理念。这对于保障已婚妇女的独立人格，促进夫妻在婚姻家庭关系中地位平等，具有积极意义。[①]

适用指引

与普通第三人一样，夫妻一方应当尊重另外一方的姓名权，负有不得以干涉、盗用、假冒等方式实施侵害行为的义务。夫妻一方不得强迫另外一方修改姓名。如夫妻一方侵害了另外一方姓名权则同样应当按照《民法典》第 995 条的规定承担相应的民事责任。

实际上，按照我国目前的姓氏变更规范来看，婚姻关系并不能作为姓氏变更的理由。根据《民法典》第 1015 条的规定，自然人的姓氏应当随父姓或者母姓，但是有下列情形之一的，可以在父姓和母姓之外选取姓氏：（1）选取其他直系长辈血亲的姓氏；（2）因由法定扶养人以外的人扶养而选取扶养人姓氏；（3）有不违背公序良俗的其他正当理由。少数民族自然人的姓氏可以遵从本民族的文化传统和风俗习惯。该条采用列举加兜底条款的方式对第三姓问题予以规定，第 3 项中的“不违背公序良俗的其他正当理由”是指与前两项的列举正当性相当的理由。在“北雁云依”与济南市公安局历下区分局公安户口行政登记案中，法院认为，在父姓与母姓之外选取第三姓主要存在于以下几种情形中：实际抚养关系发生变动、利于保护未成年人身心健康、维护个人人格尊

① 参见石宏主编：《〈中华人民共和国民法典〉释解与适用·婚姻家庭编继承编》，人民法院出版社 2020 年版，第 42 页。

严。[①] 从各省市的户籍管理规定来看，姓氏变更的理由主要围绕以下几方面展开：因血亲关系在父姓与母姓之间变更的、因收养关系变更的、未成年子女因父母离婚或再婚变更的、公安机关认为其他可以变更的事项。不过，值得注意的是，有地方户籍管理规定将涉外婚姻关系作为变更姓氏的情形，应当是在考虑到域外婚姻姓氏选择自由之上的一种例外规定。从其反面解释中，亦可得出非涉外婚姻不能作为姓氏变更的理由。[②]

目前，在我国婚姻家庭关系中，已经基本实现了丈夫和妻子各自使用自己姓名的立法目的。应该说，这一方面比现在许多国家的改革还要彻底。《民法典》继续巩固原有立法成果，沿用原《婚姻法》的规定。在实践中，夫妻双方之间因姓名问题产生的纠纷几乎已经不存在。但不可忽视的是，近年来，夫妻之间的姓名权纠纷已经有了向子女姓名决定权纠纷转化的趋势，尤其是在再婚家庭中，继子女与继父母、生父母之间的姓氏变更纠纷已屡有出现，为此《民法典婚姻家庭编解释（一）》对这一问题也有了一定程度的回应，其第59条规定："父母不得因子女变更姓氏而拒付子女抚养费。父或者母擅自将子女姓氏改为继母或继父姓氏而引起纠纷的，应当责令恢复原姓氏。"但应注意的是，该条虽规定了"应当责令恢复原姓氏"，但并不意味着在发生纠纷时可以以民事诉讼的方式维护权益。当父或者母擅自将子女姓氏改为继母或继父姓氏时，父母一方的诉讼标的实质上是行政机关变更登记子女姓氏这一具体行政行为的效力，故不属于民事案件受理范围。子女姓氏变更需要通过户口登记部门作出变更登记行为，该行为是依父母一方申请而实施的具体行政行为，而请求确认变更子女姓氏无效，本质上是指向请求确认户口登记部门变更登记行为无效，由于该诉请针对的是具体行政行为，故不应通过民事诉讼寻求司法救济。[③]

---

① 参见"北雁云依"诉济南市公安局历下区分局燕山派出所公安行政登记案，山东省济南市历下区人民法院（2010）历行初字第4号。

② 参见薛宁兰、谢鸿飞主编：《民法典评注·婚姻家庭编》，中国法制出版社2020年版，第117页。

③ 参见最高人民法院民事审判第一庭编著：《最高人民法院民法典婚姻家庭编司法解释（一）理解与适用》，人民法院出版社2021年版，第519页。

指导案例

指导案例 89 号："北雁云依"诉济南市公安局历下区分局燕山派出所公安行政登记案

（最高人民法院审判委员会讨论通过　2017 年 11 月 15 日发布）

关键词：行政　公安行政登记　姓名权　公序良俗　正当理由

裁判要点：公民选取或创设姓氏应当符合中华传统文化和伦理观念。仅凭个人喜好和愿望在父姓、母姓之外选取其他姓氏或者创设新的姓氏，不属于《全国人民代表大会常务委员会关于〈中华人民共和国民法通则〉第九十九条第一款、〈中华人民共和国婚姻法〉第二十二条的解释》第二款第三项规定的"有不违反公序良俗的其他正当理由"。

相关法条：

《中华人民共和国民法通则》第 99 条第 1 款

《中华人民共和国婚姻法》第 22 条

《全国人民代表大会常务委员会关于〈中华人民共和国民法通则〉第九十九条第一款、〈中华人民共和国婚姻法〉第二十二条的解释》

基本案情：原告"北雁云依"法定代理人吕某某诉称：其妻张某某在医院产下一女取名"北雁云依"，并办理了出生证明和计划生育服务手册新生儿落户备查登记。为女儿办理户口登记时，被告济南市公安局历下区分局燕山派出所（以下简称"燕山派出所"）不予上户口。理由是孩子姓氏必须随父姓或母姓，即姓"吕"或姓"张"。根据《中华人民共和国婚姻法》（以下简称《婚姻法》）和《中华人民共和国民法通则》（以下简称《民法通则》）关于姓名权的规定，请求法院判令确认被告拒绝以"北雁云依"为姓名办理户口登记的行为违法。

被告燕山派出所辩称：依据法律和上级文件的规定不按"北雁云依"进行户口登记的行为是正确的。《民法通则》规定公民享有姓名权，但没有具体规定。而 2009 年 12 月 23 日最高人民法院举行新闻发布会，关于夫妻离异后子女更改姓氏问题的答复中称，《婚姻法》第二十二条是我国法律对子女姓氏问题作出的专门规定，该条规定子女可以随父姓，可以随母姓，没有规定可以随第三姓。行政机关应当依法行政，法律没有明确规定的行为，行政机关就不能实施，原告和行政机关都无权对法律作出扩大化解释，这就意味着子女只有随父姓或者随母姓两种选择。从另一个角度讲，法律确认姓名权是为了使公民能以文字符号即姓名明确区别于他人，实现自己的人格和权利。姓名权和其他权利一样，受到法律的限制而不可滥用。新生婴儿随父姓、随母姓是中华民族的传统习俗，这种习俗标志着血缘关系，随父姓或者随母姓，都是有血缘关系的，可以在很大程度上避免近亲结婚，但是姓第三姓，则与这种传统习俗、与姓的本意相违背。全国各地公安机关在执行《婚姻法》第二十二条关于子女姓氏的问题上，标准都是一致的，即子女应当随父姓或者随母姓。综上所述，拒绝原告法定代理人以“北雁云依”的姓名为原告申报户口登记的行为正确，恳请人民法院依法驳回原告的诉讼请求。

法院经审理查明：原告“北雁云依”出生于2009年1月25日，其父亲名为吕某某，母亲名为张某某。因酷爱诗词歌赋和中国传统文化，吕某某、张某某夫妇二人决定给爱女起名为“北雁云依”，并以“北雁云依”为名办理了新生儿出生证明和计划生育服务手册新生儿落户备查登记。2009年2月，吕某某前往燕山派出所为女儿申请办理户口登记，被民警告知拟被登记人员的姓氏应当随父姓或者母姓，即姓“吕”或者“张”，否则不符合办理出生登记条件。因吕某某坚持以“北雁云依”为姓名为女儿申请户口登记，被告燕山派出所遂依照《婚姻法》第二十二条之规定，于当日作出拒绝办理户口登记的具体行政行为。

该案经过两次公开开庭审理，原告“北雁云依”法定代理人吕某某在庭审中称：其为女儿选取的“北雁云依”之姓名，“北雁”是姓，“云依”是名。

因案件涉及法律适用问题，需送请有权机关作出解释或者确认，该案于2010年3月11日裁定中止审理，中止事由消除后，该案于2015年4月21日恢复审理。

裁判结果：济南市历下区人民法院于2015年4月25日作出（2010）历行初字第4号行政判决：驳回原告“北雁云依”要求确认被告燕山派出所拒绝以“北雁云依”为姓名办理户口登记行为违法的诉讼请求。

一审宣判并送达后，原被告双方均未提出上诉，本判决已发生法律效力。

裁判理由：法院生效裁判认为：2014年11月1日，第十二届全国人民代表大会常务委员会第十一次会议通过了《全国人民代表大会常务委员会关于〈中华人民共和国民法通则〉第九十九条第一款、〈中华人民共和国婚姻法〉第二十二条的解释》。该立法解释规定：“公民依法享有姓名权。公民行使姓名权，还应当尊重社会公德，不得损害社会公共利益。公民原则上应当随父姓或者母姓。有下列情形之一的，可以在父姓和母姓之外选取姓氏：（一）选取其他直系长辈血亲的姓氏；（二）因由法定扶养人以外的人扶养而选取扶养人姓氏；（三）有不违反公序良俗的其他正当理由。少数民族公民的姓氏可以从本民族的文化传统和风俗习惯。”

本案不存在选取其他直系长辈血亲姓氏或者选取法定扶养人以外的抚养人姓氏的情形，案件的焦点就在于原告法定代理人吕某某提出的理由是否符合上述立法解释第二款第三项规定的“有不违反公序良俗的其他正当理由”。首先，从社会管理和发展的角度，子女承袭父母姓氏有利于提高社会管理效率，便于管理机关和其他社会成员对姓氏使用人的主要社会关系进行初步判断。倘若允许随意选取姓氏甚至恣意创造姓氏，则会增加社会管理成本，不利于社会和他人，不利于维护社会秩序和实现社会的良性管控，而且极易使社会管理出现混乱，增加社会管理的风险性和不确定性。其次，公民选取姓氏涉及公序良俗。在中华传统文化中，“姓名”中的“姓”，即姓氏，主要来源于客观上的承袭，系先祖所传，承载了对先祖的敬重、对家庭的热爱等，体现着血缘传承、伦理秩序和文化传统。而“名”则源于主观创造，为父母所授，承载了个人喜好、人格特征、长辈愿望等。公民对姓氏传承的重视和尊崇，不仅仅体现了血缘关系、亲属关系，更承载着丰富的文化传统、伦理观念、人文情怀，符合主流价值观念，是中华民族向心力、凝聚力的载体和镜像。公民原则上随父姓或者母姓，符合中华传统文化和伦理观念，符合绝大多数公民的意愿和实际做法。反之，如果任由公民仅凭个人意愿喜好，随意选取姓氏甚至自创姓氏，则会造成对文化传统和伦理观念的冲击，违背社会善良风俗和一般道德要求。再次，公民依法享有姓名权，公民行使姓名权属于民事活动，既应当依照《民法通则》第九十九条第一款和《婚姻法》第二十二条的规定，还应当遵守《民法通则》第七条的规定，即应当尊重社会公德，不得损害社会公共利益。通常情况下，在父姓和母姓之外选取姓氏的行为，主要存在于实际抚养关系发生变动、有利于未成年人身心健康、维护个人人格尊严等情形。本案中，原告“北雁云依”的父母自创“北雁”为姓氏、选取“北雁云依”为姓名给女儿办理户口登记的理由是“我女儿姓名‘北雁云依’四字，取自四首著名的中国古典诗词，寓意父母对女儿的美好祝愿”。此理由仅凭个人喜好愿望并创设姓氏，具有明显的随意性，不符合立法解释第二款第三项的情形，不应给予支持。

第一千零五十七条　夫妻双方都有参加生产、工作、学习和社会活动的自由，一方不得对另一方加以限制或者干涉。

关联规定

法律、行政法规、司法解释

1.《中华人民共和国宪法》

第三十五条　中华人民共和国公民有言论、出版、集会、结社、游行、示威的自由。

第三十七条　中华人民共和国公民的人身自由不受侵犯。

任何公民，非经人民检察院批准或者决定或者人民法院决定，并由公安机关执行，不受逮捕。

禁止非法拘禁和以其他方法非法剥夺或者限制公民的人身自由，禁止非法搜查公民的身体。

第四十二条　中华人民共和国公民有劳动的权利和义务。

国家通过各种途径，创造劳动就业条件，加强劳动保护，改善劳动条件，并在发展生产的基础上，提高劳动报酬和福利待遇。

劳动是一切有劳动能力的公民的光荣职责。国有企业和城乡集体经济组织的劳动者都应当以国家主人翁的态度对待自己的劳动。国家提倡社会主义劳动竞赛，奖励劳动模范和先进工作者。国家提倡公民从事义务劳动。

国家对就业前的公民进行必要的劳动就业训练。

第四十六条　中华人民共和国公民有受教育的权利和义务。

国家培养青年、少年、儿童在品德、智力、体质等方面全面发展。

第四十八条　中华人民共和国妇女在政治的、经济的、文化的、社会的和家庭的生活等各方面享有同男子平等的权利。

国家保护妇女的权利和利益，实行男女同工同酬，培养和选拔妇女干部。

2.《中华人民共和国民法典》

第一百零九条　自然人的人身自由、人格尊严受法律保护。

第九百九十条　人格权是民事主体享有的生命权、身体权、健康权、姓名权、名称权、肖像权、名誉权、荣誉权、隐私权等权利。

除前款规定的人格权外，自然人享有基于人身自由、人格尊严产生的其他人格权益。

3.《中华人民共和国妇女权益保障法》

第二条　妇女在政治的、经济的、文化的、社会的和家庭的生活等各方面享有同男子平等的权利。

实行男女平等是国家的基本国策。国家采取必要措施，逐步完善保障妇女权益的各项制度，消除对妇女一切形式的歧视。

国家保护妇女依法享有的特殊权益。

禁止歧视、虐待、遗弃、残害妇女。

第九条　国家保障妇女享有与男子平等的政治权利。

第十条　妇女有权通过各种途径和形式，管理国家事务，管理经济和文化事业，管理社会事务。

制定法律、法规、规章和公共政策，对涉及妇女权益的重大问题，应当听取妇女联合会的意见。

妇女和妇女组织有权向各级国家机关提出妇女权益保障方面的意见和建议。

第十一条　妇女享有与男子平等的选举权和被选举权。

全国人民代表大会和地方各级人民代表大会的代表中，应当有适当数量的妇女代表。国家采取措施，逐步提高全国人民代表大会和地方各级人民代表大会的妇女代表的比例。

居民委员会、村民委员会成员中，妇女应当有适当的名额。

4.《中华人民共和国劳动法》

第十二条　劳动者就业，不因民族、种族、性别、宗教信仰不同而受歧视。

第十三条　妇女享有与男子平等的就业权利。在录用职工时，除国家规定的不适合妇女的工种或者岗位外，不得以性别为由拒绝录用妇女或者提高对妇女的录用标准。

条文释义

一、本条主旨

本条是关于夫妻在婚姻家庭关系中享有人身自由权的规定。

二、条文演变

我国1950年原《婚姻法》第1条明确废止了“男尊女卑”的封建主义婚姻制度，更在第9条规定：“夫妻双方均有选择职业、参加工作和参加社会活动的自由。”该条虽然在条文用语上表述为“夫妻双方”，但是实际上主要是为了保障女性参加工作和社会活动的自由。在中华人民共和国成立伊始，这一规定有利于冲破几千年封建礼教“男外女内”“男女有别”对女性的束缚，进而保障妻子在婚后仍有参加工作和社会活动的权利。1980年原《婚姻法》第11条延续了这一精神，并进一步规定：“夫妻双方都有参加生产、工作、学习和社会活动的自由，一方不得对他方加以限制或干涉。”与1950年原《婚姻法》第9条相比，增加了夫妻双方都有参加学习的自由的内容。这是因为在中华人民共和国成立后的几十年里，我国妇女在政治、经济、文化和婚姻家庭等方面获得了与男子平等的地位，妇女迈出家庭参加社会生产劳动已成为非常普遍的现象。规定夫妻双方有参加学习的自由，不仅是对公民受教育权的尊重和保障，更是为了使夫妻在婚后通过不断学习，充实、完善、提高自己各方面的能力，实现可持续发展。2001年修正的原《婚姻法》仍继续沿用此规定。[①]

本条是男女平等原则的具体体现，源于2001年修正的原《婚姻法》第15条，该条规定：“夫妻双方都有参加生产、工作、学习和社会活动的自由，一方不得对他方加以限制或干涉。”相对于该第15条，本条仅就个别文字作了调整，即将“他方”改为“另一方”。因在夫妻关系中只存在“双方”，用“一方”对应“另一方”的表述更为精准。

① 参见薛宁兰、谢鸿飞主编：《民法典评注·婚姻家庭编》，中国法制出版社2020年版，第118页。

三、条文解读

（一）参加生产、工作、学习和社会活动的自由

人身自由权是每个自然人最基本的权利。夫妻双方享有人身自由权是夫妻在婚姻家庭关系中地位平等的重要标志。夫妻的人身自由权，是指夫妻双方从事社会职业、参加社会活动和进行社会交往的权利和自由，强调自然人的人身自由权不因结婚而受限制。这一权利对男女双方都适用，但实际上重点是保障妇女在婚后仍然享有独立人格、具有独立身份，能够按照自己的意愿从事社会职业、参加社会活动和进行社会交往，禁止丈夫或者其他人对妻子人身自由权利的干涉。根据本条规定，夫妻人身自由权主要包括以下方面。

1. 夫妻双方都有参加生产、工作的权利

本条中的“生产、工作”泛指一切正当的社会劳动。凡是能够取得劳动报酬或者收入的一切社会劳动及无酬的社会工作，都属于这里所称的生产、工作范畴之内。[①] 易言之，此处所称生产、工作应包括一切职业活动。在家庭自身的生产功能逐步淡化之后，在工业社会，走出家庭从事职业活动成为一种常态。这些职业活动是维持家庭生计的主要经济来源，也是夫妻履行其家庭义务的重要形式。夫妻双方既可以通过职业活动来履行其家庭义务，亦可通过直接承担家务的方式来履行其义务。从这一角度来看，生产、工作既可能是一项自由，也可能是一项义务。

2. 夫妻双方都有参加学习的权利

此处所言“参加学习”，即接受教育。《宪法》第 46 条第 1 款规定：“中华人民共和国公民有受教育的权利和义务。”我国《教育法》第 17 条第 1 款规定：“国家实行学前教育、初等教育、中等教育、高等教育的学校教育制度。”第 20 条第 1 款规定：“国家实行职业教育制度和继续教育制度。”据此，我国的教育体系可分为学校教育、职业教育和继续教育。本条规定的“参加学习”应包含上述三种学习形态。

3. 夫妻都有参加社会活动的权利

“社会活动是指参政、议政活动，科学、技术、文学、艺术和其他文化活

---

① 参见余延满：《亲属法原论》，法律出版社 2007 年版，第 224 页。

动，各种群众组织、社会团体的活动，以及各种形式的公益活动等。”[①] 社会活动应当作广义理解，只要法无禁止即可。与接受教育一样，参加社会活动与人格发展密切相关，可被一般人格权所涵盖。

4. 其他人身自由

本条只列举了生产、工作、学习和参加社会活动的自由，未列举其他方面的自由，能否从反面解释得出婚姻会产生消除其他自由的效果呢？答案是否定的。如前所述，婚姻并不消解自然人的人格，也不会产生任何的人格吸收。即使为本条列举之外的其他人身自由，亦同生产、工作、学习和参加社会活动自由一样，不受另一方的干涉和限制。不过，婚姻产生的法定义务确实会对其中的某些自由形成限制。例如，自然人结婚后，其所享有的婚姻自主权中的结婚自由权（《民法典》第 110 条）即不复存在。婚姻包含了禁止重婚的效力。同理，婚姻所形成的忠实义务排斥了与第三人同居的自由。根据《民法典》第 1042 条第 2 款的规定，重婚或者有配偶者与他人同居都是法律所明文禁止的。

但要注意的是，本条规定了夫妻的个体人身自由权，并不意味着夫妻可以不顾家庭、为所欲为。夫妻行使人身自由的权利，必须符合法律与社会主义道德的要求，不得滥用权利损害家庭和他人的合法权益。自然人婚前与婚后截然不同，对配偶、子女、家庭有不可推卸的义务和责任。夫妻任何一方在行使自己的人身自由权的同时，还必须履行自己对家庭应承担的义务和责任，两者应当协调统一起来。夫妻有参加社会活动的自由，但是夫妻也有相互扶养的义务，有抚养、教育子女的义务，有赡养老人的义务。如果夫妻一方对家庭、子女漠不关心，不顾一切地参加各种社会活动，与本条的立法精神是不相符合的。夫妻之间应当互相尊重、互谅互让、互相协商，处理好参加生产、工作、学习和社会活动与尽到家庭责任之间的关系。

（二）禁止一方对另一方加以限制或干涉

本条后半段明确禁止配偶一方对另外一方的前述自由加以限制或者干涉。所谓限制，即对人身自由权利本身的限制，而干涉通常是指对权利行使的干涉。

婚姻家庭关系中，法律不再以法定形式强制分配双方角色，何人承担家

---

① 参见胡康生主编：《中华人民共和国婚姻法释义》，法律出版社 2001 年版，第 55 页。

务，何人外出从事职业或者参加学习及社会活动，应由双方协商确定。关于协商所形成的协议的性质，因欠缺法效意图，应认定为情谊行为而非法律行为。[①] 夫妻双方协商所形成的此种协议虽然不具有债法意义上的约束力，但是并非完全没有法律效果。最为典型的效果是，如果一方拒不履行协议，可能被视为《民法典》第 1079 条所规定的“感情破裂”的证据。

需要注意的是，这种协商所形成的协议并不形成本条意义上的限制或者干涉，相反它是法律所鼓励的行为。但是，如果协议并不涉及家庭义务的分担，而是直接涉及人身自由的限制或者放弃，则需要作进一步的判断。如果涉及自由的全部放弃，则会直接导致人的主体性的丧失，为法律所绝对禁止。[②] 如果是部分限制其自由，则应具体判断这种限制是否涉及违反法律的强制性规定或者与公序良俗相悖（《民法典》第 153 条）。

适用指引

一、一方不当地限制对方参加生产、工作、学习和社会活动的，可作为“导致夫妻感情破裂”的情形，准予离婚

《民法典》第 1079 条第 3 款规定：“有下列情形之一，调解无效的，应当准予离婚：（一）重婚或者与他人同居；（二）实施家庭暴力或者虐待、遗弃家庭成员；（三）有赌博、吸毒等恶习屡教不改；（四）因感情不和分居满二年；（五）其他导致夫妻感情破裂的情形。”婚姻首先是情感的结合，它承载着男女双方，乃至于男女双方原生家庭的情感利益。家庭是养老育幼的最基本的社会单元。男女双方登记结婚、组建家庭后，均应承担家庭义务，应将个人的人身自由权利行使与家庭的责任、义务的承担和履行有机统一起来。在婚姻关系中，如果夫妻双方无法就家庭责任与个体人身自由权利的行使达成共同的一致意见，必然会对夫妻感情造成负面的影响，如果这种负面情绪日积月累，无法消解，最终必然会导致双方夫妻感情破裂，无法继续共同生活下去。此时，夫

① 参见［德］迪特尔·施瓦布：《德国家庭法》，王葆莳译，法律出版社 2010 年版，第 2 页。

② 参见王泽鉴：《人格权法：法释义学、比较法和案例研究》，法律出版社 2012 年版，第 110 页。

妻一方有权以此为由提起离婚诉讼，经审查，如果夫妻感情确已破裂，那么应准许双方解除婚姻关系。

例如，在周某诉史某离婚纠纷案中，婚后史某在某外资公司上班，周某在家料理家务。时间一长，周某对在家当全职太太产生厌倦情绪，遂与史某商量出去工作，但是史某坚决反对，认为自己挣的钱足够花了，周某不用出去工作，双方为此多次发生争执。后来周某明白了史某不让其外出工作的真实原因，是担心自己在社会上认识其他男性，背叛史某。周某感到自尊心受到极大伤害，认为史某对自己缺乏起码的信任，夫妻感情因此恶化。2002 年 6 月，周某未征求史某的意见，独自在外找了一份工作，史某知道后，到周某的工作单位大闹并威胁单位辞退了周某。周某先后又找了两份工作，均被史某以同样方式破坏。2002 年 10 月，周某向法院起诉要求离婚，后经法院调解，史某表示悔改，周某撤诉。但事后史某依然如故，继续阻止周某出去工作，并让自己的亲属监视周某。周某感到彻底绝望，于 2003 年 5 月再次提起离婚诉讼。法院经审理认为，根据原《婚姻法》的规定，夫妻双方都有参加生产、工作、学习和社会活动的自由，一方不得对他方加以限制和干涉。史某的做法侵犯了法律赋予周某的工作自由权利，是违法行为。史某的出发点是自私地将妻子当成了自己的私有财产，情节是恶劣的，造成了不良的社会影响，严重破坏了夫妻感情。鉴于双方感情确已破裂，应当判决准予离婚。

本案的焦点是夫妻一方以对方侵犯自己的工作权为由提起离婚应否得到法院支持的问题。我们认为，夫妻之间的生产、工作权利是平等的，不存在谁优先于谁的问题。虽然受长期存在的“男主外女主内”传统文化思想影响，现实中，大多数女性在照顾家庭、养育子女等方面比男性倾注了更多的时间和精力，但此种家庭经营的分工应以互相尊重、平等协商为前提，而不能违背一方意愿进行限制、干涉。丈夫限制妻子外出工作的权利，而导致夫妻感情破裂的情形，符合《民法典》第 1079 条第 3 款第 5 项“其他导致夫妻感情破裂的情形”，应当允许解除婚姻关系。

二、应注意区分一般的家庭关系摩擦与干涉、限制人身自由的情况

夫妻在日常家庭生活中难免会因家庭生活琐事产生一定的矛盾，当这种矛盾是因参加工作、学习和社会活动的自由权利与履行家庭义务的责任难以调和而产生时，应当注意辨别是否存在一方限制、干涉另一方人身自由的情况。如

果夫妻一方只是不履行家庭义务，从而间接妨碍了另外一方参加工作、学习和社会活动的自由，这种行为也不属于本条意义上的限制或者干涉。本条意义上的限制或者干涉一定是针对人身自由权的直接侵害。在不存在直接侵害人身自由权的情况下，即使一方配偶不履行家庭义务或者在自由发展其人格时不考虑另外一方配偶及家庭的情况，实质上导致另外一方人格自由发展受限制，人格自由发展实质上受限制的一方也不能据此要求强制执行或者主张损害赔偿。

《民法典》第 1043 条第 2 款规定："夫妻应当互相忠实，互相尊重，互相关爱；家庭成员应当敬老爱幼，互相帮助，维护平等、和睦、文明的婚姻家庭关系。"夫妻双方在选择参加何种生产、工作、学习和社会活动时如无法达成一致，各方均应考虑家庭的具体状况，互相体谅关爱。如果配偶一方未对另外一方的职业提出异议，则未外出工作的一方至少应当承担大部分家务。如果夫妻双方一直就此问题出现分歧，可能被视为《民法典》第 1079 条所规定的"感情破裂"的证据。夫妻一方因抚育子女、照料老年人、协助另一方工作等负担较多义务的，在离婚时可根据《民法典》第 1088 条的规定向另一方请求给予补偿，另一方应当给予补偿。

第一千零五十八条　夫妻双方平等享有对未成年子女抚养、教育和保护的权利，共同承担对未成年子女抚养、教育和保护的义务。

关联规定

法律、行政法规、司法解释

1.《中华人民共和国宪法》

第四十九条　婚姻、家庭、母亲和儿童受国家的保护。

夫妻双方有实行计划生育的义务。

父母有抚养教育未成年子女的义务，成年子女有赡养扶助父母的义务。

禁止破坏婚姻自由，禁止虐待老人、妇女和儿童。

2.《中华人民共和国民法典》

第二十六条　父母对未成年子女负有抚养、教育和保护的义务。

成年子女对父母负有赡养、扶助和保护的义务。

第二十七条　父母是未成年子女的监护人。

未成年人的父母已经死亡或者没有监护能力的，由下列有监护能力的人按顺序担任监护人：

（一）祖父母、外祖父母；

（二）兄、姐；

（三）其他愿意担任监护人的个人或者组织，但是须经未成年人住所地的居民委员会、村民委员会或者民政部门同意。

第二十八条　无民事行为能力或者限制民事行为能力的成年人，由下列有监护能力的人按顺序担任监护人：

（一）配偶；

（二）父母、子女；

（三）其他近亲属；

（四）其他愿意担任监护人的个人或者组织，但是须经被监护人住所地的居民委员会、村民委员会或者民政部门同意。

第三十五条　监护人应当按照最有利于被监护人的原则履行监护职责。监护人除为维护被监护人利益外，不得处分被监护人的财产。

未成年人的监护人履行监护职责，在作出与被监护人利益有关的决定时，应当根据被监护人的年龄和智力状况，尊重被监护人的真实意愿。

成年人的监护人履行监护职责，应当最大程度地尊重被监护人的真实意愿，保障并协助被监护人实施与其智力、精神健康状况相适应的民事法律行为。对被监护人有能力独立处理的事务，监护人不得干涉。

第三十六条　监护人有下列情形之一的，人民法院根据有关个人或者组织的申请，撤销其监护人资格，安排必要的临时监护措施，并按照最有利于被监护人的原则依法指定监护人：

（一）实施严重损害被监护人身心健康的行为；

（二）怠于履行监护职责，或者无法履行监护职责且拒绝将监护职责部分或者全部委托给他人，导致被监护人处于危困状态；

（三）实施严重侵害被监护人合法权益的其他行为。

本条规定的有关个人、组织包括：其他依法具有监护资格的人，居民委员会、村民委员会、学校、医疗机构、妇女联合会、残疾人联合会、未成年人保护组织、依法设立的老年人组织、民政部门等。

前款规定的个人和民政部门以外的组织未及时向人民法院申请撤销监护人资格的，民政部门应当向人民法院申请。

第三十七条　依法负担被监护人抚养费、赡养费、扶养费的父母、子女、配偶等，被人民法院撤销监护人资格后，应当继续履行负担的义务。

第一千零六十七条　父母不履行抚养义务的，未成年子女或者不能独立生活的成年子女，有要求父母给付抚养费的权利。

成年子女不履行赡养义务的，缺乏劳动能力或者生活困难的父母，有要求成年子女给付赡养费的权利。

第一千零六十八条　父母有教育、保护未成年子女的权利和义务。未成年子女造成他人损害的，父母应当依法承担民事责任。

3.《中华人民共和国义务教育法》

第五条　各级人民政府及其有关部门应当履行本法规定的各项职责，保障适龄儿童、少年接受义务教育的权利。

适龄儿童、少年的父母或者其他法定监护人应当依法保证其按时入学接受并完成义务教育。

依法实施义务教育的学校应当按照规定标准完成教育教学任务，保证教育教学质量。

社会组织和个人应当为适龄儿童、少年接受义务教育创造良好的环境。

4.《中华人民共和国未成年人保护法》

第十五条 未成年人的父母或者其他监护人应当学习家庭教育知识，接受家庭教育指导，创造良好、和睦、文明的家庭环境。

第十七条 未成年人的父母或者其他监护人不得实施下列行为：

（一）虐待、遗弃、非法送养未成年人或者对未成年人实施家庭暴力；

（二）放任、教唆或者利用未成年人实施违法犯罪行为；

（三）放任、唆使未成年人参与邪教、迷信活动或者接受恐怖主义、分裂主义、极端主义等侵害；

（四）放任、唆使未成年人吸烟（含电子烟，下同）、饮酒、赌博、流浪乞讨或者欺凌他人；

（五）放任或者迫使应当接受义务教育的未成年人失学、辍学；

（六）放任未成年人沉迷网络，接触危害或者可能影响其身心健康的图书、报刊、电影、广播电视节目、音像制品、电子出版物和网络信息等；

（七）放任未成年人进入营业性娱乐场所、酒吧、互联网上网服务营业场所等不适宜未成年人活动的场所；

（八）允许或者迫使未成年人从事国家规定以外的劳动；

（九）允许、迫使未成年人结婚或者为未成年人订立婚约；

（十）违法处分、侵吞未成年人的财产或者利用未成年人牟取不正当利益；

（十一）其他侵犯未成年人身心健康、财产权益或者不依法履行未成年人保护义务的行为。

5.《中华人民共和国家庭教育促进法》

第二条 本法所称家庭教育，是指父母或者其他监护人为促进未成年人全面健康成长，对其实施的道德品质、身体素质、生活技能、文化修养、行为习惯等方面的培育、引导和影响。

第四条 未成年人的父母或者其他监护人负责实施家庭教育。

国家和社会为家庭教育提供指导、支持和服务。

国家工作人员应当带头树立良好家风，履行家庭教育责任。

第十四条 父母或者其他监护人应当树立家庭是第一个课堂、家长是第一任老师的责任意识，承担对未成年人实施家庭教育的主体责任，用正确思想、方法和行为教育未成年人养成良好思想、品行和习惯。

共同生活的具有完全民事行为能力的其他家庭成员应当协助和配合未成年人的父母或者其他监护人实施家庭教育。

第十五条 未成年人的父母或者其他监护人及其他家庭成员应当注重家庭建设，培育积极健康的家庭文化，树立和传承优良家风，弘扬中华民族家庭美德，共同构建文明、和睦的家庭关系，为未成年人健康成长营造良好的家庭环境。

6.《最高人民法院关于适用〈中华人民共和国民法典〉婚姻家庭编的解释（一）》

第六十条 在离婚诉讼期间，双方均拒绝抚养子女的，可以先行裁定暂由一方抚养。

第六十一条 对拒不履行或者妨害他人履行生效判决、裁定、调解书中有关子女抚养义务的当事人或者其他人，人民法院可依照民事诉讼法第一百一十一条的规定采取强制措施。

条文释义

一、本条主旨

本条是关于夫妻双方平等享有和共同承担对未成年子女抚养、教育和保护的权利和义务的原则性规定。

二、条文演变

我国1950年原《婚姻法》第13条第1款规定："父母对于子女有抚养教育的义务；子女对于父母有赡养扶助的义务；双方均不得虐待或遗弃。"1980年原《婚姻法》延续了这一规定的精神，其第15条第1~3款规定："父母对子女有抚养教育的义务；子女对父母有赡养扶助的义务。父母不履行抚养义务时，未成年的或不能独立生活的子女，有要求父母付给抚养费的权利。子女不履行赡养义务时，无劳动能力的或生活困难的父母，有要求子女付给赡养费的权利。”第 17 条规定：“父母有管教和保护未成年子女的权利和义务。在未成年子女对国家、集体或他人造成损害时，父母有赔偿经济损失的义务。”2001 年修正原《婚姻法》时，继续承继了 1980 年原《婚姻法》上述规定的精神。2001 年修正的原《婚姻法》第 21 条第 1~3 款相对于 1980 年原《婚姻法》第 15 条的前述规定来说没有任何的变化。2001 年修正的原《婚姻法》第 23 条也只是在文字表述上对 1980 年原《婚姻法》第 17 条作了调整，实质内容并无差别。

上述历次原《婚姻法》的规定均是从父母、子女之间权利、义务的角度来阐述二者之间的关系。在形式上，《民法典》第 1058 条的规定与 2001 年原《婚姻法》第 21 条、第 23 条有着密切的联系，但实际上二者并不完全相同。《民法典》第 1058 条规定的是夫妻双方之间在子女抚养、教育和保护方面享有平等权利、承担平等义务，旨在从夫妻关系视角规定父母与子女的关系，强调的是夫和妻对未成年子女的抚养、教育和保护的权利义务是平等的，不存在孰优孰劣和高下之分。从法条内容上来看，2001 年修正的原《婚姻法》第 21 条第 2~3 款被《民法典》第 1067 条所承继，第 23 条被《民法典》第 1068 条所承继。《民法典》第 1067 条规定：“父母不履行抚养义务的，未成年子女或者不能独立生活的成年子女，有要求父母给付抚养费的权利。成年子女不履行赡养义务的，缺乏劳动能力或者生活困难的父母，有要求成年子女给付赡养费的权利。”《民法典》第 1068 条规定：“父母有教育、保护未成年子女的权利和义务。未成年子女造成他人损害的，父母应当依法承担民事责任。”从这个角度来说，本条实际上是《民法典》婚姻家庭编在夫妻关系一节中新设的规范，旨在从夫妻关系视角规定父母与子女的关系，强调的是夫和妻对未成年子女的抚养、教育和保护的权利义务是平等的，不存在孰优孰劣和高下之分。

三、条文解读

（一）对未成年子女进行抚养的权利和义务

未成年子女是指未满 18 周岁的子女。对未成年子女进行抚养，是指父母应当保障和满足未成年子女的基本生活和教育需求。

父母对未成年人进行抚养可以分为两种不同的情况，其一为父母婚姻关系存续期间对未成年子女的抚养，其二为父母解除婚姻关系后对未成年子女的抚养。无论哪种情形下，未成年子女的父母均需要对未成年子女进行抚养。抚养未成年子女，既是父母的权利，也是父母的一种义务。

1. 在婚姻关系存续期间，父母对未成年子女的抚养

父母抚养未成年子女是不得附加任何条件的，自子女出生至子女成年或能够独立生活，父母均享有抚养子女的权利，也均负有抚养子女的义务。在抚养子女的问题上，父母双方的权利义务是平等的。但是这种平等指的是权利能力上的平等，并不等于父和母在抚养子女时所付出的时间、金钱、精力等是完全相同的。实际上，由于个人经历和生理条件的不同，父和母也不可能在经济收入、知识阅历、身体精力等方面完全对等，这里只是赋予双方一个平等抚养子女的机会。

抚养子女，最基本的一点就是要为子女提供生存、生活的费用和居所。在婚姻关系存续期间，如果父或母一方不履行抚养义务，未成年子女有权请求不履行义务的一方支付抚养费。《民法典》第 1067 条第 1 款对此作出了明确的规定："父母不履行抚养义务的，未成年子女或者不能独立生活的成年子女，有要求父母给付抚养费的权利。"该条并未将父母已经解除婚姻关系作为适用的前提，故即使在父母婚姻关系存续期间也是可以适用的。

未成年子女可以在父母婚姻关系存续期间请求不履行抚养义务的父母一方给付抚养费，这一规定与我国夫妻财产制度之间的关系需要明确。我国实行的是法定婚后共同财产制，一般情况下，只要是婚姻关系存续期间取得的财产均是夫妻共同财产，属于夫妻共有。在文义理解上，无论夫或妻哪一方支付了子女的抚养费，都是在使用夫妻共同财产，都应该视为夫妻共同承担了子女抚养费用，因此，子女也没有理由起诉另一方要求支付抚养费。但不可忽视的是，现实生活中，夫妻双方因感情不和而分居或者因工作原因异地生活，未成年子女长期由一方单独抚养，另一方未能履行抚养义务的情况屡见不鲜，相关纠纷的数量也有逐渐增加的趋势；甚至在夫妻双方未分居的情况下，也曾经出现过一方独自抚养子女，另一方则把持自己的经济收入，不愿将自己的收入用于抚养子女的情形。在这些情况下，如果一律严格适用夫妻共同财产制作为裁判的依据，显有不妥。夫妻双方在分居期间的财产收入实际上已经相对独立，双方各自控制和支配使用自己占用的那部分财产。此时，如果不与该未成年子女共同生活的一方因为各种原因不支付抚养费，应该赋予未成年子女抚养费请求权。"该权利来源于父母与子女的身份关系，由法律直接规定，与父母是否离婚，是否分割夫妻共同财产没有必然联系。从夫妻之间的关系来看，婚姻关系存续期间，夫妻共有财产没有分割前，如果一方不支付子女抚养费，另一方单独承担抚养费用在经济上产生困难，子女抚养费用不足，影响子女健康成长的，此时，子女抚养费请求权的行使，是夫妻共同承担子女抚养义务的一种方式，该种方式不以财产所有权的转移为标志，即一方支付子女的抚养费用，并非将抚养费的所有权转移给另一方，而是一方将夫妻共同财产的使用权交由另一方，用于支付子女抚养费用。"[①] 原《婚姻法解释（三）》第3条规定："婚姻关系存续期间，父母双方或者一方拒不履行抚养子女义务，未成年或者不能独立生活的子女请求支付抚养费的，人民法院应予支持。"《民法典婚姻家庭编解释（一）》第43条延续了该条的规定，只是在文字上作了更为严谨的表述："婚姻关系存续期间，父母双方或者一方拒不履行抚养子女义务，未成年子女或不能独立生活的成年子女请求支付抚养费的，人民法院应予支持。"

2. 在婚姻关系解除后，父母对未成年子女的抚养

《民法典》第1084条第1款规定："父母与子女间的关系，不因父母离婚而消除。离婚后，子女无论由父或者母直接抚养，仍是父母双方的子女。离婚后，父母对于子女仍有抚养、教育、保护的权利和义务。"据此，父母对未成年子女进行抚养的权利和义务并不因父母婚姻关系的解除而消灭，在夫妻双方离婚后，夫妻双方仍然平等地享有和承担抚养未成年子女的权利和义务。《民法典》第1085条对此进行了更为具体的规定："离婚后，子女由一方直接抚养的，另一方应当负担部分或者全部抚养费。负担费用的多少和期限的长短，由双方协议；协议不成的，由人民法院判决。前款规定的协议或者判决，不妨碍子女在必要时向父母任何一方提出超过协议或者判决原定数额的合理要求。"

（二）对未成年子女进行教育的权利和义务

我国历来重视家庭教育。2021年10月23日，第十三届全国人民代表大会常务委员会第三十一次会议审议通过了《家庭教育促进法》，并定于2022年1月1日起实施。《家庭教育促进法》的颁行使得父母进行家庭教育有了法律层面的支持。该法第4条第1款规定："未成年人的父母或者其他监护人负责

① 最高人民法院民事审判第一庭编著：《最高人民法院婚姻法司法解释（三）理解与适用》，人民法院出版社2015年版，第64页。

实施家庭教育。”父母是孩子的第一个老师，父母对未成年人进行教育也能为未成年人今后接受学校教育打下良好的基础。与抚养未成年人一样，对未成年人进行教育既是父母的权利，也是父母的一项义务。

父母对未成年子女进行教育，主要体现在两个方面：一是积极作为的权利和义务，即父母按照自己的价值观、学识、经验等对子女直接进行培养和教导，对子女施加直接的影响；二是消极的配合义务，即父母应当配合国家、社会和学校的教育政策和方针，使子女能够接受到父母以外的教育机构的教导，不得使未成年子女辍学。我国《义务教育法》第 5 条第 2 款规定：“适龄儿童、少年的父母或者其他法定监护人应当依法保证其按时入学接受并完成义务教育。”未成年人是国家的希望，让未成年人接受良好的教育关系到国家和民族的未来，这也是社会公共利益之所在，父母有义务保证子女得到良好的教育。父母不能作出不让未成年子女接受义务教育的有悖于子女利益和社会公共利益的决定。①

无论是在夫妻婚姻关系存续期间，还是在夫妻婚姻关系解除后，夫妻双方均对未成年子女的教育享有平等的权利。因为个人生活经验、理念、行为方式的不同，夫妻双方在教育未成年子女上可能会存在矛盾，此时，应当从未成年人利益最大化的原则出发，多交流、多沟通、多换位思考，尽力统一教育理念，为子女创造一个良好的受教育的环境。即使在一方因在外工作或其他原因无法与未成年子女共同生活的情况下，另一方也应当尊重对方的权利，充分听取其对子女教育的意见。而无法与未成年子女共同生活一方亦应当通过多种方式来了解未成年子女的生活、学习和身心状况，不应放任不管。同时也应注意到，未成年子女虽然尚未成年，但其也有自己的思想，在对未成年子女进行教育的时候，不应忽视他们自身的感受，父母不应将未成年子女视作自己的财产，将他们物化，而是应当和他们经常进行沟通，了解他们的想法，尽量尊重他们自身的选择。

父母对子女进行教育的权利和义务不受双方婚姻状态的影响。在夫妻已经解除了婚姻关系的情况下，与子女共同生活、直接抚养子女的夫妻一方要付出更多的精力来教育子女，尤其注意不要让子女感受到身处离异家庭，不恶意诋毁前夫或前妻，不在子女心中种下仇恨的种子，要尽量使他们感受到来自父母

---

① 夏吟兰、薛宁兰主编：《民法典之婚姻家庭编立法研究》，北京大学出版社 2016 年版，第 250~251 页。

双方的关爱，使其身心能够得到健康的发展。未与子女共同生活的夫妻一方同样享有和承担教育未成年子女的权利和义务，可以通过行使探望权的方式来满足父母对子女关心、爱护的情感需要，并及时、充分了解子女的学习、生活情况。

（三）对未成年子女进行保护的权利和义务

《民法典》第27条第1款规定："父母是未成年子女的监护人。"第34条第1款规定："监护人的职责是代理被监护人实施民事法律行为，保护被监护人的人身权利、财产权利以及其他合法权益等。"从情感上来说，父母一般会对子女的权益进行全面的保护。在法律层面上，父母对子女的保护主要包括三个方面：人身权利、财产权利、其他合法权益。

理解本条时要注意以下三点：（1）夫妻的协力性。基于婚姻家庭的伦理性、私密性等特征，夫妻对未成年子女的抚养、教育、保护的权利义务的平等性更多的是宏观、抽象意义上的。而具体家庭生活中，因为各自经济能力、经验、观念、分工等的不同，家庭关系更多的是利他、奉献、协作，夫妻双方应当共同营造和谐稳定的家庭氛围，行使抚养、教育、保护的权利义务，而不宜去量化，不能机械地要求绝对的形式上的平等。（2）经济因素并非唯一考量因素。对未成年子女的抚养、教育和保护，虽然需要以一定的经济条件为基础，但经济条件并非首要或唯一条件，其中心理的、情感的、劳务的付出亦应当作为重要考量因素。（3）以未成年人利益最大化为原则。夫和妻抚养、教育和保护权利义务行使的共同对象不是物，而是具有独立人格利益的未成年人。为了保障未成年人利益不受侵犯，保护其健康成长，在平等保护夫和妻的权利以及平等确定双方义务时，尤其要将未成年人利益最大化作为原则。如原《离婚案件子女抚养意见》确定离婚时未成年子女抚养权归属的基本原则为"从有利于子女身心健康，保障子女的合法权益出发，结合父母双方的抚养能力和抚养条件等具体情况妥善解决"，以及2周岁以下子女，一般随母方生活。以上规定均是以未成年人利益最大化原则为出发点，而不是简单机械地追求夫和妻在抚养、教育和保护未成年子女权利义务形式上的平等。[①]

---

① 参见最高人民法院民法典贯彻实施工作领导小组主编：《中华人民共和国民法典婚姻家庭编继承编理解与适用》，人民法院出版社2020年版，第128页。

（四）夫妻双方平等享有权利，共同承担义务

父母对未成年子女的抚养、教育和保护是父母子女关系法的核心。在现代民事立法中，共同亲权原则取代了父亲专权原则，在亲权领域中真正实现了男女平等。[①] 所谓平等享有权利，主要是指夫妻双方在抚养、教育和保护子女上的地位平等。夫妻双方由此形成的地位受法律保护，第三人不得干涉。这主要表现为，在法律所设定的限度范围内，父母对涉及子女事务所作的各项决定（如决定子女的住所、交往范围等）应受尊重，在子女被他人不法带离时，父母可以要求交还。平等享有权利并不意味着夫妻双方在对子女的抚养、教育和保护上处于绝对均等的地位，与此相反，夫妻双方可以对自己的职责范围进行划分。[②] 并且，通常情况下法律也是鼓励夫妻双方就这些事务形成明确的分工和配合。在更多情况下，夫妻双方未就此形成明确的合意，而是一种默契。通常而言，外出就业的一方为子女提供了更多经济上的支持，相应地对其子女生活上的照顾就会减少。父母双方就子女抚养、教育和保护所形成的内部分工约定不能被认定为法律行为。[③] 这种约定不具有直接的法律约束力的原因在于，维护子女的最佳利益才是最根本的原则，由于这些权利的义务属性，父母一方不能通过约定形式将这些权利放弃。实践中争论比较多的是双方在离婚时所达成的抚养费分担协议。根据《民法典》第 1085 条的规定，离婚后子女抚养费的数额和支付期限可以由双方协议确定，但协议不得妨碍子女在必要时向父母任何一方提出超出协议原定数额的合理要求。这一规定实际上是作为一种例外，承认了此类协议的有限法律效力。需注意的是，对于违约金条款是否适用于抚养费协议的问题，裁判中存在分歧。对于其中违约条款的性质，有不同意见。有法院认为，“当事人不履行离婚协议义务或履行协议义务不符合约定的，理应承担合同法上的违约责任，违约金条款应适用于离婚协议”，但应考虑当事人的损失和经济状况。[④] 另有法院认为，抚养费的给付是基于身为父母的法

---

① 参见杨立新：《亲属法专论》，高等教育出版社 2005 年版，第 253 页。

② 参见杜景林、卢谌：《德国民法典——全条文注释》，中国政法大学出版社 2015 年版，第 1018 页。

③ 参见［德］迪特尔·施瓦布：《德国家庭法》，王葆莳译，法律出版社 2010 年版，第 34 页。

④ 参见张某某与于某抚养纠纷案，江苏省南京市秦淮区人民法院（2013）秦民初字第 2025 号民事判决书。

定义务，而非基于合同，因此该协议可以且只能约定抚养费的数额，违约金条款于法无据。[①] 我们认为，在子女抚养费协议场合，除非能证明类推适用合同编的违约责任规范明显有损未成年人最佳利益，否则原则上应当尊重当事人的合意。

就涉及子女生活、教育和保护的日常性事务而言，原则上应由与其共同生活的父母一方决定。尤其是在父母离婚的情形下，应由直接抚养的一方享有日常事务的决定权。如果父母双方均与子女共同生活，则一般认为双方都有决定权。但是，父母在此领域故意的对立行为可能会被认为与最大限度维护子女的利益相悖。

除上述日常性事务，抚养、教育和保护未成年子女的权利原则上应当由父母双方共同行使，但是在特殊情况下也可单独行使。例如，父母一方因为失踪等客观障碍无法行使这些权利时，应由另外一方行使上述权利。根据《民法典》第 39 条的规定，如果父母一方丧失监护能力，则监护终止，此时父母对子女不享有抚养、教育和保护责任中与监护相关的权利。在父母监护资格被撤销场合，父母仍然有给付抚养费的义务，但是其不再享有相应的权利。

父母对子女的抚养、教育和保护既是权利，又是义务。权利面向主要针对第三人，而义务面向主要针对未成年子女。父母的上述义务与其身份密切相关，具有强制性，不得放弃或者转让。从未成年子女的角度出发，父母对子女的义务能否作连带债务理解呢？我国实定法上之多数人之债类型只有按份之债和连带之债两种，并无共同之债。将本条中的“共同”理解为连带并无实质障碍。夫妻一方承担了全部义务后，应承认其具有向另外一方追偿的权利。[②]

适用指引

一、不直接抚养子女的父母一方并不因此丧失监护权

父母对未成年子女的抚养权和监护权具有紧密的联系，但二者绝不等同，

① 参见博某 1 与博某 2 抚养费案，载中国法院网，https：//www.chinacourt.org/article/detail/2015/12/id/1763123.shtml。

② 参见薛宁兰、谢鸿飞主编：《民法典评注 · 婚姻家庭编》，中国法制出版社 2020 年版，第 134 页。

尤其是在父母离婚的情形下更是如此。父母双方离婚后，未成年子女在一般情况下是跟随父或母一方生活的，由父或母一方直接抚养。不与未成年子女共同生活的父母一方对子女实际上是在间接抚养，间接抚养主要通过为未成年子女提供生活、教育、医疗等费用以及定期或不定期探望来实现。但此时，间接抚养子女的父母一方并不因此而丧失监护权，父母双方仍旧均是未成年子女的监护人。那种认为谁直接抚养未成年子女谁就取得了子女的监护权的观点是值得商榷的。即使父母离婚后，父母双方对子女的监护权在原则上也是平等的。

二、子女交还请求权属于父或母享有的保护权范畴

父母是未成年子女的监护人，这种监护权并不因父母是否离婚而受到影响。只要父母不存在应被撤销监护资格的情形，任何人都不能侵犯这种监护权。如果存在使被监护人脱离监护的情形，监护人可以请求恢复监护状态。如董某诉陈某等监护权纠纷案。该案中，被告陈某系孔某的祖母，被告徐某系孔某的姑姑，在未与原告孔某母亲董某协商好的情况下，陈某、徐某将孔某带到北京上学。董某诉至法院，请求交还孔某。法院认为，不论何种原因，陈某、徐某的行为均侵害了原告董某对孔某的监护权，被告应当停止侵权行为，将孔某送还给原告。

三、离婚后夫妻对未成年子女的权利、义务应当具体分析

《民法典》婚姻家庭编承袭原《婚姻法》精神，规定父母与子女间的关系不因父母离婚而消除。离婚后，子女无论由父还是由母直接抚养，仍是父母双方的子女。通说认为，离婚后未共同生活的父或母一方的监护职责并未消灭。但离婚后，不与子女共同生活的一方除了支付抚养费和行使探望权外，其他具体权利义务如何实现，仍是实践中需要解决的问题。比较常见的有，在未成年子女侵权的情况下，共同生活的父或母一方与非共同生活一方的权利、义务如何界定。对此，原《民法通则意见》第 158 条规定："夫妻离婚后，未成年子女侵害他人权益的，同该子女共同生活的一方应当承担民事责任；如果独立承担民事责任确有困难的，可以责令未与该子女共同生活的一方共同承担民事责任。"根据此项规定，离婚后父母双方不再是平行的监护责任，非共同生活方

承担的是后位的补充责任。[①] 但是，2009 年制定的原《侵权责任法》第 32 条规定："无民事行为能力人、限制民事行为能力人造成他人损害的，由监护人承担侵权责任。监护人尽到监护责任的，可以减轻其侵权责任。有财产的无民事行为能力人、限制民事行为能力人造成他人损害的，从本人财产中支付赔偿费用。不足部分，由监护人赔偿。"《民法典》第 1188 条基本沿用了上述规定。根据新法优于旧法、上位法优于下位法的法律适用基本原则，对于未成年子女侵权的，应当按照《民法典》侵权责任编确定的原则处理。根据上述规定，结合《民法典》婚姻家庭编关于父母离婚后不影响监护权的制度设计，可以得出如下结论：在对外关系上，作为法定监护人，不管父母是否离婚，均应当共同承担侵权责任。当然，不管父或母哪一方能够证明尽到了监护责任，在对外责任范围上都可以作为整体的减责事由。但在对内关系上，则仍有区分的必要，需要综合双方的过错、履行监护职责的情况等因素，公平确定双方的责任大小。[②]

类案检索

一、程某 1 与程某 2 抚养费纠纷案

关键词： 抚养费　离婚协议

裁判摘要： 一方为了离婚而达成的子女抚养协议，离婚后无合理理由又请求降低支付子女抚养费标准的，不应得到支持。

【案　　号】（2016）川 01 民终 11020 号

【审理法院】 四川省成都市中级人民法院

二、元某某与徐某某离婚纠纷案

关键词： 欺诈性抚养　情谊行为　非亲生子女

裁判摘要： 一方误以为对方所生子女系其亲生子女，基于该错误认识抚养

---

① 夏吟兰、薛宁兰主编：《民法典之婚姻家庭编立法研究》，北京大学出版社 2016 年版，第 258 页。

② 参见最高人民法院民法典贯彻实施工作领导小组主编：《中华人民共和国民法典婚姻家庭编继承编理解与适用》，人民法院出版社 2020 年版，第 130 页。

而支出的费用，系欺诈性抚养支出，过错方应当承担返还责任。无过错方明知小孩非其亲生子女的情况下，基于感情原因自愿负担部分抚养费用的行为是情谊行为，不属于民法调整的民事法律行为，该部分抚养费不得要求返还。此外，抚养义务系父母的法定义务，双方协议约定一方抚养没有血缘关系的未成年人，在对方不愿意继续抚养未成年人时，不得以该协议要求对方继续抚养。

【案　　号】（2019）赣10民终489号

【审理法院】江西省抚州市中级人民法院

第一千零五十九条　夫妻有相互扶养的义务。

需要扶养的一方，在另一方不履行扶养义务时，有要求其给付扶养费的权利。

关联规定

法律、行政法规、司法解释

1.《中华人民共和国民法典》

第一百四十三条　具备下列条件的民事法律行为有效：

（一）行为人具有相应的民事行为能力；

（二）意思表示真实；

（三）不违反法律、行政法规的强制性规定，不违背公序良俗。

第一百五十三条　违反法律、行政法规的强制性规定的民事法律行为无效。但是，该强制性规定不导致该民事法律行为无效的除外。

违背公序良俗的民事法律行为无效。

第一千零四十三条　家庭应当树立优良家风，弘扬家庭美德，重视家庭文明建设。

夫妻应当互相忠实，互相尊重，互相关爱；家庭成员应当敬老爱幼，互相帮助，维护平等、和睦、文明的婚姻家庭关系。

第一千零六十二条　夫妻在婚姻关系存续期间所得的下列财产，为夫妻的共同财产，归夫妻共同所有：

（一）工资、奖金、劳务报酬；

（二）生产、经营、投资的收益；

（三）知识产权的收益；

（四）继承或者受赠的财产，但是本法第一千零六十三条第三项规定的除外；

（五）其他应当归共同所有的财产。

夫妻对共同财产，有平等的处理权。

第一千零六十五条 男女双方可以约定婚姻关系存续期间所得的财产以及婚前财产归各自所有、共同所有或者部分各自所有、部分共同所有。约定应当采用书面形式。没有约定或者约定不明确的，适用本法第一千零六十二条、第一千零六十三条的规定。

夫妻对婚姻关系存续期间所得的财产以及婚前财产的约定，对双方具有法律约束力。

夫妻对婚姻关系存续期间所得的财产约定归各自所有，夫或者妻一方对外所负的债务，相对人知道该约定的，以夫或者妻一方的个人财产清偿。

第一千零六十六条 婚姻关系存续期间，有下列情形之一的，夫妻一方可以向人民法院请求分割共同财产：

（一）一方有隐藏、转移、变卖、毁损、挥霍夫妻共同财产或者伪造夫妻共同债务等严重损害夫妻共同财产利益的行为；

（二）一方负有法定扶养义务的人患重大疾病需要医治，另一方不同意支付相关医疗费用。

第一千零七十五条 有负担能力的兄、姐，对于父母已经死亡或者父母无力抚养的未成年弟、妹，有扶养的义务。

由兄、姐扶养长大的有负担能力的弟、妹，对于缺乏劳动能力又缺乏生活来源的兄、姐，有扶养的义务。

2.《中华人民共和国刑法》

第二百六十一条 对于年老、年幼、患病或者其他没有独立生活能力的人，负有扶养义务而拒绝扶养，情节恶劣的，处五年以下有期徒刑、拘役或者管制。

3.《中华人民共和国老年人权益保障法》

第二十三条 老年人与配偶有相互扶养的义务。

由兄、姐扶养的弟、妹成年后，有负担能力的，对年老无赡养人的兄、姐有扶养的义务。

4.《最高人民法院关于适用〈中华人民共和国民事诉讼法〉的解释》

第二百一十八条 赡养费、扶养费、抚养费案件，裁判发生法律效力后，因新情况、新理由，一方当事人再行起诉要求增加或者减少费用的，人民法院应作为新案受理。

条文释义

一、本条主旨

本条是关于夫妻之间有相互扶养义务的规定。

二、条文演变

1950年原《婚姻法》第8条规定："夫妻有互爱互敬、互相帮助、互相扶养、和睦团结、劳动生产、抚育子女，为家庭幸福和新社会建设而共同奋斗的义务。"1980年原《婚姻法》第14条承继了1950年原《婚姻法》第8条确立的夫妻之间有互相扶养的义务的原则，该第14条规定："夫妻有互相扶养的义务。一方不履行扶养义务时，需要扶养的一方，有要求对方付给扶养费的权利。"2001年修正的原《婚姻法》未对该条内容进行任何调整，继续沿用了前述第14条的内容，并将其规定在第20条中。

本条来源于2001年修正的原《婚姻法》第20条，与其并不存在实质性的差别，只是在文字上进行了微调，将第20条第1款中的"互相"修改为"相互"，将第2款中的"付给"修改为"给付"，以使文字表述更加的精准。同时，本条将第20条第2款中的"需要扶养的一方"提前，以进一步突出本款适用的前提是夫妻有一方存在需要扶养的情况。但以上修改均不构成对条文实质性内容的变更。

三、条文解读

（一）扶养义务的含义

扶养一般是指一方对另一方提供生活上之需要。关于扶养义务的内涵，存在两种不同的主张。一种观点认为，扶养义务是指特定人对不能依自己之资产或劳力谋生之特定人，为必要经济供给之义务。而另外一种观点则认为，扶养不仅应包含经济上的扶养，亦应包含精神上的扶养。[①] 从本条的规范构造不难看出，不宜将扶养局限于给付扶养费，否则本条第1款就无存在的必要。本条

① 参见余延满：《亲属法原论》，法律出版社2007年版，第524页。

所言的扶养应作广义理解，既包括扶养费的给付，也包含其他形态。婚姻关系不仅是夫妻间扶养义务产生的原因，也决定了其内容。[1] 婚姻的共同体本质要求夫妻之间相互帮助、互相关爱，而不仅仅是金钱的给付，因而扶养应包含经济上扶养、生活上照料和精神上慰藉的义务。不过，由于后两项形态的扶养不具有强制执行力，属于不完整债权。法院只能就其中的财产性扶养实行强制执行。不过，生活上的照料与经济上的扶养之间存在一定的关联，如果夫妻一方已经通过生活照料方式履行扶养义务，则其不能根据本条第 2 款主张扶养费给付，或者至少应当减少扶养费给付。

（二）扶养义务的性质

夫妻之间的扶养义务是基于婚姻关系而直接产生的义务。男女双方只要缔结了婚姻关系，在他们之间就形成了一系列的人身和财产关系，夫妻之间的扶养义务就包含在这一系列的人身和财产关系之中。这种义务始于婚姻关系缔结之时，终于婚姻关系结束之时。婚姻关系的开始和结束均需以婚姻登记机关登记或者以人民法院的裁判为准。

夫妻之间的扶养义务是一种法定义务，不受夫妻之间感情状况的影响。无论是夫妻双方感情融洽、共同生活，还是夫妻因感情出现危机分开生活，这种相互扶养的义务原则上都是存在的，贯穿于婚姻关系存续的整个过程中。

夫妻之间的扶养义务既是夫妻双方从登记结婚开始就产生的共同义务，也是家庭共同体得以维系和存在的基本保障。男女双方从缔结婚姻开始就组成了家庭共同体，这种共同体需要夫妻之间相互供养、相互慰藉、相互帮助、相互扶持。虽然夫妻各自的独立人格不受是否缔结婚姻的影响，但是这种独立人格需要在其和家庭共同体利益发生一定的冲突时保持适当的谦抑性，作出适当的妥协，以尽量使得夫妻双方能够达成共识，维护家庭乃至社会的和谐和稳定。夫妻之间相互扶养即是达成此种目的的途径之一。

夫妻之间的扶养义务是相互的，丈夫对妻子负有这种义务，同样，妻子对丈夫也负有这样的义务。这种义务的背后也体现着男女平等的理念，夫妻相互之间的这种扶养与被扶养的权利和义务是平等的。

与扶养义务相对的是扶养请求权。扶养请求权具有强烈的人身专属性，不

---

① 参见陈兴良：《非家庭成员间遗弃行为之定性研究——王益民等遗弃案之分析》，载《法学评论》2005 年第 4 期。

得继承或者处分，债务人亦不得主张抵销。即使夫妻一方怠于行使权利，其债权人也不能依据《民法典》第535条的规定，主张代位行使。

扶养义务涉及婚姻的本质，这是一种法定义务，夫妻双方不能通过协议排除扶养义务。易言之，本条属于强制性规范，也涉及公序良俗，排除本条规范的协议或者单方行为因违反《民法典》第153条的规定而无效。本条之所以不能被排除，原因在于如果排除私法上的扶养，可能会增加国家的社会福利负担，损害公共利益。当然，本条规范也涉及对夫妻一方个人生存利益的保护。即使享有受扶养权利一方事前通过单方意思表示放弃这种权利，在原则上，这种单方意思表示或承诺也不具有法律约束力，扶养义务人不得据此免除自己的义务，毕竟人的生存权是第一位的。但是，如果这种单方意思表示或承诺与双方之间的其他权利、义务的安排相关联，则应根据案件的实际情况来判断这种单方意思表示的效力。

值得注意的是，本条的强制性规范属性并不排斥夫妻双方之间达成扶养协议。夫妻双方可以协议约定扶养费的数额以及扶养的方式。只要这种协议不违反法律、行政法规的强制性规定，不违反公序良俗，原则上应认可其效力。

《最高人民法院关于审理人身损害赔偿案件适用法律若干问题的解释》第17条第1款规定："被扶养人生活费根据扶养人丧失劳动能力程度，按照受诉法院所在地上一年度城镇居民人均消费性支出和农村居民人均年生活消费支出标准计算。被扶养人为未成年人的，计算至十八周岁；被扶养人无劳动能力又无其他生活来源的，计算二十年。但六十周岁以上的，年龄每增加一岁减少一年；七十五周岁以上的，按五年计算。"该条明确规定了被扶养人生活费的计算方式。那么，在处理夫妻之间的扶养纠纷时，是否可以比照此条的规定处理？我们认为一般是不能比照的。因为二者之间所处理的法律关系不同，法律、司法解释的适用范围不同。原则上，不仅在扶养费的数额上不宜比照，在扶养费的给付期限上更不能比照适用。如上文所述，夫妻之间的扶养义务始于登记结婚，终于离婚，并非以寿命长短为标准。当然，极端案例中，在扶养费数额的确定上，"人均消费性支出"也可以作为参考因素之一。

适用指引

一、要求对方履行扶养费给付义务的前提和要件

从文义上看，根据本条第 2 款的规定，扶养义务人承担给付扶养费的义务需要满足两项要件：首先，扶养权利人有扶养需求；其次，扶养义务人不履行扶养义务。此外，还有一项隐形的要求，即男女双方处于婚姻关系存续期间。

（一）婚姻关系的存续是扶养义务存在的前提

夫妻扶养义务的履行以婚姻存续为前提。本条也是对合法婚姻当事人的保护。法律并不对非婚同居关系中的男女双方之间涉及身份关系的问题进行调整。非婚同居是男女双方自行作出的生活方式的选择，法律不对这种生活方式进行评价。男女双方因此而产生的有关身份关系的问题由其自行处理，这属于道德范畴，法律不加干预。同居关系中的男女双方若能相互扶助、相互关爱、相互慰藉固然很好，若不能做到，也不能诉求法律的帮助。

（二）受扶养权利人有受扶养的需要

何为受扶养需要，现行法并未对此进行界定。《民法典》第 1075 条第 2 款规定："由兄、姐扶养长大的有负担能力的弟、妹，对于缺乏劳动能力又缺乏生活来源的兄、姐，有扶养的义务。"该款在规定弟、妹对兄、姐的扶养义务时，使用了"缺乏劳动能力又缺乏生活来源"的表述。然而，夫妻之间的扶养能否参照这一标准不无疑问。附加缺乏劳动能力的不合理性在于，夫妻一方并不是因为缺乏劳动能力而产生扶养需要，与此相对，夫妻一方可能具有劳动能力，但是因为照顾家庭和子女等原因无法外出就业从而产生扶养需要。更为重要的是，夫妻之间的扶养不同于祖父母、外祖父母与孙子女、外孙子女以及兄、姐与弟、妹之间的扶养关系。夫妻、父母子女处于所谓核心家庭范围，他们之间处于普遍意义的帮助和扶助关系之中。这些义务构成这些关系的本质。其中，夫妻之间的扶养义务在性质上属于生活保持义务。因此，结合本条，夫妻之间的扶养需求并不以经济上的客观贫困为前提。

需要注意的是，不能以夫妻间存在扶养关系为由限制被扶养方的人身自由和人格尊严，但同时也应该考虑如果不对被扶养方的行为进行适当限制所可能

引发的道德风险及公平问题，如夫妻一方肆意挥霍财产导致自己经济状况恶化从而要求对方履行扶养义务。如果夫妻一方实施了与其经济状况不相适应的大额赠与或者挥霍等不当行为，此时，可根据情况相应减轻或者免除扶养义务人的扶养义务。

（三）扶养义务人不履行扶养义务

夫妻之间的扶养义务形态是多样的，既包括经济上的供养，也包括精神上的慰藉和生活上的照顾，既有物质的内容，也有精神上的内容。精神上的慰藉和生活上的照顾更多地交织着伦理和情感因素，而且由于婚姻家庭生活的私密性，相关内容受道德调整较多，很多情况下无法诉诸法院强制执行。如果一方可以自食其力，只是双方缺乏精神上的慰藉和生活上的照顾，可能作为感情破裂的因素，通过离婚的途径解决。但如果一方因身体等原因，无法自食其力，需要照顾，而另一方不履行相应的扶养义务，则在不解除婚姻关系的情况下，可以通过要求对方给付扶养费的方式解决。如果对方拒不履行义务，则可能构成刑法上的遗弃罪。[①]

二、扶养人的扶养能力问题

夫妻之间的扶养义务是法定的，无论扶养义务人是否具有扶养能力，都不能免除这种义务。扶养义务的存在并不以具有扶养能力为前提，扶养能力的大小只是会影响到扶养的具体方式，只有在履行义务的过程中才考虑能力的问题。给付扶养义务的履行以扶养人有扶养能力为前提。但是，对扶养能力的理解却存在一定的分歧。一种意见认为，如果按照前述生活保持义务之立场，扶养义务方与被抚养方的生活水平应大致相当。如此一来，不能从扶养人是否有足够的财力来理解扶养能力。即使夫妻一方财力不足，只要另外一方处于更劣势状况，在满足其他要件的情况下，其仍有支付扶养费的义务。相反的意见则认为，即使是针对生活保持义务，仍需要满足给付扶养费之后尚有维持基本生活需要之财力。前一观点更为合理，其理由在于，生活保持义务本身即意味着相当程度的牺牲，即使自身陷入不能维持基本生活之境地，仍应作出牺牲。易言之，自身不能维持基本生活只是减轻扶养义务的要件，而不能作为免除扶养

① 参见最高人民法院民法典贯彻实施工作领导小组主编：《中华人民共和国民法典婚姻家庭编继承编理解与适用》，人民法院出版社2020年版，第133页。

义务的要件。实践中，即有法院指出，即使夫妻一方处于失业状态，领取失业救济，仍应对另外一方给付一定的扶养费。[①]

有学者认为，扶养义务人的扶养能力以其具有民事行为能力为前提。此系对扶养能力的误解。即使扶养义务人丧失了行为能力，其仍可通过监护人代为履行扶养义务。唯在其配偶担任监护人时，因存在利益冲突和自我代理之限制，应由法院另行就该事项指定代理人。

三、扶养费的具体确定

具体的扶养义务应根据夫妻双方的具体情况来确定，不存在完全统一的标准。在人身损害中，使用扶养人标准来客观计算被扶养人的生活费。而在夫妻间扶养费给付的情形中，并不使用这一标准。夫妻之间的扶养主要是为了满足生活困难一方的基本生活需要和其他必要开支，如支付医疗费等。[②] 具体扶养费的确定需要同时考虑扶养权利人一方的实际需求、扶养义务人一方的经济能力、当地居民的平均生活水平等因素。

按照生活保持标准，扶养一方与被扶养一方生活水平应当大致相当。但这并不表明双方的经济状况相当，而只是表明双方的生活水平相当。有观点认为，在确定扶养程度时，应当参照当地一般生活水平。所谓当地一般生活水平，法院在实践中常以当地人均年生活消费支出来确定。不过年均生活消费支出到底具有何种参照意义并不明确。对这一标准的参照适用必须保持限缩立场，原则上只有在一方经济状况无法查明的情况下才能适用。按照生活保持标准，扶养费的支付既可能高于当地年均生活消费支出，也可能低于当地年均生活消费支出。

如果夫妻一方超出生活保持义务给付超额的扶养费，通常认为其并不包含返还的意图，可以认为将超额部分视为对另外一方的赠与，并且这种赠与是与道德义务相关联的，属于《民法典》第658条第2款所规定的不得撤销的赠与，即使双方离婚，给付方也不得主张返还。当然，在这种情况下，给付一方也很难证明超额给付部分是赠与。因为既称“超额”，那么必然会存在一个基

① 参见桂某与罗某扶养纠纷案，天津市河东区人民法院（2016）津0102民初3012号民事判决书。

② 参见最高人民法院民法典贯彻实施工作领导小组主编：《中华人民共和国民法典婚姻家庭编继承编理解与适用》，人民法院出版社2020年版，第134页。

准线，但是法律并未规定该“基准线”，在一定意义上，无论给付多少扶养费，也均可以将其理解为“给付一方认为给付的金额就是为了刚好满足扶养权利人的生活需求，并不存在超额的问题”。

夫妻中扶养的一方和被扶养的一方的收入状况在扶养费数额的确定中并不是决定性因素。扶养费并不一定从夫妻一方的收入中支出，也可能从其他财产中支出，尤其是从其个人财产中支出，即使这些个人财产是婚前形成的。在特定情况下，亦可能从其婚内分配所得的共同财产中进行支付。按照《民法典》第303条的规定，夫妻双方自然可以在婚内协商分割夫妻共同财产。在双方达不成一致意见时，一方可以请求法院分割。参照《民法典》第1066条的规定，如果本人产生了重大需求，可以要求分割夫妻共同财产，另外一方自然可以用分割所得的财产给付扶养费。

扶养费并不一定以金钱的方式给付，亦可以用其他方式进行给付。在特定情形下，亦可以实物或者提供住房等方式支付。扶养费的支付既可以采用定期的方式给付，亦可一次性给付。根据《民事诉讼法解释》第218条的规定，赡养费、扶养费、抚育费案件，裁判发生法律效力后，因新情况、新理由，一方当事人再行起诉要求增加或者减少费用的，人民法院应作为新案受理。按照这一规定，即使法院确定了具体的数额或者支付方式，嗣后亦可再次主张进行调整。[①]

四、夫妻之间的扶养义务与夫妻财产制

我国实行法定婚后夫妻财产共同制，即夫妻双方在婚后取得的财产一般应作为共同财产。但我国也允许夫妻之间采取约定财产制，可以约定婚姻关系存续期间所得的财产以及婚前财产归各自所有、共同所有或者部分各自所有、部分共同所有。夫妻财产制是对夫妻婚后取得的财产的归属问题作出的规定。夫妻之间相互扶养的义务是基于双方之间的夫妻身份关系产生的，是夫妻之间的法定义务，只要有婚姻关系存在，这种义务就无法免除。无论夫妻之间采用何种财产制度，这种相互扶养的义务都是存在的，以最大限度地保护生活困难一方的生存权益。

---

① 参见薛宁兰、谢鸿飞主编：《民法典评注·婚姻家庭编》，中国法制出版社2020年版，第147页。

类案检索

贾某某与唐某某扶养关系纠纷案

关键词：夫妻　扶养义务　扶养费

裁判摘要：夫妻有互相扶养的义务。一方不履行扶养义务时，需要扶养的一方有要求对方给付扶养费的权利。因此，在婚姻关系存续期间，即使夫妻二人不在一起生活，一方仍然有权要求对方给付扶养费。

【案　　号】（2013）庆中民终字第454号

【审理法院】甘肃省庆阳市中级人民法院

第一千零六十条　夫妻一方因家庭日常生活需要而实施的民事法律行为，对夫妻双方发生效力，但是夫妻一方与相对人另有约定的除外。

夫妻之间对一方可以实施的民事法律行为范围的限制，不得对抗善意相对人。

关联规定

法律、行政法规、司法解释

《最高人民法院关于适用〈中华人民共和国民法典〉婚姻家庭编的解释（一）》

第三十三条　债权人就一方婚前所负个人债务向债务人的配偶主张权利的，人民法院不予支持。但债权人能够证明所负债务用于婚后家庭共同生活的除外。

第三十四条　夫妻一方与第三人串通，虚构债务，第三人主张该债务为夫妻共同债务的，人民法院不予支持。

夫妻一方在从事赌博、吸毒等违法犯罪活动中所负债务，第三人主张该债务为夫妻共同债务的，人民法院不予支持。

第三十五条　当事人的离婚协议或者人民法院生效判决、裁定、调解书已经对夫妻财产分割问题作出处理的，债权人仍有权就夫妻共同债务向男女双方主张权利。

一方就夫妻共同债务承担清偿责任后，主张由另一方按照离婚协议或者人民法院的法律文书承担相应债务的，人民法院应予支持。

第三十六条　夫或者妻一方死亡的，生存一方应当对婚姻关系存续期间的夫妻共同债务承担清偿责任。

条文释义

一、本条主旨

本条是关于夫妻日常家事代理权的规定。

二、条文演变

原《婚姻法》及《民法典》之前的其他法律对日常家事代理问题没有规定。原《婚姻法解释（一）》第 17 条规定："婚姻法第十七条关于'夫或妻对夫妻共同所有的财产，有平等的处理权'的规定，应当理解为：（一）夫或妻在处理夫妻共同财产上的权利是平等的。因日常生活需要而处理夫妻共同财产的，任何一方均有权决定。（二）夫或妻非因日常生活需要对夫妻共同财产做重要处理决定，夫妻双方应当平等协商，取得一致意见。他人有理由相信其为夫妻双方共同意思表示的，另一方不得以不同意或不知道为由对抗善意第三人。"该解释背后的法理基础是日常家事代理权和夫妻财产共同共有制度。2018 年 1 月 16 日发布的原《最高人民法院关于审理涉及夫妻债务纠纷案件适用法律有关问题的解释》第 2 条规定："夫妻一方在婚姻关系存续期间以个人名义为家庭日常生活需要所负的债务，债权人以属于夫妻共同债务为由主张权利的，人民法院应予支持。"第 3 条规定："夫妻一方在婚姻关系存续期间以个人名义超出家庭日常生活需要所负的债务，债权人以属于夫妻共同债务为由主张权利的，人民法院不予支持，但债权人能够证明该债务用于夫妻共同生活、共同生产经营或者基于夫妻双方共同意思表示的除外。"前一条司法解释中的对夫妻共同债务的推定规则可认为是对日常家事代理权的确认，后一条将在"家庭日常生活需要"范围内所负的债务直接推定为夫妻共同债务。该司法解释对解决日常家事代理纠纷发挥了规范作用。只是司法解释限于其性质，虽然设有夫妻日常家事代理权，但适用范围有限，而且未对夫妻日常家事代理权作系统性规定。在编纂《民法典》过程中，吸纳了该司法解释内容，增加了夫妻日常家事代理权的规定，进一步完善了婚姻家庭制度。

三、条文解读

本条为《民法典》新增加的条文，与第 1064 条第 1 款后半段构成了完整的日常家事代理制度。本条是关于日常家事代理权的范围、限制和法律效果的规定，而行使该项权利所生债务的性质规定在第 1064 条第 1 款后半段。

夫妻日常家事代理权，是指夫妻一方因家庭日常生活需要而与第三人为一定民事法律行为时互为代理的权利。夫妻一方在日常家庭事务范围内，与第三人所实施的一定的民事法律行为，视为夫妻双方的意思表示所为的民事法律行为，另一方也应承担因此而产生的法律后果。赋予夫妻双方日常家事代理权，不仅方便经济交往和婚姻家庭生活，而且有利于保护夫妻双方和相对人的合法权益，维护社会交易安全。

日常家事代理是夫妻基于配偶身份依法产生的相互代理。从历史的角度看，日常家事代理权的设置与男女不平等的社会地位相关。由于妇女社会经济地位较低，日常家事代理权的行使主体为妻子一方。妻子在满足家庭日常生活需要的范围内从事民事法律活动，效力直接及于丈夫。日常家事代理权的设置使妻子真正实现了处理家庭事务的独立性，并且也保护了与之进行民事活动的另一方。随着社会经济的发展，女性地位的提升，男女平等观念深入人心，之前为处于弱势一方的女性所设置的日常家事代理权制度的规范目的随之变化。日常家事代理权的基本内涵是，夫妻在日常家庭事务范围内，与第三人发生民事交往时依法享有相互代理的权利；夫妻一方在日常家事范围内与第三人为法律行为时，不必明示其代理权，可直接以自己名义、双方名义或以对方名义为之；夫妻一方实施此类行为的后果，由夫妻双方共同承担，由此产生的债务是夫妻共同债务，由夫妻双方承担连带清偿责任。日常家事代理权虽是基于夫妻身份关系产生的法定代理权，但其行使的效果主要表现为财产上的效益。

我国 2001 年修正的原《婚姻法》第 17 条第 2 款规定，夫妻对共同所有的财产，有平等的处理权。也就是说，对于家庭共同事务的处理，应当按照夫妻双方的共同意愿。但夫妻双方在婚姻家庭的共同生活中，需要处理的日常事务繁多，这些事务由夫妻双方共同处理固然能够充分体现双方的共同意愿，但如果事事均由双方共同为之，必然加大婚姻生活成本，造成生活上的种种不便。为了婚姻共同生活的便利和满足夫妻处理日常事务的需要，规定日常家事代理制度确有必要。

首先，日常家事代理制度，扩张了夫妻双方的意思自治，使得夫妻双方在日常家务的处理中无须事必躬亲，从而突破了夫妻各自在时间、精力上的局限性，满足了夫妻双方处理日趋复杂化、多样化的社会事务和家庭事务的需求。

从日常家事代理权制度的起源上看，日常家事代理权正是产生于丈夫在处理日常家务中的力不从心。实际上，在日常生活中，夫妻需要处理的家庭事务很多，参与社会经济生活非常频繁，几乎每天都需要实施一定的民事法律行为。这些民事法律行为由夫妻双方共同处理当然更能充分体现其共同意愿，只是如果要求所有的民事法律行为都必须由夫妻双方共同实施，会不可避免地增加婚姻生活成本，增加社会经济活动成本，客观上是不可能，也是不必要的。随着我国经济、社会生活的发展，社会和家庭事务日趋繁杂，人们的生活节奏也逐渐加快，夫妻双方对于家庭事务的处理越来越追求快捷、便利和安全。2001年修正的原《婚姻法》仅规定了夫妻对共有财产的平等处理权，但具体如何实现平等处理，是否凡事均需要夫妻双方共同完成，没有具体规定，难以满足社会生活的实际需要。日常家事代理权制度确立了夫妻双方在处理日常家庭事务中互享代理权的准则，使夫妻双方在日常家事的范围内，可以单独实施某种民事法律行为，从而便利了夫妻双方，提高了夫妻双方处理家庭事务的效率，符合我国社会的发展趋势。

其次，日常家事代理制度保护第三人利益，维护交易安全，满足了我国市场经济发展的需要。夫妻关系是人与人之间最紧密的联系，婚姻家庭中的财产关系，由于与夫妻之间的人身关系密不可分，因而具有很大的隐秘性和模糊性。正是由于这种隐秘性和模糊性，在夫妻双方与第三方进行交易时，对于该第三人利益的保护成为保护交易安全的关键。日常家事代理权制度确定了在日常家事范围内夫妻的法定代理权和连带责任，也就为交易中第三方利益的保护提供了切实的法律依据。对于日常家事代理的问题，原《婚姻法解释（一）》第17条规定："婚姻法第十七条关于'夫或妻对夫妻共同所有的财产，有平等的处理权'的规定，应当理解为：（一）夫或妻在处理夫妻共同财产上的权利是平等的。因日常生活需要而处理夫妻共同财产的，任何一方均有权决定。（二）夫或妻非因日常生活需要对夫妻共同财产做重要处理决定，夫妻双方应当平等协商，取得一致意见。他人有理由相信其为夫妻双方共同意思表示的，另一方不得以不同意或不知道为由对抗善意第三人。"该条司法解释基于法律规定，从夫妻对共同财产的平等处理权角度引入日常家事代理的概念，"任何一方均有权决定"也就意味着，如果因日常生活需要处理夫妻共同财产，不需要另一方明示同意，即可对夫妻双方发生法律效力。不过，该条所涉夫妻日常家事代理仅限于夫妻共同财产的处理，即根据物权中的财产共同共有关系，推导出法律行为中的共同意思表示行为。该司法解释的精神与《民法典》中本条规定的精神是一致的。但是在婚姻生活中，不仅需要处理夫妻共同财产，还有很多基于家庭日常生活需要由夫妻一方实施的民事法律行为。《最高人民法院关于审理涉及夫妻债务纠纷案件适用法律有关问题的解释》进一步明确了夫妻债务的承担与处理问题。《民法典》中的本条从立法角度，明确了所有因家庭日常生活需要实施的行为对夫妻双方发生效力，比上述司法解释规定保护的范围更为宽泛。因为日常家事代理制度的一个重要作用是保护与夫妻一方交易的第三人的合理信赖利益。因此，只要是在家庭日常生活范围内的民事法律行为，不需要第三人举证证明夫妻中的一方已经过另一方的授权。但法律亦遵循意思自治原则，如果该第三人与夫妻一方约定仅为双方个人行为，对夫妻另一方不发生法律效力，该约定当然对第三人具有法律约束力。

理解本条规定，需要注意以下六个方面的问题。

（一）夫妻日常家事代理权的权利主体

法律设立夫妻日常家事代理权这一权利的目的，在于扩张夫妻双方的意思自治，使得夫妻双方在日常家庭事务的处理中无须事必躬亲，从而突破夫妻各自在时间、精力上的局限性，满足夫妻共同生活的需要。因此，夫妻日常家事代理权为夫妻双方同等享有，夫妻双方在处理日常家庭事务中互相为代理人，各自都可以行使夫妻日常家事代理权。

（二）夫妻日常家事代理权的存续期间

夫妻日常家事代理权由法律直接规定，以夫妻身份的存在为前提。因此，夫妻日常家事代理权只存在于具有合法婚姻关系的配偶之间，始于婚姻关系的确立，终于婚姻关系的解除。在婚姻关系存续期间，夫妻日常家事代理权始终存在。夫妻家事代理权消灭的原因包括婚姻被依法撤销、双方离婚、配偶一方死亡等。在双方不存在合法的婚姻关系但保有合法婚姻关系的外观时，如离婚后继续以夫妻名义共同生活，则存在类推适用《民法典》第 172 条规定的表见代理制度的可能，以保护善意第三人的权益。

（三）夫妻日常家事代理权的行使方式

夫妻日常家事代理权的行使方式与一般代理不同。《民法典》总则编规定的代理包括委托代理和法定代理，代理人都必须以被代理人的名义实施民事法律行为。而对于夫妻日常家事代理权，夫妻任何一方在日常家事范围内与第三人为民事法律行为时，不必明确其代理权，可直接以自己的名义、另一方的名义或者双方的名义为之。

（四）夫妻日常家事代理权的行使范围，没有一般法定代理权的范围广泛

法定代理人以被代理人的名义，为被代理人的利益在法律允许的范围内从事法律行为和诉讼行为，不受家事范围的限制。夫妻日常家事代理权的行使范围仅限于“因家庭日常生活需要而实施的民事法律行为”，通说概括为“日常家庭事务”或者“日常家事”。日常家事，是指为了满足正常夫妻共同生活和家庭生活所必需的，非属人身性的一切事务，譬如购买食物、衣服等生活用品，正常的娱乐、保健、医疗，通常的子女教育等。国家统计局有关统计资料显示，我国城镇居民家庭消费种类主要分为八大类，分别是食品、衣着、家庭设备用品及维修服务、医疗保健、交通通信、文娱教育及服务、居住、其他商品和服务。对“家庭日常生活需要”的范围，我们认为，可以参考上述八大类家庭消费的分类，根据夫妻共同生活的状态（如双方的职业、身份、资产、收入、兴趣、家庭人数等）和当地一般社会生活习惯予以认定。鉴于我国东、中、西部经济发展不平衡，城乡差异较大，家庭日常生活需要的范围在不同地区、不同家庭有很大差异，目前还难以确定一个统一的具体标准。

具体判断夫妻双方从事的民事法律行为究竟是否为了满足家庭日常生活需要，可以从以下两方面考虑：一是界定家庭日常生活需要的基本标准：以满足家庭日常生活需要为目的，包括满足日常生活的基本运转、满足家庭成员较高层次的生活需求和发展需要，如衣食住行、医疗健身、子女教育等；以家庭共同生活为目的，而非满足个人生活所需；必须是适当的。二是下列事项一般应排除在家庭日常生活需要的范围之外：不动产交易以及与自身经济水平不符的大额交易行为；具有一定风险的金融投资行为；分居期间所实施的民事法律行为；行使形成权；具有人身专属性的民事法律行为。

（五）夫妻日常家事代理权的行使限制

通常情况下，夫妻任何一方都可以在日常家事范围内行使日常家事代理

权。但在实际生活中，基于种种考虑，如一方时间、精力、知识、能力上的原因，一方滥用代理权的原因等，有时候夫妻双方会对一方可以实施的民事法律行为有所限制。这种限制在夫妻双方之间是有效，法律无须加以规制，但为了保护正常交易安全，保护第三人合法权益，法律明确规定这种限制不能对抗善意相对人。所谓“善意”，是指相对人不知道或者不应当知道夫妻之间对一方可以实施的民事法律行为的限制。也就是说，在夫妻内部关系中，双方可以约定一方实施的涉及家庭日常生活民事法律行为的范围，该约定对夫妻双方具有法律约束力；但在外部关系中，如果该民事法律行为的相对人不知道或不应当知道该约定的，不受其约束。该民事法律行为仍对夫妻双方发生法律效力。例如，妻子与丈夫约定，丈夫不得一次买一条以上的香烟，但丈夫到小卖部买了两条香烟，小卖部无从知晓夫妻双方对购买香烟的约定，则该买卖行为是有效的。要特别强调的是，此种情况下保护的善意第三人是夫妻一方因家庭日常生活需要与之实施民事法律行为的相对人，如果是非因家庭日常生活需要实施的民事法律行为，则一般类推适用表见代理规则，第三人需要证明其有理由相信为夫妻双方共同意思表示，否则，不能对未直接实施民事法律行为的夫妻另一方发生法律效力。

（六）夫妻日常家事代理权的法律效力

一是夫妻任何一方行使夫妻日常家事代理权所实施的民事法律行为，对夫妻双方都发生效力，即该民事法律行为所产生的法律效果归属于夫妻双方。夫妻任何一方基于夫妻日常家事代理权所实施的民事法律行为所设立、变更、终止民事法律关系的一切结果都归属于夫妻双方，取得的权利由夫妻双方共同享有，所产生的义务也由夫妻双方共同承担。但是，如果夫妻一方在行使夫妻日常家事代理权的同时，与相对人就该民事法律行为另有约定的，则法律效力依照该约定。如丈夫在购买汽车时，与汽车经销商约定，该汽车购买合同只约束自己，不涉及妻子，则该汽车购买合同所产生的债权债务关系仅在汽车经销商与丈夫之间有效。

二是本条是婚姻效力的表现之一，虽然与《民法典》第 1062 条、第 1064 条存在关联，但并非婚后共同所得制的组成内容。即使夫妻双方实行分别财产制，夫妻一方仍然可以依据本条规定在家庭日常生活范围内处分另一方的财产。同理，夫妻一方依据本条在家庭日常生活范围内所形成的债务与夫妻双方实行何种财产制并无直接关联。不过，《民法典》第 1064 条第 1 款所规定的“夫妻一方在婚姻关系存续期间以个人名义为家庭日常生活需要所负的债务，属于夫妻共同债务”实际上是家事代理制的法律效果之一。另外，《民法典》第 1065 条第 3 款所规定的债务应指日常家庭生活需要范围之外的债务。

三是本条所涉日常家事代理权适用民事法律行为，但在准民事法律行为场合亦可类推适用。

适用指引

一、家庭日常生活需要的标准是变化的

需要强调的是，家庭日常生活需要的支出是指通常情况下必要的家庭日常消费，主要包括正常的衣食消费、日用品购买、子女抚养教育、老人赡养等各项费用，是维系一个家庭正常生活所必需的开支，立足点在于“必要”。随着我国经济社会和人们家庭观念、家庭生活方式的不断发展变化，在认定是否属于家庭日常生活需要的支出时，也要随着社会发展变化而不断变化。

二、夫妻一方非因日常生活需要实施的法律行为对另一方是否具有约束力

基于个人主义和意思自治原则，夫妻双方虽因婚姻存在共同利益，但不能完全否认各自人格的独立性，因此，夫妻一方非因日常生活需要实施的法律行为，不能当然对另一方具有法律约束力。对于家庭重大事项或者重大财产的处分等，夫妻双方应当取得一致意见。此时如果与之交易的第三人主张对夫妻双方均具有约束力，应当按照民法的一般原理，证明对方已经明确表示同意或者构成表见代理，即其有理由相信为夫妻双方的共同意思表示。夫妻对共同所有的财产，有平等的处理权，并不意味着夫妻各自对共同财产享有一半的处分权。只有在共同共有关系终止时，才可对共同财产进行分割，确定各自份额。夫妻一方未经配偶同意赠与他人价值较大的财产，侵犯了配偶的财产权益，赠与行为应认定无效。

三、举证责任分配问题

本条中的举证责任分配与《民法典》第1064条第1款中的“夫妻一方以个人名义为家庭日常生活需要所负债务”中的举证责任分配一致。如果对夫妻一方实施的民事法律行为是否因家庭日常生活需要而产生争议，由非行使日常家事代理权的一方承担证明另一方的行为与家庭日常生活需要无关的举证责任更合理。

类案检索

毕某某与陈某某等买卖合同纠纷案

关键词：家事代理　夫妻共同债务

裁判摘要：依据法律规定，夫妻一方因家庭日常生活需要而实施的民事法律行为，对夫妻双方发生效力，夫妻一方在婚姻关系存续期间以个人名义为家庭日常生活需要所负的债务，属于夫妻共同债务。本案中，张某某、毕某某对于是否解除洗衣机买卖合同一事未达成一致，在陈某某已将货款退还给张某某的情况下，毕某某拒绝退还货物。因购买洗衣机系用于张某某、毕某某夫妻关系存续期间的共同生活，故所负债务属于夫妻共同债务，张某某、毕某某均负有向陈某某返还款项的责任。毕某某对其实际占有的案涉洗衣机从未向任何人支付任何对价，其主张享有权利的依据仅为其与张某某在离婚协议中的约定，但该协议内容仅能约束毕某某、张某某，对外不具有对抗善意第三人的效力，对陈某某无任何约束力。故实际占有洗衣机的毕某某与实际收到退款的张某某共同负有向陈某某还款的责任。

【案　　号】（2021）辽02民终9135号

【审理法院】辽宁省大连市中级人民法院

第一千零六十一条　夫妻有相互继承遗产的权利。

关联规定

法律、行政法规、司法解释

1.《中华人民共和国农村土地承包法》

第三十二条　承包人应得的承包收益，依照继承法的规定继承。

林地承包的承包人死亡，其继承人可以在承包期内继续承包。

第五十四条　依照本章规定通过招标、拍卖、公开协商等方式取得土地经营权的，该承包人死亡，其应得的承包收益，依照继承法的规定继承；在承包期内，其继承人可以继续承包。

2.《最高人民法院关于适用〈中华人民共和国民法典〉婚姻家庭编的解释（一）》

第八条　未依据民法典第一千零四十九条规定办理结婚登记而以夫妻名义共同生活的男女，一方死亡，另一方以配偶身份主张享有继承权的，依据本解释第七条的原则处理。

条文释义

一、本条主旨

本条是关于夫妻相互享有遗产继承权的规定。

二、条文演变

2001 年修正的原《婚姻法》第 24 条第 1 款规定："夫妻有相互继承遗产的权利。"本条完全保留了 2001 年修正的原《婚姻法》第 24 条第 1 款的内容。

中华人民共和国成立后，1950 年原《婚姻法》以废除男尊女卑的封建主义婚姻制度为己任，明确了妇女的继承权。其中，第 12 条规定：夫妻有互相继承遗产的权利。1980 年原《婚姻法》承继了该规定精神，其中第 18 条第 1 款规定：夫妻有相互继承遗产的权利。2001 年修改原《婚姻法》时，该款内容未作变动。《妇女权益保障法》进一步明确了妇女的平等继承权。《妇女权益保障法》第 34 条规定："妇女享有的与男子平等的财产继承权受法律保护。在同一顺序法定继承人中，不得歧视妇女。丧偶妇女有权处分继承的财产，任何人不得干涉。"

三、条文解读

配偶基于其特殊的身份关系，与基于血亲的父母、子女同作为第一顺位的法定继承人，可以相互继承对方的遗产。夫妻一方继承对方遗产的权利是夫妻之间基于配偶身份关系享有的财产利益，是婚姻效力即夫妻权利义务中不可缺少的内容。

夫妻相互继承遗产的权利也是继承制度的重要组成部分，可以说，本条规定是《民法典》第 1127 条关于配偶为第一顺序法定继承人的依据。之所以将夫妻相互享有继承权规定在婚姻效力中，而不是明确规定在继承法律规范中，有其历史原因：原《婚姻法》（1950 年、1980 年）制定在先，而 1985 年原《继承法》制定在后。夫妻相互继承权是以配偶身份关系为基础的权利，在制定原《继承法》之前，在原《婚姻法》中设立规定是必然的。1985 年原《继承法》根据原《婚姻法》关于夫妻相互继承权的规定，将配偶列为第一顺序法定继承人。考虑到夫妻相互遗产继承权，是配偶身份关系在民事财产法律效力中仅次于夫妻共同财产权的重要内容，因此，虽将婚姻法和继承法统一编入《民法典》，但从各自制度体系相对独立完整的角度考虑，沿用本条仍有其必要。

夫妻是组成家庭的基本成员，相互之间存在着最密切的人身关系和财产关系。夫妻互相享有继承权，是夫妻双方在婚姻关系、家庭关系中地位平等的一个重要标志。《民法典》第 124 条第 1 款规定自然人依法享有继承权，本条是对第 124 条第 1 款规定的具体化。根据本条的规定，理解夫妻相互遗产继承权，应当注意把握以下各方面。

（一）夫妻相互遗产继承权以合法的夫妻关系为前提

夫妻间继承权是基于婚姻的法律效力产生的，只有具备合法婚姻关系的夫妻双方，才能以配偶身份继承对方的遗产。如双方属于婚外姘居的，双方就不享有法定的相互遗产继承权。依据《民法典》第1049条的规定，结婚的男女双方应当亲自到婚姻登记机关申请结婚登记，完成结婚登记，即确立合法有效的婚姻关系。故合法婚姻关系确立的标志是结婚登记，即使登记后，双方因各种原因未同居生活或者未办理婚礼等，当一方死亡时，另一方仍可以以配偶身份继承对方的财产。所以，只有在婚姻关系确立之日起至婚姻关系解除之日止，配偶一方死亡，另一方才享有继承权。

（二）夫妻互为第一顺序的法定继承人

根据《民法典》继承编中的第1127条的规定，第一顺序的法定继承人包括配偶、子女、父母。除了《民法典》继承编中的第1125条规定的丧失继承权等情形外，不得以任何理由予以剥夺、限制或者干涉生存一方对死亡配偶所享有的继承权。

（三）要正确确定继承遗产的范围，不得侵害生存配偶的合法财产权

夫或妻一方死亡时，继承开始，首先要确定哪些财产属于被继承人遗产。被继承人的财产一般包括在夫妻共同财产中的份额以及其个人财产。《民法典》继承编中的第1153条第1款规定，“夫妻共同所有的财产，除有约定的外，遗产分割时，应当先将共同所有的财产的一半分出为配偶所有，其余的为被继承人的遗产”。也就是说，对于婚姻关系存续期间所得的夫妻共同财产，除夫妻双方另有约定外，在配偶一方死亡时，应当先对夫妻共同财产进行认定和分割，并分出一半为生存配偶所有，一半为死者遗产进行继承。要严格防止将夫妻共同财产都作为遗产继承，避免侵犯生存配偶的合法财产权益。被继承人的个人财产和共同财产的一半为其所有遗产，如果死者生前没有立遗嘱，其生存的配偶与其他第一顺序的继承人，包括被继承人的子女、父母按照法定继承均分其遗产。

（四）注意保障生存配偶对分得遗产的所有权

夫妻一方死亡后，生存的另一方依法继承死者遗产后，就取得了该财产的所有权。有权根据自己的意愿和利益在法律允许的范围内占有、使用和处分该财产，如果再婚，有权带走或处分其继承的财产。实践中，有的丧偶妇女因再婚离开原家庭时，将其继承其亡夫的财产带走的，有时会受到个别近亲属的阻挠，引发各种纠纷。对此，《民法典》继承编中的第1157条也作了明确规定："夫妻一方死亡后另一方再婚的，有权处分所继承的财产，任何组织或者个人不得干涉。"

（五）本条为不完全法条中的引用性法条

本条适用的法律前提和法律效果均需要参照《民法典》继承编的规定。例如，本条中有关"相互继承遗产"的理解，应结合《民法典》第1121条第2款规定，配偶继承权的丧失与放弃，应当结合《民法典》第1125条与第1124条的规定。

适用指引

一、夫妻相互遗产继承权应当源于合法的婚姻关系

夫妻相互遗产继承权是基于配偶身份关系而产生，因而该权利的主体是具有合法婚姻关系的配偶。只有婚约的男女之间、姘居的以及非婚同居的男女之间、已经离婚的男女之间不享有该项权利。不过，如果正在进行离婚诉讼时，一方死亡的，由于尚未有生效判决解除双方之间的婚姻关系，故另一方仍享有配偶遗产的继承权。

在婚姻存在可撤销的情形时，生存一方仍可以配偶身份取得继承权。婚姻撤销权具有高度的人身专属性，应当尊重撤销权人的意愿，撤销权不可继承。不过，在婚姻存在法定无效情形时，即使一方死亡，利害关系人仍可以申请宣告婚姻无效。被宣告无效的婚姻自始无效，此时另一方自始没有继承人身份。不过，若存在遗嘱继承，即使另一方没有继承人身份，从尊重遗嘱人意愿考虑，可将其解释为遗嘱赠与，另一方可依遗嘱获得遗嘱项下的财产。

《民法典婚姻家庭编解释（一）》第7条规定："未依据民法典第一千零四十九条规定办理结婚登记而以夫妻名义共同生活的男女，提起诉讼要求离婚的，应当区别对待：（一）1994年2月1日民政部《婚姻登记管理条例》公布实施以前，男女双方已经符合结婚实质要件的，按事实婚姻处理。（二）1994年2月1日民政部《婚姻登记管理条例》公布实施以后，男女双方符合结婚实质要件的，人民法院应当告知其补办结婚登记。未补办结婚登记的，依据本解释第三条规定处理。"因而，在1994年2月1日之前的事实婚姻得到认可，夫妻相互享有继承权。

二、夫妻一方因意外事故死亡获得的死亡赔偿金是否为遗产

根据《民法典》侵权责任编中的第1179条和第1181条的规定，被侵权人死亡的，其近亲属有权要求赔偿丧葬费和死亡赔偿金。可见，死亡赔偿金是基于死者死亡而对死者近亲属所支付的赔偿，而并非死者死亡时即已经存在并遗留的合法财产。获得死亡赔偿金的权利人是死者近亲属，而非死者本人。对于近亲属的范围，《民法典》婚姻家庭编中的第1045条明确规定，包括配偶、父母、子女、兄弟姐妹、祖父母、外祖父母、孙子女、外孙子女。基于死亡赔偿金的性质，死者的配偶、父母、子女可以作为第一顺位的请求权人请求侵权人予以赔偿。夫妻一方为死亡赔偿金的合法权利人之一，但并非基于继承死亡配偶的遗产所取得，而是基于法律的直接规定。

三、夫妻共同居住的公租房在一方死亡后，另一方可否继承

公房承租是指公房所有人或管理人将国家所有或集体、企业、事业单位所有房屋交给承租人使用，承租人向出租人支付租金的法律行为。公房承租是在特定历史条件下的产物，是我国传统福利住房分配制度的体现。对于公有住房，承租人只有租赁权，不能作为遗产继承。例如，《北京市公有住宅租赁合同》中规定：租赁期限内，承租方外迁或死亡，承租方同一户籍共同居住两年以上又无其他住房的家庭成员愿意继续履行原合同，可以办理更名手续。因此，作为与其共同居住的配偶一方，符合条件的可以继续承租使用，但不能主张作为遗产继承。

四、家庭承包方式的土地承包经营权是否可以继承

根据《农村土地承包法》的规定，农村土地承包分为家庭承包和其他方式的承包两类。家庭承包针对的是耕地、林地和草地，承包方是本集体经济组织的农户。其他方式承包针对的是不宜采取家庭承包方式的荒山、荒沟、荒丘、荒滩等“四荒”土地。家庭承包中，土地承包经营权的权利主体为“农户”。在其他方式的承包中，土地承包经营权的权利主体，即承包方既可以是本集体经济组织成员，也可以是本集体经济组织以外的单位和个人。《民法典》总则编中的自然人一章明确了“农村承包经营户”为一类民事主体。《民法典》总则编中的第 55 条规定：“农村集体经济组织的成员，依法取得农村土地承包经营权，从事家庭承包经营的，为农村承包经营户。”可见，在家庭承包方式中，承包经营权的权利主体是农户，并不与农户内的家庭成员个人发生直接联系。而农户内的具体成员因生、老、病、死存在变动，但按照“增人不增地、减人不减地”的政策，农户内的夫妻一方死亡的，不影响另一方和其他家庭成员享有的土地承包经营权，无发生继承的必要。当承包经营农户内的家庭成员全部死亡，该土地承包经营权因权利主体不存在而归于消灭。该块承包地应由农村集体经济组织收回后另行分配，不能由该农户家庭成员外的其他继承人继续承包经营。之所以作此理解，是由家庭承包方式“耕者有其田”的基本社会保障功能所决定的。因此，当夫或妻一方死亡时，配偶能够继续承包经营，是由家庭承包方式下土地承包经营权的性质决定的，并不是基于夫妻双方之间的遗产继承权所获得。《民法典》婚姻家庭编中的第 1087 条第 2 款规定，对夫或者妻在家庭土地承包经营中享有的权益等，应当依法予以保护。此种权益，应当包括一方继续承包经营的权利。当然，基于家庭承包经营已经获得的收益，属于夫妻共同财产范畴，可以作为遗产相互继承。

而对“四荒”土地采取的其他方式承包，则是以效率优先、兼顾公平为处理原则。《农村土地承包法》第 54 条规定，土地经营权通过招标、拍卖、公开协商等方式取得的，该承包人死亡，其应得的承包收益，依照继承法的规定继承；在承包期内，其继承人可以继续承包。对此，应作如下理解：首先，其他方式承包的，土地经营权的主体并非农户，而是本集体经济组织成员或本集体经济组织以外的单位或个人，权利主体是确定的。其次，由于“四荒”土地开发周期长，短期内很难获得收益，因此，在很多情况下，承包人死亡时可能并

未产生具体的收益。但承包人在死亡之前所进行的投入是有财产利益的，其对应的承包收益应属于遗产范畴，作为夫妻的另一方，有权继承。同时，考虑到此种长期继续性合同的特点甚至其中包含的情感利益，在承包期内，夫妻另一方也可以继续承包，以实现承包收益。

类案检索

赵某与刘某 1 法定继承纠纷案

关键词： 法定继承人　遗产范围

裁判摘要： 因被继承人生前未立有遗嘱，因此继承开始后应按照法定继承办理，其配偶、子女（含婚生子女及非婚生子女等）、父母均为第一顺序继承人，有权对被继承人的遗产进行继承。继承人赵某与被继承人刘某 2 婚姻存续期间购买取得的房产属于夫妻共同财产，赵某、继承人刘某 1 主张上述房产在刘某 2 生前以名为买卖实际为赠与的方式已处分给刘某 1 所有，并非刘某 2 的遗产，但对该主张并未提供充分的证据证实该处分行为为被继承人刘某 2 知晓并同意，因此上述房产虽转移登记在刘某 1 名下，但为减少当事人诉累及根据诚信原则，仍应作为被继承人刘某 2 的遗产予以分割较为公平合理。

【案　　号】（2021）鲁 10 民终 730 号

【审理法院】 山东省威海市中级人民法院

第一千零六十二条　夫妻在婚姻关系存续期间所得的下列财产，为夫妻的共同财产，归夫妻共同所有：

（一）工资、奖金、劳务报酬；

（二）生产、经营、投资的收益；

（三）知识产权的收益；

（四）继承或者受赠的财产，但是本法第一千零六十三条第三项规定的除外；

（五）其他应当归共同所有的财产。

夫妻对共同财产，有平等的处理权。

关联规定

一、法律、行政法规、司法解释

《最高人民法院关于适用〈中华人民共和国民法典〉婚姻家庭编的解释（一）》

第二十四条　民法典第一千零六十二条第一款第三项规定的“知识产权的收益”，是指婚姻关系存续期间，实际取得或者已经明确可以取得的财产性收益。

第二十五条　婚姻关系存续期间，下列财产属于民法典第一千零六十二条规定的“其他应当归共同所有的财产”：

（一）一方以个人财产投资取得的收益；

（二）男女双方实际取得或者应当取得的住房补贴、住房公积金；

（三）男女双方实际取得或者应当取得的基本养老金、破产安置补偿费。

第二十六条　夫妻一方个人财产在婚后产生的收益，除孳息和自然增值外，应认定为夫妻共同财产。

第二十七条　由一方婚前承租、婚后用共同财产购买的房屋，登记在一方名下的，应当认定为夫妻共同财产。

第二十九条　当事人结婚前，父母为双方购置房屋出资的，该出资应当认定为对自己子女个人的赠与，但父母明确表示赠与双方的除外。

当事人结婚后，父母为双方购置房屋出资的，依照约定处理；没有约定或者约定不明确的，按照民法典第一千零六十二条第一款第四项规定的原则处理。

第七十一条　人民法院审理离婚案件，涉及分割发放到军人名下的复员费、自主择业费等一次性费用的，以夫妻婚姻关系存续年限乘以年平均值，所得数额为夫妻共同财产。

前款所称年平均值，是指将发放到军人名下的上述费用总额按具体年限均分得出的数额。其具体年限为人均寿命七十岁与军人入伍时实际年龄的差额。

第八十条　离婚时夫妻一方尚未退休、不符合领取基本养老金条件，另一方请求按照夫妻共同财产分割基本养老金的，人民法院不予支持；婚后以夫妻共同财产缴纳基本养老保险费，离婚时一方主张将养老金账户中婚姻关系存续期间个人实际缴纳部分及利息作为夫妻共同财产分割的，人民法院应予支持。

二、司法指导性文件

《第八次全国法院民事商事审判工作会议（民事部分）纪要》

4. 婚姻关系存续期间以夫妻共同财产投保，投保人和被保险人同为夫妻一方，离婚时处于保险期内，投保人不愿意继续投保的，保险人退还的保险单现金价值部分应按照夫妻共同财产处理；离婚时投保人选择继续投保的，投保人应当支付保险单现金价值的一半给另一方。

条文释义

一、本条主旨

本条是关于夫妻共同财产范围以及夫妻对共同财产平等处理权的规定。

二、条文演变

关于夫妻共同财产的范围，我国1950年原《婚姻法》没有具体规定，1980年原《婚姻法》第13条第1款规定："夫妻在婚姻关系存续期间所得的财产，归夫妻共同所有，双方另有约定的除外。”该条仅是原则上规定了夫妻婚后所得共同制，并未具体列举夫妻共同财产的范围。2001 年修正的原《婚姻法》第 17 条规定：“夫妻在婚姻关系存续期间所得的下列财产，归夫妻共同所有：（一）工资、奖金；（二）生产、经营的收益；（三）知识产权的收益；（四）继承或赠与所得的财产，但本法第十八条第三项规定的除外；（五）其他应当归共同所有的财产。夫妻对共同所有的财产，有平等的处理权。”该规定不仅明确列举了共同财产的范围，还同时列举了个人财产的范围。本条规定是在 2001 年修正的原《婚姻法》第 17 条的基础上修改而成，仍采用列举式和概括式相结合的方式，仅作了部分微调。主要修改的内容为：（1）明确了“夫妻共同财产”的概念。（2）在 2001 年修正的原《婚姻法》第 17 条第 1 款第 1 项“工资、奖金”的基础上，增加了“劳务报酬”，以使该项规定的包容性更强。近年来，随着市场经济的发展，多种经济形态并存。实践中，除了工资、奖金之外，还有很多人通过非固定工作获得报酬，如咨询费、讲课费、稿费等，此类财产属劳务报酬范围，不能被工资、奖金所涵盖，在双方无特别约定的情况下，均应为夫妻共同财产。本项在征求意见稿中的表述为“工资、奖金和其他劳务报酬”。考虑到此种表述会引起“工资、奖金”属于劳务报酬范围的误解，后改为与“工资”“奖金”并列的表述。（3）在 2001 年修正的原《婚姻法》第 17 条第 1 款第 2 项“生产、经营的收益”的基础上，增加规定了“投资的收益”。近年来，家庭财产的投资形式日趋多元化，股票、证券、期货等投资产生的收益不能完全囊括在“生产、经营的收益”范围内。增加规定“投资的收益”，能够更有针对性地回应现实社会生活。

三、条文解读

夫妻财产制又称婚姻财产制，是指夫妻关系存续期间，规定夫妻财产关系的法律制度，主要包括各种夫妻财产制的设立、变更与废止，夫妻婚前财产和婚后所得财产的归属、管理、使用、收益、处分，家庭生活费用的负担，夫妻债务的清偿，婚姻终止时夫妻财产的清算和分割问题。夫妻财产制的核心是夫妻婚前财产和婚后所得财产的所有权归属问题。夫妻财产制集身份法与财产法的特点于一身，是婚姻效力的一项重要法律内容，也是近现代家庭财产制的重心所在。法律设立夫妻财产制，调整夫妻财产关系，对保护夫妻的合法权利和财产利益，维护平等、和睦的家庭关系，以及保障夫妻与第三人交易安全，具有重要意义。

（一）我国夫妻共同财产制度的特征

一是夫妻共同财产的主体，是具有婚姻关系的夫妻。未形成婚姻关系的男女两性，如未婚同居、婚外同居等，以及无效或者被撤销婚姻的男女双方，不能成为夫妻共同财产的主体。

二是夫妻共同财产，是在婚姻关系存续期间取得的财产。夫妻任何一方的婚前财产不属于夫妻共同财产。婚姻关系存续期间，自合法婚姻缔结之日起，至夫妻一方死亡或者离婚生效之日止。

三是夫妻共同财产的来源，为夫妻双方或者一方所得的财产，既包括夫妻通过劳动所得的财产，也包括其他非劳动所得的合法财产。当然，法律直接规定为个人特有财产的和夫妻约定为个人财产的除外。本条规定所指的“所得”，是指对财产权利的取得，而不要求对财产实际占有，如果一方在婚前获得某项财产，但并未实际取得，如其有一笔稿费，婚后出版社才向其支付稿费，则该笔稿费不属于夫妻共同财产。同理，如果在婚后出版社答应支付一笔稿费，但直到婚姻关系终止也没有得到这笔稿费，那么该笔稿费也应属于夫妻共同财产。

四是夫妻对共同财产享有平等的所有权，即双方享有同等的权利，承担同等的义务。夫妻对共同所有的财产，有平等的处理权，特别是夫妻一方对共同财产的处分，除非另有规定，应当取得对方的同意。

（二）夫妻共同财产的范围

一是工资、奖金、劳务报酬。即劳动者的劳动收入，既包括工资、奖金，也包括各种津贴、补贴等劳务报酬。

二是生产、经营、投资的收益。包括夫妻一方或者双方从事生产、经营所得的各种收入和投资所得的收入，如农村中的农业生产和城市里的工业生产以及第三产业等各行各业的生产经营投资收益，有劳动收入，也有资本收益，如股票债券收入、股份、股权等资本利得，亦是夫妻共同财产的一种形式。

三是知识产权的收益。知识产权是一种智力成果权，其特点是既是一种财产权，也是一种人身权，具有很强的人身性，与人身不可分离。因此，婚后一方取得的知识产权权利本身归一方专有，权利也仅归权利人行使。比如，作者的配偶无权在其著作中署名，也不能决定作品是否发表。但是，由知识产权取得的经济利益，如因发表作品取得的稿费，因转让专利获得的转让费等，应归夫妻共同所有，属于夫妻共同财产。知识产权的收益是指作品在出版、上演或播映后而取得的报酬，或允许他人使用而获得的报酬，专利权人转让专利权或许可他人使用其专利所取得的报酬，商标所有人转让商标权或许可他人使用其注册商标所取得的报酬等。具体而言，依据《民法典婚姻家庭编解释（一）》第 24 条规定，本条规定的“知识产权的收益”，是指婚姻关系存续期间，实际取得或者已经明确可以取得的财产性收益。

四是继承或者受赠的财产，但遗嘱或者赠与合同中确定只归一方的财产除外。夫妻任何一方继承或者受赠的财产属于夫妻共同财产，但如果遗嘱或者赠与合同中指明财产归夫妻一方所有的，是遗嘱人或者赠与人根据自己意愿处分财产的表现，基于意思自治，应当尊重其对财产的处分权，该财产归一方所有。

值得注意的是，只要继承的事实发生在婚姻关系存续期间，即使当时没有对遗产进行分割，在离婚后，遗产分割的，配偶一方仍可以主张相关权益。此外，配偶一方基于特定身份关系享有的继承权，对方不能共有，双方分享的只是继承得来的财产，因此，如果作为继承人的配偶一方放弃继承，另一方以损害其权益为由提起诉讼的，原则上不应予以支持。

五是其他应当归共同所有的财产。这项规定属于概括性规定。随着社会经济的发展和人们生活水平的提高，夫妻共同财产的范围在不断地扩大，共同财产的种类在不断地增加，目前，夫妻共同财产已由原来简单的生活用品发展到汽车、房产、股票、债券乃至整个公司、企业等，今后还将出现一些新的财产类型。上述四项只是列举了现已较为明确的共同财产的范围，但难以列举齐全，因此，作了这项概括性规定。

（三）夫妻对共同财产有平等的处理权

夫妻共同财产的性质是共同共有，不是按份共有。因此，夫妻对全部共同财产，应当不分份额地享有同等的权利，承担同等的义务。不能根据夫妻双方经济收入的多少来确定其享有共同财产所有权的多少。夫妻双方对共同财产享有平等的占有、使用、收益和处分的权利。夫妻一方对共同财产的使用、处分，除另有约定外，应当在取得对方的同意之后进行。尤其是重大财产问题，未经对方同意，任何一方不得擅自处分。夫妻一方在处分共同财产时，另一方明知其行为而不作否认表示的，视为同意，事后不得以自己未参加处分为由否认处分的法律效力。夫妻一方未经对方同意擅自处分共同财产的，对方有权请求宣告该处分行为无效，但不得对抗善意第三人，即如果第三人不知道也无从知道夫妻一方的行为属于擅自处分行为的，该处分行为有效，以保护第三人的利益，维护交易安全。

适用指引

一、离婚时未实际取得或明确的知识产权收益应如何处理

审判实践中，如果在婚姻关系存续期间，一方所取得的知识产权已经明确能够产生财产性收益，那无论收益的实际取得是在婚姻关系存续期间还是在离婚后，该收益均为夫妻共同财产。但是，对于离婚时一方尚未确定能够取得经济利益的知识产权，暂不宜作为夫妻共同财产分割。例如，写好的书稿在离婚时还没有联系到出版单位，已完成的绘画作品在离婚时还没有卖出。因知识产权是一种智力成果权，具有很强的人身依附性，与人身密不可分，作者的配偶无权在作者的著作中署名，也无权决定作品是否发表。享有知识产权的一方可能以后将自己的作品出售，也可能自己收藏，还可能赠送给朋友，无法确定是否必然产生财产性收益。如果作者的手稿、字画、设计稿等在离婚时还没有出版或未被采用，那它就仅仅属于夫妻一方的精神财富，离婚时应归一方所有。但是，考虑到创作的过程是在婚姻关系存续期间，而一方从事创作，另一方会承担更多家庭开支或家务劳动，其知识产权的获得离不开配偶一方的支持和帮助，对于一方享有的知识产权应当根据公平原则兼顾双方的利益作出认定与处理。

二、对于婚前个人财产在婚后发生变化、产生收益的认定

一方使用婚前个人积蓄在婚后购买的房屋、车辆等有形财产，如果能够明确是来源于其婚前的个人积蓄，只是原有财产价值存在形态发生了变化，其价值取得始于婚前，应当认定为一方的个人财产。但是，对于一方婚前财产在婚后产生的收益应如何认定，实践中存在争议。我们认为，夫妻一方财产在婚后

产生的收益原则上为夫妻共同财产。主要理由如下：（1）夫妻财产制的立法理念及婚姻的伦理性。基于我国现有的国情、历史文化传统等因素，目前法定婚后所得共同制仍然是夫妻共同财产制的基本形态。（2）侧重保护女性合法权益之观念。随着经济社会发展和妇女解放意识的增强，女性的社会经济地位日益提高，但整体而言，女性在就业机会、经济收入等方面与男性仍有差距。同时，在家庭里女性还要承担生育、照顾家庭等职责，因此，认定夫妻一方财产在婚后产生的收益原则上为夫妻共同财产有利于保护女性利益。（3）尊重家务劳动价值。夫妻双方在家庭中所扮演的角色和分工是不同的，现实社会中，一般男性的社会参与度高一些，而女性照顾家庭更多一些，家务劳动价值往往很难有一个具体量化标准，但它对维系家庭正常生活乃至社会生活的有序进行至关重要，如果认定男方用自己的婚前个人财产在外投资经营所得收益全部为其个人财产，则可能忽略女方的家务劳动价值。（4）保持身份法与财产法的平衡。婚姻家庭中的财产关系是以人身关系为前提，直接体现出一定的经济内容或者以一定的财产为媒介所形成的社会关系。这种财产关系不能脱离婚姻家庭方面的人身关系而独立存在，它是依附、从属于亲属人身关系的。但是在设计规则时，也应努力减少法律规定上的冲突，在公平合理的基础上尽量与财产法领域的物权法相关规定协调，以利法律之统一。据此，夫妻一方用其个人财产在婚后投资的，必然花费一定的时间和精力，其投资经营行为是夫妻婚姻生活的一部分，因此，一方在婚后投资产生的收益，不管初始资金是婚前个人财产还是婚后的夫妻共同财产，投资产生的收益部分原则上应当为夫妻共同财产。

值得注意的是，依据《民法典婚姻家庭编解释（一）》第26条之规定，个人财产增值认定为夫妻共同财产仍然存在两项例外：一是个人财产的孳息，包括天然孳息和法定孳息。因孳息归属于原物所有权人为民法的一般原理，与夫妻一方或双方对该财产所付出的劳务、扶持无关，亦符合公平原则。二是个人财产的自然增值，指因通货膨胀或市场行情变化所致财产收益，与夫妻一方或双方是否为该财产投入物资、劳动、努力、管理等无关，如房屋价格的上涨。

典型案例

王某 1 与王某 2 等债权人撤销权纠纷案

关键词：夫妻共同财产

裁判摘要：依照《民法典》第 1062 条规定，夫妻在婚姻关系存续期间取得的工资、奖金等收入属于夫妻共同财产，夫或妻用在婚姻关系存续期间取得的工资、奖金等收入购买的房屋、车辆等财产亦属夫妻共同财产。本案中，涉案房屋和车辆系龙某和王某 1 在婚姻关系存续期间购买，并由两人的工资、住房公积金等收入支付首付、偿还按揭，结合龙某和王某 1 于 2020 年 8 月 17 日离婚时将涉案房屋和车辆作为夫妻共同财产进行处置的约定，人民法院认为，从证据的高度盖然性考量，一审判决认定涉案房屋和车辆属龙某和王某 1 的共同财产，有事实和法律依据。王某 1 提供的《婚内财产协议》、承诺书、证人证言等证据，拟证明涉案房屋和车辆属于王某 1 的个人财产，但是这些证据所载的内容与 2020 年 8 月 17 日《离婚协议书》将涉案房屋和车辆作为夫妻共同财产进行处置的事实相矛盾。法院认为，王某 1 提供的《婚内财产协议》、承诺书等证据不具有唯一性，提供证人证言的龙某父母与本案存在利害关系，不能排除龙某、王某 1 等人为应对诉讼而制作上述证据的可能，法院不予采信。

【案　　号】（2022）黔 26 民终 833 号

【审理法院】贵州省黔东南苗族侗族自治州中级人民法院

第一千零六十三条　下列财产为夫妻一方的个人财产：

（一）一方的婚前财产；

（二）一方因受到人身损害获得的赔偿或者补偿；

（三）遗嘱或者赠与合同中确定只归一方的财产；

（四）一方专用的生活用品；

（五）其他应当归一方的财产。

关联规定

一、法律、行政法规、司法解释

《最高人民法院关于适用〈中华人民共和国民法典〉婚姻家庭编的解释（一）》

第二十九条　当事人结婚前，父母为双方购置房屋出资的，该出资应当认定为对自己子女个人的赠与，但父母明确表示赠与双方的除外。

当事人结婚后，父母为双方购置房屋出资的，依照约定处理；没有约定或者约定不明确的，按照民法典第一千零六十二条第一款第四项规定的原则处理。

第三十条　军人的伤亡保险金、伤残补助金、医药生活补助费属于个人财产。

第三十一条　民法典第一千零六十三条规定为夫妻一方的个人财产，不因婚姻关系的延续而转化为夫妻共同财产。但当事人另有约定的除外。

二、司法指导性文件

《第八次全国法院民事商事审判工作会议（民事部分）纪要》

5. 婚姻关系存续期间，夫妻一方作为被保险人依据意外伤害保险合同、健康保险合同获得的具有人身性质的保险金，或者夫妻一方作为受益人依据以死亡为给付条件的人寿保险合同获得的保险金，宜认定为个人财产，但双方另有约定的除外。

婚姻关系存续期间，夫妻一方依据以生存到一定年龄为给付条件的具有现金价值的保险合同获得的保险金，宜认定为夫妻共同财产，但双方另有约定的除外。

条文释义

一、本条主旨

本条是关于夫妻个人财产范围的规定。

二、条文演变

2001 年修正的原《婚姻法》第 18 条规定："有下列情形之一的，为夫妻一方的财产：（一）一方的婚前财产；（二）一方因身体受到伤害获得的医疗费、残疾人生活补助费等费用；（三）遗嘱或赠与合同中确定只归夫或妻一方的财产；（四）一方专用的生活用品；（五）其他应当归一方的财产。"《民法典》对该条规定作出调整后吸收，具体体现在：（1）将"有下列情形之一的，为夫妻一方的财产"修改为"下列财产为夫妻一方的个人财产"，既可防止表述上的歧义，也可确保文字上的简练；（2）将第 2 项的"一方因身体受到伤害获得的医疗费、残疾人生活补助费等费用"修改为"一方因受到人身损害获得的赔偿或者补偿"，以确保同实践现状相一致；（3）将第 3 项的"确定只归夫或妻一方的财产"修改为"确定只归一方的财产"，以保持文字的简练。

三、条文解读

（一）夫妻个人财产制度概述

所谓夫妻个人财产，又称夫妻特有财产、夫妻保留财产，是指夫妻在实行共同财产制的同时，依照法律规定或者夫妻约定，双方各自保留的一定范围的个人所有财产。根据产生的原因不同，个人财产可分为法定的个人财产和约定的个人财产。法定的个人财产，是指依照法律规定所确认的夫妻双方各自保留的个人财产，本条即是关于法定个人财产的规定。

个人财产是夫妻在婚姻关系存续期间分别保留的独立于夫妻共同财产之外的财产，夫妻双方对各自的个人财产，享有独立的管理、使用、收益和处分权利，他人不得干涉。夫妻可以约定将各自的个人财产交由一方管理；夫妻一方也可以将自己的个人财产委托对方代为管理。对家庭生活费用的负担，在夫妻共同财产不足以负担家庭生活费用时，夫妻应当以各自的个人财产分担。规定夫妻个人财产的意义在于，它弥补了共同财产制对个人权利和意愿关注不够的缺陷，防止共同财产范围的无限延伸，有利于保护个人财产权利。

（二）夫妻个人财产的具体范围

1. 一方的婚前财产

婚前财产是指夫妻在结婚之前各自所有的财产，包括婚前个人劳动所得财产、继承或者受赠的财产以及其他合法财产。婚前财产归各自所有，不属于夫妻共同财产。

2. 一方因受到人身损害获得的赔偿或者补偿

这些财产是指与生命健康直接相关的财产，具有人身专属性，对于保护个人权利具有重要意义，因此，应当专属于个人所有，而不能成为共同财产。这样有利于维护受害人的合法权益，保证受害人的身体康复和生活需要。

3. 遗嘱或者赠与合同中确定只归一方的财产

依据《民法典》第 1062 条第 1 款第 4 项之规定，因继承或者受赠的财产，属于夫妻共同财产。但为了尊重遗嘱人或者赠与人的个人意愿，保护个人对其财产的自由处分权，如果遗嘱人或者赠与人在遗嘱或者赠与合同中明确指出，该财产只遗赠或者赠与夫妻一方，另一方无权享用，那么，该财产就属于夫妻个人财产，归一方个人所有。这样规定的另一个意义在于，防止夫妻另一方滥用遗产或者受赠的财产，如妻子的朋友赠送一笔钱资助孩子上学，而丈夫有酗酒恶习，如果这笔钱属于夫妻共同财产，丈夫就有可能利用它买酒，在这种情况下，赠与人可以在赠与时确定这笔现金只赠送给妻子，属于妻子个人所有，丈夫就无权使用了。

4. 一方专用的生活用品

一方专用的生活用品具有专属于个人使用的特点，如个人的衣服、鞋帽等，应当属于夫妻个人财产。我国司法实践中，在进行离婚财产分割时，一般也将个人专用的生活物品作为个人财产处理。在编纂《民法典》过程中，有一种意见认为，用夫妻共同财产购买的且价值较大的生活用品，如贵重的首饰等，即使为一方专用，也应当属于夫妻共同财产。这一意见未被采纳。价值较大的生活用品，因其具有个人专用性，仍应当归个人所有，这也符合夫妻双方购买该物时的意愿。况且，夫妻对共同财产有平等的处理权，多数情况下，夫妻双方都有价值较大的生活用品。当然，不同经济状况的家庭，“价值较大”的含义不同。

5. 其他应当归一方的财产

随着社会经济的发展、新的财产类型的出现以及个人独立意识的增强，夫妻个人财产的范围也将有所增加。

因此，除前四项的规定外，本条第 5 项对夫妻个人财产还包括其他一些财产和财产权利作出概括性规定。

适用指引

一、夫妻一方将个人所有的不动产赠与另一方，但未办理过户登记的，仍应认定为其个人财产

对于夫妻一方所有的财产，个人享有完全的所有权，可以自行为处分行为，当然可以赠与另一方。但在夫妻之间赠与房产的情况下，存在婚姻法与物权法、合同法之间的衔接问题。由于我国目前对不动产物权变动原则上采登记生效主义，而在合同法语境下，除特定情况的赠与外，赠与人在赠与财产权利转移之前享有任意撤销权，实践中对一方在婚前或婚姻存续期间将自己个人房产赠与另外一方但未办理过户登记，离婚时又主张撤销该赠与的，是按照物权法和合同法的规则处理，还是基于婚姻家庭关系的特殊性处理，实践中存在很大争议。我们认为，虽然原《合同法》规定婚姻、收养、监护等有关身份关系的协议适用其他法律的规定，但并未明确排除合同法的适用；而且，婚姻家庭虽以身份关系为前提和基础，但其中亦涉及财产关系内容，也有合同法的适用余地。《民法典》施行后，婚姻法回归民法体系，更应注重婚姻家庭编与物权编、合同编的协调统一。因此，仅以身份关系为由，排除物权法和合同法对婚姻家庭领域财产关系的调整，需要特别慎重。并且，为贯彻不动产物权登记的公示公信原则，要求夫妻双方对于房产的权属明确地通过登记体现出来，也能

够最大限度保护不特定的第三人利益，维护交易安全。

二、子女婚后由父母出资购买不动产的归属

近年来，全国房价不断攀升，年轻人结婚后短期内靠夫妻双方自身经济收入越来越难以负担较高的房价。且大多数年轻人是独生子女，父母基于对子女的爱护，将大部分积蓄用于资助子女购买房屋的情况日益增多。基于中国特有的传统家庭文化影响，父母在出资时，一般未明确或不愿意明确出资性质和出资对象，导致在子女离婚时出现纠纷。子女结婚后，父母为子女购房本是抱着美好的愿望，希望子女婚姻幸福稳定，不愿意设想子女将来离婚的可能，并使得另一方产生误会。因此，实践中，大多数情况下，父母通常无法提供明确表示赠与子女一方的证据。在目前"闪婚闪离"现象存在的情况下，直接认定父母为子女买房出资是对夫妻双方的赠与，缺乏社会认同。父母在子女婚后为其出资买房虽然表面上不排除为子女的配偶提供居住条件的考虑，但血亲与姻亲的差异决定了为己方子女提供婚后居住条件这一本意才是促使父母出资的根本原因。一旦子女离婚，其中关于房产的争议就会凸显。为此，《民法典婚姻家庭编解释（一）》第 29 条第 2 款规定："当事人结婚后，父母为双方购置房屋出资的，依照约定处理；没有约定或者约定不明确的，按照民法典第一千零六十二条第一款第四项规定的原则处理。"

三、具有人身属性物品所产生的财产性收益应当属于夫妻共同财产

夫妻双方在解除婚姻关系时，对于婚姻关系存续期间双方没有作出约定或者约定不明，或者法律没有作出明确规定的部分财产，审判实践中一般本着具有特定人身属性的财产认定为一方的个人财产，其他则认定为夫妻共同财产的原则确定。例如，夫妻一方在体育比赛中所获得的各种奖牌，代表着运动员所获得的荣誉，属于与特定人身密不可分的人身权范畴，只能由特定的个人独立享有，不能与他人分享。但是，因比赛获奖所获得的奖金等物质奖励，虽是基于其自身努力在赛场上获得，是对其个人努力的肯定和奖励，但奖金并非荣誉权本身，属于财产权的客体，与一般人基于工作、讲课等获得的工资、讲课费并无本质区别。因此，其所获得的奖金等物质奖励应当作为夫妻共同财产。

类案检索

骆某某与陈某民间借贷纠纷案

关键词：夫妻个人财产

裁判摘要：本案中被上诉人陈某向婚姻关系存续期间的一方——徐某借款，徐某指示上诉人骆某某支付款项后，被上诉人陈某向上诉人骆某某出具借条，该借款行为既具有夫妻共同借贷的合意，又分享了借贷行为所带来的利益，所出借的款项亦无证据证明系《婚姻法》第18条规定的五种夫妻个人财产的情形之一。故该案涉债权系夫妻共同债权，被上诉人陈某已向徐某偿还了全部借款，徐某作为该共同债权的债权人之一，有权对外接受还款并归还借条，故该债务因履行完毕而消灭。

【案　　号】（2021）湘02民终1473号

【审理法院】湖南省株洲市中级人民法院

第一千零六十四条　夫妻双方共同签名或者夫妻一方事后追认等共同意思表示所负的债务，以及夫妻一方在婚姻关系存续期间以个人名义为家庭日常生活需要所负的债务，属于夫妻共同债务。

夫妻一方在婚姻关系存续期间以个人名义超出家庭日常生活需要所负的债务，不属于夫妻共同债务；但是，债权人能够证明该债务用于夫妻共同生活、共同生产经营或者基于夫妻双方共同意思表示的除外。

关联规定

一、法律、行政法规、司法解释

1.《中华人民共和国民法典》

第一千零六十条　夫妻一方因家庭日常生活需要而实施的民事法律行为，对夫妻双方发生效力，但是夫妻一方与相对人另有约定的除外。

夫妻之间对一方可以实施的民事法律行为范围的限制，不得对抗善意相对人。

第一千零八十九条　离婚时，夫妻共同债务应当共同偿还。共同财产不足清偿或者财产归各自所有的，由双方协议清偿；协议不成的，由人民法院判决。

2.《最高人民法院关于适用〈中华人民共和国民法典〉婚姻家庭编的解释（一）》

第三十三条　债权人就一方婚前所负个人债务向债务人的配偶主张权利的，人民法院不予支持。但债权人能够证明所负债务用于婚后家庭共同生活的除外。

第三十四条　夫妻一方与第三人串通，虚构债务，第三人主张该债务为夫妻共同债务的，人民法院不予支持。

夫妻一方在从事赌博、吸毒等违法犯罪活动中所负债务，第三人主张该债务为夫妻共同债务的，人民法院不予支持。

第三十五条 当事人的离婚协议或者人民法院生效判决、裁定、调解书已经对夫妻财产分割问题作出处理的，债权人仍有权就夫妻共同债务向男女双方主张权利。

一方就夫妻共同债务承担清偿责任后，主张由另一方按照离婚协议或者人民法院的法律文书承担相应债务的，人民法院应予支持。

第三十六条 夫或者妻一方死亡的，生存一方应当对婚姻关系存续期间的夫妻共同债务承担清偿责任。

二、司法指导性文件

《最高人民法院关于依法妥善审理涉及夫妻债务案件有关问题的通知》

二、保障未具名举债夫妻一方的诉讼权利。在审理以夫妻一方名义举债的案件中，原则上应当传唤夫妻双方本人和案件其他当事人本人到庭；需要证人出庭作证的，除法定事由外，应当通知证人出庭作证。在庭审中，应当按照《最高人民法院关于适用〈中华人民共和国民事诉讼法〉的解释》的规定，要求有关当事人和证人签署保证书，以保证当事人陈述和证人证言的真实性。未具名举债一方不能提供证据，但能够提供证据线索的，人民法院应当根据当事人的申请进行调查取证；对伪造、隐藏、毁灭证据的要依法予以惩处。未经审判程序，不得要求未举债的夫妻一方承担民事责任。

三、审查夫妻债务是否真实发生。债权人主张夫妻一方所负债务为夫妻共同债务的，应当结合案件的具体情况，按照《最高人民法院关于审理民间借贷案件适用法律若干问题的规定》第十六条第二款、第十九条规定，结合当事人之间关系及其到庭情况、借贷金额、债权凭证、款项交付、当事人的经济能力、当地或者当事人之间的交易方式、交易习惯、当事人财产变动情况以及当事人陈述、证人证言等事实和因素，综合判断债务是否发生。防止违反法律和司法解释规定，仅凭借条、借据等债权凭证就认定存在债务的简单做法。

在当事人举证基础上，要注意依职权查明举债一方作出有悖常理的自认的真实性。对夫妻一方主动申请人民法院出具民事调解书的，应当结合案件基础事实重点审查调解协议是否损害夫妻另一方的合法权益。对人民调解协议司法确认案件，应当按照《最高人民法院关于适用〈中华人民共和国民事诉讼法〉的解释》要求，注重审查基础法律关系的真实性。

四、区分合法债务和非法债务，对非法债务不予保护。在案件审理中，对夫妻一方在从事赌博、吸毒等违法犯罪活动中所负的债务，不予法律保护；对债权人知道或者应当知道夫妻一方举债用于赌博、吸毒等违法犯罪活动而向其出借款项，不予法律保护；对夫妻一方以个人名义举债后用于个人违法犯罪活动，举债人就该债务主张按夫妻共同债务处理的，不予支持。

五、把握不同阶段夫妻债务的认定标准。依照婚姻法第十七条、第十八条、第十九条和第四十一条有关夫妻共同财产制、分别财产制和债务偿还原则以及有关婚姻法司法解释的规定，正确处理夫妻一方以个人名义对外所负债务问题。

条文释义

一、本条主旨

本条是关于夫妻共同债务的规定。

二、条文演变

关于夫妻共同债务的认定规则，我国 1950 年原《婚姻法》第 24 条规定："离婚时，原为夫妻共同生活所负担的债务，以共同生活时所得财产偿还；如无共同生活时所得财产或共同生活时所得财产不足清偿时，由男方清偿。男女一方单独所负债务，由本人偿还。"该条对夫妻共同债务的认定标准作出界定，确定了夫妻共同债务和一方个人债务的清偿原则，并在考虑当时女性经济地位较男性弱的社会现实的基础上，确立了共同生活所得财产不足清偿夫妻共同债务时，由男方负责清偿的特殊规则。

1980 年原《婚姻法》第 32 条规定："离婚时，原为夫妻共同生活所负的债务，以共同财产偿还。如该项财产不足清偿时，由双方协议清偿；协议不成时，由人民法院判决。男女一方单独所负债务，由本人偿还。"该规定与 1950 年原《婚姻法》相同，仍将"为夫妻共同生活所负"作为唯一标准，只是在夫妻共同财产不足清偿共同债务时，为体现对夫妻双方的平等保护，1980 年原《婚姻法》将"由男方清偿"改为"由双方协议清偿；协议不成时，由人民法院判决"。

原《民法通则意见》第43条规定："在夫妻关系存续期间，一方从事个体经营或者承包经营的，其收入为夫妻共有财产，债务亦应以夫妻共有财产清偿。"基于法定婚后所得共同制，明确了夫妻共同财产为该债务的责任财产。原《离婚案件财产分割意见》第17条第1款规定："夫妻为共同生活或为履行抚养、赡养义务等所负债务，应认定为夫妻共同债务，离婚时应当以夫妻共同财产清偿。"进一步明确了夫妻共同债务的认定标准。同时，该条第2款对几类较为典型的夫妻一方个人债务也作出排除规定：一是夫妻双方约定由个人负担的债务，但以逃避债务为目的的除外。二是一方未经对方同意，擅自资助与其没有抚养义务的亲朋所负的债务。三是一方未经对方同意，独自筹资从事经营活动，其收入确未用于共同生活所负的债务。

2001年修正的原《婚姻法》第41条规定："离婚时，原为夫妻共同生活所负的债务，应当共同偿还。共同财产不足清偿的，或财产归各自所有的，由双方协议清偿；协议不成时，由人民法院判决"，将之前的"以共同财产偿还"改为"应当共同偿还"，即为夫妻共同生活所负的债务为夫妻共同债务。按照债的一般原理，在对外关系上，夫妻双方均有以自己全部财产承担清偿义务的责任，即"共同偿还"；在夫妻双方的内部关系中，可以区分各自应承担的份额。原《婚姻法解释（二）》第25条规定："当事人的离婚协议或者人民法院的判决书、裁定书、调解书已经对夫妻财产分割问题作出处理的，债权人仍有权就夫妻共同债务向男女双方主张权利。一方就共同债务承担连带清偿责任后，基于离婚协议或者人民法院的法律文书向另一方主张追偿的，人民法院应当支持。"第26条规定："夫或妻一方死亡的，生存一方应当对婚姻关系存续期间的共同债务承担连带清偿责任。"此外，2001年修正的原《婚姻法》第41条还规定了分别财产制情况下，夫妻共同债务的清偿原则，删除了"男女一方单独所负债务，由本人偿还"的表述。此外，为防止夫妻双方通过离婚恶意转移财产、逃避债务，侵害债权人利益，原《婚姻法解释（二）》第24条规定，婚姻关系存续期间夫妻一方以个人名义所负债务，应当按照夫妻共同债务处理。但夫妻一方能够证明债权人与债务人明确约定为个人债务，或者能够证明第三人知道夫妻双方属于约定分别财产制的除外。2017年原《最高人民法院关于适用〈中华人民共和国婚姻法〉若干问题的解释（二）的补充规定》及《最高人民法院关于依法妥善审理涉及夫妻债务案件有关问题的通知》明确规定，未经审判程序不得要求未举债的夫妻一方承担民事责任。同时要求注意把握不同阶段夫妻债务的认定标准。

2018年，最高人民法院出台原《关于审理涉及夫妻债务纠纷案件适用法律有关问题的解释》，明确了在合同类纠纷中，夫妻共同债务的认定标准和规则。本条规定即是在吸收该司法解释相关内容的基础上所作之规定，是《民法典》婚姻家庭编最大的亮点，为解决实践中争议较大的夫妻债务问题提供了较为明确的法律依据。

三、条文解读

夫妻共同债务的认定是夫妻债务制度的核心内容，事关夫妻双方特别是未举债一方与债权人合法权益的保护，也关涉婚姻家庭的稳定和市场交易的安全，是《民法典》编纂过程中各方面较为关注，争议也较大的问题。本条通过两款规定，对较为典型的三类夫妻共同债务作出了规定，即基于共同意思表示所负的夫妻共同债务、为家庭日常生活需要所负的夫妻共同债务以及债权人能够证明的夫妻共同债务。依据本条规定，在认定夫妻共同债务时应注意把握以下三个方面。

（一）基于夫妻共同意思表示所负的债务

本条规定的"共同意思表示所负的债务"，通常表现为夫妻双方事前共同签字，或者是夫妻一方事后追认的债务，即俗称的"共债共签""共签共债"，应当认定为夫妻共同债务。认定"共债共签"制度属于多个民事主体等基于共同签字等共同意思表示所形成的债务属于共同债务，符合民法意思自治原则和合同相对性原理，意在引导债权人在形成债务尤其是大额债务时，为避免事后引发不必要的纷争，加强事前风险防范，尽可能要求夫妻共同签名。这一制度安排一方面考虑了在债务形成之时，债权人往往处于优势地位，课以其一定的风险控制义务，并未明显加重其负担，却可以有效避免债权人因事后无法举证证明债务属于夫妻共同债务而遭受不必要的损失，有利于保障交易安全。另一方面，也能够在家庭重大财产利益的处分上保护夫妻另一方的利益，尊重其知情权和同意权，从债务形成源头上尽可能杜绝夫妻一方"被负债"现象发生，对于最大限度减少纠纷具有积极意义。实践中，很多商业银行在办理贷款业务时，对已婚者一般都要求夫妻双方共同到场签名，一方确有特殊原因无法亲自到场，也必须提交经过公证的授权委托书，否则不予贷款，实际上也是"共债共签”制度的实践形式，确实达到了良好的效果。有意见认为，一般夫妻对外借债多为非金融机构参与的民间借贷形式，严格要求实行“共债共签”以认定夫妻共同债务，可能会使交易效率受到一定影响。我们认为，夫妻一方的知情权、同意权，关系到地位平等、意思自治等基本法律原则和自然人基本财产权利、人身权利，应当优先考虑。同时，适当增加交易成本不仅有利于保障交易安全，还可以减少事后纷争，从根本上提高交易效率。应当注意的是，事后追认的方式并不限于书面合同形式，电话录音、短信、微信、邮件等能够承载相关内容的通信方式均可能作为事后追认的具体形式加以参考。

（二）为日常家庭生活需要所负的债务

本条规定的“夫妻一方在婚姻关系存续期间以个人名义为家庭日常生活需要所负的债务”，是指基于夫妻日常家事代理所生的债务。日常家事代理，是认定夫妻因日常家庭生活所生债务性质的根据，此类债务是在夫妻共同生活过程中产生，以婚姻关系为基础，一般包括正常的吃穿用度、子女抚养教育经费、老人赡养费、家庭成员的医疗费等，是最典型的夫妻共同债务，夫妻双方应共同承担连带责任。夫妻日常家事代理权，是指夫妻一方因家庭日常生活需要而与第三方为一定民事法律行为时互为代理的权利。夫妻一方在日常家庭事务范围内，与第三方所实施的一定民事法律行为，视为依夫妻双方的意思表示所为的民事法律行为，另一方也应承担因此而产生的法律后果。依据我国《民法典》第 1060 条关于“夫妻一方因家庭日常生活需要而实施的民事法律行为，对夫妻双方发生效力，但是夫妻一方与相对人另有约定的除外。夫妻之间对一方可以实施的民事法律行为范围的限制，不得对抗善意相对人”之规定，除非另有约定，我国《民法典》规定夫妻任何一方行使夫妻日常家事代理权所实施的民事法律行为，该民事法律行为所产生的法律效果归属于夫妻双方，取得的权利由夫妻双方共同享有，产生的义务包括债务等由夫妻双方共同承担，具体不再赘述。

（三）债权人能够证明的夫妻共同债务

婚姻关系存续期间，夫妻除因行使日常家事代理权形成日常家事债务外，还会与第三人形成其他债权债务关系，如大额借贷、赠与、不动产买卖等。为保护未举债配偶一方的合法权益，本法明确规定了夫妻一方在婚姻关系存续期间以个人名义所负的债务，超出家庭日常生活需要的，原则上不认定为夫妻共同债务。但是，为平衡各方当事人利益，本条规定通过为债权人设置举证责任的形式，赋予债权人以证明“该债务用于夫妻共同生活、共同生产经营或者基于夫妻双方共同意思表示”的事实，确定上述债务仍然具有夫妻共同债务的性质。将举证责任课以债权人，一方面，可以倒逼债权人在成立债权债务关系时尽到审慎的注意义务，按照本条第1款规定要求举债人的配偶一方签字同意，确保债务的形成为夫妻双方的共同意思表示，通过事前防范减少事后纠纷；另一方面，是在最大限度避免夫妻一方与债权人恶意串通损害另一方合法权益的基础上，切实保障债权人的合法权益。

首先，债权人能够举证证明该部分债务是用于夫妻共同生活的，可以认定为夫妻共同债务。应当注意的是，夫妻共同生活包括但不限于家庭日常生活，因此本条规定债权人应当举证证明属于夫妻共同生活的范围，是指超出家庭日常生活需要的部分。随着我国经济社会的发展，城乡居民家庭财产结构、类型、数量、形态以及理财模式等发生了很大变化，人们的生活水平不断提高，生活消费日趋多元，很多夫妻的共同生活支出不再局限于以前传统的家庭日常生活消费开支，还包括大量超出家庭日常生活范围的支出。这些支出系夫妻双方共同消费支配，或者用于形成夫妻共同财产，或者基于夫妻共同利益管理共同财产产生的支出，性质上均应属于夫妻共同生活的范围。

其次，债权人能够举证证明该部分债务是用于夫妻共同生产经营的，也可以认定为夫妻共同债务。当然，夫妻共同生产经营的情形非常复杂，主要是指由夫妻双方共同决定生产经营事项，或者虽由一方决定但另一方进行了授权的情形。因此，判断生产经营活动是否属于夫妻共同生产经营，要根据经营活动的性质以及夫妻双方在其中的地位作用等综合认定。夫妻共同生产经营所负的债务一般包括双方共同从事工商业、共同投资以及购买生产资料等所负的债务。

最后，债权人能够举证证明该部分债务基于夫妻双方共同意思表示的，亦可认定为夫妻共同债务。如前所述，强调债权人的举证证明责任，能够促进债权人尽到谨慎注意义务，引导相关主体对于大额债权债务实行“共债共签”，体现从源头控制纠纷、更加注重交易安全的价值取向，也有利于强化公众的市场风险意识，从而平衡保护债权人和未举债夫妻一方的利益。

总体而言，我国《民法典》对于夫妻共同债务的范围采取了较为严格的认定标准，应当说对于维护婚姻家庭的和谐稳定，具有积极意义。据此，在我国现有的法律体系和语境下，所谓“夫妻共同债务”，应当指夫妻作为共同债务人，以全部夫妻共同财产对该类债务承担连带责任。在此基础上，有观点认为，《民法典》应将夫妻债务性质认定与债务清偿责任进行分别规定，尤其是应在未认定为夫妻共同债务的情况下，对包括侵权之债、不当得利和无因管理之债的责任财产范围作出界定。我们认为，这一观点不无道理，并且，在婚姻关系存续和解除婚姻关系两种情况下，处理方式是否存在差异等，也有待在实践中继续探索总结。

适用指引

一、本条规定以外的其他夫妻共同债务参照相应规定作出认定

本条只规定了三类比较典型的夫妻共同债务，实践中，仍然存在依据法律规定产生的其他类型的夫妻共同债务。比如，依据《民法典》第1168条关于“二人以上共同实施侵权行为，造成他人损害的，应当承担连带责任”之规定，夫妻因共同侵权所负的债务亦属于夫妻共同债务的范畴。此外，依据《民法典》第1188条第1款关于“无民事行为能力人、限制民事行为能力人造成他人损害的，由监护人承担侵权责任”之规定，夫妻因被监护人侵权所负的债务，也属于夫妻共同债务。具体而言，对于本条规定之外的夫妻共同债务，应参照《民法典》相应具体规定作出认定。

二、夫妻一方在婚前所负债务的认定规则

原则上，夫妻一方在婚前所负债务，应当认定为其个人债务，由其个人财产偿还。但应注意的是，实践中对于认定“夫妻共同债务”一般掌握的规则是，如果未举债配偶一方已经基于该债务受益，则认定为夫妻共同债务。从权利义务一致原则的角度看，这一规则并无不妥，但在夫妻一方对外投资经营的情况下，基于婚后法定共同财产制，另一方受益的情况是常态，而由于生产经营的风险巨大，如果只有较少的受益而负担巨额债务的，亦可能存在夫妻双方权利义务严重失衡的情形。因此，应在合理平衡市场经营风险与夫妻双方财产关系的基础上，加以认定。

三、离婚纠纷中，夫妻一方主张其以个人名义举债用于夫妻共同生活，请求确认上述债务为夫妻共同债务的处理规则

离婚纠纷中，夫妻一方主张其以个人名义举债用于夫妻共同生活，请求确认上述债务为夫妻共同债务的，属于夫妻内部对债务性质产生的争议。举债人的配偶往往以不知道债务的存在为由作出抗辩。因离婚案件并不需要追加“债权人”作为第三人参加诉讼，故证明责任应由主张债权债务关系存在且所举债务用于夫妻共同生活的一方当事人负担，“债权人”可以作为证人出庭作证。如夫妻一方提出的债权债务关系明确，可在离婚诉讼中直接作出认定和处理；如该债权债务关系明显缺乏证据或无法查清，也可不在离婚案件中处理，而是待债权人起诉时再按照债务纠纷案件进行受案处理。此时，夫妻双方已经离婚的，不影响人民法院对于该债务是否属于夫妻共同债务作出认定。

典型案例

蔡某与史某离婚后财产纠纷案

关键词：夫妻共同债务

裁判摘要：关于夫妻共同债务问题，蔡某主张的夫妻共同债务包括其向母亲和朋友的借款，以及因交通事故责任承担的赔偿款。《最高人民法院关于审理涉及夫妻债务纠纷案件适用法律有关问题的解释》中规定，夫妻双方共同签字或者夫妻一方事后追认等共同意思表示所负的债务，应当认定为夫妻共同债务。夫妻一方在婚姻关系存续期间以个人名义为家庭日常生活需要所负的债务，债权人以属于夫妻共同债务为由主张权利的，人民法院应予支持。夫妻一方在婚姻关系存续期间以个人名义超出家庭日常生活需要所负的债务，债权人以属于夫妻共同债务为由主张权利的，人民法院不予支持，但债权人能够证明该债务用于夫妻共同生活、共同生产经营或者基于夫妻双方共同意思表示的除外。《离婚案件财产分割意见》第17条规定，夫妻为共同生活或为履行抚养、赡养义务等所负债务，应认定为夫妻共同债务，离婚时应当以夫妻共同财产清偿。由此可见，是否构成夫妻共同债务主要应从以下两个方面进行审查：一是要审查是否有共同举债的合意；二是债务是否属于家庭日常生活所需或超出家

庭日常生活所需但用于夫妻共同生活或共同生产经营。

基本案情： 蔡某与史某原系夫妻关系，婚后未生育子女。2019年3月，人民法院作出民事判决，准予史某与蔡某离婚，该判决已生效。蔡某主张夫妻共同债务共计140 063元，包括向其母亲借的用于给史某购买车辆及奢侈品的50 901元，向朋友霍某借的用于购买速腾车辆的7000元，向徐某借的用于支付交通事故的维修费30 000元等。蔡某另主张其因交通事故需要赔偿案外人的52 000元，要求史某承担债务的一半。为此，蔡某提交银行流水、借据、客户凭条、民事判决书、车辆抵押合同等证据材料。史某对该项主张不予认可。

【**审理法院**】北京市第一中级人民法院

【**来　　源**】《中国法院2022年度案例》

第一千零六十五条　男女双方可以约定婚姻关系存续期间所得的财产以及婚前财产归各自所有、共同所有或者部分各自所有、部分共同所有。约定应当采用书面形式。没有约定或者约定不明确的，适用本法第一千零六十二条、第一千零六十三条的规定。

夫妻对婚姻关系存续期间所得的财产以及婚前财产的约定，对双方具有法律约束力。

夫妻对婚姻关系存续期间所得的财产约定归各自所有，夫或者妻一方对外所负的债务，相对人知道该约定的，以夫或者妻一方的个人财产清偿。

关联规定

法律、行政法规、司法解释

《最高人民法院关于适用〈中华人民共和国民法典〉婚姻家庭编的解释（一）》

第三十七条　民法典第一千零六十五条第三款所称“相对人知道该约定的”，夫妻一方对此负有举证责任。

条文释义

一、本条主旨

本条是关于夫妻约定财产制的规定。

二、条文演变

关于夫妻约定财产制，我国1950年原《婚姻法》没有作出规定。1980年原《婚姻法》第13条第1款规定：“夫妻在婚姻关系存续期间所得的财产，归夫妻共同所有，双方另有约定的除外”，在规定以共同财产制为法定财产制的同时，允许夫妻对财产关系作出约定。但因该条规定较为概括，既未涉及婚前财产，也未对约定的条件和方式、约定的财产范围、约定的效力等内容作出规定，实践起来较为困难。随着社会主义市场经济的发展和人们独立意识的增强，为应对实践需要，2001 年修正的原《婚姻法》第 19 条规定：“夫妻可以约定婚姻关系存续期间所得的财产以及婚前财产归各自所有、共同所有或部分各自所有、部分共同所有。约定应当采用书面形式。没有约定或约定不明确的，适用本法第十七条、第十八条的规定。夫妻对婚姻关系存续期间所得的财产以及婚前财产的约定，对双方具有约束力。夫妻对婚姻关系存续期间所得的财产约定归各自所有的，夫或妻一方对外所负的债务，第三人知道该约定的，以夫或妻一方所有的财产清偿。”该规定一方面对夫妻共同财产作了具体规定，另一方面增加规定了个人特有财产和约定财产制。并且，在以往规定的基础上，进一步明确了可以约定的财产范围、形式和效力。《民法典》本条规定一方面延续了 2001 年修正的原《婚姻法》第 19 条规定的基本内容，另一方面又对个别文字表述进行了完善，主要体现在：（1）将约定的主体由“夫妻”改为“男女双方”，涵盖了夫妻在婚前作出约定的情形，用语更为严谨；（2）将第 3 款“以夫或妻一方所有的财产清偿”改为“以夫或者妻一方的个人财产清偿”，既强调个人债务个人清偿原则，也避免了理解上的歧义。

三、条文解读

所谓夫妻约定财产制，是指夫妻双方在婚前或者婚姻关系存续期间，以契约的形式约定婚前财产、婚后各自的收入的归属、管理、使用、处分、收益及债务清偿、婚姻解除时财产清算等事项，并排除或者部分排除法定夫妻财产制适用的制度。其核心是夫妻婚前财产和婚后所得财产的所有权归属问题。法律设立夫妻财产制，调整夫妻财产关系，对于保护夫妻的合法权利和财产利益，维护平等、和睦的家庭关系，并对保障夫妻与第三人交易安全，具有重要意义。

约定财产制是相对于法定财产制而言的，法定财产制是依照法律直接规定而适用的财产制，而约定财产制则是夫妻以契约的形式依法选择适用的财产制。与法定财产制相比，约定财产制灵活性更强，更能适应复杂多样的社会生活，也更能体现当事人的个性化需要。约定财产制是法律对婚姻关系双方当事人就双方之间的财产关系进行约定的意思自治的尊重，具有优先于法定财产制适用的效力，只有在当事人未就夫妻财产作出约定，或者所作约定不明确，或者所作约定无效时，才适用夫妻法定财产制。

从比较法的角度来看，目前各个国家和地区都较为重视约定财产制，关于约定财产制的立法模式，则主要存在两种立法例：一是选择式的夫妻财产制契约制度；二是独创式的夫妻财产制契约制度。从《民法典》的规定看，我国采取法定夫妻财产制和约定夫妻财产制并行的立法模式，自 1980 年原《婚姻法》以来，我国法律关于夫妻约定财产制的规制不断完善。依据本条规定，我国夫妻约定财产制的内容主要包括以下四个方面。

（一）约定的条件和形式

因夫妻就财产关系进行约定是一种双方民事法律行为，所以应当符合以下要件：（1）双方在订约时应当具有完全民事行为能力。（2）当事人意思表示应当真实。财产制约定应是双方平等、自愿协商一致的结果，一方不得以欺诈、胁迫等手段或以乘人之危的方式使对方违背真实意思作出约定。（3）约定的内容应当合法，不得违反法律、行政法规的强制性规定，并不得违背公序良俗。例如，夫妻双方约定的内容不应超出夫妻财产的范围，将其他家庭成员的财产列入约定的财产范围的，该部分约定应为无效；也不应规避养老育幼、清偿第三人债务、国家税收等法律义务。

关于约定的形式问题，不同国家和地区立法例均采用要式主义，即要求财产制契约必须有特定的格式，如书面形式、公证形式、在特定机关进行登记等。我国 1980 年原《婚姻法》对财产制契约的形式未作规定，2001 年修正的原《婚姻法》增加规定“约定应当采用书面形式”，本条规定延续了此种规定，要求夫妻订立财产契约必须采取书面形式。之所以对书面形式的要件作出规定，主要是考虑将夫妻双方约定的权利义务内容通过书面形式固定下来，能够促使双方在作出约定时更加谨慎。当然，也有意见认为，仅规定书面形式，并不具有公示效果，反而容易发生夫妻双方倒签协议逃避债务的情形，因此，应规定夫妻之间实行财产契约制的，必须向婚姻登记机关进行登记，未经登记不生效或者不能对抗善意第三人。但是，由于夫妻财产登记的内容、效力等问题比较复杂，而我国对家庭财产的监管还不够规范和完善，立法机关最终并未采纳这一意见。

（二）约定的时间和范围

关于约定的时间问题，从比较法的角度看，财产制契约应于何时订立，结婚之前、结婚当时还是结婚之后，有限制主义与自由主义两种立法例。本条规定对作出财产制契约的时间未作限制，实际上表明我国《民法典》采取了自由主义立法例。依据本条规定，男女双方既可以在结婚之前作出财产制契约，也可以在结婚时、结婚后作出约定。在结婚之前作出约定的，因当时双方尚未成立婚姻关系，不能称为夫妻，故本条规定为“男女双方”，从文字表述上更为准确。另外，本条规定对于契约的变更、废止也未作限制。

关于约定的范围，本条第 1 款规定：“男女双方可以约定婚姻关系存续期间所得的财产以及婚前财产归各自所有、共同所有或者部分各自所有、部分共同所有。”由此可见，依据我国《民法典》规定，男女双方的婚前财产和婚后所得财产，均可作为夫妻约定财产制的约定范围。

（三）约定的内容

关于约定的具体内容，可以约定财产归各自所有、共同所有或部分各自所有、部分共同所有，即可以约定采取分别财产制、一般共同制以及限定共同制。其中，“分别财产制”是指婚前财产和婚姻关系存续期间所得的财产，归各自所有；“一般共同制”是指婚前财产和婚姻关系存续期间所得的财产，均归夫妻双方共同所有；“限定共同制”则是指婚前财产和婚姻关系存续期间所得的财产中，只将部分财产设为夫妻共同所有，其他归双方各自所有，由双方约定共同所有的财产和一方个人所有的财产的范围。根据意思自治原则，除约定财产所有权外，夫妻双方还可以就财产的使用权、管理权、收益权、处分权等进行约定，也可以约定家庭生活费用的负担、债务清偿责任、婚姻关系终止时财产的清算及分割等。

（四）约定的效力

约定的效力可分为优先效力、对内效力与对外效力。

1. 关于优先效力

夫妻约定财产制的优先效力，是指约定财产制的效力优先于法定财产制。本条第 1 款规定：“没有约定或者约定不明确的，适用本法第一千零六十二条、第一千零六十三条的规定。”根据这一规定，约定财产制具有优先于法定财产制适用的效力，只有在当事人未就夫妻财产作出约定，或者所作约定不明确，或者所作约定无效时，才适用夫妻法定财产制。

2. 关于对内效力

夫妻约定财产制的对内效力，是指夫妻财产约定对婚姻关系当事人的效力。本条第 2 款规定的“夫妻对婚姻关系存续期间所得的财产以及婚前财产的约定，对双方具有法律约束力”，表明夫妻对财产关系的约定，对双方具有法律约束力，双方应当按照约定享有权利、履行义务。如夫妻双方约定财产各自所有、债务各自承担的，在夫妻双方内部应按照约定履行，如因债权人不知道双方之间的约定，使得夫妻双方对夫或者妻一方对外所负的债务向债权人承担了连带清偿责任的，另一方可以向负债一方进行追偿。需要注意的是，夫妻双方约定财产部分共有、部分各自所有时，要和夫妻间的赠与作出区分。如夫妻双方将登记在一方名下的两处房产约定为分别属于双方各自所有的，即便房屋并未办理过户，在发生纠纷时，登记的一方也不可适用任意撤销权主张撤销赠与，而应按照约定，协助另一方办理过户手续。

3. 关于对外效力

夫妻约定财产制的对外效力，是指夫妻财产约定对婚姻关系当事人以外的第三人即对相对人的效力，实践中主要是指对债权人的效力。夫妻约定财产制的对外效力是夫妻约定财产制的重要内容，主要考虑夫妻在对财产进行约定，保护夫妻财产权的同时，要保障相对人的利益，维护交易安全。夫妻之间对财产关系的约定如何对第三人产生效力？从比较法的角度看，部分国家和地区采取必须进行登记或者为第三人所明知，才能对第三人产生约束力的立法模式。就我国而言，由于我国目前没有建立夫妻财产登记制度，而财产制约定又属于内部契约，具有隐秘性，如果不告知第三人，第三人无从查询和知晓，为保护第三人的利益和维护交易安全，本条第 3 款规定：“夫妻对婚姻关系存续期间所得的财产约定归各自所有，夫或者妻一方对外所负的债务，相对人知道该约定的，以夫或者妻一方的个人财产清偿。”据此，《民法典》规定夫妻约定财产制的对外效力以“相对人知道该约定”为条件，即在相对人与夫妻一方发生债权债务关系时，如果相对人知道夫妻财产已经约定归各自所有的，就以其中一方的财产清偿；相对人不知道该约定的，该约定对相对人不生效力，夫妻一方对相对人所负的债务，按照在夫妻共同财产制下的清偿原则进行偿还。

关于“相对人知道该约定”的认定标准，则既可能是基于夫妻一方或双方告知，也可能是基于第三人曾经是夫妻财产约定时的见证人或知情人。具体而言，依据原《婚姻法解释（一）》第18条规定，对于“相对人是否知道”这一事实，应由夫妻一方或者双方承担举证责任，即夫妻应当举证证明在发生债权债务关系时，相对人确已明确知道该约定。值得注意的是，首先，本款规定相对人“知道”的概念，不仅包括知道约定的存在，还应包括知道约定的内容；其次，相对人知道的时间，应是在债务产生之前或者产生当时，在债务产生之后相对人才知道的，不属于本条第3款规定“相对人知道”的情形。此外，本款中的“夫或者妻一方对外所负的债务”，是指夫妻一方以自己的名义与相对人之间产生的债务，至于是为夫妻共同生活所负的债务，还是个人债务，在所不问。

适用指引

一、未采书面形式的约定效力

本条规定夫妻财产制约定应当采用书面形式，但是在实践中，经常出现一方当事人主张双方曾以口头形式对夫妻财产作出约定，并请求按照口头约定进行财产分割的情形。对此，如另一方对一方提出的约定内容并无异议，人民法院可以对该约定予以认可；但如果对方对于双方存在口头约定不予认可，或者对约定的内容不予认可的，不能直接认定双方之间存在财产约定。

二、夫妻约定财产制应以婚姻关系成立为前提

依据本条规定，订立财产制契约的时间可以在婚前，也可以在婚后，但夫妻约定财产制是基于配偶这一特殊身份发生的，根据夫妻财产制契约的性质，夫妻财产制契约应当以婚姻关系成立为生效要件。因在婚前订立财产契约的，缔约双方并不具有婚姻关系，所以本条第1款表述为“男女双方”，但并不否定立法机关认为夫妻财产制约定的生效应以婚姻关系成立为前提的意思。据此，如男女双方在结婚之前订立财产制契约，但是后来并未履行结婚登记手续的，双方不成立婚姻关系，双方于婚前订立的财产制契约自然不发生效力。

类案检索

范某与徐某夫妻财产约定纠纷案

关键词：夫妻　财产约定

裁判摘要：夫妻间达成的财产约定，通常是基于夫妻这种特殊身份关系，综合考虑各种因素最终达成一致意见的结果，带有很强的感情色彩和伦理色彩。夫妻双方可以约定婚姻关系存续期间所得的财产以及婚前财产归各自所有、共同所有或者部分各自所有、部分共同所有。夫妻一方主张撤销该约定，但并未举证证实其受有欺诈、胁迫的事实，人民法院对该主张不予支持。

【**案　　号**】（2021）鲁09民终4166号

【**审理法院**】山东省泰安市中级人民法院

第一千零六十六条 婚姻关系存续期间，有下列情形之一的，夫妻一方可以向人民法院请求分割共同财产：

（一）一方有隐藏、转移、变卖、毁损、挥霍夫妻共同财产或者伪造夫妻共同债务等严重损害夫妻共同财产利益的行为；

（二）一方负有法定扶养义务的人患重大疾病需要医治，另一方不同意支付相关医疗费用。

关联规定

法律、行政法规、司法解释

1.《中华人民共和国民法典》

第三百零三条 共有人约定不得分割共有的不动产或者动产，以维持共有关系的，应当按照约定，但是共有人有重大理由需要分割的，可以请求分割；没有约定或者约定不明确的，按份共有人可以随时请求分割，共同共有人在共有的基础丧失或者有重大理由需要分割时可以请求分割。因分割造成其他共有人损害的，应当给予赔偿。

2.《最高人民法院关于适用〈中华人民共和国民法典〉婚姻家庭编的解释（一）》

第三十八条 婚姻关系存续期间，除民法典第一千零六十六条规定情形以外，夫妻一方请求分割共同财产的，人民法院不予支持。

条文释义

一、本条主旨

本条是关于婚姻关系存续期间分割夫妻共同财产的规定。

二、条文演变

本条规定是《民法典》的新增条文。近年来，随着夫妻共同财产的增多、当事人法律意识的增强以及观念的变化，当事人在婚姻关系存续期间请求分割夫妻共同财产的情形日益增多。由于2001年修正的原《婚姻法》仅对夫妻离婚时的财产分割作了规定，并未对婚姻关系存续期间夫妻一方可否请求分割夫妻共同财产作出规定，为适应司法实践的需求，原《婚姻法解释（三）》第4条规定："婚姻关系存续期间，夫妻一方请求分割共同财产的，人民法院不予支持，但有下列重大理由且不损害债权人利益的除外：（一）一方有隐藏、转移、变卖、毁损、挥霍夫妻共同财产或者伪造夫妻共同债务等严重损害夫妻共同财产利益行为的；（二）一方负有法定扶养义务的人患重大疾病需要医治，另一方不同意支付相关医疗费用的。"《民法典》编纂过程中，在对原《婚姻法解释（三）》第4条进行调整后作出本条规定。主要体现在：（1）将本条规定的适用前提由"婚姻关系存续期间，夫妻一方请求分割共同财产的，人民法院不予支持，但有下列重大理由且不损害债权人利益的除外"修改为"婚姻关系存续期间，有下列情形之一的，夫妻一方可以向人民法院请求分割共同财产"。之所以采取这样的规定方式：一是明确《民法典》对于在婚姻关系存续期间进行财产分割的态度；二是直接表明本条规定的主旨，强调在符合本条规定的特定条件下，夫妻在婚姻关系存续期间内有请求分割共同财产的权利。（2）取消"不损害债权人利益"的条件。相较于原《婚姻法解释（三）》第4条规定，本条规定不再要求"不损害债权人利益"这一条件。一方面，因为是否损害债权人利益作为一个实质性判断，在本条采取上述规定方式的前提下，"夫妻一方"是无法作出是否损害债权人利益的判断的；另一方面，本条规定在婚姻存续期间分割夫妻共同财产，并不影响对夫妻共同债务的认定和清偿。

三、条文解读

（一）婚姻关系存续期间分割夫妻共同财产的法理依据

1. 夫妻共同财产所有权具有共同共有的性质

依据物权相关理论，共有关系包括按份共有和共同共有。其中，共同共有，是指数人基于法律规定或合同约定而形成某一共同关系，他们基于该共同关系对共有物共同享有所有权。依据《民法典》的相关规定，我国婚姻家庭法律关系中实行以法定财产制为主、约定财产制为辅的夫妻财产制度。约定财产制具有优先于法定财产制适用的效力。夫妻双方根据实际情况，可以在婚前或者婚姻存续任意时间约定婚姻关系存续期间所得的财产以及婚前财产归各自所有、共同所有或者部分各自所有、部分共同所有。只要双方达成合意，也可以随时变更或者撤销原约定。但如果夫妻双方未就夫妻财产作出约定，或者所作约定不明确，或者所作约定无效时，就适用夫妻法定财产制。

而在夫妻法定财产制下，夫妻双方对于夫妻共同财产享有共同所有权，对夫妻共同财产不分份额地共同享有权利、承担义务。除“一方因受到人身损害获得的赔偿和补偿”等应归属于夫妻一方的财产外，在婚姻关系存续期间夫妻一方所得和双方共同所得的财产均为夫妻的共同财产，归夫妻共同所有。从性质上讲，夫妻对婚后所得财产的共同所有关系实质上为基于婚姻关系成立的共同共有关系。夫妻财产共同共有产生的根据，是由于夫妻共同生活，共同承受家庭负担，负责家庭的生产和消费；共同共有发生的前提条件是婚姻关系的确立。

2. 共同共有关系中原则上不对共有物进行分割

与按份共有人按照份额对共有物享有所有权不同，共同共有人对共有物享有的权利和承担的义务不取决于份额，具有平等性。基于对共有物享有平等的所有权，共同共有关系中，共同共有人在对共有物进行处分、重大修缮、管理和分割等方面，都与按份共有存在明显区别。这主要是因为，共同共有是基于一定的共同关系产生，共有物也是以维持这种共同关系的存在为目的。在共同关系仍然存在之时，如果允许共同共有人可以随时请求分割共有物，势必会破坏这种共同关系的存续。因此，在共同共有关系消灭之前，夫妻共同财产原则上不得进行分割，以保持共有关系的稳定性和基础，保护共有人的合法权益。

但是，依据《民法典》物权编中的第 303 条关于“共有人约定不得分割共有的不动产或者动产，以维持共有关系的，应当按照约定，但是共有人有重大理由需要分割的，可以请求分割；没有约定或者约定不明确的，按份共有人可以随时请求分割，共同共有人在共有的基础丧失或者有重大理由需要分割时可以请求分割。因分割造成其他共有人损害的，应当给予赔偿”之规定，共同共有人在共有基础丧失或者有重大理由需要分割时，可以请求分割共同财产。夫妻共同财产制有利于保障夫妻中经济能力较弱一方的权益，有利于实现真正的夫妻地位平等，符合我国文化传统和当前绝大多数人对夫妻财产制的要求，有利于维系更加平等、和睦的家庭关系。但在现实生活中，存在夫妻一方通过严重侵害另一方对共有财产享有的权益，或者有其他严重危害对方权益足以导致丧失共有关系基础的情况，夫妻双方又因为种种原因不愿意解除婚姻关系的，夫妻一方可以在符合本条规定的条件下，向人民法院请求分割共同财产。

（二）婚姻关系存续期间分割夫妻共同财产的具体事由

1. 一方有隐藏、转移、变卖、毁损、挥霍夫妻共同财产或者伪造夫妻共同债务等严重损害夫妻共同财产利益的行为

依据《民法典》第 1062 条之规定，在婚姻关系存续期间，夫妻作为共同生活的伴侣，对共同财产享有平等的所有权，即均有依法占有、使用、收益和处分的权利。夫妻在处分共同财产时，应当协商一致，任何一方不得违背对方意志，进行擅自处理。特别是在对共有财产作较大的变动时，如出卖、赠与等，更应征得对方的同意，否则就侵犯了另一方对共有财产的所有权。

实践中，较为典型的侵犯财产权益的情形，就是夫妻一方隐藏、转移、变卖、毁损、挥霍夫妻共同财产或者伪造夫妻共同债务等行为。其中，隐藏是指行为人将财产藏匿起来，不让他人发现，使另一方无法获知财产的所在从而丧失对财产的控制；转移是指行为人私自将财产移往他处，或者将资金取出移往其他账户，脱离另一方的掌握；变卖是指将财产折价卖予他人；毁损是指采用打碎、拆卸、涂抹等破坏性手段使物品改变原状，失去或者部分失去原有的使用价值和价值；挥霍是指超出合理范围任意处置、浪费夫妻共同财产。伪造夫妻共同债务，则是指制造内容虚假的债务凭证，包括合同、欠条等，意图侵占另一方财产。值得注意的是，上述违法行为，在行为人的主观方面只能是故意，不包括过失，如因不慎将某些共同财产毁坏，只要没有故意，不属于本条规定的在婚姻存续期间分割夫妻共同财产的条件。

2. 一方负有法定扶养义务的人患重大疾病需要医治，另一方不同意支付相关医疗费用的

本条规定的扶养是采广义的概念，既包括长辈对晚辈的抚养义务，也包括晚辈对长辈的赡养义务，还包括同辈之间（如夫妻之间、兄弟姐妹之间）的扶养义务。因扶养还可以分为法定扶养、协议扶养和遗嘱扶养，本条规定的负有法定扶养义务还应是指基于法律强制性规定产生的扶养义务。因《民法典》规

定的扶养义务主要包括以下几种类型：一是夫妻之间相互扶养的义务；二是父母对未成年子女和不能独立生活的成年子女的抚养义务；三是子女对父母的赡养义务；四是祖父母、外祖父母对孙子女、外孙子女的抚养义务；五是孙子女、外孙子女对祖父母、外祖父母的赡养义务；六是兄、姐对未成年弟、妹的扶养义务；七是弟、妹对兄、姐的扶养义务。在司法实践中，还是应根据《民法典》的具体规定对扶养义务人作出认定。例如，根据《民法典》第1075条之规定，兄、姐对未成年弟、妹的扶养义务是有条件的，要求兄、姐有负担能力，且父母已经死亡或者父母无力抚养，如果不符合这种条件，兄弟姐妹间自愿给予的经济帮助或者精神抚慰，并不属于法定扶养义务；又如，对叔伯、姑姨等亲属间的经济帮助，法律并未将之规定为法定义务，也属于自愿行为，均不能适用本条规定。

应当注意的是，作为在婚姻期间分割夫妻共同财产的重大事由，被扶养人所患疾病应当限于"重大疾病"，而另一方不同意支付相关医疗费用的情形。至于何为"重大疾病"，本条没有作出明确界定，可以参考中国银行业协会、中国医师协会联合发布的《重大疾病保险的疾病定义使用规范》（2020年修订版）等规范性文件，并根据病人实际病情、医疗费用等加以综合认定。一般认为，需要长期治疗、花费较高的疾病，或者直接关涉生命安全的疾病，应当属于重大疾病范畴。此外，为进一步保障婚姻关系的稳定性，"相关医疗费用"应仅指为治疗疾病所支付的必要、合理费用，不能包括营养、陪护等费用。

适用指引

司法实践中，在对一方是否具有隐藏、转移、变卖、毁损、挥霍夫妻共同财产或者伪造夫妻共同债务等严重损害夫妻共同财产利益行为，从而符合婚姻关系存续期间分割夫妻共同财产的条件作出具体认定时，不仅要对上述行为的成立要件作出认定，还应注意把握当事人实施上述行为是否已经达到"严重损害夫妻共同财产利益"的程度。具体而言，要结合行为的性质、夫妻共同财产的数额、造成的影响程度等因素，作出综合认定。如一方虽有上述行为，但是涉及金额较小，或者在夫妻共同财产中所占比例很小，可以忽略不计的，不应认为已经符合本条规定的婚内分割夫妻共同财产的条件。

类案检索

谢某某与盛某某婚内财产分割纠纷案

关键词： 婚内分割共同财产

裁判摘要： 本案中，谢某某在婚姻存续期间获取巨额财产后，本应与盛某某平等地享有占有、使用、收益和处分的权利，然而谢某某对此却独自支配，面对盛某某的询问和索要，声称绝大部分已偿还赌债，且毫无证据证实，致使盛某某作为配偶无法知晓夫妻共同财产的确切下落，谢某某的行为已经严重损害盛某某作为配偶对夫妻共同财产的平等所有权。在诉讼中，谢某某对于拆迁款和土地补偿款绝大部分用于偿还赌债、目前已无结余的抗辩主张，没有提出任何证据证实，故原审判决确认其有隐藏、转移夫妻共同财产并严重损害夫妻共同财产利益的行为并无不当，根据《婚姻法解释（三）》第4条的规定，可对盛某某要求分割夫妻共同财产的请求予以支持。谢某某关于双方处于夫妻关系存续期间，不存在财产分割的上诉理由不成立，人民法院不予采纳。

【案　　号】（2016）湘03民终194号

【审理法院】 湖南省湘潭市中级人民法院

第二节　父母子女关系和其他近亲属关系

第一千零六十七条　父母不履行抚养义务的，未成年子女或者不能独立生活的成年子女，有要求父母给付抚养费的权利。

成年子女不履行赡养义务的，缺乏劳动能力或者生活困难的父母，有要求成年子女给付赡养费的权利。

关联规定

法律、行政法规、司法解释

1.《中华人民共和国宪法》

第四十九条　婚姻、家庭、母亲和儿童受国家的保护。

夫妻双方有实行计划生育的义务。

父母有抚养教育未成年子女的义务，成年子女有赡养扶助父母的义务。

禁止破坏婚姻自由，禁止虐待老人、妇女和儿童。

2.《中华人民共和国民法典》

第二十六条　父母对未成年子女负有抚养、教育和保护的义务。

成年子女对父母负有赡养、扶助和保护的义务。

第三十七条　依法负担被监护人抚养费、赡养费、扶养费的父母、子女、配偶等，被人民法院撤销监护人资格后，应当继续履行负担的义务。

3.《中华人民共和国未成年人保护法》

第十五条　未成年人的父母或者其他监护人应当学习家庭教育知识，接受家庭教育指导，创造良好、和睦、文明的家庭环境。

共同生活的其他成年家庭成员应当协助未成年人的父母或者其他监护人抚养、教育和保护未成年人。

第二十二条　未成年人的父母或者其他监护人因外出务工等原因在一定期

限内不能完全履行监护职责的，应当委托具有照护能力的完全民事行为能力人代为照护；无正当理由的，不得委托他人代为照护。

未成年人的父母或者其他监护人在确定被委托人时，应当综合考虑其道德品质、家庭状况、身心健康状况、与未成年人生活情感上的联系等情况，并听取有表达意愿能力未成年人的意见。

具有下列情形之一的，不得作为被委托人：

（一）曾实施性侵害、虐待、遗弃、拐卖、暴力伤害等违法犯罪行为；

（二）有吸毒、酗酒、赌博等恶习；

（三）曾拒不履行或者长期怠于履行监护、照护职责；

（四）其他不适宜担任被委托人的情形。

4.《中华人民共和国家庭教育促进法》

第四条 未成年人的父母或者其他监护人负责实施家庭教育。

国家和社会为家庭教育提供指导、支持和服务。

国家工作人员应当带头树立良好家风，履行家庭教育责任。

第五条 家庭教育应当符合以下要求：

（一）尊重未成年人身心发展规律和个体差异；

（二）尊重未成年人人格尊严，保护未成年人隐私权和个人信息，保障未成年人合法权益；

（三）遵循家庭教育特点，贯彻科学的家庭教育理念和方法；

（四）家庭教育、学校教育、社会教育紧密结合、协调一致；

（五）结合实际情况采取灵活多样的措施。

5.《中华人民共和国老年人权益保障法》

第十三条 老年人养老以居家为基础，家庭成员应当尊重、关心和照料老年人。

第十四条 赡养人应当履行对老年人经济上供养、生活上照料和精神上慰藉的义务，照顾老年人的特殊需要。

赡养人是指老年人的子女以及其他依法负有赡养义务的人。

赡养人的配偶应当协助赡养人履行赡养义务。

第十九条 赡养人不得以放弃继承权或者其他理由，拒绝履行赡养义务。

赡养人不履行赡养义务，老年人有要求赡养人付给赡养费等权利。

赡养人不得要求老年人承担力不能及的劳动。

第二十一条 老年人的婚姻自由受法律保护。子女或者其他亲属不得干涉老年人离婚、再婚及婚后的生活。

赡养人的赡养义务不因老年人的婚姻关系变化而消除。

6.《最高人民法院关于适用〈中华人民共和国民法典〉婚姻家庭编的解释（一）》

第四十条 婚姻关系存续期间，夫妻双方一致同意进行人工授精，所生子女应视为婚生子女，父母子女间的权利义务关系适用民法典的有关规定。

第四十三条 婚姻关系存续期间，父母双方或者一方拒不履行抚养子女义务，未成年子女或者不能独立生活的成年子女请求支付抚养费的，人民法院应予支持。

第四十九条 抚养费的数额，可以根据子女的实际需要、父母双方的负担能力和当地的实际生活水平确定。

有固定收入的，抚养费一般可以按其月总收入的百分之二十至三十的比例给付。负担两个以上子女抚养费的，比例可以适当提高，但一般不得超过月总收入的百分之五十。

无固定收入的，抚养费的数额可以依据当年总收入或者同行业平均收入，参照上述比例确定。

有特殊情况的，可以适当提高或者降低上述比例。

条文释义

一、本条主旨

本条是关于父母对子女的抚养义务与子女对父母的赡养义务的规定。

二、条文演变

尊老爱幼、父慈子孝是中华民族的传统美德，抚养子女、赡养父母是这种美德的应有之义。我国 1950 年原《婚姻法》第 13 条规定："父母对于子女有抚养教育的义务；子女对于父母有赡养扶助的义务；双方均不得虐待或遗弃。养父母与养子女相互间的关系，适用前项规定。溺婴或者其他类似的犯罪行为，严加禁止。"1980 年原《婚姻法》第 15 条延续了该条规定的精神，并将其进一步具体化，使该条更具有实践性和可操作性，该法第15条规定："父母对子女有抚养教育的义务；子女对父母有赡养扶助的义务。父母不履行抚养义务时，未成年的或不能独立生活的子女，有要求父母付给抚养费的权利。子女不履行赡养义务时，无劳动能力的或生活困难的父母，有要求子女付给赡养费的权利。禁止溺婴和其他残害婴儿的行为。"2001年修正的原《婚姻法》时，完全承继了1980年原《婚姻法》第15条前两款的内容，只是修改了该条第3款，增加了禁止"弃婴"的内容。2001年修正后的原《婚姻法》第21条规定："父母对子女有抚养教育的义务；子女对父母有赡养扶助的义务。父母不履行抚养义务时，未成年的或不能独立生活的子女，有要求父母付给抚养费的权利。子女不履行赡养义务时，无劳动能力的或生活困难的父母，有要求子女付给赡养费的权利。禁止溺婴、弃婴和其他残害婴儿的行为。"

本条规定来源于2001年修正的原《婚姻法》第21条。与该第21条相比，本条删去了"父母对子女有抚养教育的义务；子女对父母有赡养扶助的义务"及"禁止溺婴、弃婴和其他残害婴儿的行为"这两项内容。此外，本条还将请求父母给付抚养费的主体由"未成年的或不能独立生活的子女"调整为"未成年子女或者不能独立生活的成年子女"，将请求给付赡养费的主体由"无劳动能力的或生活困难的父母"调整为"缺乏劳动能力或者生活困难的父母"，并将给付赡养费的义务主体更加明确地规定为"成年"子女，这样修改后，在法律用语和逻辑上更为严谨。

但实际上，本条删去了"父母对子女有抚养教育的义务；子女对父母有赡养扶助的义务"这一内容，并非意味着该内容已被《民法典》所抛弃，相反，《民法典》对其提高了重视，将其单独规定在了《民法典》总则编中的第26条，该第26条的内容为："父母对未成年子女负有抚养、教育和保护的义务；成年子女对父母负有赡养、扶助和保护的义务。"本条删去"禁止溺婴、弃婴和其他残害婴儿的行为"这一内容，是考虑到这些行为应由相关刑事、行政法律规定来调整，故在民事立法中不再对此进行规定。

三、条文解读

（一）抚养义务和赡养义务属于生活保持义务

父母对子女的抚养义务和子女对父母的赡养义务，均属于广义上的"扶养”义务。扶养，是指法定的一定范围的亲属间相互供养和扶助的权利义务关系。依据扶养的条件和程序不同，可将扶养分为生活保持义务之扶养和生活扶助义务之扶养。生活保持义务之扶养，是必须无条件地在扶养人与被扶养人之间保持同一生活水平的扶养。[①] 父母对子女的抚养和子女对父母的赡养，均属于此种扶养义务。

（二）抚养义务和赡养义务系法定义务

抚养，是指父母为子女提供物质条件和精神依靠，对子女进行养育。父母对子女的抚养责任不可推卸，父母对子女的抚养和教育关系到人类社会的发展和延续。世界上绝大多数国家都将父母对子女的抚养义务作为法定义务予以明文规定。父母对子女的抚养是基于亲子关系而产生的，抚养既是父母的权利，更是父母的义务。自子女出生之日起至子女成年或者能够独立生活时止，父母均有抚养子女的权利，更负有抚养子女的义务，除非当事人死亡，否则这种义务在前述期限内将一直存在，不能被免除。

抚养义务是父母双方的义务，无论父母在外出工作、居家劳动等方面如何安排和分工，均不能以此作为不履行抚养义务的理由，只是这种安排和分工可能会影响到抚养的方式和样态而已。

抚养义务不受父母是否和子女共同生活的影响。和子女共同生活的父母一方固然有义务对子女进行抚养和照顾，未和子女共同生活的一方也同样有抚养子女的责任和义务。和子女共同生活的父母一方可以通过在生活上照顾子女，为子女提供生活、医疗、教育费用等方式抚养子女。未和子女共同生活的一方在劳务上的付出会不及共同生活的一方，其更需要以提供经济帮助的方式履行自己的抚养义务。

抚养义务不受父母婚姻状况的影响。父母双方无论是否解除了婚姻关系，均需要履行自己的抚养义务。父母与子女间的关系，不因父母离婚而消除。离婚后，子女无论由父或者母直接抚养，仍是父母双方的子女。离婚后，父母对于子女仍有抚养、教育、保护的权利和义务。离婚后，子女由一方直接抚养的，另一方应当负担部分或者全部抚养费。一方不履行抚养义务的，子女有权要求其给付抚养费。对于拒不履行抚养义务，恶意遗弃未成年子女构成犯罪

---

① 余延满：《亲属法原论》，法律出版社 2007 年版，第 514 页。

的，应依法追究刑事责任。

赡养，是指子女对父母进行照顾和扶养，包括经济上的供养、生活上的照料和精神上的慰藉。敬老、养老、助老是中华民族的传统文化和美德。我国目前的养老体系以居家为基础、社区为依托、机构为支撑。以居家为基础的养老，依赖于子女对父母赡养义务的履行。故在我国，赡养父母不仅是传统美德，也是子女的法定义务。赡养老人既是个体的行为，同时也事关社会公共利益。只要老年人有赡养的需求，成年子女均应履行赡养义务。

成年子女的赡养义务不受父母婚姻状况的影响。无论父母是否离婚、是否再婚，成年子女的赡养义务均不因此而免除。同样，子女也不得以拒绝履行赡养义务来要挟、干涉父母的婚姻自由和个人生活。

成年子女对父母履行赡养义务不以父母对子女履行了抚养义务为前提。对于一般民事行为而言，权利应与义务相对应，权利和义务是对等的。但是，婚姻家庭关系具有伦理道德性质，并不是单纯的经济关系，父母子女之间具有经济上的联系，但更重要的是身份上的关联，不能实行等价交换。子女对于父母的赡养，并不以父母履行对子女的抚养义务作为对价。即使父母因为各种原因没有履行对子女的抚养，在父母需要赡养时，子女也不能拒绝。如《老年人权益保障法》第 19 条第 1 款规定："赡养人不得以放弃继承权或者其他理由，拒绝履行赡养义务。"

（三）抚养费、赡养费请求权主体

1. 抚养费请求权主体

（1）未成年子女。关于未成年人，《民法典》第 17 条规定："十八周岁以上的自然人为成年人。不满十八周岁的自然人为未成年人。"《未成年人保护法》第 2 条规定："本法所称未成年人是指未满十八周岁的公民。"据此，未成年人一般是指不满 18 周岁的人。父母对未成年子女的抚养义务是无条件的，这种义务是法定义务，必须履行。如果父母不抚养未成年子女，除了应当承担相应的民事责任外，构成犯罪的，还应承担相应的刑事责任。

有原则就有例外。并不是所有的未满 18 周岁的人都可以作为抚养费的请求权主体。《民法典》第 18 条第 2 款规定："十六周岁以上的未成年人，以自己的劳动收入为主要生活来源的，视为完全民事行为能力人。"这里的"视为完全民事行为能力人"指的就是"视为成年人"的意思。这里的被"视为完全民事行为能力”的人虽然也不满18周岁，但其已经有了自食其力的能力，在这种情况下，父母可以不用给付抚养费。《民法典婚姻家庭编解释（一）》第53条对此进行了规定：“抚养费的给付期限，一般至子女十八周岁为止。十六周岁以上不满十八周岁，以其劳动收入为主要生活来源，并能维持当地一般生活水平的，父母可以停止给付抚养费。”实践中，将“以其劳动收入为主要生活来源，并能维持当地一般生活水平的十六周岁以上不满十八周岁的子女”，一般排除在抚养费请求权主体之外，但是不能绝对化。如果其劳动收入虽为主要生活来源，但不能满足接受教育、医疗等需要时，仍然不能免除其父母的抚养义务。《民法典婚姻家庭编解释（一）》第53条规定的“父母可以停止给付抚养费”只是原则性的规定，例外情况下仍应考虑案件的具体情况。

（2）不能独立生活的成年子女。父母对未成年子女的抚养是无条件的，但父母对成年子女的抚养是有条件的，只有当成年子女不能独立生活时，父母才有抚养义务。

当成年子女要求父母给付抚养费时，如何界定“不能独立生活”就成了问题的关键。原《离婚案件子女抚养意见》第12条规定：“尚未独立生活的成年子女有下列情形之一，父母又有给付能力的，仍应负担必要的抚育费：（1）丧失劳动能力或虽未完全丧失劳动能力，但其收入不足以维持生活的；（2）尚在校就读的；（3）确无独立生活能力和条件的。”该条就父母对成年子女负担抚养义务的情形进行了列举式规定，但是并未就该条的适用前提——“尚未独立生活”——进行明确的界定。原《婚姻法解释（一）》第20条规定：“婚姻法第二十一条规定的‘不能独立生活的子女’，是指尚在校接受高中及其以下学历教育，或者丧失或未完全丧失劳动能力等非因主观原因而无法维持正常生活的成年子女。”相对于前述第12条的规定来说，该第20条对“不能独立生活的子女”进行了明确的界定，在实践中更具有可操作性。《民法典婚姻家庭编解释（一）》第41条承继了原《婚姻法解释（一）》第20条确定的原则，该第41条规定：“尚在校接受高中及其以下学历教育，或者丧失、部分丧失劳动能力等非因主观原因而无法维持正常生活的成年子女，可以认定为民法典第一千零六十七条规定的‘不能独立生活的成年子女’。”

在制定前述第41条的过程中，曾有意见表示因刚毕业的高中生没有负担大学学费的能力，将抚养子女的义务范围扩大到大学可以在一定程度上减少因财失学的现象，故建议将“高中及其以下学历教育”修改为“大学及其以下学历教育”。这种意见有一定的道理，但考虑到子女上大学时一般已经成年，应培养其独立生活的能力，且父母在一般情况下也会自愿负担子女的大学费用。在家庭经济状况较差的情况下，即使规定了父母的这项义务也没有多大的实际意义，且国家也有助学贷款等其他帮助措施对经济困难的大学生进行帮扶，故最终没有采纳这一建议。

上述第 41 条所列举的几项具体情形并非完全列举，列举的这些情形并不能完全涵盖实践中的所有情形，若出现了其他情形导致成年子女不能独立生活的，也应根据具体的案情进行处理。但原则上，导致成年子女不能独立生活的原因应该是非主观的原因，那种所谓的“啃老族”等当然不属于本条规定的抚养费请求权主体。

（3）子女的类型。本条所规定的子女，既包括婚生子女，也包括非婚生子女；既包括亲生子女，也包括养子女和形成了抚养教育关系的继子女等拟制血亲子女，还包括人工授精所生育的子女。《民法典》第 1071 条规定：“非婚生子女享有与婚生子女同等的权利，任何组织或者个人不得加以危害和歧视。不直接抚养非婚生子女的生父或者生母，应当负担未成年子女或者不能独立生活的成年子女的抚养费。”第 1072 条规定：“继父母与继子女间，不得虐待或者歧视。继父或者继母和受其抚养教育的继子女间的权利义务关系，适用本法关于父母子女关系的规定。”第 1111 条第 1 款规定：“自收养关系成立之日起，养父母与养子女间的权利义务关系，适用本法关于父母子女关系的规定；养子女与养父母的近亲属间的权利义务关系，适用本法关于子女与父母的近亲属关系的规定。”《民法典婚姻家庭编解释（一）》第 40 条规定：“婚姻关系存续期间，夫妻双方一致同意进行人工授精，所生子女应视为婚生子女，父母子女间的权利义务关系适用民法典的有关规定。”

应注意的是，在生父与继母或者生母与继父离婚的情况下，如果继父或继母不愿意继续抚养继子女的，该继子女仍应由其生父或生母抚养，继父或者继母对该继子女不再具有抚养义务。《民法典婚姻家庭编解释（一）》第 54 条对此进行了规定：“生父与继母离婚或者生母与继父离婚时，对曾受其抚养教育的继子女，继父或者继母不同意继续抚养的，仍应由生父或者生母抚养。”

2. 赡养费请求权主体

（1）请求权主体。成年子女对父母负有赡养、扶助和保护的义务。成年子女对父母的赡养义务也是基于亲子关系而产生的。根据本条的规定，赡养费请求权主体有一定的条件限制，即父母有被赡养的必要。关于“赡养的必要”的判断标准，本条规定以“缺乏劳动能力或者生活困难”作为判断标准。缺乏劳动能力是指父母因年老、疾病等原因不能以工作谋生，或者虽然可工作但不足以谋生。生活困难是指以父母现有财产不足以维持其生活。[①]

（2）父母的类型。本条所规定的父母，既包括生父母，也包括养父母和形成了抚养教育关系的继父母。《民法典》第1072条及第1111条分别就继父母子女和养父母子女之间的关系进行了规定。

（四）抚养费和赡养费的范围、数额及支付方式

1.关于抚养费的范围

原《婚姻法解释（一）》第21条曾有过规定：“婚姻法第二十一条所称‘抚养费’，包括子女生活费、教育费、医疗费等费用。”《民法典婚姻家庭编解释（一）》第42条延续了这一规定，未作实质性修改，只是将“婚姻法第二十一条所称的‘抚养费’”修改为了“民法典第一千零六十七条所称‘抚养费’”，以便于和民法典的名称相衔接。从文字表述上，该规定采用列举加概括方式，包括生活费、教育费、医疗费，但抚养费的范围不限于此，应根据具体的案情加以判断。

2.关于抚养费的数额

《民法典婚姻家庭编解释（一）》第49条规定：“抚养费的数额，可以根据子女的实际需要、父母双方的负担能力和当地的实际生活水平确定。有固定收入的，抚养费一般可以按其月总收入的百分之二十至三十的比例给付。负担两个以上子女抚养费的，比例可以适当提高，但一般不得超过月总收入的百分之五十。无固定收入的，抚养费的数额可以依据当年总收入或者同行业平均收入，参照上述比例确定。有特殊情况的，可以适当提高或者降低上述比例。”该条规定实际上是延续了原《离婚案件子女抚养意见》第7条的规定，只是作了文字表述上的微调。至于何谓“月总收入”，该条并未给出解释。实践中，有的地方高院对此作出过指导性意见，可资参考，比如北京市高级人民法院民事审判第一庭《关于审理婚姻纠纷案件若干疑难问题的参考意见》第10条第3款规定：“抚养费计算时依据的月总收入，系指税后年总实际收入按月均计

---

① 参见最高人民法院民法典贯彻实施工作领导小组主编：《中华人民共和国民法典婚姻家庭编继承编理解与适用》，人民法院出版社2020年版，第188页。

算的实际收入，包括住房公积金、年终奖、季度奖等实际收入在内。”

3. 关于抚养费的给付方式

抚养费应当定期给付，有条件的可以一次性给付。父母一方无经济收入或者下落不明的，还可以用其财物折抵抚养费。对此，《民法典婚姻家庭编解释（一）》第50条、第51条均作出了规定。

4. 关于赡养费的数额

《民法典》婚姻家庭编及其《民法典婚姻家庭编解释（一）》均未作出具体的规定。原则上，赡养费应能满足父母的生活、居住、医疗等方面的需求，并尽量使得父母能够过上相对高质量的生活，可以在综合考虑父母的需求、当地的生活水平、物价水平、子女的负担能力等因素的基础上确定具体的数额。在范围上，赡养费包括但不限于生活费、医疗费、居住相关的费用等。在赡养费的支付方式上，既可以通过金钱的方式支付，也可以通过实物的方式支付。在履行赡养义务时，还可以将需要赡养的父母接到家中共同生活。有多个子女的，各子女应共同承担赡养费用。

适用指引

一、监护人资格被撤销不免除支付抚养费的义务

《民法典》第37条规定：“依法负担被监护人抚养费、赡养费、扶养费的父母、子女、配偶等，被人民法院撤销监护人资格后，应当继续履行负担的义务。”父母是未成年子女的监护人，对未成年子女的监护，既是父母的权利，也是父母的义务。若监护人实施了严重损害被监护人身心健康的行为或者怠于履行监护职责，有关个人或者组织可向人民法院申请撤销其监护资格。在监护人被撤销监护资格后，其不再享有监护的权利，但其义务并不因此而免除。父母对需要被抚养子女的抚养是无条件的，这种抚养义务是法定的。若其监护资格因其不当行为被撤销，其更应履行给付抚养费的义务，任何人均不得因其违法行为而获益或免除自己的法定义务。

二、补课费、课外兴趣班的费用如何负担

在实际生活中，父母为了子女有更好的未来，会根据自己的理解为孩子报

名各种类型的兴趣班、培训班。但是父母双方在孩子的教育理念上未必一致，双方在是否给孩子报名兴趣班、培训班的问题上以及报名何种兴趣班、培训班的问题上均有可能存在分歧。在双方存在分歧的情况，或者在双方因感情不和而分居的情况下，父母一方会在未经对方同意甚至未告知对方的情况下，单方为孩子报名参加各类课外班，在发生费用后要求对方来承担。对于这些非国家规定的全日制教育费用之外的教育性支出，可以根据客观教育环境、双方的收入情况、费用的支出数额等因素确定判断是否属于必要的教育费用。原则上，一方在未经和对方协商的情况下，擅自支付必要费用之外的费用，要求另一方分担该费用的，一般不予支持。

三、父母离婚时协议约定由一方负担或双方分担成年子女的高等教育费、生活费的，子女是否可以依据协议要求给付抚养费

有观点认为，给付抚养费是基于父母负有的抚养子女的法定义务，抚养费一般给付至子女年满 18 周岁，父母约定对超过 18 周岁的子女继续提供抚养费应属于赠与，在交付赠与物之前，赠与人可以随时撤销赠与，故子女无权要求父母继续给付抚养费。

我们认为应分情况看待：第一，如果父母双方均一致同意解除离婚协议中关于成年子女高等教育费、抚养费等费用负担方式的约定，那么子女无权再依据父母的离婚协议要求给付抚养费。第二，如果只是应负担这些费用的父母一方单方反悔，不想再履行该约定，那么这种反悔不具有法律效力，也不能将该约定作为赠与对待从而赋予其单方撤销权。如果该离婚协议已经生效，那么成年子女有权依据该协议要求协议中约定的费用负担方承担该费用，协议约定的费用负担方既不能以单方撤销赠与为由不给付，也不得以子女已成年、父母不再负有法定的抚养义务为由拒绝支付。因为离婚协议是男女双方在离婚时对财产分割、子女抚养等问题达成的一揽子约定，协议中的各项约定存在一定的牵连性，不仅涉及财产问题，也涉及身份问题，不应将协议中的某一项单独拿出来讨论是否应该履行，而是应该整体地看待协议的效力，否则可能会对协议另一方造成不公平。

四、父母对有配偶但不能独立生活的成年子女是否有抚养义务

《民法典》第 1059 条规定："夫妻有相互扶养的义务。需要扶养的一方，

在另一方不履行扶养义务时，有要求其给付扶养费的权利。”夫妻之间有扶养能力的一方，对于重病、残疾和有经济困难等需要扶养的配偶，具有提供供养、扶助的责任。在缔结婚姻关系后，夫妻之间即形成了一系列的人身和财产关系。夫妻之间相互扶养是婚姻和家庭得以存在和维系的基础。在男女双方缔结婚姻关系后，父母对成年子女的扶养义务即被夫妻之间相互扶养的义务所取代。不能对父母课以负担过重、期限过长的责任。从寿命、身体健康状况、精力、人格的独立性等方面来说，均应承认这种义务的可替代性。在缔结婚姻关系后，若夫妻一方需要扶养，则夫妻另一方就是承担这种供养、扶助义务的责任主体，此时，父母不再对不能独立生活的子女负有法定的抚养义务。当然，如果承担扶养义务的配偶一方经济能力确实有限，也是可以请求父母提供帮助的。

夫妻之间的扶养义务始于缔结婚姻关系之时，终于解除婚姻关系之日。如果夫妻之间的婚姻关系已经解除，那么男女之间即不再有相互扶养的义务，此时，父母仍旧对不能独立生活的成年子女负有抚养义务。

五、在有多个子女的情况，是否必须将所有子女均作为赡养费纠纷案件的被告

在老年人有多个子女的情况下，往往会出现这样的情形，即部分子女履行赡养义务，部分子女不履行赡养义务；或者子女均未履行赡养义务，但老年人出于种种原因考虑，只想起诉部分子女而不起诉其他的子女。此时，是否应将所有的子女作为被告提起诉讼，或者在起诉到法院后，法院是否应当追加所有的子女作为被告参加诉讼，对这些问题，实践中存在着不同的做法。在这种情况下，原则上可以只列对赡养权利义务存在争议的各方为案件当事人，但是确有必要追加其他赡养义务人以便全面分配赡养义务的，可以根据案情予以追加。

典型案例

谭某某与李某1赡养纠纷案

关键词：赡养纠纷

裁判摘要：赡养人因重大变故致使自身生命健康受到严重损害，在经济条件难以维持自身基本生存需要的情形下，可以免除赡养义务。

基本案情：谭某某夫妇共育有两子一女，为李某1、李某2、李某3。2013年4月21日，谭某某和李某1、李某2签订赡养协议书，同日，李某1向谭某某出具欠条，内容为“欠2009~2011年生活费叁仟元整”。谭某某除春节前冬季外，基本跟随李某1生活。2016年年底，李某1被诊断为胃癌晚期，2017年年初，李某1做胃癌切除手术，李某1夫妇因此负有较大数额的债务。现李某1被诊断为胃恶性肿瘤术后复发Ⅳ期、胰腺继发恶性肿瘤。因李某1患病，谭某某自2019年冬季起，未再跟随李某1生活。

2020年5月22日，李某1和妻子曹某某协议离婚，约定共有的房屋归曹某某所有。同年9月，谭某某欲到李某1家居住，曹某某以房屋归其所有为由拒绝谭某某居住。谭某某诉至法院，提出诉讼请求：（1）判令被告支付原告2009年至2020年10月的赡养费12 000元，自2020年10月起，支付原告赡养费每年1200元，生活用煤每年1吨；（2）判令被告为原告提供居住房屋一处；（3）原告的医药费由被告承担一半。

法院经审理认为：谭某某年事已高，李某1作为谭某某的子女依法应当履行赡养义务。在2019年冬季前，每年除春节前的冬季外，谭某某基本跟随李某1生活，李某1此前一直在正常履行必要的赡养义务。李某1在2016年年底被诊断为胃癌晚期，在2017年年初做胃癌切除手术，之后又复发转移，在这种情形下，谭某某自2019年冬季起才未再跟随李某1生活。李某1身患重症治疗多年，其经济负担可想而知，李某1考虑到其妻子背负的债务，在离婚时将房产协议给妻子个人所有，并非为逃避赡养义务。再者，李某1并非谭某某唯一的赡养义务人，谭某某尚有其他子女可以履行赡养义务，即使没有其他赡养义务人，还可以申请政府救济。济南市章丘区人民法院依照《婚姻法》第4条、第21条，《老年人权益保障法》第14条，驳回谭某某的诉讼请求。

【案　　号】（2020）鲁0181民初8500号

【审理法院】山东省济南市章丘区人民法院

【来　　源】《中国法院2022年度案例》

类案检索

一、郭某1与郭某2抚养纠纷案

关键词：抚养费　成年子女　不能独立生活　离婚　父母

裁判摘要：郭某2是否应负担儿子郭某1读大学本科期间的部分费用，首先应尊重郭某1的父母离婚时双方对照顾抚养婚生子女的约定，更要结合郭某1现在所受教育的社会普及程度和伦理亲情对子女健康成长的影响。证据显示，郭某2与妻张某某在2006年离婚时，双方约定孩子郭某1教育费、医疗费男女双方各承担50%，上述离婚协议书在民政局备案，档案馆留存，该内容并未明确负担的期限，应予认可。目前大学本科教育已成为较普遍的教育形式，期间教育费用应当以约定优先。结合郭某1在校读书的情况，无固定收入和独立经济来源，郭某2应当支付郭某一大学本科一、二年级期间的部分教育费用。

【案　　号】（2019）津03民终1899号

【审理法院】天津市第三中级人民法院

二、吴某某与刘某某离婚纠纷案

关键词：欺诈性抚养　情谊行为　非亲生子女

裁判摘要：原告吴某某所生育三子，刘某1已成年，不存在抚养问题；刘某2、刘某3系未成年子女，经鉴定刘某2、刘某3与吴某某之夫被告刘某某均不具有亲子关系，原告与被告离婚后，被告对刘某2、刘某3没有法定的抚养义务。二人应由原告抚养，抚养费由原告承担。

原告在婚姻关系存续期间，违反夫妻忠实义务，与他人发生不正当性关系并生育两子女，侵害了被告的合法权益，严重伤害夫妻感情，被告要求原告赔偿精神损害抚慰金，应予支持。根据被告在庭审中陈述可知被告在刘某29岁时已经知晓其不是亲生子的事实，并接受这一事实继续抚养。被告继续抚养的行为是自愿进行，并应视为对之前的抚养行为进行了追认。原告与刘某2之间可视为有抚养关系的继父与继子女关系。在婚姻关系存续期间，被告对刘某2有抚养义务，现被告要求原告返还刘某2的抚养费，法院不予支持。刘某3不是被告亲生女，但原告隐瞒真实情况，让被告将该子女当作自己的亲生子女抚养至2018年9月，而被告对刘某3没有法定抚养义务，原告存在过错，法院参照刘某3生活地区统计局发布居民人均消费性支出，计算被告支出的刘某3抚养费并判决原告返还。

【案　　号】（2019）0105民初8626号

【审理法院】四川省成都市青羊区人民法院

第一千零六十八条　父母有教育、保护未成年子女的权利和义务。未成年子女造成他人损害的，父母应当依法承担民事责任。

关联规定

法律、行政法规、司法解释

1.《中华人民共和国民法典》

第十七条　十八周岁以上的自然人为成年人。不满十八周岁的自然人为未成年人。

第十八条　成年人为完全民事行为能力人，可以独立实施民事法律行为。

十六周岁以上的未成年人，以自己的劳动收入为主要生活来源的，视为完全民事行为能力人。

第二十七条　父母是未成年子女的监护人。

未成年人的父母已经死亡或者没有监护能力的，由下列有监护能力的人按顺序担任监护人：

（一）祖父母、外祖父母；

（二）兄、姐；

（三）其他愿意担任监护人的个人或者组织，但是须经未成年人住所地的居民委员会、村民委员会或者民政部门同意。

第三十四条　监护人的职责是代理被监护人实施民事法律行为，保护被监护人的人身权利、财产权利以及其他合法权益等。

监护人依法履行监护职责产生的权利，受法律保护。

监护人不履行监护职责或者侵害被监护人合法权益的，应当承担法律责任。

因发生突发事件等紧急情况，监护人暂时无法履行监护职责，被监护人的生活处于无人照料状态的，被监护人住所地的居民委员会、村民委员会或者民政部门应当为被监护人安排必要的临时生活照料措施。

第一百七十九条 承担民事责任的方式主要有：

（一）停止侵害；

（二）排除妨碍；

（三）消除危险；

（四）返还财产；

（五）恢复原状；

（六）修理、重作、更换；

（七）继续履行；

（八）赔偿损失；

（九）支付违约金；

（十）消除影响、恢复名誉；

（十一）赔礼道歉。

法律规定惩罚性赔偿的，依照其规定。

本条规定的承担民事责任的方式，可以单独适用，也可以合并适用。

第一千一百八十八条 无民事行为能力人、限制民事行为能力人造成他人损害的，由监护人承担侵权责任。监护人尽到监护职责的，可以减轻其侵权责任。

有财产的无民事行为能力人、限制民事行为能力人造成他人损害的，从本人财产中支付赔偿费用；不足部分，由监护人赔偿。

2.《中华人民共和国未成年人保护法》

第十五条 未成年人的父母或者其他监护人应当学习家庭教育知识，接受家庭教育指导，创造良好、和睦、文明的家庭环境。

共同生活的其他成年家庭成员应当协助未成年人的父母或者其他监护人抚养、教育和保护未成年人。

3.《中华人民共和国预防未成年人犯罪法》

第十六条 未成年人的父母或者其他监护人对未成年人的预防犯罪教育负有直接责任，应当依法履行监护职责，树立优良家风，培养未成年人良好品行；发现未成年人心理或者行为异常的，应当及时了解情况并进行教育、引导和劝诫，不得拒绝或者怠于履行监护职责。

第二十九条 未成年人的父母或者其他监护人发现未成年人有不良行为的，应当及时制止并加强管教。

4.《中华人民共和国家庭教育促进法》

第四条 未成年人的父母或者其他监护人负责实施家庭教育。

国家和社会为家庭教育提供指导、支持和服务。

国家工作人员应当带头树立良好家风，履行家庭教育责任。

第十四条 父母或者其他监护人应当树立家庭是第一个课堂、家长是第一任老师的责任意识，承担对未成年人实施家庭教育的主体责任，用正确思想、方法和行为教育未成年人养成良好思想、品行和习惯。

第二十条 未成年人的父母分居或者离异的，应当相互配合履行家庭教育责任，任何一方不得拒绝或者怠于履行；除法律另有规定外，不得阻碍另一方实施家庭教育。

条文释义

一、本条主旨

本条是关于父母有教育、保护未成年子女的权利和义务的规定。

二、条文演变

父母对未成年子女教育、保护的权利和义务是亲权的内容之一。我国法律没有规定亲权制度，而是通过规定监护制度以及父母对子女的权利和义务来实现亲权的功能。

1950年原《婚姻法》第13条第1款规定："父母对于子女有抚养教育的义务；子女对于父母有赡养扶助的义务；双方均不得虐待或遗弃。"该条只是规定了父母对子女有抚养的义务，并未说明在未成年子女造成他人损害时，父母有无责任。1980年原《婚姻法》第17条对未成年子女侵权时父母是否应当承担相应的责任进行了明确的规定，该第17条规定："父母有管教和保护未成年子女的权利和义务。在未成年子女对国家、集体或他人造成损害时，父母有赔偿经济损失的义务。"2001年修正的原《婚姻法》，基本延续了1980年原《婚姻法》第17条规定的精神，只是作了文字上的调整，该法第23条规定："父母有保护和教育未成年子女的权利和义务。在未成年子女对国家、集体或他人造成损害时，父母有承担民事责任的义务。"相对而言，该条将前述第17

条前半段中的“管教”修改为了“保护”，将后半段中的“赔偿经济损失的义务”修改为了“承担民事责任的义务”，因为承担民事责任的方式有多种，不仅仅是赔偿经济损失，这么修改更加严谨。

本条规定承继了2001年修正的原《婚姻法》第23条规定的精神，但是在文字表述上作了完善性修改：（1）将第23条前半段中的“保护和教育”调整为“教育、保护”，以突出教育的重要程度；（2）将第23条后半段中的“国家，集体或他人”修改为“他人”，作此修改也呼应了《民法典》第1188条第1款规定的用语：“无民事行为能力人、限制民事行为能力人造成他人损害的，由监护人承担侵权责任”；（3）将“父母有承担民事责任的义务”修改为“父母应当依法承担民事责任”，增加了“应当”二字，突出责任的法定性。

三、条文解读

（一）父母有教育、保护未成年子女的权利和义务

根据《民法典》的相关规定，18周岁以上的自然人为成年人，不满18周岁的自然人为未成年人。8周岁以上的未成年人为限制民事行为能力人，实施民事法律行为由其法定代理人或者经其法定代理人同意、追认，但可以独立实施纯获利益的民事法律行为或者与其年龄、智力相适应的民事法律行为。8周岁以上的不能辨认自己行为的未成年人是无民事行为能力人，由其法定代理人代理实施民事法律行为。不满8周岁的未成年人为无民事行为能力人，由其法定代理人代理实施民事法律行为。16周岁以上的未成年人，以自己的劳动收入为主要生活来源的，视为完全民事行为能力人。故未成年人一般均是无民事行为能力人或者限制民事行为能力人，他们不能辨认或者不能完全辨认自己的行为以及自己行为可能造成的后果。本条规定父母有教育、保护未成年子女的权利和义务，一方面是为了保护子女的健康和安全，另一方面也是为了防止未成年子女对他人造成伤害，损害他人的利益。

1. 教育和保护的内涵

（1）教育。这里的教育，是指父母对未成年子女进行的家庭教育，是父母为促进未成年人全面健康成长，对其实施的在道德品质、身体素质、生活技能、文化修养、行为习惯等方面的培育、引导和影响，一方面使子女在德、智、体、美、劳等方面全面发展，另一方面也对其行为加以必要的约束，预防

和制止未成年子女的不良行为。教育既包括引导和培育，也包括对错误思想和行为的预防和制止。在进行教育时，应当尊重未成年人身心发展规律和个体差异，尊重未成年人人格尊严，保护未成年人的隐私权和个人信息，保障其合法权益，要遵循家庭教育的特点，贯彻科学的家庭教育理念和方法，同时也要将家庭教育和学校教育、社会教育有机结合、协调一致。

根据《家庭教育促进法》，未成年人的父母应当针对不同年龄段未成年人的身心发展特点，以下列内容为指引，开展家庭教育：①教育未成年人爱党、爱国、爱人民、爱集体、爱社会主义，树立维护国家统一的观念，铸牢中华民族共同体意识，培养家国情怀；②教育未成年人崇德向善、尊老爱幼、热爱家庭、勤俭节约、团结互助、诚信友爱、遵纪守法，培养其良好社会公德、家庭美德、个人品德意识和法治意识；③帮助未成年人树立正确的成才观，引导其培养广泛兴趣爱好、健康审美追求和良好学习习惯，增强科学探索精神、创新意识和能力；④保证未成年人营养均衡、科学运动、睡眠充足、身心愉悦，引导其养成良好生活习惯和行为习惯，促进其身心健康发展；⑤关注未成年人心理健康，教导其珍爱生命，对其进行交通出行、健康上网和防欺凌、防溺水、防诈骗、防拐卖、防性侵等方面的安全知识教育，帮助其掌握安全知识和技能，增强其自我保护的意识和能力；⑥帮助未成年人树立正确的劳动观念，参加力所能及的劳动，提高生活自理能力和独立生活能力，养成吃苦耐劳的优秀品格和热爱劳动的良好习惯。父母在实施家庭教育时，应当关注未成年人的生理、心理、智力发展状况，尊重其参与相关家庭事务和发表意见的权利，不能在潜意识中将未成年人物化从而将未成年人视为自己的私有财产，随意处置和管教。

要想教育好子女，父母也需要提高自身的各项能力。要树立正确的家庭教育理念，自觉学习家庭教育知识，掌握科学的教育方法。当未成年子女有不良行为时，父母可以采取斥责、批评等必要手段进行惩戒；未成年子女有严重不良行为时，父母应当采取措施严加管教。但是，惩戒必须限定在必要的限度内，禁止使用对未成年子女身心健康有害的惩戒手段，更禁止使用家庭暴力。如果父母以不适当的方式侵害了子女的身心健康，有关组织和个人可以申请撤销其监护人资格，构成犯罪的，还应依法追究其刑事责任。

（2）保护。这里的保护，是指确保未成年子女的人身、财产等其他合法权益处于安全的状态，防止和排除来自外力的各种侵害。需要注意的是，这里的

"外力"也包括父母在内，即父母对未成年子女的保护，首先应确保自己不对子女进行侵害。保护未成年人应当坚持最有利于未成年人的原则，在对其进行保护时应尊重其人格尊严、听取其意见，采取的保护措施应适应其身心健康发展的规律和特点。

在保护的对象上，主要包括保护未成年人的人身权益和财产权益。对人身权益的保护，包括但不限于照顾未成年子女的生活；保护其身体健康；为未成年子女提供住所；对于不法扣留、拐卖未成年子女而使其脱离父母之人，有请求交还子女的权利；等等。对财产权益的保护，包括但不限于管理和利用未成年子女的财产；除为了维护未成年子女利益外，不得处分未成年子女的财产；等等。

父母是未成年子女的监护人。关于对未成年人的教育和保护，《未成年人保护法》从正、反两个方面作出了更为具体的规定。该法第16条规定："未成年人的父母或者其他监护人应当履行下列监护职责：（一）为未成年人提供生活、健康、安全等方面的保障；（二）关注未成年人的生理、心理状况和情感需求；（三）教育和引导未成年人遵纪守法、勤俭节约，养成良好的思想品德和行为习惯；（四）对未成年人进行安全教育，提高未成年人的自我保护意识和能力；（五）尊重未成年人受教育的权利，保障适龄未成年人依法接受并完成义务教育；（六）保障未成年人休息、娱乐和体育锻炼的时间，引导未成年人进行有益身心健康的活动；（七）妥善管理和保护未成年人的财产；（八）依法代理未成年人实施民事法律行为；（九）预防和制止未成年人的不良行为和违法犯罪行为，并进行合理管教；（十）其他应当履行的监护职责。"第17条规定："未成年人的父母或者其他监护人不得实施下列行为：（一）虐待、遗弃、非法送养未成年人或者对未成年人实施家庭暴力；（二）放任、教唆未成年人实或者利用施违法犯罪行为；（三）放任、教唆未成年人参与邪教、迷信活动或者接受恐怖主义、分裂主义、极端主义等侵害；（四）放任、教唆未成年人吸烟（含电子烟，下同）、饮酒、赌博、流浪乞讨或者欺凌他人；（五）放任或者迫使应当接受义务教育的未成年人失学、辍学；（六）放任未成年人沉迷网络，接触危害或者可能影响其身心健康的图书、报刊、电影、广播电视节目、音像制品、电子出版物和网络信息等；（七）放任未成年人进入营业性娱乐场所、酒吧、互联网上网服务营业场所等不适宜未成年人活动的场所；（八）允许或者迫使未成年人从事国家规定以外的劳动；（九）允许、迫使未成年人结婚或者为未成年人订立婚约；（十）违法处分、侵吞未成年人的财产或者利用未成年人牟取不正当利益；（十一）其他侵犯未成年人身心健康、财产权益或者不依法履行未成年人保护义务的行为。”以上规定均为未成年人的教育和保护提供了明确的法律支持，可作为处理具体案件的依据和参考。

2. 对未成年子女的教育和保护，既是权利又是义务

父母对未成年子女的教育和保护属于亲权的内容。我国法律并未明确规定亲权这一概念，而是通过监护制度来实现亲权功能的。父母是未成年子女的监护人，父母对未成年人的教育和保护具有权利和义务的合一性。因未成年子女一般是无民事行为能力人或者限制民事行为能力人，其无法辨认或无法完全辨认自己的行为模式及后果，需要有监护人代理其实施相关的行为，在未成年人成年前需要有人对其进行教育、引导和保护。

赋予父母对未成年子女教育和保护的权利，意味着父母有权自主决定教育和保护的具体方式，其他家庭以外的人员和组织不得对此非法干涉。具体来说，父母有权决定在生活上如何照顾子女，有权决定以何种方式接送子女上下学，有权决定在法律允许的范围内让子女接受何种兴趣班的学习等，有权对侵害子女的行为进行预防和排除，有权以法定代理人的身份向加害人请求人身损害赔偿等。

父母对未成年子女的教育和保护基于亲子关系产生，将教育和保护未成年子女作为父母的义务，意味着父母必须对未成年子女进行教育、保护，不得以放弃权利为由抛弃乃至遗弃未成年子女，这种义务必须履行。未成年人是国家和社会的未来，每一个人均有义务协助教育、保护未成年人。父母是未成年人的第一任老师，承担对未成年人实施家庭教育的主体责任。父母生育了子女，即应负起对子女进行教育和保护的义务。《家庭教育促进法》第 14 条第 1 款即明确规定父母或者其他监护人应当承担对未成年人实施家庭教育的主体责任，用正确思想、方法和行为教育未成年人养成良好思想、品行和习惯。父母对未成年子女进行教育和保护的义务不因父母双方之间的生活状态或是否离异而免除，父母即使分居或离婚了，也应相互配合，履行好这一义务。《家庭教育促进法》第 20 条即规定未成年子女的父母分居或者离异的，应当相互配合履行家庭教育责任，任何一方不得拒绝或者怠于履行，一方不得阻碍另一方实施家庭教育。父母的这一义务也不因父母的客观工作状态而受影响，即使父母因工作原因无法直接照料子女，其也应对未成年子女的学习、生活进行周到的安排，根据《未成年人保护法》第 21 条、第 22 条的相关规定，父母因外出务工等原因在一定期限内不能完全履行监护职责的，应当委托具有照护能力的完全民事行为能力人代为照护，无正当理由的，不得委托他人代为照护；父母不得使未满 8 周岁或者由于身体、心理原因需要特别照顾的未成年人处于无人看护状态，或者将其交由无民事行为能力、限制民事行为能力、患有严重传染性疾病或者其他不适宜的人员临时看护，不得使未满 16 岁的未成年人脱离监护单独生活。

同时，父母在行使和履行对未成年子女进行教育、保护的权利和义务时，还应注意与学校教育和社会教育相协调，各类教育是一个有机的整体，只有相互协调、相互配合，才能使未成年人全面、健康地成长和发展。

（二）未成年子女造成他人损害的，父母应当依法承担民事责任

1. 父母承担民事责任的理论基础

规定在未成年子女对他人造成损害时父母应当依法承担民事责任，一方面是为了使权益受损者能够得到赔偿，充分保障他人的合法权益，另一方面也是为了督促父母履行好教育、保护未成年子女的义务，彰显国家在教育、保护未成年子女方面对父母提出的严格要求。

依据发生的原因，民事法律中的债主要可以分为合同之债、侵权之债、无因管理、不当得利及法律的直接规定形成之债。《民法典》第 118 条规定："民事主体依法享有债权。债权是因合同、侵权行为、无因管理、不当得利以及法律的其他规定，权利人请求特定义务人为或者不为一定行为的权利。"理论上，在合同、侵权、无因管理、不当得利关系中，均有可能发生致使他人遭受损害的情形。但在涉及未成年人时，最常见的还是侵权行为，故这里重点关注侵权行为致他人损害的情形。

依据加害人是否自行承担侵权责任，侵权行为可以分为自己责任的侵权行为和替代责任的侵权行为。自己责任，是指每个人要为自己的行为而且只为自己的行为负责，自己责任是侵权责任法律关系中的基本原则。在自己责任下，侵权人自己即是承担侵权责任之人。替代责任，也称转承责任或者为他人行为的责任，是指与加害人之间存在某种特定关系的人代替加害人承担侵权责任。在替代责任下，加害人与侵权行为实施人并非同一人。加害人与侵权责任承担者之间的这种特定关系包括但不限于雇佣、代理、监护等。由于存在这种特定

的关系，责任人能够支配加害人的行为或者能对加害人的行为产生重大影响，所以当加害人在他人支配或者重大影响之下从事的行为致人损害时，责任人即便没有具体的过失，也应承担责任。[①]

父母是未成年子女的监护人，享有对未成年子女进行教育、保护的权利，同时也负有对他们进行教育、保护的义务。父母与未成年子女之间存在上述的特定关系，父母对未成年子女教育、保护的行为能够对未成年子女产生重大的影响，他们之间的关系符合适用替代责任的条件。

2. 监护人承担侵权责任的法律沿革

1986 年原《民法通则》第 133 条规定："无民事行为能力人、限制民事行为能力人造成他人损害的，由监护人承担民事责任。监护人尽了监护责任的，可以适当减轻他的民事责任。有财产的无民事行为能力人、限制民事行为能力人造成他人损害的，从本人财产中支付赔偿费用。不足部分，由监护人适当赔偿，但单位担任监护人的除外。"2009 年修正的原《民法通则》第 133 条仍旧沿用了该规定，未作任何修改。根据该条规定，父母担任未成年人监护人的，在未成年子女财产不足以赔付受害方损失时，父母只是承担有限的赔偿责任，即"适当"赔偿。原《侵权责任法》第 32 条规定："无民事行为能力人、限制民事行为能力人造成他人损害的，由监护人承担侵权责任。监护人尽到监护责任的，可以减轻其侵权责任。有财产的无民事行为能力人、限制民事行为能力人造成他人损害的，从本人财产中支付赔偿费用。不足部分，由监护人赔偿。"相对于 2009 年修正的原《民法通则》第 133 条来说，原《侵权责任法》第 32 条作了以下的修改：（1）将第 1 款中的"民事责任"修改为"侵权责任"，以与《侵权责任法》的名称相适应；（2）将第 1 款中的"可以适当减轻"修改为"适当减轻"；（3）将第 2 款中的"不足部分，由监护人适当赔偿，但单位担任监护人的除外"修改为"不足部分，由监护人赔偿"，删除了"适当"二字及"但单位担任监护人的除外"，将监护人的有限制的赔偿责任修改为了完全的赔偿责任。《民法典》侵权责任编第 1188 条几乎完全承继了原《侵权责任法》第 32 条的内容，只是作了文字上的微调。

从以上沿革可见，监护人在被监护人侵权时应承担相应的责任是一以贯之的，只是在监护人承担责任的程度和范围上有变化，在逐渐加重监护人的赔偿

① 参见最高人民法院民法典贯彻实施工作领导小组主编：《中华人民共和国民法典婚姻家庭编继承编理解与适用》，人民法院出版社 2020 年版，第 194 页。

责任。

3. 本条规定与《民法典》第 1188 条之间的关系

《民法典》侵权责任编中的第 1188 条规定："无民事行为能力人、限制民事行为能力人造成他人损害的，由监护人承担侵权责任。监护人尽到监护职责的，可以减轻其侵权责任。有财产的无民事行为能力人、限制民事行为能力人造成他人损害的，从本人财产中支付赔偿费用；不足部分，由监护人赔偿。"这是对于无民事行为能力人、限制民事行为能力人侵权后责任承担主体的规定。这里的无民事行为能力人、限制民事行为能力人既包括不满 18 周岁的未成年人，也包括不能辨认或者不能完全辨认自己行为的成年人。在未成年人侵权的情况下，也应适用该条的规定。

《民法典》第 1068 条后半段是对父母承担民事责任的原则性规定，在未成年人侵权致损的情况下，还是应该适用上述第 1188 条的规定。第 1068 条后半段规定的"依法承担民事责任"中的"法"自然包括《民法典》侵权责任编的相关规定。

4. 父母承担侵权责任的归责原则

世界各国或地区对被监护人致人损害时监护人责任的归责原则有着不同的规定。有的将其规定为过错责任原则，即只有受害人能够证明监护人在履行监护责任时存在过错，监护人才承担责任。有的将其规定为过错推定责任原则，即首先推定监护人有过错、应当承担责任，只有在监护人能够证明其履行监护职责不存在过错时才能免除其责任。还有的规定为混合归责原则，即对于某一年龄段的被监护人侵权的，监护人根据无过错责任原则承担责任；对于另一年龄段的被监护人侵权的，监护人按照过错推定原则承担责任；对于其他年龄段的被监护人侵权的，监护人根据过错责任原则承担责任。

我国采取的是无过错责任原则，即在未成年子女造成他人损害的情况下，无论父母是否尽到了监护责任，其均应依法承担侵权责任。我国是将是否尽到监护责任作为是否可以减轻侵权责任的考量因素，而不是将其作为是否可以免责的考量因素。父母即使尽到了监护职责，也只是可以减轻侵权责任，而不是可以免除侵权责任。如此规定，一方面是为了确保受害方的合法权益得到全面的弥补，另一方面也是为了加强父母对未成年人的教育和保护，预防未成年人出现侵权行为。

5. 承担民事责任的方式

《民法典》第179条规定：“承担民事责任的方式主要有：（一）停止侵害；（二）排除妨碍；（三）消除危险；（四）返还财产；（五）恢复原状；（六）修理、重作、更换；（七）继续履行；（八）赔偿损失；（九）支付违约金；（十）消除影响、恢复名誉；（十一）赔礼道歉。法律规定惩罚性赔偿的，依照其规定。本条规定的承担民事责任的方式，可以单独适用，也可以合并适用。”

《民法典》第1068条规定“父母应当依法承担民事责任”，这里的“民事责任”包括但不限于第1188条规定的赔偿相关费用。实践中，应根据案件的具体情况来确定父母应承担何种民事责任。承担的责任原则上应能弥补受害方的损失。

根据《民法典》第1188条的规定，在责任方式为赔偿损失的情况下，父母承担的是补充责任，即未成年子女有自己的财产时，先从本人财产中支付赔偿费用，不足的部分才有父母赔偿。

6. 父母承担责任的类型

本条规定的父母责任以民事责任为限。未成年人实施不当行为造成他人损害的，有可能损害的是他人民事权益，其实施严重不良行为的，还可能触犯刑法。在未成年人触犯刑法相关规定，构成犯罪的，刑事责任应由未成年人自己承担，父母不得替代未成年子女承担刑事责任。未成年人违反治安管理规定的，一般也应由未成年人自己承担相应的责任。

适用指引

一、教育、保护未成年人应当坚持最有利于未成年人的原则

教育、保护未成年人的目的是让未成年人健康成长，促进未成年人德智体美劳全面发展，培养有理想、有道德、有文化、有纪律的社会主义建设者和接班人，培养担当民族复兴大任的时代新人。父母教育、保护未成年人也应以此为目的，不能为了教育而教育，为了保护而保护。父母在教育、保护未成年子女的过程中所采取的手段必须有利于未成年子女健康成长。法律虽然不可能就具体的教育、保护手段进行一一列举，但是法律规定了教育、保护的原则，如

《民法典》第35条第1款前半段规定："监护人应当按照最有利于被监护人的原则履行监护职责。"第2款规定："未成年人的监护人履行监护职责，在作出与被监护人利益有关的决定时，应当根据被监护人的年龄和智力状况，尊重被监护人的真实意愿。"《未成年人保护法》第4条也明确规定："保护未成年人，应当坚持最有利于未成年人的原则。"《家庭教育促进法》第5条规定，家庭教育应尊重未成年人身心发展规律和个体差异；尊重未成年人人格尊严，保护未成年人隐私权和个人信息，保障未成年人合法权益等，这些规定也体现了在家庭教育领域应坚持最有利于未成年人的原则。

坚持最有利于未成年人的原则也是世界大多数国家的共识，如《儿童权利公约》第3条第1项规定：关于儿童的一切行动，不论是由公私社会福利机构、法院、行政当局或立法机构执行，均应以儿童的最大利益为一种首要考虑。

父母对未成年子女进行教育和保护时，应当尊重其身心发展特点，尊重其人格尊严，明辨正常的管教和虐待、遗弃等非法行为的界限，杜绝谩骂、侮辱等行为。父母对未成年子女既应充分履行教育、保护的义务，但也不能滥用教育、保护的权利。父母是否尽到了教育、保护义务，应当结合上述原则及具体情形进行判断。

二、共同监护原则在实践中的适用

父母双方共同行使亲权，是现代亲权制度的基本原则。我国并未明确规定亲权的概念，而是通过监护制度来实现亲权的功能。我国法律规定，父母是未成年子女的监护人，父母共同履行监护职责，即父母是未成年子女共同的监护人。这意味着在通常情况下，监护应当以父母的共同意思表示为依据。当父母的意思表示不一致时，如何解决？《家庭教育促进法》第20条规定："未成年人的父母分居或者离异的，应当相互配合履行家庭教育责任，任何一方不得拒绝或者怠于履行；除法律另有规定外，不得阻碍另一方实施家庭教育。"此外，并未有其他更加明确的、更加具有可操作性的规定。《德国民法典》第1627条规定：父母以自己的责任和相互之间的协商一致为子女的幸福而行使父母照顾权。在发生意见分歧时，他们必须尝试求得一致。第1628条规定，如果父母不能就父母照顾权的具体事务或特定类型的事务取得一致，而规定此种事务对于子女具有重大意义，则经父母的一方申请，家庭法院可以将决定权委托父母一方。此种委托可以附加限制和条件。德国法的上述规定，值得借鉴。但在我国究竟是将该问题上升为法律层面的规定，还是将其留给家庭成员内部自行解决，还有待于实践经验的积累和总结。

三、没有与未成年人形成抚养教育关系的继父母在未成年子女造成他人损害时是否应当承担民事责任

《民法典》第 1072 条第 2 款规定："继父或者继母和受其抚养教育的继子女间的权利义务关系，适用本法关于父母子女关系的规定。"如果生父与继母或者生母与继父结婚后，未成年子女与继父或者继母之间未形成受抚养教育的关系，那么继父母与继子女间就不存在本法所规定的父母子女关系，继父母对继子女就没有教育、保护的义务。此时，继父母也并非未成年子女当然的监护人，对未成年子女并不负有监护的职责，此时的继父母与未成年继子女之间就不存在特别的身份关系，因此也就失去了适用侵权责任领域"替代责任"的基础。故，如果继父母与未成年继子女之间并未形成抚养教育的关系，那么在未成年继子女造成他人损害时，继父母无须承担民事责任。

《民法典婚姻家庭编解释（一）》第 54 条规定："生父与继母离婚或者生母与继父离婚时，对曾受其抚养教育的继子女，继父或者继母不同意继续抚养的，仍应由生父或者生母抚养。"故即使在生父与继母或者生母与继父婚姻关系存续期间，继父或者继母对未成年继子女进行了抚养教育，如果继父与生母或者继母与生父离婚后，继父母明确表示不愿继续抚养未成年继子女的，继父母也不再负有教育、保护未成年继子女的法定义务，在未成年继子女造成他人损害后，继父母也无须再承担相应的民事责任。此时，对未成年子女教育、保护的义务仍应由其生父母承担。

四、养父母与未成年养子女解除了收养关系后，养父母是否还应承担民事责任

《民法典》第 1111 条第 1 款前半段规定："自收养关系成立之日起，养父母与养子女间的权利义务关系，适用本法关于父母子女关系的规定。"第 1117 条规定："收养关系解除后，养子女与养父母及其他近亲属间的权利义务关系即行消除，与生父母以及其他近亲属间的权利义务关系自行恢复。但是，成年养子女与生父母以及其他近亲属间的权利义务关系是否恢复，可以协商确定。"

按此规定，养父母对未成年养子女的教育、保护义务只存在于收养关系存续期间，一旦收养关系终止，养父母即不再负有这一义务，这一义务转由养子女的生父母承担。

五、未成年子女侵权案件中被告的确定

《民事诉讼法解释》第67条规定："无民事行为能力人、限制民事行为能力人造成他人损害的，无民事行为能力人、限制民事行为能力人和其监护人为共同被告。"故，若受害人仅以未成年加害人或其监护人作为被告提起诉讼，应依法进行追加，将未成年加害人及其监护人均作为案件的被告，以便查明侵权是否成立，进而确定侵权责任如何承担。

六、父母委托他人照护未成年子女情况下侵权责任的承担

实践中，常会出现父母因客观原因无法直接教育、照顾、保护未成年子女的情形，此时父母通常会委托其信任的人代为照护未成年子女。在制定《未成年人保护法》时即考虑到了这一情形，该法第22条规定："未成年人的父母或者其他监护人因外出务工等原因在一定期限内不能完全履行监护职责的，应当委托具有照护能力的完全民事行为能力人代为照护；无正当理由的，不得委托他人代为照护。未成年人的父母或者其他监护人在确定被委托人时，应当综合考虑其道德品质、家庭状况、身心健康状况、与未成年人生活情感上的联系等情况，并听取有表达意愿能力未成年人的意见。"

在这种情况下，若未成年子女侵害他人权益，父母仍应承担侵权责任。受托人有过错的，也应根据过错程度承担相应的责任。《民法典》第1189条对此有相应的规定，实践中可以参照执行。

七、父母离婚后侵权责任的承担问题

应区分外部关系和内部关系，外部关系指的是未成年子女及其父母与受害方的关系，内部关系指的是未成年子女父母之间的关系。

一是在外部关系上，《民法典》第1084条第1款、第2款规定："父母与子女间的关系，不因父母离婚而消除。离婚后，子女无论由父或者母直接抚养，仍是父母双方的子女。离婚后，父母对于子女仍有抚养、教育、保护的权利和义务。"据此，父母对未成年子女教育、保护的义务并不因离婚而消除。

且受害方合法权益的弥补也不应受未成年子女父母是否离婚的影响，故即使父母双方已经离婚，其仍应就未成年子女损害他人权益的行为共同承担民事责任。

二是在内部关系上，考虑到与未成年子女共同生活的一方对未成年子女的教育和保护更为直接和具体，未与子女共同生活的一方在客观上很难直接履行监护职责，故从公平角度出发，在父母之间的内部关系上，有区分责任大小的必要。实践中，应在综合考虑父母双方履行监护职责的情况、各自的过错程度、侵权行为的具体情形等因素的基础上，公平确定内部各方责任的大小。

类案检索

一、吴某某与田某1、田某2等财产损害赔偿纠纷案

关键词：未成年人　损害赔偿　父母　抚养义务

裁判摘要：父母与子女间的关系，不因父母离婚而消除。离婚后，子女无论由父或者母直接抚养，仍是父母双方的子女。离婚后，父母对于子女仍有抚养、教育、保护的权利和义务。田某2、周某离婚后，田某1跟随田某2生活，但作为田某1的法定监护人，周某与田某2对田某1均有监护职责，应当对田某1进行教育，预防和制止其对他人造成侵害。由于田某2、周某没有尽到监护职责，所以在田某1对原告吴某某造成损害，并且其个人无价值较大财产时，田某2、周某应当依法承担损害赔偿侵权责任。

【**案　　号**】（2020）桂1028民初1671号

【**审理法院**】广西壮族自治区乐业县人民法院

二、上海市儿童临时看护中心与高某2申请撤销监护人资格特别程序民事纠纷案

关键词：遗弃　未成年人　监护权

裁判摘要：父母是未成年子女的法定监护人，有保护未成年人身体健康，照看未成年人的生活等义务。未成年人的健康成长，关系到祖国的未来和希望，关系到社会发展的稳定和谐。父母对子女的抚养不仅仅是血缘亲情的表现，更是应当承担的法定义务。

被申请人高某2在女儿生病住院情况下将其遗弃，且经过公安机关对其行政处罚后仍不愿承担抚养责任，丧失了为人母最起码的良知，理应受到法律的严厉惩罚。这种惩罚既有遗弃子女的刑事制裁，还应有撤销其监护人资格的民事制裁。庭审中，高某2称愿意抚养女儿，但其目前因遗弃罪被收监，难以承担起照顾幼儿的责任；女儿高某1出生至今三年多来，高某2未尽到作为母亲的丝毫义务，实际上已经放弃了女儿的抚养权，从高某2的一贯表现来看，其要求抚养女儿的意愿的真实性存疑，由这样一位母亲照顾幼儿，未成年人的合法权益显然难以得到保障，不利于女儿未来的学习生活。针对被申请人高某2不具备监护子女的能力并且严重失责的情况，法院依法准许申请人上海市儿童临时看护中心请求撤销被申请人监护资格，明确上海市儿童福利院作为监护人。

【案　　号】（2017）沪0106民特176号

【审理法院】上海市静安区人民法院

第一千零六十九条　子女应当尊重父母的婚姻权利，不得干涉父母离婚、再婚以及婚后的生活。子女对父母的赡养义务，不因父母的婚姻关系变化而终止。

关联规定

法律、行政法规、司法解释

1.《中华人民共和国刑法》

第二百五十七条　以暴力干涉他人婚姻自由的，处二年以下有期徒刑或者拘役。

犯前款罪，致使被害人死亡的，处二年以上七年以下有期徒刑。

第一款罪，告诉的才处理。

第二百六十条　虐待家庭成员，情节恶劣的，处二年以下有期徒刑、拘役或者管制。

犯前款罪，致使被害人重伤、死亡的，处二年以上七年以下有期徒刑。

第一款罪，告诉的才处理，但被害人没有能力告诉，或者因受到强制、威吓无法告诉的除外。

第二百六十条之一　对未成年人、老年人、患病的人、残疾人等负有监护、看护职责的人虐待被监护、看护的人，情节恶劣的，处三年以下有期徒刑或者拘役。

单位犯前款罪的，对单位判处罚金，并对其直接负责的主管人员和其他直接责任人员，依照前款的规定处罚。

有第一款行为，同时构成其他犯罪的，依照处罚较重的规定定罪处罚。

第二百六十一条　对于年老、年幼、患病或者其他没有独立生活能力的人，负有扶养义务而拒绝扶养，情节恶劣的，处五年以下有期徒刑、拘役或者管制。

2.《中华人民共和国民法典》

第二十六条 父母对未成年子女负有抚养、教育和保护的义务。

成年子女对父母负有赡养、扶助和保护的义务。

第一百一十条 自然人享有生命权、身体权、健康权、姓名权、肖像权、名誉权、荣誉权、隐私权、婚姻自主权等权利。

法人、非法人组织享有名称权、名誉权和荣誉权。

第一百一十二条 自然人因婚姻家庭关系等产生的人身权利受法律保护。

第一千零四十一条 婚姻家庭受国家保护。

实行婚姻自由、一夫一妻、男女平等的婚姻制度。

保护妇女、未成年人、老年人、残疾人的合法权益。

第一千零四十二条 禁止包办、买卖婚姻和其他干涉婚姻自由的行为。禁止借婚姻索取财物。

禁止重婚。禁止有配偶者与他人同居。

禁止家庭暴力。禁止家庭成员间的虐待和遗弃。

第一千零六十七条 父母不履行抚养义务的，未成年子女或者不能独立生活的成年子女，有要求父母给付抚养费的权利。

成年子女不履行赡养义务的，缺乏劳动能力或者生活困难的父母，有要求成年子女给付赡养费的权利。

3.《中华人民共和国老年人权益保障法》

第二十一条 老年人的婚姻自由受法律保护。子女或者其他亲属不得干涉老年人离婚、再婚及婚后的生活。

赡养人的赡养义务不因老年人的婚姻关系变化而消除。

第七十六条 干涉老年人婚姻自由，对老年人负有赡养义务、扶养义务而拒绝赡养、扶养，虐待老年人或者对老年人实施家庭暴力的，由有关单位给予批评教育；构成违反治安管理行为的，依法给予治安管理处罚；构成犯罪的，依法追究刑事责任。

条文释义

一、本条主旨

本条是关于子女应当尊重父母婚姻权利的规定。

二、条文演变

尊重婚姻自主权，保护婚姻自由是我国一贯倡导的原则。1950 年原《婚姻法》第 1 条明确确立了实行男女婚姻自由的婚姻制度；第 2 条规定禁止干涉寡妇婚姻自由；第 26 条规定了干涉婚姻自由的后果，该第 26 条第 2 款规定："凡因干涉婚姻自由而引起被干涉者的死亡或者伤害者，干涉者一律应并负刑事的责任。"这里规定的"干涉婚姻自由"当然包括子女干涉父母的婚姻自由。1980 年原《婚姻法》第 2 条规定我国实行婚姻自由的婚姻制度，第 3 条第 1 款进一步规定："禁止包办、买卖婚姻和其他干涉婚姻自由的行为。禁止借婚姻索取财物。"为保障婚姻自由，国务院于 1994 年颁行了原《婚姻登记管理条例》，并于 2003 年颁行了《婚姻登记条例》。

2001 年修正的原《婚姻法》第 2 条、第 3 条承继了 1980 年原《婚姻法》的精神，再次重申我国实行婚姻自由的婚姻制度，禁止干涉婚姻自由的行为，并在第 30 条更加明确地指出子女应当尊重父母的婚姻权利，进一步提高了对父母婚姻自由权利的重视程度。该第 30 条规定："子女应当尊重父母的婚姻权利，不得干涉父母再婚以及婚后的生活。子女对父母的赡养义务，不因父母的婚姻关系变化而终止。"

本条规定承继了 2001 年修正的原《婚姻法》第 30 条规定的精神，但进行了一定的修改，将该第 30 条条文前半段规定的"不得干涉父母再婚以及婚后的生活"修改为"不得干涉父母离婚、再婚以及婚后的生活"，增加了"离婚"二字。因为婚姻自由既包括结婚自由，也包括离婚自由；没有离婚自由，也就没有真正的婚姻自由，故这种修改是对保护父母婚姻自由权利的进一步完善。如此修改后，在文字表述上更加周延，逻辑性更强，在权利保护上也更加完整，不仅强调要保护父母再婚的自由、婚后生活的自由，也强调了要保护父母离婚的自由。即从父母离婚到再婚再到婚后的生活这一完整的过程均受法律的保护。

在《民法典》编纂过程中，社会各界对本条内容的意见并无实质性的分歧，基本能够达成一致。2017 年 9 月 26 日《民法典婚姻家庭编（草案）》（民法室室内稿）第 24 条、2018 年 3 月 15 日《民法典婚姻家庭编（草案征求意见稿）》第 24 条均规定：子女应当尊重父母的婚姻权利，不得干涉父母再婚以及婚后的生活。子女对父母的赡养义务，不因父母的婚姻关系变化而终止。该条完全沿用了 2001 年原《婚姻法》第 30 条的规定，未作任何改动。

2018 年 8 月 27 日《民法典各分编（草案一次审议稿）》第 846 条规定：子女应当尊重父母的婚姻权利，不得干涉父母离婚、再婚以及婚后的生活。子女对父母的赡养义务，不因父母的婚姻关系变化而终止。该条对上述《民法典婚姻家庭编（草案征求意见稿）》第 24 条进行了修改，增加了“离婚”二字。2019 年 6 月 17 日《民法典婚姻家庭编（草案二次审议稿）》第 846 条、2019 年 10 月 15 日《民法典婚姻家庭编（草案三次审议稿）》第 846 条、2019 年 12 月 16 日《民法典（草案）》第 1069 条、2020 年 5 月 21 日《民法典（草案大会审议稿）》第 1069 条、2020 年 5 月 26 日《民法典（草案修改稿）》及 2020 年 5 月 28 日正式通过的《民法典》第 1069 条均未再对本条作任何改动。

三、条文解读

（一）婚姻自由受宪法和法律的保护

婚姻自主权是一项基本人权，是指自然人享有的结婚、离婚自由不受任何人非法干涉的权利。婚姻自由是我国婚姻制度的基本原则，受到宪法和法律的保护。

婚姻自由权是宪法所保护的权利。《宪法》第 49 条第 1 款、第 4 款规定“婚姻、家庭、母亲和儿童受国家的保护”，“禁止破坏婚姻自由，禁止虐待老人、妇女和儿童”。

《民法典》总则编将婚姻自主权确定为一项具体人格权，规定于第 110 条中：“自然人享有生命权、身体权、健康权、姓名权、肖像权、名誉权、荣誉权、隐私权、婚姻自主权等权利。”将婚姻自主权规定于《民法典》总则中，体现了法律对这一权利的重视。同时，《民法典》婚姻家庭编第 1041 条再次重申婚姻家庭受法律保护、实行婚姻自由的婚姻制度，并在第 1042 条、第 1046 条进一步强调禁止干涉婚姻自由的行为。除了原则性的规定外，《民法典》婚姻家庭编中的第1052条、第1053条、第1054条更为具体地赋予了非出于真实意愿结婚一方的救济权，并规定了违反婚姻自由原则婚姻的法律后果。这一系列的规定均体现了国家法律对婚姻自由的重视和保护。

（二）婚姻自由原则的内涵和限制

1. 婚姻自由原则的内涵

在我国，婚姻自由是指男女双方有权依法自主决定自己的婚姻状况，不受任何人的非法干涉。婚姻自由体现在婚姻的缔结和婚姻的解除两个方面，既包括结婚的自由，也包括离婚的自由。结婚自由既包括建立婚姻关系的自由，也包括不建立婚姻关系的自由；离婚自由既包括决定解除婚姻关系的自由，也包括决定不解除婚姻关系的自由。

没有结婚的自由，自然人的人格权就不完整；没有离婚的自由，就会影响到自然人自由结婚的意愿。结婚自由与离婚自由二者相辅相成，有机统一，共同构成了婚姻自由原则的完整内容。现今各国立法例均将婚姻自由规定为一项基本原则，成为衡量一国婚姻家庭立法进步性的重要标志。[①]

2. 婚姻自由的限制

应当注意到，任何权利和自由都不是绝对的，而是相对的，任何权利和自由都应受到一定的合理限制。婚姻自由也不例外，也是受到一定限制的，具体来说，这些限制主要体现在以下几个方面：

第一，婚姻双方年龄的限制。并不是所有年龄段的人均可以缔结婚姻关系。结婚需要有一定的年龄限制。《民法典》第1047条规定："结婚年龄，男不得早于二十二周岁，女不得早于二十周岁。"这是法律关于法定婚龄的规定。但是，法定婚龄是法律允许结婚的最低年龄要求，并不是必须结婚的年龄。男女双方达到法定婚龄后，仍然可以自主决定何时结婚。在《民法典》编撰过程中，有的意见曾经建议适当降低法定婚龄，也有的意见认为应当维持现行规定。全国人民代表大会宪法和法律工作委员会经与国家卫健委、司法部等有关方面研究后认为，现行法定婚龄的规定已为广大社会公众所熟知和认可，如果进行修改，属于婚姻制度的重大调整，宜在进行充分的调查研究和科学的分析评估后再定，建议暂不修改法定婚龄。

① 参见梁慧星主编：《中国民法典草案建议稿附理由：亲属编》，法律出版社2013年版，第5页。

第二，婚姻双方血缘关系的限制。在现实生活中，曾经出现过具有一定亲属关系的人相互爱慕、希望共度一生的情况。这是个人思想的自由，但法律不允许具有某些血缘关系的人缔结婚姻关系，这主要是从优生优育以及维护传统伦理道德和亲属秩序方面考虑作出的决定。《民法典》第1048条规定：“直系血亲或者三代以内的旁系血亲禁止结婚。”故，若男女双方之间具有这样的血缘关系，他们的结婚自由是受到限制的。

第三，婚姻双方性别的限制。在我国，目前阶段，只允许男女之间缔结婚姻关系，尚不允许同性之间缔结婚姻关系。《民法典》第1046条规定：结婚应当男女双方完全自愿。第1049条规定，要求结婚的男女双方应当亲自到婚姻登记机关申请结婚登记。第1050年规定：“登记结婚后，按照男女双方约定，女方可以成为男方家庭的成员，男方也可以成为女方家庭的成员。”这些规定均反映了我国目前阶段只认可男女两性之间可以缔结婚姻关系。

第四，婚姻双方离婚的限制。虽然男女双方享有婚姻自由的权利，但这并不意味着在行使权利时可以随心所欲，想结婚就结婚，想离婚就离婚，尤其是在离婚方面，需要受到一定的制约。缔结婚姻即组建了家庭。组建家庭后，不仅要过好自己的生活，还要担负起维护家庭和谐、社会稳定的责任；不仅要考虑自己对婚姻的意愿，也要考虑婚姻相对方以及未成年子女的利益，不能仅凭婚姻一方的个人喜好决定婚姻是否维系。《民法典》第1077条规定了离婚冷静期，第1079条规定了判断夫妻感情是否破裂的有关情形，这些规定在一定程度上表现为对离婚自由的限制，但更体现的是对婚姻的保护。

第五，结婚时间的限制，即在同一个时间段内只能存在一个有效的婚姻关系。我国实行一夫一妻的婚姻制度，在存在有效婚姻关系的情况下，夫妻一方不得与他人再行登记结婚，否则将会承担相应的法律责任，该责任包括民事责任，如离婚损害赔偿等；也包括刑事责任，如重婚罪等。在民事领域，我国原则上不再承认事实婚，但符合《民法典婚姻家庭编解释（一）》第7条规定的情形除外。在刑事领域，事实婚至今仍是犯罪构成要件之一，男女双方在登记结婚后，若一方与他人形成了事实婚姻关系，构成重婚罪。

（三）父母的婚姻自由应受到保护

《民法典》第1041条规定的“婚姻自由”是我国婚姻家庭制度中的重要内容。婚姻自由制度保护的是所有人的婚姻自由，既包含了年轻人的婚姻自由，自然也包括老年人的婚姻自由。当然老年人享有的婚姻自由也不是绝对的自由，这种自由也是受到一定限制的，这种限制详见上文，在此不再赘述。

父母离婚、再婚通常会涉及子女对生父或者生母的情感寄托、对继父或者继母的接受程度，还会涉及生父或者生母再婚后的财产处理和安排等，这些因素往往会对父母离婚、再婚造成很大的影响，父母也会因此遭受很大的压力。现实生活中，一般关注的是年轻人的婚姻状况，相对来说，对老年人的婚姻需求关注不够，老年人的婚姻自由没有得到充分保障。实践中，对老年人婚姻自由的干涉很大一部分来自其子女，这种干涉因为涉及家庭关系，往往错综复杂，尤其是在老年人再婚的情况下，更是如此。本条即在强调对老年人婚姻自主权利的保护，尤其是防止子女对父母婚姻自由的干涉。

保障老年人的婚姻自由既是婚姻自由原则的应有之义，也是社会文明进步的体现。对于老年人，不仅要关注其物质生活是否充足，也要关注其精神需求是否能够得到满足。现实中，子女一般工作较忙，而且会有自己的小家庭，对父母的陪伴往往不够，对父母精神上的慰藉更是缺乏。老年人在原婚姻关系终止后再次缔结新的婚姻关系，一方面能够在生活上相互帮助、相互照顾，另一方面也能够相互陪伴，在精神上相互慰藉，因此老年人双方出于真心的再婚有利于其身心健康。社会应当认可老年人的自由婚姻，子女也应当尊重父母的婚姻选择。

子女应从以下三个方面尊重父母的婚姻自主权。

1. 尊重父母对是否维系现有婚姻关系的选择

要认识到父母是其婚姻关系的主体，是婚姻当事人。父母之间是否存在感情、是否还有共同生活的愿意，只有他们自己才清楚，子女不能以自己的感受来替父母决定是否离婚。如果父母双方已经决定要解除婚姻关系，子女可以劝和，但是在劝和未果时，不能以非法手段进行阻止。即使是父母一方单方决定要离婚，子女也应尊重其选择，将是否决定离婚的权利交由父母另一方来行使或者交由法律来判断。同理，如果父母双方均认为夫妻感情融洽，共同生活愉悦，均希望长期共同生活、相濡以沫、共度余生，那么子女就不能以自己的好恶逼迫父母解除婚姻关系。

2. 尊重父母决定是否再婚的权利

若父母离婚或者一方去世，健在的父母一方决定再次登记结婚的，应尊重其决定。不仅应尊重其再婚的决定权，还应尊重其再婚的选择权，即无论其选择与谁结婚，子女原则上均应尊重其选择。当然，如果子女根据自己的生活经验认为结婚对象不合适，可以与父亲或者母亲坦率沟通、交流意见。若沟通未果，还是应尊重其选择，不得阻挠或者干涉。实践中，子女进行阻挠的原因，既可能因为对已经去世的父母感情很深，心理上接受不了在世的父母再婚，也有可能因为担心父母再婚后发生财产纠纷。但无论出于何种原因，都不得因此干涉父母的再婚行为。同理，如果健在的父母一方出于对去世的一方的思念或者出于其他原因，不愿再次缔结婚姻关系的，子女也不能强迫其再婚，即使出于为父母好的角度考虑，也不得实施包办婚姻的行为。

3. 应尊重父母对婚后生活方式的选择

父母是独立的自然人，有自己的人格尊严。父母婚后有权选择自己的生活方式，比如有权选择自己的居所、有权选择和谁共同居住、有权选择如何使用自己的财产满足自己的生活需求等，子女应当尊重父母的生活方式选择权。实践中，子女对父母生活进行干涉的情况更多地出现在父母再婚的情形下。在父母是原配夫妻的情况下，子女一般很少会干涉父母的日常生活。在再婚情形下，子女干涉父母生活的原因主要有两类：一是因为在感情上无法接受继父或者继母；二是担心生父母再婚后处分财产，导致自己无法得到生父母的财产。无论出于何种原因，均不得对父母婚后的生活进行不当干涉。当然，也应当注意到，再婚家庭中，再婚夫妻或者再婚夫妻各自的原生家庭成员有可能会因财产的分配问题产生矛盾和纠纷，实践中，这样的事例也屡见不鲜。如果的确出现了再婚夫妻一方侵害另一方合法权益的情形，权益受损方的子女可以协助其生父或者生母维护自己的权利。在再婚夫妻一方丧失完全民事行为能力的情况下，若其权益遭受配偶另一方的侵害，其子女可以通过变更监护人的方式来维护其权益。这种维权行为，不应被视为干涉父母婚后的生活。

我国不仅在民事法律上规定应尊重父母的婚姻自主权，在刑事法律上对此也有着明确的规定。《刑法》第 257 条第 1 款、第 2 款即规定："以暴力干涉他人婚姻自由的，处二年以下有期徒刑或者拘役。犯前款罪，致使被害人死亡的，处二年以上七年以下有期徒刑。"子女非法干涉父母婚姻，如果符合《刑法》第 257 条的规定，即会构成暴力干涉婚姻自由罪，依法应承担刑事责任。

（四）父母婚姻关系变化与子女赡养义务的履行

1. 子女的赡养义务不受父母婚姻关系变化的影响

《民法典》第 26 条第 2 款规定："成年子女对父母负有赡养、扶助和保护的义务。"第 1067 条第 2 款规定："成年子女不履行赡养义务的，缺乏劳动能力或者生活困难的父母，有要求成年子女给付赡养费的权利。"《老年人权益保障法》第 21 条规定："老年人的婚姻自由受法律保护。子女或者其他亲属不得干涉老年人离婚、再婚及婚后的生活。赡养人的赡养义务不因老年人的婚姻关系变化而消除。"由此可见，子女对父母的赡养义务具有以下的特点：（1）赡养义务是法定义务，具有强制性。只要父母缺乏劳动能力或者生活困难，子女就应当履行赡养义务，不得附加任何其他条件；（2）子女对父母的赡养义务是无期限的，只要父母健在，子女就负有赡养的义务。子女对父母的赡养义务是基于亲子关系所产生的义务，父母的婚姻状况不是影响子女赡养义务的因素。

2. 再婚夫妻间的相互扶养义务与子女对父母赡养义务

《民法典》第 1059 条规定夫妻之间有相互扶养的义务。再婚后，再婚夫妻之间也即有了相互扶养的义务。此时，子女是否还应负有赡养父母的义务？子女赡养父母的义务是法定的，只要父母有被赡养的需要，子女即应履行该义务。但是，也不能完全忽略夫妻之间相互扶养的义务，再婚配偶也不得以子女有赡养义务为由要求免除夫妻之间的扶养义务。子女赡养与夫妻扶养均应作为保护老年人生存权益的考虑因素。

3. 不履行赡养义务应承担相应的责任

在民事责任方面，子女不履行赡养义务的，父母可以提起民事诉讼，要求子女给付赡养费或者以其他方式履行赡养义务。根据《民事诉讼法》的规定，追索赡养费的案件，当事人甚至可以申请先予执行。

在刑事责任方面，子女拒绝支付赡养费情节恶劣的，还可能构成遗弃罪，《刑法》第 261 条明确规定："对于年老、年幼、患病或者其他没有独立生活能力的人，负有扶养义务而拒绝扶养，情节恶劣的，处五年以下有期徒刑、拘役或者管制。"

适用指引

一、透过现象看本质，要看到某些民事纠纷下所掩盖的干涉父母婚姻自由的实质

实践中，子女干涉父母婚姻自由的行为一般是通过其他类型的民事纠纷的形象出现的。子女对父母再婚婚姻不满而又无法让父母按照子女的意愿行事时，子女一般会疏离父母，对父母不闻不问，不加照顾和赡养。此时，父母会以赡养纠纷为由起诉子女，要求其履行赡养义务。如果仅仅按照赡养纠纷进行处理，往往会因为抓不住问题的关键而达不到良好的处理效果。在这种情况下，应该全面了解纠纷产生的原因，透过现象看到本质，抓关键才能解决好问题。

此外，实践中也曾出现过子女因为对父母的再婚婚姻不满而起诉父母，要求腾房、还钱或者返还财产等类型的案件，这些案件都是因父母婚姻状况发生变化而引起，在处理相关具体案件时应予注意。

二、赡养协议问题

所谓赡养协议，是指一个老年人存在多个成年子女的，成年子女之间就对父母进行赡养的内容、方式、分工等进行具体约定所达成的协议。赡养协议增加了赡养制度的灵活性，是当前解决赡养问题的具有可操作性的有效方法。有效的赡养协议应具备以下要件：第一，赡养协议应具备有效民事法律行为的成立要件，如协议签订人应具有相应的民事行为能力、协议意思表示真实、不违反法律或者社会公共利益等。第二，赡养协议必须经过父母的同意，并且不能侵害父母的合法权利，如《老年人权益保障法》第 20 条第 1 款规定："经老年人同意，赡养人之间可以就履行赡养义务签订协议。赡养协议的内容不得违反法律的规定和老年人的意愿。"需要指出的是，赡养协议并没有改变赡养的本质属性，即使父母同意子女之间签订了赡养协议，如果客观条件发生变化，比如父母患病需要大额医药费，或者双方经济条件发生重大变化、物价发生较大变化，父母都有重新向子女请求给付赡养费的权利。①

① 参见最高人民法院民法典贯彻实施工作领导小组主编：《中华人民共和国民法典婚姻家庭编继承编理解与适用》，人民法院出版社 2020 年版，第 200~201 页。

三、注意区分正当的维权行为与干涉父母婚姻自由的行为

在再婚情形下，再婚夫妻双方往往都会有自己的原生家庭。再婚夫妻双方有时会出于为自己的亲生子女或亲兄弟姐妹多争取物质利益的考虑而损害再婚配偶另一方权益的情形，这种情形在再婚夫妻一方为无民事行为能力人的情况下更为突出。在再婚夫妻一方侵害另一方合法权益的情况下，若不赋予权益受损一方子女救济权是不公平的。

《民法典》第36条第1款规定："监护人有下列情形之一的，人民法院根据有关个人或者组织的申请，撤销其监护人资格，安排必要的临时监护措施，并按照最有利于被监护人的原则依法指定监护人：（一）实施严重侵害被监护人身心健康的行为；（二）怠于履行监护职责，或者无法履行监护职责且拒绝将监护职责部分或者全部委托给他人，导致被监护人处于危困状态；（三）实施严重侵害被监护人合法权益的其他行为。"

《民法典婚姻家庭编解释（一）》第62条规定："无民事行为能力人的配偶有民法典第三十六条第一款规定行为，其他有监护资格的人可以要求撤销其监护资格，并依法指定新的监护人；变更后的监护人代理无民事行为能力一方提起离婚诉讼的，人民法院应予受理。"根据本条规定，如果再婚夫妻一方为无民事行为能力人，夫妻另一方实施了《民法典》第36条第1款规定的行为，无民事行为能力人的子女可以要求变更监护人，在变更监护人后可以代理再婚父母提起离婚诉讼。此时，子女是在维护再婚父母一方的合法权益，不能将子女代理提起离婚诉讼的行为看作是干涉了父母的婚姻自由。

类案检索

一、尹某1与尹某2婚姻自主权纠纷案

关键词： 老年人　再婚　婚姻自主权

裁判摘要： 自然人享有婚姻自主权，禁止买卖、包办婚姻和其他干涉婚姻自由的行为。老年人的婚姻自由受法律保护。子女或者其他亲属不得干涉老年人离婚、再婚及婚后的生活。赡养人的赡养义务不因老年人的婚姻关系变化而消除。一切干涉婚姻自由的行为，不论采取什么形式，也不论与当事人的关系

如何，不论是他们的父母子女，兄弟姐妹或别的亲属以及其他任何人，都是侵害婚姻自主权的行为，当事人有权请求法律保护。小儿子尹某2坚决反对郭某到家中与其父尹某1一起生活，在遇到郭某在家中时要求其离开，属于侵害婚姻自主权的行为。侵害他人民事权益，应当承担民事责任。

【案　　号】（2019）云0523民初90号

【审理法院】云南省龙陵县人民法院

二、杨某与罗某1、罗某2、罗某3、罗某4赡养费纠纷案

关键词：老年人　再婚　赡养费

裁判摘要：赡养老人既是中华民族的传统美德，也是每个子女应尽的义务，任何人不得以任何理由不赡养老人。子女应当尊重父母的婚姻权利，不得干涉父母再婚以及婚后的生活。子女对父母的赡养义务，不因父母的婚姻关系变化而终止。不管是亲生子女或是养子女，均负有赡养老人的义务。子女赡养老人既是人伦道德义务，亦是法律规定的义务。被告罗某1等子女以其母原告再婚为由，减少支付或不支付赡养费的行为，违反了法律的强制性规定。

【案　　号】（2020）黔2631民初1059号

【审理法院】贵州省黎平县人民法院

第一千零七十条　父母和子女有相互继承遗产的权利。

关联规定

法律、行政法规、司法解释

1.《中华人民共和国宪法》

第十三条　公民的合法的私有财产不受侵犯。

国家依照法律规定保护公民的私有财产权和继承权。

国家为了公共利益的需要，可以依照法律规定对公民的私有财产实行征收或者征用并给予补偿。

2.《中华人民共和国民法典》

第一百二十四条　自然人依法享有继承权。

自然人合法的私有财产，可以依法继承。

第一千一百二十二条　遗产是自然人死亡时遗留的个人合法财产。

依照法律规定或者根据其性质不得继承的遗产，不得继承。

第一千一百二十七条　遗产按照下列顺序继承：

（一）第一顺序：配偶、子女、父母；

（二）第二顺序：兄弟姐妹、祖父母、外祖父母。

继承开始后，由第一顺序继承人继承，第二顺序继承人不继承；没有第一顺序继承人继承的，由第二顺序继承人继承。

本编所称子女，包括婚生子女、非婚生子女、养子女和有扶养关系的继子女。

本编所称父母，包括生父母、养父母和有扶养关系的继父母。

本编所称兄弟姐妹，包括同父母的兄弟姐妹、同父异母或者同母异父的兄弟姐妹、养兄弟姐妹、有扶养关系的继兄弟姐妹。

第一千一百五十五条　遗产分割时，应当保留胎儿的继承份额。胎儿娩出时是死体的，保留的份额按照法定继承办理。

3.《最高人民法院关于适用〈中华人民共和国民法典〉继承编的解释（一）》

第四十条 婚姻关系存续期间，夫妻双方一致同意进行人工授精，所生子女应视为婚生子女，父母子女间的权利义务关系适用民法典的有关规定。

条文释义

一、本条主旨

本条是关于父母和子女相互之间有继承权的规定。

二、条文演变

亲子间相互享有继承权。1950年原《婚姻法》对此已经有了规定，该法第14条规定："父母子女有互相继承遗产的权利。"1980年原《婚姻法》第18条延续了这一规定："夫妻有相互继承遗产的权利。父母和子女有相互继承遗产的权利。"2001年修正原《婚姻法》时，对前述第18条的内容未作任何改动，并将其规定于第24条："夫妻有相互继承遗产的权利。父母和子女有相互继承遗产的权利。"2001年修正的原《婚姻法》第24条规定于该法第三章"家庭关系"中，但该第三章并未分节。《民法典》婚姻家庭编在第三章"家庭关系"下分设了两节，第一节为"夫妻关系"，第二节为"父母子女关系和其他近亲属关系"。在分节后，将前述第24条的两款内容分别拆分为两个独立的条文。其中将第24条第1款作为《民法典》的第1061条，规定于第一节"夫妻关系"下，条文内容没有任何变化；将第24条第2款作为第1070条，规定于第二节"父母子女关系和其他近亲属关系"下。如此拆分规定，在体系和逻辑上更加科学和合理。

三、条文解读

本条是关于父母和子女间相互享有继承对方遗产权利的规定。父母和子女之间相互有继承权，体现的是亲子关系中的财产关系。《民法典》第26条及第1067条均规定父母有抚养未成年子女或者不能独立生活的成年子女的义务，成年子女对缺乏劳动能力或者生活困难的父母有赡养的义务。本条规定父母、子女间有相互继承遗产的权利，这在一定程度上也体现了权利和义务对等的原则。

所谓继承，是指生者承受亡者的相关权益，解决的是亡者合法权益正当流转的问题。继承有广义和狭义之分。广义的继承包括身份上的继承和财产上的继承。身份上的继承指承袭亡者生前在社会上享有的身份地位，如王位、爵位、官位、家长身份等；财产上的继承指生者承受死者的相关财产权益，既包括积极的财产，也包括消极的财产（如债务等）。狭义的继承仅指财产上的继承。当代社会，继承一般作狭义理解，我国法律规定的继承亦是如此。

所谓继承权，是指生者概括承受死者合法财产权益的权利。继承是一种权利，自然人可以享有并行使继承权，也可以放弃继承权。在触犯法律禁止性规定的情况下，继承权也可以被剥夺。继承权被剥夺后，在满足法律规定的条件时，还可以恢复。继承权的行使、放弃、被剥夺和恢复在《民法典》继承编中均有着具体的规定。

因为传统观念、风俗习惯的不同，各国立法对法定继承人的范围也有着不同的规定。但在现代继承法中，继承大都限于特定亲属关系人之间，即继承人与被继承人都有一定的亲属关系。继承人范围的确定、继承顺序的安排、继承份额比例的划分等都是以一定的身份关系为基础的。以身份关系为基础确定继承制度，一方面是为了保证相关财产在特定的家族范围内流转，另一方面也是为了保障种族繁衍、维系家庭伦理道德、稳定社会经济秩序。

各国继承法律在确定血亲继承顺序时，一般主要依据的是血亲间血缘关系的远近。在血缘关系上，相对于子女来说，父母是关系最近的直系血亲尊亲属；相对于父母来说，子女是关系最近的直系血亲卑亲属。在当今社会，几乎所有国家在法律上都承认父母和子女之间相互享有继承权，我国也不例外。《民法典》第 1127 条第 1 款规定："遗产按照下列顺序继承：（一）第一顺序：配偶、子女、父母；（二）第二顺序：兄弟姐妹、祖父母、外祖父母。"该条第 2 款规定："继承开始后，由第一顺序继承人继承，第二顺序继承人不继承；没有第一顺序继承人继承的，由第二顺序继承人继承。"可见，我国不仅规定了父母和子女间相互享有继承权，而且规定了父母和子女相互之间是第一顺序继承人，父母和子女相互继承对方遗产的权利优先于其他血亲。

现实生活是复杂多样的，父母和子女也存在着不同的类型，如父母有生父母、养父母、继父母之分，子女有生子女、养子女、继子女之别等。要正确理解本条的规定，就应当对父母和子女的范围作出准确的界定。

（一）子女范围的理解

《民法典》第1127条第3款规定："本编所称子女，包括婚生子女、非婚生子女、养子女和有扶养关系的继子女。"据此规定，作为第一顺序法定继承人的"子女"就包含了三大类：生子女、养子女和有扶养关系的继子女。

1. 生子女

生子女又可以分为两类：一是婚生子女；二是非婚生子女。但无论是婚生还是非婚生，他们的继承法律地位是平等的，应一视同仁，均将其作为生子女对待。《民法典》第1071条第1款明确规定："非婚生子女享有与婚生子女同等的权利，任何组织或者个人不得加以危害和歧视。"此条规定了婚生、非婚生子女权利平等的原则，这一原则体现在继承法律关系中即表现为婚生子女、非婚生子女均享有平等的继承权，均是第一顺序法定继承人。

（1）婚生子女。婚生子女，是指夫妻双方在合法婚姻关系期间受孕或所生育的子女。这里所称"合法婚姻关系"，既包括在婚姻登记机关依法办理结婚登记而确立的婚姻关系，也包括《民法典婚姻家庭编解释（一）》第7条第1项所规定的事实婚姻关系；这里所称的"夫妻"，既包括原配夫妻，也包括再婚夫妻。婚生子女无论性别如何，无论是随父姓还是随母姓，也无论其年龄大小、结婚与否，都有继承父母遗产的权利。

（2）非婚生子女。非婚生子女，是指没有合法婚姻关系的男女所生育的子女。非婚生子女和婚生子女有同等的继承权。国家法律政策虽然不鼓励在没有合法婚姻关系的情况下生育子女，但是否缔结婚姻关系是当事人的婚姻自由，不应过多地干涉。在价值多元的理念下，未婚生子不应当受到歧视。在现实生活中，未婚生子情况屡见不鲜，不应对这种社会现象视而不见，法律虽不鼓励未婚生子，但一旦子女出生，对子女自身的权益是应当加以保护的。即使男女双方是由于婚外情等不道德的两性关系生育子女，也是父母的过错，非婚生子女是无辜的，故非婚生子女不应当因此受到危害和歧视。

2. 养子女

养子女，是指被合法收养的子女。《民法典》婚姻家庭编第五章"收养"部分对收养人、被收养人、送养人、收养关系的成立条件等进行了明确的规定。如第1093条规定："下列未成年人，可以被收养：（一）丧失父母的孤儿；

（二）查找不到生父母的未成年人；（三）生父母有特殊困难无力抚养的子女。”第 1105 条第 1 款规定：“收养应当向县级以上人民政府民政部门登记。收养关系自登记之日起成立。”在确定收养关系是否成立时，要以第五章的相关规定作为判断的依据。收养关系成立后，养子女与生父母以及其他亲属间的权利义务关系即行消除，养子女与其生父母之间也就不再相互享有继承遗产的权利。同时，收养关系成立后，养父母和养子女之间成立拟制的血亲关系，即将养父母和养子女视为生父母和生子女，他们之间的权利义务关系适用《民法典》关于父母子女间关系的规定，养父母与养子女也因此而相互享有继承权，养子女也就有权继承养父母的遗产。

3. 继子女

继子女，是指妻与前夫或者夫与前妻所生的子女。继子女与继父母之间的关系是因子女生父母一方死亡、另一方再婚或者生父母双方离婚后一方再婚而形成的子女与生父或者生母再婚配偶之间的一种亲属关系。继父母、继子女能否相互享有继承权，取决于他们之间是否形成了扶养关系。《民法典》第 1127 条第 3 款规定：“本编所称子女，包括婚生子女、非婚生子女、养子女和有扶养关系的继子女。”依据该款规定，只有在继子女与继父母之间形成了扶养关系的，继子女才能继承继父母的遗产，若未形成扶养关系，则不能继承。

继子女对父母遗产的继承权具有特殊性，即与继父母形成了扶养关系的继子女享有双重的继承权，既有权继承继父母的遗产，同时也有权继承生父母的遗产，《民法典继承编解释（一）》第 11 条第 1 款对此进行了明确的规定。继子女与继父母之间形成拟制血亲之后，其和生父母之间的父母子女关系仍然存在，并不解除，这一点与养子女不同。

（二）父母范围的理解

《民法典》第 1127 条第 4 款规定：“本编所称父母，包括生父母、养父母和有扶养关系的继父母。”据此规定，作为第一顺序法定继承人的“父母”就包含了三大类：生父母、养父母和有扶养关系的继父母。

1. 生父母

生父母是指和子女之间存在血缘关系的父母，是相对于养父母、继父母而言的。生父母对自己的亲生子女有继承权，既包括婚生子女，也包括非婚生子女。但是如果亲生子女被他人收养并且成立了收养关系的，生父母和亲生子女之间的权利义务关系消除，相互不再享有继承权。收养关系解除后，依据《民法典》第 1117 条规定，养子女与生父母间的权利义务关系自行恢复，继承权亦再次享有。但是，成年养子女与生父母间的权利义务关系是否恢复，可以协商确定。

2. 养父母

自收养关系成立之日起，养父母与养子女间的权利义务关系，适用父母子女关系的规定，养父母对养子女当然享有继承权。但是，一旦收养关系解除，不论解除原因为何，双方的权利义务关系都终止，双方不再享有互相继承遗产的权利。

3. 继父母

继父母对继子女是否享有继承权，取决于双方之间是否形成扶养关系，若形成了扶养关系，则继父母有权继承继子女的遗产，否则无权继承继子女的遗产。与形成了扶养关系的继子女享有双重继承权一样，形成了扶养关系的继父母也享有双重继承权，其既可以继承自己亲生子女的遗产，同时也可以继承形成了扶养关系的继子女的遗产，《民法典继承编解释（一）》第 11 条第 2 款对此进行了明确的规定。

（三）本条规定主要适用于法定继承但也会对遗嘱继承产生影响

1. 遗嘱继承优先于法定继承

继承法律制度规定了两种类型的继承方式：一是法定继承；二是遗嘱继承。法定继承，是指法律直接规定继承人的范围、继承的先后顺序以及遗产分配原则的继承方式，它具有法定性和强行性。遗嘱继承，是按照被继承人生前所立的合法有效的遗嘱来确定遗产受益人范围以及遗产分配方式的继承形式。遗嘱继承与法定继承最大的区别在于：法定继承中，继承人的范围、继承顺序、遗产分配原则等有关继承的事项都是法律规定的；遗嘱继承中，遗产受益人的范围、遗产分配原则等有关遗产的继承事项都是依照被继承人的预先指定确定的。但无论法定继承还是遗嘱继承，对于哪些财产可以作为遗产处理的问题都需要符合法律的规定，即使在遗嘱继承中，遗嘱人也不能随意将任何物品均确定为遗产。对个人意志的尊重是私法的基础之一，从保护私有财产的流转、尊重当事人意思自治的角度考虑，由于遗嘱继承更能体现被继承人处分遗产的自由意愿，所以，遗嘱继承优先于法定继承适用，即有遗嘱按遗嘱继承，无遗嘱亦无遗赠扶养协议的，才适用法定继承。在被继承人存在遗嘱的情形下，其父母或者子女是否有权继承遗产，应根据遗嘱确定。

2. 在有遗嘱的情况下，遗产受益人的不同会影响继承的性质

应当注意遗嘱继承和遗赠的区别。《民法典》第 1133 条第 2 款、第 3 款规定："自然人可以立遗嘱将个人财产指定由法定继承人中的一人或者数人继承。自然人可以立遗嘱将个人财产赠与国家、集体或者法定继承人以外的组织、个人。"据此规定，遗嘱继承人必须是法定继承人范围以内的人，但不受顺序限制，遗嘱继承人继承的遗产份额也不受法定遗产份额的约束。比如可以立遗嘱指定配偶、子女、父母、兄弟姐妹、祖父母、外祖父母这些法定继承人中的一人或者数人继承，但不可以立遗嘱指定姑、伯、姨、舅继承，因为后者不是法定继承人；如果遗嘱中有如此内容的，则其性质应认定为遗赠，而非遗嘱继承。若是遗赠，受赠人必须在法定期限内表示接受遗赠，否则视为放弃接受遗赠；若是遗嘱继承，遗嘱受益人没有这种表示接受的期限限制。

适用指引

一、确定有无继承权的时间点

《民法典》第 1121 条第 1 款规定："继承从被继承人死亡时开始。"确定自然人是否有权继承遗产，应以被继承人死亡时双方之间的身份关系状况为准。这一点，对养父母、养子女相互之间是否享有继承权以及继父母、继子女之间是否相互享有继承权尤为重要。

如果在被继承人死亡时，养父母、养子女之间的收养关系已经解除，那么双方之间即不再相互享有继承权。如果截至被继承人死亡时，继父母、继子女之间没有形成扶养关系，那么双方之间也不能再享有继承权。

此外，解除收养关系后，养子女与其生父母之间的权利义务关系也并不是一定会恢复。在养子女已经成年的情况下，解除收养关系后，成年养子女与其生父母之间可以协商确定是否恢复父母子女间的权利义务关系。协商确定恢复的，可以恢复；协商确定不恢复的，可以不恢复。

二、注意男女平等原则的适用

在确认婚生子女继承权时，应坚持男女平等原则，不论是儿子或者女儿，都平等地享有对父母遗产的继承权。在现实生活中，有的农村地区女儿出嫁后存在忽视或取消女儿继承权的现象，这是违反法律规定的。女儿出嫁后依然承担赡养父母的义务，也依然享有继承父母遗产的权利。

应注意的是，诸如女儿出嫁后即成为男方家的人，不得再继承生父母的遗产之类的传统观念在一些地区人的头脑中还较为牢固，同一地区具有同样观念的其他人也会在有形、无形中对此类案件当事人施加舆论压力。在处理具体的继承纠纷时，应当注重辨法析理，注重与当地村委会、居委会或者德高望重者的沟通，尽量以既符合当地风俗习惯，又符合法律规定的方式妥善解决纠纷，尽量避免对案件当事人今后在当地的生活造成困扰。

三、注意本条规定的性质

本条是对父母、子女间相互享有权利的原则性规定，只是将该权利具体化为继承权。《民法典》继承编及其司法解释专门规定了继承制度，对父母、子女间的继承人的范围、继承方式、遗产继承比例、遗产分配原则等问题作了详细的规定。比照特别法优于普通法的原则，在处理父母、子女间的继承纠纷时，首先应当适用《民法典》继承编及其司法解释的相关规定。本条只是父母子女间互享继承权的权利宣示性规定，对当事人来说，不宜将其单独作为处理继承纠纷的请求权依据；对于司法机关来说，也不宜将其单独作为处理继承纠纷的裁判依据。

四、夫妻一致同意人工授精所生子女视为婚生子女

《民法典婚姻家庭编解释（一）》第40条规定："婚姻关系存续期间，夫妻双方一致同意进行人工授精，所生子女应视为婚生子女，父母子女间的权利义务关系适用民法典的有关规定。"

人工授精一般分为同质人工授精和异质人工授精。同质人工授精指的是利用丈夫的精子进行人工授精；异质人工授精指的是利用丈夫以外男性的精子进行人工授精。

人工授精所生子女视为婚生子女需要同时满足以下两个条件：

（1）在夫妻婚姻关系存续期间授精。只要子女是在婚姻关系存续期间授精的，无论子女是否在父母婚姻关系存续期间出生，都应视为满足了本条件。

（2）需要夫妻双方一致同意人工授精。需要注意的是，这里所述需要夫妻双方一致同意，指的是在异质人工授精的情况下需要夫妻双方一致同意；在同质人工授精的情况下，不需要夫妻一致同意，无论是否一致同意，所生子女均应视为婚生子女。

五、注意区分寄养子女、过继子女与养子女

一是寄养子女。现实生活中，有的未成年人因父母死亡或家庭生活困难等原因被寄养在亲戚朋友家里。虽然被寄养人与抚养照顾人可能长期一起共同生活，有些甚至以父子、母子相称，但如果是在原《收养法》实施后寄养，只要没有办理合法的收养登记，双方就不属于养父母、养子女关系，被寄养人不能继承抚养照顾人的遗产。当然，如果符合《民法典》第 1131 条规定的可以适当分得遗产情形的，可以酌情分得适当遗产。《民法典》在一定程度上也注意到了这一问题，婚姻家庭编第五章“收养”下的第 1107 条规定：“孤儿或者生父母无力抚养的子女，可以由生父母的亲属、朋友抚养；抚养人与被抚养人的关系不适用本章规定。”

二是过继子。我国民间风俗中存在“过继子”，情形大体有两种：一种是在被继承人生前过继，另一种是在被继承人死后过继。死后过继，过继子与被继承人之间无任何法律上的权利义务关系，当然不享有继承权。生前过继，应当区分是在原《收养法》公布实施之前还是之后过继。在原《收养法》公布实施之前过继，又实际上有抚养关系的，属于事实收养，可以适用养父母与养子女之间关系，相互有继承遗产的权利；在原《收养法》公布实施之后的过继，即使有实际上的扶养关系，只要没有办理收养登记，也不能适用养父母与养子女之间的关系，相互之间没有继承遗产的权利。

类案检索

一、曾某与邓某 1、邓某 2 继承纠纷案

关键词： 分家析产　遗产　法定继承

裁判摘要：农村“分家析产”的习俗背后，实际往往是父母在子女成年后为了帮助子女成家立业将自己辛劳大半生的财产和积蓄赠与子女，并非分割法律上所规定的家庭成员共同劳动、共同生产经营所形成的家庭共同财产。但这种“分家析产”的习俗亦不应当侵犯年迈的父母的合法权益，尤其是不应侵犯在家庭关系中往往处于弱势地位的作为妻子和母亲的女性的合法权益，子女亦不应认为父母将辛劳大半生所获得的财产赠与自己是理所当然。被继承人生前在未与妻子协商一致的情况下将属于夫妻共同财产的房产分配给两个儿子所有和使用，侵犯了妻子的合法权益，是擅自处分、分割夫妻共同财产，该分配无效。被继承人生前未订立遗嘱或遗赠扶养协议，故对于被继承人的遗产应按照法定继承办理，由其法定第一顺序继承人妻曾某、大儿邓某1、二儿邓某2继承。曾某主张邓某1不应分得遗产不予支持，三名继承人平均继承邓某某遗产。曾某、邓某某所建的楼房的所有权的50%属于曾某所有，另外原属于邓某某的50%所有权由曾某、邓某1、邓某2三名继承人平均继承。

【案　　号】（2020）粤0114民初13243号

【审理法院】广东省广州市花都区人民法院

二、彭某与张某1等继承纠纷案

关键词：遗嘱继承　法定继承　继父母子女　收养

裁判摘要：被继承人张某2因病去世，其妻彭某与前夫曾生育一子张某1。彭某、张某1所提供的张某2的自书遗嘱不符合自书遗嘱的构成要件，且继承人之一张某2之母胡某不予认可，彭某、张某1也没有提供其他证据予以佐证，故法院对该自书遗嘱不予认定。继子张某1不能证明其与张某2有扶养关系，张某1无权继承张某2的遗产。张某3系张某2之弟张某4的二女儿，张某3的户口虽与彭某在一起，因张某3与张某2、彭某未形成事实上的收养关系，张某3的承包地一直由其亲生父母耕种，张某3称其与张某2存在收养关系，但未提供证据证明收养已依法向县级以上政府民政部门登记，对张某2与张某3之间的收养关系不予认定。法院认定张某2的第一顺序继承人为其妻子彭某、其母亲胡某。

【案　　号】（2019）豫11民终796号

【审理法院】河南省漯河市中级人民法院

第一千零七十一条　非婚生子女享有与婚生子女同等的权利，任何组织或者个人不得加以危害和歧视。

不直接抚养非婚生子女的生父或者生母，应当负担未成年子女或者不能独立生活的成年子女的抚养费。

关联规定

一、法律、行政法规、司法解释

1.《中华人民共和国宪法》

第三十三条　凡具有中华人民共和国国籍的人都是中华人民共和国公民。

中华人民共和国公民在法律面前一律平等。

国家尊重和保障人权。

任何公民享有宪法和法律规定的权利，同时必须履行宪法和法律规定的义务。

2.《中华人民共和国民法典》

第一百四十八条　一方以欺诈手段，使对方在违背真实意思的情况下实施的民事法律行为，受欺诈方有权请求人民法院或者仲裁机构予以撤销。

第一百五十七条　民事法律行为无效、被撤销或者确定不发生效力后，行为人因该行为取得的财产，应当予以返还；不能返还或者没有必要返还的，应当折价补偿。有过错的一方应当赔偿对方由此所受到的损失；各方都有过错的，应当各自承担相应的责任。法律另有规定的，依照其规定。

第一千零四十一条　婚姻家庭受国家保护。

实行婚姻自由、一夫一妻、男女平等的婚姻制度。

保护妇女、未成年人、老年人、残疾人的合法权益。

第一千零六十七条　父母不履行抚养义务的，未成年子女或者不能独立生活的成年子女，有要求父母给付抚养费的权利。

成年子女不履行赡养义务的，缺乏劳动能力或者生活困难的父母，有要求成年子女给付赡养费的权利。

第一千零六十八条　父母有教育、保护未成年子女的权利和义务。未成年子女造成他人损害的，父母应当依法承担民事责任。

3.《最高人民法院关于适用〈中华人民共和国民法典〉婚姻家庭编的解释（一）》

第四十条　婚姻关系存续期间，夫妻双方一致同意进行人工授精，所生子女应视为婚生子女，父母子女间的权利义务关系适用民法典的有关规定。

二、司法指导性文件

《最高人民法院关于夫妻关系存续期间男方受欺骗抚养非亲生子女离婚后可否向女方追索抚养费的复函》

四川省高级人民法院：

你院“关于夫妻关系存续期间男方受欺骗抚养非亲生子女离婚后可否向女方追索抚养费的请示”收悉。经研究，我们认为，在夫妻关系存续期间，一方与他人通奸生育了子女，隐瞒真情，另一方受欺骗而抚养了非亲生子女，其中离婚后给付的抚育费，受欺骗方要求返还的，可酌情返还；至于在夫妻关系存续期间受欺骗方支出的抚育费用应否返还，因涉及的问题比较复杂，尚需进一步研究，就你院请示所述具体案件而言，因双方在离婚时，其共同财产已由男方一人分得，故可不予返还，以上意见供参考。

附：

四川省高级人民法院关于夫妻关系存续期间男方受欺骗抚养非亲生子女离婚后可否向女方追索抚养费的请示

最高人民法院：

男女双方在夫妻关系存续期间，女方与他人通奸所生小孩，男方因不知情而与女方共同抚养，离婚后小孩随男方，女方承担部分抚养费，当男方知情后提起诉讼，要求女方返还男方在夫妻关系存续期间及离婚后支付的抚养费，因目前有关法律尚无明确规定，我们在讨论中有两种意见。

一种意见认为，在夫妻共同生活期间女方隐瞒真情与他人通奸所生小孩，男方虽无法定抚养义务，但由于婚姻关系存续期间双方不存在债权债务关系，且双方是用共同财产抚养小孩，其各自支出的抚养费金额亦无法计算。因此，男方无权主张返还婚姻关系存续期间抚养小孩的费用，只能请求返还离婚后支出的抚养费。

另一种意见认为，女方应返还自小孩出生后男方支出的全部抚养费。主要理由是：1. 女方在婚姻关系存续期间故意隐瞒小孩是与他人通奸所生的事实，致使男方误将小孩当成是自己的亲生子女，男方在不明真相的情况下虽对小孩进行了抚养，但其既非小孩的生父，也非养父、继父，故无法定抚养义务。同时，按照《民法通则》有关规定，男方在受欺骗、违背自己真实意思的情况下所为的民事行为应属无效。2. 夫妻关系的存续有效，并不必然导致夫妻一方承担另一方违法行为所致的后果。3. 如对男方的该主张不予支持，实际上鼓励了现实生活中类似的违法行为，于法相悖，于理不符，社会效果不好。至于处理时具体金额应如何计算，可根据双方共同生活期间各自的经济收入，负担家务和离婚时共有财产的处理等情况酌定。

我们倾向第二种意见，并认为对此类案件的处理，如女方指认小孩的生父属实，应将小孩的生父作为共同被告；原则上应返还本夫所支付的费用，如女方未指认或指认不实，可将女方单独作为被告。

当否，请批示。

条文释义

一、本条主旨

本条是关于非婚生子女法律地位的规定。

二、条文演变

非婚生子女在我国以前被称为“私生子”，备受歧视。中华人民共和国成立后，确立了保护妇女和子女合法利益的婚姻制度，赋予了非婚生子女和婚生子女相同的权利和义务。

1950 年原《婚姻法》第 15 条规定：“非婚生子女享受与婚生子女同等的权利，任何人不得加以危害或歧视。非婚生子女经生母或其他人证物证证明其生父者，其生父应负担子女必需的生活费和教育费全部或一部；直至子女十八岁为止。如经生母同意，生父可将子女领回抚养。生母和他人结婚，原生子女的抚养，适用第二十二条的规定。”[①] 该条规定一方面明确了非婚生子女与婚生子女享有平等的权利，另一方面规定了其生父应当承担非婚生子女必需的生活费和教育费。

1980 年原《婚姻法》第 19 条规定：“非婚生子女享有与婚生子女同等的权利，任何人不得加以危害和歧视。非婚生子女的生父，应负担子女必需的生活费和教育费的一部或全部，直至子女能独立生活为止。”该条规定延续了 1950 年原《婚姻法》第 15 条规定的精神，强调了对非婚生子女权利的保护。相对于前述第 15 条来说，第 19 条作了如下修改：（1）将“享受”修改为“享有”，使法律用语更加统一和精准。（2）将“非婚生子女经生母或其他人证物证证明其生父者，其生父应负担子女必需的生活费和教育费全部或一部；直至子女十八岁为止”修改为“非婚生子女的生父，应负担子女必需的生活费和教育费的一部或全部，直至子女能独立生活为止”，在文字表述上更加精炼。（3）删除了“如经生母同意，生父可将子女领回抚养”和“生母和他人结婚，原生子女的抚养，适用第二十二条的规定”的内容，以将这类案件的具体处理方式留待具体案件中去运用。

2001 年修改原《婚姻法》时，对 1980 年原《婚姻法》第 19 条进行了修正，将修正后的条文规定为第 25 条，该条内容为：“非婚生子女享有与婚生子女同等的权利，任何人不得加以危害和歧视。不直接抚养非婚生子女的生父或生母，应当负担子女的生活费和教育费，直至子女能独立生活为止。”相对于前述第 19 条，该第 25 条作了如下修正：将第 19 条第 2 款中规定的应负担非婚生子女生活费和教育费的主体由“非婚生子女的生父”修改为“不直接抚养非婚生子女的生父或生母”。1950 年和 1980 年原《婚姻法》均只规定了非婚生子女的生父应当负担生活费和教育费，这是因为当时非婚生子女一般是跟随母亲共同居住生活，故需要强调生父应当承担的责任。但是随着社会生活的发展，实践中，非婚生子女跟随父亲生活的情形也越来越常见。考虑到实践中出现的多种情形，为了充分保障非婚生子女的利益，将承担非婚生子女生活费和教育费的主体修改为“不直接抚养非婚生子女的生父或生母”，而不再局限于“生父”。如此修改，对全面保护非婚生子女的合法权益、保障其健康成长更为有利。

---

① 1950 年原《婚姻法》第 22 条规定：“女方再行结婚后，新夫如愿负担女方原生子女的生活费和教育费全部或一部，则子女的生父的负担可酌情减少或免除。”

《民法典》本条的规定源于2001年修正的原《婚姻法》第25条，延续了该条规定的精神，再次重申了非婚生子女的法律地位。与2001年修正的原《婚姻法》第25条相比，本条规定未作实质性变更，仅在文字表述上进行了完善，这种修改体现在三个方面：（1）将第25条第1款中规定的不得危害和歧视非婚生子女的主体由“任何人”修改为“任何组织或者个人”。虽然第25条规定中的“任何人”实际上也可以包括自然人和其他社会组织，但“任何人”的表述可能会使人产生误解，修改后的表述更加规范和明确，同时也是对尊重非婚生子女权利的一种强调，强调除个人外，各组织同样要尊重和保障非婚生子女的合法权益，如非婚生子女的户口、入学等和个人利益密切相关的事项，有关单位应当及时制定相应保障措施。（2）将第25条第2款中的“子女”调整为“未成年子女或者不能独立生活的成年子女”。《民法典》第1067条第1款规定：“父母不履行抚养义务的，未成年子女或者不能独立生活的成年子女，有要求父母给付抚养费的权利。”本条规定将受抚养的主体也修改表述为“未成年子女或者不能独立生活的成年子女”，体现了法律表达的规范性和统一性。（3）将第25条第2款中的“生活费和教育费”调整为“抚养费”。原《婚姻法解释（一）》第21条将抚养费的范围界定为生活费、教育费、医疗费等费用，《民法典婚姻家庭编解释（一）》第42条也作了相同的规定，因此将“生活费和教育费”修改为“抚养费”在表达上更加统一和规范，在对非婚生子女权利的保护上也更加全面。（4）删除了“直至子女能独立生活为止”这个时间限制，强调了父母对未成年子女或者不能独立生活的成年子女进行抚养的法定性，只要相关子女有被抚养的需要，父母均应履行这一义务。

三、条文解读

我国《宪法》第33条第2款、第3款规定：“中华人民共和国公民在法律面前一律平等。国家尊重和保障人权。”确立了法律面前人人平等的宪法原则。根据宪法确立的这一原则以及我国对人权的尊重和保护的一贯立场，应当赋予非婚生子女与婚生子女同样的权利，非婚生子女与其生父母之间的权利义务关系原则上应当适用本法有关父母子女关系的规定。在历史上，非婚生子女的法律地位和社会地位始终无法和婚生子女相提并论。中华人民共和国成立后，加强了各类子女合法权益的保护，赋予了非婚生子女和婚生子女相同的权利和义务。本条即是平等保护非婚生子女和婚生子女的具体法律规定之一。

（一）非婚生子女的含义

我国1950年原《婚姻法》、1980年原《婚姻法》、2001年修正的原《婚姻法》和《民法典》虽然都使用了婚生子女和非婚生子女的称谓，但均未对婚生子女和非婚生子女的概念作出具体的规定。

1974年，山西省高级人民法院曾向最高人民法院进行请示："最近，我院接太原市中级人民法院请示，询问什么是'非婚生子女'的问题。该院有两种不同的认识，一种认为非婚生子女系指未婚男女发生不正当性行为所生的子女，不包括有夫之妇或有妇之夫与别人发生不正当性行为所生的子女；一种认为应包括有妇之夫或有夫之妇与别人发生不正当性行为所生的子女。根据原中央人民政府法制委员会1953年3月19日'有关婚姻问题的若干解答'中关于'非婚生子女系指非夫妻关系的男女所生的子女，也即旧社会所谓的私生子女'的解释，我院认为，未婚男女、有夫之妇或有妇之夫与别人发生不正当性行为所生的子女，都是非婚生子女。这一认识是否妥当，请批示。"最高人民法院于1974年5月17日对此作出了《最高人民法院关于对非婚生子女解释的复函》（已废止），主要内容有："山西省高级人民法院：你院1974年4月6日晋法发（1974）7号请示已收阅。根据原中央人民政府法制委员会1953年3月19日发布的《有关婚姻问题的若干解答》中关于'非婚生子女系指非夫妻关系的男女所生的子女'的解释，我们同意你院对这个问题的意见，即未婚男女，或已婚男女与别人发生不正当性行为所生的子女都是非婚生子女。此复。"该复函虽然已经被废止，但仍有一定的参考意义。

根据生育行为发生的时间段的不同，可以分为婚内生育和婚外生育。婚内生育指的是在婚姻关系存续期间内发生的生育行为，婚外生育指的是在非婚姻关系存续期间内发生的生育行为。

所谓婚生子女，是指婚内所生育的子女。关于婚生子女的含义，各国法律规定虽有不同，但大多认为因婚姻关系受孕或者出生的子女为婚生子女，其中母亲由生育行为可以确定，母亲的丈夫推定为孩子的父亲，此即为婚生子女推定制度。

所谓非婚生子女，即婚外所生育的子女，是相对于婚生子女而言的，是指没有婚姻关系的男女所生的子女，实践中主要包括以下几种情况：未婚男女所生子女、已婚男女与第三人所生子女、无效婚姻或可撤销婚姻当事人所生子女、女性遭遇性侵所生子女等。简言之，非婚生子女指的是没有婚姻关系的男女所生的子女。

从自然属性看，非婚生子女和婚生子女并无区别，二者都是男女结合所生，二者都和父母之间存在血缘关系，和生父母之间都是直系血亲关系。但是从社会属性看，由于非婚生子女的父母没有合法婚姻关系，传统习俗中非婚生子女历来受到歧视。直至20世纪初，出于人道主义、人权思想、平等思想等观念，认为非婚生子女和婚生子女同属于父母所生，造成非婚生的原因在父母而非子女，子女是无辜的，因此，各国开始采取措施改善非婚生子女的法律地位，很多国家通过准正和认领的程序，使非婚生子女婚生化。[①]

（二）非婚生子女和婚生子女的法律地位平等

子女虽然是由父母所生，但其一旦出生，就具有独立的人格，就具有独立的民事权利能力，这种人格尊严和权利能力是与生俱来的，不依附于任何人。

非婚生子女享有与婚生子女同等的权利是基于人权理念、平等思想和亲子间权利义务规定而来。非婚生子女和婚生子女在自然属性上是一样的，他们都是父母所生育的子女，唯一的区别在于其父母实施生育行为时是否存在合法的婚姻关系。但是父母之间的婚姻关系不应是致使非婚生子女与婚生子女有所差别的理由。父母自身行为的不利后果不应由子女来承担。无论是婚生子女，还是非婚生子女，在出生后都应享有平等的权利，这种平等权利包括但不限于受抚养权、受教育权、受保护权以及父母子女和兄弟姐妹间的继承权等。

（三）任何组织和个人对非婚生子女不得加以危害和歧视

本条将2001年原《婚姻法》第25条第1款中的“任何人”修改为“任何组织或者个人”意在强调以下两个方面的问题：

一是家庭内部成员间应尊重非婚生子女的正当权利，不得歧视和危害。《民法典》第1043条规定：“家庭应当树立优良家风，弘扬家庭美德，重视家庭文明建设。夫妻应当互相忠实，互相尊重，互相关爱；家庭成员应当敬老爱幼，互相帮助，维护平等、和睦、文明的婚姻家庭关系。”第一，生父或者生母应当像对待婚生子女一样对待非婚生子女。生父或者生母不得拒绝承认其与

① 参见最高人民法院民法典贯彻实施工作领导小组主编：《中华人民共和国民法典婚姻家庭编继承编理解与适用》，人民法院出版社2020年版，第209页。

非婚生子女之间的亲子关系，如果生父或者生母否认亲子关系的，非婚生子女有权提起诉讼，要求确认存在亲子关系。生父或者生母不得以子女系非婚生为由拒绝履行父母对子女所负的各种义务。第二，兄弟姐妹应当像对待婚生兄弟姐妹一样对待非婚生兄弟姐妹，不得有任何歧视，尤其是在涉及继承问题时更是如此。与婚生子女一样，非婚生子女也是父母的第一顺序继承人，也有权继承父母的遗产。如果婚生子女为了争夺遗产而杀害非婚生子女，婚生子女一样要丧失继承权。第三，在生父或者生母再婚的情况下，再婚家庭的其他成员，如继父、继母或者继兄弟姐妹、生父母与继父母的婚生子女等，也不得歧视和危害非婚生子女，继子女、继兄弟姐妹的权益同样受法律保护。

二是家庭内部成员以外的组织或者个人不得歧视和危害非婚生子女。非婚生子女是无辜的，应当尊重和保护非婚生子女的隐私，为其营造健康的成长环境。社会上各机关、单位、其他组织不得因其是非婚生子女而在入学、就业、生活等方面给他们制造障碍和舆论压力。家庭以外的组织或者个人对非婚生子女的行为违反法律规定的，同样需要承担法律责任，构成犯罪的，还需要承担相应的刑事责任。

（四）“不直接抚养”的界定

《民法典》第1067条第1款规定：“父母不履行抚养义务的，未成年子女或者不能独立生活的成年子女，有要求父母给付抚养费的权利。”该款规定的“未成年子女或者不能独立生活的成年子女”既包括婚生子女，也包括非婚生子女。父母履行对子女的抚养义务可以通过两种方式进行：一是直接抚养；二是间接抚养。

在一般情况下，非婚生子女的父母因为缺乏合法的婚姻关系，在生育子女后，往往并不在一起共同居住生活。此时，非婚生子女会和其生父或者生母中的某一方共同居住生活。与非婚生子女经常性地在一起生活的父母一方即是对非婚生子女直接抚养的一方。相应地，未与非婚生子女经常在一起生活的一方即为“不直接”抚养的一方。对非婚生子女不直接抚养的父母一方主要是通过支付抚养费的方式来履行抚养义务，这种抚养方式也被称为“间接抚养”。

如果非婚生子女的生父和生母均未与其经常性地共同居住生活，则该生父或者生母均是“不直接”抚养非婚生子女的父母。此时，如果生父、生母某一方或者双方均不履行间接抚养的义务，那么非婚生子女有权要求不履行抚养义务的生父或生母给付抚养费。非婚生子女可以通过与生父母自行协商的方式行使这种权利，也可以通过向人民法院提起民事诉讼的方式行使权利。

（五）父母都应当负担非婚生子女的抚养费

父母对子女的抚养义务是法定义务。父母是否有经济收入、是否和子女共同生活、是否和第三方结婚等均不影响该法定义务的承担。子女是否为婚生子女也不影响父母承担抚养义务。

抚养费的范围包括生活费、教育费、医疗费等子女健康成长所需要的费用。对于抚养费的数额，应结合《民法典婚姻家庭编解释（一）》的相关规定，从保护子女利益的角度，结合子女的实际需要、父母双方的负担能力和当地的实际生活水平来确定。抚养费可以定期支付，有条件的也可以一次性支付。在子女和父母确定了抚养费的数额后或者人民法院判决确定了抚养费的数额后，如果原定的数额不能满足子女的实际需要时，子女可以要求父母增加抚养费。

适用指引

一、亲子关系的确认

法律规定非婚生子女与婚生子女享有同等的权利。落实非婚生子女这一权利的前提就是确定非婚生子女的生父母是谁。

在自然生育的情况下，一般而言，根据分娩等事实可以确定非婚生子女的生母，但对生父的身份往往需要通过一定的程序加以确定。《民法典》第 1073 条规定了亲子关系的确认和否认制度。亲子关系得到确认的，子女可诉请生父或生母承担抚养义务。

随着社会生活的发展，非自然生育的情况也逐渐出现，且类型也呈现出多样化的趋势，如人工授精、代孕等。《民法典婚姻家庭编解释（一）》第 40 条规定："婚姻关系存续期间，夫妻双方一致同意进行人工授精，所生子女应视为婚生子女，父母子女间的权利义务关系适用民法典的有关规定。"该条在一定程度上回应了社会的发展需求，但是规定的适用范围较窄，如对于非婚姻关系存续期间的人工授精问题、夫妻一方单方决定人工授精问题、代孕所生子女生父母的确定问题等都未作出规定，这些情况较为复杂，还需要留待实践经验的总结。

二、受欺诈抚养问题

诚如上文所述，在多种情形下均会出现生育非婚生子女的情况。如果夫妻一方在婚姻关系存续期间与婚外异性发生不正当两性关系而生育子女，而夫妻另一方对此并不知情并误以为该非亲生子女是其亲生子女时，则会出现配偶一方因受欺诈抚养非亲生子女而要求损害赔偿的情况。所谓欺诈，指的是一方当事人故意告知对方虚假情况，或者故意隐瞒真实情况，诱使对方当事人作出错误意思表示的行为。受欺诈抚养也包括两种情形：一是婚外生子一方的夫妻一方故意告知夫妻另一方子女是其亲生子女；二是婚外生子夫妻一方故意隐瞒真相，不告知夫妻另一方子女非其亲生。这两种情况均可构成欺诈抚养。

1992 年 4 月 2 日，最高人民法院就四川省高级人民法院的请示作出过《最高人民法院关于夫妻关系存续期间男方受欺骗抚养非亲生子女离婚后可否向女方追索抚养费的复函》。该复函表示，在夫妻双方离婚后，受欺骗而抚养了非亲生子女的一方在离婚后给付的子女抚育费，受欺骗方要求返还的，可以酌情返还。对于受欺骗方在婚姻关系存续期间内支出的抚育费是否应当返还的问题，复函则未给出明确的回复；但是，该复函中也并非完全回避了该问题，而是明确了一个处理原则，即如果夫妻双方在离婚时共同财产全部分给了受欺骗方时，受欺骗方对于其在婚姻关系存续期间支出的子女抚养费一般不得要求返还。该复函体现了两方面的考虑：（1）在离婚后，夫妻双方在财产上已无关联，在身份上亦无关联，是否抚养非亲生子女应完全尊重个人的意愿，在离婚后，各自财产已独立的情况下，受欺骗方有权要求对方返还因受欺骗而支付的抚养费。（2）受欺骗方在婚姻关系存续期间支出了抚养费的，如果在离婚时分得了全部财产，那么其财产方面的损失基本也会得到弥补，故对其要求返还抚养费的请求，一般不予支持。

现实中，受欺诈抚养非亲生子女的具体情形多种多样，生育非婚生子女的原因也多种多样。在处理具体的纠纷案件时，应根据具体的情况来确定是否应返还受欺骗方支出的抚养费；如果应返还，则亦应根据具体的案件情况、各方的过错程度等来决定返还的数额。此外，还应注意，除了物质损失外，受欺骗方还有权获得精神方面的赔偿，具体赔偿的金额可按照实际情况酌情予以确定。

三、一夫一妻制与尊重非婚生子女合法权利

《民法典》第 1041 条确立了我国实行一夫一妻制的婚姻制度。从表面上看，尊重非婚生子女合法权利、确定非婚生子女与婚生子女享有同等权利的原则似乎与一夫一妻制存在着一定的矛盾。因为非婚生子女毕竟是不存在婚姻关系的男女所生，保护非婚生子女的权利似乎是在提倡婚外生子。其实不然，理由如下：第一，一夫一妻制度是针对男女双方之间的婚姻状况作出的规定，是对男女双方婚姻行为的约束。而保护非婚生子女权利则是针对子女本身的权益作出的规定，是基于平等原则、人权保障理念进行的规定，二者的出发点不一样。第二，男女非婚生子的原因多种多样，并非全都是婚外出轨造成的。还有一部分是双方均未婚的男女同居期间或者恋爱期间生育子女，这种生活方式是男女的自愿选择，法律对未婚生育的行为虽然不提倡，但也不禁止。此时，非婚生子女的父母自无过错可言，其子女自然有权得到法律的保护。第三，即使是已婚男女婚内出轨生育子女，这也是已婚男女自己的过错，这种过错所造成的不利法律后果不应由子女来承担，因为子女本身对此并无任何过错，他们是无辜的。且在这种情况下，法律对出轨的夫妻也有惩罚措施，如构成重婚的，依法追究重婚罪的刑事责任；婚内出轨生育子女的，夫妻另一方可以要求损害赔偿、多分夫妻共同财产等，这些制度的存在也是维持一夫一妻制的体现。

四、权利、义务的对等性

权利与义务是对等的，享有一定的权利即应履行相应的义务。在字面上，本条规定非婚生子女与婚生子女享有同等的权利，并未规定非婚生子女负有与婚生子女同样的义务，但这么规定只是为了强调非婚生子女与婚生子女的法律地位平等，目的在于保障非婚生子女的合法权益，绝不意味着非婚生子女只享有权利而不负有义务。《民法典》规定的婚生子女对父母应尽的义务，非婚生子女也同样负有。这种义务典型的就是子女对父母的赡养义务。非婚生子女成年后，对缺乏劳动能力或者生活困难的生父母有义务进行赡养。

五、离婚损害赔偿

有妇之夫或者有夫之妇在婚姻关系存续期间内与婚外异性生育子女的，在离婚时应当承担相应的责任。《民法典》第 1087 条规定，离婚时，若夫妻双方

就财产分割问题达不成协议，则应根据照顾子女、女方和无过错方权益的原则判决。婚内出轨并生子，显属重大过错，在分割财产时，应对无过错方进行照顾。此外，《民法典》第1091条规定，夫妻一方有重大过错的，无过错方有权请求损害赔偿。婚内出轨并生子是重大过错，无过错方可以请求赔偿，这种赔偿既包括物质赔偿，也包括精神赔偿。

类案检索

一、邱某与王某1同居关系子女抚养纠纷案

关键词：同居　非婚生子女　抚养

裁判摘要：非婚生子女享有与婚生子女同等的权利，不直接抚养非婚生子女的生父或者生母，应当负担未成年子女或者不能独立生活的成年子女的抚养费。首先，关于抚养费数额的确定。本案中被告王某1承认原告邱某提出的非婚生子王某2由其抚养的诉讼请求，仅对抚养费数额存在争议。对此，在被告王某1未提供充分证据证明非婚生子王某2存在超出一般同龄人正常成长生活、教育所需的特殊情形的情况下，根据全省农村居民上年度人均年生活消费支出标准并综合考虑原告邱某的经济负担能力等因素，确定原告邱某每月给付抚养费700元，至非婚生子王某2独立生活时止。该项判决，不妨碍子女在必要时向父母任何一方提出超过判决原定数额的合理要求。其次，关于经济补偿的问题。因原告邱某在非婚生子王某大约1岁时即离开被告王某1至今，此间王某2由被告王某1抚养，原告邱某未尽抚养义务。依照《民法典》第1088条的规定，被告王某1有权请求补偿，原告邱某应当给予补偿。但因被告王某1提出的补偿数额缺乏充分证据证明，法院依据前述原告邱某应当负担的抚养费数额及时间长短，确定补偿12 000元。此外，对原告邱某行使探望权利的方式、时间由法院依法予以判决。

【案　　号】（2021）川2002民初1409号

【审理法院】四川省资阳市雁江区人民法院

二、厉某与万某1等继承纠纷案

关键词：非婚生子女　亲子鉴定　证明力

裁判摘要： 万某5已经提供了湖北同济法医学司法鉴定中心出具的《亲权鉴定意见书》，证明其与被继承人万某6系亲生父女关系，厉某、万某1、万某2、万某3、万某4没有提供相反证据予以反驳又未申请重新鉴定，《出生医学证明》虽记载万某5父亲另有他人，但该证明只是在小孩出生后，根据相关的书面资料记载该小孩的相关情况，其对于亲子关系的证明力远不及有司法鉴定资质的鉴定机构出具的鉴定意见。法院认定万某6与万某5系亲生父女关系，万某5系万某6的继承人之一。

【案　　号】（2017）鄂01民终6751号

【审理法院】 湖北省武汉市中级人民法院

第一千零七十二条　继父母与继子女间，不得虐待或者歧视。

继父或者继母和受其抚养教育的继子女间的权利义务关系，适用本法关于父母子女关系的规定。

关联规定

法律、行政法规、司法解释

1.《中华人民共和国宪法》

第三十三条　凡具有中华人民共和国国籍的人都是中华人民共和国公民。

中华人民共和国公民在法律面前一律平等。

国家尊重和保障人权。

任何公民享有宪法和法律规定的权利，同时必须履行宪法和法律规定的义务。

第三十八条　中华人民共和国公民的人格尊严不受侵犯。禁止用任何方法对公民进行侮辱、诽谤和诬告陷害。

第四十九条　婚姻、家庭、母亲和儿童受国家的保护。

夫妻双方有实行计划生育的义务。

父母有抚养教育未成年子女的义务，成年子女有赡养扶助父母的义务。

禁止破坏婚姻自由，禁止虐待老人、妇女和儿童。

2.《中华人民共和国民法典》

第二十六条　父母对未成年子女负有抚养、教育和保护的义务。

成年子女对父母负有赡养、扶助和保护的义务。

第一千零四十一条　婚姻家庭受国家保护。

实行婚姻自由、一夫一妻、男女平等的婚姻制度。

保护妇女、未成年人、老年人、残疾人的合法权益。

第一千零四十二条　禁止包办、买卖婚姻和其他干涉婚姻自由的行为。禁止借婚姻索取财物。

禁止重婚。禁止有配偶者与他人同居。

禁止家庭暴力。禁止家庭成员间的虐待和遗弃。

第一千零四十三条 家庭应当树立优良家风，弘扬家庭美德，重视家庭文明建设。

夫妻应当互相忠实，互相尊重，互相关爱；家庭成员应当敬老爱幼，互相帮助，维护平等、和睦、文明的婚姻家庭关系。

第一千零四十五条 亲属包括配偶、血亲和姻亲。

配偶、父母、子女、兄弟姐妹、祖父母、外祖父母、孙子女、外孙子女为近亲属。

配偶、父母、子女和其他共同生活的近亲属为家庭成员。

第一千零五十条 登记结婚后，按照男女双方约定，女方可以成为男方家庭的成员，男方可以成为女方家庭的成员。

第一千零六十七条 父母不履行抚养义务的，未成年子女或者不能独立生活的成年子女，有要求父母给付抚养费的权利。

成年子女不履行赡养义务的，缺乏劳动能力或者生活困难的父母，有要求成年子女给付赡养费的权利。

第一千一百零三条 继父或者继母经继子女的生父母同意，可以收养继子女，并可以不受本法第一千零九十三条第三项、第一千零九十四条第三项、第一千零九十八条和第一千一百条第一款规定的限制。

3.《中华人民共和国反家庭暴力法》

第二条 本法所称家庭暴力，是指家庭成员之间以殴打、捆绑、残害、限制人身自由以及经常性谩骂、恐吓等方式实施的身体、精神等侵害行为。

第三条 家庭成员之间应当互相帮助，互相关爱，和睦相处，履行家庭义务。

反家庭暴力是国家、社会和每个家庭的共同责任。

国家禁止任何形式的家庭暴力。

第二十一条 监护人实施家庭暴力严重侵害被监护人合法权益的，人民法院可以根据被监护人的近亲属、居民委员会、村民委员会、县级人民政府民政部门等有关人员或者单位的申请，依法撤销其监护人资格，另行指定监护人。

被撤销监护人资格的加害人，应当继续负担相应的赡养、扶养、抚养费用。

第二十三条 当事人因遭受家庭暴力或者面临家庭暴力的现实危险，向人民法院申请人身安全保护令的，人民法院应当受理。

当事人是无民事行为能力人、限制民事行为能力人，或者因受到强制、威吓等原因无法申请人身安全保护令的，其近亲属、公安机关、妇女联合会、居民委员会、村民委员会、救助管理机构可以代为申请。

第三十三条 加害人实施家庭暴力，构成违反治安管理行为的，依法给予治安管理处罚；构成犯罪的，依法追究刑事责任。

第三十四条 被申请人违反人身安全保护令，构成犯罪的，依法追究刑事责任；尚不构成犯罪的，人民法院应当给予训诫，可以根据情节轻重处以一千元以下罚款、十五日以下拘留。

4.《中华人民共和国刑法》

第二百六十条 虐待家庭成员，情节恶劣的，处二年以下有期徒刑、拘役或者管制。

犯前款罪，致使被害人重伤、死亡的，处二年以上七年以下有期徒刑。

第一款罪，告诉的才处理，但被害人没有能力告诉，或者因受到强制、威吓无法告诉的除外。

第二百六十条之一 对未成年人、老年人、患病的人、残疾人等负有监护、看护职责的人虐待被监护、看护的人，情节恶劣的，处三年以下有期徒刑或者拘役。

单位犯前款罪的，对单位判处罚金，并对其直接负责的主管人员和其他直接责任人员，依照前款的规定处罚。

有第一款行为，同时构成其他犯罪的，依照处罚较重的规定定罪处罚。

第二百六十一条 对于年老、年幼、患病或者其他没有独立生活能力的人，负有扶养义务而拒绝扶养，情节恶劣的，处五年以下有期徒刑、拘役或者管制。

5.《最高人民法院关于适用〈中华人民共和国民法典〉婚姻家庭编的解释（一）》

第一条 持续性、经常性的家庭暴力，可以认定为民法典第一千零四十二条、第一千零七十九条、第一千零九十一条所称的“虐待”。

第五十四条 生父与继母离婚或者生母与继父离婚时，对曾受其抚养教育的继子女，继父或者继母不同意继续抚养的，仍应由生父或者生母抚养。

条文释义

一、本条主旨

本条是关于继父母与继子女之间权利义务关系的规定。

二、条文演变

中华人民共和国成立前，由于受封建宗法制度的影响，继子女的社会地位较低，正当权益得不到保护。在有些时候，继父母也得不到尊重。中华人民共和国成立后，破除了旧的封建宗法观念，将对继父母、继子女权益的保护提高到法律的高度。

1950年原《婚姻法》第16条规定："夫对于其妻所抚养与前夫所生的子女或妻对于其夫所抚养与前妻所生的子女，不得虐待或歧视。"该条虽然没有明确地提出"继父母"和"继子女"的概念，但该条所述的"与前夫所生的子女""与前妻所生的子女"实质上指的就是继子女。该条规定对这类子女，不得虐待或歧视，在法律上明确了要对他们进行保护。

1980年原《婚姻法》延续了1950年原《婚姻法》的精神，其在第21条规定："继父母与继子女间，不得虐待或歧视。继父或继母和受其抚养教育的继子女间的权利和义务，适用本法对父母子女关系的有关规定。"该条明确地提出了"继父母"和"继子女"的概念，并就如何保护指出了具体的路径，即"适用本法对父母子女关系的有关规定"来保护继父母、继子女的合法权益，将符合条件的继父母、继子女关系置于与生父母、生子女关系同一高度对待。2001年修正原《婚姻法》时，未对1980年原《婚姻法》第21条作任何改动，并将其规定于第27条中。

《民法典》本条规定来源于2001年修正的原《婚姻法》第27条的规定，与第27条的内容基本相同，仅在文字上作了些许调整：将第27条第1款中的"或"修改为"或者"；将第27条第2款中的"或"修改为"或者"，"权利和义务"修改为"权利义务关系"，"适用本法对父母子女关系的有关规定"修改为"适用本法关于父母子女关系的规定"，在文字表述上更加精准，在逻辑上更为周延。

在《民法典》编纂过程中，社会各界对本条的意见并无实质性的分歧，意见基本一致。《民法典》历次草案或者征求意见稿对本条内容的规定也并无实质性的变动，只是进行了文字上的调整，以便使条文内容更有法律统一性和规范性。2017 年 9 月 26 日《民法典婚姻家庭编（草案）》（民法室室内稿）第 27 条规定："继父母与继子女间，不得虐待或者歧视。继父或者继母和受其抚养教育的继子女间的权利义务关系，适用法律关于父母子女关系的规定。"相较于 2001 年修正的原《婚姻法》第 27 条来说，室内稿第 27 条将 2001 年修正的原《婚姻法》第 27 条第 2 款中的"或"均修改为"或者"、"权利和义务"修改为"权利义务关系"、"适用本法对父母子女关系的有关规定"修改为"适用法律关于父母子女关系的规定"，其他未作变动。如此修改是为了条文表述的严谨性。

2018 年 3 月 15 日《民法典婚姻家庭编（草案征求意见稿）》第 27 条、2018 年 8 月 27 日《民法典各分编（草案一次审议稿）》第 849 条均规定："继父母与继子女间，不得虐待或者歧视。继父或者继母和受其抚养教育的继子女间的权利义务关系，适用法律关于父母子女关系的规定。"相较于 2017 年民法室室内稿第 27 条来说，未作任何改动。

2019 年 6 月 17 日《民法典婚姻家庭编（草案二次审议稿）》第 849 条规定："继父母与继子女间，不得虐待或者歧视。继父或者继母和受其抚养教育的继子女间的权利义务关系，适用本法关于父母子女关系的规定。"相较于 2018 年 8 月 27 日草案一次审议稿第 849 条来说，将该条第 2 款中的"适用法律关于父母子女关系的规定"修改为"适用本法关于父母子女关系的规定"。作此修改是因为《民法典》婚姻家庭编是专门规定父母、子女等家庭成员间权利义务关系的法律，如果在婚姻家庭编中没有规定，那么在其他法律中也很难会有规定，故从逻辑上来说，将"法律"修改为"本法"更为适宜和严谨。

此后，2019 年 10 月 15 日《民法典婚姻家庭编（草案三次审议稿）》第 849 条、2019 年 12 月 16 日《民法典（草案）》第 1072 条、2020 年 5 月 21 日《民法典（草案大会审议稿）》第 1072 条、2020 年 5 月 26 日《民法典（草案修改稿）》第 1072 条及 2020 年 5 月 28 日正式通过的《民法典》第 1072 条均延续了民法典草案二次审议稿第 849 条的内容，再未作任何改动。

三、条文解读

继父母和继子女相互之间不得虐待或者歧视，是宪法和法律规定的原则，也是尊老爱幼的中华民族传统美德的必然要求。相对于存在自然血亲关系的原生家庭来说，再婚家庭各成员之间更容易产生家庭矛盾，同时也更容易产生利益冲突，继父母子女之间关系的处理存在着更多的困难。本条明确规定继父母和继子女间不得虐待或者歧视，并明确规定符合条件的继父母子女之间具有和生父母子女间同等的权利义务，有利于继父母子女之间友好相处，有利于减少利益纠纷，有利于促进社会和谐发展，符合社会主义核心价值观的要求。

（一）继父母、继子女的含义及二者之间关系的性质

所谓继父母，一般是指子女的生父或者生母的再婚配偶；所谓继子女，一般是指夫与前妻或妻与前夫所生的子女。继父母是从子女的角度对生父或者生母的再婚配偶的称谓。继子女是从子女生父或者生母再婚配偶的角度对夫与前妻或者妻与前夫所生子女的称谓。

继父母与继子女关系产生的原因有两个：一是由于子女生父母一方死亡，另一方再婚；二是由于子女生父母离婚，生父或生母再婚，或者生父和生母均再婚。子女对生父母的再婚配偶称继父母，夫或妻对其再婚配偶与原配偶所生的子女称继子女。可见，继父母是继子女的血亲的配偶，继子女是继父母的配偶的血亲。继子女和继父母之间没有自然血亲关系。继父母子女关系是由于子女的生父或者生母再婚而在子女与其生父母再婚配偶之间形成的直系姻亲关系。

根据法律规定，子女可分为三大类：一是生子女；二是养子女；三是继子女。继子女与生子女的区别在于与父母之间是否具有自然血亲关系，如果有自然血亲关系，则为生子女，反之即可能是继子女或养子女。继子女和继父母、养子女和养父母之间均无自然血亲关系，继子女与养子女的区别主要在于父母子女关系的形成是否需要经过特定的法律程序，在原《收养法》实施后，必须要经过收养登记才能形成养父母子女关系；但是继父母子女关系的形成无须经过特定的法律程序，只要子女的生父或者生母再婚，则在子女与其生父母的再婚配偶之间就可以形成继父母子女关系。

（二）继父母和继子女之间不得虐待或歧视

1. 继父母和继子女间不得虐待或歧视是相互的

本条规定的继父母与继子女间不得虐待或者歧视指的是继父母和继子女相

互之间不得虐待或者歧视，既包括继父母不得虐待或者歧视继子女，也包括继子女不得虐待或者歧视继父母。

在继子女未成年时，一般情况下，继父母虐待、歧视未成年继子女的情形可能会更多。但是也不排除在某些家庭中未成年继子女歧视继父母情形的发生。这种未成年继子女对继父母进行歧视的原因可能是未成年继子女对自己生父母的感情依恋致使其无法在情感上接受继父母，也可能是受到了原生家庭其他成员——如生父母的父母、兄弟姐妹等人——的偏见的影响，还可能是受到了社会上其他人员的舆论压力的影响等，但无论如何，未成年继子女歧视继父母的情形时有发生，应该引起我们的重视。

在继子女成年时，其有了独立生活的经济能力，在生理上，身体条件往往也会好于继父母；相反，继父母此时年事已高，经济能力会有所下降，此时即有可能会发生成年继子女虐待继父母的情况，这种行为也是为法律所禁止的。

2. 对继父母子女间不得虐待或者歧视的要求是全面的

（1）依据我国法律规定，继父母和继子女之间的关系可能不限于姻亲关系，在特定情形下可以成立拟制血亲关系。不得虐待或歧视，是对所有的继父母和继子女而言的，即不论是否成立拟制血亲关系，相互之间都不能虐待或歧视。

（2）不得虐待或者歧视是针对所有生活状态而言的，无论继父母子女间是否形成了共同居住的生活状况，他们相互之间均不得虐待或者歧视。

（3）在继父母和继子女不在一起共同居住生活的情况下，继父母在自己配偶抚养教育其与前妻或者前夫所生育的子女的时候，不得进行阻止或者设置障碍，这也是继父母不得虐待、歧视继子女的要求所在。

3. 不得虐待

（1）对家庭暴力的界定。家庭暴力的产生原因和表现形式复杂多样，国内外理论界和实务界对家庭暴力的含义有着不同的认识。在我国，不同的学者从不同的角度对家庭暴力进行了阐述。如从行为主体上对家庭暴力作了广义和狭义的区分，广义的家庭暴力是指家庭成员相互之间发生的暴力行为，狭义的家庭暴力仅指夫妻之间的暴力行为。从侵害的对象上看，也可以将其作广义、狭义之分，广义的家庭暴力是指家庭成员中的一方对另一方的身体、精神、性等方面的暴力侵害，狭义的家庭暴力仅指家庭成员一方对另一方的身体进行侵害。在理解上，理论上主流观点认为，家庭暴力是指家庭成员中的一方侵害其他家庭成员的身体、精神等方面的人身权利，并造成一定损害后果的行为。

至于何为“家庭成员”的问题，之前的法律并无明文规定，但《民法典》第1045条对此进行了界定：“亲属包括配偶、血亲和姻亲。配偶、父母、子女、兄弟姐妹、祖父母、外祖父母、孙子女、外孙子女为近亲属。配偶、父母、子女和其他共同生活的近亲属为家庭成员。”实践中可依此作出判断。

在法律规定方面，原《婚姻法解释（一）》第1条规定：“婚姻法第三条、第三十二条、第四十三条、第四十五条、第四十六条所称的‘家庭暴力’，是指行为人以殴打、捆绑、残害、强行限制人身自由或者其他手段，给其家庭成员的身体、精神等方面造成一定伤害后果的行为。持续性、经常性的家庭暴力，构成虐待。”在原《婚姻法解释（一）》被废止后，《民法典婚姻家庭编解释（一）》第1条规定：“持续性、经常性的家庭暴力，可以认定为民法典第一千零四十二条、第一千零七十九条、第一千零九十一条所称的‘虐待’。”该条并未像原《婚姻法解释（一）》第1条一样对“家庭暴力”的含义作出界定，而是直接规定“持续性、经常性的家庭暴力构成虐待”。那么界定“家庭暴力”就需要借助其他法律的规定。

2016年3月1日施行的《反家庭暴力法》第2条规定：“本法所称家庭暴力，是指家庭成员之间以殴打、捆绑、残害、限制人身自由以及经常性谩骂、恐吓等方式实施的身体、精神等侵害行为。”2022年8月1日施行的《最高人民法院关于办理人身安全保护令案件适用法律若干问题的规定》第3条规定：“家庭成员之间以冻饿或者经常性侮辱、诽谤、威胁、跟踪、骚扰等方式实施的身体或者精神侵害行为，应当认定为反家庭暴力第2条规定的‘家庭暴力’。”上述规定是界定何为“家庭暴力”的法律依据。

（2）家庭暴力与虐待的关系。家庭暴力和虐待在行为主体、客体、行为方式、后果上具有相互重合的地方，但二者是两类不同性质的行为。虐待的性质和危害程度比一般的家庭暴力更为严重。家庭暴力通常是偶发性的、间断性的，只有持续性、经常性的家庭暴力才构成虐待。虐待是一种后果较为严重，且具有长期性、持久性的行为。《民法典婚姻家庭编解释（一）》第1条对家庭暴力和虐待之间的关系进行了规定，即持续性、经常性的家庭暴力构成虐待。

虐待家庭成员情节恶劣的，构成虐待罪，应依法追究行为人的刑事责任。但虐待罪毕竟发生在家庭成员之间，虐待者和被虐待者之间存在亲属关系，被虐待者在经济上往往会对虐待者有一定的依赖。在很多情况下，被虐待者的最终目的只是要求虐待者改正错误，使自己的处境得到改善，而不是使虐待者遭受刑事处罚，故《刑法》规定虐待罪告诉才处理的原则，是否使虐待者遭受刑事处罚，交由被虐待者来决定。

4. 不得歧视

法律并未就何为“歧视”进行明确的界定。一般而言，歧视是指不尊重他人，以不平等的方式对待他人，用不平等的眼光看待他人的缺陷、能力、出身等，损害他人的人格利益或者其他利益。

在继子女的角度而言，不得歧视通常是指继子女不得因父母是继父母而不将其作为父母看待，无论是生父母还是继父母，他们的身份都是父母，不应区别对待。在继父母的角度而言，不得歧视通常是对抚养教育继子女的继父母提出的要求，尤其是在继父母自己有亲生子女的情形下，不能因为自己和继子女之间不存在血缘关系，就在抚养教育方面对继子女和亲生子女区别对待。

相互尊重是人与人之间相处的基本原则，家庭成员之间也应该相互理解、相互尊重、相互包容。不能因出身不同而有区别待遇。继父母子女关系是因子女的生父母的婚姻状况而产生的。在法律上，父母再婚的权利受法律保护，那么因再婚行为产生的其他家庭身份关系也应受到法律的平等保护。在情理上，父母再婚是为了今后能够有人相互扶助，共度余生，子女应当尊重父母的再婚选择权，尊重父母再婚配偶的人格尊严；同理，子女生父母的再婚配偶也应当尊重其配偶生子女的人格尊严，只有相互尊重、平等相处，才能使家庭和谐、社会稳定。

5. 继父母子女间应该和谐相处，不得相互实施任何不当或者违法行为

继父母子女间应当和谐相处，相互之间不得实施有害对方合法权益的行为。继父母子女间的不当或者违法行为除了虐待和歧视外，还包括其他类型的行为，如家庭暴力、遗弃、干涉婚姻自由、侵害财产权等侵害人身和财产权益的行为。

本条第 1 款虽然只是规定了继父母子女间不得虐待或者歧视，但这绝不意味着仅仅禁止继父母子女间的虐待和歧视这两种行为，绝不意味着允许继父母子女间可以相互实施其他违法行为，如实施家庭暴力、遗弃等。本条规定禁止继父母子女间的虐待、歧视，只是在强调禁止这两种常见的行为。这只是一种立法技术和立法语言的选择，并非对其他不当行为或者违法行为的放任。

（三）姻亲关系向拟制血亲关系的转化

1. 单纯的姻亲关系转化为拟制的血亲关系

现实生活中，在父或母再婚时，根据子女的年龄以及生活状态，可以分为三种情形：第一，生父或者生母再婚时，继子女已经成年并已独立生活；第二，生父或者生母再婚时，继子女尚未成年或尚未独立生活，再婚后，继子女与继父母长期共同生活，由继父或继母对其进行抚养教育；第三，生父或者生母再婚时，继子女未成年或未独立生活，但再婚后，继子女未与继父母共同生活或未受其抚养教育。在第一种、第三种情形下，继父母和继子女之间只是姻亲关系，他们相互之间只是一种亲属称谓上的父母子女关系，彼此之间不产生父母子女间的权利义务；在第二种情形下，根据本条第 2 款的规定，继父母和继子女之间成立拟制血亲关系，他们之间的权利义务关系适用《民法典》关于父母子女关系的规定。

2. 继子女被继父或者继母收养后，成立拟制的血亲关系

《民法典》第 1103 条规定："继父或者继母经继子女的生父母同意，可以收养继子女，并可以不受本法第一千零九十三条第三项、第一千零九十四条第三项、第一千零九十八条和第一千一百条第一款规定的限制。"据此规定，继父或者继母在继子女的生父母同意的情况下，可以收养继子女。如果继父或者继母办理了收养登记，收养了继子女，则二者之间就转化为养父母子女关系，此亦属于拟制血亲关系，这种拟制血亲关系成立后，该子女与不直接对其抚养的生父或者生母之间的权利义务关系即归于消灭。

（四）继父母子女间的权利义务关系

如上文所述，继父母与继子女间可能形成了抚养教育关系，也可能未形成抚养教育关系。是否形成了抚养教育关系，直接影响到二者之间的权利义务。

1. 未形成抚养教育关系的继父母子女间的关系

继父母未对继子女进行抚养教育的，他们之间只是一种姻亲关系，相互之间并无像生父母子女间一样的权利义务关系。继父母对继子女不具有抚养、教育、保护的权利和义务；成年继子女对继父母也不负有赡养、扶助和保护的义务。

2. 形成了抚养教育关系的继父母子女间的关系

形成抚养教育关系的继父母子女间具有与自然血亲的父母子女相同的权利和义务。具体的权利义务适用《民法典》的有关规定。

适用指引

一、与继父母间形成了抚养教育关系的继子女权利义务的双重性

如上文所述，根据继父母与继子女间是否形成了抚养教育关系，继父母子女间的关系可以分为两类：一是一般的姻亲关系；二是拟制的血亲关系。

在一般的姻亲关系下，继子女与继父母间只是有了一种父母子女的称谓而已，他们之间并不具有《民法典》规定的父母子女之间的权利义务，继子女与其生父母间的权利义务自然不受影响，即继子女与其生父母间的权利义务仍受到《民法典》及相关法律的调整。

在形成了拟制血亲的情况下，继子女与其生父或者生母之间的父母子女关系仍然存在，自然血亲的父母子女关系并不因此而消除。从这个角度上看，继子女具有双重法律地位，享有双重的权利，也负有双重的义务。即这种类型的继子女既对其生父母负有赡养、扶助、保护的义务，也对抚养教育其的继父母负有赡养、扶助、保护的义务；既可以继承其生父母的遗产，也可以继承其继父母的遗产。

二、如何理解本条第2款规定的“受其抚养教育”

（一）如何掌握“受其抚养教育”

根据本条第2款的规定，继父母和受其抚养教育的继子女之间成立拟制血亲，适用《民法典》关于父母子女关系的规定。那么如何理解并适用“受其抚养教育”就成了问题的关键。

关于“受其抚养教育”的认定标准，我国法律未有规定。对于该问题，理论上有不同的认识，实践中也有较大争议。

“抚养教育”可以分为两个问题：一是抚养教育的形式；二是抚养教育的时间长短。在“抚养教育”的形式上，理论上有观点认为，只有继父母和继子

女共同生活，并且继父母负担了继子女全部或部分的抚养费，才能算进行了抚养教育；也有观点认为，只要继父母和继子女共同生活，对继子女进行了生活上的照料，即可认定他们之间形成了事实上的抚养关系；还有观点认为，即使继父母与继子女未共同生活，如果继父母负担了抚养费用，就应认定为形成了抚养关系。在抚养教育的时间长短上，也存在不同的观点和意见，但多数观点认为，继父母和继子女之间成立拟制血亲关系，不仅要求继父母对继子女进行了抚养教育，还要求这种抚养教育应当持续一定的时间；但在需要持续多长时间的问题上，存有不同的看法，有的认为应该持续 3 年，有的认为应当持续 5 年，还有的认为应持续 10 年等。

在实践中，有些地方高级人民法院对此问题也作出过指导各自辖区法院处理类似问题的指导性意见，如江苏省高级人民法院在 2019 年发布的《家事纠纷案件审理指南》第 13 条第 1 款规定："认定继父母子女之间是否形成抚养教育关系，可以通过审查再婚时继子女是否已经成年、双方共同生活的时间长短、是否实际接受生活上的照顾抚育、家庭身份融合程度等予以综合判断。"北京市高级人民法院在 2018 年发布的《北京市高级人民法院关于审理继承纠纷案件若干疑难问题的解答》第 15 条规定："继父母子女间是否具有法定继承人资格，以是否存在扶养关系为判断标准。人民法院在判断是否存在扶养关系时，应依扶养时间的长期性、经济与精神扶养的客观存在、家庭身份的融合性等因素综合进行判断，必要时应依职权进行调查。"其在条文说明中进一步表示"继父母与继子女是否形成抚养关系，'共同生活'或'给付抚养费'应当作为认定是否存在抚养事实的主要标准，司法实践中的这一做法应当继续坚持。在个案判断是否存在抚养事实时，鉴于人身关系认定的严肃性，认定标准应当适当严格，共同生活时间不应过短，抚养费承担的比例也不应过低。应当综合考虑抚养的时间、经济与精神的抚养程度、家族身份的融合性等因素进行判断。"这些做法均可以作为处理具体案件纠纷的参考。

我们认为，司法实践中对于"受其抚养教育"的理解和掌握，要结合具体案情综合分析，具体可按照以下原则进行处理：第一，尊重当事人的意思自治。继父母子女间是否成立拟制血亲关系，是否适用法律关于自然血亲父母子女权利义务的规定，应当首先遵从继父母子女本人的真实意愿。如果继父母和继子女之间，尤其是继父或者继母一方明确表示了不愿意与继子女形成抚养教育关系的，应当尊重其意思表示。在这种情况下，即使继父或者继母在客观事实上对未成年或者不能独立生活的继子女提供了经济上的帮助、生活上的照顾，且这种帮助和照顾也持续了很长一段时间，那么也不宜将其认定为形成了抚养教育关系的继父母子女。第二，继父母对继子女进行抚养教育的方式可以是多样的，未成年或不能独立生活的继子女与继父母共同居住生活，受到继父母生活上的照料、经济上的供养且经过了一段时间固然可以作为形成了抚养教育关系的考虑因素之一；那些未与继父母共同居住生活的继子女，如果继父母对其进行了持续的经济供养并在心理上将其作为自己子女对待，原则上也可以认为继父母在抚养教育继子女。第三，继父母对继子女的抚养教育应当持续一定的时间。因为拟制血亲关系成立后，继子女对继父母就负有赡养、扶助和保护的义务，且继父母和继子女相互之间具有继承权，因此继父母对继子女进行抚养教育所持续的时间不应过短，这样才可实现权利义务基本对等。第四，继父母子女间应形成一定的身份情感联系，在情感上相互接纳对方。第五，父母再婚时子女的年龄也应是考虑因素之一，受抚养教育的子女只能是未成年或虽成年但不能独立生活的子女，否则不宜认定为形成抚养教育关系。

（二）继子女的生父母单方支付抚养费的不等于继父母实施了抚养教育行为

在继子女的生父母离婚后一方或者双方再婚，或者生父母一方死亡另一方再婚的情况下，若子女的生父或者生母不直接抚养该子女，则不直接抚养的父母一方应依法支付子女抚养费。不直接抚养子女的生父或者生母支付子女抚养费是在履行法定的抚养义务。虽然我国实行的是婚后夫妻财产共同制，生父或者生母支付的抚养费有可能是来源于生父或生母与继母或继父的夫妻共同财产，但生父或者生母的这一行为原则上不应认为是继父或者继母抚养继子女的行为。在此情况下，继父母是否抚养教育了继子女，还是应依上文所述原则来确定。

三、继父母和继子女之间的关系能否解除

关于继父母与继子女间的关系能否解除、如何解除的问题，法律并无规定，对此问题只是在《民法典婚姻家庭编解释（一）》第 54 条有部分涉及，该条规定："生父与继母离婚或者生母与继父离婚时，对曾受其抚养教育的继子女，继父或者继母不同意继续抚养的，仍应由生父或者生母抚养。"按此规

定，在生父与继母或者生母与继父离婚时，若继父或者继母不同意继续抚养继子女的，可以解除继父母子女关系。

1986年3月21日，最高人民法院曾就辽宁省高级人民法院的请示作出过《关于继母与生父离婚后仍有权要求已与其形成抚养关系的继子女履行赡养义务的批复》，主要内容如下："经我们研究认为：王淑梅与李春景姐弟五人之间，既存在继母与继子女间的姻亲关系，又存在由于长期共同生活而形成的抚养关系。尽管继母王淑梅与生父李明心离婚，婚姻关系消失，但王淑梅与李春景姐弟等人之间已经形成的抚养关系不能消失。因此，有负担能力的李春景姐弟等人，对曾经长期抚养教育过他们的年老体弱、生活困难的王淑梅应尽赡养扶助的义务。"

1988年1月22日，最高人民法院曾作出过《关于继父母与继子女形成的权利义务关系能否解除的批复》（已废止），该批复主要内容如下："陈珍芳受陈云飞扶养教育八年，他们之间既存在着姻亲关系，也存在着扶养关系。陈珍芳生母与陈云飞协议离婚后，陈珍芳受陈云飞扶养教育的事实不能消失。据此，我们同意你院的意见，即：继父母与继子女已形成的权利义务关系不能自然终止，一方起诉要求解除这种权利义务关系的，人民法院应视具体情况作出是否准许解除的调解或判决。"

以上批复虽可作为参考，但时间久远，且已有批复被废止，而涉及继父母子女间关系能否解除问题的案件却并未消失，时有出现，对这一问题仍应加以重视。

实践中，已有地方高级人民法院对此问题作出过指导性意见，如江苏省高级人民法院在2019年作出的《家事纠纷案件审理指南》第13条第2款规定："对于已经形成抚养教育关系的继父母子女，因生父（母）与继母（父）离婚导致再婚关系终止的，如果继父母不同意继续抚养未成年继子女的，继父母子女关系可以解除，该子女应当由生父母抚养。对于已经形成抚养教育关系的继父母子女，因生父（母）死亡导致再婚关系终止的，在继子女未成年的情形下一般不允许解除继父母子女关系。如果生父母中的另一方愿意将未成年子女领回，继父母同意的，继父母子女关系可以解除。继子女八周岁以上的，应当征得本人同意。对于已经形成抚养教育关系的继子女成年后，继父母子女关系一般不允许解除。如果双方经协商一致或者双方关系恶化导致继父母或者继子女主张解除继父母子女关系的，可以解除。但继父母子女关系解除后，对于缺乏劳动能力或者生活困难的继父母，成年的继子女应当给付一定的生活费用。对于未形成抚养教育关系的继父母子女，一方起诉主张解除继父母子女关系的，裁定不予受理，已经受理的，裁定驳回起诉。”这些规定是对继父母子女关系问题的有益探索，值得参考借鉴。

我们认为，在遇有此类纠纷时，可以参照以下原则处理：

第一，在生父与继母或者生母与继父离婚的情况下，若继父母和继子女之间未成立拟制血亲而仅为姻亲关系时，这种姻亲关系可以解除。

第二，在生父与继母或者生母与继父离婚，且继父母与继子女之间形成了拟制血亲关系，如果继父母不同意继续抚养未成年继子女的，那么原则上，继父母子女关系可以解除，该子女应当由生父母抚养。此时，应该尊重继父或者继母的意愿，他们之间毕竟没有血缘关系，且拟制血亲关系的存在还涉及今后的遗产继承问题，不应使继父母子女间的权利义务过于失衡。

第三，在因生父或者生母死亡而导致婚姻关系终止，且继父母子女间已经形成了拟制血亲关系的，为使子女的利益，尤其是子女的生存利益能够得到保障，在原则上，这种拟制血亲关系不能自然解除。在继子女无其他抚养人的情况下，一般不允许解除继父母子女关系。

第四，与继父母形成了拟制血亲关系的继子女成年后，原则上不应允许解除继父母子女关系。但若双方关系恶化，可以参照养父母子女之间的关系，按照具体情形决定是否可以解除。

第五，与继父母形成了拟制血亲关系的继子女成年后，是否解除继父母子女关系，可以尊重继父母与成年继子女的真实意愿，若双方均同意解除的，原则上可以解除。

典型案例

邹某 1 与高某某、孙某 1、陈某 1 法定继承纠纷案

关键词： 继父母　继子女　抚养事实终止　继承

裁判摘要： 判断继父母子女之间是否享有继承权，以是否形成抚养关系为标准。继父母子女在事实上形成了抚养关系，由直系姻亲转化为拟制血亲，从而产生法律拟制的父母子女间的权利义务。确定是否形成抚养关系应以继承实

际发生时为节点。

基本案情： 被继承人孙某2与邹某2于1974年3月登记结婚，1974年12月22日生育一女名为邹某1。孙某2与邹某2于1981年9月28日经人民法院调解离婚。孙某2与陈某2于1984年12月8日结婚，婚后陈某2与其前夫所生之子陈某1随陈某2、孙某2共同生活在上海市重庆北路，1991年10月17日孙某2与陈某2协议离婚。后孙某2与刘某某结婚，婚后未生育子女，并于2000年11月16日协议离婚。2002年5月16日，孙某2与高某某登记结婚，婚后生育一女名为孙某1。孙某2于2016年5月3日死亡，孙某2父母均先于其死亡。系争房屋于2000年登记产权人为孙某2。孙某2死亡后，高某某、孙某1于2016年向上海市闸北公证处申请办理孙某2的继承公证，确定系争房屋由高某某、孙某1共同继承。2016年8月23日，高某某、孙某1申请变更系争房屋的产权登记，2016年9月5日，系争房屋经核准变更登记权利人为高某某、孙某1各享有二分之一产权份额。

本案中，陈某1两岁时，因生母陈某2与被继承人孙某2结婚，确实与孙某2共同生活，形成事实上的继父子关系，孙某2与陈某2共同抚养教育过陈某1，后陈某2与孙某2协议离婚。根据1993年11月3日《离婚案件子女抚养意见》第13条规定："生父与继母或生母与继父离婚后，对曾受其抚养教育的继子女，继父或继母不同意继续抚养的，仍应由生父母抚养。"对于上述规定，法院认为，继父母与继子女是基于姻亲而发生的一种事实上的抚养关系，这种关系是法律拟制的，离婚后，在继父母不愿意继续抚养的情况下，应视为继父母子女关系的解除，他们之间父母子女的权利义务不复存在。本案中，陈某1曾经由孙某2抚养过，但是在其生母陈某2与孙某2离婚时，陈某1九岁还尚未成年，且孙某2、陈某2在离婚协议中明确约定陈某1由陈某2继续抚养，孙某2不再承担抚养费用，在此情形下，应当认定孙某2不再继续抚养是对原已形成的抚养事实的终止，孙某2与陈某1之间的继父子关系视为解除，而且，陈某1与孙某2的继父子关系解除之后至孙某2病故时，期间长达二十余年之久，双方再无来往。陈某1于1998年出国至今仅回国三次，短时间停留，其成年后也不存在赡养孙某2的事实。故而，法院认为，陈某1与被继承人孙某2之间虽存在过抚养事实，但因孙某2与陈某1生母陈某2离婚后不再抚养陈某1，以及陈某1成年后未履行赡养义务，本案继承发生时，陈某1与被继承人孙某2之间继父子关系已解除，双方的权利义务不复存在，陈某1不是继承法规定的有扶养关系的继子女。综上，陈某1对被继承人孙某2的遗产不享有继承权。

【案　　号】（2017）沪02民终10068号

【审理法院】上海市第二中级人民法院

【来　　源】《最高人民法院公报》2020年第6期（总第284期）

类案检索

一、贾某1与贾某2、贾某3、贾某4、贾某5继承纠纷案

关键词：继父母　继子女　抚养教育　第一顺序继承人

裁判摘要：原告贾某1之母严某某与被继承人贾某6结婚后共同生活，二人虽于2011年3月3日登记离婚，但实际并未分开，仍然以夫妻名义共同生活在一起。2018年3月5日，贾某6病逝。原告贾某1在严某某与贾某6结婚登记时尚未成年，在长达近十年的时间里，除贾某1上学及外出务工期间外，贾某6与贾某1一直以继父子名义共同生活，对外一直以父子相称，之间相互提供了经济上的供养、扶助，关系融洽，贾某6以贾某1继父名义为贾某1操办了婚礼，在被继承人贾某6病逝后，贾某1以继子的名义操办丧葬事宜、披麻戴孝、立碑纪念，可以认定被继承人贾某6与贾某1之间形成了长期的精神扶养，在家庭身份上也高度融合，可以认定贾某1与贾某6之间尽到了主要的家庭扶养义务。关于扶助情况，应采用排除解释，即在共同生活期间，贾某1未发生虐待、遗弃被扶养人贾某6的情形。贾某6去世后，原告贾某1负责披麻戴孝并操办其丧葬事宜，更是贾某1继子身份的象征。综上，贾某1与贾某6之间形成了事实上的扶养关系，即贾某6与贾某1之间的继父子关系并未因贾某1之母严某某与贾某6登记离婚而当然解除，在被继承人贾某6无遗嘱、遗赠的情况下，贾某1作为贾某6的继子，对被继承人贾某6的遗产享有继承权。本案被继承人贾某6生前无遗嘱、遗赠，应按照法定继承认定继承顺序。贾某1作为被继承人贾某6的继子系第一顺序继承人，被告贾某2、贾某3、贾某4、贾某5作为被继承人贾某6的兄弟姐妹系第二顺序继承人。在贾某1未丧失或放弃继承权的前提下，其对被继承人贾某6的遗产享有继承权。

【案　　号】(2020) 鲁 1323 民初 1737 号

【审理法院】山东省沂水县人民法院

二、王某与姚某 2 赡养纠纷案

关键词： 继父母　继子女　抚养关系　夫妻共同财产　赡养

裁判摘要： 通常情况下，继父母与继子女之间的关系属于姻亲范围，如果继父母子女之间形成了抚养教育关系，或者通过收养，继父母将继子女收养为子女，则他们之间就形成了法律拟制血亲关系。继父母与继子女之间形成父母子女关系的前提是继父母本人对继子女履行了抚养教育义务，该抚养教育关系是否形成，可以通过审查再婚时继子女是否已经成年、双方共同生活时间的长短、是否实际接受生活上的照顾抚育、家庭身份融合程度等予以综合判断。

本案中，王某与姚某 1 结婚时姚某 2 尚未成年，双方均认可姚某 2 系与祖父母共同生活，并未与姚某 1、王某共同生活。王某并非姚某 2 生母，其要求姚某 2 承担赡养义务，应当提供证据证明其本人在姚某 2 未成年时对姚某 2 履行了抚养教育义务。王某主张姚某 2 祖父母不具备独立抚养姚某 2 的经济能力，姚某 2 的日常生活和学习开支都是由其与姚某 1 交钱给祖母，姚某 2 读高中后由姚某 1 直接交给姚某 2，但王某未能就姚某 2 祖父母丧失劳动能力或没有经济能力抚养姚某 2 以及其本人为姚某 2 提供经济支持提供证据予以证明，且即使姚某 2 祖父母经济拮据，在不能排除其他人帮助的情况下，亦不能当然认定由王某与姚某 1 为姚某 2 生活和学习提供了支持。王某主张姚某 1 向姚某 2 支付钱款系夫妻共同财产，但一方面，姚某 1 作为父亲本身即应当对姚某 2 履行抚养教育义务，不能因姚某 1 在其与王某夫妻关系存续期间对姚某 2 履行法定抚养教育义务，从而就当然认定王某亦履行了抚养教育义务；另一方面，在姚某 2 从未与王某、姚某 1 共同生活的情况之下，王某作为继母与继子姚某 2 建立婚姻法上母子关系所应履行的抚养教育义务应当与姚某 1 履行法定义务有所区分，况且，姚某 2 一直随祖父母共同生活，即便王某直接或间接地提供了部分经济上的支持，而没有证据证明其本人对姚某 2 进行了监护、家庭教育等抚养教育行为，双方家庭身份融合程度较低，不适用婚姻法中关于父母子女之间的规定。王某要求姚某 2 承担赡养义务因缺少事实和法律依据，法院不予支持。

【案　　号】(2019) 苏 06 民终 2549

【审理法院】江苏省南通市中级人民法院

第一千零七十三条 对亲子关系有异议且有正当理由的，父或者母可以向人民法院提起诉讼，请求确认或者否认亲子关系。

对亲子关系有异议且有正当理由的，成年子女可以向人民法院提起诉讼，请求确认亲子关系。

关联规定

法律、行政法规、司法解释

1.《中华人民共和国民事诉讼法》

第六十六条 证据包括：

（一）当事人的陈述；

（二）书证；

（三）物证；

（四）视听资料；

（五）电子数据；

（六）证人证言；

（七）鉴定意见；

（八）勘验笔录。

证据必须查证属实，才能作为认定事实的根据。

第六十七条 当事人对自己提出的主张，有责任提供证据。

当事人及其诉讼代理人因客观原因不能自行收集的证据，或者人民法院认为审理案件需要的证据，人民法院应当调查收集。

人民法院应当按照法定程序，全面地、客观地审查核实证据。

第六十八条 当事人对自己提出的主张应当及时提供证据。

人民法院根据当事人的主张和案件审理情况，确定当事人应当提供的证据及其期限。当事人在该期限内提供证据确有困难的，可以向人民法院申请延长期限，人民法院根据当事人的申请适当延长。当事人逾期提供证据的，人民法院应当责令其说明理由；拒不说明理由或者理由不成立的，人民法院根据不同情形可以不予采纳该证据，或者采纳该证据但予以训诫、罚款。

第七十九条 当事人可以就查明事实的专门性问题向人民法院申请鉴定。当事人申请鉴定的，由双方当事人协商确定具备资格的鉴定人；协商不成的，由人民法院指定。

当事人未申请鉴定，人民法院对专门性问题认为需要鉴定的，应当委托具备资格的鉴定人进行鉴定。

第八十一条 当事人对鉴定意见有异议或者人民法院认为鉴定人有必要出庭的，鉴定人应当出庭作证。经人民法院通知，鉴定人拒不出庭作证的，鉴定意见不得作为认定事实的根据；支付鉴定费用的当事人可以要求返还鉴定费用。

2.《最高人民法院关于适用〈中华人民共和国民法典〉婚姻家庭编的解释（一）》

第三十九条 父或者母向人民法院起诉请求否认亲子关系，并已提供必要证据予以证明，另一方没有相反证据又拒绝做亲子鉴定的，人民法院可以认定否认亲子关系一方的主张成立。

父或者母以及成年子女起诉请求确认亲子关系，并提供必要证据予以证明，另一方没有相反证据又拒绝做亲子鉴定的，人民法院可以认定确认亲子关系一方的主张成立。

第四十条 婚姻关系存续期间，夫妻双方一致同意进行人工授精，所生子女应视为婚生子女，父母子女间的权利义务关系适用民法典的有关规定。

3.《最高人民法院关于适用〈中华人民共和国民事诉讼法〉的解释》

第九十条 当事人对自己提出的诉讼请求所依据的事实或者反驳对方诉讼请求所依据的事实，应当提供证据加以证明，但法律另有规定的除外。

在作出判决前，当事人未能提供证据或者证据不足以证明其事实主张的，由负有举证证明责任的当事人承担不利的后果。

第九十一条 人民法院应当依照下列原则确定举证证明责任的承担，但法律另有规定的除外：

（一）主张法律关系存在的当事人，应当对产生该法律关系的基本事实承担举证证明责任；

（二）主张法律关系变更、消灭或者权利受到妨害的当事人，应当对该法律关系变更、消灭或者权利受到妨害的基本事实承担举证证明责任。

第九十二条 一方当事人在法庭审理中，或者在起诉状、答辩状、代理词等书面材料中，对于己不利的事实明确表示承认的，另一方当事人无需举证证明。

对于涉及身份关系、国家利益、社会公共利益等应当由人民法院依职权调查的事实，不适用前款自认的规定。

自认的事实与查明的事实不符的，人民法院不予确认。

第一百一十二条 书证在对方当事人控制之下的，承担举证证明责任的当事人可以在举证期限届满前书面申请人民法院责令对方当事人提交。

申请理由成立的，人民法院应当责令对方当事人提交，因提交书证所产生的费用，由申请人负担。对方当事人无正当理由拒不提交的，人民法院可以认定申请人所主张的书证内容为真实。

4.《最高人民法院关于民事诉讼证据的若干规定》

第一条 原告向人民法院起诉或者被告提出反诉，应当提供符合起诉条件的相应的证据。

第八条 《最高人民法院关于适用〈中华人民共和国民事诉讼法〉的解释》第九十六条第一款规定的事实，不适用有关自认的规定。

自认的事实与已经查明的事实不符的，人民法院不予确认。

第十六条 当事人提供的公文书证系在中华人民共和国领域外形成的，该证据应当经所在国公证机关证明，或者履行中华人民共和国与该所在国订立的有关条约中规定的证明手续。

中华人民共和国领域外形成的涉及身份关系的证据，应当经所在国公证机关证明并经中华人民共和国驻该国使领馆认证，或者履行中华人民共和国与该所在国订立的有关条约中规定的证明手续。

当事人向人民法院提供的证据是在香港、澳门、台湾地区形成的，应当履行相关的证明手续。

第三十一条 当事人申请鉴定，应当在人民法院指定期间内提出，并预交鉴定费用。逾期不提出申请或者不预交鉴定费用的，视为放弃申请。

对需要鉴定的待证事实负有举证责任的当事人，在人民法院指定期间内无正当理由不提出鉴定申请或者不预交鉴定费用，或者拒不提供相关材料，致使待证事实无法查明的，应当承担举证不能的法律后果。

第三十七条 人民法院收到鉴定书后，应当及时将副本送交当事人。

当事人对鉴定书的内容有异议的，应当在人民法院指定期间内以书面方式提出。

对于当事人的异议，人民法院应当要求鉴定人作出解释、说明或者补充。人民法院认为有必要的，可以要求鉴定人对当事人未提出异议的内容进行解释、说明或者补充。

第四十条 当事人申请重新鉴定，存在下列情形之一的，人民法院应当准许：

（一）鉴定人不具备相应资格的；

（二）鉴定程序严重违法的；

（三）鉴定意见明显依据不足的；

（四）鉴定意见不能作为证据使用的其他情形。

存在前款第一项至第三项情形的，鉴定人已经收取的鉴定费用应当退还。拒不退还的，依照本规定第八十一条第二款的规定处理。

对鉴定意见的瑕疵，可以通过补正、补充鉴定或者补充质证、重新质证等方法解决的，人民法院不予准许重新鉴定的申请。

重新鉴定的，原鉴定意见不得作为认定案件事实的根据。

第四十一条 对于一方当事人就专门性问题自行委托有关机构或者人员出具的意见，另一方当事人有证据或者理由足以反驳并申请鉴定的，人民法院应予准许。

第九十五条 一方当事人控制证据无正当理由拒不提交，对待证事实负有举证责任的当事人主张该证据的内容不利于控制人的，人民法院可以认定该主张成立。

条文释义

一、本条主旨

本条是关于亲子关系异议之诉的规定。

二、条文演变

本条系《民法典》的新增条文。

无论是我国1950年原《婚姻法》、1980年原《婚姻法》，还是2001年修正后的原《婚姻法》，均没有规定婚生子女的推定、否认和非婚生子女认领制度。但是在实践中，有关亲子关系确认或者否认的案件大量存在，人民法院在处理具体案件时，缺乏具体、明确的法律依据，只是根据兼顾身份关系真实性和法律关系安定性的原则，尽力寻求平衡。

为了回应现实的需要，最高人民法院在2011年颁行的原《婚姻法解释（三）》第2条对此进行了规定："夫妻一方向人民法院起诉请求确认亲子关系不存在，并已提供必要证据予以证明，另一方没有相反证据又拒绝做亲子鉴定的，人民法院可以推定请求确认亲子关系不存在一方的主张成立。当事人一方起诉请求确认亲子关系，并提供必要证据予以证明，另一方没有相反证据又拒绝做亲子鉴定的，人民法院可以推定请求确认亲子关系一方的主张成立。"基于实践的需要，《民法典》吸收了该条规定的精神，从立法角度，首次对亲子关系异议之诉作出了规定。《民法典》本条规定即源于原《婚姻法解释（三）》第2条。

三、条文解读

涉及亲子关系确认或者否认的案件越来越多，比较常见的有如下几种类型：第一，离婚诉讼中的女性当事人提出其与配偶在婚姻关系存续期间所生育的子女与其配偶不具有亲子关系，进而请求人民法院判决由自己一人抚养未成年子女；第二，离婚诉讼中的男性当事人提出其配偶于双方婚姻关系存续期间生育的子女与自己无亲子关系，进而请求人民法院判决其本人不承担抚育该子女的义务，并判令女方向其赔偿自子女出生后的抚养费及给男方造成的精神损失；第三，单独提起的确认亲子关系之诉；第四，单独提起的否认亲子关系之诉；第五，在继承纠纷案件中，因确认或者否认某自然人的法定继承人身份而引出的亲子关系确认争议。[①] 但我国在法律上并未规定过婚生子女的推定、否认和非婚生子女的认领制度，只是在原《婚姻法解释（三）》第2条中进行过

① 参见最高人民法院民事审判第一庭编著：《最高人民法院婚姻法司法解释（三）理解与适用》，人民法院出版社2015年版，第48页。

规定，尚不能完全满足现实的需要。本条是《民法典》的新增条款，是立法者结合我国社会现实需要、理论研究成果和司法实践经验作出的规定。

（一）本条主要是为了解决有自然血亲的父母子女间关系的认定问题

亲子关系又称父母子女关系。根据产生根据的不同，亲子关系可分为自然血亲的亲子关系和法律拟制的亲子关系。前者基于子女出生的事实产生；后者基于法律的认可而设定，包括养父母养子女和形成抚养教育关系的继父母继子女关系。就亲子关系产生的争议，主要分为两种：确认尚未形成的亲子关系和否认已经形成的亲子关系。对于法律拟制的亲子关系，成立与否主要依赖于是否符合法律规定的成立要件，如判断收养关系是否成立，要看是否进行了收养登记；判断继父母子女间是否成立拟制血亲关系，要看继父母与继子女间是否形成了抚养教育关系。对于自然血亲的亲子关系，成立与否主要依赖于一方当事人和子女之间是否存在血缘关系，母亲一般可由子女出生的事实加以确定，故在实践中主要是确定子女的生父。[①]

在确定子女的生父时，为追求客观真实，通常会采取检测血缘关系的方式进行判定。通过血缘关系来确认生父母、生子女关系依赖于科技的进步。伴随着科技的不同发展阶段，血缘关系的判断方法也经历了不同的发展阶段。在科技尚不发达的时代，人们以比较父母和子女之间的相貌、性格等判断亲子关系存在与否。19世纪末，人类开始通过对血型的检测、比对来确认亲子关系。20世纪70年代，人们发现可以利用人类白细胞抗原来做亲子鉴定。现在人们已经可以用DNA进行鉴定，准确率接近100%。科技的发展也会反映到司法活动中，如最高人民法院在1987年6月15日作出过《关于人民法院在审判工作中能否采用人类白细胞抗原作亲子鉴定问题的批复》（已废止），在批复中认为可以采取人类白细胞抗原作亲子鉴定，并将鉴定结论作为鉴别亲子关系的证据之一，但在采取这一措施时应当慎重。

（二）亲子关系异议之诉的提起主体

亲子关系涉及人身关系，无论是确认亲子关系还是否认亲子关系，都会极

① 参见最高人民法院民法典贯彻实施工作领导小组主编：《中华人民共和国民法典婚姻家庭编继承编理解与适用》，人民法院出版社2020年版，第220页。

大地影响子女以及父母目前的生活。为了维护婚姻家庭的和睦与稳定，很多国家或地区在法律上都确立了婚生子女的推定制度，即在母亲婚姻关系存续期间受胎或者出生的子女，推定其母亲的丈夫就是子女的生父。同时，为了保护真实的血缘关系，又规定了婚生子女否认制度，即赋予一定范围的主体诉讼请求权来否认该子女与所推定的生父之间存在血缘关系。此外，对于非婚生子女，也赋予了一定范围的主体确认该子女与自己或者被告之间存在血缘关系的诉讼请求权，即非婚生子女认领制度。所有这些制度设置，都是为了兼顾身份关系的真实性和法律关系的安定性，都是尽力在二者之间寻求平衡。在制定本条的过程中，立法机构也是在努力平衡二者的关系，既要满足特定的人对真实血缘关系的追求，也要考虑亲子关系的安定、婚姻家庭的和谐和未成年人的健康等因素。故在确定亲子关系诉讼的提起主体时，要赋予特定的人提起此类诉讼的主体资格，但不能将能够提起此类诉讼的主体范围规定得过于宽泛，需要对提起亲子关系诉讼的主体资格进行适当的限制。

1. 可以诉讼请求确认亲子关系的主体

请求确认亲子关系，即原告向法院起诉，请求确认子女和自己或者被告之间存在亲子关系，类似于非婚生子女的认领制度。非婚生子女的认领分为自愿认领和强制认领。自愿认领，是指认领人承认子女为自己所生并自愿认领为自己的子女。对于自愿认领，多数国家法律规定认领人为生父，少数国家的法律规定，父或母均可为认领。强制认领，是指认领人不愿认领子女时，有关当事人诉请法院强制认领人认领子女。

本条规定没有采用认领的概念，直接从当事人的诉求出发，规定为亲子关系的确认。本条也没有区分自愿还是强制，既包括原告起诉，请求确认自己和子女之间存在亲子关系的情形；也包括原告起诉，请求确认被告和子女之间存在亲子关系情形。

根据本条的规定，有资格提起确认亲子关系诉讼的主体包括：（1）父；（2）母；（3）父和母；（4）成年子女。父亲提起亲子关系确认之诉，主要是指生父自愿认可亲子关系，但相对方予以否认的情形。母亲提起亲子关系确认之诉，主要是指生父不愿意认可亲子关系，生母以生父为被告提起诉讼，请求法院确认子女和生父之间亲子关系的情形。父和母提起亲子关系确认之诉，主要是指子女被抱错或者被社会福利机构领养，或者和父母离散，母亲或父亲起诉请求确认自己和子女之间存在亲子关系的情形。成年子女提起亲子关系确认之诉，主要是指以生父或者生母为被告，请求确认亲子关系的情形，也包括弃婴或者父母离散的子女以生父或生母为被告提起的诉讼。

本条规定的原告范围中只包括成年子女，不包括未成年子女，这主要是考虑到未成年子女缺乏民事行为能力和诉讼行为能力，其要确认亲子关系，可以由母亲或父亲作为原告提出。

考虑到亲子关系的确认或者否认对一个家庭及其相关亲属所可能造成的颠覆性后果，本条规定将提起亲子关系确认诉讼的主体限制为父、母和成年子女，除此之外，其他人均不能作为原告提起亲子关系确认之诉。

2. 可以诉讼请求否认亲子关系的主体

我国法律没有规定亲属法，也没有规定婚生子女认定的规则。最高人民法院在起草原《婚姻法解释（三）》时曾经希望弥补这一漏洞。直到最高人民法院通过媒体就原《婚姻法解释（三）》向社会征求意见时，条文中还有“婚姻关系存续期间所生育的子女，一般应认定为婚生子女”的表述。但在征求意见过程中，有专家指出，关于自然人之间的基本身份关系，应当由立法而不是司法解释作出规定，而且现有条文过于粗疏，容易引起身份关系的混乱。最高人民法院经过研究，采纳了这一意见，最终未就此作出规定。[①] 但是在司法实践中，一般仍将在父母婚姻关系存续期间出生的子女推定为婚生子女，该做法也称为婚生推定。这种推定只是一种法律上的认定，是法律事实。法律事实有可能会与客观事实不符。现实生活中，也的确出现过婚生推定的子女实际上是因婚外性行为所生子女的情况。为了保障当事人的合法权益，应当赋予特定范围的人提起亲子关系否认诉讼的资格。从域外法律来看，国外法律在规定婚生子女推定制度的同时也规定了婚生子女的否认制度。借鉴域外经验并结合自身实际，我国也对婚生子女的否认之诉进行了规定，并对提起否认之诉的主体范围进行了限制。

请求否认亲子关系，即原告向法院起诉，请求确认自己和子女之间不存在亲子关系，类似于婚生子女否认制度。婚生子女否认制度，是指有关当事人根据法律规定否认推定的婚生子女为自己亲生子女的制度，是对婚生子女推定的限制。本条规定没有采用婚生子女否认的概念，而是直接从当事人的诉求出发，规定为亲子关系的否认。

---

① 参见最高人民法院民事审判第一庭编著：《最高人民法院婚姻法司法解释（三）理解与适用》，人民法院出版社 2015 年版，第 54 页。

在本条立法过程中，对于哪些人可作为原告提起亲子关系否认之诉争议很大，这从民法典历次征求意见稿及草案的条文变化中可见一二。2018 年 8 月 27 日《民法典各分编（草案一次审议稿）》第 850 条曾规定："对亲子关系有异议的，父、母或者成年子女可以向人民法院提起诉讼，请求确认或者否认亲子关系。"但有的地方、部门和专家学者提出，允许成年子女提起亲子关系否认之诉，可能会导致其逃避对父母的赡养义务，建议对成年子女提起此种诉讼予以限制。全国人民代表大会宪法和法律委员会经研究采纳了该意见，对该条进行了修改。最终本条规定将原告范围限定为父亲和母亲，将成年子女和其他主体都排除在外。

（三）提起亲子关系确认或否认之诉应当有正当理由

亲子关系的确认和否认对于子女来说，不仅涉及一系列权利义务的产生、消灭，更涉及人身关系的重大改变，还直接影响到家庭和社会的稳定，故亲子关系确认或者否认之诉不能随意提起，必须要有正当的理由并附上相应的证据材料才能提起此类诉讼。2018 年 8 月 27 日《民法典各分编（草案一次审议稿）》第 850 条曾规定："对亲子关系有异议的，父、母或者成年子女可以向人民法院提起诉讼，请求确认或者否认亲子关系。"该条并未要求提起亲子关系异议之诉需要有正当理由。但该条公布后，有些专家学者和社会公众建议进一步提高此类诉讼的门槛，明确当事人需要有正当理由才能提起，以更好地维护家庭关系和亲子关系的和谐稳定。全国人民代表大会宪法和法律委员会经研究，建议采纳这一意见，并据此对条文进行了修改，明确规定提起此类诉讼需要有正当的理由，提高了提起此类诉讼的门槛。

1. 在提起亲子关系异议之诉时应当附有相应证据材料以证明原告有正当理由

《民事诉讼证据规定》第 1 条规定："原告向人民法院起诉或者被告提出反诉，应当提供符合起诉条件的相应的证据。"这是对原告起诉或者被告提出反诉应当附有相应证据的规定。该条规定适用于所有的民事案件，当然包括亲子关系异议之诉。该条规定的"符合起诉条件的相应的证据"具体到亲子关系异议之诉案件中，就是能够证明其提起此类诉讼具有"正当理由"的相应的证据。

2. 起诉时所附的相应证据材料不等同于认定案件事实的证据

在立案阶段对证据只作形式审查而不作实体审查，是我国立案与审判相分离的原则的要求。证据材料在起诉阶段的全部使命就是要证明民事权益争议存在的客观性、已然性和利益相关性。客观性主要是指争议存在的实在性；已然性是指民事权益的争议已经实际发生，而不是将要发生或者可能发生；利益相关性是指争议本身与诉讼请求具有法律上的利害关系，这种利害关系只是法律上的利害关系，而不是事实上的利害关系。因此，法院对原告起诉时应附的证据材料只是作一些法律上和形式上的初步审查，而不对其真实性作实质审查，故对原告在起诉时所附证据的数量和质量均不宜作出过于苛刻的要求。[①] 对争讼事实的证明过程是整个民事诉讼活动所承担的任务，原告在起诉时所提交的证据旨在证明争议存在的客观性和已然性，不能要求这些证据足以支持其全部的诉讼请求。

对当事人的起诉证据只作形式审查是我国现阶段立案登记制的要求。2014 年 10 月 28 日党的十八届四中全会通过的《中共中央关于全面推进依法治国若干重大问题的决定》明确指出："改革法院案件受理制度，变立案审查制为立案登记制；对人民法院依法应该受理的案件，做到有案必立、有诉必理，保障当事人诉权。" 2015 年 4 月 15 日，最高人民法院颁布了《最高人民法院关于人民法院登记立案若干问题的规定》，该规定第 6 条规定当事人起诉的应提交"与诉请相关的证据或者证明材料"，改变了 1997 年 5 月 29 日原《最高人民法院关于人民法院立案工作的暂行规定》第 9 条规定的"发现原告或者自诉人证明其诉讼请求的主要证据不具备的，应当及时通知其补充证据"的内容。故在立案登记制下，审查原告提交的起诉证据时，只需要在形式上检查其提交的证据或证明材料是否与其诉请具有关联性，至于原告提交的证据是否为主要证据、是否充分，均不在立案程序中审查判断。

本条规定相关主体在提起亲子关系异议之诉时应有正当理由，即是要求其在起诉时附有相应的证据材料，但这些证据材料只要在形式上符合起诉证据的要求即可，不要求能够在实质上支持其提出的诉讼请求。《民事诉讼法》第 67 条第 1 款及《民事诉讼法解释》第 90 条规定的举证责任分配及承担的内容主要适用于审判阶段，而不是立案阶段。

---

① 参见最高人民法院民事审判第一庭编著：《最高人民法院新民事诉讼证据规定理解与适用》，人民法院出版社 2020 年版，第 75 页。

3. 在审理阶段应对证据进行严格的审核和认定

亲子关系的确认和否认，不仅涉及亲子间权利义务的产生、消灭，更涉及身份关系的重大改变，会直接影响到家庭和社会的稳定。人民法院在审理此类案件时，应当对当事人提交的证据严格审核和认定。请求确认或否认亲子关系，应当提供充分证据予以证明。具体来说，请求确认亲子关系，应当提供亲子鉴定报告等可证明血缘关系存在的证据。请求否认亲子关系，一般应当提供证据证明存在以下情形之一：一是夫妻在妻受胎期间没有同居的事实；二是夫有生理缺陷或没有生育能力，包括时间不能、空间不能、生理不能等；三是子女和其他人存在血缘关系。

适用指引

一、亲子鉴定方法的适用

（一）亲子鉴定不是必须采用的方法

现代科学技术使亲子鉴定成为人民法院判断亲子关系的一个有效的方法，但不是唯一的方法。根据《民事诉讼法》第66条的规定，民事证据包括当事人陈述、书证、物证、视听资料、电子数据、证人证言、鉴定意见、勘验笔录等，采用亲子鉴定方法所作的鉴定意见只是证据的一种。在亲子关系异议之诉中，如果当事人就其主张提交的证据足以满足法官对此问题作出判断的条件，自然无须再进行亲子鉴定。

如果一方当事人举证证明其主张成立，但另一方当事人表示反对，一方或者双方所举证据尚不足以让裁判者对需要裁决的事项作出确认，在此种情形下需要借助科学的办法对当事人与子女是否具有亲子关系进行鉴定。

关于鉴定的发起、鉴定的进行、鉴定报告的审查、重新鉴定、补充鉴定、鉴定人出庭作证等程序性问题，我国《民事诉讼法》及相关司法解释已经作出了较为详细、具体的规定，在实践中应当根据这些规定采取鉴定措施。

（二）不得采用直接强制的方法进行亲子鉴定

由于亲子鉴定在采集检材时需要当事人的配合，因此，人民法院在民事审判实践中常常需要面对的情况是，一方当事人申请进行亲子鉴定，而另一方当事人不配合，这种不配合既可能是当事人本人不配合，也可能是直接抚育未成年子女的一方不同意让子女提供检材。此时应当如何处理成为实践中需要解决的问题。在国外，遇此情形，常有两种解决方法：一是直接强制鉴定；二是间接强制鉴定。所谓直接强制，是指应受检者若无正当理由一再拒绝接受检查，法院可以采取强制抽血等手段进行鉴定，它追求的是血缘关系的客观真实。所谓间接强制，指的是应受检者若无正当理由一再拒绝接受检查，则可以根据具体情形推定不利于其的事实成立，它是在追求血缘关系客观真实与保护当事人隐私权、人格权之间进行平衡。

在民事诉讼中对当事人的人身实施强制，应当是一件十分慎重的事情。特别是亲子鉴定可能还要涉及对不是案件当事人的未成年人实施强制的问题，因此应当尽可能避免这种情况的发生。与直接强制比较而言，间接强制造成当事人与法院之间的对立的可能性相对小一些。在这种情况下，提供检材、做鉴定对于当事人来说是一种选择而不是必须，无论是自行提供的其他证据足以支持自己的观点，还是自愿承担可能出现的对其不利的判决结果，都不会面临被强制提供检材进行鉴定的情况。[①]

我国采用的是间接强制的方法。《民法典婚姻家庭编解释（一）》第39条规定："父或者母向人民法院起诉请求否认亲子关系，并已提供必要证据予以证明，另一方没有相反证据又拒绝做亲子鉴定的，人民法院可以认定否认亲子关系一方的主张成立。父或者母以及成年子女起诉请求确认亲子关系，并提供必要证据予以证明，另一方没有相反证据又拒绝做亲子鉴定的，人民法院可以认定确认亲子关系一方的主张成立。"该条是对《民法典》第1073条的进一步细化和解释，基本延续了原《婚姻法解释（三）》第2条规定的核心内容。根据该条的规定，在一方当事人已经提供了必要证据，而另一方当事人没有相反证据又拒绝做亲子鉴定的，法院可以推定不利于拒绝一方当事人的事实存在。

（三）采用间接强制的方法符合我国现行的证据规则

证明妨害，又可称为举证妨碍，从广义上理解，为他人阻碍证明人证明的意思；从狭义上理解，指不负有证明责任的一方当事人通过作为或者不作为阻

① 参见最高人民法院民事审判第一庭编著：《最高人民法院婚姻法司法解释（三）理解与适用》，人民法院出版社2015年版，第53页。

碍负有证明责任的一方当事人对其事实主张的证明。[①] 证明妨害规则是一般证明责任的补充，是在特殊情况下，基于公平的原则，对负有证明责任的当事人之举证责任的减轻，从而避免机械适用证明责任规则作出裁判带来的不公平。[②] 域外关于证明妨害的后果有着不同的做法，我国采取的是推定负有证明责任一方的主张成立的法律后果。2001 年 4 月 1 日实施的《民事诉讼证据规定》（已失效）第 75 条曾对此作出了规定。2019 年修正后的《民事诉讼证据规定》第 95 条基本延续了第 75 条的精神，该第 95 条规定："一方当事人控制证据无正当理由拒不提交，对待证事实负有举证责任的当事人主张该证据的内容不利于控制人的，人民法院可以认定该主张成立。"

亲子关系异议之诉中，若一方提交了必要证据，而另一方没有相反证据又拒绝鉴定的，可以视为证明妨害行为，应当依法承担相应的法律后果。

（四）亲子关系的推定不可绝对化

应注意的是，亲子关系的推定不可绝对化。未成年人利益最大化原则是人民法院处理涉及亲子关系的案件所应遵循的基本原则，除了追求真实的血缘关系以外，亲子关系的安定、婚姻家庭的和谐和未成年人的健康都是应当考虑的因素。[③] 我国法律规定 8 周岁以上的未成年人为限制民事行为能力人，可以实施与其年龄、智力相适应的民事法律行为。在亲子鉴定需要未成年人配合的情况下，应当重视 8 周岁以上未成年人的意思，要考虑其对亲子关系的理解和接受程度，做好工作，避免发生极端事件。若其在了解情况后坚决抵制亲子鉴定，则不能简单认为是父或者母一方在拒绝鉴定，从而推定亲子关系存在或者不存在。在这种情况下，还是应该做好协调、化解工作，有条件的也可以与民政部门、儿童保护组织等单位联动，共商解决办法。

二、身份关系不适用自认

在诉讼中，自认是指对于己不利的事实的承认。在通常情况下，对一方当

① 参见张卫平：《民事诉讼法学》（第五版），法律出版社 2019 年版，第 227 页。

② 参见最高人民法院民事审判第一庭编著：《最高人民法院新民事诉讼证据规定理解与适用》，人民法院出版社 2020 年版，第 829 页。

③ 参见最高人民法院民法典贯彻实施工作领导小组主编：《中华人民共和国民法典婚姻家庭编继承编理解与适用》，人民法院出版社 2020 年版，第 225 页。

事人自认的事实，另一方当事人无须举证证明。但《民事诉讼法解释》第 92 条及《民事诉讼证据规定》第 8 条均规定，对于涉及身份关系的事实，不适用自认的规定；自认的事实与查明的事实不符的，人民法院不予确认。

亲子关系异议之诉中，无论是确认亲子关系，还是否认亲子关系，均涉及身份关系，在这类诉讼中，一般不适用自认的规则。确认或者否认亲子关系，均应有相关的证据予以佐证。

三、注意亲子关系确认之诉与否认之诉提起主体的不同

父、母以及成年子女均可以请求人民法院确认亲子关系存在，但只有父、母可以请求人民法院否认亲子关系存在，成年子女不可以提起亲子关系否认之诉。如此规定，主要是基于以下考虑：第一，法律上的亲子关系应尽量以真实的血缘关系为基础，故应允许子女法律意义上的父亲或母亲提起诉讼，以确定子女的生父和生母。第二，应兼顾亲子关系的安定性，在当事人之间已发生了亲情和亲子关系的社会事实的情况下，从保护未成年人最大利益原则出发，应限制当事人以外的人否定亲子关系，故不允许子女法律意义上的父或母之外的第三人作为原告提起诉讼。第三，父母抚养子女成年后，子女应当有赡养义务，为防止出现成年子女否认亲子关系后不再对原法律意义上的父母承担赡养义务的情形，成年子女不可作为原告提起亲子关系否认之诉。①

虽然在成年子女确认了其与某人之间存在亲子关系后，实际上也就等于否认了其与他人之间存在亲子关系。但这并不等于在实际上就赋予了成年子女提起亲子关系否认之诉的主体资格，因为其要找到某个具体的自然人要求确认亲子关系，并能附有正当理由，难度也是比较大的，并不会对现有的家庭关系造成大的冲击。

四、对“正当理由”的理解

本条规定请求确认或者否认亲子关系需要有正当理由。该正当理由反映在诉讼中就是要提交相应的证据材料。在当事人提交的证据能够形成一条完整的证据链来支持其主张时，则根据相应的证据规则来审核认定证据即可。

如果当事人双方提交的证据均不能使法官对某一事实产生内心确信，需要

① 参见最高人民法院民法典贯彻实施工作领导小组主编：《中华人民共和国民法典婚姻家庭编继承编理解与适用》，人民法院出版社 2020 年版，第 223 页。

补强证据时，当事人应提交何种证据才能启动亲子鉴定程序？问题就回到如何界定《民法典婚姻家庭编解释（一）》第 39 条规定的“必要证据”上来。

关于何为“必要证据”，法律及司法解释均未作出具体的规定。实践中，各地高级人民法院也作出了有益的探索。如 2016 年《北京市高级人民法院民事审判第一庭关于审理婚姻纠纷案件若干疑难问题的参考意见》第 4 条规定：“《婚姻法司法解释三》第二条中的‘必要证据’指足以使法官产生内心确信，使举证责任产生转移的证据，如血型、DNA 鉴定相符或不相符、载有父母子女关系的出生医学证明、对方与他人在特定时段同居、男女双方在特定时段有或没有同居生活等证据。对于是否构成必要证据人民法院应结合个案案情慎重把握。”2019 年江苏省高级人民法院《家事纠纷案件审理指南》第 11 条就亲子鉴定的启动作出了原则性的规定：“亲子鉴定的启动应当慎重，无论是请求确认亲子关系或者否认亲子关系都要承担相应的举证责任。对当事人提供的证据，人民法院经审查并结合相关事实，认为进行亲子鉴定确有必要的，可以根据当事人申请启动亲子鉴定。当事人仅凭怀疑或者猜测申请亲子鉴定的，不予准许。但另一方当事人同意鉴定的，可以准许。”这些规定均可以作为我们的参考。

一般而言，请求确认或者否认亲子关系，应当提交充分证据。必须注意到，亲子关系的确认或者否认，对于一个家庭以及父母、子女来说，不仅涉及一系列权利义务的变化，更涉及人身关系的重大改变，会直接影响到家庭和睦、社会和谐，在处理此类案件时应当慎之又慎。原则上，应注意审查其所提交的证据是否能达到致使举证责任转移的程度，是否能够形成证据链条使裁判者相信可能存在这样或那样的事实。如果能使裁判者产生一定的内心确信，那么是可以启动鉴定程序的。当然，这里所谓的使裁判者相信，不应理解为某个裁判者的主观臆断，而是指裁判者依照法定程序，全面、客观地审核证据，依据法律规定，遵守法官职业道德，运用逻辑推理和日常生活经验对证据综合判断后得出的结论。[①] 对“必要证据”的具体表现形式，应按照这一原则，根据案件的具体情形作出具体的判断。

另须注意的是，随着社会的发展，具有涉外因素的案件越来越多。根据《民事诉讼证据规定》第 16 条的规定，在我国领域外形成的涉及身份关系的证

---

① 参见最高人民法院民事审判第一庭编著：《最高人民法院婚姻法司法解释（三）理解与适用》，人民法院出版社 2015 年版，第 58 页。

据，应当经所在国公证机关证明并经中华人民共和国驻该国使领馆认证，或者履行中华人民共和国与该所在国订立的有关条约中规定的证明手续后才能作为证据在我国法院使用。若是在我国香港特别行政区、澳门特别行政区、台湾地区形成的，也应当履行相关的证明手续。

五、亲子关系被否认后，能否请求返还抚养费

亲子关系被否认后，子女就丧失了婚生资格，原法律意义上的父亲对该子女无法律上的抚养义务，其与该子女在否认前的抚养关系，即属欺诈性抚养关系。对于欺诈性抚养，各国立法均确认受欺诈人对于婚姻关系存续期间支出的抚养费有返还的请求权。至于该请求权的理论基础，理论上有不同的观点。一是不当得利说，即无抚养义务之人支付了抚养费，对于生母而言属于不当得利，应当返还。二是无因管理说，即无法定义务而对非婚生子女予以抚养，构成无因管理。三是侵权行为说，即认为非婚生子女的生父母采取欺骗手段，共同实施了逃避法定的抚养义务的违法行为，使受欺诈的原抚养义务人“履行”了支付抚养费的义务，是生父母对被欺诈人的财产侵权行为，应当负侵权民事责任。对此种情形如何处理，我国法律未作规定。司法实践中，至少有以下几种处理方式：认定为基于重大误解实施抚养行为，返还抚养费，同时，进行精神损害赔偿；[①] 认定侵害原告人格利益，承担侵权赔偿责任，返还抚养费，进行精神损害赔偿；[②] 认定抚养行为不是出于真实意思，应为无效，返还抚养费，进行精神损害赔偿。[③] 我们认为，对于欺诈性抚养关系，因受欺诈人原无抚养义务，其已经支付的抚养费对子女的生父母而言，构成不当得利，故其可以行使不当得利请求权，请求返还已经支出的抚养费用。同时，符合精神损害赔偿要件的，可以支持。在确定抚养费返还数额时，原告应当对抚养费用给付情况承担举证责任。确实无法举证证明的，可以根据子女的实际需要、婚姻关系存续期间双方的经济收入、离婚时共同财产的分割情况、当地的实际生活水平等酌情判定。当然，此类案件不仅涉及财产关系，更涉及人身关系，受欺诈人对孩子付出的不仅有抚养费，更多的还有感情投入，所以这类案件还是应以调解

① 参见河南省商丘市梁园区人民法院（2018）豫1402民初3492号民事判决书。
② 参见四川省绵竹市人民法院（2016）川0683民初460号民事判决书。
③ 参见山东省淄博市高新技术产业开发区人民法院（2015）新民初字第79号民事判决书。

为主，争取双方协商解决。[①]

典型案例

藏某1与姚某某等法定继承纠纷案

关键词： 法定继承纠纷

裁判摘要： 在继承纠纷案件中，通过亲子关系鉴定来确定继承权的有无不是必须的。

基本案情： 刘某某于1989年8月与藏某2结婚，生育一女藏某1。1995年2月，刘某某与藏某2协议离婚，约定：藏某1由藏某2抚养，刘某某每月负担抚养费1000元，藏某1为双方当事人今后各自拥有财产的合法继承人之一。1997年12月，刘某某与姚某某结婚，生育子女刘某1、刘某2。2010年8月15日，刘某某死亡，遗留房屋、汽车等遗产共计1900余万元，未留遗嘱。藏某1主张继承遗产。姚某某私自采取藏某1的头发与刘某某生前使用牙刷中的遗留物，隐名送鉴定机构进行DNA检测，结论排除二人有亲子关系，遂拒绝分配遗产给藏某1。藏某1起诉请求继承刘某某的遗产，被告姚某某等人提出对藏某1与刘某某之间是否存在亲子关系进行鉴定，若存在亲子关系，则藏某1享有继承权，若无亲子关系，则藏某1不享有继承权。藏某1不同意进行鉴定。

一审法院重庆市九龙坡区人民法院经审理认为，在原告拒绝鉴定时，推定原告不享有继承权无法律依据，也不符合我国婚姻、家庭、道德观念的原则。因此，不同意被告的鉴定申请，原告在该案件中享有继承权。据此，依照《继承法》第2条、第3条、第10条、第26条之规定，判决：被告姚某某向藏某1支付遗产276余万元。

姚某某等人不服一审判决，提出上诉。

重庆市第五中级人民法院二审判决对姚某某等人的亲子关系鉴定的请求仍不予支持，除改判确定遗产中房屋所有权的归属外，其余维持一审判决。

姚某某等人仍不服，申请再审。重庆市第五中级人民法院裁定进行再审。

---

① 参见最高人民法院民法典贯彻实施工作领导小组主编：《中华人民共和国民法典婚姻家庭编继承编理解与适用》，人民法院出版社2020年版，第225~226页。

再审中，姚某某等人请求采取家族基因检测法进行鉴定，以确定藏某1是否为刘某某的亲生女。

重庆市第五中级人民法院再审认为，亲子鉴定具有很强的伦理性，涉及父母、子女的隐私权，因此，主张亲子鉴定应当严格限定于父母与成年子女本人，被继承人刘某某生前并未提起否认亲子关系的诉讼，而是依离婚协议履行对藏某1的抚养义务，另外，子女与父母有自然血亲关系，不是享有继承权的必备条件，形成抚养关系的继子女、养子女，没有自然血亲关系也可享有继承权。因此，一、二审不支持姚某某等人亲子鉴定的主张，是依法对藏某1及其母亲名誉权、隐私权的保护，也是对逝者刘某某名誉的尊重，是正确的。遗产分配优先尊重死者生前的意思表示，刘某某在与藏某2的《离婚协议》中明确表示："藏某1为双方当事人今后各自拥有财产的合法继承人之一。"刘某某一直未予以改变，藏某1依此约定享有继承权。

【案　　号】(2016)渝05民再17号

【审理法院】重庆市第五中级人民法院

【来　　源】最高人民法院司法案例研究院《民法典新规则案例适用》

类案检索

一、苏某1与许某离婚纠纷案

关键词：亲子鉴定　非婚生　自认

裁判摘要：苏某1主张许某有夫妻不忠行为，婚生子苏某2不是其与许某所生，但所提交的鉴定意见并无相关鉴定机构的盖章，且对于子女鉴定检材的表述亦不明确，该鉴定意见无法证明苏某2不是双方当事人的婚生子。虽然许某不同意进行亲子鉴定，且其在一审中陈述苏某2不是其与苏某1所生，但在二审中表示该陈述系"气话"，人身关系不可以通过自认予以确认。法院认定苏某2系双方当事人的婚生子。

【案　　号】(2019)皖04民终1423号

【审理法院】安徽省淮南市中级人民法院

二、陈某某与罗某1同居关系子女抚养纠纷案

关键词：非婚生　同居　亲子鉴定　推定

裁判摘要：罗某1主张罗某2是其与陈某某的非婚生女，并请求陈某某支付抚养费，其应提供证据证明其主张。罗某1提供的《新生儿出院产科登记》中“陈某某”的署名经鉴定机构鉴定虽非陈某某本人所写，但罗某1作为母亲，基于其与陈某某的特殊关系，其在怀孕生育时应是清楚罗某2的父亲为谁，其在《预防接种证》《新生儿疾病筛查补助申请表》《产妇围产期登记表》等记录中填写的罗某2的父亲均为陈某某，陈某某虽对罗某1的诉请提出抗辩，但承认其和罗某1有过男女朋友的交往，只是否认双方发生过性关系。因本案是同居关系子女抚养纠纷，解决该纠纷与特定人的身份有特殊关系密切相关。现实中，男女双方两情相悦时，女方很难预计双方今后有纠纷而事先作好取证准备，在双方存在交往的情形下而罗某1穷尽举证手段后，则通过亲子鉴定即成为判断陈某某与罗某2之间是否存在亲子关系之必须。陈某某若与罗某2不存在亲子关系，也可通过亲子鉴定以该有力证据证明其清白，但其一再拒绝做亲子鉴定，确与常理不符。根据《婚姻法解释（三）》第2条第2款规定，“当事人一方起诉请求确认亲子关系，并提供必要证据予以证明，另一方没有相反证据又拒绝做亲子鉴定的，人民法院可以推定请求确认亲子关系一方的主张成立”，可以推定罗某1的主张成立，即陈某某与罗某2之间存在亲子关系。

【案　　号】（2019）桂05民终1441号

【审理法院】广西壮族自治区北海市中级人民法院

第一千零七十四条　有负担能力的祖父母、外祖父母，对于父母已经死亡或者父母无力抚养的未成年孙子女、外孙子女，有抚养的义务。

有负担能力的孙子女、外孙子女，对于子女已经死亡或者子女无力赡养的祖父母、外祖父母，有赡养的义务。

关联规定

法律、行政法规、司法解释

1.《中华人民共和国民法典》

第十七条　十八周岁以上的自然人为成年人。不满十八周岁的自然人为未成年人。

第十八条　成年人为完全民事行为能力人，可以独立实施民事法律行为。

十六周岁以上的未成年人，以自己的劳动收入为主要生活来源的，视为完全民事行为能力人。

第二十七条　父母是未成年子女的监护人。

未成年人的父母已经死亡或者没有监护能力的，由下列有监护能力的人按顺序担任监护人：

（一）祖父母、外祖父母；

（二）兄、姐；

（三）其他愿意担任监护人的个人或者组织，但是须经未成年人住所地的居民委员会、村民委员会或者民政部门同意。

第一千零四十三条　家庭应当树立优良家风，弘扬家庭美德，重视家庭文明建设。

夫妻应当互相忠实，互相尊重，互相关爱；家庭成员应当敬老爱幼，互相帮助，维护平等、和睦、文明的婚姻家庭关系。

第一千零四十五条　亲属包括配偶、血亲和姻亲。

配偶、父母、子女、兄弟姐妹、祖父母、外祖父母、孙子女、外孙子女为近亲属。

配偶、父母、子女和其他共同生活的近亲属为家庭成员。

2.《中华人民共和国老年人权益保障法》

第十四条 赡养人应当履行对老年人经济上供养、生活上照料和精神上慰藉的义务，照顾老年人的特殊需要。

赡养人是指老年人的子女以及其他依法负有赡养义务的人。

赡养人的配偶应当协助赡养人履行赡养义务。

第十九条 赡养人不得以放弃继承权或者其他理由，拒绝履行赡养义务。

赡养人不履行赡养义务，老年人有要求赡养人付给赡养费等权利。

赡养人不得要求老年人承担力不能及的劳动。

3.《中华人民共和国未成年人保护法》

第二条 本法所称未成年人是指未满十八周岁的公民。

4.《中华人民共和国刑法》

第二百六十一条 对于年老、年幼、患病或者其他没有独立生活能力的人，负有扶养义务而拒绝扶养，情节恶劣的，处五年以下有期徒刑、拘役或者管制。

条文释义

一、本条主旨

本条是关于祖父母、外祖父母与孙子女、外孙子女之间抚养和赡养义务的规定。

二、条文演变

祖孙之间是隔代直系血亲，他们之间一般并无法定的抚养、赡养义务。我国1950年原《婚姻法》也未就祖、孙相互之间的抚养、赡养义务进行规定。但随着社会的发展，基于传统习惯、亲属感情、现实生活状况及社会保障等多种因素的考虑，1980年原《婚姻法》规定了祖孙之间在特定条件下承担抚养、赡养义务。1980年原《婚姻法》第22条规定："有负担能力的祖父母、外祖父母，对于父母已经死亡的未成年的孙子女、外孙子女，有抚养的义务。有负担能力的孙子女、外孙子女，对于子女已经死亡的祖父母、外祖父母，有赡养的义务。”1984年8月30日颁行的原《最高人民法院关于贯彻执行民事政策法律若干问题的意见》第24条、第25条对此作了进一步的解释。该意见第24条规定：“根据婚姻法第二十二条规定的精神，有负担能力的祖父母、外祖父母，对于父母一方死亡、另一方确无能力抚养或父母均丧失抚养能力的未成年的孙子女、外孙子女有抚养的义务。”第25条规定：“有负担能力的孙子女、外孙子女，对子女已经死亡或子女确无力赡养的祖父母、外祖父母，有赡养的义务。”2001年原《婚姻法》修改时，吸收了司法解释的相关内容，对1980年原《婚姻法》第22条的规定进行了补充和完善。2001年修正的原《婚姻法》第28条规定：“有负担能力的祖父母、外祖父母，对于父母已经死亡或父母无力抚养的未成年的孙子女、外孙子女，有抚养的义务。有负担能力的孙子女、外孙子女，对于子女已经死亡或子女无力赡养的祖父母、外祖父母，有赡养的义务。”相对于1980年原《婚姻法》第22条来说，增加规定了“父母无力抚养的未成年的孙子女、外孙子女”和“子女无力赡养的祖父母、外祖父母”的情形，修改后，更加全面地涵盖和规范了现实中存在的隔代抚养和赡养的情况，对相关人员权利的保护更加完善。

本条规定基本延续了2001年修正的原《婚姻法》第28条的内容。与2001年原《婚姻法》第28条相比较，只是作了文字上的微调，没有明显实质性的变动：将“或”修改为“或者”，将“未成年的孙子女”中的“的”字删除，以使得文字表述更加顺畅。此外，本条没有其他的变化。

三、条文解读

祖父母、外祖父母与孙子女、外孙子女是隔代直系血亲，也是除亲子关系之外的最近的直系血亲。在抚养、赡养关系上，法律对祖、孙的要求不同于法律对父母、子女的要求。父母、子女间存在法定的抚养、赡养义务，而祖、孙之间一般并不存在法定的抚养、赡养义务。但是基于对历史传统、亲属感情、民间习惯及部分“缺损家庭”的现实和社会保障水平等多种因素的考虑，为了充分保障未成年人和老年人的基本生活，应当规定祖孙之间在一定条件下产生抚养、赡养义务。

就我国的实际情况来看，随着社会的发展，经济水平不断提高，科技水平越来越强，医疗技术越来越好，人的寿命在不断延长，但与此伴随而来的是人口的老龄化，老年人口的数量逐年增多，如何保障老年人权益，尤其是生存权益的问题就不容忽视。虽然我国已经建立了较为完善的社会保障体系，且社会保障也还在不断加强和健全，但是单纯依靠社会力量还不能完全满足养老的需求，在保障老年人合法权益时，需要国家、社会和家庭的协力。同时，对于因各种原因而缺失法定义务人的未成年人，虽然我国历来重视对未成年人的保护，也建立了较为完善的未成年人保护机制和保护体系，如孤儿院、特困人员救助等，但对未成年人的保护也不能仅依靠这些社会福利机构，社会福利机构也没有能力完全承担起抚养责任，他们更多承担的是一种托底的功能。在全面保护未成年人合法权益、使其能够健康成长方面，同样需要国家、社会和家庭的相互协力、配合。扶老育幼是我国的传统美德，在法律上重申这种美德，并将其规定为一种需要履行的义务，能更好地保护老年人和未成年人的合法权益。

本条即是对祖孙之间抚养、赡养义务的规定。本条考虑到了祖孙之间是隔代亲属关系，就祖孙之间的抚养、赡养义务和父母子女间的抚养、赡养义务进行了区分，祖孙之间只有在符合一定条件的情况下才相互负有抚养、赡养的义务，在理解和适用本条规定时应多加注意。

（一）祖父母、外祖父母对孙子女、外孙子女履行抚养义务的条件

祖父母、外祖父母对孙子女、外孙子女履行抚养义务是有条件的，只有同时满足以下条件，才负有抚养义务。

1. 孙子女、外孙子女为未成年人

（1）只有在孙子女、外孙子女是未成年人时，祖父母、外祖父母才有抚养义务。如果孙子女和外孙子女已经成年，即使不能独立生活，祖父母、外祖父母也没有抚养的义务。这一点，与父母履行对子女抚养义务的条件不同，根据《民法典》第 1067 条第 1 款的规定，父母除了对未成年子女负有抚养义务外，还对不能独立生活的成年子女负有抚养的义务。

（2）对“未成年”的理解。原则上，对未成年人的界定应以《民法典》第 17 条、第 200 条、第 201 条、第 1259 条等规定的内容为标准，但也不能机械适用，不排除特殊情况下的例外变通。第一，《民法典》第 17 条规定：“十八周岁以上的自然人为成年人，不满十八周岁的自然人为未成年人。”据此，不

满18周岁的自然人为未成年人。第二,《民法典》第200条规定:“民法所称的期间按照公历年、月、日、小时计算。”据此，周岁的计算应以公历为准，对于不同地区按照风俗习惯所说的“虚岁”等算法，也应换算成周岁。第三,《民法典》第201条第1款规定:“按照年、月、日计算期间的，开始的当日不计入，自下一日开始计算。”《最高人民法院关于审理未成年人刑事案件具体应用法律若干问题的解释》第2条也规定:“刑法第十七条规定的‘周岁’，按照公历的年、月、日计算，从周岁生日的第二天起算。”故周岁应从生日的次日起计算。第四,《民法典》第1259条规定:“民法所称的‘以上’、‘以下’、‘以内’、‘届满’，包括本数；所称的‘不满’、‘超过’、‘以外’，不包括本数。”故《民法典》第17条规定的“18周岁以上”，包括18周岁本数。

2. 孙子女或外孙子女的父母已经死亡或父母无力抚养

（1）孙子女、外孙子女的父母已经死亡。这里的死亡既包括生理死亡，也包括宣告死亡。但是，被宣告死亡人出现后，在人民法院撤销死亡宣告判决前，如果其有抚养能力的，也应履行自己的抚养义务，不能以死亡宣告判决未被撤销为由逃避自己的抚养义务。

（2）父母无力抚养。无力抚养，是指不能以自己的收入满足子女合理的生活、教育、医疗等需要。

民政部发布的《特困人员认定办法》第4条规定了特困人员的范围，第8条规定了法定抚养义务人无履行抚养义务能力的认定标准，第8条的内容为：“法定义务人符合下列情形之一的，应当认定为本办法所称的无履行义务能力：（一）特困人员；（二）60周岁以上的最低生活保障对象；（三）70周岁以上的老年人，本人收入低于当地上年人均可支配收入，且其财产符合当地低收入家庭财产状况规定的；（四）重度残疾人和残疾等级为三级的智力、精神残疾人，本人收入低于当地上年人均可支配收入，且其财产符合当地低收入家庭财产状况规定的；（五）无民事行为能力、被宣告失踪或者在监狱服刑的人员，且其财产符合当地低收入家庭财产状况规定的；（六）省、自治区、直辖市人民政府规定的其他情形。”

实践中，各地一般也根据本地情况就法定抚养义务人无力履行抚养义务的认定标准进行了规定，如《汕头市最低生活保障办法》第12条第2款规定：“有下列情形之一的，可以认定为法定义务人不具备履行赡养、抚养、扶养义务能力：（一）特困供养人员；（二）最低生活保障对象；（三）低收入家庭成员；（四）在校接受本科及以下学历教育的学生；（五）无民事行为能力人；（六）法院宣告失踪人员；（七）县级以上人民政府认定的其他人员。”

在处理具体案件时，可以参照民政部《特困人员认定办法》及各地政府颁行的相关规定来具体判断抚养义务人是否具有履行抚养义务的能力。

3. 未成年孙子女、外孙子女有被抚养的需要

只有当孙子女、外孙子女生活确有困难，需要被抚养时，祖父母、外祖父母才有抚养他们的义务。如果孙子女、外孙子女有自己的财产或者经济收入，且这些财产能够满足其生活、学习、医疗等所需，就不能再要求祖父母、外祖父母承担这种抚养义务。实际生活中，对于父母已经死亡的未成年子女，无论其生活是否存在困难，祖父母、外祖父母一般都会对其进行照顾，有条件的还会在物质上、金钱上为他们提供帮助，提高他们的生活水平，但这只是我国尊老爱幼传统美德的体现，是基于亲情和道德而实施的自愿行为，并不是在履行法定的抚养义务。在基于亲情为孙子女、外孙子女提供帮助后，祖父母、外祖父母一般也不得要求孙子女、外孙子女返还。

4. 祖父母、外祖父母有负担能力

根据扶养主体间亲属关系亲疏远近的不同，扶养义务可以分为两种：一是生活保持义务；二是一般生活扶助义务。生活保持义务是无条件的，是必须履行的，无论扶养义务人自身的生活条件如何，都必须履行这种义务，以使受扶养人的生活水平达到与扶养人相当或者接近的标准。一般生活扶助义务是有条件的扶养，只有在受扶养方有受扶养的需要，且扶养方有扶养能力时，才发生这种扶养义务。祖父母、外祖父母对孙子女、外孙子女的抚养义务即属于生活扶助义务。

有负担能力，是指以自己的劳动收入和其他收入满足自己和第一顺序扶养权人（配偶、子女和父母）的合理生活、教育、医疗等需求后仍有剩余。根据《民法典》的规定，配偶之间的扶养义务、父母对子女的抚养义务以及子女对父母的赡养义务，均没有规定扶养义务人应有负担能力这个前提条件，属于生活保持义务的扶养，故配偶、子女、父母属于第一顺序的扶养权人。孙子女、外孙子女属于第二顺序的扶养权人，所以，需要先满足第一顺序扶养权人的扶养需要，仍有剩余的，才可认为是有负担能力。如果祖父母或外祖父母中数人均有负担能力，应根据他们的经济情况共同负担抚养义务。如果孙子女、外孙子女中有数人均满足被抚养条件的，在祖父母、外祖父母的经济能力不足以承担全部抚养义务时，对于经济状况和身体状况最差者应当优先抚养。[①]

（二）孙子女、外孙子女对祖父母、外祖父母履行赡养义务的条件

孙子女、外孙子女对祖父母、外祖父母承担赡养义务也是有条件的，只有同时满足了以下条件，才产生这种赡养义务。

1. 祖父母、外祖父母需要赡养

孙子女、外孙子女对祖父母、外祖父母的赡养是以其父母的赡养义务为基础的，所以，孙子女、外孙子女的赡养条件不应宽于其父母的赡养条件。依据《民法典》第1067条第2款规定，缺乏劳动能力或者生活困难的父母，有要求成年子女给付赡养费的权利。所以，祖父母、外祖父母也只有在缺乏劳动能力或者生活困难时，才可向孙子女、外孙子女提出赡养的要求。如果祖父母、外祖父母有自己的财产或者经济收入，可以负担自身生活所需，就不能要求孙子女、外孙子女承担赡养义务。

2. 祖父母、外祖父母的子女已经死亡或子女无力赡养

（1）子女已经死亡。这里的死亡亦包括生理死亡和宣告死亡。

（2）子女无力赡养。无力赡养是指祖父母、外祖父母的子女不能以自己的收入满足其合理的生活、医疗等需要。应注意的是，这里的"子女"不应限于孙子女、外孙子女的父母，应包括祖父母、外祖父母的所有子女。

（3）孙子女、外孙子女赡养祖父母、外祖父母并不以祖父母、外祖父母曾经抚养过孙子女、外孙子女为条件。即使祖父母、外祖父母从未抚养过孙子女、外孙子女，在符合条件的情况下，孙子女、外孙子女仍旧负有赡养祖父母、外祖父母的义务。

3. 孙子女和外孙子女有负担能力

孙子女、外孙子女对祖父母、外祖父母的赡养义务属于生活扶助义务，此义务不同于子女对父母所负的生活保持义务。孙子女、外孙子女有负担能力是其对祖父母、外祖父母承担赡养义务的前提。

（三）关于履行抚养或者赡养义务的形式

鉴于实际情况的复杂多样性，法律并未就祖父母、外祖父母抚养孙子女、

① 胡康生主编：《中华人民共和国婚姻法释义》，法律出版社2001年版，第117页。

外孙子女的形式以及孙子女、外孙子女赡养祖父母、外祖父母的形式作出具体规定，而是留待当事人自由选择。只要能够达到养老育幼的目的，法律对具体的抚养、赡养形式不加过多的干预。扶养义务人可以采取将受扶养人接至家中共同居住生活的方式履行扶养义务，也可以通过给付抚养费、赡养费的方式履行义务，还可以通过委托他人照料的方式履行义务等。

如果扶养义务人不履行自己的义务，受扶养人可以要求其履行，必要时可以通过诉讼的方式维护自己的权利。与父母支付子女抚养费一样，如果法院判决扶养义务人给付抚养费或者赡养费后，又出现了新情况，需要增加抚养费或者赡养费的，受扶养人可以要求增加。

适用指引

一、父母均在外打工，是否属于无力抚养

扶老育幼是我们中华民族的优良传统，现实生活中普遍存在祖父母、外祖父母帮着带孩子的情形。尤其在农村地区，有大量父母外出打工，孩子留给祖父母、外祖父母照顾，即媒体常说的“留守儿童”。应注意的是，祖父母、外祖父母照顾孙子女、外孙子女往往出于亲情。如果不存在其他的特殊情况，仅“父母外出打工”不属于父母无力抚养的情形，在这种情形下，祖父母、外祖父母对孙子女、外孙子女进行照顾，是出于道义和亲情，并没有抚养的法定义务。父母仍应依照法律规定，对子女履行抚养、教育和保护义务，不能以在外打工为由推卸自己的责任。

二、孙子女、外孙子女被视为完全民事行为能力人时，祖父母、外祖父母也不再对其负有抚养义务

本条规定在一定条件下，祖父母、外祖父母对未成年孙子女、外孙子女负有抚养的义务。根据《民法典》第 17 条的规定，不满 18 周岁的自然人为未成年人。但《民法典》第 18 条第 2 款规定：“十六周岁以上的未成年人，以自己的劳动收入为主要生活来源的，视为完全民事行为能力人。”当孙子女、外孙子女年满 16 周岁但不满 18 周岁时，虽然仍属于未成年人的年龄范围，但如果他们能够以自己的劳动收入为主要生活来源，则可以被视为完全民事行为能力

人。根据《劳动法》第 15 条及《未成年人保护法》第 61 条的规定，已满 16 周岁的未成年人可以参加劳动并取得劳动报酬。此时，可以认为他们有了自己的经济收入，已经失去了受抚养的必要性，故此类孙子女、外孙子女原则上不得再要求祖父母、外祖父母履行抚养义务。

从子女利益最大化原则出发，在确定是否应将未成年子女推定为完全民事行为能力人时，标准应当严格一些，要根据其工作时间、工作地点、工作内容、工资等劳动收入数额、居住环境、身体状况及当地人均收入、支出水平等因素进行综合判断，避免出现幼无所养的情况。

在孙子女、外孙子女被视为完全民事行为能力人的情况下，如果其祖父母、外祖父母符合本条规定的条件，需要孙子女、外孙子女赡养时，孙子女、外孙子女也应负有赡养的义务。

三、在孙子女、外孙子女履行对祖父母、外祖父母的赡养义务时，孙子女、外孙子女的配偶有协助的义务

本条规定有负担能力的孙子女、外孙子女在一定条件下对祖父母、外祖父母有法定的赡养义务，在满足本条规定的条件时，孙子女、外孙子女也就成为法定的赡养义务人。这里的“有负担能力”即隐含了孙子女、外孙子女已经成年的情况。在他们已经成年并结婚的情况下，其配偶与孙子女、外孙子女的祖父母、外祖父母之间是姻亲关系，在任何条件下都不负有法定的直接赡养义务。但这并不意味着孙子女、外孙子女的配偶可以阻碍孙子女、外孙子女履行赡养义务，相反，他们负有协助履行赡养义务的义务。这种协助是指配偶必须以作为或者不作为的方式帮助赡养义务人履行赡养义务，保证受赡养人得到赡养。《老年人权益保障法》第 14 条第 3 款即规定了赡养人配偶的这种协助义务，该款规定：“赡养人的配偶应当协助赡养人履行赡养义务。”根据《民法典》第 1066 条的规定，如果赡养义务人的祖父母、外祖父母患重大疾病需要治疗，而其配偶不同意支付相关医疗费用的，赡养义务人可以请求在婚姻关系存续期间分割夫妻共同财产。

四、尽了抚养义务的祖父母、外祖父母对孙子女、外孙子女的探望权

我国原《婚姻法》等法律未规定隔代探望问题。最高人民法院 2016 年 11 月 21 日印发的《第八次全国法院民事商事审判工作会议（民事部分）纪要》

第3条规定："祖父母、外祖父母对父母已经死亡或父母无力抚养的未成年孙子女、外孙子女尽了抚养义务，其定期探望孙子女、外孙子女的权利应当得到尊重，并有权通过诉讼方式获得司法保护。"该条规定将祖父母、外祖父母对孙子女、外孙子女的抚养义务与隔代探望权关联在一起，将尽抚养义务作为享有隔代探望权的条件。

虽然《民法典》正式文本中没有规定祖父母、外祖父母对孙子女、外孙子女的探望权，但是在《民法典》编纂过程中是有考虑该问题的，甚至在草案中一度规定祖父母、外祖父母对孙子女、外孙子女履行了抚养义务或者孙子女、外孙子女父母一方死亡的，祖父母、外祖父母有探望孙子女、外孙子女的权利。在讨论过程中，各方意见对该条争议很大，故最终删除了对隔代探望的规定。

但应当注意到，全国人大宪法和法律委员会在2019年10月21日作的《关于〈民法典婚姻家庭编（草案）〉修改情况的汇报》中表示，"鉴于目前各方面对此尚未形成共识，可以考虑暂不在民法典中规定，祖父母、外祖父母进行隔代探望，如与直接抚养子女的一方不能协商一致，可以通过诉讼由人民法院根据具体情况加以解决"。故《民法典》草案中删除了对隔代探望的规定，并不是禁止隔代探望。在实践中也出现过隔代探望的案例，祖父母、外祖父母对孙子女、外孙子女的抚养情况，他们之间的生活状况，孙子女或外孙子女父母的生存状态等仍然是实践中处理隔代探望考虑的因素。

五、扶养义务人不尽扶养义务的法律责任

在民事责任方面，扶养义务人不尽扶养义务的，扶养权利人可以自行要求其扶养，也可以民事诉讼的方式诉诸法院请求维护权利。对于追索扶养费的案件，根据《民事诉讼法》第109条的规定，扶养权利人可以向人民法院申请先予执行。如果扶养义务人恰巧也是扶养权利人的监护人，那么有关组织或个人可以向人民法院申请撤销其监护人资格，且根据《民法典》第37条、《反家庭暴力法》第21条的规定，扶养义务人的监护资格被撤销后，其仍应继续履行负担扶养费的义务。

在刑事责任方面，《刑法》第261条规定："对于年老、年幼、患病或者其他没有独立生活能力的人，负有扶养义务而拒绝扶养，情节恶劣的，处五年以下有期徒刑、拘役或者管制。"符合本条规定的祖父母、外祖父母和孙子女、

外孙子女是法定的扶养义务人，应当依法履行自己的扶养义务。在拒不履行扶养义务时，除了应当承担相应的民事责任外，触犯《刑法》的，还应承担相应的刑事责任。

类案检索

一、吴某1与吴某2追偿权纠纷案

关键词：祖父母　抚养义务　追偿

裁判摘要：父母对子女有抚养教育的义务。本案中，2018年3月，吴某某父亲吴某3因病去世，其母吴某1作为吴某某的唯一法定监护人，对吴某某有抚养教育的义务。2018年9月至今，吴某某一直在合肥学习，期间因学习、生活所支出的相应费用，理应由吴某1承担。吴某某祖父吴某2代为支出的相关费用，系因为吴某某的学习、生活所支出的合理费用，对此，吴某2有权向吴某1追偿。吴某1辩称吴某2为吴某某的花费系赠与，吴某2对吴某某亦具有抚养义务，吴某2对此并不认可，吴某2称其是应吴某1要求，代吴某1抚养照顾吴某某。《婚姻法》第28条规定："有负担能力的祖父母、外祖父母，对于父母已经死亡或父母无力抚养的未成年的孙子女、外孙子女，有抚养的义务。有负担能力的孙子女、外孙子女，对于子女已经死亡或子女无力赡养的祖父母、外祖父母，有赡养的义务。"可见，只有在父母死亡或无力抚养，祖父母、外祖父母有负担能力的情况下，祖父母、外祖父母对未成年的孙子女、外孙子女才有抚养的义务，本案中，吴某2对吴某某并没有法定的抚养义务，且吴某2亦未有赠与的明示，故吴某1称吴某2为吴某某的花费系赠与，吴某2对吴某某有抚养义务的理由不能成立。

【案　　号】（2020）皖04民终826号

【审理法院】安徽省淮南市中级人民法院

二、于某与马某、兰某抚养纠纷案

关键词：祖父母　父母　抚养义务　抚养权利

裁判摘要：父母对子女有抚养和教育的权利和义务。于某丈夫不幸去世后，婚生女儿理应由原告于某抚养。而有负担能力的祖父母，对于父母已经死亡或无力抚养的未成年孙子女，有抚养的义务，但不是一种权利。未成年人的父母是未成年人第一序位的法定监护人。于某身体健康，且有稳定的经济收入，具有监护的能力。而被告马某夫妇作为祖父母，在未成年人的母亲有监护能力的情况下，并没有担任未成年人监护人的权利。故判决婚生女儿马某1、马某2由于某抚养。

【案　　号】（2019）甘0802民初4165号

【审理法院】甘肃省平凉市崆峒区人民法院

三、汤某1等与陈某、章某赡养纠纷案

关键词：祖父母　孙子女　赡养义务

裁判摘要：陈某作为汤某1、汤某4的孙子，在其父去世后有赡养祖父母的义务，但是赡养是有条件的，根据《婚姻法》第28条规定，须符合以下条件：被赡养人子女均死亡或是子女无力赡养，赡养人有负担能力。从本案看，汤某1、汤某4另有一儿一女汤某2、汤某3，均有负担能力，故对汤某1等人要求陈某承担赡养义务的主张不予支持。

【案　　号】（2020）浙06民终655号

【审理法院】浙江省绍兴市中级人民法院

第一千零七十五条　有负担能力的兄、姐，对于父母已经死亡或者父母无力抚养的未成年弟、妹，有扶养的义务。

由兄、姐扶养长大的有负担能力的弟、妹，对于缺乏劳动能力又缺乏生活来源的兄、姐，有扶养的义务。

关联规定

法律、行政法规、司法解释

1.《中华人民共和国民法典》

第十七条　十八周岁以上的自然人为成年人。不满十八周岁的自然人为未成年人。

第十八条　成年人为完全民事行为能力人，可以独立实施民事法律行为。

十六周岁以上的未成年人，以自己的劳动收入为主要生活来源的，视为完全民事行为能力人。

第二十七条　父母是未成年子女的监护人。

未成年人的父母已经死亡或者没有监护能力的，由下列有监护能力的人按顺序担任监护人：

（一）祖父母、外祖父母；

（二）兄、姐；

（三）其他愿意担任监护人的个人或者组织，但是须经未成年人住所地的居民委员会、村民委员会或者民政部门同意。

第一千零四十三条　家庭应当树立优良家风，弘扬家庭美德，重视家庭文明建设。

夫妻应当互相忠实，互相尊重，互相关爱；家庭成员应当敬老爱幼，互相帮助，维护平等、和睦、文明的婚姻家庭关系。

第一千零四十五条　亲属包括配偶、血亲和姻亲。

配偶、父母、子女、兄弟姐妹、祖父母、外祖父母、孙子女、外孙子女为近亲属。

配偶、父母、子女和其他共同生活的近亲属为家庭成员。

2.《中华人民共和国老年人权益保障法》

第二十三条 老年人与配偶有相互扶养的义务。

由兄、姐扶养的弟、妹成年后，有负担能力的，对年老无赡养人的兄、姐有扶养的义务。

3.《中华人民共和国未成年人保护法》

第二条 本法所称未成年人是指未满十八周岁的公民。

4.《中华人民共和国刑法》

第二百六十一条 对于年老、年幼、患病或者其他没有独立生活能力的人，负有扶养义务而拒绝扶养，情节恶劣的，处五年以下有期徒刑、拘役或者管制。

5.《最高人民法院关于适用〈中华人民共和国民法典〉婚姻家庭编的解释（一）》

第五十三条 抚养费的给付期限，一般至子女十八周岁为止。

十六周岁以上不满十八周岁，以其劳动收入为主要生活来源，并能维持当地一般生活水平的，父母可以停止给付抚养费。

条文释义

一、本条主旨

本条是关于兄弟姐妹间扶养义务的规定。

二、条文演变

一般情况下，父母是子女法定的抚养义务人，兄弟姐妹相互之间不发生扶养与被扶养的权利义务关系。兄弟姐妹之间的扶养关系并不是法律规定的常态化的扶养关系，我国1950年原《婚姻法》未就兄弟姐妹之间的扶养义务作出规定。

但在实践中，成年且有负担能力的兄、姐扶养未成年弟、妹的情况并不少见。我国1980年原《婚姻法》对实践中的这一现象进行了回应，规定兄、姐在一定条件下有抚养弟、妹的义务，该法第 23 条规定："有负担能力的兄、姊，对于父母已经死亡或父母无力抚养的未成年的弟、妹，有抚养的义务。"

随着社会的发展，兄、姐需要弟、妹扶养的情况也逐渐出现。但是 1980 年原《婚姻法》第 23 条只是反映了兄弟姐妹之间单向的权利义务关系，忽视了他们之间权利义务的双向性，不能满足现实生活的需求，司法实践也急需处理此类案件的法律依据。

1981 年 9 月 1 日，最高人民法院就上海市高级人民法院的请示作出了《关于对年老、无子女的人能否按婚姻法第二十三条类推判决有负担能力的兄弟姐妹承担抚养义务的复函》，该复函主要内容有："你院（81）沪高民督字第 54 号'关于对年老、无子女的人，能否按照婚姻法第 23 条类推，判决有负担能力的兄弟姐妹承担抚养义务的请示报告'收悉。经研究，基本同意你院的意见。李荷秀过去对其弟妹尽过扶助义务，现年老，丧失劳动能力，又无子女赡养，参照婚姻法有关规定的精神，根据权利义务一致的原则，李培沅、李莉对李荷秀应承担抚养义务，但不宜用'类推'的提法。在处理中，要依靠李培沅、李莉等所在单位组织，对其进行思想教育。并主要根据他们的经济条件，争取调解解决。"

1984 年 8 月 30 日，最高人民法院颁行的原《关于贯彻执行民事政策法律若干问题的意见》第 26 条规定："由兄、姐抚养长大的有负担能力的弟、妹，对丧失劳动能力、孤独无依的兄、姐，有抚养的义务。"通过司法解释的方式回应了现实的需求，规定在一定条件下，弟、妹对兄、姐也有扶养的义务。

2001 年修正原《婚姻法》时，吸取了司法解释的相关经验，对 1980 年原《婚姻法》第 23 条进行了完善和补充。2001 年修正后的《婚姻法》第 29 条规定："有负担能力的兄、姐，对于父母已经死亡或父母无力抚养的未成年的弟、妹，有扶养的义务。由兄、姐扶养长大的有负担能力的弟、妹，对于缺乏劳动能力又缺乏生活来源的兄、姐，有扶养的义务。"相比于 1980 年原《婚姻法》第 23 条，该条作了如下的修改和完善：（1）文字上的改动，将"有负担能力的兄、姊"修改为"有负担能力的兄、姐"，使用了更常用的文字；（2）将兄、姐对未成年弟、妹的"抚养"修改为"扶养"，在法律用语上更为精准，因为"抚养"通常是指长辈对晚辈的行为，"扶养"可以指平辈之间的行为，兄弟姐妹都是平辈，故"扶养"一词更为合适；（3）增加规定了"由兄、姐扶养长大的有负担能力的弟、妹，对于缺乏劳动能力又缺乏生活来源的兄、姐，有扶养的义务”。这一规定符合我国历来近亲属关系密切、相互扶助的传统道德，体现了权利义务相一致的法律精神，加强了对缺乏劳动能力又缺乏生活来源的兄、姐的生存利益的保护；既能使未成年人健康成长，也能让老年人生活有所保障。

《民法典》本条关于兄姐、弟妹扶养义务的规定基本上延续了 2001 年修正的原《婚姻法》第 29 条的内容。与 2001 年修正的原《婚姻法》第 29 条相比较，只是作了文字上的微调和段落上的调整，在具体内容上，没有明显实质性的变动：（1）将“或”修改为“或者”，将“未成年的弟、妹”中的“的”字删除，以使得文字表述更加顺畅；（2）将兄、姐对弟、妹的扶养义务，以及弟、妹对兄、姐的扶养义务分作两款进行规定，如此改动，能够使条文的条理更加清晰，同时也有利于在司法实践中更加具体和精确地引用法条。此外，没有其他的变化。

三、条文解读

扶老育幼、相互扶助是中华民族的历史传统。兄弟姐妹是关系最亲近的旁系血亲或者拟制旁系血亲，他们之间相互扶持有着较为牢固的文化传统理念基础。实际生活中，有能力的兄、姐扶养未成年弟、妹，有能力的弟、妹照护兄、姐的情况均较为常见，这不仅反映了敬老爱幼、互相帮助的良好社会风尚，而且也是国家社会保障体系的有益补充。

在一般情况下，兄弟姐妹应由他们的父母或者配偶扶养，兄弟姐妹相互之间不存在法定的扶养义务。但是在特定条件和特定情况下，他们相互之间会产生有条件的扶养义务。当然，在道德和情感上，兄弟姐妹之间在任何情况下均可以相互提供帮助，法律也鼓励兄弟姐妹间的互助行为。

（一）负有扶养义务的兄弟姐妹的范围

在日常生活中，“兄弟姐妹”一词所指的范围十分宽泛，因此，需明确本条规定中所述的兄弟姐妹的范围。

我们认为，本条规定的相互间有扶养义务的兄弟姐妹包括同父同母兄弟姐妹、同父异母兄弟姐妹、同母异父兄弟姐妹、养兄弟姐妹以及一定条件下的继兄弟姐妹。既包括在同一家庭中生活的兄弟姐妹，也包括不在同一家庭中生活的兄弟姐妹。本条规定的兄弟姐妹不包括表兄弟姐妹、堂兄弟姐妹，更不包括社会上那些没有任何血缘关系的只是出于礼貌而彼此尊称兄弟姐妹的人。

（二）兄弟姐妹间扶养义务的特征

兄、姐和弟、妹相互之间的扶养义务不是必然发生的法定义务，而是有条件的。兄弟姐妹间的扶养义务是第二顺序的，具有递补性质。但兄弟姐妹之间一旦形成扶养义务，那么该义务又是不可推卸的法定义务，义务人应当自觉履行。[①] 兄弟姐妹之间的扶养义务具有以下特点：

第一，替代性。配偶、父母、子女是自然人的第一顺序扶养义务人，若自然人有配偶、父母或子女且他们具有扶养能力，那么其兄弟姐妹就不负有法定的扶养义务。兄弟姐妹之间的扶养义务是第二顺序的，具有替代性或者递补性，是在第一顺序扶养义务人无法履行扶养义务时，代替其履行扶养义务。

第二，特定条件下的法定性。这里所述的“法定条件”指的就是本条所规定的条件。在符合本条规定的条件时，兄弟姐妹之间就有了法定的扶养义务，这种义务必须履行，不可推卸。扶养义务人若不履行义务，除了承担继续履行的民事责任外，符合刑事犯罪构成要件的，还应承担刑事责任。

第三，生活扶助性。兄弟姐妹之间的扶养义务是补充性的义务，也是生活扶助义务，该义务的履行一般以不严重恶化自己的生活为前提。若扶养义务人无负担能力，则无须履行该义务。该义务不同于父母对子女的抚养义务、子女对父母的赡养义务以及夫妻之间的扶养义务，后者是生活保持义务，无论扶养义务人的负担能力如何，都应履行该义务。

（三）兄、姐对于弟、妹的扶养义务

1. 兄、姐对弟、妹承担扶养义务的条件

本条第 1 款规定兄、姐对未成年弟、妹负有扶养义务，产生该扶养义务所应具备的条件有三个：

（1）弟、妹为未成年人。“扶养，谓一定亲属之间有经济能力者，本于身份关系，对于无力生活者，应予以扶助维持。”[②] 一般而言，未成年人因缺乏经济能力和稳定生活来源，其自身难以维持生活，故需要有负担能力的亲属对其

---

① 参见黄薇主编：《中华人民共和国民法典婚姻家庭编释义》，法律出版社 2020 年版，第 131 页。

② 史尚宽：《亲属法论》，中国政法大学出版社 2000 年版，第 751 页。

予以扶助。关于对“未成年”的界定，详见《民法典》第1074条解读中的相关内容，在此不再赘述。

在条文表述上，兄、姐对弟、妹的扶养不同于父母对子女的抚养。《民法典》第1067条第1款规定：“父母不履行抚养义务的，未成年子女或者不能独立生活的成年子女，有要求父母给付抚养费的权利。”据此，应由父母抚养的子女包括两类：一是未成年子女；二是虽已成年但不能独立生活的子女。但本条仅规定了兄、姐对未成年弟、妹负有扶养义务。如果弟、妹已经成年，但没有独立生活的能力，兄、姐在此时是否有扶养的义务？对该问题，有着不同的观点，有的认为，法律仅规定了兄、姐对未成年弟、妹的扶养义务，故弟、妹成年后，即使其不能独立生活，兄、姐也无对其扶养的法定义务；有的观点则认为，从保障人的生存权利来看，兄、姐应负有扶养的义务。

对上述问题，最高人民法院曾于1985年2月16日作出过《最高人民法院关于兄妹间扶养问题的批复》，主要内容有：“江苏省高级人民法院：你院1984年9月30日关于程秀珍诉程心钊扶养一案的请示报告收悉。程秀珍自1958年患精神病以后，即丧失劳动能力。因她无直系亲属，其生活全部依靠其兄长程心钊、程心慈及侄子女供给扶养，直至1981年程心慈去世。据此，本院同意你院关于程秀珍应继续由程心钊扶养，并从刘凤秀及其子女所继承的程心慈遗产中，分出一部分，作为程秀珍的生活费的意见。处理时请尽量采用调解方式解决，并根据实际情况，安排好程秀珍今后的生活。”但在法律层面对此一直没有进行明确的规定，尚需要法律的进一步完善。倾向于认为应适当考虑有负担能力的兄弟姐妹对不能独立生活的兄弟姐妹尽一些扶养义务。

（2）父母已经死亡或父母无力抚养。这一条件包含以下两种不同类型：第一，父母已经死亡；第二，父母尚在但没有抚养能力，两种类型满足其一即符合该条件。

①父母已经死亡。这里的父母已经死亡指的是父母双方均已死亡，导致失去了父母这一第一顺序的抚养义务人。死亡既包括生理死亡，也包括宣告死亡。但是，被宣告死亡人出现后，在人民法院撤销死亡宣告判决前，如果其有抚养能力的，也应履行自己的抚养义务，不能以死亡宣告判决未被撤销为由逃避自己的抚养义务。

②父母无力抚养。父母无力抚养是指父母不能以自己的收入或财产满足子女合理的生活、教育、医疗等方面的需求。无力抚养包括两种情形：第一，父

母均尚在，但均无抚养子女的能力；第二，父母一方死亡，一方尚在，但尚在一方没有抚养子女的能力。如父母在意外事故中致残，导致失去了劳动能力和生活来源，此时，兄、姐即有可能承担扶养未成年弟、妹的义务。只要符合这两种情形中的任何一种，即满足本条规定的"父母无力抚养"这一条件。

关于"无力抚养"的认定标准，可以参照民政部《特困人员认定办法》第8条的规定以及各地方人民政府根据当地实际情况制定的社会保障制度中所列明的条件来把握。详细可见《民法典》第1074条的解读，在此不再赘述。

（3）兄、姐具备负担能力。有负担能力是指能够以自己和其配偶的劳动收入或者其他收入满足自己以及其第一顺序扶养权利人（父母、子女、配偶）合理的生活、教育、医疗等需要后仍有结余。兄、姐应能够通过劳动获取收入或有其他财产作为生活来源，当其无生活来源且缺乏劳动能力时，就不能被认为具有负担能力。兄、姐应当有负担能力，否则无须承担这一义务。因为在兄、姐没有扶养能力时，若法律强行要求其承担扶养弟、妹的义务，则他们在实际上根本无法履行这一义务，这样不但会增加兄、姐的心理负担和社会舆论压力，破坏兄、姐的正常生活，同时也会有损法律的威严。因此，有扶养能力应当是履行扶养义务的前提。

但由此引发了另一个问题，即若原本兄、姐确实具有劳动能力或具有生活来源，但是当其因承担法定扶养义务而造成自身生活艰难时，其是否还具有负担能力。换言之，扶养义务人因承担扶养义务而对自身生活造成损害，在该损害到何种程度时可以被认为是不具备本条规定的负担能力。我国台湾地区学者史尚宽认为，扶养义务人，因负担扶养义务而不能维持生活者，免除其义务。对于该问题，我国《民法典》没有明确规定。我们认为，当兄、姐因履行扶养义务而无法保障与自身身份相当的正常生活需要时，一般应当认定兄、姐不具有负担能力。而认定兄、姐因履行扶养义务而无法保障与自身身份相当的正常生活需要，则应当由法官结合案件情形以及当事人所提交的证据进行综合判断。[①]

如果未成年弟、妹有多个兄、姐，且这些兄、姐均有负担能力的，那么这些兄、姐均应承担对未成年弟、妹的扶养义务。在具体的承担方式上，可以根据兄、姐各自的经济情况、居住情况等因素酌情确定。

---

① 参见最高人民法院民法典贯彻实施工作领导小组主编：《中华人民共和国民法典婚姻家庭编继承编理解与适用》，人民法院出版社2020年版，第234页。

2. 扶养费的范围

由于实践中未成年弟、妹一般都尚处在接受教育的阶段，除义务教育之外，还会进入高中或是接受其他类型的教育。因此，兄、姐对未成年弟、妹提供的扶养费除了保证其基本生活之外，还涉及教育费用。若父母尚在或是具有抚养能力，那么根据《民法典》第 1068 条规定，父母应当承担未成年子女接受教育的相应费用。因此，在父母死亡或无力抚养而有兄、姐承担弟、妹的扶养义务时，也应当承担未成年弟、妹的教育费用。[①]

（四）弟、妹对于兄、姐的扶养义务

1. 弟、妹对兄、姐承担扶养义务的条件

本条第 2 款规定，由兄、姐扶养长大的有负担能力的弟、妹对于缺乏劳动能力又缺乏生活来源的兄、姐负有扶养义务。该义务是基于权利和义务相对应的原则产生的。弟、妹对兄、姐承担扶养义务的条件如下：

（1）兄、姐缺乏劳动能力又缺乏生活来源。“缺乏劳动能力”是指劳动能力的短少或不足，如兄、姐无法以技术、脑力、体力从事工作，获取相应报酬，这里的“缺乏劳动能力”包括“无劳动能力”的情形。“缺乏生活来源”主要是指经济上没有足够的维持生活的收入和积蓄，包括“无生活来源”的情形。

缺乏劳动能力和缺乏生活来源两个条件缺一不可。如果仅是缺乏劳动能力但不缺少经济来源，例如，有一些社会组织等定期提供积极帮助保障生活，有之前积攒的生活积蓄，或者兄、姐因年老缺乏劳动能力但有退休金等以保障自身正常生活时，就不应认定为其缺乏生活来源。如果兄、姐虽缺少生活来源但仍具有劳动能力时，兄、姐能够通过自己的劳动换取生活来源，此时弟、妹也无须承担本条规定的扶养兄、姐的义务。

关于“缺乏劳动能力”和“缺乏生活来源”的认定标准，法律并未进行规定。但民政部 2021 年 4 月 26 日公布的《特困人员认定办法》对“无劳动能力”和“无生活来源”的认定条件进行了规定，这些规定可以作为认定“缺乏劳动能力”和“缺乏生活来源”时的参照系。

《特困人员认定办法》第 4 条规定了特困人员的范围：“老年人、残疾人和

① 参见最高人民法院民法典贯彻实施工作领导小组主编：《中华人民共和国民法典婚姻家庭编继承编理解与适用》，人民法院出版社 2020 年版，第 234 页。

未成年人，应当依法纳入特困人员救助供养范围：（一）无劳动能力；（二）无生活来源；（三）无法定赡养、抚养、扶养义务人或者其法定义务人无履行义务能力。”第5条规定了“无劳动能力”的认定标准：“符合下列情形之一的，应当认定为本办法所称的无劳动能力：（一）60周岁以上的老年人；（二）未满16周岁的未成年人；（三）残疾等级为一、二、三级的智力、精神残疾人，残疾等级为一、二级的肢体残疾人，残疾等级为一级的视力残疾人；（四）省、自治区、直辖市人民政府规定的其他情形。”第6条规定了“无生活来源”的认定标准：“收入低于当地最低生活保障标准，且财产符合当地特困人员财产状况规定的，应当认定为本办法所称的无生活来源。前款所称收入包括工资性收入、经营净收入、财产净收入、转移净收入等各类收入，中央确定的城乡居民基本养老保险基础养老金、基本医疗保险等社会保险和优待抚恤金、高龄津贴不计入在内。”

在程度上，“缺乏劳动能力”要比“无劳动能力”的程度轻；“缺乏生活来源”要比“无生活来源”的程度轻。故在一定意义上，可以将《特困人员认定办法》的上述规定作为认定劳动能力和生活来源的底线，在这个底线的基础上，结合具体的案情对当事人是否缺乏劳动能力及是否缺乏生活来源进行具体的判断。

实践中，各地方人民政府一般也会根据各地的实际情况制定各地的社会救助办法或特困人员认定办法，各地在处理扶养纠纷时，最好是能够参照各地自己的实施办法来认定自然人的劳动能力和生活来源是否缺失。

（2）兄、姐无第一顺序的扶养义务人，或是第一顺序的义务人缺乏扶养能力。兄、姐的配偶及子女是其第一顺序的扶养义务人，弟、妹只是在一定条件下承担替代或者补充的法定扶养义务。若兄、姐的配偶尚在，且其配偶有劳动能力，可以通过劳动获得生活来源或是有其他生活来源从而承担夫妻间扶养义务的，或者兄、姐有成年子女能够承担赡养义务的，弟、妹无须负担扶养兄、姐的义务。

（3）弟、妹由兄、姐扶养长大。在2001年审议原《婚姻法》时，有的意见表示，在现实生活中，许多兄、姐在扶养弟、妹时，节衣缩食、倾囊相助、全力以赴，有的甚至牺牲了个人的婚姻，而有的弟、妹长大后，生活好了，却没有回报兄、姐的意识，按照权利义务对等的原则，其理应回报尽了扶养义务的兄、姐，扶养不仅是物质方面的，也包括精神上的安慰和生活上的照顾，不要形成“兄、姐照管弟、妹小，弟、妹不管兄、姐老”的后果。故2001年修改原《婚姻法》时增加了对弟、妹扶养兄、姐的规定，《民法典》第1075条也延续了这一精神。可见，相较于兄、姐对弟、妹的扶养来说，弟、妹对兄、姐的扶养具有一定的报答意味。即只有在兄、姐曾经对弟、妹尽到了扶养义务并将其扶养长大的情况下，按照权利义务对等的原则，弟、妹才有扶养兄、姐的法定义务。

由兄、姐扶养长大是指弟、妹在未成年时主要依靠兄、姐提供扶养费用直至成年，兄、姐提供的扶养费用构成了未成年弟、妹的主要生活来源。弟、妹需由兄、姐扶养长大，即兄、姐已经履行了扶养弟、妹的法定义务。依据权利与义务相一致原则，弟、妹在法定情况下也应承担对其兄、姐的扶养义务。

这里的“扶养长大”，原则上应理解为扶养至弟、妹成年。这里的“成年”，既包括年满18周岁，也包括其被视为完全行为能力人的情况。《民法典婚姻家庭编解释（一）》第53条规定：“抚养费的给付期限，一般至子女十八周岁为止。十六周岁以上不满十八周岁，以其劳动收入为主要生活来源，并能维持当地一般生活水平的，父母可以停止给付抚养费。”这是对父母一方支付子女抚养费的规定。兄、姐对弟、妹的扶养义务是父母对子女抚养义务的补充，兄、姐所负担的扶养义务不应重于父母对子女的抚养义务。既然父母在子女年满18周岁时，或者在子女被推定为成年时，可以免除抚养义务，那么兄、姐负担扶养义务的期限也不应长于这个年龄界限。

（4）弟、妹具有负担能力。有负担能力是指能够以自己和其配偶的劳动收入或者其他收入满足自己以及其第一顺序扶养权利人（父母、子女、配偶）合理的生活、教育、医疗等需要后仍有结余。对于“负担能力”的理解与第1款“兄、姐具有负担能力”的理解相同，也是依赖于法官结合具体案件自由裁量。

如果兄、姐有多个弟、妹，且这些弟、妹均有负担能力的，则这些弟、妹应根据他们的经济情况、居住情况等共同负担对兄、姐的扶养义务。

2. 扶养费的确定

如弟、妹被认为具有“负担能力”，则还涉及扶养费的问题。对于扶养义务人给付扶养费的多少，法律上并没有明确的规定，实务中也没有一定的标准。我们认为，弟、妹履行扶养义务的程度要在考虑弟、妹经济能力、身份地位等因素的基础上，满足兄、姐的生活需要，具体认定要由法官在案件中结合实际案情、当事人工资收入、经济情况等证据进行自由裁量。但实务中由于工资收入、经济状况这方面属于个人隐私，兄、姐在请求给予扶养费时可能较难获取证明扶养义务人薪酬状况等事实的确切证据。如果当事人无法提交相关的经济收入等证据材料，可以参考政府公布的报告数据等资料，酌情确定扶养费用的数额。

适用指引

一、与遗弃罪犯罪主体要件的关系

应注意本条规定扶养义务与《刑法》第 261 条遗弃罪之间的联系。《刑法》第 261 条规定："对于年老、年幼、患病或者其他没有独立生活能力的人，负有扶养义务而拒绝扶养，情节恶劣的，处五年以下有期徒刑、拘役或者管制。"该条中规定的"扶养义务"包括兄弟姐妹间法定的扶养义务。当扶养义务人拒不履行义务，情节恶劣时，就要承担相应的刑事责任。

二、与人身损害赔偿中被扶养人范围的关系

《民法典》第 1179 条规定："侵害他人造成人身损害的，应当赔偿医疗费、护理费、交通费、营养费、住院伙食补助费等为治疗和康复支出的合理费用，以及因误工减少的收入。造成残疾的，还应当赔偿辅助器具费和残疾赔偿金；造成死亡的，还应当赔偿丧葬费和死亡赔偿金。"《最高人民法院关于审理人身损害赔偿案件适用法律若干问题的解释》第 16 条规定："被扶养人生活费计入残疾赔偿金或者死亡赔偿金。"第 17 条第 2 款规定："被扶养人是指受害人依法应当承担扶养义务的未成年人或者丧失劳动能力又无其他生活来源的成年近亲属……"

实践中，存在扶养义务人遭遇意外事故致使人身受到损害，丧失劳动能力的情况，故适用本条规定应注意与上述法律和司法解释相联系。上述法律和司法解释规定了对受害人的赔偿范围包括被扶养人的生活费。故如果兄、姐或弟、妹因满足本条规定的条件而负有扶养义务的，在其遭受人身损害导致残疾或者死亡时，赔偿义务人的赔偿范围包括父母已经死亡或者父母无力抚养的未成年弟、妹或缺乏劳动能力又缺乏生活来源的兄、姐的生活费。

三、被撤销监护资格的不免除扶养义务的承担

《民法典》第37条规定："依法负担被监护人抚养费、赡养费、扶养费的父母、子女、配偶等，被人民法院撤销监护人资格后，应当继续履行负担的义务。"该条规定位于《民法典》总则编中，《民法典》婚姻家庭编是《民法典》体系下的一编，总则编中的一般性规定在婚姻家庭编中当然有适用的余地。故在兄、姐担任未成年弟、妹监护人或者成年弟、妹担任兄、姐监护人，且兄、姐或者弟、妹均是本条规定的扶养义务人的情况下，若他们的监护人资格被依法撤销，虽然不再履行监护职责，但他们对弟、妹或者兄、姐的扶养义务却并不因此而消除，该义务是法定义务，不因监护人资格被撤销而免除。同时，《反家庭暴力法》第21条第2款对此也有类似的规定。

四、扶养权利人可以要求先予执行扶养费

《民事诉讼法》第109条规定："人民法院对下列案件，根据当事人的申请，可以裁定先予执行：（一）追索赡养费、扶养费、抚育费、抚恤金、医疗费用的；（二）追索劳动报酬的；（三）因情况紧急需要先予执行的。"若负有扶养义务的兄、姐或者负有扶养义务的弟、妹不履行扶养义务，那么扶养权利人有权将其诉至法院要求履行。兄、姐或者弟、妹应当给付的扶养费包括在《民事诉讼法》第109条第1项所列"扶养费"的范围中，扶养权利人在诉讼过程中有权申请先予执行，在法院判决发生法律效力之前预先取得扶养费以维持生活。

五、弟、妹被视为完全民事行为能力人时，兄、姐不再负扶养义务

本条规定在一定条件下，兄、姐对未成年弟、妹负有扶养的义务。《民法典》第17条规定，不满18周岁的自然人为未成年人。但第18条第2款规定："十六周岁以上的未成年人，以自己的劳动收入为主要生活来源的，视为完全民事行为能力人。"当弟、妹年满16周岁但不满18周岁时，虽然仍属于未成年人的年龄范围，但如果他们能够以自己的劳动收入为主要生活来源，则可以被视为完全民事行为能力人。根据《劳动法》第15条及《未成年人保护法》第61条的规定，已满16周岁的未成年人可以参加劳动并取得劳动报酬。此时，可以认为他们有了自己的经济收入，已经失去了受扶养的必要性，故此类

弟、妹原则上不得再要求兄、姐履行扶养义务。

从未成年人利益最大化原则出发，在确定是否应将未成年弟、妹推定为完全民事行为能人时，标准应当严格一些，要根据其工作时间、工作地点、工作内容、工资等劳动收入数额、居住环境、身体状况及当地人均收入、支出水平等因素进行综合判断，避免出现幼无所养的情况。

同样，在弟、妹被视为完全民事行为能力人的情况下，如果其兄、姐符合本条规定的条件，需要弟、妹扶养时，弟、妹也应负有扶养的义务。

六、兄、姐或弟、妹履行扶养义务时，其配偶负有协助的义务

本条规定符合一定条件的兄、姐与弟、妹之间互相负有扶养的义务。但法律并未规定兄、姐的配偶对未成年弟、妹有扶养的义务，也未规定成年弟、妹的配偶对弟、妹的兄、姐有扶养的义务。但这并不意味着兄、姐的配偶或者成年弟、妹的配偶可以阻碍兄、姐或者弟、妹履行法定的扶养义务。相反，在兄、姐或者弟、妹履行扶养义务时，其配偶还应予以协助，以保证受扶养权利人能够得到扶养。

根据《民法典》第 1066 条的规定，如果扶养义务人的兄、姐或者弟、妹患重大疾病需要治疗，而其配偶不同意支付相关医疗费用的，扶养义务人可以请求在婚姻关系存续期间内分割夫妻共同财产以履行自己的义务。

七、祖孙之间扶养义务与兄弟姐妹之间扶养义务的顺位问题

相对于父母对子女、子女对父母以及夫妻之间的扶养义务来说，祖孙之间的扶养义务与兄弟姐妹之间的扶养义务都是第二顺位的扶养义务。但法律并未就第二顺位扶养义务人履行扶养义务的先后顺序进行规定。当某未成年人的父母已经死亡或者无抚养能力时，如果该未成年人既有有负担能力的祖父母、外祖父母，又有有负担能力的兄、姐，就会产生两个扶养义务：第一，根据《民法典》第 1074 条第 1 款的规定，祖父母、外祖父母有抚养孙子女、外孙子女的义务；第二，根据本条第 1 款的规定，兄、姐有扶养未成年弟、妹的义务。此时，如何安排这两类扶养义务人履行扶养义务的先后顺序就成了需要解决的问题。

我们认为，祖父母、外祖父母对孙子女、外孙子女的抚养义务和兄、姐对未成年弟、妹的扶养义务性质相同、顺位一样，没有区分履行义务先后顺序的

必要，从未成年人利益最大化原则出发，为了确保未成年人健康成长，应当责成他们根据自己的经济情况共同负担扶养的义务。但要注意的是，扶养义务人各自家庭的实际状况毕竟不可能完全相同，故共同负担扶养义务不是平均分担扶养义务，具体还是应当按照扶养义务人自身的经济状况、家庭情况以及扶养权利人的实际需求等因素来合理确定各自应当承担责任的大小。

类案检索

一、金某与陈某继承纠纷案

关键词： 兄妹　未成年　扶养义务

裁判摘要： 郑某1与第一任妻子生育儿子郑某2，郑某3与第一任丈夫生育女儿金某。金某在年幼时随母亲郑某3改嫁到郑某1家。彼时郑某1、郑某3均在世，根据在案的证据也无法证明郑某1、郑某3无力抚养自己的子女。因此，郑某2对金某没有扶养义务。而郑某2系意外死亡，生前能自己料理个人生活，且因拆迁安置的原因，其银行有大额存款，另有拆迁安置房安置，也不需要他人扶养。综上，即使郑某2曾与金某等人一起共同生活，也无法认定郑某2与金某之间存在扶养关系。故，金某无权继承郑某2的遗产。

【案　　号】（2020）浙07民终4133号

【审理法院】 浙江省金华市中级人民法院

二、李某与许某变更抚养关系纠纷案

关键词： 兄、姐扶养权　父母抚养权　法定

裁判摘要： 李某2系李某与李某1的女儿，许某系李某1与前夫所生育的女儿，李某对李某2享有法定的抚养权。在李某1去世后，李某2虽暂时与其姐姐许某一起生活，但许某对李某2并无法定扶养权利，亦不能剥夺李某的法定抚养权利。

【案　　号】（2019）皖04民终1032号

【审理法院】 安徽省淮南市中级人民法院

三、中国太平洋财产保险股份有限公司石首支公司与张某等机动车交通事故责任纠纷案

关键词： 兄、姐扶养义务　成年　丧失劳动能力

裁判摘要： 张某之弟是二级精神残疾，属于丧失劳动能力的残疾人，虽已成年，但属丧失劳动能力的扶养对象。因此，在理解《民法典》第1075条时应作扩大解释，即兄、弟、姐、妹间，对丧失劳动能力者，且没有直系亲属抚养的情况下，互负扶养义务。《最高人民法院关于兄妹间扶养问题的批复》中也明确了这一精神和原则。

【案　　号】（2021）湘07民终1670号

【审理法院】 湖南省常德市中级人民法院

第四章 离 婚

第一千零七十六条 夫妻双方自愿离婚的，应当签订书面离婚协议，并亲自到婚姻登记机关申请离婚登记。

离婚协议应当载明双方自愿离婚的意思表示和对子女抚养、财产以及债务处理等事项协商一致的意见。

关联规定

法律、行政法规、司法解释

1.《中华人民共和国涉外民事关系法律适用法》

第二十六条 协议离婚，当事人可以协议选择适用一方当事人经常居所地法律或者国籍国法律。当事人没有选择的，适用共同经常居所地法律；没有共同经常居所地的，适用共同国籍国法律；没有共同国籍的，适用办理离婚手续机构所在地法律。

2.《婚姻登记条例》

第十条 内地居民自愿离婚的，男女双方应当共同到一方当事人常住户口所在地的婚姻登记机关办理离婚登记。

中国公民同外国人在中国内地自愿离婚的，内地居民同香港居民、澳门居民、台湾居民、华侨在中国内地自愿离婚的，男女双方应当共同到内地居民常住户口所在地的婚姻登记机关办理离婚登记。

第十一条 办理离婚登记的内地居民应当出具下列证件和证明材料：

（一）本人的户口簿、身份证；

（二）本人的结婚证；

（三）双方当事人共同签署的离婚协议书。

办理离婚登记的香港居民、澳门居民、台湾居民、华侨、外国人除应当出具前款第（二）项、第（三）项规定的证件、证明材料外，香港居民、澳门居民、台湾居民还应当出具本人的有效通行证、身份证，华侨、外国人还应当出具本人的有效护照或者其他有效国际旅行证件。

离婚协议书应当载明双方当事人自愿离婚的意思表示以及对子女抚养、财产及债务处理等事项协商一致的意见。

第十二条 办理离婚登记的当事人有下列情形之一的，婚姻登记机关不予受理：

（一）未达成离婚协议的；

（二）属于无民事行为能力人或者限制民事行为能力人的；

（三）其结婚登记不是在中国内地办理的。

3.《最高人民法院关于适用〈中华人民共和国民法典〉婚姻家庭编的解释（一）》

第六十九条 当事人达成的以协议离婚或者到人民法院调解离婚为条件的财产以及债务处理协议，如果双方离婚未成，一方在离婚诉讼中反悔的，人民法院应当认定该财产以及债务处理协议没有生效，并根据实际情况依照民法典第一千零八十七条和第一千零八十九条的规定判决。

当事人依照民法典第一千零七十六条签订的离婚协议中关于财产以及债务处理的条款，对男女双方具有法律约束力。登记离婚后当事人因履行上述协议发生纠纷提起诉讼的，人民法院应当受理。

第七十条 夫妻双方协议离婚后就财产分割问题反悔，请求撤销财产分割协议的，人民法院应当受理。

人民法院审理后，未发现订立财产分割协议时存在欺诈、胁迫等情形的，应当依法驳回当事人的诉讼请求。

第八十九条 当事人在婚姻登记机关办理离婚登记手续后，以民法典第一千零九十一条规定为由向人民法院提出损害赔偿请求的，人民法院应当受理。但当事人在协议离婚时已经明确表示放弃该项请求的，人民法院不予支持。

条文释义

一、本条主旨

本条是关于协议离婚程序和条件的规定。

二、条文演变

本条规定由2001年修正的原《婚姻法》第31条修改而来。2001年修正的原《婚姻法》第31条规定："男女双方自愿离婚的，准予离婚。双方必须到婚姻登记机关申请离婚。婚姻登记机关查明双方确实是自愿并对子女和财产问题已有适当处理时，发给离婚证。"区别于婚姻法浓厚的行政管理色彩，本条基于婚姻法回归民法典体系的逻辑基础，明确离婚是基于夫妻双方自愿离婚的一致意思表示，离婚协议是夫妻双方申请离婚登记的必备条件，并规定了离婚协议应当包含的具体内容。

三、条文解读

（一）协议离婚制度的含义和意义

我国的离婚制度，分为协议离婚和诉讼离婚两种。由于婚姻关系当事人对离婚所持的态度不同，在处理程序上也不大相同。[①] 协议离婚也称为"双方自愿离婚"，是婚姻关系当事人达成离婚合意后，通过行政登记程序解除婚姻关系的一种非讼离婚方式。该种离婚方式需要夫妻双方对子女抚养、财产分配、债务承担等事项达成协议。协议离婚的本质特征是夫妻双方达成的离婚合意。协议离婚制度具有以下三个方面的功能：第一，保障离婚自由。婚姻自由是婚姻制度的重要内容，也是我国婚姻法的基本原则之一。要实现婚姻自由，既要保证婚姻当事人的结婚自由，也要在夫妻双方感情确实已经破裂的情况下保障其离婚自由。第二，降低离婚成本。根据我国《民事诉讼法》的规定，通过诉讼方式来解除婚姻关系，需要更高的时间成本和经济成本。而协议离婚则只要当事人符合法定申请离婚登记的条件，就能在短时间内解除婚姻关系，免遭诉

① 黄薇主编：《中华人民共和国民法典婚姻家庭编释义》，法律出版社2020年版，第132~133页。

累。同时也能够节约司法资源，降低离婚的社会成本，减轻司法诉讼压力。第三，维护个人隐私。离婚行为并非个人私事，总会涉及未成年子女和其他家庭成员的利益。协议离婚具有隐秘性，一般不会被公众所知晓，能够减轻离婚行为对家庭的冲击，减少因强制履行而引发的不满，从而更好地保护当事人的离婚隐私。

（二）协议离婚的特征

通过对婚姻法律制度及其立法精神的分析，协议离婚具有以下特征：首先，当事人双方在解除婚姻关系、子女抚养和财产分割问题上意愿一致。其次，需要按照婚姻登记程序办理离婚登记取得离婚证，即解除婚姻关系需要到婚姻登记机关申请离婚登记，登记离婚主体是依法享有登记职权的行政机关。世界各国对此有不同规定，如日本相关法律规定办理离婚登记的是户籍机关，而俄罗斯则与我国相同，为婚姻登记部门。最后，离婚登记程序需要依离婚当事人的申请启动。从上述特征来看，离婚登记是一种行政行为，是对当事人离婚合意进行确认，是对当事人丧失夫妻关系的证明。

（三）协议离婚的条件

根据本条规定，申请登记离婚必须具备以下条件：

第一，主体条件。当事人必须具有合法的夫妻身份，并具备完全民事行为能力。其一，离婚要解除的是夫妻的身份关系，只有依法办理了结婚登记的婚姻关系当事人，才能作为登记离婚的主体向行政机关提出离婚登记申请。对不具有合法夫妻关系的当事人申请登记离婚的，婚姻登记机关不予受理。其二，夫妻双方达成离婚合意、拟定离婚协议是申请离婚登记的前提。为保障夫妻双方离婚意思表示的真实性并达成合法有效的离婚协议，双方均应具有完全民事行为能力。一方或双方当事人为限制行为能力人或无民事行为能力人的，则须依法提起诉讼离婚程序，不适用登记离婚制度。

第二，自愿条件。登记离婚能够发生法律效力的前提是双方当事人自愿达成真实的离婚合意。由于离婚是夫妻双方作出的民事法律行为，其自愿性应符合民事法律行为的一般要件，即离婚当事人作出的离婚意思表示应当是其本人内心真实意愿的明示，不得默示或推定，并且要排除因受到强迫、欺骗、一时冲动要求离婚、重大误解或双方串通假离婚等非自愿的情形，亦不得对身份关系附诸如限制再婚的其他限制性条件。根据本条规定，夫妻双方自愿离婚不仅体现在共同向婚姻登记机关提起离婚登记申请，而且要在离婚协议中明确载明自愿离婚的意思表示。婚姻登记机关认定夫妻双方并非自愿离婚的，不得为其颁发离婚证。

第三，内容条件。登记离婚不仅要求当事人双方就离婚达成合意，同时要求当事人双方就离婚后的子女抚养、财产分配和债务负担等问题进行适当的处理。具体包括：（1）子女抚养问题的处理主要是指妥当安排未成年子女和不具备独立生活能力的子女的抚养问题，包括但不限于子女由哪一方直接抚养、子女的抚养费用和教育费用如何负担、未直接抚养子女的一方对子女探视权的行使等。（2）财产问题的处理，主要指双方对夫妻共同财产进行合理分割，并就一方是否对有生活困难的一方给予经济帮助或对因抚养子女、照顾老人等家庭事务付出较多的一方给予一定的补偿、隐匿财产如何处理等内容作出安排。现实中，考虑到有些女方的经济能力与男方有一定差距，常常在离婚后面临居住方面的困难。对此，《妇女权益保障法》第48条规定："夫妻共有的房屋，离婚时，分割住房由双方协议解决；协议不成的，由人民法院根据双方的具体情况，按照照顾子女和女方权益的原则判决。夫妻双方另有约定的除外。夫妻共同租用的房屋，离婚时，女方的住房应当按照照顾子女和女方权益的原则解决。"（3）债务问题的处理。由于近年来民间借贷活动日益频繁，夫妻债务案件层出不穷，本次《民法典》编纂时特别要求离婚当事人在离婚协议中明确对债务的处理，即夫妻双方对婚姻关系存续期间的夫妻共同债务、个人债务予以明确，并就如何清偿作出安排。此外，在双方处理子女、财产和债务等问题时，还应注意不得违背男女平等原则，注重保护妇女儿童的合法权益，不得侵害国家、集体的利益以及他人的合法权益。

第四，程序条件。首先，离婚登记应当向有管辖权的婚姻登记管理机关提出申请。根据我国《婚姻登记工作规范》第5条的规定，婚姻登记管辖按照行政区域划分。其中，县、不设区的市、市辖区人民政府民政部门办理双方或者一方常住户口在本行政区域内的内地居民之间的婚姻登记；省级人民政府可以根据实际情况，规定乡（镇）人民政府办理双方或者一方常住户口在本乡（镇）的内地居民之间的婚姻登记；省级人民政府民政部门或者其确定的民政部门，办理一方常住户口在辖区内的涉外和涉我国香港特别行政区、澳门特别行政区、台湾地区居民以及华侨的婚姻登记；办理经济技术开发区、高新技术开发区等特别区域内居民婚姻登记的机关由省级人民政府民政部门提出意见报同级人民政府确定；现役军人由部队驻地、入伍前常住户口所在地或另一方当事人常住户口所在地婚姻登记机关办理婚姻登记。其次，夫妻双方必须共同亲自到场，不得委托他人办理。鉴于离婚与否是涉及人身权利的重大问题，只有本人才有权对身份关系方面的权利进行处分。故我国《婚姻登记条例》第 10 条第 1 款规定："内地居民自愿离婚的，男女双方应当共同到一方当事人常住户口所在地的婚姻登记机关办理离婚登记。"该规定的目的是确保婚姻登记机关能够验证核实申请离婚当事人的信息，了解其真实意愿。

适用指引

一、恶意申请登记离婚引发诉讼问题的处理

恶意申请登记离婚，是指男女双方在不符合法定登记离婚条件的情况下，为实现某种特定的目的，采用不正当手段向婚姻登记机关提起离婚登记申请的行为。恶意申请登记离婚包括不符合登记离婚条件而申请登记离婚的情形，也包括双方串通假离婚的情形。

具体来讲，不符合登记离婚条件的主要有以下情形：（1）违反自愿离婚条件的，如胁迫或欺诈对方登记离婚。（2）欠缺主体资格的，如夫妻一方为欠缺民事行为能力人，另一方为了达到离婚目的隐瞒了该事实，从而登记离婚。（3）违反亲自办理条件的，如当事人一方没有离婚意思，也没有被欺诈或者胁迫离婚，另一方为了实现离婚的目的，在一方当事人并不知情的情况下，请他人代为办理登记离婚。实践中，此类不符合登记离婚条件的离婚案件多发，当事人多以其欠缺真实意思表示或者民事行为能力不能办理离婚登记为由，请求婚姻登记机关撤销离婚证，或者提起行政诉讼要求婚姻登记机关撤销离婚证。

双方无实际解除婚姻关系意思的情形主要包括：（1）为了逃避债务而通谋离婚，主要表现为夫妻一方对外欠债难以清偿，为逃避债务，夫妻双方恶意离婚，通过协议将全部财产归属一方，全部债务归属另一方。（2）为了获得买房利益而通谋离婚，主要表现为夫妻双方为了特定的买房资格或者规避购房政策而串通虚假离婚的情形。（3）为了骗取更多拆迁款而通谋离婚，主要表现为通过离婚的方式来强行符合当地拆迁政策，以获得更多的拆迁赔款。除此之

外，实践中还存在为骗取低保费用，为出国留学等而虚假登记离婚的现象。司法实践中，对于此类“假离婚”无论男女双方离婚是出于什么目的，一旦登记离婚，则夫妻身份关系已经解除，不得以通谋虚伪的行为无效为由否定离婚的效力。

二、不履行离婚协议不能直接申请人民法院强制执行

通常情况下，夫妻双方在自愿的基础上达成离婚协议，经登记部门登记离婚的，一般不会发生要求执行离婚协议的问题。但个别婚姻当事人因急于离婚而达成离婚协议，离婚后又对子女抚养、财产和债务的处理反悔的情形也时有发生。由于离婚协议本质上是一份民事协议，不属于由法院直接强制执行的法律文书，故另一方当事人不能依据离婚协议直接向人民法院申请强制执行。实践中，对夫妻双方协议离婚后一年内就财产分割问题反悔的，最高人民法院已经通过司法解释的方式给出解决方式，即离婚当事人可以向人民法院提起民事诉讼请求变更或者撤销财产分割协议。人民法院可根据离婚登记时对子女和财产问题的处理情况、发生纠纷的原因和理由给予审查处理。人民法院通常会因某些原因否定离婚协议关于财产处分内容的效力，主要裁判理由有：该内容未体现夫妻双方的真实意思，不具有约束当事人的效力；该内容损害了债权人的利益或违背了公平公正、权利义务相一致、诚信等原则。人民法院否定离婚协议关于财产处分内容的效力的，应对夫妻共同财产依法重新分配。

三、离婚后，一方能否以显失公平为由主张撤销离婚协议

当事人在离婚时就分割夫妻共同财产达成的协议，从本质上说，是作为平等主体的自然人之间就变更民事权利义务关系达成的协议。根据《婚姻登记条例》的相关规定，婚姻登记机关在为婚姻关系当事人办理离婚手续时，只是审查双方是否自愿离婚以及是否对财产分割和子女抚养问题达成一致意见，并不对财产分割和子女抚养协议内容进行实质性审查。换句话说，这类协议与当事人签订的其他民事合同并无不同，在发生争议起诉至人民法院之前，并未经过权威部门的实质性审查。因此，赋予当事人以司法救济手段维护其合法权益是必要的。根据《民法典婚姻家庭编解释（一）》第 70 条“夫妻双方协议离婚后就财产分割问题反悔，请求撤销财产分割协议的，人民法院应当受理。人民法院审理后，未发现订立财产分割协议时存在欺诈、胁迫等情形的，应当依法

驳回当事人的诉讼请求”的规定，人民法院受理这类协议离婚后的财产纠纷，应当着重审查当事人双方在订立财产分割协议时有无欺诈、胁迫的情形，但不宜以显失公平为由对离婚协议进行调整。因为夫妻离婚时的财产分割协议涉及双方当事人之间的情感、心理等多种因素，与一般的民事合同尚存在不同之处。比如有的当事人可能急于摆脱原来的婚姻关系，只能在财产方面作出让步从而让感情受到伤害的一方在经济上得到一些补偿，获得一些心理平衡。因此，对夫妻离婚时的财产分割协议，不能用一个“局外人”的角度来评判是否公平。人民法院在审理时，原则上不应以协议显失公平为由而支持一方当事人撤销离婚协议的诉请。

第一千零七十七条 自婚姻登记机关收到离婚登记申请之日起三十日内，任何一方不愿意离婚的，可以向婚姻登记机关撤回离婚登记申请。

前款规定期限届满后三十日内，双方应当亲自到婚姻登记机关申请发给离婚证；未申请的，视为撤回离婚登记申请。

关联规定

司法指导性文件

《最高人民法院关于进一步深化家事审判方式和工作机制改革的意见（试行）》

40. 人民法院审理离婚案件，经双方当事人同意，可以设置不超过 3 个月的冷静期。

在冷静期内，人民法院可以根据案件情况开展调解、家事调查、心理疏导等工作。冷静期结束，人民法院应通知双方当事人。

条文释义

一、本条主旨

本条是关于离婚冷静期的规定。

二、条文演变

本条为《民法典》新增加的条文。在编纂《民法典》过程中，有些意见提出，自 2001 年《全国人民代表大会常务委员会关于修改〈中华人民共和国婚姻法〉的决定》颁布实施以来，我国的协议离婚问题比较突出，主要表现有：一是离婚率呈持续上升趋势。二是协议登记的离婚比例逐渐提高。三是离婚当事人婚龄短，冲动、轻率、草率型离婚屡见不鲜，数量增加。2003年《婚姻登记条例》的修改，进一步简化了当事人在民政部门办理离婚登记的条件和审查程序，婚姻登记部门缺乏必要的调解和限制措施，导致冲动、轻率、草率型离婚的数量增加，由此出现了中华人民共和国成立以来的第三次离婚高峰。[①]可见，本条是立法机关为解决离婚登记手续过于简便、轻率离婚现象增多等不利于家庭稳定的问题而专门作出的规定。

三、条文解读

离婚冷静期是指夫妻协议离婚时，婚姻登记机关给要求离婚的双方当事人一段时间，强制当事人暂时搁置离婚纠纷，在法定期限内冷静思考离婚问题，考虑清楚后再行决定是否离婚。法律规定当事人冷静思考离婚问题的期限为离婚冷静期。[②]

根据本条第1款规定，在30日内的离婚冷静期内，任何一方可以向登记机关撤回离婚申请；30日届满后的30日内，如果双方没有到婚姻登记机关申请发给离婚证，视为撤回离婚申请。之所以设置30日的离婚冷静期，是在保护当事人离婚自由与防止轻率型离婚之间寻找利益平衡，既避免冷静期时间太长损害当事人的离婚自由，又避免冷静期时间太短无法达到“冷静”的效果。需要强调的是，本条两款都规定了30日，但两个30日的效力不同，对当事人和婚姻登记机关行为的约束不同，因此法律后果也是不同的。本条第1款规定的30日冷静期是不变期间，即婚姻登记机关在收到离婚登记申请之日后30日内不会办理离婚登记手续，在此期间任何一方均可以撤回离婚登记申请。因此，第1款规定的30日是典型的离婚冷静期。本条第2款规定的30日是可变期间，即在30日离婚冷静期届满后的30日内，如夫妻双方亲自到婚姻登记机关申请发给离婚证，婚姻登记机关对审查符合离婚登记条件的，应当发给离婚证；如在此期间男女双方没有申请的，视为撤回离婚登记申请，婚姻登记机关不得基于双方最初的申请为其办理离婚登记。以上两款规定，明确了男女双方若要登记离婚，需要经过递交离婚登记申请后的30日离婚冷静期，在离婚冷

---

① 黄薇主编：《中华人民共和国民法典婚姻家庭编释义》，法律出版社2020年版，第137页。

② 黄薇主编：《中华人民共和国民法典婚姻家庭编释义》，法律出版社2020年版，第137页。

静期届满后的30日内，还需要男女双方亲自到婚姻登记机关再次提出申请，确认双方具有共同离婚意愿，即当事人还应当再次作出申请离婚的意思表示。如任何一方未到场申请确认的，视为双方未达成一致，不适用协议离婚的行政程序。

离婚冷静期制度设置的重要意义有：（1）有助于减少轻率离婚。当事人选择轻率离婚时，往往对离婚所能带来的效用有一定期待，认为离婚比维持一段失败的婚姻可以带来更高的效用。但离婚当事人对离婚结果的预期有时会出现偏差和失误，无法作出理性选择。离婚冷静期制度对于处于冲动期的夫妻而言，能够发挥暂时冷却的缓冲功能，可促使婚姻关系恶化的当事人重新思考离婚的合意，达到稳定婚姻关系，维护家庭关系和谐的目的。（2）有助于完善我国离婚制度。婚姻家庭法的基本原则反映了婚姻家庭法的本质、基本内容和基本精神，体现了社会生活的需要。婚姻自由是我国婚姻家庭法的基本原则，体现了我国婚姻家庭价值观念，成为自然人在婚姻家庭生活中共同认可和遵循的基本准则和基本精神。[①] 保障离婚自由、反对轻率离婚是婚姻家庭法始终坚持的原则，也是我国离婚制度的重要特征。同时，对于部分通谋虚假离婚的当事人而言，也会因为离婚冷静期的设置而丧失时效利益，从而抑制虚假离婚，产生维护法律权威和婚姻家庭社会稳定的效果。（3）有助于协调婚姻当事人与未成年子女的利益。解除婚姻关系的法律行为一旦作出，必然影响到婚姻存续期间抚育的未成年子女利益。我国一直重视未成年子女保护，亦曾在诸如原《民法总则》等法律中明确规定当事人在离婚时应当妥善处理子女抚养问题。若当事人未经深思熟虑而草率离婚，匆忙拟定的离婚协议很可能无法全面顾及子女的各方面利益，从而损害未成年子女的合法权益，引发更加严重的社会问题。因此，离婚冷静期的设置，能够使婚姻双方谨慎思考、合理安排子女问题，强化对弱势群体的保护，实现婚姻关系上的实质正义。（4）有助于强化婚姻登记机关的审查职责。离婚冷静期制度的设置，能够帮助婚姻登记机关有充分的制度依据和充足的时间对当事人的离婚申请进行审查，必要时还可以进行实际调查。

---

① 夏吟兰：《对中国登记离婚制度的评价与反思》，载《法学杂志》2008年第2期。

适用指引

一、在诉讼中探索离婚冷静期制度

本条规定的离婚冷静期仅适用于通过行政登记办理的协议离婚，不适用于诉讼离婚。但《民法典》施行之前，司法实践中对诉讼离婚中冷静期制度已经作了积极探索。也可以说，正是诉讼中离婚冷静期的有益探索和经验总结，促进了本条登记离婚冷静期规定的出台。在总结各地法院探索离婚冷静期的基础上，最高人民法院于 2018 年 7 月 18 日印发了《关于进一步深化家事审判方式和工作机制改革的意见（试行）》，其中第 40 条即对离婚冷静期作了规定。该条规定如下："人民法院审理离婚案件，经双方当事人同意，可以设置不超过 3 个月的冷静期。在冷静期内，人民法院可以根据案件情况开展调解、家事调查、心理疏导等工作。冷静期结束，人民法院应通知双方当事人。"与登记离婚冷静期制度相同，诉讼离婚中冷静期制度的功能在于减少冲动型离婚，减少当事人之间的对抗，有利于人民法院对案件更准确地裁判。因此，为减少草率冲动离婚，维护婚姻家庭和谐稳定，人民法院可以参照上述规定，在离婚诉讼中设置冷静期。当然，因诉讼离婚冷静期制度并非法定制度，在适用中应当注意以下几点：一是尊重双方当事人意愿，以双方当事人同意为前提；二是可以根据案件情况灵活设置冷静期期间，但最长不得超过 3 个月；三是冷静期内，法院需要有所作为，进行必要的调查、调解等，以进一步查明案件事实，对是否判决离婚作出更为精准的判断。感情冷静期制度是家事审判方式和工作机制改革的一项创新举措。通过给双方当事人一段感情冷静期，旨在缓解夫妻双方的对立情绪、给予夫妻双方反思自我、化解矛盾的空间与时间，正确甄别"婚姻危机"与"婚姻死亡"，促进危机婚姻向和谐婚姻的转化。感情冷静期主要针对的是夫妻矛盾没有根本解决，尚需时间进行思想转化和行动改变，暂不具备和好条件的危机婚姻。感情冷静期在审判中的运用给予了夫妻双方缓冲情绪的空间，根据个案的不同情况，可以采用心理咨询、家事调解和家事调查等疏导措施介入治疗、修复夫妻感情，纠正当事人错误的认知和行为模式，以期在冷静期满后，能够更加理性地作出是否离婚的决定，通过"以时间换空间"的做法挽救危机婚姻，尽可能实现夫妻关系转好、家庭和睦状态的回归。即使双方在冷静思考后最终选择结束婚姻关系，亦能以健康、平和的心态处理子女抚养、财产分割等一系列后续问题。

二、离婚冷静期不是离婚审查期

1994年的原《婚姻登记管理条例》规定了离婚审查期。[①] 离婚审查期与离婚冷静期不同：（1）审查形式不同。离婚审查期是婚姻登记机关对当事人的离婚申请进行实质审查的期限，而离婚冷静期制度中婚姻登记机关对离婚申请依法实施形式审查。（2）期间性质不同。离婚审查期是婚姻登记机关审查工作的期间限制，“自受理申请之日起一个月内”是一个最长时限，而离婚冷静期的30日是一个不变期间。（3）立法目的不同。规定于行政规章中的离婚审查期制度，其目的主要是规范作为行政机关的婚姻登记机关实施具体行政行为的效率，通过规定审查的法定时限，避免行政机关审查拖沓。离婚冷静期制度作为协议离婚制度的重要组成部分，其设立目的就是让婚姻当事人双方冷静思考，妥善抉择。

三、特殊情形下不适用离婚冷静期制度

对于有家庭暴力等情形的，实践中当事人多向法院起诉离婚。家庭暴力属于危及生命健康安全的夫妻间冲突，如果认定存在严重的家暴情形，当事人因家暴而要求离婚的意思表示是真实的，则法院不再适用离婚冷静期制度，以避免受害人持续受到伤害。

四、离婚冷静期不是限制离婚自由，而是以婚姻自由原则为前提

作为婚姻自由原则应有之义的离婚自由不是绝对自由，而是相对自由，是法定范围内的自由。婚姻关系与一般的社会关系不同：一方面，它是一种相当重要的身份关系，其深度与广度是其他社会关系无法比拟的，它的建立和解除对个人、家庭和社会都会产生很大的影响。[②] 另一方面，婚姻关系也是人伦关系，该关系以维护家庭成员内部的生活秩序、保持家庭关系的和谐稳定为首要

---

① 1994年原《婚姻登记管理条例》第16条规定：“婚姻登记管理机关对当事人的离婚申请进行审查，自受理申请之日起一个月内，对符合离婚条件的，应当予以登记，发给离婚证，注销结婚证。当事人从取得离婚证起，解除夫妻关系。”

② 夏吟兰：《对中国登记离婚制度的评价与反思》，载《法学杂志》2008年第2期。

目标。[1] 在自愿离婚的前提下，离婚冷静期制度有利于减少冲动离婚与草率离婚的情形，该制度并未对协议离婚的实质要件增设限制，最终离婚与否的选择权依旧在婚姻当事人手中，因此该制度并非干涉或限制当事人的离婚自由。

① 龙翼飞：《编纂民法典婚姻家庭编的法理思考与立法建议》，载《法制与社会发展》2020 第 2 期。

第一千零七十八条　婚姻登记机关查明双方确实是自愿离婚，并已经对子女抚养、财产以及债务处理等事项协商一致的，予以登记，发给离婚证。

关联规定

法律、行政法规、司法解释

《婚姻登记条例》

第十三条　婚姻登记机关应当对离婚登记当事人出具的证件、证明材料进行审查并询问相关情况。对当事人确属自愿离婚，并已对子女抚养、财产、债务等问题达成一致处理意见的，应当当场予以登记，发给离婚证。

条文释义

一、本条主旨

本条是关于婚姻登记机关对协议离婚查明的规定。

二、条文演变

本条规定由2001年修正的原《婚姻法》第31条后半句修改而来。该条规定："男女双方自愿离婚的，准予离婚。双方必须到婚姻登记机关申请离婚。婚姻登记机关查明双方确实是自愿并对子女和财产问题已有适当处理时，发给离婚证。"《民法典》将2001年修正的原《婚姻法》第31条拆分成两条，即第1076条和本条。实际上是区分了当事人达成离婚协议和办理离婚登记两个程序。本条系关于离婚冷静期后办理离婚登记程序的规定。尽管2001年修正的原《婚姻法》第31条后半段要求婚姻登记机关应当查明双方"对子女和财产问题已有适当处理"，似乎赋予了婚姻登记机关对离婚协议的实质审查权限，然而，2001年修正的原《婚姻法》的立法者也仅要求婚姻登记机关查明，同意离婚的夫妻双方在子女和财产等问题上是否达成协议，[①] 并无要求婚姻登记机关进行实质审查的意思。这主要是因为夫妻双方对子女和财产问题的处理是否适当，缺乏具体的判断标准。因此，放弃“适当处理”的立场，是符合实际情况的。

三、条文解读

（一）婚姻登记机关的审查内容

根据《民法典》第1076和第1077条规定，我国婚姻登记机关对登记离婚审查的前提是夫妻双方经过离婚冷静期后仍达成离婚合意，并在离婚冷静期间届满后30日内共同到婚姻登记机关提出离婚申请。此时，婚姻登记机关需要审查以下内容。

1. 双方存在法律认可的合法夫妻关系

婚姻登记机关需要查明申请登记离婚的当事人是依法办理了结婚登记的当事人。婚姻登记机关决定是否受理离婚申请，首先就存在判断当事人之间是否存在合法有效的婚姻关系问题。具体来说，根据《婚姻登记工作规范》第56条规定，婚姻登记员受理离婚登记申请后，应对当事人持有的身份证、结婚证、离婚协议等证件和材料进行查验。申请办理离婚登记的当事人有一本结婚证丢失的，当事人应当书面声明遗失，婚姻登记机关可以根据另一本结婚证办理离婚登记；申请办理离婚登记的当事人两本结婚证都丢失的，当事人应当书面声明结婚证遗失并提供加盖查档专用章的结婚登记档案复印件，婚姻登记机关可根据当事人提供的上述材料办理离婚登记。对于未婚同居或有配偶者与他人非法同居的、未办理结婚登记的事实婚姻当事人，即使双方签订了离婚协议，因自始不存在婚姻关系，亦不能通过婚姻登记机关办理登记离婚。上述情形下，若同居期间发生了与身份关系有关的纠纷，如涉及子女、财产、债务等问题的争议，可以通过诉讼渠道解决。

2. 双方为完全民事行为能力人

婚姻登记机关需要查明申请登记离婚的当事人是具备完全民事行为能力的

---

① 胡康生主编：《中华人民共和国婚姻法释义》，法律出版社2001年版，第128页。

人。离婚作为一种民事法律行为，行为人具有完全民事行为能力为其有效的条件。登记离婚以签订离婚协议为前提，并涉及婚姻生活中多重重大事项。无民事行为能力人或者限制民事行为能力人由于不能独立自主地作出意思表示，无法达成合法有效的离婚协议。因此，为防止欠缺民事行为能力人可能因行为能力受限而作出对自己不利的决定，故离婚双方当事人具有完全民事行为能力，是当事人向婚姻登记机关申请离婚登记的必备条件。《婚姻登记条例》第 12 条第 2 项已经明确规定欠缺民事行为能力人提交的离婚登记申请，婚姻登记机关不予受理。欠缺民事行为能力人可以通过有法定代理人参与的诉讼离婚方式解除婚姻关系。

3. 夫妻双方自愿离婚

婚姻登记机关需要查明申请离婚登记的当事人申请离婚的意思是自愿并达成合意的。自愿即要求完全是当事人本人的意愿而不存在被欺诈、胁迫或者重大误解等意志不自由、不真实的情况。同时，双方申请登记离婚是共同的意思表示，是双方经过协商一致的结果，如果仅有一方单方自愿而未形成共同意愿则不能申请离婚登记。因此，婚姻登记机关要求离婚当事人亲自到场，以确定当事人离婚意思的真正自愿性，也便于婚姻登记机关查明夫妻双方是否有解除婚姻的真实意图。根据《婚姻登记工作规范》规定，婚姻登记员受理离婚登记申请后，首先要询问当事人的离婚意愿。具体来说，要将当事人分开询问是否是自愿选择办理离婚登记，以及对离婚协议内容的意愿，告知其离婚产生的后果，避免一方受他人欺诈或胁迫等作出错误意思表示，并形成笔录，由当事人阅后签名。

4. 双方已达成离婚协议

婚姻登记机关需要查明离婚当事人对子女抚养、财产及债务处理等事项协商一致。离婚以双方达成合意的离婚协议为基础和平解除婚姻关系，这也是协议离婚与诉讼离婚的最大差异之处。根据《婚姻登记工作规范》规定，双方自愿离婚且对子女抚养、财产及债务处理等事项协商一致的，双方填写《申请离婚登记声明书》；《申请离婚登记声明书》中“声明人”一栏的签名必须由声明人在监誓人面前完成并按指纹；婚姻登记员作监誓人并在监誓人一栏签名。夫妻双方应当在离婚协议上现场签名；婚姻登记员可以在离婚协议书上加盖“此件与存档件一致，涂改无效。×××× 婚姻登记处 ×× 年 ×× 月 ×× 日”的长方形印章。协议书夫妻双方各一份，婚姻登记处存档一份。当事人因离婚协议书遗失等原因，要求婚姻登记机关复印其离婚协议书的，按照《婚姻登记档案管理办法》的规定查阅婚姻登记档案。离婚登记完成后，当事人要求更换离婚协议书或变更离婚协议内容的，婚姻登记机关不予受理。现实中，由于离婚有时是一个长期的过程，夫妻双方可能随着时间的推移和财产的积累而陆续签订多份离婚协议，协议的内容也会存在重合或矛盾之处。在此情况下，若登记前的离婚协议与登记备案的离婚协议发生争议的，应以登记备案的离婚协议作为生效的离婚协议。若登记备案的离婚协议未完全分割全部财产，则当事人可另行达成离婚后的补充协议或诉至法院解决财产纠纷。

（二）离婚登记

《婚姻登记工作规范》第57条规定："婚姻登记员对当事人提交的证件、《申请离婚登记声明书》、离婚协议书进行审查，符合离婚条件的，填写《离婚登记审查处理表》和离婚证。《离婚登记审查处理表》和离婚证分别参照本规范第三十八条、第三十九条规定填写。"即经过婚姻登记机关审查，对于符合登记离婚条件的当事人，应当准予登记，发给离婚证，收回结婚证。另外，根据《婚姻登记工作规范》第59条规定，颁发离婚证，应当在当事人双方均在场时按照下列步骤进行：（1）向当事人双方询问核对姓名、出生日期、离婚意愿。（2）见证当事人本人亲自在《离婚登记审查处理表》的"当事人领证签名并按指纹"一栏中签名并按指纹；"当事人领证签名并按指纹"一栏不得空白，不得由他人代为填写、代按指纹。（3）在当事人的结婚证上加盖条型印章，其中注明"双方离婚，证件失效。×× 婚姻登记处"。注销后的结婚证复印存档，原件退还当事人。（4）将离婚证颁发给离婚当事人。如果婚姻登记机关查明仅为夫妻一方要求离婚，或夫妻双方虽然同意离婚，但在子女和财产等问题上不能达成一致的，应不予登记。当事人要求出具《不予办理离婚登记告知书》的，应当出具。

离婚证是证明婚姻关系已经合法解除的具有法律效力的文件，其与人民法院作出的离婚判决书和离婚调解书具有同等的法律效力。夫妻双方自取得离婚证时起，解除夫妻关系。如果当事人双方依法进行离婚登记后，一方对这种已经发生法律效力的离婚反悔，在原婚姻登记机关未撤销离婚登记的情况下，向人民法院提起离婚诉讼的，人民法院应不予受理。只有经当事人向原婚姻登记机关重新申请撤销离婚证后，使已经解除的夫妻关系恢复到未解除的原状，提出的离婚诉讼才能被法院受理。

适用指引

一、关于婚姻登记机关对离婚协议的审查是形式审查还是实质审查的问题

本条规定是在调研我国婚姻登记机关实际情况并听取各方面意见的基础上作出的，目的是使登记机构在自己的职权范围内，充分履行职责，尽可能地保证如实、准确、认真负责地查明各有关事项，避免登记错误。[①] 可见，婚姻登记机关在办理离婚登记时不能只是简单地进行形式审查，应尽到审慎审查义务。实践中，夫妻一方为欠缺民事行为能力人（无民事行为能力人或限制民事行为能力人）的离婚登记是当前离婚登记行政诉讼案件的常见情形。若婚姻登记机关受理了夫妻一方为无民事行为能力或者限制民事行为能力人（实践中多为精神病人）的离婚申请，应按照何种审查标准在行政诉讼中确认该婚姻登记行为的合法性存在较大争议。因法律未明确婚姻登记机关的审查标准，故不能要求婚姻登记机关进行实质审查，但结合司法实践经验，婚姻登记机关的形式审查也需对当事人提交的材料是否真实、是否合法尽到审慎审查义务，以避免将来产生纠纷。实践中的离婚登记瑕疵还包括：第三人冒名顶替夫妻一方与另一方申请并完成离婚登记；婚姻登记机关应夫妻一方的申请在另一方未到场的情况下发给离婚证等。

二、当事人认为离婚登记存在错误的，只能通过行政诉讼来解决

离婚登记作为一种行政确认具体行政行为应纳入行政诉讼受案范围，在婚姻当事人认为离婚登记存在错误时，可提出行政诉讼，要求撤销该离婚登记。但是，若与离婚当事人有财产争议的人，认为婚姻登记机关对他人离婚登记侵犯了其财产权利而要求撤销离婚登记提起行政诉讼的，因其与离婚登记行政行为无行政法上的利害关系，人民法院可告知其以民事侵权提起诉讼。若坚持提起行政诉讼的，应以原告无主体资格而裁定驳回起诉。

---

① 黄薇主编：《中华人民共和国民法典婚姻家庭编释义》，法律出版社 2020 年版，第 140 页。

典型案例

倪陆某某与陆某某离婚后财产纠纷案

关键词：离婚协议　效力

裁判摘要：离婚协议通常系关于婚姻关系解除、子女抚养、共同财产分割等内容的一揽子协议，其中将财产给予子女的约定在性质上属于利益第三人条款，而非在父母与子女之间建立赠与合同关系，因此，负有给付义务的一方不得基于赠与合同关系行使任意撤销权。同时，基于《合同法》第64条的规定及利他合同的法理，子女享有直接请求给付的权利。

基本案情：倪陆某某系倪某某与陆某某的婚生儿子，出生于2008年11月。上海市松江区茸龙路房屋系陆某某于2005年购买，现登记在陆某某一人名下。倪某某与陆某某于2007年7月3日登记结婚，于2010年4月30日协议离婚。双方离婚时签订的离婚协议第3条财产处理约定："双方有夫妻共同财产坐落在上海市松江区茸龙路××弄大江苑××室商品房一套，现协商归男方和儿子各半，男方须于离婚后一周内在房产证上加上儿子倪陆某某的名字……"2010年6月3日，倪陆某某诉至法院，后与陆某某达成人民调解协议书一份。该协议载明："一、陆某某和倪陆某某于2010年8月3日之前一起去办理将倪陆某某名字加入产权证的手续；办理此手续产生的费用各半承担；二、倪陆某某自愿撤诉……"2012年5月11日，倪某某与陆某某重新登记结婚。2016年11月16日，倪某某与陆某某签订离婚协议，载明："双方于2016年11月16日离婚，协商一致达成以下协议：1.男孩倪陆某某归女方抚养，由原告男方支付抚养费壹仟元。2.男方所拥有的房产证加上倪陆某某名字，双方于一个月内去办理。3.男方一次性补偿女方叁万元整，三个月内付清。"2016年11月17日，双方经上海市松江区人民法院调解离婚。民事调解书载明："双方当事人自愿达成如下协议：一、原告陆某某与被告倪某某双方自愿离婚；二、原、被告婚生子倪陆某某随被告共同生活；三、原告陆某某自2016年11月起每月25日前给付被告倪某某孩子抚养费1000元，教育费、医疗费凭发票各半承担，至孩子十八周岁止；四、原告陆某某于2017年2月16日前给付被告倪某某房屋补偿款人民币30 000元……"协议签署后陆某某并没有依约履行。故倪陆某某请求判令陆某某配合倪陆某某将上海市松江区茸龙路的房屋登记为双方共同所有，各占50%的份额。

【案　　号】（2018）沪01民终357号

【审理法院】上海市第一中级人民法院

【来　　源】《人民法院案例选》2020年第1辑（总第143辑）

第一千零七十九条 夫妻一方要求离婚的，可以由有关组织进行调解或者直接向人民法院提起离婚诉讼。

人民法院审理离婚案件，应当进行调解；如果感情确已破裂，调解无效的，应当准予离婚。

有下列情形之一，调解无效的，应当准予离婚：

（一）重婚或者与他人同居；

（二）实施家庭暴力或者虐待、遗弃家庭成员；

（三）有赌博、吸毒等恶习屡教不改；

（四）因感情不和分居满二年；

（五）其他导致夫妻感情破裂的情形。

一方被宣告失踪，另一方提起离婚诉讼的，应当准予离婚。

经人民法院判决不准离婚后，双方又分居满一年，一方再次提起离婚诉讼的，应当准予离婚。

关联规定

法律、行政法规、司法解释

1.《中华人民共和国涉外民事关系法律适用法》

第二十七条 诉讼离婚，适用法院地法律。

2.《中华人民共和国民事诉讼法》

第六十五条 离婚案件有诉讼代理人的，本人除不能表达意思的以外，仍应出庭；确因特殊情况无法出庭的，必须向人民法院提交书面意见。

第一百零一条 下列案件调解达成协议，人民法院可以不制作调解书：

（一）调解和好的离婚案件；

（二）调解维持收养关系的案件；

（三）能够即时履行的案件；

（四）其他不需要制作调解书的案件。

对不需要制作调解书的协议，应当记入笔录，由双方当事人、审判人员、书记员签名或者盖章后，即具有法律效力。

第一百二十七条　人民法院对下列起诉，分别情形，予以处理：

（一）依照行政诉讼法的规定，属于行政诉讼受案范围的，告知原告提起行政诉讼；

（二）依照法律规定，双方当事人达成书面仲裁协议申请仲裁、不得向人民法院起诉的，告知原告向仲裁机构申请仲裁；

（三）依照法律规定，应当由其他机关处理的争议，告知原告向有关机关申请解决；

（四）对不属于本院管辖的案件，告知原告向有管辖权的人民法院起诉；

（五）对判决、裁定、调解书已经发生法律效力的案件，当事人又起诉的，告知原告申请再审，但人民法院准许撤诉的裁定除外；

（六）依照法律规定，在一定期限内不得起诉的案件，在不得起诉的期限内起诉的，不予受理；

（七）判决不准离婚和调解和好的离婚案件，判决、调解维持收养关系的案件，没有新情况、新理由，原告在六个月内又起诉的，不予受理。

第一百三十七条　人民法院审理民事案件，除涉及国家秘密、个人隐私或者法律另有规定的以外，应当公开进行。

离婚案件，涉及商业秘密的案件，当事人申请不公开审理的，可以不公开审理。

第一百五十一条　人民法院对公开审理或者不公开审理的案件，一律公开宣告判决。

当庭宣判的，应当在十日内发送判决书；定期宣判的，宣判后立即发给判决书。

宣告判决时，必须告知当事人上诉权利、上诉期限和上诉的法院。

宣告离婚判决，必须告知当事人在判决发生法律效力前不得另行结婚。

第一百五十四条　有下列情形之一的，终结诉讼：

（一）原告死亡，没有继承人，或者继承人放弃诉讼权利的；

（二）被告死亡，没有遗产，也没有应当承担义务的人的；

（三）离婚案件一方当事人死亡的；

（四）追索赡养费、扶养费、抚养费以及解除收养关系案件的一方当事人死亡的。

3.《最高人民法院关于适用〈中华人民共和国民法典〉婚姻家庭编的解释（一）》

第一条 持续性、经常性的家庭暴力，可以认定为民法典第一千零四十二条、第一千零七十九条、第一千零九十一条所称的“虐待”。

第二条 民法典第一千零四十二条、第一千零七十九条、第一千零九十一条规定的“与他人同居”的情形，是指有配偶者与婚外异性，不以夫妻名义，持续、稳定地共同居住。

第二十三条 夫以妻擅自中止妊娠侵犯其生育权为由请求损害赔偿的，人民法院不予支持；夫妻双方因是否生育发生纠纷，致使感情确已破裂，一方请求离婚的，人民法院经调解无效，应依照民法典第一千零七十九条第三款第五项的规定处理。

第六十二条 无民事行为能力人的配偶有民法典第三十六条第一款规定行为，其他有监护资格的人可以要求撤销其监护资格，并依法指定新的监护人；变更后的监护人代理无民事行为能力一方提起离婚诉讼的，人民法院应予受理。

第六十三条 人民法院审理离婚案件，符合民法典第一千零七十九条第三款规定“应当准予离婚”情形的，不应当因当事人有过错而判决不准离婚。

第六十四条 民法典第一千零八十一条所称的“军人一方有重大过错”，可以依据民法典第一千零七十九条第三款前三项规定及军人有其他重大过错导致夫妻感情破裂的情形予以判断。

第六十五条 人民法院作出的生效的离婚判决中未涉及探望权，当事人就探望权问题单独提起诉讼的，人民法院应予受理。

4.《最高人民法院关于适用〈中华人民共和国民法典〉时间效力的若干规定》

第二十二条 民法典施行前，经人民法院判决不准离婚后，双方又分居满一年，一方再次提起离婚诉讼的，适用民法典第一千零七十九条第五款的规定。

5.《最高人民法院关于适用〈中华人民共和国民事诉讼法〉的解释》

第一百四十五条 人民法院审理民事案件，应当根据自愿、合法的原则进行调解。当事人一方或者双方坚持不愿调解的，应当及时裁判。

人民法院审理离婚案件，应当进行调解，但不应久调不决。

第一百四十七条　人民法院调解案件时，当事人不能出庭的，经其特别授权，可由其委托代理人参加调解，达成的调解协议，可由委托代理人签名。

离婚案件当事人确因特殊情况无法出庭参加调解的，除本人不能表达意志的以外，应当出具书面意见。

第一百四十八条　当事人自行和解或者调解达成协议后，请求人民法院按照和解协议或者调解协议的内容制作判决书的，人民法院不予准许。

无民事行为能力人的离婚案件，由其法定代理人进行诉讼。法定代理人与对方达成协议要求发给判决书的，可根据协议内容制作判决书。

第二百一十四条　原告撤诉或者人民法院按撤诉处理后，原告以同一诉讼请求再次起诉的，人民法院应予受理。

原告撤诉或者按撤诉处理的离婚案件，没有新情况、新理由，六个月内又起诉的，比照民事诉讼法第一百二十七条第七项的规定不予受理。

第二百一十七条　夫妻一方下落不明，另一方诉至人民法院，只要求离婚，不申请宣告下落不明人失踪或者死亡的案件，人民法院应当受理，对下落不明人公告送达诉讼文书。

第二百三十四条　无民事行为能力人的离婚诉讼，当事人的法定代理人应当到庭；法定代理人不能到庭的，人民法院应当在查清事实的基础上，依法作出判决。

第三百八十条　当事人就离婚案件中的财产分割问题申请再审，如涉及判决中已分割的财产，人民法院应当依照民事诉讼法第二百零七条的规定进行审查，符合再审条件的，应当裁定再审；如涉及判决中未作处理的夫妻共同财产，应当告知当事人另行起诉。

二、司法指导性文件

《最高人民法院关于进一步深化家事审判方式和工作机制改革的意见（试行）》

11. 离婚案件的调解，双方当事人应亲自到场。当事人确因特殊情况无法到场参加调解的，除本人不能表达意志的以外，应当出具书面意见。

37. 身份关系确认案件以及离婚案件，除本人不能表达意志的以外，当事人应当亲自到庭参加诉讼。当事人为无民事行为能力人的，其法定代理人应当到庭。确因特殊情况无法出庭的，必须向人民法院提交书面意见，并委托诉讼代理人到庭参加诉讼。

应当到庭参加诉讼的当事人经传票传唤无正当理由拒不到庭的，属于原告方的，依照民事诉讼法第一百四十三条的规定，可以按撤诉处理；属于被告方的，依照民事诉讼法第一百四十四条的规定，可以缺席判决。

无民事行为能力的当事人的法定代理人，经传票传唤无正当理由拒不到庭的，比照上述规定处理。必要时，人民法院可以拘传其到庭。

确因特殊情况无法出庭的当事人、证人和鉴定人，经人民法院准许后，可以声音或影像传输的形式，参加开庭审理及其他诉讼活动。

38. 人民法院审理家事案件，涉及确定子女抚养权的，应当充分听取八周岁以上子女的意见。必要时，人民法院可以单独询问未成年子女的意见，并提供符合未成年人心理特点的询问环境。

39. 人民法院审理离婚案件，应当对子女抚养、财产分割问题一并处理。对财产分割问题确实不宜一并处理的，可以告知当事人另行起诉。

当事人在离婚诉讼中未对子女抚养、财产分割问题提出诉讼请求的，人民法院应当向当事人释明，引导当事人明确诉讼请求。当事人就子女抚养问题未达成一致，又坚持不要求人民法院处理子女抚养问题的，可以判决不准离婚。

条文释义

一、本条主旨

本条是关于诉讼外调解离婚和诉讼离婚的规定。

二、条文演变

本条沿袭了2001年修正的原《婚姻法》第32条的规定，同时，增加了“经人民法院判决不准离婚后，双方又分居满一年，一方再次提起离婚诉讼的，应当准予离婚”作为第5款。该款来源于原《认定夫妻感情破裂的意见》第7条。该意见第7条规定：“因感情不和分居已满3年，确无和好可能的，或者经人民法院判决不准离婚后又分居满1年，互不履行夫妻义务的。”本条第5款吸收了该规定的后半部分，将“经人民法院判决不准离婚后，双方又分居满一年，一方再次提起离婚诉讼的”作为判决离婚的法定事由。此外，在文字表述上，将 2001 年修正的原《婚姻法》中的“男女”改为“夫妻”，“有配偶者与他人同居”改为“与他人同居”，以使法条指向更为精确。

三、条文解读

（一）本条的规范目的和功能

本条规定的是诉讼离婚程序与裁判标准。在协议离婚之外，夫妻双方还可以通过诉讼离婚的方式离婚。诉讼离婚，是夫妻双方对是否离婚、离婚后子女抚养或财产分割等问题不能达成协议，由一方向人民法院提起离婚诉讼，人民法院依诉讼程序审理后，调解或判决解除婚姻关系的离婚方式。本条第 1 款规定可以对离婚的夫妻双方进行诉讼外调解，也可以由夫妻一方向人民法院以诉讼方式提起离婚。所谓诉讼外调解，是由法院之外的其他组织进行的调解，如群众团体、村民委员会或居民委员会、基层调解组织、婚姻登记机关等有关组织主持调解。诉讼外调解不是诉讼离婚的前置程序，当事人可以不经有关部门调解，直接向人民法院起诉离婚。但诉讼离婚，调解是必经程序。对于诉讼离婚，本条采用“夫妻感情确已破裂”作为裁判离婚的实体标准，同时采用概括式与列举式相结合的立法方法，在“夫妻感情确已破裂”的原则下，列举规定了若干现实生活中常见的、足以表明“夫妻感情确已破裂”的具体情形。

（二）诉讼外调解离婚

诉讼外调解离婚属于民间性、行政性调解类型的一种。其中，最主要的方式就是人民调解委员会根据自愿原则就离婚纠纷所进行的调解。人民调解委员会是依法设立的调解民间纠纷的群众性组织。基层人民法院对人民调解委员会调解民间纠纷进行业务指导。

诉讼外调解符合当事人的非讼心理和中国社会生活中的传统习惯，易于被当事人认可和接受。也由于调解人一般对当事人的情况比较了解，便于做好思想开导工作，缓解夫妻间的矛盾，有助于妥善、及时地化解离婚争议。离婚纠纷经诉讼外调解之后，一般会有以下三种结果：一是双方经过调解，矛盾缓解，同意继续维持婚姻关系；二是双方就子女抚养以及财产分割问题达成一致，办理协议离婚；三是双方对离婚的有关事项达不成一致意见，向法院起诉要求离婚。另外，诉讼外调解的性质为民间性质，对当事人没有法律上的约束力，在调解和好之后，当事人仍然可以向法院起诉要求离婚。

（三）诉讼离婚

诉讼离婚，是婚姻当事人向人民法院提出离婚请求，由人民法院调解或判决而解除其婚姻关系的一项离婚制度。诉讼离婚制度，适用于当事人双方对离婚有分歧的情况，包括一方要求离婚另一方不同意离婚而发生的离婚纠纷；或者双方虽然同意离婚，但在子女抚养和财产分割问题上不能达成一致意见的情况。

1. 离婚诉讼案件当事人出庭问题

婚姻具有很强的人身属性，夫妻关系是特定的身份关系，因此离婚诉讼的当事人应当为夫妻双方。也因为婚姻本身具有很强的人身属性，不同于一般财产关系，为查明案件事实和做好诉讼中调解工作，《民事诉讼法》第 65 条对离婚案件当事人的出庭问题作出了特别规定，即“离婚案件有诉讼代理人的，本人除不能表达意思的以外，仍应出庭；确因特殊情况无法出庭的，必须向人民法院提交书面意见”。当夫妻一方为无民事行为能力人时，《民事诉讼法》第 60 条规定：“无诉讼行为能力人由他的监护人作为法定代理人代为诉讼。法定代理人之间互相推诿代理责任的，由人民法院指定其中一人代为诉讼。”无民事行为能力人夫妻关系一方的法定监护人是其配偶，但在离婚诉讼中，配偶又是对方当事人，存在利益冲突，因此为了保护无民事行为能力人的合法权益，应当变更监护人。《民法典婚姻家庭编解释（一）》第 62 条规定：“无民事行为能力人的配偶有民法典第三十六条第一款规定行为，其他有监护资格的人可以要求撤销其监护资格，并依法指定新的监护人；变更后的监护人代理无民事行为能力一方提起离婚诉讼的，人民法院应予受理。”《民事诉讼法解释》第 234 条也规定：“无民事行为能力人的离婚诉讼，当事人的法定代理人应当到庭；法定代理人不能到庭的，人民法院应当在查清事实的基础上，依法作出判决。”根据上述司法解释的规定，无民事行为能力人起诉离婚的，不能由其配偶担任法定代理人，而是应当先由其他有监护资格的人申请变更监护人，之后由新的监护人作为法定代理人提起离婚诉讼。

另外一种特殊情况是，在宣告失踪的情况下，也就是夫妻一方当事人根本无法出现的情况下，如何诉讼离婚的问题。《民事诉讼法解释》第 217 条规定：

“夫妻一方下落不明，另一方诉至人民法院，只要求离婚，不申请宣告下落不明人失踪或者死亡的案件，人民法院应当受理，对下落不明人公告送达诉讼文书。”根据这一规定，夫妻一方下落不明，另一方可以起诉离婚，法院通过公告送达的方式实现法律文书的送达。当然夫妻一方也可以等宣告失踪之后，再起诉要求离婚。本条第 4 款规定一方被宣告失踪，另一方提起离婚诉讼的，应当准予离婚。

2. 离婚诉讼中的调解

调解是诉讼离婚的必经程序。本条第 2 款规定，离婚案件人民法院应当进行调解。《民事诉讼法解释》第 145 条第 2 款也规定，人民法院审理离婚案件，应当进行调解，但不应久调不决。上述规定是把调解作为法院审理离婚案件的先行程序，调解不成的才能进行裁判。同时，调解程序由人民法院依法主动启动，不须当事人申请，也不须经当事人同意。这是因为婚姻家庭纠纷内含丰富的社会和家庭伦理道德内容，且夹杂着生活和感情方面的复杂因素，如果单纯依照法律条文机械执法、简单下判，不利于纠纷的处理和积怨的化解。故对于离婚纠纷案件处理，一般并不考虑当事人是否自愿，而应当先行调解，这也是从维护家庭这一社会细胞的稳定角度出发考虑。需要说明的是，对于存在家庭暴力的离婚案件，如果受害方坚决要求离婚的，为保护受害方的人身权益，一般不得调解。

《民事诉讼法解释》第 147 条规定：“人民法院调解案件时，当事人不能出庭的，经其特别授权，可由其委托代理人参加调解，达成的调解协议，可由委托代理人签名。离婚案件当事人确因特殊情况无法出庭参加调解的，除本人不能表达意志的以外，应当出具书面意见。”因为调解更多强调的是当事人处分权的行使，法官应当谨慎审查当事人的诉讼能力及代理人的代理权限，防止恶意虚假代理等情形的发生。参加调解的代理人必须具有特别授权，而且在调解过程中，法官应当对委托代理材料进行严格审查，尤其是对当事人本人未到庭的案件，必要时与当事人进行沟通以确认授权委托的真实情况，防止代理人利用调解程序侵害当事人的合法权益。离婚案件当事人确因特殊情况无法出庭参加调解的，除本人不能表达意志的以外，应当出具书面意见，载明财产分割、未成年子女抚养等处置意见。这是离婚调解不同于其他案件类型调解的特殊之处，依此来检验当事人的真正意思表示。此外，《最高人民法院关于进一步深化家事审判方式和工作机制改革的意见（试行）》第 6 条至第 14 条详细规定了，家事调解的程序可以作为法院进行离婚案件调解的重要参考。

关于调解的结果。调解和好的离婚案件，根据《民事诉讼法》第101条的规定，人民法院可以不制作调解书，但应当记入笔录，由双方当事人、审判人员、书记员签名或者盖章后，即具有法律效力。如果双方就解除婚姻关系、财产分割及子女抚养等有关离婚的事项达成一致，则人民法院按照该内容制作调解书，调解书在经双方当事人签收后即具有法律效力。如果双方当事人经调解无法和好，也无法就离婚的有关事项达成一致，则不应久调不决，如果感情确已破裂，应当准予离婚，如果未达到感情破裂的程度，则应判决不准离婚。另外，需要特别说明的是，对于合法登记结婚的当事人，如果认定感情没有破裂的，可以在无法调解和好的情况下判决不准离婚。但是，对于事实婚姻关系，一方起诉离婚的，根据《最高人民法院关于人民法院审理未办结婚登记而以夫妻名义同居生活案件的若干意见》第6条规定："审理事实婚姻关系的离婚案件，应当先进行调解，经调解和好或撤诉的，确认婚姻关系有效，发给调解书或裁定书，经调解不能和好的，应调解或判决准予离婚。"也即，对于事实婚姻，只能调解或判决准予离婚，而不能调解或判决不准离婚。由于该司法解释于2020年年底已经废止，故不能再直接将该条作为裁判依据，但第6条规定的精神应该是可以继续沿用的。

3. 判决离婚的认定标准

判决离婚的原则，包括过错主义、破裂主义和目的主义。从1980年原《婚姻法》开始，我国已经基本明确"感情破裂"作为判决离婚的基本标准。[①] 我国判决离婚以夫妻感情确已破裂为依据，即以破裂主义而非过错主义为原则，但融入了过错主义的因素，也存在目的主义的离婚理由。[②] 有观点认为，感情破裂内涵不明且不宜把握、感情问题也不宜由法律调整，判决离婚不应采"感情破裂说"，而应采"婚姻破裂说"。[③] 也有学者指出，司法实践表面上采纳的是"感情破裂说"，实质上适用的是"婚姻破裂说"。[④] 判断夫妻感情是否确

---

① 1980年原《婚姻法》第25条规定："男女一方要求离婚的，可由有关部门进行调解或直接向人民法院提出离婚诉讼。人民法院审理离婚案件，应当进行调解；如感情确已破裂，调解无效，应准予离婚。"

② 杨大文主编：《亲属法与继承法》，法律出版社2013年版，第156页。

③ 巫昌祯、夏吟兰主编：《婚姻家庭法学》，中国政法大学出版社2016年版，第217页。

④ 马忆南、罗玲：《裁判离婚理由立法研究》，载《法学论坛》2014年第4期。

已破裂，应当从婚姻基础、婚后感情、离婚原因、夫妻关系的现状和有无和好的可能等方面综合分析。

《认定夫妻感情破裂的意见》中规定的感情破裂主要有以下情形：（1）一方患有法定禁止结婚疾病的，或一方有生理缺陷，或其他原因不能发生性行为，且难以治愈的；（2）婚前缺乏了解，草率结婚，婚后未建立起夫妻感情，难以共同生活的；（3）婚前隐瞒了精神病，婚后经治不愈，或者婚前知道对方患有精神病而与其结婚，或一方在夫妻共同生活期间患精神病，久治不愈的；（4）一方欺骗对方，或者在结婚登记时弄虚作假，骗取《结婚证》的；（5）双方办理结婚登记后，未同居生活，无和好可能的；（6）包办、买卖婚姻，婚后一方随即提出离婚，或者虽共同生活多年，但确未建立起夫妻感情的；（7）因感情不和分居已满 3 年，确无和好可能的，或者经人民法院判决不准离婚后又分居满 1 年，互不履行夫妻义务的；（8）一方与他人通奸、非法同居，经教育仍无悔改表现，无过错一方起诉离婚，或者过错方起诉离婚，对方不同意离婚，经批评教育、处分，或在人民法院判决不准离婚后，过错方又起诉离婚，确无和好可能的；（9）一方重婚，对方提出离婚的；（10）一方好逸恶劳、有赌博等恶习，不履行家庭义务，屡教不改，夫妻难以共同生活的；（11）一方被依法判处长期徒刑，或其违法、犯罪行为严重伤害夫妻感情的；（12）一方下落不明满 2 年，对方起诉离婚，经公告查找确无下落的；（13）受对方的虐待、遗弃，或者受对方亲属虐待，或虐待对方亲属，经教育不改，另一方不谅解的；（14）因其他原因导致夫妻感情确已破裂的。考虑到该解释中的第 7 条前半段、第 8~10 条、第 13 条均已经在 2001 年修改原《婚姻法》时予以吸收，甚至其中第 7 条后半部分已经被《民法典》吸收，故 2020 年年底该司法解释予以整体废止，审理案件不能再将该司法解释作为裁判的依据。但是，对于其中没有被吸收入法、且与《民法典》规定不冲突的，相关条文的精神仍可参照适用，比如第 2 条、第 3 条后半段、第 5 条、第 11 条。

重婚或者与他人同居。重婚，是指有配偶者又与他人结婚的违法行为，其表现为法律上的重婚和事实上的重婚。法律上的重婚是指有配偶又与他人登记结婚，事实上的重婚是指有配偶者与他人虽未登记结婚，但以夫妻名义同居生活。已婚者与他人同居，是指有配偶的人与他人不以夫妻名义，持续、稳定地共同生活。事实重婚与已婚者与他人同居的相同之处在于，已婚者都与他人持续稳定共同生活，不同之处在于事实重婚是以夫妻名义共同生活，而同居则不以夫妻名义共同生活。与他人同居也不同于出轨，出轨指的是有配偶者与他人发生不正当两性关系，但并未持续稳定地共同生活。重婚、与他人同居、出轨均属于违背夫妻忠诚义务的行为，其中重婚和与他人同居性质更为严重，尤其是重婚，属于犯罪行为，当事人告诉的，应当依照《刑法》规定追究重婚者刑事责任。

实施家庭暴力或者虐待、遗弃家庭成员。家庭暴力和虐待，是指发生在家庭成员之间，以殴打、捆绑、残害身体、禁闭、冻饿、凌辱人格、精神恐吓、性暴虐等手段，对家庭成员从肉体上、精神上进行伤害、摧残、折磨的行为。遗弃，是指对于需要扶养的家庭成员，负有扶养义务而拒绝扶养的行为，表现为经济上不供养、生活上不照顾，使被扶养人的正常生活不能维持，甚至生命和健康得不到保障。

有赌博、吸毒等恶习屡教不改。夫妻一方有赌博、吸毒等恶习屡教不改，不但容易引发家庭暴力，消耗家庭的经济积蓄，也使得正常的家庭生活无法继续。因此，对于恶习难改，一贯不履行家庭义务，夫妻感情难以重建，夫妻难以共同生活的，经调解无效，应准予离婚。

因感情不和分居满二年。夫妻生活的一个重要部分就是共同生活，分居，是指夫妻间不再共同生活，不再互相履行夫妻义务，包括停止性生活，经济上不再合作，生活上不再互相关心、互相扶助等。对于因工作、学业等客观原因分居两地，或者一时怄气分开居住的，不构成本项规定的分居的离婚法定事由。按照本项规定，夫妻因感情不和分居满二年，构成夫妻感情破裂的事实证明。

其他导致夫妻感情破裂的情形。这是一个兜底性规定，导致夫妻感情破裂的原因很复杂，法律不可能对所有的情形一一列明。因此，需要人民法院本着保障离婚自由、防止轻率离婚的原则，根据立法精神和案件的具体情况，作出正确判断。

夫妻一方被宣告失踪，另一方提起离婚诉讼的，应当准予离婚。夫妻一方下落不明满二年，经利害关系人申请，被人民法院宣告失踪的，在事实上夫妻双方已经终止了夫妻共同生活。若另一方提出离婚，则表明其已经不再对婚姻生活抱有期待，因一方处于失踪状态，夫妻共同生活实难为继，夫妻感情应属破裂，应准予原告提出的离婚诉讼请求。该离婚事由单列一款，表明夫妻一方被宣告失踪的事实标志着夫妻感情已破裂，一方诉请离婚的，人民法院应直接判决离婚，无法调解，也无须调解。[①] 同时，当事人申请宣告失踪适用特别程序，而提出离婚诉讼请求则适用诉讼程序，这是两个不同的法律程序，应当分别进行。

经人民法院判决不准离婚后，双方又分居满 1 年，一方再次提起离婚诉讼的，应当准予离婚。这是本条较 2001 年修正的原《婚姻法》新增加的规定，也是对既往司法审判经验的总结。司法实践中，夫妻一方起诉离婚，没有重婚，与他人同居，实施家庭暴力，虐待、遗弃家庭成员，有赌博、吸毒等恶习屡教不改，因感情不和分居满 2 年等法定离婚事由，亦没有明确证据证明夫妻感情确已破裂的，对于这种初次起诉离婚的案件，人民法院本着维护婚姻家庭稳定的原则，一般判决不准离婚。实践证明，这些判决不准离婚的夫妻，有相当部分未再到法院起诉离婚，表明人民法院对案件事实的判断是正确的。但是，也有部分当事人在 6 个月期满后再次提起离婚诉讼，这表明当事人要求离婚的态度坚决，如经人民法院调解，原告仍坚持要求离婚，通常表明夫妻感情已经无可挽回，人民法院一般认定夫妻感情确已破裂，判决准予离婚。在前述司法经验的基础上，《民法典》增加了这一新的规定，即经人民法院判决不准离婚后，双方又分居满 1 年，一方再次提起离婚诉讼的，应当准予离婚。该规定显示，当事人在初次离婚诉讼被法院驳回后，夫妻双方又持续分居满 1 年，互不履行夫妻义务，长期分居亦致使夫妻感情无挽回的机会，表明夫妻感情在前次诉讼之后并无改善，且夫妻一方再次提起诉讼，持续提起诉讼表明当事人要求解除婚姻关系的意志坚决，应认定为夫妻感情破裂，准予离婚。

4. 离婚判决

对于调解无效的案件，人民法院应当依法判决。判决应当根据当事人的婚姻状况，判决准予离婚或者判决不准离婚。一审判决离婚的，当事人在判决发生法律效力前不得另行结婚。当事人不服一审判决的，有权依法提出上诉。双方当事人在 15 天的上诉期内均不上诉的，判决书发生法律效力。第二审人民法院审理上诉案件可以进行调解。经调解双方达成协议的，自调解书送达时起原审判决即视为撤销。对于判决不准离婚或者调解和好的离婚案件，没有新情况、新理由，原告在 6 个月内又起诉的，人民法院不予受理。

---

① 杨立新：《最高人民法院婚姻法司法解释（三）理解与适用》，中国法制出版社 2011 年版，第 176~181 页。

适用指引

一、夫或者妻搬离居所形成的事实分居，在此期间双方又有性行为是否构成分居时间的中断

由于我国没有夫妻因感情不和分居的法定程序或者公示方式，导致实践中认定分居事实的标准比较模糊。首先，从法律规定看，并非所有的分居均是离婚的法定事由。比如，因孩子上学、夫妻工作安排等导致的分居并非“因感情不和分居”，故不能以此判决离婚。夫妻因感情不和分居已满2年或者经人民法院判决不准离婚后，双方又分居满1年，在此期间双方存在偶发的性行为，能否认定打断了分居的状态，对此，我们倾向认为，应当根据具体案件分析判断，从分居的一般意义上讲，法律的侧重点在于审查夫妻是否持续地分开居住，至于夫妻双方是否发生性行为，并非法律所关注的问题。夫妻双方偶尔发生性行为并不意味着感情一定有所好转，一方仍坚决要求离婚，只能表明一方离婚的决心。

二、过错方可否提起离婚诉讼

《民法典婚姻家庭编解释（一）》第63条规定：“人民法院审理离婚案件，符合民法典第一千零七十九条第三款规定‘应当准予离婚’情形的，不应当因当事人有过错而判决不准离婚。”如果实践中，有过错一方要求离婚，但是无过错方不同意的，人民法院应当判断是否已经感情破裂，如果确实已经感情破裂，那么就应当判决离婚，对于无过错方的保护可以通过《民法典》第1087条关于分割夫妻共同财产照顾无过错方原则和第1091条离婚损害赔偿制度来实现。

类案检索

陶某与杨某离婚纠纷案

关键词：感情破裂

裁判摘要：双方已建立起一定的感情基础，在共同生活中，夫妻一方为军人，因工作原因聚少离多、沟通不畅产生了矛盾，影响了夫妻感情，但双方夫妻感情并未完全破裂，夫妻关系是有可能得到修复和改善的，故判决不准许双方离婚。

【案　　号】（2020）鄂 0106 民初 13779 号

【审理法院】湖北省武汉市武昌区人民法院

第一千零八十条　完成离婚登记，或者离婚判决书、调解书生效，即解除婚姻关系。

关联规定

一、法律、行政法规、司法解释

1.《中华人民共和国民法典》

第一千零七十六条　夫妻双方自愿离婚的，应当签订书面离婚协议，并亲自到婚姻登记机关申请离婚登记。

离婚协议应当载明双方自愿离婚的意思表示和对子女抚养、财产以及债务处理等事项协商一致的意见。

第一千零七十七条　自婚姻登记机关收到离婚登记申请之日起三十日内，任何一方不愿意离婚的，可以向婚姻登记机关撤回离婚登记申请。

前款规定期限届满后三十日内，双方应当亲自到婚姻登记机关申请发给离婚证；未申请的，视为撤回离婚登记申请。

第一千零七十八条　婚姻登记机关查明双方确实是自愿离婚，并已经对子女抚养、财产以及债务处理等事项协商一致的，予以登记，发给离婚证。

2.《中华人民共和国民事诉讼法》

第一百五十一条　人民法院对公开审理或者不公开审理的案件，一律公开宣告判决。

当庭宣判的，应当在十日内发送判决书；定期宣判的，宣判后立即发给判决书。

宣告判决时，必须告知当事人上诉权利、上诉期限和上诉的法院。

宣告离婚判决，必须告知当事人在判决发生法律效力前不得另行结婚。

第二百零九条　当事人对已经发生法律效力的解除婚姻关系的判决、调解书，不得申请再审。

二、司法指导性文件

《最高人民法院关于进一步深化家事审判方式和工作机制改革的意见（试行）》

第 41 条　人民法院判决或者调解离婚的案件，根据当事人的申请，人民法院可以为当事人出具离婚证明书。

条文释义

一、本条主旨

本条是关于婚姻关系解除时间的规定。

二、条文演变

本条属于新增规定，可以追溯到《民法典婚姻家庭编（草案一次审议稿）》第 857 条。《民法典婚姻家庭编（草案二次审议稿）》《民法典婚姻家庭编（草案三次审议稿）》《民法典（草案）》延续了这一规定。[①]

学者提交的民法典建议稿均有类似规定。在表述上，“社科院 2013 稿”第 1773 条将登记离婚的婚姻关系解除时点规定为“婚姻登记机关签发离婚证之日”，[②]“人民大学 2005 稿”第 431 条第 1 款则将登记离婚的婚姻关系解除时点规定为“当事人取得离婚证时”。[③]

三、条文解读

本法第 1049 条规定，完成结婚登记，即确立婚姻关系。关于婚姻关系于何时解除的问题，此前原《婚姻法》并未对解除婚姻关系的形式要件作出明确规定。这次编纂《民法典》，新增了本条规定：完成离婚登记，或者离婚判决

① 参见薛宁兰、谢鸿飞主编：《民法典评注·婚姻家庭编》，中国法制出版社 2020 年版，第 390~391 页。

② 参见梁慧星主编：《中国民法典草案建议稿附理由：亲属编》，法律出版社 2013 年版，第 164 页。

③ 参见王利明主编：《中国民法典学者建议稿及立法理由：人格权编·婚姻家庭编·继承编》，法律出版社 2005 年版，第 267 页。

书、调解书生效，即解除婚姻关系。本条是强制性规范，婚姻关系解除的具体时点不得由离婚的夫妻双方另行约定。根据本条的规定，解除婚姻关系的时间是：

一是，完成离婚登记时。协议离婚，婚姻关系自完成离婚登记时解除。登记离婚，又称协议离婚，是我国法定的一种离婚形式，即婚姻关系当事人达成离婚合意并通过婚姻登记程序解除婚姻关系。依据《民法典》第 1076 条、第 1077 条、第 1078 条的规定，夫妻双方自愿离婚的，应当订立书面离婚协议，并亲自到婚姻登记机关申请离婚登记。离婚协议应当载明双方自愿离婚的意思表示和对子女抚养、财产及债务处理等事项协商一致的意见。自婚姻登记机关收到离婚登记申请之日起 30 日内，任何一方不愿意离婚的，可以向婚姻登记机关撤回离婚登记申请。该 30 日届满后，夫妻双方仍然坚持离婚的，应当在该期间届满后的 30 日内，双方亲自到婚姻登记机关申请发给离婚证。婚姻登记机关查明双方确实是自愿离婚，并已对子女抚养、财产及债务处理等事项协商一致的，予以登记，发给离婚证。夫妻双方的婚姻关系自婚姻登记机关完成离婚登记时解除，夫妻一方或双方放弃实际领取离婚证的，不影响婚姻关系的解除。完成离婚登记，取得离婚证的当事人基于配偶身份而产生的人身关系和财产关系即行终止。至此，离婚的一方当事人才可以重新选择对象登记结婚。如果双方当事人又想以婚姻的形式生活在一起，那么需要重新进行结婚登记。

二是，离婚调解书、判决书生效时。诉讼离婚，婚姻关系自离婚判决书或者调解书生效时起解除。诉讼离婚是我国法定的另一种离婚形式，即婚姻关系当事人向人民法院提出离婚请求，由人民法院调解或判决而解除其婚姻关系的一种离婚方式。根据《民法典》第 1079 条第 2 款规定，人民法院审理离婚案件，应当进行调解。这表明调解是人民法院审理离婚案件的必经程序。由法院进行调解，可以促使双方当事人平息怨恨、减少敌对，对自己的婚姻状况和今后的生活进行充分的考虑，珍惜自己与配偶的婚姻关系。人民法院的调解有可能促成双方和好。即使调解和好不成，双方还是坚持离婚的，也可以调解离婚。对调解离婚的，人民法院应当制作调解书。调解书应当写明诉讼请求、案件事实和调解结果。调解书由审判人员、书记员署名，加盖人民法院印章，送达双方当事人。经双方当事人签收后，调解书即具有法律效力，男女双方的婚姻关系随即解除。人民法院对审理的离婚案件，经调解无效的，应当依法作出判决。根据当事人的婚姻状况，判决准予离婚或者判决不准离婚。一审判决离婚的，当事人不服有权依法提出上诉，双方当事人在15天的上诉期内均不上诉的，判决书发生法律效力。二审人民法院审理上诉案件可以进行调解，经调解双方达成协议的，自调解书送达时起原审判决即视为撤销。二审人民法院作出的判决是终审判决。离婚判决书自宣判或送达时生效，双方的婚姻关系随即解除。夫妻一方被宣告失踪，另一方提起离婚诉讼，判决离婚的，离婚判决书的送达适用公告送达方式，自公告发出之日起，经过30日，视为完成送达。

登记离婚或者判决离婚生效后，当事人解除婚姻关系，双方基于配偶产生的身份关系消灭，基于配偶身份而产生的人身关系和财产关系即行终止，双方各自获得再婚的自由。

当事人在离婚判决发生法律效力前，不得另行结婚。判决效力及于双方，只要有一方当事人提出上诉，或者从其收到判决书次日起、未超过上诉期，判决就未发生法律效力。夫妻一方起诉离婚，一审法院判决夫妻双方离婚，另一方提起上诉的，由于一审法院判决并未生效，夫妻双方婚姻关系尚未解除。夫妻双方仍然互负扶养义务、忠实义务，夫妻财产制仍然存续，因此一方在上诉期间内与案外人另行登记结婚的，构成重婚。① 主张夫妻关系已经于特定时点解除的一方当事人，对完成离婚登记、离婚判决书或者调解书的生效时点负举证责任。

本条规定的意义在于明确离婚在夫妻双方人身和财产方面的效力，有助于双方当事人依据法律规定，处理离婚后的人身关系和财产关系，进而维护当事人的合法权益。同时，作为总结性条文，明确完成婚姻关系解除的具体时间，具有体现制度完整性的实质意义与形式意义。本条规定体现了《民法典》婚姻家庭编中贯穿的人本秩序的核心法理思想和行为公示的具体法理精神。②

适用指引

按照本条规定，在我国解除婚姻关系有两种途径：一种是夫妻双方达成离婚合意并在婚姻登记机关办理完毕离婚登记手续，领取离婚证；另一种是在人民法院通过诉讼的形式获取离婚判决书或者离婚调解书。上述两种途径均产生

① 参见河北省廊坊市中级人民法院（2018）冀10民终3661号民事判决书。

② 参见龙翼飞：《编纂民法典婚姻家庭编的法理思考与立法建议》，载《法制与社会发展》2020年第2期。

解除婚姻关系的法律效果，在法院领取离婚判决书、离婚调解书后，不需要再去婚姻登记机关领取离婚证，即离婚证、离婚判决书、离婚调解书在解除婚姻关系上具有同等法律效力。

在法院通过诉讼离婚领取离婚判决书和离婚调解书的，因没有离婚证，所以只能用法院的判决书或调解书来证明离婚事实。在办理户口变更、房产买卖、银行贷款等需要证明婚姻状况时，都需要提供离婚判决书和离婚调解书，其中经常涉及大量个人隐私信息，而离婚双方往往不愿意让更多人知道这些隐私信息；且离婚判决书和离婚调解书是纸质文件，携带也不方便。为解决诉讼离婚当事人的烦恼，一些法院在探索家事审判改革过程中，试行给离婚案件当事人出具离婚证明书。离婚证明书，是指由人民法院为离婚案件当事人制作的证明当事人离婚事实的书面证明。离婚证明书上仅记载双方当事人的姓名、身份、案号及案件生效日期，隐去了判决书和调解书中的其他事实，很好地保护了当事人的个人隐私；且法院出具的离婚证明书在形式上类似于民政部门颁发的离婚证，易于保存、便于携带。离婚证明书加盖法院印章后，效力等同于离婚判决书和调解书，即与民政部门颁发的离婚证效力相同。在当事人办理变更户口、房产买卖、出国签证、再次登记结婚时，不再需要向相关单位提供离婚判决书和离婚调解书，只需要出示离婚证明书即可。在总结各地法院出具离婚证明书经验的基础上，《最高人民法院关于进一步深化家事审判方式和工作机制改革的意见（试行）》第41条规定："人民法院判决或者调解离婚的案件，根据当事人的申请，人民法院可以为当事人出具离婚证明书。"该规定肯定了人民法院探索出具离婚证明书的积极成效，明确了人民法院依申请可以出具离婚证明书，为人民法院出具离婚证明书提供了政策依据和方向指引。

对解除婚姻关系的判决、调解书不得申请再审。《民事诉讼法》第209条规定，当事人对已经发生法律效力的解除婚姻关系的判决、调解书，不得申请再审。婚姻关系不同于一般的财产权益关系，它是一种人身权益关系。法院判决解除婚姻关系以后，男女双方基于婚姻关系而产生的权利义务随之消灭，双方均可以与他人建立婚姻关系。因此法律没有必要赋予当事人对这类案件申请再审的权利。一方面，即使人民法院作出的解除婚姻关系的判决有误，双方只要愿意，还可以再重新登记结婚，不需要申请再审；另一方面，双方在离婚后可以与他人登记结婚。这个婚姻是合法的，应受法律保护的，如果允许申请再审并加以改判，将会危及后一合法的婚姻。因此，法律作出解除婚姻关系的判决生效后，当事人不得申请再审的规定是必要的。不允许当事人对解除婚姻关系的判决、调解书申请再审，首先是为了维持司法裁判的权威性和稳定性。从法律规定方面看，在程序上，法律要求离婚案件的当事人必须到庭，法院审理离婚案件必须先行调解。在实体上，法律对判决离婚的标准作了明确详细的规定。这些规定已经充分尊重和保障了当事人的婚姻自由权利，并且人民法院对此类案件的认定和裁判已经最大限度地接近客观事实。其次是考虑到解除婚姻关系的判决、调解书的特殊性。法院作出解除婚姻关系的判决、调解书的前提是夫妻双方感情确已破裂，如果夫妻一方认为他们之间的感情仍未破裂，仍有挽回的余地，完全可以依照《民法典》的规定到婚姻登记机关重新进行结婚登记，无须通过再审程序请求法院撤销或变更已生效的解除婚姻关系的法律文书。另外，解除婚姻关系的法律文书一旦作出，当事人一方即有权利开始新的婚姻生活，如果允许当事人对解除婚姻关系的判决或调解书申请再审，就会人为剥夺另一方的结婚自由和权利，使本已趋于平稳的社会关系发生新的变动，为婚姻秩序乃至社会秩序带来不稳定因素。综合考虑上述原因，即使符合申请再审的条件，当事人对于已生效的解除婚姻关系的判决、调解书申请再审的，人民法院不予受理。需要注意的是，当事人不得申请再审只限于离婚案件中解除婚姻关系这一部分，如果是针对离婚案件中的财产分割问题申请再审，则应当依法受理。依据《民事诉讼法解释》第 380 条规定，当事人就离婚案件中的财产分割问题申请再审，如涉及判决中已分割的财产，人民法院应当依照民事诉讼法的相关规定进行审查，符合再审条件的，应当裁定再审；如涉及判决中未作处理的夫妻共同财产，应当告知当事人另行起诉。

关于离婚登记后又反悔的能否提起诉讼问题。夫妻双方在婚姻登记机关办理离婚登记后，一方反悔的，向人民法院提起诉讼，人民法院不予受理。男女双方自愿离婚，并对子女抚养和财产处理问题已有适当安排，在婚姻登记机关办理了离婚登记，领取了离婚证的，其婚姻关系即正式解除。一方对这种已发生法律效力的离婚登记反悔的，在原婚姻登记机关未撤销离婚登记的情况下，向人民法院提起诉讼的，人民法院不应受理。当然，当事人登记离婚后就子女抚养权变更提起诉讼，或者有新的事实证据证明应当重新分割共有财产而提起诉讼的，人民法院应当受理。

当事人请求返还按照习俗给付的彩礼的，应当以双方离婚为条件。结婚前给付彩礼的，必须以离婚为前提，人民法院才能考虑支持给付人的返还请求。

可以肯定的是，如果给付彩礼之后，在婚姻关系存续期间，给付人反悔，提出要求返还给付的，人民法院将不予支持。因为此时夫妻作为共同体，夫妻关系尚未解除，没有特殊约定，法律规定遵循夫妻法定财产共有制。当事人在离婚诉讼的同时提出该项请求的，如果一审法院准许离婚的，可以根据情况作出是否支持当事人返还彩礼请求的判断。如果是二审阶段，人民法院准许当事人离婚的，也可以对于彩礼问题作出具体处理。但是，如果是判决不准离婚的，对彩礼问题也就不能支持当事人的请求。

典型案例

张某1与蔡某离婚后财产纠纷案

关键词：重新登记结婚　多份离婚协议

裁判摘要：重新进行结婚登记相当于缔结新的婚姻关系，对双方产生新的效力约束，并非恢复原来的婚姻关系。男女双方离婚又登记结婚的，原离婚协议中涉及离婚及孩子抚养方面的条款，随着双方的重新登记结婚而失效。但原离婚协议中涉及财产分割方面的条款，不因双方的重新登记结婚而当然失效或转化为夫妻共同财产。

就多份离婚协议而言，若补充的离婚协议在内容上系对未尽事宜的补充，应视为对登记的离婚协议之补充，两者具有同等的效力，对男女双方具有法律约束力。法律并不禁止男女双方基于离婚后的实际情况重新订立或变更离婚协议中的相关条款，故而，不能因原登记或调解的离婚协议存在而当然否定后续双方自愿签署的约定，补充的离婚协议并不因未在行政机关或法院备案而当然无效。

基本案情：张某1、蔡某原系夫妻关系。2014年5月29日，双方经民政部门协议离婚，离婚协议书对子女抚养、财产分割等问题作了约定。2015年6月12日，双方重新登记结婚。2016年5月30日，双方再次经民政部门协议离婚，离婚协议书主要内容为：（1）双方自愿离婚；（2）两子女随女方生活，抚养费由女方承担；（3）案涉两套房屋均归女方所有；（4）轿车A归女方所有，轿车B归男方所有，该车尚余贷款由男方清偿；（5）男方支付女方70万元；（6）存款、股票均归女方所有。2016年7月1日，双方重新达成离婚协议书，变更约定内容如下：（1）张某2、张某3随男方生活，抚养费由男方承担；（2）航华房屋归女方所有，虬泾路房屋归男方所有；（3）男方支付女方金额为28.50万元。

法院经审理认为，离婚时，夫妻的共同财产由双方协议处理。本案中，张某1、蔡某于2016年5月30日在民政局签署离婚协议书，并于当日办理离婚登记，双方婚姻关系自完成离婚登记时解除。双方离婚后，又于2017年7月1日再次签署名为自愿离婚协议书的协议，对于两子的抚养和虬泾路房屋的归属及男方应向女方支付的款项金额作出变更，其余内容与5月30日的协议基本相同。根据7月1日协议的形成时间、离婚协议的内容部分变更以及双方对协议的实际履行情况，确认该协议为双方真实意思，系双方对5月30日的离婚协议部分内容进行的变更。根据法律规定，当事人应当按照约定全面履行自己的义务。7月1日协议中，双方明确约定，虬泾路房屋归原告所有，现原告提出上述主张，符合法律规定，予以支持，被告应配合原告办理虬泾路房屋的产权过户手续，相关费用由双方根据相关规定各自承担。

【案　　号】（2019）沪01民终10632号

【审理法院】上海市第一中级人民法院

【来　　源】最高人民法院司法案例研究院《民法典新规则案例适用》

类案检索

一、宋某与王某离婚纠纷案

关键词：离婚　解除婚姻关系

裁判摘要：当事人对已经发生法律效力的解除婚姻关系的判决、调解书，不得申请再审。关于宋某主张的其第一次向法院提起离婚诉讼，法院就判决了离婚的问题，本院不予审查。

【案　　号】（2021）京民申5455号

【审理法院】北京市高级人民法院

二、谢某与刘某离婚纠纷案

关键词：离婚协议　离婚手续

裁判摘要：离婚协议是夫妻双方就解除婚姻关系、财产分割等问题达成的合意。本案中，作为完全民事行为能力人，谢某与刘某于2016年6月15日签订了离婚协议书，对双方婚姻关系、婚生子抚养、财产分割等事宜已经达成合意，明确“其他财产已分清，无纠纷”，并办理了离婚手续。该离婚协议合法有效，双方均应当依据协议履行。

【案　　号】（2018）京02民终12514号

【审理法院】北京市第二中级人民法院

三、周某与夏某某离婚纠纷案

关键词：离婚　法律效力

裁判摘要：夫妻双方感情确已破裂，一方当事人起诉要求离婚的，人民法院应当予以准许，并对子女抚养、夫妻共同财产等问题一并作出处理。本案中，夏某某主张离婚，周某答辩同意离婚，因此，对夏某某要求准予离婚的诉讼主张予以支持。需要说明的是：在本判决发生法律效力之前，夏某某、周某仍系夫妻关系，任何一方不得从事法律和道德禁止的违反夫妻义务的相关行为，否则由此导致对其不利的法律后果，由当事人自行承担。

【案　　号】（2020）赣10民终995号

【审理法院】江西省抚州市中级人民法院

第一千零八十一条　现役军人的配偶要求离婚，应当征得军人同意，但是军人一方有重大过错的除外。

关联规定

一、法律、行政法规、司法解释

1.《中华人民共和国民法典》

第一千零七十九条　夫妻一方要求离婚的，可以由有关组织进行调解或者直接向人民法院提起离婚诉讼。

人民法院审理离婚案件，应当进行调解；如果感情确已破裂，调解无效的，应当准予离婚。

有下列情形之一，调解无效的，应当准予离婚：

（一）重婚或者与他人同居；

（二）实施家庭暴力或者虐待、遗弃家庭成员；

（三）有赌博、吸毒等恶习屡教不改；

（四）因感情不和分居满二年；

（五）其他导致夫妻感情破裂的情形。

一方被宣告失踪，另一方提起离婚诉讼的，应当准予离婚。

经人民法院判决不准离婚后，双方又分居满一年，一方再次提起离婚诉讼的，应当准予离婚。

2.《中华人民共和国刑法》

第二百五十九条　明知是现役军人的配偶而与之同居或者结婚的，处三年以下有期徒刑或者拘役。

利用职权、从属关系，以胁迫手段奸淫现役军人的妻子的，依照本法第二百三十六条的规定定罪处罚。

3.《中华人民共和国国防法》

第六十二条　军人应当受到全社会的尊崇。

国家建立军人功勋荣誉表彰制度。

国家采取有效措施保护军人的荣誉、人格尊严，依照法律规定对军人的婚姻实行特别保护。

军人依法履行职责的行为受法律保护。

4.《中华人民共和国兵役法》

第六条 兵役分为现役和预备役。在中国人民解放军服现役的称军人；预编到现役部队或者编入预备役部队服预备役的，称预备役人员。

5.《最高人民法院关于适用〈中华人民共和国民法典〉婚姻家庭编的解释（一）》

第六十四条 民法典第一千零八十一条所称的“军人一方有重大过错”，可以依据民法典第一千零七十九条第三款前三项规定及军人有其他重大过错导致夫妻感情破裂的情形予以判断。

第七十一条 人民法院审理离婚案件，涉及分割发放到军人名下的复员费、自主择业费等一次性费用的，以夫妻婚姻关系存续年限乘以年平均值，所得数额为夫妻共同财产。

前款所称年平均值，是指将发放到军人名下的上述费用总额按具体年限均分得出的数额。其具体年限为人均寿命七十岁与军人入伍时实际年龄的差额。

6.《最高人民法院关于适用〈中华人民共和国民事诉讼法〉的解释》

第十一条 双方当事人均为军人或者军队单位的民事案件由军事法院管辖。

7.《最高人民法院关于军事法院管辖民事案件若干问题的规定》

第二条 下列民事案件，地方当事人向军事法院提起诉讼或者提出申请的，军事法院应当受理：

（一）军人或者军队单位执行职务过程中造成他人损害的侵权责任纠纷案件；

（二）当事人一方为军人或者军队单位，侵权行为发生在营区内的侵权责任纠纷案件；

（三）当事人一方为军人的婚姻家庭纠纷案件；

（四）民事诉讼法第三十三条规定的不动产所在地、港口所在地、被继承人死亡时住所地或者主要遗产所在地在营区内，且当事人一方为军人或者军队单位的案件；

（五）申请宣告军人失踪或者死亡的案件；

（六）申请认定军人无民事行为能力或者限制民事行为能力的案件。

二、司法指导性文件

《最高人民法院关于在离婚诉讼进行中一方参军应如何处理问题的意见》

华东分院：

1951 年 6 月 6 日东法编字第 02781 号报告并附件两件均悉，关于一方在他方提出离婚期间参军应如何处理的问题，我们的意见是：

（一）一方在他方参军前虽已提出离婚诉讼，但如未经初审法院判决者，仍应按照婚姻法第十九条的规定办理。

（二）已经法院宣示判决离婚，未在上诉期限内提起上诉而参军者，不得再适用婚姻法第十九条的规定而改变一方参军前已经确定的判决。

（三）已经初审法院判决离婚，一方不服，提起上诉，但未等及上诉法院判决而参军者，则其参军系发生在诉讼进行中，上诉法院就有必要面对这一新的事实，适用婚姻法第十九条的规定，须征得革命军人的同意，方得为准予离婚的判决；因为婚姻自由的原则与保护革命军人婚姻的原则不应从革命整体利益作分割的了解。你院报告中有谓“参军的动机在保持其不合理的婚姻”，我们认为这种情形只能是极偶然的现象，即或有之，但从结果上来看参军这一行为是革命的，因之对于婚姻纠纷在诉讼中而参军者，按照婚姻法第十九条的规定办理，就有它重要的政治意义。

条文释义

一、本条主旨

本条是关于现役军人离婚的特别规定。

二、条文演变

对现役军人的婚姻予以特殊保护，是我国婚姻立法的传统。1950 年原《婚姻法》对革命军人家属的离婚问题作了特别规定。该法第 19 条规定：“现役革命军人与家庭有通讯关系的，其配偶提出离婚，须得革命军人的同意。自本法公布之日起，如革命军人与家庭两年无通讯关系，其配偶要求离婚，得准予离婚。在本法公布前，如革命军人与家庭已有两年以上无通讯关系，而在本法公布后，又与家庭有一年无通讯关系，其配偶要求离婚，也得准予离婚。”

1980年原《婚姻法》第26条规定：“现役军人的配偶要求离婚，须得军人同意。”由于和平环境下通信条件便利，该条没有再规定多年不通信的离婚问题。关于现役军人提出离婚，按照1980年12月29日发布的原《中国人民解放军总政治部关于军队贯彻执行〈中华人民共和国婚姻法〉的暂行规定》的规定，现役军人提出离婚，应持严肃慎重的态度，要不违反法令，不败坏道德。申请离婚者须经所在单位团以上政治机关同意，并出具证明，方可到地方婚姻登记机关登记离婚，或向人民法院提出离婚诉讼。

1997年《国防法》第59条第2款规定：“国家采取有效措施保护现役军人的荣誉、人格尊严，对现役军人的婚姻实行特别保护。”同年修订的《刑法》也对破坏军婚罪作了规定。这充分说明，对军人婚姻实行特别保护，是党和国家的一贯政策，并作为有关军人婚姻立法遵循的重要原则，这项政策和原则至今没有改变。

2001年修正的原《婚姻法》第33条规定：“现役军人的配偶要求离婚，须得军人同意，但军人一方有重大过错的除外。”该法修改的时候，全国人大常委会综合各方面的意见，在“现役军人的配偶要求离婚，须得军人同意”之后增加规定“但军人一方有重大过错的除外”。该条中的但书，即“但军人一方有重大过错的除外”是2001年修正的原《婚姻法》新增加的规定。法律在保护现役军人的婚姻权利的同时，也注意对非军人一方婚姻权利的保护，这体现了权利义务的一致性。当现役军人有重大过错且导致夫妻感情破裂时，其配偶要求离婚，可以不必征得军人的同意。

本条是在2001年修正的原《婚姻法》第33条的基础上修改而成，本条将“须得”改为“应当征得”，有法典用语统一的形式意义。

三、条文解读

（一）对军人婚姻特别保护的意义

对军人婚姻实行特殊保护是我国婚姻制度的一个特色，是《国防法》确定的一项重要原则。对现役军人离婚作出特殊规定是立法保护军婚的重要举措。

无论是革命战争年代还是和平时期，军队是执行国家政治任务的武装集团，他（她）们担负着保卫社会主义革命和建设，保卫国家主权、领土完整，防御外来侵略和防止国家颠覆的艰巨任务。军队是国家安定和人民政权稳定的基础。军人作为从事军事工作的特殊群体，为了祖国和人民的安宁日夜战斗在国防岗位上，对国家和平与发展都作出了极大的贡献。军人婚姻的稳固，关系到军心的稳定。

考虑到军人无法和配偶经常生活在一起的这一特殊情况，对军人婚姻实行特别保护是维护军队稳定的需要，有利于维护部队广大官兵的切身利益，有利于维护军队的稳定，符合我国的国情和军情，对于消除军人的后顾之忧，激发保家卫国的热情，增强部队战斗力具有现实意义。同时，也是拥军优属工作的一项重要内容。从 1950 年原《婚姻法》的制定，到 1980 年、2001 年的修改，我国的原《婚姻法》都对现役军人的婚姻问题作了特殊规定。这种特别规定，体现了军人婚姻历来受到党和国家的高度重视和特别保护。立法和司法实践表明，对军人婚姻实行特别保护，对于鼓励军人献身国防，提高部队战斗力发挥了积极的作用。

对军人婚姻实行特别保护并不违背婚姻自由的原则。实行婚姻自由，是我国婚姻法确立的一项基本原则。同时，由于军队担负的特殊任务和军人职业特点，国家对军人婚姻又有一些特殊的法律规定和政策，它既体现在“现役军人配偶要求离婚，应当征得军人同意”，也体现在军人择偶必须遵守国家和军队的有关规定，军人配偶也享受国家和社会给予军婚家庭的优待和照顾。

（二）本条规定的适用范围

1. 本条适用的主体

本规定适用的主体是现役军人和现役军人的配偶。

现役军人，是指在中国人民解放军和中国人民武装警察部队服役、具有军籍的人员，包括现役军官、文职干部、士兵及具有军籍的学员。根据《兵役法》第 6 条的规定，兵役分为现役和预备役。在中国人民解放军服现役的称军人；预编到现役部队或者编入预备役部队服预备役的，称预备役人员。现役军人包括现役士兵和现役军官。现役军官包括被任命为排级以上职务或者初级以上专业技术职务，并授予相应军衔的现役军人。现役士兵包括义务兵役制士兵和志愿兵役制士兵，义务兵役制士兵称义务兵，志愿兵役制士兵称军士。另外，中国人民武装警察部队虽然不属于中国人民解放军的编制序列，但是在婚姻问题上仍按现役军人婚姻问题处理。一般来说，现役军人不包括以下几类人员：一是在军事单位中未取得军籍的职工；二是退役军人，包括复员军人、转业军人、退伍军人、离休军人以及退役的革命伤残军人；三是在地方担任某种军事职务的人员，如不属于军队编制的在武装部工作的干部、编入民兵组织或者经过登记的预备役士兵。

现役军人的配偶，指同现役军人履行了结婚登记手续，并领取结婚证的非军人一方，也是本条适用的主体。

2. 不适用本条规定的两类军人离婚案件

如果双方都是现役军人，则不是本条调整的对象。本条的立法意图，是以一定方式限制军人配偶的离婚请求实现权，从而对军人一方的意愿予以特别支持。如果双方都是现役军人，不管由谁首先提出离婚诉讼，若要适用本条的规定，则必然会妨害另一方军人的利益。这与该条特殊保护军人婚姻的立法意图不相符。

现役军人向非军人主动提出离婚的，不适用本条的规定，应按一般离婚纠纷处理。中国人民解放军总政治部 2001 年 11 月 9 日发布的《军队贯彻实施〈中华人民共和国婚姻法〉若干问题的规定》第 11 条对现役军人离婚作出了具体规定："现役军人离婚，应当严肃慎重，不得违反国家的法律法规和军队的纪律，不违背社会公德。双方均为现役军人，双方自愿离婚或一方要求离婚的，当事人所在部队领导或政治机关应当进行调解；调解无效，并符合《婚姻法》规定的离婚条件的，由政治机关出具证明后，方可到婚姻登记机关申请离婚或向法院提出离婚诉讼。配偶是地方人员，军人一方要求离婚的，所在部队政治机关领导应当视情进行调解；符合《婚姻法》规定的离婚条件，并经对方同意，政治机关方可出具证明同意离婚；如军人一方坚持离婚，对方坚决不同意离婚的，部队可商请对方所在单位或地方有关部门进行调解，调解无效的，政治机关出具证明，由当事人向法院提出离婚诉讼。配偶是地方人员，配偶一方要求离婚，军人一方同意离婚的，政治机关可出具证明同意离婚；军人一方不同意离婚的，政治机关不得出具证明，但经政治机关查实军人一方确有重大过错的除外。"第 12 条规定："现役军人申请离婚的审批程序、权限与申请结婚的相同。团级以上单位政治机关出具同意离婚的证明时，应要求离婚双方签字或提供本人书面意见……"此条中的"同意离婚"是政治机关同意现役军人申请离婚或起诉离婚。由此可见，部队团级以上政治机关代表军队对军人婚姻实施管理，军人离婚须由部队团级以上政治机关出具证明。

需要注意的是，本条规定仅适用于诉讼离婚。现役军人及其非军人配偶协议离婚的，意味着现役军人与其非军人配偶达成了离婚的合意，也不适用此规定。

（三）现役军人的配偶提出离婚、军人不同意离婚时，人民法院应如何处理

人民法院应与有关部门配合，教育非军人一方珍惜与军人的夫妻关系，尽量调解和好。如系双方感情不和，非军人一方感情转移，甚至与第三者有通奸、同居、重婚或者其他重大过错，双方的夫妻感情已破裂，经过做和好工作无效，不能继续维护夫妻关系的，应通过军人所在部队团级以上的政治机关在做好军人的思想工作后，也可准予离婚。如果政治机关做了思想工作后，军人一方仍坚决不同意离婚，根据《民法典》规定及立法本意，人民法院应判决驳回非军人一方的离婚请求。非军人一方要求离婚的请求被人民法院驳回后，如非军人一方长年累诉要求离婚，而军人一方始终不同意离婚的，人民法院此时不能机械执法，必须综合衡量立法者制定法律的本意，即立法本意是保护军婚，但绝不是机械维系已无感情基础的形式意义上的婚姻。此种情况，人民法院须与部队政治机关加强沟通、达成共识、互相配合，做好军人的思想工作。

（四）“应当征得军人同意”的例外情形

“但是军人一方有重大过错的除外”，是针对“应当征得军人同意”而说。“应当征得军人同意”不是绝对的，如果夫妻感情破裂是由于军人一方的重大过错造成的，非军人配偶一方也可以提出离婚，但过错限定在重大过错而非一般的过错。

根据本条规定，在军人一方有重大过错的时候，配偶要求离婚无须征得军人的同意，也就是即使军人一方不同意离婚，法院也可以判决离婚。对于什么才算是重大过错，《民法典》并未作出明确规定。依据《民法典婚姻家庭编解释（一）》第 64 条之规定，本条所称的“军人一方有重大过错”，可以依据《民法典》第 1079 条第 3 款前 3 项规定及军人有其他重大过错导致夫妻感情破裂的情形予以判断。实践中，主要有以下几种情形：重婚或者与他人同居的；

实施家庭暴力或虐待、遗弃家庭成员的；有赌博、吸毒等恶习屡教不改的；有其他重大过错行为的。

需要注意的是，军人有重大过错主要是指军人的过错对夫妻感情造成了严重伤害，对此应慎重对待，严格掌握。实践中，其他重大过错行为主要包括其他严重违背社会公德，并对夫妻感情造成严重伤害的行为。比如，强奸妇女、奸淫幼女、嫖娼等违法犯罪行为等，因其违法犯罪行为会严重伤害夫妻感情，可以认定为军人有重大过错。如果配偶一方坚决要求离婚，即便军人一方不同意离婚，法院也可判决准予离婚。

（五）正确理解本条规定与离婚法定理由适用之间的关系

《民法典》第 1079 条第 2 款规定："……如果感情确已破裂，调解无效的，应当准予离婚。"这一规定的法律意义在于：夫妻感情是否确已破裂，是判决准予或不准予离婚的原则界限。法定离婚理由属于普通条款的范畴，这一原则界限广泛适用于一般的离婚案件，人民法院应准确地区分和认定夫妻感情是否确已破裂，从而在调解无效的情况下，通过判决的形式决定是否准予离婚。而本条是只适用于"现役军人的配偶要求离婚"案件的特别条款，是从维护军队稳定的大局出发，作出的对军人婚姻的特殊保护的规定。依据"特别法优于一般法"的原则，在处理非军人要求与军人离婚的诉讼案件中，应首先适用本条的规定。只要军人不存在重大过错，则无论夫妻感情是否确已破裂，军人配偶要求离婚的，均应征得军人的同意。

适用指引

关于军人离婚案件的管辖问题。依据《民事诉讼法》第 22 条第 1 款规定："对公民提起的民事诉讼，由被告住所地人民法院管辖；被告住所地与经常居住地不一致的，由经常居住地人民法院管辖。"对于一般离婚纠纷案件，《民事诉讼法解释》第 12 条规定："夫妻一方离开住所地超过一年，另一方起诉离婚的案件，可以由原告住所地人民法院管辖。夫妻双方离开住所地超过一年，一方起诉离婚的案件，由被告经常居住地人民法院管辖；没有经常居住地的，由原告起诉时被告居住地人民法院管辖。"军人离婚案件的管辖有一定的特殊性。对于军婚，《民事诉讼法解释》第 11 条规定，"双方当事人均为军人或者军队单位的民事案件由军事法院管辖”。《最高人民法院关于军事法院管辖民事案件若干问题的规定》第2条规定：“下列民事案件，地方当事人向军事法院提起诉讼或者提出申请的，军事法院应当受理：……（三）当事人一方为军人的婚姻家庭纠纷案件……”婚姻家庭纠纷案件中当事人一方为军人的其他案由的管辖均适用上述规定。

现役军人的配偶提出离婚，法院经审查认为军人一方有重大过错的，可以不必征得军人同意而判决准予离婚。如果系双方性格不合、非军人一方感情转移等原因提出离婚的，当军人一方不同意离婚时，应尽量调解和好或判决不准离婚。对夫妻感情确已破裂的，应通过军人所在部队团以上的政治机关，做好军人的思想工作后准予离婚。

另外，《最高人民法院关于在离婚诉讼进行中一方参军应如何处理问题的意见》规定：“（一）一方在他方参军前虽已提出离婚诉讼，但如未经初审法院判决者，仍应按照婚姻法第十九条的规定办理。（二）已经法院宣示判决离婚，未在上诉期限内提起上诉而参军者，不得再适用婚姻法第十九条的规定而改变一方参军前已经确定的判决。（三）已经初审法院判决离婚，一方不服，提起上诉，但未等及上诉法院判决而参军者，则其参军系发生在诉讼进行中，上诉法院就有必要面对这一新的事实，适用婚姻法第十九条的规定，须征得革命军人的同意，方得为准予离婚的判决……”至于所谓“参军的动机在保持其不合理的婚姻”之说，并不能影响保护军婚的大原则。从最高人民法院意见的精神来看，对军婚进行特殊保护不是可以随意变动的弹性规定，除外的情况只能是军人一方有重大过错时，不能随便放宽限制。

对于破坏军人婚姻的违法犯罪行为应给予相应惩罚。现役军人的配偶提出离婚应当征得军人同意的规定，只是保护军人婚姻的民事法律措施。如果此类纠纷是由第三者破坏军婚造成并且构成犯罪的，应依法追究第三者的刑事责任。《刑法》第259条规定：“明知是现役军人的配偶而与之同居或者结婚的，处三年以下有期徒刑或者拘役。利用职权、从属关系，以胁迫手段奸淫现役军人的妻子的，依照本法第二百三十六条的规定定罪处罚。”

类案检索

一、张某某与王某某离婚纠纷案

关键词：军婚　感情基础

裁判摘要：本案二审的争议焦点是应否准予张某某和王某某离婚。审查本案一、二审证据，不能判断张某某和王某某感情已经破裂及王某某具有重大婚内过错情形。故，一审法院认定双方系自主婚姻，有一定的感情基础正确。作为共同生活的夫妻，家庭矛盾出现后应当正确处理，不睦关系应当主动改善。一审法院基于张某某未提供充足证据证明夫妻感情破裂的主张，依照《婚姻法》第32条之规定，对离婚诉请未予支持并无不当。且本案婚姻系军婚，应依法保护。综上，张某某的上诉理由不能成立，应予驳回；一审认定事实清楚，适用法律正确，应予维持。

【案　　号】（2016）甘01民终1552号

【审理法院】甘肃省兰州市中级人民法院

二、周某与夏某某离婚纠纷案

关键词：现役军人　同意离婚

裁判摘要：夏某某提交的《证明》系部队政治部门出具，符合证据的形式要件，故本院对该证明予以采信。本案夏某某为现役军人，周某为地方人员，根据《婚姻法》第33条"现役军人的配偶要求离婚，须得军人同意，但军人一方有重大过错的除外"的规定，以及《军队贯彻实施〈中华人民共和国婚姻法〉若干问题的规定》第11条第3款"配偶是地方人员，军人一方要求离婚的，所在部队政治机关领导应当视情进行调解；符合规定的离婚条件，并经对方同意，政治机关方可出具证明同意离婚；如军人一方坚持离婚，对方坚决不同意离婚的，部队可商请对方所在单位或地方有关部门进行调解，调解无效的，政治机关出具证明，由当事人向法院提出离婚诉讼"之规定，夏某某、周某对离婚均无异议，且夏某某所在部队政治机关亦出具证明同意离婚，因此，一审判决准予夏某某、周某离婚并无不当。

【案　　号】（2020）赣10民终995号

【审理法院】江西省抚州市中级人民法院

第一千零八十二条　女方在怀孕期间、分娩后一年内或者终止妊娠后六个月内，男方不得提出离婚；但是，女方提出离婚或者人民法院认为确有必要受理男方离婚请求的除外。

关联规定

一、法律、行政法规、司法解释

1.《中华人民共和国妇女权益保障法》

第四十五条　女方在怀孕期间、分娩后一年内或者终止妊娠后六个月内，男方不得提出离婚。女方提出离婚的，或者人民法院认为确有必要受理男方离婚请求的，不在此限。

2.《最高人民法院关于适用〈中华人民共和国民法典〉婚姻家庭编的解释（一）》

第八十七条　承担民法典第一千零九十一条规定的损害赔偿责任的主体，为离婚诉讼当事人中无过错方的配偶。

人民法院判决不准离婚的案件，对于当事人基于民法典第一千零九十一条提出的损害赔偿请求，不予支持。

在婚姻关系存续期间，当事人不起诉离婚而单独依据民法典第一千零九十一条提起损害赔偿请求的，人民法院不予受理。

二、司法指导性文件

1.《最高人民法院民事审判庭关于贯彻执行〈最高人民法院关于人民法院审理未办结婚登记而以夫妻名义同居生活案件的若干意见〉有关问题的电话答复》

三、关于女方在非法同居期间怀孕，男方提出解除非法同居关系人民法院是否受婚姻法第二十七条的限制是否受理的问题，我们认为婚姻法二十七条保护的前提是合法的婚姻关系，女方在非法同居期间怀孕，违反了婚姻法的有关规定，为了严肃执法，对男方诉到法院要求解除非法同居关系的，应予受理。受理后即应作出解除非法同居关系的判决。女方分娩后，再处理子女抚养问题。

2.《最高人民法院关于适用婚姻法第十八条规定的答复》

一、关于妇女产后，小孩当即死亡，女方在分娩后，身体业已复原，男方提出离婚，经调解无效，应否准其提出离婚的问题，我们认为，在此种情形下，仍应适用婚姻法第十八条前段规定，男方不得提出离婚。婚姻法第十八条前段规定的精神，不仅在于保护胎儿和婴儿，同时也保护妇女。妇女怀孕生产，生理上受有很大的影响。有时妇女在分娩后不久，即能工作，表面上身体似已复原，但实际上并未完全恢复。婴儿之死，对于生母的精神上已有很大的刺激，而同时她对于丈夫又未必没有感情，今如允许男方在女方分娩不满一年内提出离婚，对于产后妇女，将成为难以忍受的巨大刺激，殊非保护妇女之道。所以我们主张，在前述的情形下，仍应适用婚姻法第十八条前段规定，给产后妇女以应有的保护，比较妥当。

二、关于女方与人通奸而怀孕，生产未满一年，可否准许男方提出离婚的问题，我们认为：应根据具体情况，分析研究，由实际出发来决定处理办法，方为妥当。如果因女方通奸而怀孕，男方在女方生产未满一年内提出离婚或告诉女方通奸，受理机关可根据婚姻法摧毁封建制度和保护妇婴利益的精神，必要时并会同有关机关团体，如妇联，结合具体情况，进行说服教育或调解工作，藉使问题得到解决。假如问题解决不了，受理机关在保护妇婴利益的原则下，根据具体情况，考虑其是否可以缓予处理，也是必要的。

条文释义

一、本条主旨

本条是关于基于对妇女、胎儿、幼儿身心健康的特别保护对男方离婚请求权行使时间上的限制性的规定。

二、条文演变

本条源自2001年修正的原《婚姻法》第34条，该条规定：“女方在怀孕期间、分娩后一年内或中止妊娠后六个月内，男方不得提出离婚。女方提出离婚的，或人民法院认为确有必要受理男方离婚请求的，不在此限。”2017年9月26日《民法典婚姻家庭编（草案）》（民法室室内稿）第40条延续了2001年修正的原《婚姻法》第34条的基本内容，只是作了文字表述修改，将“女方提出离婚的，或人民法院认为确有必要受理男方离婚请求的，不在此限”修改为“但是，女方提出离婚或者人民法院认为确有必要受理男方离婚请求的除外”。后在《民法典婚姻家庭编（草案三次审议稿）》第859条中将上述条文中“中止妊娠”修改为“终止妊娠”，文字表述更为规范精确。此后，直至《民法典》正式实施，本条再无变化。

三、条文解读

中华人民共和国成立后，妇女的地位有了明显提高，男女平等在法律上得到了确定。但法律上的平等不等于事实上的平等，歧视妇女的旧思想、重男轻女的旧观念还没有完全从人们的头脑中肃清，要实现真正的男女平等，必须对妇女给予特别的法律条款保护。[①]

从生理情况看，妇女与男子存在比较大的差别。怀孕、生育等是妇女在生理上不同于男子的机能。怀孕、分娩、终止妊娠是妇女的一个特别时期，因为妇女在这段时期内身体负担比较重，体质比较虚弱，行动也极不方便，非常需要男方的照料和帮助。另外，从心理状态来看，妇女在怀孕、分娩、终止妊娠期间，心理脆弱，承受能力较差，非常需要关心和抚慰。夫妻有互相扶助的义务，丈夫必须在这一时期履行自己对妻子的扶助义务。从胎儿、幼儿的角度来看，孩子是祖国的未来，是祖国建设的后备力量，每个人都有责任和义务关心孩子的健康成长。女方怀孕期间和分娩不久，胎儿、幼儿正在快速发育中，也是生长的关键阶段。母亲的身体和精神状况的好坏直接关系到胎儿、幼儿的健康。如果男方在此时提出离婚，很可能给女方的精神造成重大打击进而伤及身体，也会对胎儿和幼儿的生长发育产生不利影响。

我国历来重视保护妇女、儿童的合法权益，通过各种立法加强对妇女、儿童权益的特别保护。除原《婚姻法》之外，也有很多法律对妇女、儿童权益的保护作出了规定。例如，《宪法》第49条第1款规定：“婚姻、家庭、母亲和

① 巫昌祯：《〈中华人民共和国婚姻法〉讲话》，中央文献出版社2001年版，第173~174页。

儿童受国家的保护。"《妇女权益保障法》第45条规定："女方在怀孕期间、分娩后一年内或者终止妊娠后六个月内，男方不得提出离婚。女方提出离婚的，或者人民法院认为确有必要受理男方离婚请求的，不在此限。"本条对怀孕期间和分娩或终止妊娠后的妇女的特殊保护，旨在充分保护孕妇、产妇和终止妊娠后妇女的身心健康，并有利于促进胎儿、幼儿的发育成长。

（一）"怀孕期间"的含义

"怀孕期间"是指女方在受孕至分娩（或者终止妊娠）的一段时期，这里的受孕包括自然受孕和人工受孕，分娩包括自然分娩和剖宫产，终止妊娠包括自然终止和人工终止。

本条规定的"怀孕期间"，并未限定女方怀孕是特指夫妻双方发生性关系而造成的怀孕期间。现实生活中，造成女方怀孕的原因还包括女方婚前或婚后与配偶以外男性发生性关系。故本条前半段"男方不得提出离婚"针对的是女方因与配偶发生性关系所致的怀孕，而女方婚前或婚后与配偶以外男性发生性关系所致的怀孕则属于后半段"确有必要受理男方离婚请求的"情形。原因在于，此种情况下，女方已经违背了夫妻应该相互忠实的法律义务，再对其特别保护将损害男方的合法权益。

（二）"分娩后一年内"的含义

所谓分娩，是指胎儿脱离母体作为独自存在的个体的一段时期。只要女方有分娩的事实，无论是顺产还是剖宫产，也无论婴儿娩出时是否死亡，分娩后一年内男方均不得提出离婚。即女方早产或产后幼儿死亡，仍应适用本条规定。

（三）"终止妊娠后六个月内"的含义

终止妊娠，即结束怀孕，是指母体承受胎儿在其体内发育成长的过程的终止。具体而言，胎儿及其附属物胎盘、胎膜自母体内排出是妊娠的终止。终止妊娠包括自然终止妊娠和人工终止妊娠。自然终止妊娠主要指胎儿患有严重疾病停止发育等，人工终止妊娠则指的是因意外怀孕、孕妇患有妊娠期疾病或者其他原因引起的胎儿发育异常等需要人工终止妊娠。在医学上，人工终止妊娠时，如胎儿已经发育成熟，可能成活。但结合前后文，本条规定的"终止妊娠后六个月内”不包括胎儿成活的情形，这是因为如提前人工终止妊娠后胎儿成活，则应当认定为“女方分娩”。本条规定的终止妊娠仅指自然流产或人工流产。终止妊娠，对妇女的身心健康都会有很大的影响，妇女在此期间也应受到法律的特别保护。

（四）人民法院认为确有必要受理男方离婚请求的，不受本规定限制

这里所说的“确有必要”，一般是指女方存在过错，或者未尽对婴幼儿的抚养义务，严重损害夫妻关系，导致夫妻感情破裂的情形。在这种情况下，即使女方不同意其配偶提起的离婚请求，人民法院依然可以认定夫妻感情确已破裂而依法作出准予离婚的判决。这是因为当女方存在严重过错时，客观上已经严重破坏了夫妻关系，导致夫妻感情破裂。人民法院受理男方离婚请求不仅符合婚姻自由的原则和婚姻的本质，也合乎社会主义道德的要求。根据审判实践的经验，遇有下列情形时应变通处理：（1）男方有充分证据证明女方婚前或婚后与婚外男性发生性关系（包括卖淫、通奸、姘居、重婚等行为）而导致怀孕、分娩、终止妊娠行为的。（2）双方确有不能继续共同生活的重大、急迫的事由，如女方威胁男方的生命或者严重侵害男方的其他合法权益的。女方在特定期间意图杀害男方，男方的生命受到女方的严重威胁，或女方对男方有遗弃行为，拒绝履行扶养义务，或女方经常侮辱、诽谤男方，在公开场合诋毁男方声誉，损害男方人格，有厌恶男方之举，夫妻无感情，夫妻感情难以维持等情形。（3）女方对男方有虐待或家庭暴力行为，男方不堪忍受的。（4）女方对幼儿有虐待遗弃行为的。本条对男方离婚请求权的限制，旨在保护妇女、幼儿，避免女方因受刺激影响哺乳，损害幼儿健康。但如女方对幼儿未尽抚养义务，虐待或遗弃幼儿的，从保护儿童的身心健康出发，应当准许男方提出离婚。

适用指引

第一，原则上，女方在怀孕期间、分娩后 1 年内或终止妊娠后 6 个月内，男方不得提出离婚，在此特定时间之外，男方仍可依法行使其离婚请求权。本条文只是推迟了男方提出离婚的时间，并未违反婚姻自由原则，也未剥夺男方的离婚请求权，也不涉及准予或不准予离婚的实质性问题。

第二，如法院未发现女方怀孕而判决离婚，宣判后女方发现怀孕而上诉的，经查明属实后，如没有本条规定的“确有必要受理男方离婚请求”情形，二审法院应撤销原判决，驳回原告的起诉，不必发回原审法院重新审判。

第三，女方在此期间提出离婚的，不受本条限制。本条规定的目的在于保护妇女、胎儿、幼儿的权益。女方在此期间提出离婚，往往都是出于某种紧迫的原因。而且，本人对离婚及其后果已有思想准备，如不及时受理，可能更加不利于对孕、产妇和胎、幼儿的保护。[①] 在上述期间内，男女双方自愿离婚也应准许。

第四，解除同居关系不适用本条规定。同居关系与合法婚姻关系性质不同，同居关系仅是男女双方共同生活的状态，而婚姻关系则是法律保护的男女共同生活状态，男女双方之间在身份关系、财产关系方面都与同居男女有很大不同。当事人选择同居而非结婚，表明其并无意愿寻求法律保护男女共同生活关系，故对于男女一方仅主张解除同居关系的诉讼请求，法院不予受理。故本条规定只适用于具有婚姻关系的当事人，不适用于同居关系。当然，解除同居关系中涉及财产分割、子女抚养问题的，法院应当受理。对此，《民法典婚姻家庭编解释（一）》第3条已有明确规定。

类案检索

一、杨某与乔某离婚纠纷案

关键词：怀孕　妇女儿童的合法权益　离婚

裁判摘要：《婚姻法》第34条规定：“女方在怀孕期间、分娩后一年内或中止妊娠后六个月内，男方不得提出离婚。女方提出离婚的，或人民法院认为确有必要受理男方离婚请求的，不在此限。”乔某提供证据证明其现在处于怀孕期间，杨某提出异议但未提供足以反驳的相反证据，故对其上诉理由不予采信。根据相关法律规定，杨某在上述时间内，没有提出离婚请求的权利。

【案　　号】（2019）甘01民终1487号

【审理法院】甘肃省兰州市中级人民法院

① 北京市法学会编：《新婚姻法指南》，民族出版社2001年版，第99页。

二、姚某某与段某离婚纠纷案

关键词：怀孕 妇女儿童的合法权益 离婚

裁判摘要：段某在与姚某某相识前已经怀孕，在婚前双方并未充分了解，并在相识后较短的时间就登记结婚，双方感情基础不实。虽然《婚姻法》第34条规定了“女方在怀孕期间、分娩后一年内或中止妊娠后六个月内，男方不得提出离婚”，但该条规定的怀孕、分娩应指婚姻关系存续期间的怀孕及因此分娩或中止妊娠，但段某所生孩子与姚某某不存在生物学上的亲子关系，故姚某某要求离婚的请求，应予支持。

【案　　号】（2016）豫96民终519号

【审理法院】河南省济源市中级人民法院

第一千零八十三条　离婚后，男女双方自愿恢复婚姻关系的，应当到婚姻登记机关重新进行结婚登记。

关联规定

一、法律、行政法规、司法解释

《婚姻登记条例》

第十四条　离婚的男女双方自愿恢复夫妻关系的，应当到婚姻登记机关办理复婚登记。复婚登记适用本条例结婚登记的规定。

二、部门规章及规范性文件

《中国边民与毗邻国边民婚姻登记办法》

第十六条　离婚的男女双方自愿恢复夫妻关系的，应当到婚姻登记机关办理复婚登记。复婚登记适用本办法关于结婚登记的规定。

条文释义

一、本条主旨

本条是关于离婚后男女双方自愿恢复婚姻关系重新进行结婚登记的程序规定。

二、条文演变

本条源自2001年修正的原《婚姻法》第35条，该条规定："离婚后，男女双方自愿恢复夫妻关系的，必须到婚姻登记机关进行复婚登记。"2017年9月26日《民法典婚姻家庭编（草案）》（民法室室内稿）第41条延续了2001年修正的原《婚姻法》第35条的基本内容，只是作了文字表述修改，将"必须”修改为“应当”。后在《民法典婚姻家庭编（草案二次审议稿）》第 860 条中将“进行复婚登记”修改为“重新进行结婚登记”。此后，本条内容再无变化，直至《民法典》正式颁布。

与 2001 年修正的原《婚姻法》第 35 条相比，本条将“恢复夫妻关系”修改为“恢复婚姻关系”，将“必须”修改为“应当”，用语更加规范；而将“复婚登记”修改为“重新进行结婚登记”，则表明了结婚登记的规范性和严肃性。

三、条文解读

离婚后，男女双方的夫妻关系已经解除，没有了作为夫妻的权利和义务。这意味着男女双方在人身、财产关系上不再有彼此扶养、扶助的义务，有了重新择偶的自由，没有彼此相互继承遗产的权利等。离婚后男女双方自愿恢复婚姻关系，通常称为复婚，是指合法解除婚姻关系的男女双方自愿恢复夫妻关系，到婚姻登记机关办理登记手续，重新确立婚姻关系。复婚是一种民事法律行为，如果男女双方离婚后又自愿要求恢复夫妻关系的，说明双方的感情并未完全破裂，或造成离婚的原因已被消除。在这种情况下，法律允许双方重新确立婚姻关系。因此，复婚本质上是一种结婚行为，但在结婚主体上有其特殊性，即是离婚的原配偶双方。因而其既具有结婚的一般特点，适用关于结婚的一般规定，也具有其不同于一般结婚的特殊性。

婚姻关系的产生与消除都必须经过法定的程序，复婚同结婚所要履行的手续一样，都要到婚姻登记机关办理登记手续。所不同的是，办理复婚登记手续后，要将原离婚证或法院判决书（或调解书）撤销，重新发给结婚登记证，才能发生法律效力。复婚也必须是男女双方出于自愿，复婚时男女双方必须持有关证明一同到婚姻登记机关重新办理结婚登记手续。婚姻登记机关要进行审查，凡是符合法定条件的，就重新发给结婚登记证。结婚登记完成，则合法的夫妻关系重新建立。现实生活中，有相当一部分离婚的男女不去重新办理结婚登记，而是选择同居。这样的同居关系并非婚姻关系，男女双方也就得不到婚姻相关法律的保护。从长远来看，这对男女双方、子女合法权益的保护都不利。事实上，男女恢复婚姻关系进行重新登记取得的结婚证与初次结婚登记取得的结婚证没有区别。也可以说并没有复婚证，复婚时发给男女双方的还是结婚证。因此，本条规定“重新进行结婚登记”而不是“复婚登记”。

需要说明的是，复婚不同于再婚。再婚是指一方在配偶死后或双方离婚以后与他人再次结婚的行为。再婚以终止原来的婚姻关系为前提。如果不终止原婚姻关系又结婚，则构成重婚。而复婚中重新进行结婚登记的双方曾经有过婚姻关系，与初次结婚登记的男女双方是相同的。

（一）男女双方重新进行结婚登记的条件

一是男女双方必须完全自愿。同结婚程序一样，复婚同样也要体现婚姻自由的原则，由当事人来决定是否恢复婚姻关系。其中，自愿包含以下三层内容：第一，必须是男女双方共同的意愿，而不是单方意思表示。复婚应以双方自愿为前提，排除一方对他方的强迫。第二，必须是本人的自愿，而非第三人的意愿。不允许他人有任何干涉婚姻自由的行为。复婚与结婚一样，同样应以爱情为婚姻的基础，排除婚姻当事人以外的任何人的强迫包办。第三，必须是完全真正的自愿，而非勉强的附加条件的同意，即不能将复婚作为谋取利益的手段或跳板。

二是男女双方必须都处于离婚后还未再婚或再婚后又已经离婚或再婚后配偶死亡的状态。即复婚也须符合一夫一妻制的原则，有配偶者不得向婚姻登记机关进行复婚登记。如果一方或双方与他人缔结了合法的婚姻而又进行复婚登记的，则一方或双方构成重婚罪。相应地，这样的结婚登记也应被确认无效。实践中，一些夫妻离婚时没有经过慎重考虑，轻率离婚而又后悔不迭。法律支持其恢复夫妻关系，以稳定社会秩序，但要求必须具备一定条件，按照一定程序。如果离婚后未再婚的或再婚后又离婚的或再婚后一方的配偶死亡或宣告死亡的，可以直接向婚姻管理机关进行复婚登记；如果离婚后一方或双方均已再婚，而再婚后未建立夫妻感情或夫妻感情确已破裂，应先向婚姻管理机关登记离婚或向人民法院诉请离婚并经生效判决、调解书确认离婚后，才可以到婚姻登记机关重新进行结婚登记。

（二）重新登记结婚的程序

我国在婚姻管理上采取登记主义。复婚除了男女双方的复婚合意，还必须履行一定的程序，婚姻关系才得以恢复。复婚的程序是指恢复婚姻应该遵照办理的法定手续。本条规定的重新登记结婚的程序主要包括以下步骤。

1. 当事人的申请

当事人要重新进行婚姻登记的，应当由双方亲自而不能由别人代理去办理结婚登记。应当由双方向婚姻登记机关申请而不是向人民法院诉请恢复婚姻关系。

申请重新进行结婚登记的男女双方应持下列证件和证明：本人居民身份证或户籍证明；由所在单位、村民委员会或居民委员会出具的婚姻状况证明，不在本区、本乡或本镇申请结婚登记的一方当事人，其婚姻状况证明须加盖街道办事处或乡、镇人民政府的公章；本人正面免冠近期二寸单人照片三张；离婚证件或准予离婚的判决书、调解书。离婚证件系我国台湾地区离婚协议的，应当经我国台湾地区公证机关公证；无法提交离婚协议书的，应当提交经公证的我国台湾地区报纸刊登的当事人离婚的声明书或公告，未经公证的影印件不具有法律效力。离婚证件系我国台湾地区有关法院的离婚判决书或离婚调解书的，如果离婚的一方系内地居民，该离婚判决书或调解书应当经人民法院裁定认可。离婚证件系外国登记离婚证书的，应当经驻在国公证机关公证、驻在国外交部或外交部授权的机关认证，并经中华人民共和国驻外使、领馆认证。离婚证件系外国法院的离婚调解书或离婚判决书的，应当经我国法院裁定承认。丧偶的，应当提交配偶死亡证明。死亡证明系我国台湾地区有关部门出具的，应当经我国台湾地区公证机关公证。死亡证明系外国有关部门出具的，应当经驻在国公证机关公证、驻在国外交部或外交部授权的机关公证，并经我国驻外使、领馆认证。

当事人遗失或者损毁离婚证或者离婚判决书、调解书的，可以持所在单位、村民委员会或者居民委员会出具的婚姻状况证明，向原办理婚姻登记的婚姻登记管理机关或办理婚姻诉讼的人民法院申请出具婚姻关系证明。当事人进行复婚登记可以不再进行婚前健康检查，即可以不再向婚姻登记机关提交婚前健康检查证明。申请复婚的，应当在复婚申请书中注明双方是恢复结婚，以便考查。

2. 婚姻登记机关对当事人的重新结婚申请进行审查

这是婚姻登记程序的中心环节。主要查明当事人的复婚是否符合规定的准予登记的条件，其携带的证明和证件是否齐全。当事人对婚姻登记机关的有关询问、了解应如实回答，必要时可以进行调查或进行有关医学鉴定。

3. 重新结婚登记

婚姻登记机关对经审查，符合结婚条件的当事人应当发给结婚证书，同时将原离婚证书予以缴销或注销。这样可以避免当事人在复婚后以离婚证在外招摇撞骗、蒙骗他人，甚至与他人再行结婚。申请重新结婚登记的当事人弄虚作假、骗取婚姻登记的，婚姻登记机关应撤销其婚姻登记，对复婚当事人宣布其婚姻关系无效，并收回结婚证。

适用指引

婚姻登记是可诉的行政行为。当事人认为符合婚姻登记条件而婚姻登记机关不予登记的，或者当事人对行政处罚不服的，可以依照《行政复议法》的规定申请复议，也可以依照《行政诉讼法》的规定提起诉讼。

类案检索

钟某某与杨某离婚后财产纠纷案

关键词： 结婚登记　离婚协议书

裁判摘要： 合法的债权受法律保护。原、被告在办理离婚手续时签署的《离婚协议书》系双方在自愿、平等的基础上签订的，属合法有效的协议，根据《婚姻法解释（二）》第8条第1款“离婚协议中关于财产分割的条款或者当事人因离婚就财产分割达成的协议，对双方具有法律约束力”，双方均应按约全面履行该协议。对被告提出原、被告复合后均默认离婚协议已失效的辩称，因原、被告并未重新进行结婚登记，也没有就之前的离婚补偿款事宜重新进行明确约定，双方于2011年12月28日签署的《离婚协议书》仍属合法有效的约定，故对被告的该项辩称本院不予采信，被告理应按约支付原告相应款项。

【案　　号】（2015）云民一初字第727号

【审理法院】贵州省贵阳市云岩区人民法院

第一千零八十四条 父母与子女间的关系，不因父母离婚而消除。离婚后，子女无论由父或者母直接抚养，仍是父母双方的子女。

离婚后，父母对于子女仍有抚养、教育、保护的权利和义务。

离婚后，不满两周岁的子女，以由母亲直接抚养为原则。已满两周岁的子女，父母双方对抚养问题协议不成的，由人民法院根据双方的具体情况，按照最有利于未成年子女的原则判决。子女已满八周岁的，应当尊重其真实意愿。

关联规定

一、法律、行政法规、司法解释

1.《中华人民共和国妇女权益保障法》

第五十条 离婚时，女方因实施绝育手术或者其他原因丧失生育能力的，处理子女抚养问题，应在有利子女权益的条件下，照顾女方的合理要求。

2.《中华人民共和国未成年人保护法》

第二十四条 未成年人的父母离婚时，应当妥善处理未成年子女的抚养、教育、探望、财产等事宜，听取有表达意愿能力未成年人的意见。不得以抢夺、藏匿未成年子女等方式争夺抚养权。

未成年人的父母离婚后，不直接抚养未成年子女的一方应当依照协议、人民法院判决或者调解确定的时间和方式，在不影响未成年人学习、生活的情况下探望未成年子女，直接抚养的一方应当配合，但被人民法院依法中止探望权的除外。

第一百零七条 人民法院审理继承案件，应当依法保护未成年人的继承权和受遗赠权。

人民法院审理离婚案件，涉及未成年子女抚养问题的，应当尊重已满八周岁未成年子女的真实意愿，根据双方具体情况，按照最有利于未成年子女的原则依法处理

3.《最高人民法院关于适用〈中华人民共和国民法典〉婚姻家庭编的解释（一）》

第四十四条 离婚案件涉及未成年子女抚养的，对不满两周岁的子女，按照民法典第一千零八十四条第三款规定的原则处理。母亲有下列情形之一，父亲请求直接抚养的，人民法院应予支持：

（一）患有久治不愈的传染性疾病或者其他严重疾病，子女不宜与其共同生活；

（二）有抚养条件不尽抚养义务，而父亲要求子女随其生活；

（三）因其他原因，子女确不宜随母亲生活。

第四十五条 父母双方协议不满两周岁子女由父亲直接抚养，并对子女健康成长无不利影响的，人民法院应予支持。

第四十六条 对已满两周岁的未成年子女，父母均要求直接抚养，一方有下列情形之一的，可予优先考虑：

（一）已做绝育手术或者因其他原因丧失生育能力；

（二）子女随其生活时间较长，改变生活环境对子女健康成长明显不利；

（三）无其他子女，而另一方有其他子女；

（四）子女随其生活，对子女成长有利，而另一方患有久治不愈的传染性疾病或者其他严重疾病，或者有其他不利于子女身心健康的情形，不宜与子女共同生活。

第四十七条 父母抚养子女的条件基本相同，双方均要求直接抚养子女，但子女单独随祖父母或者外祖父母共同生活多年，且祖父母或者外祖父母要求并且有能力帮助子女照顾孙子女或者外孙子女的，可以作为父或者母直接抚养子女的优先条件予以考虑。

第四十八条 在有利于保护子女利益的前提下，父母双方协议轮流直接抚养子女的，人民法院应予支持。

第五十四条 生父与继母离婚或者生母与继父离婚时，对曾受其抚养教育的继子女，继父或者继母不同意继续抚养的，仍应由生父或者生母抚养。

第五十五条 离婚后，父母一方要求变更子女抚养关系的，或者子女要求增加抚养费的，应当另行提起诉讼。

第五十六条 具有下列情形之一，父母一方要求变更子女抚养关系的，人民法院应予支持：

（一）与子女共同生活的一方因患严重疾病或者因伤残无力继续抚养子女；

（二）与子女共同生活的一方不尽抚养义务或有虐待子女行为，或者其与子女共同生活对子女身心健康确有不利影响；

（三）已满八周岁的子女，愿随另一方生活，该方又有抚养能力；

（四）有其他正当理由需要变更。

第五十七条 父母双方协议变更子女抚养关系的，人民法院应予支持。

第六十条 在离婚诉讼期间，双方均拒绝抚养子女的，可以先行裁定暂由一方抚养。

二、司法指导性文件

1.《最高人民法院、全国妇联关于进一步加强合作建立健全妇女儿童权益保护工作机制的通知》

5. 对涉及未成年人的离婚、抚养费、抚养权、探望权等亲权关系诉讼，人民法院和妇联组织应当加强对家长亲职教育的合作。诉讼中，人民法院应对家长给予诉讼指导，引导其从儿童利益最大化角度考虑亲权诉讼，解决家庭矛盾。人民法院也可以委托妇联组织推荐专业力量对家长开展亲职教育，积极引导家长正确处理亲子关系和家庭矛盾。

2.《最高人民法院关于进一步深化家事审判方式和工作机制改革的意见（试行）》

38. 人民法院审理家事案件，涉及确定子女抚养权的，应当充分听取八周岁以上子女的意见。必要时，人民法院可以单独询问未成年子女的意见，并提供符合未成年人心理特点的询问环境。

3.《第八次全国法院民事商事审判工作会议（民事部分）纪要》

1. 在审理婚姻家庭案件中，应注重对未成年人权益的保护，特别是涉及家庭暴力的离婚案件，从未成年子女利益最大化的原则出发，对于实施家庭暴力的父母一方，一般不宜判决其直接抚养未成年子女。

条文释义

一、本条主旨

本条是关于离婚后父母子女关系、父母对子女的权利义务以及子女直接抚养权归属问题的规定。

二、条文演变

本条源自2001年修正的原《婚姻法》第36条，该条规定："父母与子女间的关系，不因父母离婚而消除。离婚后，子女无论由父或母直接抚养，仍是父母双方的子女。离婚后，父母对于子女仍有抚养和教育的权利和义务。离婚后，哺乳期内的子女，以随哺乳的母亲抚养为原则。哺乳期后的子女，如双方因抚养问题发生争执不能达成协议时，由人民法院根据子女的权益和双方的具体情况判决。"2017年9月26日《民法典婚姻家庭编（草案）》（民法室室内稿）第42条基本保留了2001年修正的原《婚姻法》第36条的内容，主要修改为将"消除"改为"终止"，在"抚养和教育"后增加"保护"，将"哺乳期内的子女，以随哺乳的母亲抚养为原则"修改为"不满两周岁的子女，以随母亲抚养为原则"，将"根据子女的权益"修改为"按照最有利于未成年子女的原则"。2018年8月27日《民法典各分编（草案征求意见稿）》第861条则将"随母亲抚养"修改为"由母亲直接抚养"并将"终止"改回"消除"。2019年10月15日《民法典婚姻家庭编（草案三次审议稿）》第861条进一步将"双方因抚养问题发生争执不能达成协议时"修改为"父母双方因抚养问题协议不成的"。在最后定稿时，又增加了"子女已满八周岁的，应当尊重其真实意愿"的规定。

三、条文解读

本条第1款、第2款明确了父母离婚不影响父母子女之间的权利义务关系。其立法目的在于明确父母对子女的监护职责，从而使子女的合法权益不因父母离婚而受到损害。本条第3款在原《离婚案件子女抚养意见》规定基础上，对离婚后子女由谁直接抚养进行了归纳提炼，并提出了"最有利于未成年子女"的原则。

（一）父母与子女间的关系，不因父母离婚而消除

夫妻关系可因结婚而形成，也可因离婚而解除，但父母子女关系不能消除，这是由夫妻关系与父母子女关系的不同性质决定的。夫妻身份关系源于婚姻关系，婚姻关系解除则夫妻关系消灭；而父母子女关系是基于子女出生或收养形成的血亲关系，一般不会因父母婚姻关系的消灭而受到影响。因此，离婚后，子女不论是由父亲还是母亲直接抚养，仍是父母双方的子女。父母离婚后，子女不能与父母双方共同生活在一起的事实，只是表明父母抚养子女的方式发生了改变，但父母抚养、教育、保护子女的权利义务仍然存在。这里规定的子女，不仅指婚生子女，也包括非婚生子女，还包括人工生育子女、养子女、有抚养教育关系的继子女。

1. 人工技术生育子女

随着科技的发展，采用人工生育技术生育的子女越来越多。这给父母子女之间的关系带来新的变化。人工生育子女包括人工授精子女和代孕子女。人工授精子女，是指一切非通过自然的性行为而受孕的婚生子女，包括采用丈夫供精或者非丈夫的他人供精而人工授精，也可通过体外授精等方式来生育子女。最高人民法院曾在 1991 年答复河北省高级人民法院的原《关于夫妻离婚后人工授精所生子女的法律地位如何确定的复函》中规定："在夫妻关系存续期间，双方一致同意进行人工授精，所生子女应视为夫妻双方的婚生子女，父母子女之间权利义务关系适用《婚姻法》的有关规定。"即人工授精所生子女，不论是否由丈夫供精，还是由他人供精，即使父母离婚后由母亲抚养，子女与父亲的身份关系依然存在。《民法典》施行后，该复函虽已废止，但其精神在司法实践中仍有借鉴意义。2001 年 8 月 1 日起施行的《人类辅助生殖技术管理办法》第 8 条规定："申请开展丈夫精液人工授精技术的医疗机构，由省、自治区、直辖市人民政府卫生行政部门审查批准。省、自治区、直辖市人民政府卫生行政部门收到前条规定的材料后，可以组织有关专家进行论证，并在收到专家论证报告后 30 个工作日内进行审核，审核同意的，发给批准证书；审核不同意的，书面通知申请单位。对申请开展供精人工授精和体外受精 – 胚胎移植技术及其衍生技术的医疗机构，由省、自治区、直辖市人民政府卫生行政部门提出初审意见，卫生部审批。"该规定明确了人工授精的合法性和审批程序，呼应了最高人民法院复函中人工授精所生子女视为婚生子女地位的规定。这里

所谓“婚生子女”，是指因婚姻关系受胎新生的子女，其父母为具有夫妻身份的合法配偶。

人工技术生育子女中较难认定的是代孕所生子女的地位。代孕，是指将受精卵通过人类辅助生殖技术植入代孕母亲的子宫，由孕母替代无法生育或不愿生育的女性完成怀孕分娩的过程。代孕主要有以下几种：（1）精子、卵子来自夫妻双方，由代孕母亲怀孕生育；（2）精子来自丈夫，卵子由第三方提供，由代孕母亲怀孕生育；（3）精子由第三方提供，卵子来自妻子，由代孕母亲怀孕生育；（4）精子、卵子均来自第三方，由代孕母亲怀孕生育。我国目前对于代孕尚缺乏相关法律规定，但现实中代孕现象却客观存在，由此所产生的代孕子女的法律地位认定以及其监护、财产继承等事项，成为法院所面临的现实问题，包括是否可视为婚生子女、是否形成拟制血亲关系。原卫生部《人类辅助生殖技术管理办法》第 3 条规定：“人类辅助生殖技术的应用应当在医疗机构中进行，以医疗为目的，并符合国家计划生育政策、伦理原则和有关法律规定。禁止以任何形式买卖配子、合子、胚胎。医疗机构和医务人员不得实施任何形式的代孕技术。”该规定明确了医疗机构和医务人员不得实施代孕技术。我们认为，在法律没有明确规定且国家卫生健康委员会禁止医疗机构和医务人员从事代孕行为的否定评价前提下，应当坚持儿童最大利益原则，结合社会道德和伦理认定代孕子女的亲子关系，一般以“分娩者为母”原则认定分娩母亲为生母，在分娩母亲不认领的情况下，应认定抚养母亲为母亲；法律上的生父，可考虑具有血缘关系的父亲为其生父，在具有血缘关系的父亲不认领的情况下，则应认定抚养父亲为父亲。即在分娩母亲和有血缘关系的父亲均不认领的情况下，抚养父母应当承担抚养子女的义务。

2. 养子女

养父母与养子女是拟制血亲关系，根据法律规定，他们的权利义务与生父母子女之间权利义务一致。收养关系一旦成立，养子女与生父母之间的权利义务关系消灭。因此，养父母子女之间的权利义务关系与生父母子女一样，不因为养父母离婚而消除。养父母离婚后，子女无论由养父或养母抚养，仍是养父母双方的子女，养父母均要承担对养子女的抚养义务。

3. 有抚养关系的继子女

继父母与受其抚养教育的继子女之间权利义务关系同父母子女，原则上不因离婚而解除。但也有例外，如离婚后该继父母不同意抚养继子女，继子女由其生父母带走抚养的，继父母子女关系自然解除。

（二）离婚后父母对子女仍有抚养、教育和保护的权利义务的含义

抚养、教育和保护子女，既是父母的权利也是父母的义务。离婚后，父母对子女的抚养、教育和保护的权利和义务不因离婚而受影响或消除。现实生活中，父母离婚对未成年子女的身心会造成极大的伤害。有些父母放松甚至不管子女的教育，导致青少年违法犯罪现象日益增多，已引起社会各界的重视和关注；父母离婚后，父母一方争抢、骗走或藏匿子女特别是独生子女的情形时有发生。这不仅影响到子女的健康成长，同时也实质上剥夺了对方对其子女的抚养、教育和保护的权利。所以，本条规定离婚后父母对子女仍有抚养、教育、保护的权利和义务，具有很强的现实意义。

“抚养”，是指父母从物质上、经济上、生活上对子女的养育，包括子女的生活费、教育费、医疗费的负担和日常生活的照料。这是子女健康成长的物质基础，父母必须自觉履行这一义务。父母对未成年子女的抚养是无条件的，任何时候都不能免除；而对成年子女的抚养是基于其成年子女没有劳动能力或因某种原因不能维持生活，父母根据具体情况对其承担一定的抚养义务。父母不履行抚养义务时，未成年或不能独立生活的子女，有要求父母付给抚养费的权利。

“教育”，是指父母在思想、品德、学业等方面对子女的全面培养和管理教育。家庭是教育的重要场所，父母往往是子女的启蒙老师。父母的言传身教往往对子女的思想品质、性格等产生重要的影响。因此，父母应教育好子女，对子女的日常生活加以必要的约束和规范，使子女的行为符合法律和道德的要求，使子女树立正确的人生观，努力学习科学文化知识，成长为对国家、对人民有用的人。

父母没有管教好子女，子女造成他人损害的，父母要承担赔偿责任。凡未成年人造成他人损害的，其父母都有义务对受损害方给予赔偿。如果父母已经离婚，未成年人对他人造成损害，由谁来承担责任？一般来讲，夫妻离婚后，未成年子女侵害他人权益的，同该子女共同生活的一方应当承担民事责任；如果独立承担责任确有困难的，可以责令未与该子女共同生活的另一方共同承担民事责任。

“保护”，是指父母有保护子女身心健康和其他合法权益不受侵害的权利和

义务，以防止和排除来自自然界的损害和来自他人的侵害。当子女受到伤害、侮辱、拐骗时，有请求损害赔偿权和要求归还子女权。我国《未成年人保护法》规定，父母或者其他监护人应当依法履行对未成年人的监护职责和抚养义务，父母作为未成年子女的法定监护人，必须对未成年子女的人身、财产以及其他一切合法权益加以监督和保护。在未成年子女对国家、集体或他人造成损害时，父母应当承担民事责任。

（三）按照"最有利于未成年子女的原则"确定父母离婚后子女由谁直接抚养

本条规定的直接抚养只是与未成年子女一起生活的权利，不直接抚养子女的一方并没有失去对未成年子女的监护权，不管未成年子女归哪一方直接抚养，父母子女之间的权利义务都没有改变。具体来说，不直接抚养子女的一方有权探望子女、关心子女的成长。如果直接抚养子女的一方作出侵犯子女合法权益的行为，另一方也有权替孩子维权，甚至要求变更直接抚养权。不直接抚养孩子的一方，有义务支付抚养费。父母离婚时，如果能自行对子女直接抚养权协商一致，不管归哪一方直接抚养，或者由双方轮流抚养、共同抚养，法院一般都不会干涉。但如果对直接抚养权问题协商不成，就产生一个问题，法院判断子女由哪一方直接抚养的主要依据和规则是什么。我们认为，儿童最大利益原则是解决抚养纠纷的基本价值取向。当然，这个总原则在判决时是要通过很多具体情况来衡量的，而不是简单地由其中一两个因素决定。

实践中，对于父母离婚未成年子女的抚养问题认定一般坚持以下原则：

一是两周岁以下的子女，原则上由母亲直接抚养，母亲有下列情形之一的，可由父亲直接抚养：患有久治不愈的传染性疾病或其他严重疾病，子女不宜与其共同生活的；有抚养条件不尽抚养义务，而父亲要求子女随其生活的；因其他原因，子女确无法随母亲生活的。

二是父母双方协议两周岁以下子女由父亲直接抚养，并对子女健康成长无不利影响的，可予准许。

三是对两周岁以上未成年的子女，父亲和母亲均要求由其直接抚养，一方有下列情形之一的，可予优先考虑：已做绝育手术或因其他原因丧失生育能力的；子女随其生活时间较长，改变生活环境对子女健康成长明显不利的；无其他子女，而另一方有其他子女的；子女随其生活，对子女成长有利，而另一方患有久治不愈的传染性疾病或其他严重疾病，或者有其他不利于子女身心健康的情形，不宜与子女共同生活的。

四是父亲与母亲抚养子女的条件基本相同，双方均要求子女与其共同生活，但子女单独随祖父母或外祖父母共同生活多年，且祖父母或外祖父母要求并且有能力帮助子女照顾孙子女或外孙子女的，可作为子女随父或母生活的优先条件予以考虑。

五是父母双方对八周岁以上的未成年子女随父或随母生活意见不一致的，应当尊重子女的意见。因已满八周岁的子女已有一定的自主意识和认知能力，直接抚养权的确定与其权益密切相关，为更有利于未成年人的健康成长，应当尊重他们的真实意愿。

六是在有利于保护子女利益的前提下，父母双方协议轮流抚养子女的，可以准许。

适用指引

根据相关法律和司法解释规定，离婚时一旦确定了直接抚养权，如果没有特殊情况，要求变更直接抚养权不会得到法院的支持。所谓特殊情况，主要是指以下几种：一是双方自行协商变更，法律通常不干涉；二是抚养孩子一方有对孩子成长不利的行为、严重侵犯孩子合法权益的行为等，另一方可主张变更直接抚养权；三是由于其他原因，孩子随原抚养人生活确实对孩子成长不利，另一方可主张变更直接抚养权。

类案检索

一、冯某 1 与李某变更抚养关系纠纷案

关键词：最有利于未成年子女原则

裁判摘要：根据《民法典》第 1084 条规定，已满两周岁的子女，父母双方对抚养问题协议不成的，由人民法院根据双方的具体情况，按照最有利于未成年子女的原则判决。本案中，冯某 1 与李某的婚生子冯某 2 在 2014 年出生后，与李某共同生活时间较长，一审法院考虑冯某 1 再婚的实际情况及孩子生

活环境判决冯某2由被李某抚养并无不当，本院予以维持。

【案　　号】（2021）辽07民终2137号

【审理法院】辽宁省锦州市中级人民法院

二、谢某与范某1同居关系子女抚养纠纷案

关键词：抚养义务

裁判摘要：两周岁以下的孩子应当属于哺乳期的孩子，一般随女方生活。同时在特殊情况下，也可随父方生活。其中，母方有抚养能力和抚养条件不尽抚养义务，而父方要求子女随其生活的，应当判决或确认由父方抚养。本案中，虽然谢某具有抚养子女的条件，但谢某在儿子范某2出生18天时，因家庭矛盾离开儿子离家出走，未尽到一个母亲对儿子的关爱、抚养义务，现范某1愿意抚养儿子，结合范某2现在跟随范某1生活至今，改变范某2的生活环境对其成长不利，一审判决范某2仍由范某1抚养并无不当，谢某诉称的范某2应由其抚养的理由不能成立。

【案　　号】（2021）豫16民终3169号

【审理法院】河南省周口市中级人民法院

第一千零八十五条 离婚后，子女由一方直接抚养的，另一方应当负担部分或者全部抚养费。负担费用的多少和期限的长短，由双方协议；协议不成的，由人民法院判决。

前款规定的协议或者判决，不妨碍子女在必要时向父母任何一方提出超过协议或者判决原定数额的合理要求。

关联规定

一、法律、行政法规、司法解释

1.《中华人民共和国妇女权益保障法》

第五十条 离婚时，女方因实施绝育手术或者其他原因丧失生育能力的，处理子女抚养问题，应在有利子女权益的条件下，照顾女方的合理要求。

2.《中华人民共和国未成年人保护法》

第二十四条 未成年人的父母离婚时，应当妥善处理未成年子女的抚养、教育、探望、财产等事宜，听取有表达意愿能力未成年人的意见。不得以抢夺、藏匿未成年子女等方式争夺抚养权。

未成年人的父母离婚后，不直接抚养未成年子女的一方应当依照协议、人民法院判决或者调解确定的时间和方式，在不影响未成年人学习、生活的情况下探望未成年子女，直接抚养的一方应当配合，但被人民法院依法中止探望权的除外。

3.《最高人民法院关于适用〈中华人民共和国民法典〉婚姻家庭编的解释（一）》

第四十二条 民法典第一千零六十七条所称“抚养费”，包括子女生活费、教育费、医疗费等费用。

第四十九条 抚养费的数额，可以根据子女的实际需要、父母双方的负担能力和当地的实际生活水平确定。

有固定收入的，抚养费一般可以按其月总收入的百分之二十至三十的比例给付。负担两个以上子女抚养费的，比例可以适当提高，但一般不得超过月总收入的百分之五十。

无固定收入的，抚养费的数额可以依据当年总收入或者同行业平均收入，参照上述比例确定。

有特殊情况的，可以适当提高或者降低上述比例。

第五十条 抚养费应当定期给付，有条件的可以一次性给付。

第五十一条 父母一方无经济收入或者下落不明的，可以用其财物折抵抚养费。

第五十二条 父母双方可以协议由一方直接抚养子女并由直接抚养方负担子女全部抚养费。但是，直接抚养方的抚养能力明显不能保障子女所需费用，影响子女健康成长的，人民法院不予支持。

第五十三条 抚养费的给付期限，一般至子女十八周岁为止。

十六周岁以上不满十八周岁，以其劳动收入为主要生活来源，并能维持当地一般生活水平的，父母可以停止给付抚养费。

第五十八条 具有下列情形之一，子女要求有负担能力的父或者母增加抚养费的，人民法院应予支持：

（一）原定抚养费数额不足以维持当地实际生活水平；

（二）因子女患病、上学，实际需要已超过原定数额；

（三）有其他正当理由应当增加。

第五十九条 父母不得因子女变更姓氏而拒付子女抚养费。父或者母擅自将子女姓氏改为继母或继父姓氏而引起纠纷的，应当责令恢复原姓氏。

条文释义

一、本条主旨

本条是关于夫妻双方离婚后子女抚养费负担的规定。

二、条文演变

本条源自2001年修正的原《婚姻法》第37条，该条规定：“离婚后，一方抚养的子女，另一方应负担必要的生活费和教育费的一部或全部，负担费用的多少和期限的长短，由双方协议；协议不成时，由人民法院判决。关于子女生活费和教育费的协议或判决，不妨碍子女在必要时向父母任何一方提出超过协议或判决原定数额的合理要求。”2018 年 3 月《民法典婚姻家庭编（草案征求意见稿）》第 44 条延续了 2001 年修正的原《婚姻法》第 37 条的基本内容，只是将“必要的生活费和教育费”修改为“必要的抚养费”。2018 年 8 月《民法典各分编（草案征求意见稿）》第 862 条则将“必要的抚养费”修改为“抚养费”。后本条内容除了有个别文字、语序调整外，再无实质变化，直至《民法典》正式颁布。

三、条文解读

（一）子女对父母享有法定的抚养费请求权

与大部分民事法律关系不同的是，父母和子女之间的关系是基于法律的直接规定，因子女的出生事实、收养行为或抚养教育而产生。《民法典》第 1084 条第 1 款和第 2 款规定，父母与子女间的关系，不因父母离婚而消除。离婚后，父母对于子女仍有抚养、教育、保护的权利和义务。即父母对子女负有基于法律的直接规定而产生的法定义务。这种义务既有人身属性，又有财产属性，且不附加任何条件，不因夫妻双方之间婚姻存续状态的变化而变化，它是子女抚养费请求权的基础。我国原《婚姻法》从 1980 年起，也采取了类似的规定方式。需要注意的是，抚养费请求权是作为被抚养对象的子女依法享有的权利。它与夫妻双方的婚姻关系状态，夫妻之间对于抚养费的分担约定等因素并无必然联系。父母对子女的抚养义务不能因离婚而得以免除。即使在父母协议约定由一方承担子女的全部抚养费的情形下，另一方虽按约定可不承担支付抚养费的义务，但对子女仍负有抚养的责任，子女依旧得在必要时向其主张抚养费请求权。之所以对离婚后父母对子女的抚养费分担予以特别规定，是因为一般情况下，在夫妻双方婚姻关系存续期间，对子女的抚养由夫妻双方共同进行，尤其在夫妻共同财产制之下，抚养费的分担并无明显区分。离婚后，直接对子女进行抚养、教育、保护的义务主要由父母中的一方承担，另一方对子女的抚养义务则多直接表现为抚养费的支付。此时，在已不存在共同财产的情况下，父母对子女的抚养费明确分担义务，一方面事关父母双方是否对子女尽到抚养义务，另一方面对保障未成年子女的健康成长或不能独立生活子女的生存权亦具有重要意义。

本条第2款规定即体现了这种考量，抚养费保障子女的健康成长和生存权利的基本功能，决定了离婚后父母对子女抚养费的给付，不能以双方间的协议或法院的判决而就此固定。从开始给付抚养费到客观上无须继续履行给付义务，常常会经历比较长的时间跨度。社会经济条件和子女对教育、医疗等的需求变化，都可能导致先前确定的抚养费金额甚至期限不足以覆盖子女的现实需求。这种情况下，应当允许子女在合理范围内向父母主张增加给付或继续给付抚养费。

（二）准确界定抚养费的范围

2001年修正的原《婚姻法》第37条将父母支付的费用笼统列举为“必要的生活费和教育费”，与该法第21条第2款“父母不履行抚养义务时，未成年的或不能独立生活的子女，有要求父母付给抚养费的权利”中采用“抚养费”的表述方式有所区分。未成年或不能独立生活的子女要求父母给付抚养费，是法律规定赋予子女的权利。这种抚养费请求权的基础是父母子女关系，不受父母的婚姻关系是否继续存续的影响。原《婚姻法》这种前后表述的不一致，实际上产生了父母的婚姻关系存续状态影响子女抚养费请求权的后果。审判实践虽可以根据案件情况作一定的扩大解释，但法律条文上的偏差仍应当纠正。为此，本条取消了2001年修正的原《婚姻法》第37条的表述，改为“抚养费”，与《民法典》第1067条规定保持一致，体系上更加顺畅。

《民法典婚姻家庭编解释（一）》第42条将抚养费定义为“包括子女生活费、教育费、医疗费等费用”，明确了生活费、教育费、医疗费是父母支付的抚养费应有的内容。立法设置抚养费制度，究其目的是保障子女的健康成长。《未成年人保护法》第16条第5项、第28条、第83条规定，未成年人享有受教育权，国家、社会、学校和家庭尊重和保障未成年人的受教育权。《义务教育法》第5条第2款规定，适龄儿童、少年的父母或者其他法定监护人应当依法保证其按时入学接受并完成义务教育。受教育权是未成年子女的法定权利，让未成年子女接受教育也是父母的法定义务。生活费、教育费、医疗费作为保障子女基本生活和智能、身体均衡发展的基本条件，必须涵盖在抚养费的范围之内。但是，子女的抚养费请求权并不限于以上三种，当产生对子女的健康成长合理必要的其他费用时，父母同样应当履行支付义务。本条在条文表述上未对抚养费的种类范围予以具体限制，给予父母双方或人民法院在协商自愿或需求合理的情况下扩大给付范围的空间。这既有利于子女权利的保护，也更符合社会生活不断变化的实际要求。

（三）抚养费的分担原则和确定标准

1991年，我国批准了联合国《儿童权利公约》，其中第3条第1款规定，关于儿童的一切行动，不论是由公私社会福利机构、法院、行政当局或立法机构执行，均应以儿童的最大利益为一种首要考虑。尊重和保护儿童利益，已成为国际社会普遍认可和接受的通识。《意大利民法典》在其条文中，多处体现了保护子女利益的立法倾向，如法官应充分考虑到（父母）分居可能给子女带来的精神和物质利益影响，在宣布分居时要同时确定将子女判给父母一方抚养以及其他所有为子女的利益而采取的措施。夫妻协议分居时，如果分居协议中有关子女抚养或抚养费的规定与子女利益不相符，法官可以召集配偶双方为子女利益进行修改；仍不适宜时，法官可以拒绝修改。《民法典》颁布前，有学者认为，以监护人的确定为例，我国法律多以父母的利益或意愿为优先，对子女的利益缺乏考虑，建议将"未成年子女最大利益原则"写入条文予以明确，同时主张，应当将子女最大利益的审酌因素确定为：（1）子女的年龄、性别、人数及健康状况；（2）子女本人的意愿与人格发展的需要；（3）父母的年龄、职业、品行、健康状况、经济能力等生活状况；（4）父母保护教养子女的意愿与态度；（5）父母子女间或者未成年子女与其他共同生活者之间的感情状况。[①] 离婚后子女抚养费的分担和确定问题亦是如此，婚姻关系的结束消灭的是夫妻关系，但不影响父母子女关系，不意味着父母对子女抚养义务的消灭，无论是否直接抚养子女，概莫能外。

对人民法院来说，当夫妻双方无法通过自行协商确定子女抚养费的分担，需要借助司法权确定抚养费的给付时，人民法院对抚养费分担的裁判，应当以子女最大利益为首要的考量因素。具体而言，抚养费的分担需考量以下因素：（1）满足子女的生活、教育、医疗等方面的需要；（2）符合当地的实际生活水平；（3）父母双方根据各自实际负担能力合理分担。审判实践中，人民法院可能会遇到父母双方经济条件相差较大，离婚后子女的生活环境、生活条件将发

① 参见陈甦主编：《中国社会科学院民法典分则草案建议稿》，法律出版社2019年版，第359页。

生较大变化的情况。此时，人民法院应当在尽量保护子女利益的基础上，尽可能使抚养费既能满足子女的实际需要，又不至于给父母双方造成过重负担或使抚养费成为变相的财产分割手段，使父母双方得以适当、均衡负担。《民法典婚姻家庭编解释（一）》第49条规定："抚养费的数额，可以根据子女的实际需要、父母双方的负担能力和当地的实际生活水平确定。有固定收入的，抚养费一般可以按其月总收入的百分之二十至三十的比例给付。负担两个以上子女抚养费的，比例可以适当提高，但一般不得超过月总收入的百分之五十。无固定收入的，抚养费的数额可以依据当年总收入或者同行业平均收入，参照上述比例确定。有特殊情况的，可以适当提高或者降低上述比例。"第53条规定了抚养费的给付期限，一般至子女18周岁为止。16周岁以上不满18周岁，以其劳动收入为主要生活来源，并能维持当地一般生活水平的，父母可停止给付抚养费。同时对子女虽已成年，但仍有给付抚养费必要的情形也作出了规定，即第58条规定："具有下列情形之一，子女要求有负担能力的父或者母增加抚养费的，人民法院应予支持：（一）原定抚养费数额不足以维持当地实际生活水平；（二）因子女患病、上学，实际需要已超过原定数额；（三）有其他正当理由应当增加。"与此同时，该解释第50条还规定，抚养费原则上应当定期给付，父母条件允许的也可一次性支付。就何种情形下抚养费可以一次性支付，全国人大常委会法工委在对原《婚姻法》的释义中认为，一次性给付的要慎重处理，确有必要采取一次性给付的，要注意掌握条件：一是出国、出境人员；二是有能力一次性支付的个体工商户、专业承包户、私营企业业主等人员；三是下落不明的一方以财产折抵的；四是双方自愿、协商一致的。审判实践中，人民法院在参考以上情形的前提下，仍应当根据个案的具体情况，结合实际妥善处理。

（四）抚养费的变更

本条第2款规定赋予了子女在"必要"时，向父母请求"合理"数额的超出原协议或判决的抚养费的权利。离婚后子女抚养费负担方案的确定，是基于当时的社会经济水平、父母的负担能力、子女的需求等因素而作出的，随着社会经济的发展、物价水平的变化、子女个体情况的变化、父母收入水平等的变化，原抚养费数额、给付方式、给付期限等均有可能发生不再适应子女的需求或父母的负担能力的情况。尤其是当直接抚养子女一方的经济水平不足以维持子女的基本生活、教育、医疗等方面的需求时，必须允许子女向不直接抚养的一方提出超过原协议或判决的抚养费请求。这也是父母共同对子女承担抚养责任的要求，与该方原来负担抚养费的多寡，是否实际履行支付抚养费义务均没有关系。但是，子女提出的抚养费请求必须合理。如果其请求的数额已经明显超出了必要、合理的范围，人民法院依法不予支持。《民法典婚姻家庭编解释（一）》第 58 条对何为“必要”规定了三种情形，包括：（1）原定抚养费数额不足以维持当地实际生活水平的；（2）因子女患病、上学，实际需要已超过原定数额的；（3）有其他正当理由应当增加的。

有意见认为，“在必要时提出超过原定数额的合理请求”指向的是不直接抚养子女的一方，“必要时向父母任何一方提出超过协议或者判决原定数额的合理要求”的表述，既可以指向直接抚养子女的一方，也可以指向不直接抚养子女的一方，并不妥当。实践中，抚养费的变更大多数可能发生于子女与不直接抚养的一方之间。但是，多数情况的存在，并不能完全排除直接抚养子女一方未尽到抚养义务的情形。从子女最大利益原则的角度出发，亦不能剥夺子女的此种权利。父母双方对子女的抚养义务，理当共同承担。“向父母任何一方提出”的表述，再次强调了抚养义务的共同性，比之规定子女向不直接抚养的一方主张抚养费的表述，更为全面。对此，《民法典婚姻家庭编解释（一）》第 43 条也规定，婚姻关系存续期间，父母双方或者一方拒不履行抚养子女义务，未成年子女或者不能独立生活的成年子女请求支付抚养费的，人民法院应予支持。

适用指引

司法实务中，一种观点认为，子女可在必要时向父母任何一方提出超过协议或者判决原定数额的合理要求，并不意味着抚养费的变更请求只能由子女本人提出，直接抚养子女的一方亦可提出该种请求。抚养费具有保障被抚养子女正常生活和成长的属性，关涉子女的合法权益，在子女本人之外，允许直接承担对子女的抚养、教育、保护义务的一方代子女请求，并不会改变抚养费的权利主体，从实践上看，更有利于子女合法权益的保护。我们认为，根据《民事诉讼法》第 122 条规定，原告是与本案有直接利害关系的公民、法人和其他组织。而直接抚养子女一方只与子女所主张的抚养费有间接利害关系，不能作为原告主张子女抚养费，而只能以代理人身份提出主张。

类案检索

一、龚某1与龚某2抚养费纠纷案

关键词：离婚　抚养费

裁判摘要：父母对子女有抚养的义务，父母不履行抚养义务时，未成年子女或不能独立生活的成年子女，有要求父母付给抚养费的权利。

【案　　号】（2021）渝0114民初4947号

【审理法院】重庆市黔江区人民法院

二、汪某某与谢某某抚养纠纷案

关键词：抚养费

裁判摘要：父母与子女间的关系不因父母离婚而消除。同时，父母离婚时关于抚养费的协议，不妨碍子女在必要时向父母任何一方提出超过协议原定数额的合理要求。

【案　　号】（2019）渝05民终6228号

【审理法院】重庆市江津区人民法院

三、章某与李某抚养纠纷案

关键词：抚养费

裁判摘要：父母与子女的关系，不因父母离婚而消除。离婚后，父母对于子女仍有抚养和教育的权利和义务。章某请求李某增加抚养费的，根据章某的学习生活情况应予支持，但章某主张的数额过高，法院酌定抚养费为每月900元。

【案　　号】（2021）辽0402民初2244号

【审理法院】辽宁省抚顺市新抚区人民法院

第一千零八十六条 离婚后，不直接抚养子女的父或者母，有探望子女的权利，另一方有协助的义务。

行使探望权利的方式、时间由当事人协议；协议不成的，由人民法院判决。

父或者母探望子女，不利于子女身心健康的，由人民法院依法中止探望；中止的事由消失后，应当恢复探望。

关联规定

一、法律、行政法规、司法解释

1.《中华人民共和国未成年人保护法》

第二十四条 未成年人的父母离婚时，应当妥善处理未成年子女的抚养、教育、探望、财产等事宜，听取有表达意愿能力未成年人的意见。不得以抢夺、藏匿未成年子女等方式争夺抚养权。

未成年人的父母离婚后，不直接抚养未成年子女的一方应当依照协议、人民法院判决或者调解确定的时间和方式，在不影响未成年人学习、生活的情况下探望未成年子女，直接抚养的一方应当配合，但被人民法院依法中止探望权的除外。

2.《最高人民法院关于适用〈中华人民共和国民法典〉婚姻家庭编的解释（一）》

第六十五条 人民法院作出的生效的离婚判决中未涉及探望权，当事人就探望权问题单独提起诉讼的，人民法院应予受理。

第六十六条 当事人在履行生效判决、裁定或者调解书的过程中，一方请求中止探望的，人民法院在征询双方当事人意见后，认为需要中止探望的，依法作出裁定；中止探望的情形消失后，人民法院应当根据当事人的请求书面通知其恢复探望。

第六十七条 未成年子女、直接抚养子女的父或者母以及其他对未成年子女负担抚养、教育、保护义务的法定监护人，有权向人民法院提出中止探望的请求。

第六十八条 对于拒不协助另一方行使探望权的有关个人或者组织，可以由人民法院依法采取拘留、罚款等强制措施，但是不能对子女的人身、探望行为进行强制执行。

二、司法指导性文件

1.《最高人民法院关于进一步深化家事审判方式和工作机制改革的意见（试行）》

42. 监护权纠纷、探望权纠纷、抚养纠纷等涉及未成年人的案件，对于与未成年人利益保护相关的事实，人民法院应当根据当事人的申请或者依职权进行调查取证。

2.《第八次全国法院民事商事审判工作会议（民事部分）纪要》

2. 离婚后，不直接抚养未成年子女的父母一方提出探望未成年子女诉讼请求的，应当向双方当事人释明探望权的适当行使对未成年子女健康成长、人格塑造的重要意义，并根据未成年子女的年龄、智力和认知水平，在有利于未成年子女成长和尊重其意愿的前提下，保障当事人依法行使探望权。

条文释义

一、本条主旨

本条是关于夫妻双方离婚后对子女探望权行使协助、行使方式、时间以及中止的规定。

二、条文演变

本条源自2001年修正的原《婚姻法》第38条，该条规定："离婚后，不直接抚养子女的父或母，有探望子女的权利，另一方有协助的义务。行使探望权利的方式、时间由当事人协议；协议不成时，由人民法院判决。父或母探望子女，不利于子女身心健康的，由人民法院依法中止探望的权利；中止的事由消失后，应当恢复探望的权利。"本条在《民法典（草案）》前几稿中，均无变化，2019 年 10 月 15 日《民法典婚姻家庭编（草案三次审议稿）》第 863 条规定将“中止探望的权利”改为“中止探望”后，直至《民法典》颁布，本条再无变化。

三、条文解读

（一）探望权是亲权的重要组成部分

探望权，又称探视权、会面交往权，是指父母离婚后，不直接抚养子女的一方依法享有对未与之共同生活的子女进行探视、看望、交往的权利。[①] 夫妻关系存续期间，父母共同对子女进行抚养教育。离婚后，不直接抚养子女的一方，只能通过支付抚养费和定期或不定期对子女进行探望的方式，对子女的生活、教育、健康等予以关注，弥补非探望期间对子女陪伴的缺失，增进亲情交流。事实上，直接抚养子女一方的抚养权和不直接抚养子女一方的探望权，共同构成了离婚后父母对子女亲权的主要内容。赋予不直接抚养子女一方探望权，不仅是父或母关怀子女的重要方式，也是子女健康成长的要求。将子女利益最大化作为现代婚姻家庭法的一项重要原则，越来越成为世界许多国家的共识。父母需要对子女行使探望权的同时，子女也需要通过被探望的方式，得到父母的关心和陪伴。本质而言，探望权无论对父母还是对子女，都不可或缺。本条将探望权的行使主体规定为“不直接抚养子女的父或者母”。其中，不直接抚养子女的一方有探望的权利，直接抚养子女的一方则负有协助的义务。将探望权行使的权利主体或协助的义务主体限定在父母，并不意味着探望权是“父母本位”的权利。探望权可以说具有双重价值：其一，是父母对子女的亲权实现方式；其二，是最大化保护子女利益的手段。实际上，在审判实践中，人民法院应当对子女利益给予比父母利益更多的关注。归根结底，探望权的设置、亲权的行使，都是为了保障子女的健康成长。

关于祖父母、外祖父母能否享有探望权的问题。该问题在《民法典》编纂过程中曾引起广泛讨论，《民法典》各分编草案第 864 条对此作出了规定，但在征求意见过程中，有的地方、法学教学研究机构和社会公众提出，为保障未成年人和直接抚养子女一方生活的稳定，隔代探望权的范围不宜规定过大，通

---

① 马俊驹、余延满：《民法原论》，法律出版社 2010 年版，第 849 页。

常情况下，祖父母、外祖父母可以随同孙子女、外孙子女的父母一起探望孙子女、外孙子女，只有在特殊情况下，如其对孙子女、外孙子女尽了抚养义务或者孙子女、外孙子女的父母一方死亡的，才有必要赋予其单独的探望权。宪法和法律委员会经研究，建议采纳这一意见。[①] 但后来鉴于各方面对此尚未形成共识，最终《民法典》未予规定。虽然法律上未明确规定祖父母、外祖父母享有探望权，但也未明确规定予以排除。考虑到祖父母、外祖父母与孙子女、外孙子女是血缘关系极其密切的直系血亲，这种天然的血亲关系不因父母的离婚而改变，特别是中国传统的伦理文化沿袭，包括隔代亲、姓氏传承、孝道礼仪文化等。因此，司法实践中，不宜完全否定祖父母、外祖父母的探望权主体资格，具体可以参考《第八次全国法院民事商事审判工作会议（民事部分）纪要》的相关规定。在祖父母、外祖父母对父母已经死亡或者父母无力抚养的未成年孙子女、外孙子女尽了抚养义务时，给予祖父母、外祖父母探望的权利。既符合民法典贴近民情、倡导人文关怀的立法本意，也符合传统礼仪。

（二）探望权的行使应当以子女利益为中心

根据本条规定，探望权如何行使，包括行使的时间、方式，首先由父母双方通过协商的方式确定。一定程度上，婚姻关系终止后，父母对子女包括抚养、探望在内的一系列权利的安排，仍属于“家庭内部事务”的范畴。虽然父母间的夫妻关系已经消灭，但父母与子女之间的关系仍将长久存在。对父母双方的生活习惯、工作状态，对子女的抚养教育方式以及子女的生活、学习、健康等方面的状况最为了解的，仍然是曾作为夫妻共同抚养子女的父母双方。由父母共同通过协商的方式，确定不直接抚养子女的一方在何时、何地，通过何种方式探望子女等事项，无疑比让法院等家庭以外的角色作出决定对子女的利益更加有利。

当发生父母双方不能就探望权的行使通过协商达成一致意见，需由法院以裁判的方式确定探望权如何行使时，依然必须遵循子女利益最大化的基本原则，以子女本位为出发点进行裁判。

1. 有利于子女健康成长

父母对子女履行抚养、教育、保护职责，为子女提供生活上的照料，提供

① 黄薇主编：《中华人民共和国民法典婚姻家庭编释义》，法律出版社 2020 年版，第 172 页。

良好的学习环境，保护子女的生命权、健康权等权利不受侵犯，最终目的是使子女得以健康成长。这种健康状态，不仅仅是身体上的健康，也包括心理健康。人民法院在确定探望权的行使方式、时间时，应以子女便利为先，结合父母双方的实际情况确定。例如，在父母能够做到且不至于对其正常生活产生较大不利影响的前提下，父或者母探望子女的时间应当避免占用子女的学习时间。探望方式则以对子女生活产生的影响尽量低为宜。由于日常生活的繁杂，各种因素都有可能发生不能预见的变化，人民法院在判决时，对探望权的行使不宜判决得过细，明确双方必须遵守的原则或规则即可，给日后探望权的具体行使预留调整空间。

2. 尊重子女本人意愿

对人民法院确定探望权的行使方式时，是否应当征求子女的意见，存在不同的看法。反对者认为，探望权是法律赋予父母的权利，况且子女不一定能够真实地表达出自己的意思，故人民法院不必征求子女意见即可直接判决。赞同者则认为，探望权的立法目的即保证子女健康成长，人民法院在行使司法权的过程中必须将子女的意愿纳入考虑。虽然子女的年龄、认识能力等可能会影响其判断或表达，但对意见进行征求不等于一定按照意见进行判决。人民法院在子女的认识能力不足的情况下，可以将子女的意愿作为重要的参考因素，综合其他因素进行判断。尤其在当子女年龄或认识能力已经足以使其清晰、真实表达自己的意愿时，征求子女意愿更有必要。全然抛开子女本人的意愿，反而可能会导致子女对探望行为的抵触，导致违背子女最大利益原则的后果。我们亦同意后者的观点，探望权的行使与子女利益息息相关，人民法院在确定探望权行使的方式、时间等事项时，应当征求、尊重子女本人的意见。

3. 兼顾有利于探望权实现

在满足前两个条件的基础上，审判实践中，人民法院还应当适当考虑父母行使探望权的便利性。一般而言，父母有各自的工作、生活轨迹，或者父或母离婚后可能已经再婚组成新的家庭，还存在离婚后不直接抚养子女的一方与子女分处两地的情况。探望权的行使虽以子女利益为首要考虑因素，但也不能因此忽视对父母行使探望权便利性的考虑。如果单方面考虑子女利益，而对父母行使探望权时的利益缺乏关注，可能会导致判决确定的探望权无法顺利行使，反而对子女利益并无好处。譬如当不直接抚养子女的一方日常生活在较远的异地，要求其每周探望子女一次，虽然并非不能实现，但显然这种方式给不直接抚养子女一方的正常生活造成了极大的不便。人民法院应当结合个案当事人各方面的实际情况，在尽量满足以上三个条件的基础上，灵活确定探望权的行使。

另外，在判决离婚的情况下，如原法院生效判决中未对探望权作出处理的，根据《民法典婚姻家庭编解释（一）》第65条规定，当事人仍然得以就探望权问题单独向法院提起诉讼，法院应当受理。

（三）探望的中止

本条第3款对探望的中止作出了规定，即当发生“不利于子女身心健康的”情形时，人民法院应当依法中止探望。在2001年修正的原《婚姻法》第38条中，该规定表述为“不利于子女身心健康的，由人民法院依法中止探望的权利；中止的事由消失后，应当恢复探望的权利”。本条删除了“的权利”三字，避免产生被中止的是探望权的权利本身的误解。事实上，因其本身作为亲权的性质，探望权是父母对子女应当享有的权利，不能被剥夺。只不过当有“不利于子女身心健康的”情形发生时，探望权的实际行使受到限制，并非对探望权本身的否定。

1. 中止探望的主体

（1）中止探望的决定主体。对于谁有权决定中止探望，本条规定已经十分明确，即必须由人民法院依法决定是否中止探望。除人民法院之外，其他任何组织和个人均无权决定中止非直接抚养子女一方的探望。需要明确的是，人民法院不能主动作出中止或恢复探望的决定，必须经当事人申请，人民法院才能对是否中止或恢复探望作出决定。《民法典婚姻家庭编解释（一）》第66条规定，当事人在履行生效判决、裁定或者调解书的过程中，一方请求中止探望的，人民法院在征询双方当事人意见后，认为需要中止探望的，依法作出裁定；中止探望的情形消失后，人民法院应当根据当事人的请求书面通知其恢复探望。即中止探望包括中止情形消失后的恢复探望，都必须经过两个步骤：第一，当事人申请中止或恢复探望；第二，人民法院依当事人的申请，就是否中止或恢复探望作出结论。

（2）中止探望的申请主体。《民法典婚姻家庭编解释（一）》第67条规定，未成年子女、直接抚养子女的父或者母以及其他对未成年子女负担抚养、教育、保护义务的法定监护人，有权向人民法院提出中止探望的请求。将其他对未成年子女负担抚养、教育、保护义务的法定监护人，纳入有权请求中止探望的主体之内，有利于在出现子女或直接抚养一方不能或因种种原因不愿提出中止申请时，拓宽中止探望的申请渠道，更好地保护子女利益。

2. 应当中止探望的情形

《预防未成年人犯罪法》第28条规定了未成年人的不良行为。该条规定："本法所称不良行为，是指未成年人实施的不利于其健康成长的下列行为：（一）吸烟、饮酒；（二）多次旷课、逃学；（三）无故夜不归宿、离家出走；（四）沉迷网络；（五）与社会上具有不良习性的人交往，组织或者参加实施不良行为的团伙；（六）进入法律法规规定未成年人不宜进入的场所；（七）参与赌博、变相赌博，或者参加封建迷信、邪教等活动；（八）阅览、观看或者收听宣扬淫秽、色情、暴力、恐怖、极端等内容的读物、音像制品或者网络信息等；（九）其他不利于未成年人身心健康成长的不良行为。"假如行使探望权的一方有利用探望的过程影响甚至教唆、胁迫、引诱未成年子女产生上述行为的，应当认为已经构成"不利于子女身心健康"的情形，中止探望。《民法典》并未对什么才是构成"不利于子女身心健康"的情形作出具体规定。有学者认为，应当将中止探望的事由在《民法典》中予以明确，并总结认为，当发生以下情形时，权利人可以请求中止探望：（1）有影响子女身体健康的疾病；（2）有赌博、吸毒等恶习；（3）拒付子女扶养教育费；（4）对子女有性侵犯或者暴力行为；（5）教唆、引诱子女实施违法行为。[①] 人民法院在审判实践中，应根据个案具体情况，在全面听取各方意见的基础上，综合判断。

（四）探望的恢复

恢复探望，即对探望权的限制解除，探望权恢复行使。当不直接抚养子女一方的不利于子女身心健康的情况消失后，人民法院应当根据当事人的申请，依法恢复探望权人对探望权的行使。

适用指引

探望权是父母基于对子女的亲权而享有的法定权利。探望的中止，并非探

① 陈甦主编：《中国社会科学院民法典分则草案建议稿》，法律出版社2019年版，第361页。

望权的权利本身发生了变化，只是其行使在特定情形发生时受到限制。有关中止或恢复探望的诉讼，与一般的独立诉讼不同，是由探望权有关的生效裁判衍生而来的后续问题。人民法院在处理此类纠纷时，要注意采用的诉讼文书类型，严格按照相关法律和司法解释规定，对需要中止探望的，依法作出裁定；对中止事由消失的，通知恢复探望。

类案检索

一、刘某与李某探望权纠纷案

关键词： 探望权

裁判摘要： 离婚后，不直接抚养子女的父或者母，有探望子女的权利，另一方有协助的义务。行使探望权利的方式、时间由当事人协议；协议不成时，由人民法院判决。探望权的行使应以有利于未成年子女身心健康发展为原则。

【案　　号】（2021）苏1234民初7398号

【审理法院】 江苏省泗洪县人民法院

二、刘某1与刘某2探望权纠纷案

关键词： 探望权

裁判摘要： 我国法律明确规定，离婚父母享有探视子女的权利。虽然双方已离婚，子女由母亲直接抚养，但父亲在子女的成长过程中有着无可替代的重要地位和作用，因此双方在探望小孩问题上应本着互谅互让、有利于小孩身心健康成长的准则，遇事多克制、协商。不论是按照双方协议约定还是法院生效裁判确定的探望方式、时间进行探望，难免会遇到诸多影响探望的客观情况，此时双方应以未成年人利益最大化为原则，诚实守信，增进沟通，搁置争议，给子女正向引导，避免矛盾升级，共同为子女创造和谐幸福的成长环境。

【案　　号】（2021）皖06民终1316号

【审理法院】 安徽省淮北市中级人民法院

第一千零八十七条　离婚时，夫妻的共同财产由双方协议处理；协议不成的，由人民法院根据财产的具体情况，按照照顾子女、女方和无过错方权益的原则判决。

对夫或者妻在家庭土地承包经营中享有的权益等，应当依法予以保护。

关联规定

一、法律、行政法规、司法解释

1.《中华人民共和国妇女权益保障法》

第四十八条　夫妻共有的房屋，离婚时，分割住房由双方协议解决；协议不成的，由人民法院根据双方的具体情况，按照照顾子女和女方权益的原则判决。夫妻双方另有约定的除外。

夫妻共同租用的房屋，离婚时，女方的住房应当按照照顾子女和女方权益的原则解决。

2.《最高人民法院关于适用〈中华人民共和国民法典〉婚姻家庭编的解释（一）》

第六十九条　当事人达成的以协议离婚或者到人民法院调解离婚为条件的财产以及债务处理协议，如果双方离婚未成，一方在离婚诉讼中反悔的，人民法院应当认定该财产以及债务处理协议没有生效，并根据实际情况依照民法典第一千零八十七条和第一千零八十九条的规定判决。

当事人依照民法典第一千零七十六条签订的离婚协议中关于财产以及债务处理的条款，对男女双方具有法律约束力。登记离婚后当事人因履行上述协议发生纠纷提起诉讼的，人民法院应当受理。

第七十条　夫妻双方协议离婚后就财产分割问题反悔，请求撤销财产分割协议的，人民法院应当受理。

人民法院审理后，未发现订立财产分割协议时存在欺诈、胁迫等情形的，应当依法驳回当事人的诉讼请求。

第七十一条 人民法院审理离婚案件，涉及分割发放到军人名下的复员费、自主择业费等一次性费用的，以夫妻婚姻关系存续年限乘以年平均值，所得数额为夫妻共同财产。

前款所称年平均值，是指将发放到军人名下的上述费用总额按具体年限均分得出的数额。其具体年限为人均寿命七十岁与军人入伍时实际年龄的差额。

第七十二条 夫妻双方分割共同财产中的股票、债券、投资基金份额等有价证券以及未上市股份有限公司股份时，协商不成或者按市价分配有困难的，人民法院可以根据数量按比例分配。

第七十三条 人民法院审理离婚案件，涉及分割夫妻共同财产中以一方名义在有限责任公司的出资额，另一方不是该公司股东的，按以下情形分别处理：

（一）夫妻双方协商一致将出资额部分或者全部转让给该股东的配偶，其他股东过半数同意，并且其他股东均明确表示放弃优先购买权的，该股东的配偶可以成为该公司股东；

（二）夫妻双方就出资额转让份额和转让价格等事项协商一致后，其他股东半数以上不同意转让，但愿意以同等条件购买该出资额的，人民法院可以对转让出资所得财产进行分割。其他股东半数以上不同意转让，也不愿意以同等条件购买该出资额的，视为其同意转让，该股东的配偶可以成为该公司股东。

用于证明前款规定的股东同意的证据，可以是股东会议材料，也可以是当事人通过其他合法途径取得的股东的书面声明材料。

第七十四条 人民法院审理离婚案件，涉及分割夫妻共同财产中以一方名义在合伙企业中的出资，另一方不是该企业合伙人的，当夫妻双方协商一致，将其合伙企业中的财产份额全部或者部分转让给对方时，按以下情形分别处理：

（一）其他合伙人一致同意的，该配偶依法取得合伙人地位；

（二）其他合伙人不同意转让，在同等条件下行使优先购买权的，可以对转让所得的财产进行分割；

（三）其他合伙人不同意转让，也不行使优先购买权，但同意该合伙人退伙或者削减部分财产份额的，可以对结算后的财产进行分割；

（四）其他合伙人既不同意转让，也不行使优先购买权，又不同意该合伙人退伙或者削减部分财产份额的，视为全体合伙人同意转让，该配偶依法取得合伙人地位。

第七十五条　夫妻以一方名义投资设立个人独资企业的，人民法院分割夫妻在该个人独资企业中的共同财产时，应当按照以下情形分别处理：

（一）一方主张经营该企业的，对企业资产进行评估后，由取得企业资产所有权一方给予另一方相应的补偿；

（二）双方均主张经营该企业的，在双方竞价基础上，由取得企业资产所有权的一方给予另一方相应的补偿；

（三）双方均不愿意经营该企业的，按照《中华人民共和国个人独资企业法》等有关规定办理。

第七十六条　双方对夫妻共同财产中的房屋价值及归属无法达成协议时，人民法院按以下情形分别处理：

（一）双方均主张房屋所有权并且同意竞价取得的，应当准许；

（二）一方主张房屋所有权的，由评估机构按市场价格对房屋作出评估，取得房屋所有权的一方应当给予另一方相应的补偿；

（三）双方均不主张房屋所有权的，根据当事人的申请拍卖、变卖房屋，就所得价款进行分割。

第七十七条　离婚时双方对尚未取得所有权或者尚未取得完全所有权的房屋有争议且协商不成的，人民法院不宜判决房屋所有权的归属，应当根据实际情况判决由当事人使用。

当事人就前款规定的房屋取得完全所有权后，有争议的，可以另行向人民法院提起诉讼。

第七十八条　夫妻一方婚前签订不动产买卖合同，以个人财产支付首付款并在银行贷款，婚后用夫妻共同财产还贷，不动产登记于首付款支付方名下的，离婚时该不动产由双方协议处理。

依前款规定不能达成协议的，人民法院可以判决该不动产归登记一方，尚未归还的贷款为不动产登记一方的个人债务。双方婚后共同还贷支付的款项及其相对应财产增值部分，离婚时应根据民法典第一千零八十七条第一款规定的原则，由不动产登记一方对另一方进行补偿。

第七十九条　婚姻关系存续期间，双方用夫妻共同财产出资购买以一方父母名义参加房改的房屋，登记在一方父母名下，离婚时另一方主张按照夫妻共同财产对该房屋进行分割的，人民法院不予支持。购买该房屋时的出资，可以作为债权处理。

第八十条 离婚时夫妻一方尚未退休、不符合领取基本养老金条件，另一方请求按照夫妻共同财产分割基本养老金的，人民法院不予支持；婚后以夫妻共同财产缴纳基本养老保险费，离婚时一方主张将养老金账户中婚姻关系存续期间个人实际缴纳部分及利息作为夫妻共同财产分割的，人民法院应予支持。

第八十一条 婚姻关系存续期间，夫妻一方作为继承人依法可以继承的遗产，在继承人之间尚未实际分割，起诉离婚时另一方请求分割的，人民法院应当告知当事人在继承人之间实际分割遗产后另行起诉。

第八十二条 夫妻之间订立借款协议，以夫妻共同财产出借给一方从事个人经营活动或者用于其他个人事务的，应视为双方约定处分夫妻共同财产的行为，离婚时可以按照借款协议的约定处理。

第八十三条 离婚后，一方以尚有夫妻共同财产未处理为由向人民法院起诉请求分割的，经审查该财产确属离婚时未涉及的夫妻共同财产，人民法院应当依法予以分割。

第八十四条 当事人依据民法典第一千零九十二条的规定向人民法院提起诉讼，请求再次分割夫妻共同财产的诉讼时效期间为三年，从当事人发现之日起计算。

第八十五条 夫妻一方申请对配偶的个人财产或者夫妻共同财产采取保全措施的，人民法院可以在采取保全措施可能造成损失的范围内，根据实际情况，确定合理的财产担保数额。

二、司法指导性文件

1.《最高人民法院关于进一步深化家事审判方式和工作机制改革的意见（试行）》

44. 对于涉及财产分割问题的离婚纠纷案件，人民法院在向当事人送达受理案件通知书和应诉通知书时，应当同时送达《家事案件当事人财产申报表》。

当事人应当在举证期限届满前填写《家事案件当事人财产申报表》，全面、准确地申报夫妻共同财产和个人财产的有关状况。

人民法院应当明确告知当事人不如实申报财产应承担的法律后果。对于拒不申报或故意不如实申报财产的当事人，除在分割夫妻共同财产时可依法对其少分或者不分外，还可对当事人予以训诫；情形严重者，可记入社会征信系统或从业诚信记录；构成妨碍民事诉讼的，可以采取罚款、拘留等强制措施。

2.《第八次全国法院民事商事审判工作会议（民事部分）纪要》

4. 婚姻关系存续期间以夫妻共同财产投保，投保人和被保险人同为夫妻一方，离婚时处于保险期内，投保人不愿意继续投保的，保险人退还的保险单现金价值部分应按照夫妻共同财产处理；离婚时投保人选择继续投保的，投保人应当支付保险单现金价值的一半给另一方。

5. 婚姻关系存续期间，夫妻一方作为被保险人依据意外伤害保险合同、健康保险合同获得的具有人身性质的保险金，或者夫妻一方作为受益人依据以死亡为给付条件的人寿保险合同获得的保险金，宜认定为个人财产，但双方另有约定的除外。

婚姻关系存续期间，夫妻一方依据以生存到一定年龄为给付条件的具有现金价值的保险合同获得的保险金，宜认定为夫妻共同财产，但双方另有约定的除外。

条文释义

一、本条主旨

本条是关于夫妻双方离婚后夫妻共同财产处理的基本方式和原则的规定。

二、条文演变

本条源自2001年修正的原《婚姻法》第39条，该条规定："离婚时，夫妻的共同财产由双方协议处理；协议不成时，由人民法院根据财产的具体情况，照顾子女和女方权益的原则判决。夫或妻在家庭土地承包经营中享有的权益等，应当依法予以保护。"本条在《民法典（草案）》前几稿中，均无变化，2018年9月5日《民法典各分编（草案征求意见稿）》第865条规定将"照顾子女、女方权益的原则"改为"照顾子女、女方和无过错方权益的原则"后，直至《民法典》颁布，本条再无变化。

三、条文解读

（一）夫妻共同财产分割方式

1. 协议分割

与其他民事权利行使规则相同，在离婚共同财产分割的问题上，同样以夫妻双方协商确定分割方案为先，最大限度地尊重双方对私权事务的意思自治。《民法典婚姻家庭编解释（一）》第69条第2款规定："当事人依照民法典第一千零七十六条签订的离婚协议中关于财产以及债务处理的条款，对男女双方具有法律约束力。登记离婚后当事人因履行上述协议发生纠纷提起诉讼的，人民法院应当受理。"故男女双方在离婚程序中以协议方式作出的财产分割协议对双方具有法律约束力，双方均应当信守。协议作出后，一定程度上，男女双方在协议项下形成了具有给付内容的合同关系。因此，登记离婚后如双方在协议的履行中发生纠纷，自然享有向人民法院起诉的权利，人民法院应当受理争议。此外，根据《民法典婚姻家庭编解释（一）》第70条规定，夫妻双方协议离婚后就财产分割问题反悔，请求撤销财产分割协议的，人民法院应当受理。人民法院审理后，未发现订立财产分割协议时存在欺诈、胁迫等情形的，应当依法驳回当事人的诉讼请求。赋予双方起诉撤销离婚财产分割协议的权利，是因为双方自行签订的财产分割协议只是内部约定，其法律效力未经实质审查认定，结合离婚过程中双方关系紧张，不能排除出现阻碍协议合法性的情形出现，必须预留嗣后予以司法救济的途径。需要注意的是，除非发现存在欺诈、胁迫等情形，对当事人变更或撤销财产分割协议的诉讼请求，一般不予支持。

2. 判决分割

当男女双方无法通过协议解决共同财产的分割问题时，则由人民法院依据法定的原则和规范进行认定。除了无法达成协议的情形外，根据《民法典婚姻家庭编解释（一）》第69条规定："当事人达成的以协议离婚或者到人民法院调解离婚为条件的财产以及债务处理协议，如果双方离婚未成，一方在离婚诉讼中反悔的，人民法院应当认定该财产以及债务处理协议没有生效，并根据实际情况依照民法典第一千零八十七条和第一千零八十九条的规定判决。当事人依照民法典第一千零七十六条签订的离婚协议中关于财产以及债务处理的条款，对男女双方具有法律约束力。登记离婚后当事人因履行上述协议发生纠纷提起诉讼的，人民法院应当受理。”

（二）准确界定应当分割的夫妻共同财产范围

夫妻财产制是男女双方缔结法律上的婚姻关系之后，在财产上发生的效力。自 1980 年原《婚姻法》以来，我国增加了对约定财产制的规定，形成了多年来以夫妻共同财产制作为法定财产制，辅之以约定财产制，共同调整夫妻之间的财产关系的格局。从现实情况看，我国绝大部分家庭中的夫妻采取的是法定的共同财产制。这与我国长久以来的家庭财产制度不无关系。婚姻关系存续期间，夫妻双方对财产共同共有，不分份额。某些情况下，即便是婚前个人财产，由于家庭共同生活的原因，在占有、使用上界线区分也并不是非常清晰。

1. 一般规范

对于哪些财产应当视为夫妻共同财产，《民法典》第 1062 条已经作出了规定：“夫妻在婚姻关系存续期间所得的下列财产，为夫妻的共同财产，归夫妻共同所有：（一）工资、奖金、劳务报酬；（二）生产、经营、投资的收益；（三）知识产权的收益；（四）继承或者受赠的财产，但是本法第一千零六十三条第三项规定的除外；（五）其他应当归共同所有的财产。夫妻对共同财产，有平等的处理权。”同时，第 1063 条规定：“下列财产为夫妻一方的个人财产：（一）一方的婚前财产；（二）一方因受到人身损害获得的赔偿或者补偿；（三）遗嘱或者赠与合同中确定只归一方的财产；（四）一方专用的生活用品；（五）其他应当归一方的财产。”可以说，婚姻关系中的财产，主要就是由夫妻共同财产和个人财产构成的。在法定夫妻财产制之下，除符合法律规定的个人财产之外的财产，属于夫妻共同财产，可以在离婚中由双方当事人协商或由法院判决进行分割。

2. 特定种类财产的具体规范

我国 1980 年原《婚姻法》在第 13 条规定中，只对婚姻关系存续期间的财产共有及夫妻拥有平等的处理权进行了原则性的规定。2001 年修正的原《婚姻法》首次以列举的方式，规定了应当认定为夫妻共同财产的范围。20 多年来，社会市场经济不断繁荣，房地产市场发展迅速，夫妻双方的企业、股权、房产等价值较大、不能完全为已有法律规定所涵盖的财产分割问题也随之进入法律视野。《民法典婚姻家庭编解释（一）》在司法实践的基础上，对常见的几种类型作出了具体的规定。

（1）军人的复员费、自主择业费等一次性费用，以夫妻婚姻关系存续年限乘以年平均值，所得数额为夫妻共同财产。这里的年平均值，是指将发放到军人名下的上述费用总额按具体年限均分得出的数额。其具体年限为人均寿命70岁与军人入伍时实际年龄的差额。

（2）股票、债券、投资基金份额等有价证券以及未上市股份有限公司股份，以双方协商进行分割为准，双方不能协商达成一致的，如果按市价分配亦存在困难，人民法院可以根据数量按比例进行分配。

（3）有限责任公司的出资额，当出资系在夫妻一方名下，且另一方并非公司股东，按以下情形分别处理：一是夫妻双方协商一致将出资额部分或者全部转让给该股东的配偶，其他股东过半数同意，并且其他股东均明确表示放弃优先购买权的，该股东的配偶可以成为该公司股东；二是夫妻双方就出资额转让份额和转让价格等事项协商一致后，其他股东半数以上不同意转让，但愿意以同等条件购买该出资额的，人民法院可以对转让出资所得财产进行分割。其他股东半数以上不同意转让，也不愿意以同等条件购买该出资额的，视为其同意转让，该股东的配偶可以成为该公司股东。用于证明股东同意的证据，可以是股东会议材料，也可以是当事人通过其他合法途径取得的股东的书面声明材料。

（4）对合伙企业的出资，在一方出资，另一方不具有合伙企业合伙人身份时，如夫妻双方协商一致，将其合伙企业中的财产份额全部或者部分转让给对方，按以下情形分别处理：一是其他合伙人一致同意的，该配偶依法取得合伙人地位；二是其他合伙人不同意转让，在同等条件下行使优先购买权的，可以对转让所得的财产进行分割；三是其他合伙人不同意转让，也不行使优先购买权，但同意该合伙人退伙或者削减部分财产份额的，可以对结算后的财产进行分割；四是其他合伙人既不同意转让，也不行使优先购买权，又不同意该合伙人退伙或者削减部分财产份额的，视为全体合伙人同意转让，该配偶依法取得合伙人地位。

（5）独资企业的共同财产分割，区分以下情形：一是一方主张经营该企业的，对企业资产进行评估后，由取得企业资产所有权一方给予另一方相应的补偿；二是双方均主张经营该企业的，在双方竞价基础上，由取得企业资产所有权的一方给予另一方相应的补偿；三是双方均不愿意经营该企业的，按照《个人独资企业法》等有关规定办理。

（6）不动产，不同于股权、证券、企业出资等财产形式，不动产尤其是房产，在可以作为家庭投资选择的同时，也是家庭生活的基本方面之一。随着房地产市场高企，房产大幅增值，房产在大部分普通家庭资产中均占有极高的比例，房产分割背后的利益牵涉愈大。离婚案件中有关房产分割的争议数量越来越多、情况越来越复杂，争议分歧也越来越强烈。《民法典婚姻家庭编解释（一）》第76条规定："双方对夫妻共同财产中的房屋价值及归属无法达成协议时，人民法院按以下情形分别处理：（一）双方均主张房屋所有权并且同意竞价取得的，应当准许；（二）一方主张房屋所有权的，由评估机构按市场价格对房屋作出评估，取得房屋所有权的一方应当给予另一方相应的补偿；（三）双方均不主张房屋所有权的，根据当事人的申请拍卖、变卖房屋，就所得价款进行分割。"对于没有或没有完全取得所有权的房屋，由于所有权的归属状态尚处于不确定状态，人民法院不宜在财产分割案件中以判决的形式对所有权进行认定，否则有可能造成侵害他人合法权益的情况。对此，《民法典婚姻家庭编解释（一）》第77条规定："离婚时双方对尚未取得所有权或者尚未取得完全所有权的房屋有争议且协商不成的，人民法院不宜判决房屋所有权的归属，应当根据实际情况判决由当事人使用。当事人就前款规定的房屋取得完全所有权后，有争议的，可以另行向人民法院提起诉讼。"

（7）农村土地承包经营权。《农村土地承包法》第16条规定，家庭承包的承包方是本集体经济组织的农户。农户内家庭成员依法平等享有承包土地的各项权益。农村土地承包经营权的直接主体是农户，实际主体却是农户内的家庭成员，各家庭成员平等地享有土地承包经营权利。长期以来，对于以务农为主的许多农村家庭来说，土地承包经营权是重要的家庭财产。离婚后，双方在土地承包经营上获得的权益自然也必须平等保护。对农村集体经济组织在双方离婚后，剥夺婚前并非本集体经济组织成员的一方的土地承包经营权利的行为，应给予否定评价。

现实生活的复杂使得共同财产的存在或变化情形样式繁多，对于诸如离婚的男女双方均主张对房屋的所有权又不同意竞价的情况，或者双方长期两地分居获得的财产的认定问题，《民法典》颁布后，最高人民法院出台了《民法典婚姻家庭编解释（一）》，针对审判实践中常出现的财产分割纠纷，作出了详细的规定。人民法院在处理离婚财产分割纠纷时，可选择符合具体案件情况的规范进行适用。

（三）共同财产的分割原则

1. 一般原则：均等分割

有建议提出，应当在本条加入“夫妻共同财产一般应当均等分割”的表述，强调财产分割以均等为一般原则的价值取向。实际上，从民法关于共同共有以及夫妻共同财产制度的规定中，可以看出，夫妻财产共同共有的制度本身，已经包含了分割应均等的含义。人民法院在适用中自然应当以均等为一般原则予以遵守。但作为离婚案件当事人的男女双方以协议方式对财产进行分割，则属于其协商一致对私人事务进行处理的范畴。其处分自己权利的意思表示自由应当被尊重，只要双方能够达成一致，当事人大可按自己的意思自由处分，不必非以均等分割为前提。实践中也不乏一方出于某种考虑，自愿放弃大部分甚至全部财产的情况，只要这种财产分割不违反禁止性规定，应当予以认可。

2. 补充原则

（1）照顾子女原则。联合国《儿童权利公约》确立的儿童最大利益原则已经成为包括我国在内的世界许多国家的共识，英国、美国、澳大利亚、加拿大等英美法系国家以及德国、日本等采用大陆法系的国家，在各自法律中均明确了若干有关儿童最大利益的衡量因素。我国亦早在 1991 年就批准了联合国《儿童权利公约》。在处理涉及未成年子女利益的民事案件时，人民法院必须将子女利益最大化作为首要原则，可根据子女生活和学习的需要，给直接抚养子女一方适当多分财产，以司法手段为保护、促进子女健康成长提供良好条件。

（2）照顾女方原则。多年来，虽然随着经济水平、社会意识、法律规范的不断发展和完善，男性和女性平等的基本原则在社会各方面都得到了越来越好的贯彻，但也不能忽视，男性和女性在工作、家庭方面的投入和付出仍然远未达到平衡。大多数情况下，女性相较男性而言对家庭投入了更多的精力，结果导致了女性在自我发展和实现、获得更多经济收入等方面的投入变少。夫妻双方对家庭这个整体的投入，不论何种形式，都是对家庭整体和家庭成员的付出。在目前的社会大环境下，离婚财产分割时，给予女性一方一定的倾斜和照顾，既符合公平原则，也有利于家庭的和谐稳定。

（3）照顾无过错方原则。本条在2001年修正的原《婚姻法》第39条规定的基础上，新增了照顾无过错方的原则，当夫妻其中一方对离婚存在过错，例如存在重婚、虐待、遗弃等情况的，人民法院分割财产时，应当给予无过错方适当的照顾，可适当多分给无过错方一些财产，或者给予无过错方优先选择的权利。

适用指引

一是离婚协议中关于财产分割的条款或者当事人因离婚就财产分割达成的协议，对男女双方具有法律约束力。人民法院在案件审理过程中应当留意，此处的法律约束力只是针对身为协议当事人的男女双方而言。该协议是双方之间的内部协议，并无对外效力。同时，该法律约束力不等于法律效力。在涉及协议效力的诉讼中，究竟协议是有效、无效还是可撤销，人民法院需依法进行审查。

二是人民法院处理离婚财产分割问题时，除了遵守照顾子女、女方和无过错方利益的原则之外，还要根据待分割财产的具体状态、性质和用途等属性，尽量使财产在双方间的分配有利于当事人的生产、经营和生活，不损害财产的效用和经济价值。

类案检索

一、葛某1与赵某某离婚后财产纠纷案

关键词：离婚协议

裁判摘要：赵某某用夫妻共同财产擅自为婚生女购房出资的行为并不属于《婚姻法》第47条规定的“离婚时，一方隐藏、转移、变卖、毁损夫妻共同财产，或伪造债务企图侵占另一方财产”的情形。赵某某虽然擅自处分夫妻共同财产出资为双方的婚生女葛某2购置房屋，但其目的并非侵占葛某1财产。我国普通民众历来有为子女购房出资的善良风俗，其中蕴含对子女成家立业的希冀。葛某1陈述平时家中的钱款均由赵某某保管，葛某2在赵某某出资购房时已近成年，赵某某用其名下银行卡上的钱刷卡为婚生女葛某2出资购房，并未

隐瞒该款项的来源及去向。即便如葛某1所言，其对赵某某为婚生女葛某2出资购房的行为不明知，赵某某亦只是擅自处分了夫妻共同财产，该行为固然损害了葛某1的财产共有权，但其为双方的婚生女出资购房的行为并不具有恶意，该行为的受益方并非赵某某，而是双方的婚生女。且葛某1的权利已经通过另一民事判决得到救济。由于赵某某的行为并不符合《婚姻法》第47条之情形，本案中没有必要对赵某某的擅自处分行为重复评价，就葛某1对葛某2的夫妻共同债权对赵某某予以少分。

【案　　号】（2019）苏06民终1970号

【审理法院】江苏省南通市中级人民法院

二、李某1与李某2夫妻财产约定纠纷案

关键词：离婚协议

裁判摘要：根据《婚姻法》第19条的规定，只要夫妻双方基于意思自治的原则签订书面协议，就其名下财产权属进行的约定符合《婚姻法》规定的生效要件，即对夫妻双方发生法律上的拘束力，并未要求以夫妻双方办理物权变动手续为生效要件。本案A房屋系由B号院前院房屋拆迁安置而来，李某1与李某2在签订的协议书中明确约定该房屋属于二人共有，该约定在性质上属于《婚姻法》第19条规定的夫妻财产契约中的混合财产制类型。该约定合法有效，对双方均具有约束力，李某2应依约诚信履行。

【案　　号】（2017）京02民终2100号

【审理法院】北京市第二中级人民法院

第一千零八十八条　夫妻一方因抚育子女、照料老年人、协助另一方工作等负担较多义务的，离婚时有权向另一方请求补偿，另一方应当给予补偿。具体办法由双方协议；协议不成的，由人民法院判决。

关联规定

法律、行政法规、司法解释

《中华人民共和国妇女权益保障法》

第四十七条　妇女对依照法律规定的夫妻共同财产享有与其配偶平等的占有、使用、收益和处分的权利，不受双方收入状况的影响。

夫妻书面约定婚姻关系存续期间所得的财产归各自所有，女方因抚育子女、照料老人、协助男方工作等承担较多义务的，有权在离婚时要求男方予以补偿。

条文释义

一、本条主旨

本条是关于离婚经济补偿的规定。

二、条文演变

在2001年之前，我国婚姻法中没有对离婚经济补偿的规定。2001年修正的原《婚姻法》首次引入了离婚经济补偿制度，明确对家务劳动价值予以认可。该法第40条规定："夫妻书面约定婚姻关系存续期间所得的财产归各自所有，一方因抚育子女、照料老人、协助另一方工作等付出较多义务的，离婚时有权向另一方请求补偿，另一方应当予以补偿。"即我国婚姻法中对离婚经济补偿的最初规定，以夫妻双方采取约定财产制为前提，此时才能在离婚时酌情根据一方在“抚育子女、照料老人、协助另一方工作等”方面的付出义务情况予以补偿，否则不能适用，适用范围较窄，发挥作用有限。有鉴于此，《民法典》制定过程中，从初审稿开始就删除了对离婚经济补偿以夫妻约定财产制为适用前提的规定，而将条件仅限于一方在“抚育子女、照料老年人、协助另一方工作等”方面付出较多义务，将经济补偿范围扩大到法定财产制和约定财产制同样适用，大大扩充了离婚经济补偿的适用范围，也体现了对家务劳动价值的更大肯定。

三、条文解读

（一）家务劳动价值应当得到尊重，有必要为夫妻中负担较多家庭义务的一方提供离婚经济补偿

家庭是社会的基本细胞，每一个家庭成员都会在家庭中得到立足社会的基本物质和精神支持。夫妻中在照料老人、子女或者配偶，以及为家庭生活提供服务和便利等方面付出更多的一方，将其更多的时间和精力投入无偿家务劳动中的利他行为，使包括配偶在内的家庭成员均有受益，根据民法权利义务相一致的原则，负担更多家庭义务的一方，应当享有获得相应经济补偿的权利。尤其是，现实生活中，常常存在一方因负担较多的家庭义务，导致其投入在自我发展、自我实现上的时间和精力被大量压缩，甚至完全牺牲自我发展的机会，全力投入家务劳动中的情况。当夫妻双方离婚，负担了更多的家庭义务，给另一方提供了更多无形支持的一方反而会因自身经济能力弱或缺乏经济能力而面临权益不能得到保障的困境，显然有悖公平。

从价值方面看亦是如此。根据马克思的劳动价值论，劳动分为具体劳动和抽象劳动。家务劳动同样凝结了具体劳动和抽象劳动，因而它应该是有价值的，它创造的价值应和其他劳动价值一样都属于社会价值的一部分。[①] 家务劳动虽然没有直接的量化价值描述，却创造了无数的有形和无形价值。投入家务劳动，承担家庭义务的人，理应获得相应的报酬。

世界范围内，家务劳动价值也得到了很多国家的认可。例如，《瑞士民法典》规定，在协助配偶他方从事职业或经验事业中，配偶一方的付出显著超出

---

① 廖宇航：《家务劳动价值的估算》，载《统计与决策》2018 年第 8 期。

其为抚养家庭作出的贡献的，其有权请求为此得到合理的补偿金。《德国民法典》规定，在离异的婚姻一方因照料或教育共同的子女而不可能期待其就业的情形以及在此种情形持续期间，该方可以向另一方要求生活费。

（二）离婚经济补偿的适用需符合一定的条件

1. 不区分夫妻财产所有制类型一律适用

《民法典》出台之前，2001 年修正的原《婚姻法》第 40 条规定，夫妻书面约定婚姻关系存续期间所得的财产归各自所有，一方因抚育子女、照料老人、协助另一方工作等付出较多义务的，离婚时有权向另一方请求补偿，另一方应当予以补偿。《妇女权益保障法》第 47 条第 2 款也作出了相似的规定，夫妻书面约定婚姻关系存续期间所得的财产归各自所有，女方因抚育子女、照料老人、协助男方工作等承担较多义务的，有权在离婚时要求男方予以补偿。两部法律均将离婚经济补偿的前提确定为“夫妻书面约定婚姻关系存续期间所得的财产归各自所有”，即采取约定财产制的夫妻之间，离婚时承担了较多家庭义务的一方才有权请求对方补偿。从审判实践情况看，多年来，经济补偿制度并未在司法实践中得到普遍运用。相反，有关统计显示，2001 年修正的原《婚姻法》第 40 条的适用率明显偏低，少数的适用案例中，还有一部分是经过法院的目的性扩张解释后才得以适用。[①] 出现这种情况的主要原因在于我国绝大多数家庭都采取了法定的共同财产制，约定分别财产制的家庭数量极少，基数的缺乏导致 2001 年修正的原《婚姻法》第 40 条的规定无法发挥应有的作用。本条规定删除了离婚经济补偿对夫妻财产制类型的要求，无论夫妻关系存续期间，双方采取的是法定共同财产制还是约定了分别财产制，只要一方在婚姻中相比另一方对家庭负担了更多的义务，就有权利在离婚时请求补偿。

2. 经济补偿请求以负担了较多家庭义务为前提

本条列举了抚育子女、照料老年人、协助另一方工作等，作为承担较多义务的一方可提出经济补偿的情形。当然，离婚经济补偿的适用情形并不局限于以上三个方面，为家庭利益而负担的义务均应在此之列，主要表现为家务劳动。家务劳动，是指为自己和家人最终消费所进行的准备食物、清理住所环境、整理衣物、购物等无酬家务劳动以及对家庭成员和家庭以外人员提供的无

---

① 参见陈颖：《家务劳动补偿制度的实践反思与制度调适》，载《人民司法》2015 年第 21 期。

酬照料与帮助活动。[①] 这些家庭事务遍布生活的方方面面，但却无法通过市场价值直接衡量，根据权利义务相一致原则，负担较多义务但未获得相应权利的一方应当得到适当的补偿。判断一方是否承担了较多义务，应结合一方在家庭义务上付出的时间成本、精力成本以及获得的效益等多方面因素，综合进行衡量。

3. 经济补偿需一方主动提出，法院不得主动适用

本条规定，负担较多义务的一方“离婚时有权向另一方请求补偿”，即经济补偿以负担较多义务一方提起补偿请求为前提，人民法院在当事人未提出经济补偿请求的情况下，不得径行就经济补偿作出判决。但是，法院可以向当事人释明其经济补偿请求权，是否行使由当事人自行决定。

4. 经济补偿请求须在离婚时提出

负担较多家庭义务一方的补偿请求，仅限在协议离婚或离婚案件诉讼过程中提出，协议或判决离婚后，一方提出经济补偿请求的，人民法院不予受理。作此规定的原因在于，经济补偿请求权是法律赋予负担了较多家庭义务一方的权利，其可以行使，也可以不行使。该种权利也不存在有客观障碍导致对权利享有状态不明的情况，将经济补偿请求权扩大到婚姻关系存续期间或离婚后，现实意义不大，也不利于双方尽快解决争议，投入新生活。

（三）准确认定离婚经济补偿的方式和数额

私人事务领域以当事人的意思自治为先，经协商一致达成的协议，对双方都具有法律约束力。只有当双方无法通过协商就经济补偿达成一致意见时，方得由法院根据案件实际情况，依法判决。

负担的家庭义务如何量化，家务劳动的价值如何计算素来是个难题。由于家务劳动服务对象的特定性和劳动内容的私人化，家务劳动虽然作为社会经济的一部分，但并未被纳入国民经济核算，无论查询国民生产总值或国内生产总值，还是查询任何的经济报告，都无从寻找未市场化的家务劳动所占的价值。相反，一直以来家务劳动都作为一种不计报酬的无偿劳动存在。多年来，不断有研究试图通过经济学和统计学的方式找到答案。例如，不同研究数据分

① 吴燕华：《居民家务劳动时间经济价值研究——以杭州市为例》，载《吉林工商学院学报》2015 年第 3 期。

别显示，保守估计家务劳动潜在价值约占 GDP 的 30%；[①] 也有研究以杭州一市为样本，得出结论认为，杭州市家务劳动经济价值平均约占当年地区生产总值的 12.23%，相当于杭州人均消费支出的 46.47%，相当于第三产业增加值的 23.11%，如果将无酬家务劳动与市场上的有酬劳动相比，家务劳动的价值相当于杭州市就业人员全年工资总额的 43.23%。[②]

可以看出，家务劳动这种在社会经济运行中表现不明显、存在感低、没有薪酬的劳动方式，创造的经济价值实则不容忽视，对社会再生产具有重要的意义。然而，直至今日，并没有一种权威的量化计算方式可用来确认家务劳动的具体价值。人民法院确定离婚经济补偿数额时，必须全面综合考察，尽量使经济补偿数额与负担较多一方付出的劳动、产出的价值得以匹配。可以参考以下几方面的因素：（1）家务劳动时间。不仅包括日常投入在家务劳动上的时间，还包括婚姻关系存续时间的长短，投入时间越多、婚姻持续时间越长，补偿数额应当相应增加。（2）投入家务劳动的精力。家务劳动种类繁多，有的家务如洗衣可操作洗衣机完成，不需投入太多精力，而照顾老人和子女之类的事项，不仅要投入大量的体力劳动，还需要投入大量的精神关怀。同等条件下，强度更大、更复杂的家务劳动理应获得比相对简单的家务劳动更多的补偿。（3）家务劳动的效益。其中既包括直接效益，也包括间接效益，如良好的家庭生活环境，或者由此带来的家庭积极财产的增多或消极财产的减少。（4）负担较多义务一方的信赖利益。婚姻中，负担较多家庭义务的一方出于对婚姻前景的信赖，付出较多精力从事家务劳动，随之而来的不免有其自我发展空间的压缩，无形中付出了个人工作选择、收入能力等方面的机会成本。为此，另一方因此而获得的有形财产利益、无形财产利益及可期待的财产利益，如一方在婚姻期间获得的学历学位、工作前景、执业资格、专业职称、知识产权等，均应纳入经济补偿数额的计算范畴。

适用指引

离婚经济补偿作为离婚三大救济制度之一，其主要功能在于在夫妻共同财

① 廖宇航：《家务劳动价值的估算》，载《统计与决策》2018 年第 8 期。

② 吴燕华：《居民家务劳动时间经济价值研究——以杭州市为例》，载《吉林工商学院学报》2015 年第 3 期。

产分割的基础上，对家庭义务承担较多一方的权利给予救济和平衡。经济补偿的确定，以夫妻共同财产分割的确定为基础，补偿金应当从承担支付义务一方的个人财产或分得的共同财产中支取。不能采取在夫妻共同财产分割前先扣除经济补偿，再对剩余共同财产进行分割的做法，否则，离婚经济补偿的救济功能将失去意义。

典型案例

一、张某与萧某离婚纠纷案

关键词： 离婚　经济补偿

裁判摘要： 父母对于子女的抚养不仅体现在金钱上的付出，时间、精力的付出也属于必要的付出。一方在外工作，子女由另一方独自抚养，另一方因此而负担较多的义务，离婚时有权请求补偿。

基本案情： 张某、萧某婚后经常争吵打架，夫妻感情日益恶化。萧某自1998年起长期在外务工，至2003年期间双方联系甚少。其间，萧某仅于2002年汇给张某2200元。张某未征得萧某的同意，将夫妻双方原购住房与张某父母的旧房某大院房屋进行交换，并将此房屋出租，张某则与其独自抚养的儿子居住于其父母家中，以减少家庭开支。2003年至今，萧某与家庭的联系日益减少，仅为其儿子换电脑、购买过复读机、MP3和自行车等学习和生活用品，后因张某无力独自承担抚养儿子的重担，萧某又承担了其2003年后的学费，但未支付孩子的其他抚养费。张某要求萧某支付2万元经济补偿。

【案　　号】（2006）岳民一初字第403号

【审理法院】湖南省长沙市岳麓区人民法院

【来　　源】《人民法院案例选》2007年第4辑（总第62辑）

二、林某与陈某1离婚纠纷案

关键词： 离婚　经济补偿

裁判摘要： 一方放弃工作机会长期在家照顾患病家庭成员，牺牲大量个人时间，付出体力劳动，给予精神关怀，综合双方在承担家庭义务所付出的时间成本、精力成本以及获得的效益等多方面因素，符合主张离婚经济补偿的标准。

基本案情：陈某1、林某婚后生育一子陈某2，经医院检查为重度智力低下，不能正常交流沟通，需长期就医。二人另实际抚养了一名社会福利机构抚养的儿童陈某3。陈某1年收入30余万元，林某无工作。林某在离婚诉讼中请求陈某1补偿200万元。

【案　　号】（2021）京03民终6169号

【审理法院】北京市第三中级人民法院

【来　　源】《中国法院2022年度案例》

第一千零八十九条　离婚时，夫妻共同债务应当共同偿还。共同财产不足清偿或者财产归各自所有的，由双方协议清偿；协议不成的，由人民法院判决。

关联规定

法律、行政法规、司法解释

1.《中华人民共和国民法典》

第一千零六十四条　夫妻双方共同签名或者夫妻一方事后追认等共同意思表示所负的债务，以及夫妻一方在婚姻关系存续期间以个人名义为家庭日常生活需要所负的债务，属于夫妻共同债务。

夫妻一方在婚姻关系存续期间以个人名义超出家庭日常生活需要所负的债务，不属于夫妻共同债务；但是，债权人能够证明该债务用于夫妻共同生活、共同生产经营或者基于夫妻双方共同意思表示的除外。

2.《最高人民法院关于适用〈中华人民共和国民法典〉婚姻家庭编的解释（一）》

第三十三条　债权人就一方婚前所负个人债务向债务人的配偶主张权利的，人民法院不予支持。但债权人能够证明所负债务用于婚后家庭共同生活的除外。

第三十四条　夫妻一方与第三人串通，虚构债务，第三人主张该债务为夫妻共同债务的，人民法院不予支持。

夫妻一方在从事赌博、吸毒等违法犯罪活动中所负债务，第三人主张该债务为夫妻共同债务的，人民法院不予支持。

第三十五条　当事人的离婚协议或者人民法院生效判决、裁定、调解书已经对夫妻财产分割问题作出处理的，债权人仍有权就夫妻共同债务向男女双方主张权利。

一方就夫妻共同债务承担清偿责任后，主张由另一方按照离婚协议或者人民法院的法律文书承担相应债务的，人民法院应予支持。

第三十六条 夫或者妻一方死亡的，生存一方应当对婚姻关系存续期间的夫妻共同债务承担清偿责任。

条文释义

一、本条主旨

本条是关于离婚后原婚姻关系存续期间形成的夫妻共同债务应当如何偿还的规定。

二、条文演变

本条表述在原《婚姻法》的历次修改和《民法典》的制定过程中几经变更。1980 年原《婚姻法》第 32 条表述为："离婚时，原为夫妻共同生活所负的债务，以共同财产偿还。如该项财产不足清偿时，由双方协议清偿；协议不成时，由人民法院判决。男女一方单独所负债务，由本人偿还。"2001 年修正的原《婚姻法》第 41 条表述为："离婚时，原为夫妻共同生活所负的债务，应当共同偿还。共同财产不足清偿的，或财产归各自所有的，由双方协议清偿；协议不成时，由人民法院判决。"上述规定均在明确偿还规则的同时，对什么是离婚时应当共同偿还的夫妻共同债务进行了定义，即"为夫妻共同生活所负的债务"。过去的司法实践中，以该条和相关司法解释规定共同作为认定是否为夫妻共同债务，应否共同偿还的依据。《民法典》制定中，将此前司法解释中关于夫妻共同债务认定标准的相关规定进行了整合，规定在第 1064 条中，本条也在此基础上作出相应修改，删除了对应当共同偿还的夫妻共同债务界定的表述。其余部分基本无改动。

三、条文解读

夫妻共同债务能否得到妥善的处置，不仅涉及男女双方之间的权利义务分配问题，更关涉法律对夫妻之外的债权人权利的保障，事关男女双方和债权人合法权益的平衡保护。

（一）男女双方对债权人负连带清偿责任

《民法典》第1064条对应当认定为夫妻共同债务的情形作出了明确规定，即夫妻双方共同签名或者夫妻一方事后追认等共同意思表示所负的债务，以及夫妻一方在婚姻关系存续期间以个人名义为家庭日常生活需要所负的债务，属于夫妻共同债务。夫妻一方在婚姻关系存续期间以个人名义超出家庭日常生活需要所负的债务，不属于夫妻共同债务；但是，债权人能够证明该债务用于夫妻共同生活、共同生产经营或者基于夫妻双方共同意思表示的除外。

夫妻共同债务的形成，或基于夫妻双方的共同意思表示，或用于夫妻共同生活或夫妻共同的生产经营活动，其在形成、使用等方面与夫妻双方作为一个对外整体的各种民事活动存在密不可分的联系。对婚姻关系存续期间形成的夫妻共同债务，双方应当负连带清偿责任。这种连带清偿责任，并不因夫妻双方的婚姻关系存续状态的变化而改变。因婚姻而形成的法律关系，除了包含财产内容之外，还具有强烈的人身属性。离婚导致男女双方间夫妻关系和财产共有关系消灭，双方按照法律规定确定共同财产的分割方式。但是，为了保护债权人的合法权利不因婚姻关系的变动而受到侵害，这种分割解决的仅是男女双方之间的财产关系，仅具有对内的效力，对债权人等婚姻关系之外的其他第三人不产生法律约束力，不能产生导致男女双方对债权人的债务消失或变化的法律后果。男女双方仍应当以其财产对债务承担偿还责任，但是，该种偿还责任的履行需要按照一定的顺序进行。

一是夫妻共同债务，首先应当以夫妻共同财产偿还。夫妻共同债务是夫妻双方因其“共同”性而产生的债务，男女双方共同承担，在有共同财产存在的情况下，自然首先应当以共同财产进行偿还。否则，直接要求一方以个人财产偿还夫妻共同债务，将产生对偿还一方课以超出其应承担范围的义务的后果，有违公平原则，且变相产生了无论共同财产金额能否覆盖共同债务金额，均在男女双方之间形成了新的债权债务关系，使双方间财产关系复杂化的法律后果。故而，夫妻共同债务首先应当以夫妻共同财产进行清偿，共同债务可被全部清偿的，剩余共同财产由男女双方协商或由法院判决进行分割；共同财产数额无法覆盖全部共同债务的，由双方以其个人财产部分偿还。

二是当夫妻共同财产不足以清偿夫妻共同债务，或者夫妻双方原本就采用分别财产制，不存在夫妻共同财产的情况下，夫妻双方应当以其个人财产偿还共同债务。与以共同财产进行清偿不同，以个人财产偿还夫妻共同债务时，需要注意双方对债务的承担比例问题。具体的清偿方案、承担比例等，由双方自行协商确定，协商结果对男女双方均具有法律约束力。双方无法通过协商确定偿还比例的，则由人民法院根据案件的实际情况依法判决。

需要注意的是，第一，男女双方对夫妻共同债务清偿比例的确定，不能产生消灭双方对债权人负有的连带清偿责任的结果。根据《民法典婚姻家庭编解释（一）》第35条第1款规定，当事人的离婚协议或者人民法院的生效判决、裁定、调解书已经对夫妻财产分割问题作出处理的，债权人仍有权就夫妻共同债务向男女双方主张权利。即男女双方就共同债务的偿还比例作出的协议或人民法院的裁判确定的夫妻共同债务偿还比例，仅对男女双方具有对内的效力，对男女双方以外的债权人，并不具有当然的约束力。对债权人来说，男女双方对共同债务仍然承担连带偿还责任，债权人既可以要求双方按各自的比例偿还，也可以仅对其中一方提出偿还要求，还可以另行提出偿还比例要求双方履行。在男女双方通过协议确定共同债务清偿比例的情况下，由于该协议完全基于双方的意思形成，不能排除夫妻双方为了逃避还款义务，以假离婚的方式分割财产、确定债务清偿比例，将全部或大部分债务约定由缺乏清偿能力的一方承担的可能。这种情况下，假如允许男女双方承担的连带清偿责任随之消灭，将产生债权人的个人权利被他人之间的约定处分的结果，对债权人合法权益的维护造成极大不利，显然有悖民法的自愿和公平原则。人民法院判决确定清偿比例的情况亦是如此，债权人并非处理男女双方之间财产分配案件的当事人，该案的判决势必无法对债权人的利益给予全面考虑，生效判决不能对债权人产生既判力。

第二，根据《民法典婚姻家庭编解释（一）》第35条第2款规定，一方就夫妻共同债务承担清偿责任后，主张由另一方按照离婚协议或者人民法院的法律文书承担相应债务的，人民法院应予支持。如上已述，无论婚姻关系存续状态为何，也无论男女双方是否已就夫妻共同债务的清偿确定了分担比例，都不影响双方对债权人的连带偿还责任。连带债务，是指数人负同一债务，其中每个人各自都有对债权人履行全部债务的义务。连带债务的共同目的性，意味着连带债务人中的一人与债权人之间发生的事项，对其他连带债务人也发生效力，当连带债务人中的一人清偿了全部债务，其他债务人的债务同时消灭。[①]《民法典》第178条第1款规定，二人以上依法承担连带责任的，权利人有权请求部分或者全部连带责任人承担责任。当债权人要求男女双方中的一方承担超过其应当承担份额的偿还责任时，该方不能以协议或判决确定的偿还份额为抗辩理由，拒绝债权人的偿还请求。但是，实际承担了超过其应当偿还数额的一方，有权向另一方追偿，追偿的数额以实际偿还数额与应当偿还数额之差计。

（二）偿还比例应当依据法律规定和案件实际情况综合确定

《民法典》第178条第2款规定，连带责任人的责任份额根据各自责任大小确定；难以确定责任大小的，平均承担责任。该条规定确定了连带责任人的内部责任份额以责任大小为基本依据确定，并以平均分担作为补充原则的认定规则。与一般合同或侵权领域的连带责任不同，夫妻共同债务的形成，以夫妻婚姻关系存续期间的某些特定的共同行为为基础，双方之间的责任大小通常难以区分。此外，男女双方各自承担的偿还比例，与连带责任份额亦不完全等同。《民法典》第1087条规定，离婚时，夫妻的共同财产由双方协议处理；协议不成的，由人民法院根据财产的具体情况，按照照顾子女、女方和无过错方权益的原则判决。夫妻共同债务，也可以说是夫妻共同的消极财产，人民法院在确定共同债务的分担比例时，亦应当遵循照顾子女、女方和无过错方权益的财产分配原则。同时，还应当根据案件的实际情况，将双方的经济能力和对债务形成、支配或收益的参与情况等因素纳入考虑范围，合理确定男女双方对夫妻共同债务的分担比例，不得对当事人的生存权利造成不良影响。

适用指引

实践中，可能存在债权人基于某些特殊原因，仅向男女双方中的一方请求履行夫妻共同债务的偿还义务的情况。人民法院应当仔细审查债权人的请求内容，注意区分只向一方行使债权请求权和放弃要求另一方承担偿还责任的情况。前者，男女双方均有义务向债权人承担全部偿还责任；后者，根据《民法

① 魏振瀛主编：《民法学》（第三版），北京大学出版社、高等教育出版社2007年版，第327页、第329页。

典》第520条第2款规定，部分连带债务人的债务被债权人免除的，在该连带债务人应当承担的份额范围内，其他债务人对债权人的债务消灭，亦即另一方的偿还责任仅以协议或判决确定其应当承担的份额为限。

类案检索

陈某某与谢某某、苏某某等民间借贷纠纷案

关键词：离婚　夫妻共同债务

裁判摘要：对于在夫妻关系存续期间以一方名义产生的债务是否应算作共同债务，应当结合具体案情从以下标准进行综合考量：（1）相关债务是否为夫妻一方在婚姻存续期间以个人名义超出家庭生活所需负担的债务，如果是则不应认定为夫妻共同债务；（2）相关借款是否用于夫妻共同生活或者生产经营；（3）借款是否为夫妻双方的共同意思表示或者其配偶在事后表示追认，承诺以夫妻共同财产偿还债务。

【案　　号】（2018）粤01民终14301号

【审理法院】广东省广州市中级人民法院

第一千零九十条　离婚时，如果一方生活困难，有负担能力的另一方应当给予适当帮助。具体办法由双方协议；协议不成的，由人民法院判决。

关联规定

法律、行政法规、司法解释

《中华人民共和国妇女权益保障法》

第四十八条　夫妻共有的房屋，离婚时，分割住房由双方协议解决；协议不成的，由人民法院根据双方的具体情况，按照照顾子女和女方权益的原则判决。夫妻双方另有约定的除外。

夫妻共同租用的房屋，离婚时，女方的住房应当按照照顾子女和女方权益的原则解决。

条文释义

一、本条主旨

本条是关于离婚经济帮助制度的规定。

二、条文演变

本条规定确立了离婚经济帮助制度的几个适用条件：离婚时、一方生活困难、一方有负担能力、协议为先判决为后。这是在多年审判实践基础上逐步总结演变而来的。1980 年原《婚姻法》第 33 条对此的规定是："离婚时，如一方生活困难，另一方应给予适当的经济帮助。具体办法由双方协议；协议不成时，由人民法院判决。"2001 年原《婚姻法》修正后，第 42 条规定："离婚时，如一方生活困难，另一方应从其住房等个人财产中给予适当帮助。具体办法由双方协议；协议不成时，由人民法院判决。”《民法典》的本条删除了2001年修正的原《婚姻法》对另一方以“从其住房等个人财产中”给予帮助的表述，对经济帮助方式不作列举或限制，实务中可根据个案实际情况确定。此外，增加了另一方“有负担能力”的规定，给离婚时经济困难一方和另一方的权益给予更为周全的保护。

三、条文解读

离婚经济帮助制度，与家务劳动补偿制度和离婚损害赔偿制度并称为我国三大离婚救济制度。其中，离婚经济帮助制度确立时间最早，1950年原《婚姻法》已有体现。家务劳动补偿制度和离婚损害赔偿制度则是2001年时修改增设，《民法典》继续沿用由这三种制度共同构建的离婚救济制度体系。

离婚经济帮助，即当存在离婚后一方生活将陷入困难的情况时，由具备负担能力的另一方对其给予适当的帮助，以保护困难一方的基本生存利益不受损害。如何理解离婚经济帮助制度，历来存在不同的观点，各国立法采用的称谓也不尽相同。有的观点认为，离婚经济帮助是夫妻相互扶养义务在离婚后的继续和延伸。有的观点则认为，离婚经济帮助并非扶养义务的延伸，而是为消除夫妻扶养义务因离婚而解除后所可能产生之不利影响而专门设计的一种救济措施。[①] 还有观点将其理解为一种道义上的责任。[②] 不论是站在义务角度、救济角度还是道义角度，归根究底，离婚经济帮助制度承担着保障离婚时生活困难一方的基本生存利益的重要功能，可以说是离婚救济体系中的兜底条款，人民法院在审判实践中应当依法审慎认定。

（一）如何理解生活困难

综观世界各国立法，就如何界定“生活困难”存在两种不同的标准：一是绝对主义标准，只有在以社会一般认知判断，离婚后一方将陷入生活困难的境地时，才可给予经济帮助。二是相对主义标准，该标准对生活困难的定义较为宽松，只要一方离婚后生活水平明显下降，即符合给予经济帮助的条件。《民法典》采用了绝对主义标准。《民法典》第1087条到第1091条分别对离婚后

---

① 李俊：《离婚后扶养制度的性质探析与检讨》，载《甘肃政法学院学报》2007年第6期。

② 马忆南：《离婚救济制度的评价与选择》，载《中外法学》2005年第2期。

夫妻共同财产的分割、共同债务的承担、家务劳动补偿、离婚经济帮助和离婚损害赔偿作出了具体的规定，以双方协议决定财产的处置为基本方式，赋予男女双方在离婚时对财产分配（包括消极财产债务的承担）充分的自决权利。即便协议不成，人民法院运用司法权确定财产分配处置的过程，也必须遵循照顾子女、照顾女方、照顾无过错方等基本原则，保证财产处置的公平合理。此外，家务劳动补偿和离婚损害赔偿制度对基本的财产处置规则形成了有益的补充。各项规定相辅相成，共同构建了以尊重当事人意思自治为先，辅之注重双方当事人利益平衡的财产处置体系，全面保护离婚时男女双方的合法权益。从本质上看，离婚经济帮助制度是对生活困难一方基本生存权益的保护，为其因离婚而受到损害的基本生存权益提供救济途径。在相对主义标准下，仅因男女双方经济实力悬殊，就打破离婚财产处置的基本规则，不仅会削弱以上条款存在的价值，现实中，也难以避免经济能力较弱的人通过婚姻谋求财产收益的投机现象，不仅有违民法公平原则，也不符合社会主义道德的要求，同时也不利于婚姻关系的稳定。

人民法院在审判实践中，应当注意结合案件实际情况，具体问题具体分析，对是否存在生活困难情况进行认定。以下情形可认定为生活困难：（1）一方缺乏或丧失劳动能力，没有收入来源或收入来源有限，以其个人财产和分得的财产，无法维持当地一般生活水平的。（2）一方因患病，个人财产和分得的财产不足以覆盖其基本医疗需要，维持当地一般生活水平的。（3）一方没有住处的。此处的住处，既包括该方自己享有所有权的房屋，也包括其租住或享有居住权的房屋。对于可以自己的个人财产或分得的财产承租房屋用于居住，且足以维持当地一般生活水平的，应当结合具体情况判断，不宜简单认定为生活困难。一般而言，一方依靠个人财产和离婚时分得的财产无法维持当地基本生活水平，或者没有住房的情况下，可以认定为生活困难，适用离婚经济帮助制度。

（二）离婚经济帮助仅可在离婚时提出，并以另一方有负担能力为前提

需要注意，适用离婚经济帮助制度的时间受到严格的限制，仅限男女双方离婚时提出。生活困难的认定，需以离婚时的实际情况为准。对于一方在离婚时不存在生活困难现象，离婚后发生生活困难的情况，另一方不负有给予经济

帮助的义务。生活困难方以离婚后发生了生活困难情形为由，要求对方提供经济帮助而向法院提起诉讼的，人民法院一般不予支持。此外，离婚经济帮助的时间限制性还意味着经济帮助只是一次性帮助，即在离婚时一次确定经济帮助的标准、数额及方式等，双方据此提供或接受帮助，不得反复。此处所说的一次性，与经济帮助履行方式中的一次性履行或定期履行不同，审判实践中应当注意区分，避免混淆。

离婚经济帮助必须以提供帮助一方有负担能力为前提。经济帮助制度的根本目的是保障因离婚而生活困难一方的基本生存权益。实践中，难以避免这样一种情况：一方生活困难，另一方虽可以其个人财产和离婚分得的财产维持当地基本生活水平，但却不足以既满足对方的经济帮助需要，又使自身维持当地基本生活水平。此时，如果仍然要求另一方向对方给予经济帮助，势必造成提供帮助一方进入生活困难状态，反与离婚经济帮助制度的目的相悖。因此，承担经济帮助义务的一方必须有足够的负担能力，既能以其个人财产及分得的财产维持其自身正常的衣、食、住、行等生活基本需求，也能在此基础上给对方提供住房、金钱或其他经济上的帮助。

除此之外，离婚经济帮助不附加其他任何条件。男女双方是协议离婚或判决离婚，夫妻关系存续期间哪方为家庭生活负担了更多的义务，双方对离婚的主观过错情况如何，实行的是共同财产制还是约定财产制，均不构成认定是否给予离婚经济帮助的条件。离婚经济帮助作为我国婚姻法三大离婚救济制度中的兜底条款，起着保障男女双方中经济弱势一方基本生存权益的重要作用，其核心是“保障”。因此，无关离婚方式，无关夫妻财产制度，无关对无过错方的照顾或对过错方的惩罚，也无关对承担更多家庭义务一方的补偿，只要符合离婚时一方生活困难，另一方有负担能力的条件，人民法院应判决给予离婚经济帮助。

（三）离婚经济帮助的标准和方式

本条规定，离婚经济帮助的“具体办法由双方协议；协议不成的，由人民法院判决”。符合离婚经济帮助情形的，双方可以自行协商，确定提供经济帮助的标准和履行方式等。双方不能达成一致的，人民法院应当根据法律规定和案件实际情况，参考男女双方的财产状况、经济能力、当地生活水平、履行便利等因素，以充分保障生活困难一方的基本生存权益、满足其实际生活需要为目的，确定经济帮助的标准、数额及方式。

经济帮助的方式，可以根据双方当事人实际情况的不同，采取现金帮助、劳务帮助或实物帮助等，还可以视情况采用一次性帮助、定期帮助或住房帮助等其他形式。（1）离婚时一方年纪较轻，具备劳动能力，生活暂时困难，之后有自行缓解可能的，可予一次性帮助或短期的定期帮助；（2）离婚时一方因年老或疾病，丧失或缺乏劳动能力，又无其他收入来源的，应当给予相比第一种情况更多的一次性帮助或时间更长的定期帮助；（3）对于没有住处而生活困难的，原《婚姻法解释（一）》第27条第33款中曾规定，离婚时，一方个人财产中的住房对生活困难者进行帮助的形式，可以是房屋的居住权或者房屋的所有权。《民法典》物权编明确将居住权规定为法定用益物权之一后，该条因没有继续保留的必要而删除。但条文演变中的法律精神是一以贯之的。离婚时，一方没有住房，而另一方有条件可以提供的，可以由其向生活困难方提供住房，这种权利既可以是居住权，也可以是所有权，具体方式应当根据案件实际情况确定。提供居住权的，人民法院可以根据情况对居住权设立一定的期限或条件。男女双方应当按照《民法典》物权编用益物权分编第14章有关居住权的规定，签订居住权合同并办理登记。就以住房所有权提供经济帮助的问题，有学者认为，支援性物质支出在提供帮助一方的财产中不应当占过大的比例，[①] 否则明显与经济帮助的性质不匹配，有救济过度之嫌。[②] 现行立法对以住房提供经济帮助时的具体方式并无强制规定，无论向生活困难一方提供居住权还是所有权，均应根据案件的实际情况、当事人的经济能力等因素综合进行判断。对于一方经济状况较好，提供住房所有权给生活困难的对方对其自身财产状况不至于造成较大影响的，亦不能排除以住房所有权提供经济帮助的适用。

适用指引

离婚经济帮助是对离婚时生活困难一方基本生存权益的救济，经济帮助不能被当作无限期的生存手段，否则将违背民法的公平原则。人民法院在审理离婚经济帮助案件时，应当根据个案实际情况，对经济帮助的时间附加一定的期

① 巫昌祯、夏吟兰：《〈民法典·婚姻家庭编〉之我见》，载《政法论坛（中国政法大学学报）》2003年第1期。

② 孙若军：《离婚救济制度立法研究》，载《法学家》2018年第6期。

限或条件，当期限届满或条件达成时，提供经济帮助的一方即不再承担经济帮助义务。此外，即使经济帮助的附加期限未满或条件尚未达成，当发生离婚时生活困难一方再婚或经济能力足以维持当地基本生活水平的情况，经济帮助的存在意义已经丧失，不论经济帮助的履行程度如何，提供经济帮助一方均可停止给付。如在归某诉田某、陈某1、陈某2腾退房屋纠纷案中，田某与归某在法院调解离婚，因田某生活困难且无房居住，双方约定归某单位分配的公房由田某继续居住，归某住房自行解决。离婚后归某取得了房屋产权，田某与陈某1结婚并生育子女陈某2。归某起诉要求田某、陈某1、陈某2腾退涉案房屋，在诉讼期间田某与陈某1离婚。归某的主张应否得到法院支持？我们认为，离婚时一方对另一方婚前承租的公房无权承租而解决住房确有困难的，人民法院可判决或调解其暂时居住。本案田某与归某离婚时调解协议未对田某的居住期限予以明确约定，但并不表明田某可以永久居住，经济帮助也不是无休无止的。田某在涉案房屋中居住多年且再婚生育子女，无论从居住的合理期限以及田某家庭生活的变化、归某应享有的物权方面考虑，田某、陈某2均不宜继续在涉案房屋居住。田某虽在诉讼中与陈某1离婚，但并不能因此逃避腾退房屋的义务。归某对房屋享有占有、使用、收益和处分的权利，其起诉要求田某、陈某1、陈某2腾退房屋理由正当，应当予以支持。

典型案例

一、刘某1与薛某某离婚纠纷案

关键词： 离婚　生活困难　经济帮助

裁判摘要： 一方当事人为家庭付出较多，离婚后，没有经济收入，也没有住所，仍需抚养未成年人子女的，属于生活困难。离婚时，一方以个人财产中的住房对生活困难者进行帮助的形式，可以是房屋的居住权。关于房屋的居住期限，应结合案情具体情况具体分析。在不影响另一方生活的情况下，生活困难者可以居住至再婚时。

基本案情： 刘某1、薛某某因刘某1个人感情问题发生矛盾，夫妻感情日趋恶化，多年未共同生活。刘某1婚前所有的平房拆迁后获得一处楼房，一直由薛某某及婚生子刘某2共同居住。平房拆迁补偿款由薛某某领取，部分用于偿还刘某的债务2万元，其他用于家庭生活。刘某2尚在大学就读，无其他生活来源。薛某某没有固定工作，也没有自己的住房，仍需要继续负担刘某2上大学期间的相关费用。

【案　　号】（2014）青民五终字第10号

【审理法院】山东省青岛市中级人民法院

【来　　源】《人民法院案例选》2016年第6辑（总第100辑）

二、霍某与魏某离婚纠纷案

关键词：离婚　生活困难　经济帮助

裁判摘要：夫妻一方因残疾缺乏劳动能力和生活来源，离婚时生活困难，另一方有能力给予帮助的，符合适用《民法典》第1090条关于离婚经济帮助规定的条件。

基本案情：霍某与魏某于2001年登记结婚。婚后，魏某因发生交通事故导致其头部受伤，成为智力残疾三级伤残，并且因肇事司机逃逸未能得到赔偿。魏某自2015年起回娘家居住。霍某自2016年起四次起诉与魏某离婚。霍某月平均收入为5000元，魏某每月领取的残疾补助金为700元至800元。

【案　　号】（2020）京02民终9868号

【审理法院】北京市第二中级人民法院

【来　　源】《中国法院2022年度案例》

三、欧某与刘某离婚纠纷案

关键词：离婚　经济帮助

裁判摘要：一方在离婚之后无劳动能力和收入来源或者仅有有限收入来源但无法维持其正常生活需要的，或者其所分得的那部分财产不足以支撑其日常生活需要的，或者没有住处的，可以被认定为生活困难。离婚财产分割后，生活水平虽确有明显下降，但是仍足以维持正常生活水平的，不应认定为生活困难。

基本案情：欧某以与刘某感情破裂为由诉至法院，请求离婚。经查，欧某系泥水工人，刘某以流动卖菜为生。欧某名下有银行存款125 711.32元，因无证据证明该笔财产属于其个人财产，应由双方平均分割，因此欧某应向刘某支付62 855.66元。

【案　　号】(2020)粤5321民初694号

【审理法院】广东省新兴县人民法院

【来　　源】《中国法院2021年度案例》

第一千零九十一条　有下列情形之一，导致离婚的，无过错方有权请求损害赔偿：

（一）重婚；

（二）与他人同居；

（三）实施家庭暴力；

（四）虐待、遗弃家庭成员；

（五）有其他重大过错。

关联规定

法律、行政法规、司法解释

1.《中华人民共和国民法典》

第一千零四十一条　婚姻家庭受国家保护。

实行婚姻自由、一夫一妻、男女平等的婚姻制度。

保护妇女、未成年人、老年人、残疾人的合法权益。

第一千零四十二条　禁止包办、买卖婚姻和其他干涉婚姻自由的行为。禁止借婚姻索取财物。

禁止重婚。禁止有配偶者与他人同居。

禁止家庭暴力。禁止家庭成员间的虐待和遗弃。

第一千零四十三条　家庭应当树立优良家风，弘扬家庭美德，重视家庭文明建设。

夫妻应当互相忠实，互相尊重，互相关爱；家庭成员应当敬老爱幼，互相帮助，维护平等、和睦、文明的婚姻家庭关系。

2.《中华人民共和国反家庭暴力法》

第二条　本法所称家庭暴力，是指家庭成员之间以殴打、捆绑、残害、限制人身自由以及经常性谩骂、恐吓等方式实施的身体、精神等侵害行为。

3.《最高人民法院关于适用〈中华人民共和国民法典〉婚姻家庭编的解释（一）》

第一条 持续性、经常性的家庭暴力，可以认定为民法典第一千零四十二条、第一千零七十九条、第一千零九十一条所称的“虐待”。

第二条 民法典第一千零四十二条、第一千零七十九条、第一千零九十一条规定的“与他人同居”的情形，是指有配偶者与婚外异性，不以夫妻名义，持续、稳定地共同居住。

第二十八条 一方未经另一方同意出售夫妻共同所有的房屋，第三人善意购买、支付合理对价并已办理不动产登记，另一方主张追回该房屋的，人民法院不予支持。

夫妻一方擅自处分共同所有的房屋造成另一方损失，离婚时另一方请求赔偿损失的，人民法院应予支持。

第八十六条 民法典第一千零九十一条规定的“损害赔偿”，包括物质损害赔偿和精神损害赔偿。涉及精神损害赔偿的，适用《最高人民法院关于确定民事侵权精神损害赔偿责任若干问题的解释》的有关规定。

第八十七条 承担民法典第一千零九十一条规定的损害赔偿责任的主体，为离婚诉讼当事人中无过错方的配偶。

人民法院判决不准离婚的案件，对于当事人基于民法典第一千零九十一条提出的损害赔偿请求，不予支持。

在婚姻关系存续期间，当事人不起诉离婚而单独依据民法典第一千零九十一条提起损害赔偿请求的，人民法院不予受理。

第八十八条 人民法院受理离婚案件时，应当将民法典第一千零九十一条等规定中当事人的有关权利义务，书面告知当事人。在适用民法典第一千零九十一条时，应当区分以下不同情况：

（一）符合民法典第一千零九十一条规定的无过错方作为原告基于该条规定向人民法院提起损害赔偿请求的，必须在离婚诉讼的同时提出。

（二）符合民法典第一千零九十一条规定的无过错方作为被告的离婚诉讼案件，如果被告不同意离婚也不基于该条规定提起损害赔偿请求的，可以就此单独提起诉讼。

（三）无过错方作为被告的离婚诉讼案件，一审时被告未基于民法典第一千零九十一条规定提出损害赔偿请求，二审期间提出的，人民法院应当进行调解；调解不成的，告知当事人另行起诉。双方当事人同意由第二审人民法院一并审理的，第二审人民法院可以一并裁判。

第八十九条 当事人在婚姻登记机关办理离婚登记手续后，以民法典第一千零九十一条规定为由向人民法院提出损害赔偿请求的，人民法院应当受理。但当事人在协议离婚时已经明确表示放弃该项请求的，人民法院不予支持。

第九十条 夫妻双方均有民法典第一千零九十一条规定的过错情形，一方或者双方向对方提出离婚损害赔偿请求的，人民法院不予支持。

4.《最高人民法院关于确定民事侵权精神损害赔偿责任若干问题的解释》

第五条 精神损害的赔偿数额根据以下因素确定：

（一）侵权人的过错程度，但是法律另有规定的除外；

（二）侵权行为的目的、方式、场合等具体情节；

（三）侵权行为所造成的后果；

（四）侵权人的获利情况；

（五）侵权人承担责任的经济能力；

（六）受理诉讼法院所在地的平均生活水平。

条文释义

一、本条主旨

本条是关于离婚损害赔偿制度的规定。

二、条文演变

本条是对2001年修正的原《婚姻法》第46条的承袭和修改。2001年修正的原《婚姻法》第46条规定："有下列情形之一，导致离婚的，无过错方有权请求损害赔偿：（一）重婚的；（二）有配偶者与他人同居的；（三）实施家庭暴力的；（四）虐待、遗弃家庭成员的。"本条在2001年修正的原《婚姻法》第46条的基础上增加了一项作为兜底条款，即第5项"有其他重大过错"，扩大对无过错方离婚赔偿请求权的请求条件范围，加大对人身遭受配偶严重侵害的无过错婚姻当事人合法权益的保护，使得本条更为周延。此外，本条第2项的表述也进行适当调整，将2001年修正的原《婚姻法》第46条规定的第2项中的“有配偶者”去除。这是考虑到夫妻本身皆为有配偶者，所以进行调整，避免重复。

本条的修改，可以追溯到《民法典各分编（草案一次审议稿）》第869条。这一立场为《民法典婚姻家庭编（草案二次审议稿）》接受。《民法典婚姻家庭编（草案三次审议稿）》第869条作了进一步的文字修改以后，形成了《民法典（草案）》第1091条，最终形成了现在的条文。[①]

本条规定的是离婚损害赔偿，旨在保护婚姻关系中无过错夫妻一方。在婚姻因夫妻一方的重大过错而破裂时，要求有过错的一方对无过错方承担离婚损害赔偿，能够弥补无过错方遭受的损害、抚慰无过错方，是公平原则、保护弱者理念在离婚法的体现。[②] 此外，学界有观点认为，离婚损害赔偿还具有惩戒过错方的功能。[③]

我国1950年原《婚姻法》、1980年原《婚姻法》均未规定离婚损害赔偿制度，2001年修正原《婚姻法》时新增了离婚损害赔偿制度，将离婚损害赔偿制度明确写入了婚姻家庭法律制度中，这既是对革命根据地婚姻法关于损害赔偿经验的总结，也是我国司法实践发展的结果。[④]

三、条文解读

离婚损害赔偿，是指因夫妻一方的重大过错致使婚姻关系破裂的，过错方应对无过错方的损失予以赔偿的法律制度。[⑤] 离婚损害赔偿制度是我国三大离婚救济制度之一，也是侵权责任在婚姻法领域的延伸体现。婚姻关系中，夫妻双方互相享有配偶权，虽然我国没有在法律条文中对配偶权作出明确的规定，但《民法典》第1042条第2款、第3款规定，“禁止重婚。禁止有配偶者与他人同居。禁止家庭暴力。禁止家庭成员间的虐待和遗弃”。第1043条规

① 薛宁兰、谢鸿飞主编：《民法典评注·婚姻家庭编》，中国法制出版社2020年版，第450页。

② 参见马忆南：《婚姻家庭继承法学》，北京大学出版社2019年版，第140页；陈苇主编：《婚姻家庭继承法学》，中国政法大学出版社2018年版，第256页。

③ 参见夏吟兰：《离婚自由与限制论》，中国政法大学出版社2007年版，第262页。

④ 夏吟兰、龙翼飞、曹思婕、姚邢、赫欣：《中国民法典释评·婚姻家庭编》，中国人民大学出版社2020年版，第250~251页。

⑤ 陈苇主编：《婚姻家庭继承法学》（第二版），中国政法大学出版社2015年版，第228页。

定："家庭应当树立优良家风，弘扬家庭美德，重视家庭文明建设。夫妻应当互相忠实，互相尊重，互相关爱；家庭成员应当敬老爱幼，互相帮助，维护平等、和睦、文明的婚姻家庭关系。"第 1059 条规定："夫妻有相互扶养的义务。需要扶养的一方，在另一方不履行扶养义务时，有要求其给付扶养费的权利。"第 1062 条第 2 款规定："夫妻对共同财产，有平等的处理权。"这些均是对夫妻间相互负有的人身、财产上的权利义务的确认，夫妻双方应当遵守，相互忠实、相互关爱，在享有权利的同时，也要依法履行义务。婚姻关系存续期间，夫妻任何一方对该种义务的违反，势必构成对另一方配偶权的侵犯，使对方蒙受物质、精神上的双重损害。因此，有必要使过错方因其损害行为得到惩罚，使无过错方被损害的权利得到补偿和救济，这同时也是维护其他家庭成员的合法权益，保护社会公共利益，促进平等、和睦、文明的婚姻家庭关系的需要。

我国 2001 年修正原《婚姻法》时，在第 46 条中加入了对离婚损害赔偿制度的规定。从世界范围内看，1907 年《瑞士民法典》就已首次规定了离婚损害赔偿制度。《法国民法典》也规定，在因一方配偶单方过错而宣告离婚的情况下，该一方对另一方配偶因婚姻解除而受到的物质上和精神上的损失，得受判处负损害赔偿责任。但是另一方配偶仅在进行离婚诉讼之时，始得请求损害赔偿。可见，离婚时过错方应当对无过错方因此而受到的损害进行赔偿，已成为世界各国或地区婚姻家庭相关规定的共识。

（一）离婚损害赔偿的适用条件

1. 一方对离婚存在过错

离婚损害赔偿的适用，以夫妻中的一方对离婚存在过错为前提，这里包含两层意思：一是离婚损害赔偿要求行为人主观上必须存在过错，行为人虽实施了损害行为，但主观上不存在过错的，不适用离婚损害赔偿；二是该种过错必须是导致离婚的原因，虽有过错，但并未导致离婚的结果，或虽然离婚，但导致离婚的原因并非过错方的过错行为的，均不能适用离婚损害赔偿。

2. 过错方实施了妨害婚姻家庭关系的违法行为

根据本条规定，离婚损害赔偿的过错行为分为以下几种情形：

（1）重婚。有配偶而又与他人结婚的，构成重婚。《民法典》第 1041 条明确规定，实行婚姻自由、一夫一妻、男女平等的婚姻制度。重婚行为严重违反一夫一妻的婚姻制度，侵犯了夫妻中另一方的配偶权，同时构成刑事犯罪。

（2）与他人同居。离婚损害赔偿的适用以合法婚姻关系的存在为前提，故本条规定删去了 2001 年修正的原《婚姻法》第 46 条中“有配偶者”的表述。《民法典婚姻家庭编解释（一）》第 2 条规定：“民法典第一千零四十二条、第一千零七十九条、第一千零九十一条规定的与他人同居的情形，是指有配偶者与婚外异性，不以夫妻名义，持续、稳定地共同居住。”重婚行为以外的有配偶者与他人不以夫妻名义同居的行为，同样违反一夫一妻制，构成对配偶权的侵犯。

（3）实施家庭暴力。根据《反家庭暴力法》第 2 条规定，家庭暴力，是指家庭成员之间以殴打、捆绑、残害、限制人身自由以及经常性谩骂、恐吓等方式实施的身体、精神等侵害行为。家庭暴力既包括身体暴力，如殴打、捆绑、残害，限制人身自由，以饿冻、有病不给治疗等方式虐待、遗弃没有独立生活能力的儿童、老人、残疾人、重病患者，在家庭教育中以暴力方式管教儿童等，也包括精神暴力，主要表现为对受害人进行侮辱、谩骂、诽谤、宣扬隐私、无端指责、人格贬损、恐吓、威胁、跟踪、骚扰等。

（4）虐待、遗弃家庭成员。《民法典婚姻家庭编解释（一）》第 1 条规定，持续性、经常性的家庭暴力，构成虐待。遗弃，是指对于年老、年幼、患病或者其他没有独立生活能力的人，负有扶养义务而拒绝扶养的行为。虐待、遗弃家庭成员情节恶劣的，都将构成刑事犯罪。

（5）有其他重大过错。本项规定系本次《民法典》编纂过程中新增内容。2001 年修正的原《婚姻法》第 46 条仅规定将离婚损害赔偿的适用情形限制在以上四种，该四种情形以外的违反婚姻义务、家庭义务等的行为，均不能适用离婚损害赔偿，导致实践中适用的很少。实际上，婚姻中的过错行为远不止这些，当一方存在如通奸、卖淫、嫖娼、赌博、吸毒等其他过错行为时，非过错方不能通过离婚损害赔偿制度得到相应的补偿和救济，有失公平。本条将概括式规定作为兜底，人民法院应当根据具体案件情况，结合过错情节、伤害后果等因素，对过错方是否存在重大过错进行认定。

3. 另一方没有过错

本条规定，“无过错方有权请求损害赔偿”，夫妻双方中，只有不存在本条规定中导致离婚事实的过错的一方，才有权请求离婚损害赔偿，享有离婚损害赔偿请求权。假如双方对离婚均存在过错，《民法典婚姻家庭编解释（一）》第 90 条规定：“夫妻双方均有民法典第一千零九十一条规定的过错情形，一方或者双方向对方提出离婚损害赔偿请求的，人民法院不予支持。”离婚损害赔偿制度的目的，是对无过错方受到损害的合法权益予以补偿和救济，让过错方受到应有的惩罚。夫妻双方均有违反婚姻义务或家庭义务行为的，不符合离婚损害赔偿的主体要求，无权请求获得补偿或救济。

4. 过错方的损害行为造成了损害结果

只有过错方的损害行为给无过错方实际造成了损害结果的，无过错方才能要求赔偿。未造成损害结果的，过错方的损害行为不构成对无过错方合法权益的侵犯，因而也无须赔偿。根据《民法典婚姻家庭编解释（一）》第 86 条的规定，《民法典》第 1091 条规定的“损害赔偿”，包括物质损害赔偿和精神损害赔偿。涉及精神损害赔偿的，适用《最高人民法院关于确定民事侵权精神损害赔偿责任若干问题的解释》的有关规定。无论过错方的过错行为给无过错方造成了物质损害还是精神损害，无过错方都有权要求赔偿。（1）物质损害赔偿，主要是指过错方给无过错方造成的财产损失，这种损失不以损害行为直接作用于财产为条件，只要过错行为导致了财产损失的损害后果即可，包括积极财产的减少和消极财产的增加，但不包括期待利益损失。（2）精神损害赔偿，因过错方对受害者人身进行伤害导致的精神损害及纯粹因过错方的行为导致的精神创伤、精神痛苦等，无过错方均可请求赔偿。

5. 过错行为与损害结果之间存在因果关系

损害结果必须是因过错方的损害行为导致，此种情况下，无过错方才享有对过错方的离婚损害赔偿请求权。虽有损害结果，但该结果并非过错方的损害行为导致的，无过错方不能以此为由要求过错方承担损害赔偿责任。因过错方的行为导致离婚这一结果的，方产生离婚损害赔偿请求权。根据《民法典婚姻家庭编解释（一）》第 87 条规定第 2 款及第 3 款的规定，人民法院判决不准离婚的案件，对于当事人基于《民法典》第 1091 条提出的损害赔偿请求，不予支持。在婚姻关系存续期间，当事人不起诉离婚而单独依据该条规定提起损害赔偿请求的，人民法院不予受理。

（二）离婚损害赔偿的权利主体和义务主体

离婚损害赔偿的权利主体，以夫妻双方中的无过错一方为限。根据本条规定，过错方实施的重婚、与他人同居等行为，侵犯的是夫妻中另一方的配偶权，作为权利被侵犯的主体，无过错方自然有权就其受到损害的权利主张损害赔偿。但在过错方实施的是家庭暴力、虐待、遗弃等行为时，损害行为的直接受害者既可能是配偶，也可能是老人、子女等其他家庭成员，需要注意的是，此时，受到侵害的其他家庭成员无权向过错方提起离婚损害赔偿。其原因在于，离婚损害赔偿是为了给夫妻双方中的无过错方因对方的过错行为导致离婚的后果而受到的损害以救济而设立的制度，离婚损害赔偿请求权只能由夫妻双方中的无过错方享有，其他家庭成员不存在离婚导致的损害结果，因而不能成为离婚损害赔偿的权利主体，其损害可通过其他途径予以救济。

承担损害赔偿责任的主体，为离婚诉讼当事人中无过错方的配偶。因过错实施了损害行为，给他人造成损害结果，应当进行相应的赔偿，自不待言。如果夫妻双方均实施了上述过错行为，夫妻双方均无离婚损害赔偿请求权。对于与有配偶者有重婚、同居、通奸等行为的第三人是否可以作为离婚损害赔偿义务主体的问题，一者，离婚损害赔偿是离婚诉讼中的一部分，如要求离婚诉讼查清第三人是否存在主观过错等具体情形，势必使离婚诉讼更加复杂，不利于男女双方权利义务的尽早确定和纠纷的尽快解决；二者，确有必要的，无过错方可通过其他途径主张损害赔偿，其合法权益仍可以受到保护。因此，离婚损害赔偿的义务主体，以夫妻双方中无过错方的配偶为限。

主张夫妻一方应当承担离婚损害赔偿责任的另一方，对夫妻一方具有本条规定的重大过错行为、重大过错行为与离婚之间的因果关系、遭受的损害负举证责任。

（三）离婚损害赔偿的时间要求

1. 诉讼离婚情形

根据《民法典婚姻家庭编解释（一）》第 88 条的规定，人民法院受理离婚案件时，应当将《民法典》第 1091 条等规定中当事人的有关权利义务，书面告知当事人。在适用《民法典》第 1091 条时，应当区分以下不同情况：（1）符合《民法典》第 1091 条规定的无过错方作为原告基于该条规定向人民法院提起损害赔偿请求的，必须在离婚诉讼的同时提出。（2）符合《民法典》第 1091 条规定的无过错方作为被告的离婚诉讼案件，如果被告不同意离婚也不基于该条规定提起损害赔偿请求的，可以就此单独提起诉讼。（3）无过错方作为被告的离婚诉讼案件，一审时被告未基于《民法典》第 1091 条规定提出损害赔偿请求，二审期间提出的，人民法院应当进行调解，调解不成的，告知当事人另行起诉。双方当事人同意由第二审人民法院一并审理的，第二审人民法院可以一并裁判。

一般情况下，离婚损害赔偿的诉讼请求应当在离婚诉讼中一并提出，无过错方作为被告不同意离婚的，自然也就没有提出离婚损害赔偿的必要，故根据《民法典婚姻家庭编解释（一）》第 88 条第 2 项规定，可单独提起诉讼的前提，是作为被告的无过错方“不同意离婚”。无过错方作为被告，同意离婚但未提起损害赔偿请求，离婚后又提起诉讼的，人民法院不予支持。无过错方作为被告，在二审中才提起离婚损害赔偿请求的，为了保护无过错方的利益，应当允许其另行提出请求。

2. 协议离婚情形

根据《民法典婚姻家庭编解释（一）》第 89 条的规定，当事人在婚姻登记机关办理离婚登记手续后，以《民法典》第 1091 条规定为由向人民法院提出损害赔偿请求的，人民法院应当受理。但当事人在协议离婚时已经明确表示放弃该项请求的，人民法院不予支持。男女双方协议离婚的，除非无过错方在协议离婚时明确表明放弃离婚损害赔偿请求权，否则人民法院应当受理。

（四）离婚损害赔偿的范围

物质损害赔偿以全部赔偿为原则，人民法院应当根据过错方的过错程度、造成的损失大小等确定赔偿数额。精神损害赔偿则应当根据《精神损害赔偿解释》第 5 条规定予以综合认定。

适用指引

一是根据《民法典婚姻家庭编解释（一）》第 88 条规定，人民法院受理离婚案件时，应当将《民法典》第 1091 条等规定中当事人的有关权利义务，书面告知当事人。人民法院应当注意履行对离婚案件当事人的离婚损害赔偿请求权告知义务，保证离婚案件中无过错方的当事人得以及时行使其离婚损害赔偿请求权，寻求法律的保护。

二是注意区分离婚损害赔偿的损害结果和家庭暴力的损害结果。因家庭暴力导致离婚，无过错方请求离婚损害赔偿的，人民法院对家庭暴力行为的认定，不以该行为产生了伤害后果为条件，只要过错方作出了相关行为，就构成家庭暴力。但离婚损害赔偿必须以因家庭暴力导致离婚为条件。

三是有权提起离婚损害赔偿请求的主体必须是无过错一方。本条规定得很明确，只有无过错方才有权利、有资格提起离婚损害赔偿请求。如果双方都有过错，比如一方与他人婚外同居，而另一方在家里实施家庭暴力；这种情形下谁也没有资格请求离婚损害赔偿。本条规定的离婚损害赔偿与一般的民事赔偿毕竟不能完全等同，不存在区分过错大小的问题。

四是请求离婚损害赔偿的前提是双方具有合法婚姻关系，如果双方的婚姻被宣告为无效婚姻或者被撤销，或者双方没有进行结婚登记而仅仅是同居关系，则无权提出离婚损害赔偿的请求。

五是有人提出，对于因实施家庭暴力或虐待、遗弃家庭成员而导致离婚的，由此受到损害的未成年子女或其他家庭成员是否可以作为离婚损害赔偿请求权的主体？我们认为，离婚损害赔偿请求权的主体只能是婚姻当事人中无过错的一方，不宜作扩大解释，将未成年子女或其他家庭成员也作为离婚损害赔偿请求权的主体是不妥的。至于未成年子女或其他家庭成员因家庭暴力或虐待、遗弃行为等受到损害的，可以按照《民法典》侵权责任编的有关规定寻求救济途径。[①]

典型案例

一、王某与江某离婚纠纷案

关键词： 家庭暴力　损害赔偿

裁判摘要： 夫妻应当互敬互爱，和睦相处，夫妻一方实施暴力给另一方造成人身伤害和精神痛苦的现象仍然存在。家庭暴力，是指行为人以殴打、捆绑、残害、强行限制人身自由或者其他手段，给其家庭成员的身体、精神等方面造成一定伤害后果的行为。持续性、经常性的家庭暴力，构成虐待。我国《婚姻法》明确禁止家庭暴力，规定配偶一方对另一方实施家庭暴力，经调解无效的应准予离婚，因实施家庭暴力导致离婚的，无过错方在离婚时有权请求损害赔偿。人民法院应依法支持无过错方的离婚请求和赔偿请求，对于家庭暴

① 参见最高人民法院民法典贯彻实施工作领导小组主编：《中华人民共和国民法典婚姻家庭编继承编理解与适用》，人民法院出版社 2020 年版，第 335~336 页。

力这样违反法律和社会主义道德的行为，应给予否定性评价。

基本案情： 王某与江某经人介绍相识并登记结婚，婚后无子女。由于双方相识时间短，相互了解较少，结婚较为仓促，感情基础薄弱。婚后由于江某酗酒，对王某存在家庭暴力行为，经常因为生活琐事对王某拳脚相加。2009年，江某无缘无故将王某毒打一顿并致其离家出走。后王某提起离婚诉讼，要求判决：（1）解除双方的婚姻关系；（2）江某给付精神损失费5万元；（3）依法分割共同财产。该案诉讼费由江某承担。王某提供江某书写的协议书及相关证人证明在婚姻存续期间江某对其施加家庭暴力。北京市通州区人民法院认为：男女一方要求离婚的，可向法院提起诉讼，如感情确已破裂，应当准予离婚。该案中，双方均同意离婚，表明双方感情已彻底破裂，故对王某要求离婚的诉讼请求，法院予以准许。王某要求江某支付精神损害赔偿金的诉讼请求，因江某在婚姻存续期间，确实存在家庭暴力情形，法院予以支持，具体数额由法院依法予以酌定。为此，法院判决王某与江某离婚（财产分割略），江某支付王某精神损害赔偿金。

【审理法院】北京市通州区人民法院

【来　　源】最高人民法院2015年12月4日公布的四十九起“用公开促公正　建设核心价值”主题教育活动婚姻家庭纠纷典型案例

二、张某1与蒋某婚姻家庭纠纷案

关键词： 无过错方　忠实义务　损害赔偿

裁判摘要：《婚姻法》第4条规定了夫妻应当互相忠实、互相尊重的义务。违反忠实义务往往对配偶的情感和精神造成非常严重的伤害。这和我国社会一般大众因为习惯、传统等原因对婚姻家庭的认识有很大关系。故《婚姻法解释（一）》第28条规定，《婚姻法》第46条规定的“损害赔偿”，包括物质损害赔偿和精神损害赔偿。涉及精神损害赔偿的，适用《最高人民法院关于确定民事侵权精神损害赔偿责任若干问题的解释》的有关规定。本案中张某1在得知张某2并非自己的亲生子后，其精神受到伤害，要求蒋某赔偿精神损害抚慰金的理由正当合法，得到了法院的支持。而张某某2因与张某1并无血缘关系，张某1对其并无法定抚养义务，故法院对张某1要求蒋某返还自己已承担的张某2的抚养费的主张予以了支持。

基本案情： 蒋某与张某1经人介绍相识恋爱后于2004年3月4日办理结

婚登记手续。婚后于 2008 年 9 月 14 日生育一子张某 2。后双方因生活琐事发生争吵，致使夫妻感情不睦。张某 1 于 2014 年 4 月 25 日委托西南政法大学司法鉴定中心对张某 1 和张某 2 进行亲子鉴定。该中心作出的鉴定结论为：不支持张某 1 与张某 2 之间存在亲生血缘关系。张某 1 遂向法院提起诉讼，请求依法判令原、被告离婚，由蒋某承担张某 1 养育张某 2 的抚养费 41 387.5 元并赔偿张某 1 精神损害抚慰金 10 万元。同时查明，双方婚后于 2006 年共同购买位于大竹县某小区的门市一间，面积 36.58 ㎡，产权人登记为蒋某。

【案　　号】(2015) 达中民终字第 75 号

【审理法院】四川省达州市中级人民法院

【来　　源】最高人民法院 2015 年 12 月 4 日公布的四十九起“用公开促公正 建设核心价值”主题教育活动婚姻家庭纠纷典型案例

第一千零九十二条　夫妻一方隐藏、转移、变卖、毁损、挥霍夫妻共同财产，或者伪造夫妻共同债务企图侵占另一方财产的，在离婚分割夫妻共同财产时，对该方可以少分或者不分。离婚后，另一方发现有上述行为的，可以向人民法院提起诉讼，请求再次分割夫妻共同财产。

关联规定

法律、行政法规、司法解释

1.《中华人民共和国民法典》

第七条　民事主体从事民事活动，应当遵循诚信原则，秉持诚实，恪守承诺。

第一千零六十二条　夫妻在婚姻关系存续期间所得的下列财产，为夫妻的共同财产，归夫妻共同所有：

（一）工资、奖金、劳务报酬；

（二）生产、经营、投资的收益；

（三）知识产权的收益；

（四）继承或者受赠的财产，但是本法第一千零六十三条第三项规定的除外；

（五）其他应当归共同所有的财产。

夫妻对共同财产，有平等的处理权。

2.《最高人民法院关于适用〈中华人民共和国民法典〉婚姻家庭编的解释（一）》

第三十四条　夫妻一方与第三人串通，虚构债务，第三人主张该债务为夫妻共同债务的，人民法院不予支持。

夫妻一方在从事赌博、吸毒等违法犯罪活动中所负债务，第三人主张该债务为夫妻共同债务的，人民法院不予支持。

第八十三条 离婚后，一方以尚有夫妻共同财产未处理为由向人民法院起诉请求分割的，经审查该财产确属离婚时未涉及的夫妻共同财产，人民法院应当依法予以分割。

第八十四条 当事人依据民法典第一千零九十二条的规定向人民法院提起诉讼，请求再次分割夫妻共同财产的诉讼时效期间为三年，从当事人发现之日起计算。

第八十五条 夫妻一方申请对配偶的个人财产或者夫妻共同财产采取保全措施的，人民法院可以在采取保全措施可能造成损失的范围内，根据实际情况，确定合理的财产担保数额。

条文释义

一、本条主旨

本条是关于夫妻一方擅自处分共同财产或伪造债务侵占另一方财产的法律责任的规定。

二、条文演变

本条是对 2001 年修正的原《婚姻法》第 47 条的承袭和修改。该条规定："离婚时，一方隐藏、转移、变卖、毁损夫妻共同财产，或伪造债务企图侵占另一方财产的，分割夫妻共同财产时，对隐藏、转移、变卖、毁损夫妻共同财产或伪造债务的一方，可以少分或不分。离婚后，另一方发现有上述行为的，可以向人民法院提起诉讼，请求再次分割夫妻共同财产。人民法院对前款规定的妨害民事诉讼的行为，依照民事诉讼法的规定予以制裁。"本条的修改主要体现在以下几个方面：第一，删除了 2001 年修正的原《婚姻法》第 47 条第 2 款，不再规定妨碍民事诉讼的行为；第二，删除了"离婚时"这一时间限制，不再要求隐藏、转移、变卖、毁损、挥霍夫妻共同财产，或者伪造夫妻共同债务企图侵占另一方财产的行为必须在离婚时实施；第三，增加挥霍夫妻共同财产作为少分或不分的事由；第四，将伪造债务明确为伪造夫妻共同债务。

本次的修改可以追溯到《民法典各分编（草案一次审议稿）》第 870 条。《民法典各分编（草案一次审议稿）》第 870 条不仅删除了原《婚姻法》第 47

条第2款，还放弃了“离婚时”的时间限制。在此基础上，《民法典各分编（草案一次审议稿）》第870条增加了挥霍夫妻共同财产作为少分或不分的事由。《民法典各分编（草案一次审议稿）》第870条作了进一步的文字修改，将“对隐藏、转移、变卖、毁损、挥霍夫妻共同财产或者伪造夫妻共同债务企图侵占另一方财产的一方”修改为“对该方”，由此形成了《民法典（草案）》第1092条，最终形成了现在的条文。

本条规定的是隐藏、转移、变卖、毁损、挥霍夫妻共同财产以及伪造夫妻共同债务的处理。夫妻双方采法定夫妻财产制，或者夫妻双方通过书面约定采取一般共同财产或部分共同财产制的，夫妻双方在婚姻关系存续期间取得财产可能属于夫妻共同财产。夫妻共同财产属于双方共同共有。保持夫妻共同财产，不仅是保护夫妻共同财产权的逻辑必然，还有助于维持夫妻共同生活。因此，一方隐藏、转移、变卖、毁损、挥霍夫妻共同财产的行为，侵害了另一方对夫妻共同财产享有的权益。不仅如此，夫妻一方为了实现在分割夫妻共同财产时多分而与他人恶意串通、伪造夫妻共同债务的，导致另一方误以为自己须承担连带责任，从而在分割夫妻共同财产时作出让步，或者以夫妻共同财产甚至个人财产向虚假的债权人清偿，从而蒙受一般财产权益损失。①

关于离婚时妨碍财产分割的强制性规定，1950年原《婚姻法》与1980年原《婚姻法》均未体现。2001年原《婚姻法》修正时在第47条进行规定。②

三、条文解读

实践中，夫妻一方有的实施了侵害夫妻共同财产或者侵占另一方财产的违法行为，对于这些违法行为，法律严格加以禁止。为保护另一方的合法权益，本条规定对其法律后果作了明确规定。根据本条规定，夫妻一方实施的违法行为主要是两类。

（一）侵害夫妻共同财产

夫妻共同财产从性质上说，属于共同共有。夫妻在婚姻关系存续期间，无

① 薛宁兰、谢鸿飞主编：《民法典评注·婚姻家庭编》，中国法制出版社2020年版，第460~461页。

② 参见夏吟兰、龙翼飞、曹思婕、姚邢、赫欣：《中国民法典释评·婚姻家庭编》，中国人民大学出版社2020年版，第264页。

论属于双方或一方的收入，无论各自收入的数量多少，也无论其中一方有无收入，夫妻作为共同生活的伴侣，对共同财产享有平等的所有权。对共同财产，夫妻双方均有依法占有、使用、收益和处分的权利。例如，《妇女权益保障法》第47条第1款就规定，妇女对依照法律规定的夫妻共同财产享有与其配偶平等的占有、使用、收益和处分的权利，不受双方收入状况的影响。在共有关系消灭之前，财产权利是一个整体，只有在婚姻关系消灭（离婚或一方死亡）或双方有特别约定时，才能对共同财产进行分割。

处分权是所有权的最高表现，如果没有平等的处分权，平等的所有权就是一句空话。所以，《民法典》第1062条第2款规定，夫妻对共同财产，有平等的处理权。所谓平等的处理权，依照民法关于共同共有的原理，是指夫妻在处分共同财产时，应当平等协商，取得一致意见，任何一方不得违背他方的意志，擅自处理。特别是对共有财产作较大的变动时，如出卖、赠与等，更应征得他方的同意，否则就侵犯了另一方对共有财产的所有权。根据有关司法解释的规定，在共同共有关系存续期间，部分共有人擅自处分共有财产的，一般认定无效。如果对其他共有人造成损失，由擅自处分共有财产的人赔偿。

隐藏、转移、变卖、毁损、挥霍夫妻共同财产是侵害夫妻共同财产的客观表现。隐藏，是指将财产藏匿起来，不让他人发现，使另一方无法获知财产的所在从而无法控制。转移，是指私自将财产移往他处，或将资金取出移往其他账户，脱离另一方的掌握。变卖，是指将财产折价卖给他人。毁损，是指采用打碎、拆卸、涂抹等破坏性手段使物品失去原貌，失去或者部分失去原来具有的使用价值和价值。挥霍，是指对夫妻共有的财产没有目的的，不符合常理的耗费致使其不存在或者价值减损。上述违法行为，在主观上只能是故意的，不包括过失行为，如因不慎将某些共同财产毁坏，只要没有故意，不属于本条规定之列。夫妻一方如果实施了上述行为，就属于对夫妻共同财产的侵害。

（二）侵占另一方财产

夫妻一方对属于自己个人的财产享有占有、使用、支配的权利。在不违背法律规定的情况下，可以依据自己个人的意愿处分自己的财产。但是《民法典》第1089条规定，离婚时，夫妻共同债务应当共同偿还。共同财产不足清偿或者财产归各自所有的，由双方协议清偿；协议不成的，由人民法院判决。这一规定，意味着夫妻在离婚时，如果共同财产不足以清偿共同债务时，有可能以夫妻一方的个人财产来承担夫妻共同债务，具体数额由人民法院判决确定。对此，有的夫妻一方就有可能利用这一法律规定，伪造夫妻共同债务，企图侵占另一方财产。伪造债务，是指制造内容虚假的债务凭证，包括合同、欠条等。伪造债务是违法行为的客观表现。在主观上是故意，不是过失行为，是以侵占夫妻另一方财产为目的。只要夫妻一方实施伪造夫妻共同债务的行为，就属于对另一方财产的侵害。

对以隐藏、转移、变卖、毁损、挥霍手段侵害夫妻共同财产的违法行为，对伪造夫妻共同债务企图侵占另一方财产的违法行为，本条规定，在离婚分割夫妻共同财产时，对该方可以少分或者不分。本条所讲的在离婚分割夫妻共同财产时，是指在离婚诉讼期间。

夫妻共同财产属于夫妻共同共有，依照民法共同共有的理论，原则上，在共同体解体时，对共同共有的财产应当均等分割。但是，由于夫妻中的一方存在以隐藏、转移、变卖、毁损、挥霍手段侵害夫妻共同财产的违法行为，以及在伪造夫妻共同债务企图侵占另一方财产的违法行为，所以本条规定对实施上述违法行为的一方，在分割夫妻共同财产时，可以少分或不分。对他们少分或不分夫妻共同财产，是违法行为实施者理应承担的法律责任。需要说明的是，本条对少分的具体份额或比例以及在何种情况下可以不分、少分，没有作出明确规定，只是规定了“可以”少分或者不分。法院在审判实践中，应当根据违法行为的情节和案件的具体情况作出处理。该规定同《民法典》规定的在分割共同财产时按照照顾子女、女方和无过错方权益的原则判决是否矛盾呢？照顾子女和女方权益原则的确定，是由我国目前广大妇女的经济能力和男子仍有一定差距的国情决定的，同时也是宪法关于保护妇女、儿童合法权益原则和我国社会主义制度优越性在婚姻法上的具体体现。在婚姻家庭生活中，无过错一方遵守法律规定，对另一方配偶尊重、关爱、忠实，对家庭成员关心帮助，尊老爱幼，为维护平等、和睦、文明的婚姻家庭作出了自己的努力和贡献。对这种合法的民事法律行为的主体法律必须要给予保护。当然，在现实生活中，也不排除有女方、无过错方实施本条所列举的违法行为的可能；如果出现，也应当依照本法、本条的规定处理。两者没有矛盾，并行不悖。

本条还对离婚后，即离婚案件已审理终结，人民法院对离婚双方有关财产分割的调解书、判决书已发生法律效力后，又发现一方有隐藏、转移、变卖、毁损、挥霍夫妻共同财产或者伪造夫妻共同债务侵占另一方财产行为的处理作了规定。即离婚后，另一方发现夫妻一方有上述违法行为的，可以向人民法院提起诉讼，请求再次分割夫妻共同财产。在离婚案件审理过程中，这部分共同财产由于被一方隐藏、转移、变卖、毁损、挥霍，或伪造债务所侵占而未能发现，因而法院也未能将其作为夫妻共同财产予以分割。夫妻共同财产是共同共有财产，任何一方未经另一方同意而擅自予以隐藏、转移、变卖、毁损、挥霍，或通过伪造债务等非法手段据为己有的，都是对另一方财产所有权的侵害，是一种民事侵权行为。另一方可以依据本条规定，向人民法院起诉，请求对这一部分财产进行再次分割。在分割时，关于对隐藏、转移、变卖、毁损、挥霍夫妻共同财产或伪造夫妻共同债务侵占另一方财产的可以少分或者不分的原则仍应适用。[①]

适用指引

一、注意把握起诉再次分割夫妻共同财产的诉讼时效

本条规定，离婚后，另一方发现有隐藏、转移、变卖、毁损、挥霍夫妻共同财产或伪造夫妻共同债务侵占另一方财产的，可以向人民法院提起诉讼，请求再次分割夫妻共同财产。而对于另一方发现对方有上述行为的诉讼时效应结合《民法典婚姻家庭编解释（一）》第84条之规定，即当事人依据《民法典》第1092条的规定向人民法院提起诉讼，请求再次分割夫妻共同财产的诉讼时效期间为3年，从当事人发现之日起计算。该3年起算的时间起点为另一方“发现”对方有上述行为的情况下开始。司法解释规定“三年”的诉讼时效也是依据了《民法典》第188条关于向人民法院请求保护民事权利的诉讼时效期间为3年，从权利人知道或者应当知道权利受到损害以及义务人之日起计算的规定。法律制定诉讼时效制度的目的就是督促权利人尽快行使自己的权利，在保护当事人合法权利的同时也维护社会的安定。也就是说，一方当事人发现另一方存在损害夫妻财产权益的行为，应当在发现之日起3年内积极行使权利。如超出规定时间后，当事人再向人民法院请求要求保护其权利的，人民法院依法不予保护。

① 黄薇主编：《中华人民共和国民法典婚姻家庭编释义》，法律出版社2020年版，第184~188页。

二、注意把握侵害行为时间限制规定的放弃

如果依照2001年修正的原《婚姻法》第47条规定，夫妻一方实施了侵害另一方共同财产权益的行为的，只有该行为发生在“离婚时”才能适用。而实践中，很多情况是夫妻一方在离婚前或离婚时已经在实施加害行为，不利于当事人利益的保护。故《民法典》的本条规定特别删除了“离婚时”的时间限定。进而，如果夫妻另一方在夫妻关系存续期间已经开始隐藏、转移、变卖、毁损、挥霍夫妻共同财产或伪造夫妻共同债务侵占另一方财产的，在离婚分割夫妻共同财产时，人民法院都可以对该方少分或者不分。

三、注意把握适用本条的举证责任

夫妻一方要求在分割共同财产时对另一方少分或不分的，应当举证证明另一方存在隐藏、转移、变卖、毁损、挥霍夫妻共同财产或伪造夫妻共同债务侵占另一方财产的行为，不过，夫妻一方无须举证证明另一方的行为具体属于哪一类。对此，另一方应当举证证明自己的行为具有正当理由，如取款行为、转账行为用于家庭共同生活消费或正常经营需要。人民法院要根据事实查明的节点合理分配举证责任。[①]

指导案例

指导案例66号：雷某某诉宋某某离婚纠纷案

（最高人民法院审判委员会讨论通过　2016年9月19日发布）

关键词：民事　离婚　离婚时　擅自处分共同财产

裁判摘要：一方在离婚诉讼期间或离婚诉讼前，隐藏、转移、变卖、毁损夫妻共同财产，或伪造债务企图侵占另一方财产的，离婚分割夫妻共同财产时，依照《中华人民共和国婚姻法》第四十七条的规定可以少分或不分财产。

相关法条：《中华人民共和国婚姻法》第47条

基本案情：原告雷某某（女）和被告宋某某于2003年5月19日登记结

① 薛宁兰、谢鸿飞主编：《民法典评注·婚姻家庭编》，中国法制出版社2020年版，第465~466页。

婚，双方均系再婚，婚后未生育子女。双方婚后因琐事感情失和，于 2013 年上半年产生矛盾，并于 2014 年 2 月分居。雷某某曾于 2014 年 3 月起诉要求与宋某某离婚，经法院驳回后，双方感情未见好转。2015 年 1 月，雷某某再次诉至法院要求离婚，并依法分割夫妻共同财产。宋某某认为夫妻感情并未破裂、不同意离婚。

雷某某称宋某某名下在中国邮政储蓄银行的账户内有共同存款 37 万元，并提交存取款凭单、转账凭单作为证据。宋某某称该 37 万元，来源于婚前房屋拆迁补偿款及养老金，现尚剩余 20 万元左右（含养老金 14 322.48 元），并提交账户记录、判决书、案款收据等证据。

宋某某称雷某某名下有共同存款 25 万元，要求依法分割。雷某某对此不予认可，一审庭审中其提交在中国工商银行尾号为 4179 账户自 2014 年 1 月 26 日起的交易明细，显示至 2014 年 12 月 21 日该账户余额为 262.37 元。二审审理期间，应宋某某的申请，法院调取了雷某某上述中国工商银行账号自 2012 年 11 月 26 日开户后的银行流水明细，显示雷某某于 2013 年 4 月 30 日通过 ATM 转账及卡取的方式将该账户内的 195 000 元转至案外人雷某齐名下。宋某某认为该存款是其婚前房屋出租所得，应归双方共同所有，雷某某在离婚之前即将夫妻共同存款转移。雷某某提出该笔存款是其经营饭店所得收益，开始称该笔款已用于夫妻共同开销，后又称用于偿还其外甥女的借款，但雷某某对其主张均未提供相应证据证明。另，雷某某在庭审中曾同意各自名下存款归各自所有，其另行支付宋某某 10 万元存款，后雷某某反悔，不同意支付。

裁判结果：北京市朝阳区人民法院于 2015 年 4 月 16 日作出（2015）朝民初字第 04854 号民事判决：准予雷某某与宋某某离婚；雷某某名下中国工商银行尾号为 4179 账户内的存款归雷某某所有，宋某某名下中国邮政储蓄银行账号尾号为 7101、9389 及 1156 账户内的存款归宋某某所有，并对其他财产和债务问题进行了处理。宣判后，宋某某提出上诉，提出对夫妻共同财产雷某某名下存款分割等请求。北京市第三中级人民法院于 2015 年 10 月 19 日作出（2015）三中民终字第 08205 号民事判决：维持一审判决其他判项，撤销一审判决第三项，改判雷某某名下中国工商银行尾号为 4179 账户内的存款归雷某某所有，宋某某名下中国邮政储蓄银行尾号为 7101 账户、9389 账户及 1156 账户内的存款归宋某某所有，雷某某于本判决生效之日起七日内支付宋某某 12 万元。

裁判理由： 法院生效裁判认为：婚姻关系以夫妻感情为基础。宋某某、雷某某共同生活过程中因琐事产生矛盾，在法院判决不准离婚后，双方感情仍未好转，经法院调解不能和好，双方夫妻感情确已破裂，应当判决准予双方离婚。

本案二审期间双方争议的焦点在于雷某某是否转移夫妻共同财产和夫妻双方名下的存款应如何分割。《中华人民共和国婚姻法》第十七条第二款规定："夫妻对共同所有的财产，有平等的处理权。"第四十七条规定："离婚时，一方隐藏、转移、变卖、毁损夫妻共同财产，或伪造债务企图侵占另一方财产的，分割夫妻共同财产时，对隐藏、转移、变卖、毁损夫妻共同财产或伪造债务的一方，可以少分或不分。离婚后，另一方发现有上述行为的，可以向人民法院提起诉讼，请求再次分割夫妻共同财产。"这就是说，一方在离婚诉讼期间或离婚诉讼前，隐藏、转移、变卖、毁损夫妻共同财产，或伪造债务企图侵占另一方财产的，侵害了夫妻对共同财产的平等处理权，离婚分割夫妻共同财产时，应当依照《中华人民共和国婚姻法》第四十七条的规定少分或不分财产。

本案中，关于双方名下存款的分割，结合相关证据，宋某某婚前房屋拆迁款转化的存款，应归宋某某个人所有，宋某某婚后所得养老保险金，应属夫妻共同财产。雷某某名下中国工商银行尾号为4179账户内的存款为夫妻关系存续期间的收入，应作为夫妻共同财产予以分割。雷某某于2013年4月30日通过ATM转账及卡取的方式，将尾号为4179账户内的195 000元转至案外人名下。雷某某始称该款用于家庭开销，后又称用于偿还外债，前后陈述明显矛盾，对其主张亦未提供证据证明，对钱款的去向不能作出合理的解释和说明。结合案件事实及相关证据，认定雷某某存在转移、隐藏夫妻共同财产的情节。根据上述法律规定，对雷某某名下中国工商银行尾号4179账户内的存款，雷某某可以少分。宋某某主张对雷某某名下存款进行分割，符合法律规定，予以支持。故判决宋某某婚后养老保险金14 322.48元归宋某某所有，对于雷某某转移的19.5万元存款，由雷某某补偿宋某某12万元。

第五章　收　养

第一节　收养关系的成立

第一千零九十三条　下列未成年人，可以被收养：
（一）丧失父母的孤儿；
（二）查找不到生父母的未成年人；
（三）生父母有特殊困难无力抚养的子女。

关联规定

法律、行政法规、司法解释

1.《中华人民共和国未成年人保护法》

第五十四条第一款　禁止拐卖、绑架、虐待、非法收养未成年人，禁止对未成年人实施性侵害、性骚扰。

第一百零九条　人民法院审理离婚、抚养、收养、监护、探望等案件涉及未成年人的，可以自行或者委托社会组织对未成年人的相关情况进行社会调查。

2.《中国公民收养子女登记办法》

第五条　收养人应当向收养登记机关提交收养申请书和下列证件、证明材料：

（一）收养人的居民户口簿和居民身份证；

（二）由收养人所在单位或者村民委员会、居民委员会出具的本人婚姻状况和抚养教育被收养人的能力等情况的证明，以及收养人出具的子女情况声明；

（三）县级以上医疗机构出具的未患有在医学上认为不应当收养子女的疾

病的身体健康检查证明。

收养查找不到生父母的弃婴、儿童的，并应当提交收养人经常居住地计划生育部门出具的收养人生育情况证明；其中收养非社会福利机构抚养的查找不到生父母的弃婴、儿童的，收养人还应当提交下列证明材料：

（一）收养人经常居住地计划生育部门出具的收养人无子女的证明；

（二）公安机关出具的捡拾弃婴、儿童报案的证明。

收养继子女的，可以只提交居民户口簿、居民身份证和收养人与被收养人生父或者生母结婚的证明。

对收养人出具的子女情况声明，登记机关可以进行调查核实。

第七条 收养登记机关收到收养登记申请书及有关材料后，应当自次日起30日内进行审查。对符合收养法规定条件的，为当事人办理收养登记，发给收养登记证，收养关系自登记之日起成立；对不符合收养法规定条件的，不予登记，并对当事人说明理由。

收养查找不到生父母的弃婴、儿童的，收养登记机关应当在登记前公告查找其生父母；自公告之日起满60日，弃婴、儿童的生父母或者其他监护人未认领的，视为查找不到生父母的弃婴、儿童。公告期间不计算在登记办理期限内。

条文释义

一、本条主旨

本条是关于被收养人的范围的规定。

二、条文演变

本条源于原《收养法》第4条，对该条规定的被收养人的条件进行了两处修改：一是将被收养人的年龄范围由不满14周岁扩大至不满18周岁；二是将查找不到生父母的“弃婴和儿童”修改为“未成年人”，查找不到生父母的原因不再限于生父母的主动遗弃，因被拐卖导致脱离生父母监护的未成年人也符合被收养的条件。通过两处修改，扩大了被收养人的范围，使得更多的未成年人符合被收养的条件，体现了最有利于未成年人的原则。

三、条文解读

本条规定了被收养人的范围。被收养人首先应为未成年人，根据《民法典》第 17 条的规定，不满 18 周岁的自然人为未成年人，因此，被收养人应为不满 18 周岁的自然人。未成年人具有丧失父母、查找不到生父母或生父母有特殊困难无力抚养的情形之一，可被他人收养。

（一）扩大被收养人的范围

收养引起被收养人身份地位的变更，被收养人的年龄和认知对于收养关系的建立和收养效果的发挥具有重要影响。原《收养法》中规定被收养人的年龄上限为 14 周岁，主要考虑收养人与被收养人之间本无自然血缘关系，如果被收养人年龄较大，很难消除他们与其生父母之间已经形成的父母子女之情，也不易于与养父母之间建立起浓厚的感情，以致影响收养关系的稳定。[①]《民法典》中取消了被收养的未成年人年龄需在 14 周岁以下的限制，将 14 周岁以上的未成年人纳入被收养人的范围，这一修改将被收养人的年龄上限提高至 18 周岁。近年来，一些大规模自然灾害、重大安全事故、公共卫生事件等重大突发事件导致出现许多丧失双亲的孤儿，其中不乏年满 14 周岁的未成年人。由于我国经济高速发展，中高等教育普及，14 周岁以上的未成年人普遍还处于在校学习阶段，尚不具备谋生的能力，也需要家庭和亲人的关爱与照顾，对其成长加以指引，有必要将 14 周岁以上的未成年人纳入被收养人的范围之中。对于丧失生父母或生父母无法履行监护职责的未成年人，能够被他人收养，在正常的家庭环境中成长，无疑对未成年人最为有利。年满 14 周岁的未成年人，心智已逐渐健全，往往更能珍惜与养父母之间的亲情，对养父母充满感恩之心，这对于亲子关系的建立也有益处。

（二）孤儿的范围相应调整

1. 对丧失生父母的理解

《民政部关于在办理收养登记中严格区分孤儿与查找不到生父母的弃婴的通知》第 1 条规定：“我国《收养法》中所称的孤儿是指其父母死亡或人民法

① 参见《民政部婚姻司对〈收养法〉的解答》。

院宣告其父母死亡的不满十四周岁的未成年人。”按照上述通知的规定，丧失生父母包括生父母死亡和被宣告死亡两种情形。被宣告死亡与自然死亡具有相同的法律效果，属于法律拟制、推定的死亡，即使未实际死亡，长期下落不明的状态导致事实上无法履行对未成年人的抚养照顾义务和监护职责。因此，生父母被宣告死亡的未成年人应视为已丧失生父母。生父母被宣告失踪的情况与之不同，宣告死亡制度目的在于了结失踪人的整体社会关系，侧重于保护失踪人的利害关系人的利益；而宣告失踪制度的目的在于保护和代为管理失踪人的财产，侧重于保护失踪人的利益。被宣告失踪之人的身份关系并不因宣告失踪而发生变化。因此，被宣告失踪之人的子女不应视为丧失生父母。

2. 对孤儿的理解

《民政部关于在办理收养登记中严格区分孤儿与查找不到生父母的弃婴的通知》第 1 条规定：“我国《收养法》中所称的孤儿是指其父母死亡或人民法院宣告其父母死亡的不满十四周岁的未成年人。”《国务院办公厅关于加强孤儿保障工作的意见》规定：“孤儿是指失去父母、查找不到生父母的未满 18 周岁的未成年人，由地方县级以上民政部门依据有关规定和条件认定。”两部规范性文件对孤儿的定义和范围界定不同，是由于两部分文件发布时间以及文件侧重解决的社会问题不同。1991 年原《收养法》颁布施行后不久，民政部发布《民政部关于在办理收养登记中严格区分孤儿与查找不到生父母的弃婴的通知》，该通知意在明确原《收养法》中的孤儿、弃婴等相关概念。原《收养法》中规定的被收养人为 14 周岁以下的未成年人，因此该通知相应地将孤儿的年龄也限定在 14 周岁之下。由于《民法典》已取消被收养的未成年人年龄需在 14 周岁以下的限制，对该通知中关于孤儿年龄的理解也应予以调整。

《国务院办公厅关于加强孤儿保障工作的意见》是为健全孤儿保障体系，保护孤儿权益而制定。为了将更多需要帮助的未成年人纳入保障体制，意见中规定的孤儿范围较为宽泛。对于孤儿的年龄限定为 18 周岁以下，将失去生父母的未成年人均纳入孤儿的保障范围，与本条修改被收养人的年龄范围的意旨相同。意见中规定的孤儿既包括失去生父母的未成年人，也包括查找不到生父母的未成年人。此处与本条规定的孤儿范围有所不同，本条规定将查找不到生父母的未成年人与丧失父母的孤儿区分开，单独列为第 2 项，说明本条文中规定的孤儿并不包括查找不到生父母的未成年人。综合以上分析，本条文所列被收养人的条件第 1 项中的“丧失生父母的孤儿”应理解为生父母已经死亡或被宣告死亡的未满 18 周岁的未成年人。

（三）非因生父母意愿脱离监护的未成年人可被收养

原《收养法》规定的第二类被收养人为查找不到生父母的弃婴和儿童。弃婴是指被生父母遗弃的婴儿，即生父母主观上具有遗弃婴儿的意愿，客观上实施了遗弃婴儿的行为。原《收养法》规定的查找不到生父母的儿童虽然未限定是否由生父母主动遗弃，但结合该条语境及《中国公民收养子女登记办法》第 5 条、第 6 条关于收养弃婴、儿童应提交公安机关出具的捡拾证明的规定可见，儿童亦指被生父母遗弃的儿童。对于非因生父母意愿脱离监护的未成年人，例如被拐获救未成年人，则不在原《收养法》规定的被收养人范围之列。本条将原《收养法》规定的"查找不到生父母的弃婴和儿童"修改为"查找不到生父母的未成年人"，取消了对生父母遗弃未成年人的主观意愿的限定，将被拐获救未成年人纳入被收养人的范围。

收养制度与监护制度具有密切的关系，结合《民法典》关于送养人的规定可见，送养人为被收养人的监护人或对其行使监护职责的机构。对于被生父母故意遗弃的未成年人，生父母虽为其法定监护人，享有监护权，有权决定对未成年人的送养，但由于生父母主动遗弃了未成年人，以实际行动表明不再履行对未成年人的监督职责，应视为生父母放弃了对未成年人的监护权。

被拐获救未成年人与上述情况不同，其生父母主观上并无放弃子女监护权的意愿，是因犯罪分子的拐卖行为导致生父母与子女的分离，生父母虽在事实上无法行使监护权，但在法律意义上仍然享有子女的监护权。对被拐获救未成年人的收养需解决与生父母监护权的冲突问题。

本条文将被拐获救未成年人纳入被收养人范围，有以下两点原因：一是对于被拐获救未成年人，最终能够寻找到生父母，回归原生家庭的概率较低。相对于在儿童福利机构生活，能够被家庭收养，得到养父母的关爱，对未成年人更为有利。在对生父母的亲权与未成年人利益的衡量之下，允许对确实查找不到生父母的被拐获救未成年人进行收养是未成年人利益最大化原则的要求。二是虽然未成年人的生父母或其他监护人是对未成年人进行监护的第一责任人，但国家对未成年人的身心健康和全面发展承担最终的责任，对于生父母拒绝履行或无法履行监督职责的未成年人，应由国家介入和补位，替代未成年人的监护人，并由民政部门代表国家行使监护权，委托儿童福利机构具体履行监护职责，在符合法定条件时，作为送养人决定对未成年人的送养。

（四）生父母有特殊困难无力抚养的未成年人

《民政部婚姻司对〈收养法〉的解答》中对生父母有特殊困难的具体情形作出了说明，该解答第 5 条规定："有特殊困难无力抚养的子女，是指有生父母或生父母一方死亡，但其生父母或生父、生母有特殊困难不能抚养教育的未满 14 周岁的子女。如生父母重病、重残，无力抚养教育的子女或由于自然灾害等原因造成其生父母无力抚养的子女，以及非婚生子女等。"按照该解答的说明，生父母有特殊困难无力抚养的未成年人指生父母因身体健康原因、经济原因无力抚养的子女，包括以下三种：第一，生父母双方均生存，但均因重病、重残或经济原因无力抚养的子女；第二，生父母一方死亡或被宣告死亡，另一方因重病、重残或经济困难无力抚养的子女；第三，非婚生子女。解答中对非婚生子女专门予以说明，对非婚生子女的收养不以生父母重病、重残或存在经济困难为条件，非婚生的情形即表明符合被收养的条件。

适用指引

一、排除本条适用的情形

根据《民法典》第 1099 条的规定，收养三代以内旁系同辈血亲的子女，可以不受本条第 3 项规定的限制。三代以内近亲属之间亲缘关系较近，容易建立起收养关系，也符合民间普遍存在的过继等习俗，故《民法典》中对三代以内旁系同辈血亲的收养放宽限制，无论生父母是否具有无力抚养子女的特殊困难，均可收养。

二、查找不到生父母的未成年人的认定标准

关于查找不到生父母的未成年人，视未成年人被遗弃或被拐获救而有不同的认定标准。对于被生父母遗弃的未成年人，根据《中国公民收养子女登记办法》第 7 条的规定，收养前应登记公告查找其生父母，公告期满 60 日未被生父母或其他监护人认领的，可被视为查找不到生父母的弃婴、儿童，符合被收养人的条件。而对于被拐获救儿童，根据《民政部、公安部关于开展查找不到

生父母的打拐解救儿童收养工作的通知》的要求，公安机关应当全力查找打拐解救儿童的生父母，在全国打拐DNA信息库录入、比对血样，1个月内未能查找到生父母或其他监护人的，社会福利机构或者救助保护机构在儿童寻亲公告平台上发布儿童寻亲公告，公告期30日。儿童被送交社会福利机构或者救助保护机构之日起满12个月，公安机关仍未能查找到儿童生父母或其他监护人的，可视为确实查找不到生父母，未成年人可被收养。

对被生父母遗弃的未成年人，因生父母主动放弃监护权，公安机关已出具捡拾报案证明，因此仅需以公告形式查找其生父母；对于被拐获救未成年人，是因拐卖未成年人的犯罪行为导致脱离生父母的监护，除应发布30日寻亲公告之外，还应由公安机关全力查找其生父母，只有在较长时间（12个月）内无法查找到生父母时，才可以被收养。

类案检索

简某1与简某2、韦某某解除收养关系纠纷案

关键词：未成年人　收养关系不成立

裁判摘要：收养是为了保障未成年人的权利，使未成年人能够更加健康地成长。因此，被收养人只能是未成年人。《简某2抱子协议》的签订时间为1991年1月3日，当时简某1已年满19周岁，系成年人，不符合收养的条件。因此，《简某2抱子协议》只是双方为家庭延续等目的签订的共同生活、抚养的协议，双方并不存在法律上的收养关系。判决简某1与简某2、韦某某之间的收养关系不成立。

【案　　号】（2021）渝0119民初1088号

【审理法院】重庆市南川区人民法院

第一千零九十四条　下列个人、组织可以作送养人：

（一）孤儿的监护人；

（二）儿童福利机构；

（三）有特殊困难无力抚养子女的生父母。

关联规定

一、法律、行政法规、司法解释

1.《中华人民共和国未成年人保护法》

第九十五条　民政部门进行收养评估后，可以依法将其长期监护的未成年人交由符合条件的申请人收养。收养关系成立后，民政部门与未成年人的监护关系终止。

2.《中国公民收养子女登记办法》

第六条　送养人应当向收养登记机关提交下列证件和证明材料：

（一）送养人的居民户口簿和居民身份证（组织作监护人的，提交其负责人的身份证件）；

（二）收养法规定送养时应当征得其他有抚养义务的人同意的，并提交其他有抚养义务的人同意送养的书面意见。

社会福利机构为送养人的，并应当提交弃婴、儿童进入社会福利机构的原始记录，公安机关出具的捡拾弃婴、儿童报案的证明，或者孤儿的生父母死亡或者宣告死亡的证明。

监护人为送养人的，并应当提交实际承担监护责任的证明，孤儿的父母死亡或者宣告死亡的证明，或者被收养人生父母无完全民事行为能力并对被收养人有严重危害的证明。

生父母为送养人的，并应当提交与当地计划生育部门签订的不违反计划生育规定的协议；有特殊困难无力抚养子女的，还应当提交送养人有特殊困难的声明。其中，因丧偶或者一方下落不明由单方送养的，还应当提交配偶死亡或者下落不明的证明。对送养人有特殊困难的声明，登记机关可以进行调查核实；子女由三代以内同辈旁系血亲收养的，还应当提交公安机关出具的或者经过公证的与收养人有亲属关系的证明。

被收养人是残疾儿童的，并应当提交县级以上医疗机构出具的该儿童的残疾证明。

二、部门规章及规范性文件

《儿童福利机构管理办法》

第二条 本办法所称儿童福利机构是指民政部门设立的，主要收留抚养由民政部门担任监护人的未满 18 周岁儿童的机构。

儿童福利机构包括按照事业单位法人登记的儿童福利院、设有儿童部的社会福利院等。

第二十六条 对于符合条件、适合送养的儿童，儿童福利机构依法安排送养。送养儿童前，儿童福利机构应当将儿童的智力、精神健康、患病及残疾状况等重要事项如实告知收养申请人。

对于符合家庭寄养条件的儿童，儿童福利机构按照《家庭寄养管理办法》的规定办理。

三、司法指导性文件

《最高人民法院民事审判庭关于夫妻一方死亡另一方将子女送他人收养是否应当征得愿意并有能力抚养的祖父母或外祖父母同意的电话答复》

第一，根据《民法通则》第十六条，及我院《关于贯彻执行民事政策法律若干问题的意见》第三十七条规定，收养关系是否成立，送养方主要由生父母决定。

第二，我院《关于贯彻执行民法通则若干问题的意见》第二十三条规定，是针对夫妻一方死亡，另一方将子女送他人收养，收养关系已经成立，其他有监护资格的人能否以未经其同意而主张该收养关系无效问题规定的。

第三，在审判实际中对不同情况的处理，需要具体研究。诸如你院报告中列举的具体问题，夫妻一方死亡，另一方有抚养子女的能力而不愿尽抚养义务，以及另一方无抚养能力，且子女已经由有抚养能力，又愿意抚养的祖父母、外祖父母抚养的，为送养子女发生争议时，从有利于子女健康成长考虑，子女由祖父母或外祖父母继续抚养较为合适。

条文释义

一、本条主旨

本条是关于送养人的范围的规定。

二、条文演变

本条源于原《收养法》第5条，内容无实质修改，文字表述上进行细节方面的调整。因“公民”与“组织”并非相互对应的概念，将“公民”修改为“个人”，与“组织”相互对应，表明自然人与组织机构均可成为送养人。因部分“社会福利机构”并不具有儿童福利部门，不承担代民政部门履行监护未成年人的职能，应将此类社会福利机构排除在送养人范围之外，把“社会福利机构”修改为“儿童福利机构”，对送养人范围的界定更加准确。

三、条文解读

本条规定了具有三种身份或职能的民事主体可以送养未成年人，明确了送养人主体的范围和所对应的被收养人，有利于规范收养关系的建立，保护被收养人的合法权益。

从比较法角度分析，各国家或地区对送养人条件的规定分为两种模式：一种是分散规定模式，并未在某一条文中专门规定送养人条件，对送养人条件的规定散见于民法典中不同的条文；另一种是集中规定模式，即在民法典某一条文中专门规定送养人资格与条件的问题。国外立法例中采分散性规定模式居多，我国则属于典型的集中规定模式。由于我国仅规定了相当于域外立法例中的完全收养制度，收养关系一经确立，会引起收养各方主体身份关系的重大变化，对收养各方的切身利益有重大影响，故对送养人的范围也应明确规定。送养人的资格条件还关系到送养决定权的行使，对被收养人利益影响重大。我国《民法典》以专门条文单独规定送养人的资格条件，是在我国收养制度体系下的必然选择，符合我国国情和传统家庭关系习俗，具有制度的合理性。

（一）孤儿的监护人作为送养人

孤儿，是指生父母已经死亡或被宣告死亡的不满18周岁的未成年人。孤儿父母双亡，无法得到妥善的照顾养育，具有被家庭收养的客观需要。孤儿生父母已经去世，被家庭收养既不存在生父母亲权的法律障碍，也不会产生收养人与被收养人生父母的纠纷，因此，孤儿是主要的被收养群体。在收养制度理论中，决定是否将未成年人送交收养的权利称为收养同意权，未成年人的生父母享有收养同意权，但当未成年人的生父母死亡或因欠缺意思能力等原因无法行使收养同意权时，各国家和地区普遍规定了其他有权送养未成年人的主体。例如，法国民法中除规定未成年人的生父母可以作为送养人之外，还规定了亲属会议可以作为送养人，并且出于保护未成年人利益的考虑，即使未成年人的生父母不同意送养，其所在的亲属会议也有权决定送养。如果未成年人的生父母或者亲属会议滥用权利时，法院可以直接决定将未成年人送养。德国民法中规定了送养人首先为被收养人的父母，当被收养人的父母存在难以照料未成年人生活或保护其利益的困难时，由家庭法院代父母一方作出同意送养的意思表示。在德国、法国立法例中，法院在未成年人的送养中承担了一定责任，甚至可以直接作为送养人，成为保护未成年人利益的最后一道防线。我国民政部门和儿童福利机构承担了部分上述职能。

监护制度是为保障无行为能力人和限制行为能力人的合法权益而设立的一种民事法律制度。监护，是指依照法律规定，对特定自然人的人身权益和财产权益进行监督和保护的法律制度。根据《民法典》第27条的规定，父母是未成年人的监护人，未成年人的父母已经死亡或者没有监护能力的，由有监护能力的未成年人的祖父母、外祖父母，兄、姐，经未成年人住所地的居民委员会、村民委员会或者民政部门同意的其他愿意担任监护人的个人或者组织按顺序担任监护人。孤儿的监护人是对孤儿具有法定监护职责的个人或组织，根据《民法典》第34条规定，监护人的职责是代理被监护人实施民事法律行为，保护被监护人的人身权利、财产权利以及其他合法权益等。监护制度可以弥补被监护人行为能力的欠缺，使被监护人能够参与到民事活动中。《民法典》中规定的有监护资格的主体除包括孤儿的祖父母、外祖父母、兄、姐之外，还包括居民委员会、村民委员会和民政部门等组织机构。监护制度虽然可以在一定程度上对被监护人进行监督和保护，但并不能确保孤儿得到充分的情感关怀和稳定的家庭环境，而这些因素对孤儿的健康成长尤为重要。监护制度的目的重在对被监护人的监督、保护，并不是解决孤儿抚养、教育问题的最佳方案。允许孤儿的监护人将孤儿送养他人，让孤儿在正常的家庭环境中健康成长，得到亲人的关爱、妥善的抚养教育，最有利于保障孤儿的利益。监护人应当为被监护人利益考虑，谨慎决定孤儿的送养并选择收养人。

（二）儿童福利机构作为送养人

儿童福利机构是代替民政部门具体履行对特定儿童的监护职责的事业单位法人。根据《儿童福利机构管理办法》第2条的规定，儿童福利机构，是指民政部门设立的，主要收留抚养由民政部门担任监护人的未满18周岁儿童的机构。儿童福利机构包括按照事业单位法人登记的儿童福利院、设有儿童部的社会福利院等。根据《儿童福利机构管理办法》第9条规定，儿童福利机构应当收留抚养的儿童包括以下几类：一是无法查明父母或者其他监护人的儿童；二是父母死亡或者宣告失踪且没有其他依法具有监护资格的人的儿童；三是父母没有监护能力且没有其他依法具有监护资格的人的儿童；四是人民法院指定由民政部门担任监护人的儿童；五是法律规定应当由民政部门担任监护人的其他儿童。

虽然儿童福利机构可以收留抚养上述五类儿童，但结合《民法典》第1093条关于被收养人的规定，儿童福利机构并非对上述五类儿童均有权送养。首先，儿童福利机构送养由其收留抚养的儿童应符合被收养人的条件，不符合被收养人条件的儿童不能被送养。其次，对于由儿童福利机构收留抚养且符合被收养人条件的儿童，也应按照法律规定确定送养人。由于本条第3项规定了有特殊困难无力抚养子女的生父母可作为送养人，因此对于生父母有特殊困难无力抚养的未成年人，除非法律另有规定，应由其生父母作为送养人。即使由于生父母有特殊困难无力抚养，民政部门将未成年人安置在儿童福利机构收留抚养，儿童福利机构也不能自行决定将此类未成年人送养。

《未成年人保护法》已由第十三届全国人民代表大会常务委员会第二十二次会议于2020年10月17日修订通过，自2021年6月1日起施行。我国正在构建一套以家庭监护为主、国家监护为辅，较为完整的未成年人监护制度。儿童福利机构作为民政部门设立的事业单位法人，代行对上述未成年人的监护职责，有权在充分考虑被收养人利益的前提下，为其寻找合适的收养家庭，对未成年人进行送养。

（三）有特殊困难无力抚养子女的生父母作为送养人

抚养教育未成年子女是父母应当承担的法定义务，不得随意推诿，但是对于确有特殊困难无力抚养子女的生父母，如坚持要求其履行监护职责，对生父母构成较大的负担，子女也无法得到妥善的照料。因此，应当允许生父母对子女进行送养，以保障子女切身的利益，同时解决生父母面临的生存困境。特殊困难包括身体的疾病或残疾、经济的困顿等不利于其履行抚养义务的情况。

适用指引

一、监护人送养孤儿的限制

本条规定了孤儿的监护人可作为送养人，但应注意与《民法典》第1096条的衔接，该条规定了监护人送养孤儿，应征得有抚养义务的人同意。表明监护人应与对孤儿有抚养义务的人共同决定送养孤儿，如果有抚养义务的人不同意送养，监护人不能单独决定送养。监护人不愿意继续履行监护职责的，可以另行确定监护人。

二、生父母的送养

根据本条第3项规定内容的文义，只有在生父母有特殊困难无力抚养子女时，有权将子女送养，除此之外，子女的养父母、继父母即使有特殊困难无力抚养子女，也无权作为送养人将子女送养。养父母在收养后面临特殊困难无力继续抚养养子女的，可以与养子女的生父母协商解除收养关系，由生父母继续抚养子女或再行送养。

类案检索

刘某、王某与苏某1、周某1确认收养关系纠纷案

关键词：生父母送养　送养人

裁判摘要：收养应当遵循平等自愿原则，并不得违背法律规定。苏某1、周某1收养苏某2时，《收养法》已于1991年12月29日公布并于1992年4月1日施行，苏某1、周某1收养应符合1992年4月1日施行的《收养法》的相关规定。该法第5条规定："下列公民、组织可以作送养人：（一）孤儿的监护人；（二）社会福利机构；（三）有特殊困难无力抚养子女的生父母。"本案中，苏某2的生父母尚在，并且无证据证明生父母有特殊困难无力抚养，现有证据亦证明苏某2并非其生父母送养，收养行为无法律效力。苏某1、周某1的收养行为虽因违反法律规定而无效，但苏某1、周某1含辛茹苦将苏某2抚养成人，无论是经济上还是感情上均倾注了大量的心血。对苏某1、周某1实际抚养苏某2的事实，刘某、王某早已知悉。因此，苏某1、周某1主张王某给予经济补偿于法有据，亦符合情理。

【案　　号】（2017）苏12民终1090号

【审理法院】江苏省泰州市中级人民法院

第一千零九十五条　未成年人的父母均不具备完全民事行为能力且可能严重危害该未成年人的，该未成年人的监护人可以将其送养。

关联规定

法律、行政法规、司法解释

1.《中华人民共和国民法典》

第二十七条　父母是未成年子女的监护人。

未成年人的父母已经死亡或者没有监护能力的，由下列有监护能力的人按顺序担任监护人：

（一）祖父母、外祖父母；

（二）兄、姐；

（三）其他愿意担任监护人的个人或者组织，但是须经未成年人住所地的居民委员会、村民委员会或者民政部门同意。

2.《中国公民收养子女登记办法》

第六条　送养人应当向收养登记机关提交下列证件和证明材料：

（一）送养人的居民户口簿和居民身份证（组织作监护人的，提交其负责人的身份证件）；

（二）收养法规定送养时应当征得其他有抚养义务的人同意的，并提交其他有抚养义务的人同意送养的书面意见。

社会福利机构为送养人的，并应当提交弃婴、儿童进入社会福利机构的原始记录，公安机关出具的捡拾弃婴、儿童报案的证明，或者孤儿的生父母死亡或者宣告死亡的证明。

监护人为送养人的，并应当提交实际承担监护责任的证明，孤儿的父母死亡或者宣告死亡的证明，或者被收养人生父母无完全民事行为能力并对被收养人有严重危害的证明。

生父母为送养人的，并应当提交与当地计划生育部门签订的不违反计划生育规定的协议；有特殊困难无力抚养子女的，还应当提交送养人有特殊困难的声明。其中，因丧偶或者一方下落不明由单方送养的，还应当提交配偶死亡或者下落不明的证明。对送养人有特殊困难的声明，登记机关可以进行调查核实；子女由三代以内同辈旁系血亲收养的，还应当提交公安机关出具的或者经过公证的与收养人有亲属关系的证明。

被收养人是残疾儿童的，并应当提交县级以上医疗机构出具的该儿童的残疾证明。

条文释义

一、本条主旨

本条是关于父母危害未成年人时监护人的送养的规定。

二、条文演变

本条源于原《收养法》第 12 条，在条文顺序和条文内容上都作出了修改，体现在两个方面：第一，条文体系位置的变化。原《收养法》中将该条置于收养的各项条件规定之后，确立了监护人不得送养父母均无完全行为能力的未成年人的一般原则和例外性规定。而《民法典》中将本条文位置提前，置于送养人条件的规定之后，将特定情形下监护人的送养作为对生父母送养的补充，淡化了监护人不得送养无完全行为能力人的子女这一规定的原则性。第二，条文内容的变化。原《收养法》中确立监护人不得送养父母均无完全行为能力的未成年人的一般原则，将在父母对未成年人有严重危害可能时，监护人将其送养作为例外，用此种原则 + 例外的立法模式对监护人送养未成年人的情形进行了严格的限制。除非父母均无完全行为能力且有可能严重危害子女，否则监护人不得将未成年人送养。而本条文则采取赋权性的规定方式，肯定了在父母均无完全行为能力且有可能严重危害子女利益时，监护人有权决定送养未成年人，而并未一律排除在父母对未成年子女有其他不利行为时，监护人送养未成年人的权限，为将来扩大监护人送养被监护人的权限预留了制度空间。虽然从目前来看，两种表述方式的效果尚不具有实质性的差异，但体现出立法机关对收养制度指导思想的转变和对监护人送养被监护人规定的细微变化。

三、条文解读

本条规定了父母在世时监护人对未成年人的送养须同时符合父母双方均不具备完全民事行为能力和可能严重危害未成年人两项条件。

（一）收养制度立法宗旨的发展

收养行为古已有之，古巴比伦的《汉穆拉比法典》中就有关于自由民可以收养被遗弃的幼儿的内容。收养形成一种制度始于家族制度产生之后。收养制度形成至今经历了三个阶段，第一个阶段是“家本位的收养”，收养的目的是为延续家族血统，这一阶段的收养更注重维护家族的利益。我国古代的收养具有这种特征，收养本家同宗亲属中的同姓男子为嗣，以祭祀祖先、延续宗嗣。罗马法中只有家长可以收养子女，也是“家本位的收养”的典型代表。随着家族制度团体属性的逐渐式微，对延续血统的需求渐渐减弱，收养制度进入第二阶段“父母本位的收养”，这一阶段的收养目的主要在于安慰晚年的父母、养儿防老或承继事业，侧重于保护养父母的利益。第一次世界大战以后，产生了许多孤儿及非婚生子女，应当给予其家庭的温暖和父母的照顾，收养制度进入第三个阶段“子女本位的收养”，这一阶段收养的目的侧重于维护被收养子女的利益。

我国收养制度的演变也体现出收养宗旨发展变迁的过程。《民法典》第1044条新增确立了收养应当遵循最有利于被收养人的原则，应当认为我国收养制度也已进入以子女为本位的发展阶段。在原收养法律关系中，应兼顾保护收养人、被收养人和送养人各方的合法权益，但当多种利益出现矛盾冲突时，在子女本位的收养宗旨之下，应优先保护被收养子女的利益。

（二）免除父母收养同意权

父母均不具备完全行为能力时，不能作出意思表示，为保护未成年子女的利益，可以免除父母的收养同意权，本条规定是免除父母收养同意权的情形之一。父母之同意权，并非亲权内容之一，而为父母固有之权利，但在父母一方或双方对子女未尽保护教育之义务，或有其他显然不利子女之情事而拒绝同意，或事实上不能为意思表示之情形时，可以免除其同意，以保护被收养人之权利。由于收养制度的立法宗旨由父母本位主义向子女本位主义转化，域外立法例中对于父母生存时子女的送养，均从有利于子女健康成长角度考虑，在父母的行为明确不利于子女健康成长时，普遍规定了父母之外的送养主体。如法国民法中的亲属会议、德国民法中的家庭法院、魁北克民法中的监护人等。对未成年人生父母之外的监护人或其他机构送养未成年人也规定了比较宽泛的适用条件，通常只要符合生父母均无完全行为能力或生父母有不履行抚养义务、可能损害未成年子女利益情形之一者，即可由监护人或家庭会议、法院决定将未成年子女送养。本条文中规定监护人在特定情形下可以送养未成年人，与各国立法中保护子女利益的指导思想一致，但在适用条件上更加严格。

（三）生父母的亲权与子女利益冲突时的立法导向

域外立法中对于父母有危害未成年子女行为或有危害可能的，一般通过剥夺父母的亲权来保障未成年子女的利益。德国民法中将父母对子女漠不关心、疏于照管保护均视为父母对子女的危害，当父母没有能力或者不愿意消除这种危害时，家庭法院将采取必要措施消除危害，甚至剥夺父母的亲权。日本民法中规定，父母没有能力、较长一段时间不能表示自己的意思或父母被判刑 6 个月以上导致未成年人处于无监护状况时，可剥夺父母的亲权。本条规定的监护人送养的规则与域外立法例中剥夺亲权制度的法律效果类似，适用条件更为严格，需同时符合父母不具备完全行为能力和可能严重危害未成年子女利益两项条件时，才可由监护人送养未成年子女，在剥夺父母亲权问题上持更为谨慎的态度。

虽然未成年人的父母因不具有完全行为能力而无法履行养育照管未成年人的义务，但仍享有在年老且生活困难时要求已成年子女赡养的权利。如果子女被他人收养，将导致父母子女关系的消灭，父母无权向子女提出赡养照顾的主张。原《收养法》第 12 条从父母利益的角度出发，规定父母虽无完全民事行为能力，未成年人的监护人也不得将其送养，仅在父母可能严重危害子女利益时，才作出除外性规定，体现出父母亲权与子女利益冲突时，侧重保护父母的亲权和利益。本条规定所作的修改，体现出当父母的亲权与子女的利益冲突时，侧重于保护子女利益的指导思想，贯彻了最有利于被收养人的原则，体现出以子女为本位的收养制度的立法宗旨。

适用指引

监护人送养的两项条件

我国《民法典》中对于父母在世时，监护人送养未成年子女规定的条件较为严格。实践中应从以下三个方面准确把握本条中规定的两项条件：第一，关于未成年人的父母均不具备完全民事行为能力。本条规定并未将未成年人的父母限定为生父母，从文义上看，未成年人的养父母、继父母均不具备或丧失完全行为能力的，也符合此项条件。不具备完全行为能力，包括限制行为能力和无行为能力。未成年人的父母均为限制行为能力人、无行为能力人，或一方为限制行为能力人、另一方为无行为能力人时，符合本项条件。父母均不具备完全行为能力，首先指父母处于生存状态，因自然人的民事权利能力始于出生，终止死亡，父母一方如已经死亡，不具备民事权利能力，勿论行为能力的健全与否。如果未成年人的父母一方死亡，另一方不具备完全行为能力，按照孤儿的定义，上述未成年人不属于孤儿，不能适用孤儿的送养规则确定送养人。但对于上述未成年人，其境遇并不比父母双方均不具备完全行为能力的未成年人更为优越，也应通过准许监护人对其送养来保证上述未成年人得到家庭的温暖和亲人的关怀。故应当对本条规定进行扩大解释，将父母一方死亡、另一方无完全行为能力的未成年人按本条规定确定送养条件。第二，关于父母可能严重危害该未成年人。本项条件并不要求父母已经对未成年子女造成现实的伤害，只要根据父母的认知能力和行为习惯推断父母有严重危害未成年人的可能性时即可认为符合本项条件，危害可以表现为对未成年人身体的侵害和精神上的伤害，并且危害需达到严重的程度。第三，未成年人需有明确的监护人。未成年人的父母均不具备完全行为能力时，根据《民法典》第27条的规定，应在有监护资格和监护能力的人或组织中确定监护人。对于监护人的确定有争议时，应首先按法定程序指定监护人，依法确定的监护人才有权决定送养。只具有监护资格，但未被确定为监护人的个人或组织，无权决定送养未成年人。

类案检索

隆某1与龙某某、杨某某变更抚养权纠纷案

关键词：不具备完全民事行为能力　严重危害

裁判摘要：《收养法》第12条规定："未成年人的父母均不具备完全民事行为能力的，该未成年人的监护人不得将其送养，但父母对该未成年人有严重危害可能的除外。"本案中，被告龙某某、杨某某生育隆某2时均系未成年人，不具备完全民事行为能力，未被证实存在严重危害隆某某的可能，其任意一方监护人均不得擅自将隆某2送养，且送养未经县级人民政府部门登记，原告隆某1与隆某2的收养关系不成立。根据《民法通则》第16条"未成年人的父母是未成年人的监护人。未成年人的父母已经死亡或者没有监护能力的，由下列人员中由监护能力的人担任监护人：（一）祖父母、外祖父母"的规定，因被告杨某某尚未成年，由其监护人代为抚养，被告龙某某已成年，监护责任由龙某某自行履行。

【案　　号】（2015）花民初字第725号

【审理法院】湖南省花垣县人民法院

第一千零九十六条　监护人送养孤儿的，应当征得有抚养义务的人同意。有抚养义务的人不同意送养、监护人不愿意继续履行监护职责的，应当依照本法第一编的规定另行确定监护人。

关联规定

一、法律、行政法规、司法解释

《中华人民共和国民法典》

第二十七条　父母是未成年子女的监护人。

未成年人的父母已经死亡或者没有监护能力的，由下列有监护能力的人按顺序担任监护人：

（一）祖父母、外祖父母；

（二）兄、姐；

（三）其他愿意担任监护人的个人或者组织，但是须经未成年人住所地的居民委员会、村民委员会或者民政部门同意。

第三十条　依法具有监护资格的人之间可以协议确定监护人。协议确定监护人应当尊重被监护人的真实意愿。

第三十一条　对监护人的确定有争议的，由被监护人住所地的居民委员会、村民委员会或者民政部门指定监护人，有关当事人对指定不服的，可以向人民法院申请指定监护人；有关当事人也可以直接向人民法院申请指定监护人。

居民委员会、村民委员会、民政部门或者人民法院应当尊重被监护人的真实意愿，按照最有利于被监护人的原则在依法具有监护资格的人中指定监护人。

依据本条第一款规定指定监护人前，被监护人的人身权利、财产权利以及其他合法权益处于无人保护状态的，由被监护人住所地的居民委员会、村民委员会、法律规定的有关组织或者民政部门担任临时监护人。

监护人被指定后，不得擅自变更；擅自变更的，不免除被指定的监护人的责任。

第三十二条 没有依法具有监护资格的人的，监护人由民政部门担任，也可以由具备履行监护职责条件的被监护人住所地的居民委员会、村民委员会担任。

第三十六条 监护人有下列情形之一的，人民法院根据有关个人或者组织的申请，撤销其监护人资格，安排必要的临时监护措施，并按照最有利于被监护人的原则依法指定监护人：

（一）实施严重损害被监护人身心健康的行为；

（二）怠于履行监护职责，或者无法履行监护职责且拒绝将监护职责部分或者全部委托给他人，导致被监护人处于危困状态；

（三）实施严重侵害被监护人合法权益的其他行为。

本条规定的有关个人、组织包括：其他依法具有监护资格的人，居民委员会、村民委员会、学校、医疗机构、妇女联合会、残疾人联合会、未成年人保护组织、依法设立的老年人组织、民政部门等。

前款规定的个人和民政部门以外的组织未及时向人民法院申请撤销监护人资格的，民政部门应当向人民法院申请。

第一千零七十四条 有负担能力的祖父母、外祖父母，对于父母已经死亡或者父母无力抚养的未成年孙子女、外孙子女，有抚养的义务。

有负担能力的孙子女、外孙子女，对于子女已经死亡或者子女无力赡养的祖父母、外祖父母，有赡养的义务。

二、部门规章及规范性文件

《民政部关于规范生父母有特殊困难无力抚养的子女和社会散居孤儿收养工作的意见》

二、明确送养人和送养意愿

生父母有特殊困难无力抚养的子女由生父母作为送养人。生父母均不具备完全民事行为能力且对被收养人有严重危害可能的，由被收养人的监护人作为送养人。社会散居孤儿由其监护人作为送养人。社会散居孤儿的监护人依法变更为社会福利机构的，可以由社会福利机构送养。送养人可以向民政部门提出送养意愿。民政部门可以委托社会福利机构代为接收送养意愿。

条文释义

一、本条主旨

本条是关于监护人送养孤儿的规定。

二、条文演变

本条源于原《收养法》第13条，内容及文字上作了三处修改：第一，因孤儿均为未成年人，本条将“未成年孤儿”修改为“孤儿”，文字上简化精炼。第二，对于监护人不愿继续履行监护职责的情况，原《收养法》规定为应按照原《民法通则》的规定变更监护人，而《民法典》第一编总则部分仅规定了监护人被指定后不得擅自变更，并没有规定监护人变更的具体条件和程序，在《民法典》中监护人的变更没有可以适用的具体规则。因此，本条规定将“变更监护人”修改为“另行确定监护人”。第三，因《民法典》已颁布施行且《民法通则》已废止，本条文将另行确定监护人的法律依据由原《民法通则》修改为“本法第一编”。

三、条文解读

本条规定了监护人送养孤儿以有抚养义务的人同意为条件，未征得有抚养义务的人的同意，监护人不能将孤儿送养，如监护人不愿意继续履行监护职责，可以另行确定监护人。

（一）孤儿的监护人与抚养义务人共同行使收养同意权

收养同意权，是指同意或拒绝收养的权利。孤儿的监护人是对孤儿履行监督、保护义务的人，根据《民法典》第1094条第1项的规定，孤儿的监护人可以作为孤儿的送养人，行使对孤儿的收养同意权。根据本条规定，孤儿的监护人行使收养同意权需受到抚养义务人意思的限制。由孤儿的监护人与抚养义务人共同行使收养同意权的制度设计具有以下三点意义：第一，可以防止监护人为推卸监护责任，随意将孤儿送养，损害孤儿的合法权益。第二，抚养义务人抚养孤儿具有现实的可能性。根据《民法典》第26条的规定，父母对未成年子女负有抚养、教育和保护的义务。父母是未成年子女第一顺位的抚养义务人。除父母之外，《民法典》第1074条第1款还规定了有负担能力的祖父母、外祖父母，对于父母已经死亡或者父母无力抚养的未成年孙子女、外孙子女，有抚养的义务。此项抚养义务为法定的抚养义务，有负担能力的祖父母、外祖父母是孤儿的法定抚养义务人。我国现代社会家庭结构中，夫妻双方普遍都从事着工作，很多家庭由祖父母、外祖父母帮助抚养孙子女、外孙子女，家庭关系中存在普遍的“隔代亲”现象，祖父母、外祖父母与孙子女、外孙子女之间存在天然的直系血亲关系和比较深厚的感情基础。在未成年人的父母死亡时，祖父母、外祖父母与孙子女、外孙子女之间会形成更加密切的感情纽带和依赖关系，祖父母、外祖父母补位履行对孙子女、外孙子女的抚养义务具有现实的可能性，也是对孙子女、外孙子女基本生活的保障。第三，保护抚养义务人的合法权益。在被抚养人的父母死亡时，收养会引起包括抚养关系在内的一系列家庭关系的重大变化，孤儿与祖父母、外祖父母等近亲属关系会基于收养而消除。对孤儿的收养应尊重抚养义务人的意愿，如果抚养义务人有抚养的能力并且愿意继续抚养孤儿，孤儿的基本生活和教育能够得到保证，此时不宜轻易改变原有的家庭关系和抚养关系，强行将孤儿送养。按照《民法典》第1074条第2款规定，有负担能力的孙子女、外孙子女，对于子女已经死亡或者子女无力赡养的祖父母、外祖父母，有赡养的义务。由祖父母、外祖父母抚养孤儿至成年之后，孤儿对祖父母、外祖父母还承担法定的赡养义务，由此也可以解决子女死亡的祖父母、外祖父母的养老问题，减轻社会的负担，体现制度设计的人性关怀。

综上，本条规定了抚养义务人的收养同意权，法定抚养义务人为与孤儿有直系血亲关系的祖父母、外祖父母，能够从最有利于被收养人的角度出发，决定是否同意收养。孤儿的监护人和抚养义务人共同享有对孤儿的收养同意权，应协商确定孤儿的送养事宜。如果各方不能就送养达成一致意见，则不得送养。

（二）另行确定监护人

根据《民法典》第一编总则的规定，未成年人的监护人是其法定代理人，其职责是代理被监护人实施法律行为，保护被监护人的人身权利、财产权利以及其他合法权益。监护人不履行监护职责或者侵害被监护人合法权益的，应当承担法律责任。相较于孤儿的法定抚养义务人，孤儿的监护人对孤儿承担更广泛的法律责任。当孤儿的监护人不愿继续履行监护职责，却因抚养义务人拒绝无法将孤儿送养时，应当兼顾监护人的利益和意愿，允许监护人选择继续履行监护职责或请求另行确定监护人。

适用指引

一、抚养义务人的范围

《民法典》第 1074 条规定，有负担能力的祖父母、外祖父母，对于父母已经死亡或者父母无力抚养的未成年孙子女、外孙子女，有抚养的义务。《民法典》第 1075 条规定，有负担能力的兄、姐，对于父母已经死亡或者父母无力抚养的未成年弟、妹，有扶养的义务。该两条根据不同的语境分别使用了“抚养”“扶养”的表述。本条中虽使用的为“抚养”一词，但理解为既包括有抚养义务的孤儿的祖父母、外祖父母，也包括有扶养义务的孤儿的兄、姐，更符合立法本意，且更有利于对孤儿合法权益的保护。这里的“有抚养义务的人”，是指孤儿的有负担能力的祖父母、外祖父母、兄、姐。[1]

二、监护人送养孤儿应当征得抚养义务人的一致同意

孤儿存在多名抚养义务人时，各抚养义务人均享有收养同意权。监护人送养孤儿应当征得抚养义务人的一致同意。任一抚养义务人不同意送养的，监护人不得送养孤儿。

---

① 黄薇主编：《中华人民共和国民法典婚姻家庭编释义》，法律出版社 2020 年版，第 202 页。

第一千零九十七条　生父母送养子女，应当双方共同送养。生父母一方不明或者查找不到的，可以单方送养。

关联规定

法律、行政法规、司法解释

1.《中华人民共和国民法典》

第五十二条　被宣告死亡的人在被宣告死亡期间，其子女被他人依法收养的，在死亡宣告被撤销后，不得以未经本人同意为由主张收养行为无效。

第一千零九十四条　下列个人、组织可以作送养人：

（一）孤儿的监护人；

（二）儿童福利机构；

（三）有特殊困难无力抚养子女的生父母。

第一千一百零八条　配偶一方死亡，另一方送养未成年子女的，死亡一方的父母有优先抚养的权利。

2.《中国公民收养子女登记办法》

第六条　送养人应当向收养登记机关提交下列证件和证明材料：

（一）送养人的居民户口簿和居民身份证（组织作监护人的，提交其负责人的身份证件）；

（二）收养法规定送养时应当征得其他有抚养义务的人同意的，并提交其他有抚养义务的人同意送养的书面意见。

社会福利机构为送养人的，并应当提交弃婴、儿童进入社会福利机构的原始记录，公安机关出具的捡拾弃婴、儿童报案的证明，或者孤儿的生父母死亡或者宣告死亡的证明。

监护人为送养人的，并应当提交实际承担监护责任的证明，孤儿的父母死亡或者宣告死亡的证明，或者被收养人生父母无完全民事行为能力并对被收养人有严重危害的证明。

生父母为送养人的，并应当提交与当地计划生育部门签订的不违反计划生育规定的协议；有特殊困难无力抚养子女的，还应当提交送养人有特殊困难的声明。其中，因丧偶或者一方下落不明由单方送养的，还应当提交配偶死亡或者下落不明的证明。对送养人有特殊困难的声明，登记机关可以进行调查核实；子女由三代以内同辈旁系血亲收养的，还应当提交公安机关出具的或者经过公证的与收养人有亲属关系的证明。

被收养人是残疾儿童的，并应当提交县级以上医疗机构出具的该儿童的残疾证明。

条文释义

一、本条主旨

本条是关于生父母共同送养的规定。

二、条文演变

本条源于原《收养法》第10条第1款，内容基本无修改。

三、条文解读

本条规定了生父母共同送养子女的原则和例外。生父母共同享有对子女的收养同意权，收养应经生父母双方协商一致同意，始得为之。同时规定了当生父母一方不明或查找不到时，免除该方的收养同意权，另一方可单独行使收养同意权。

生父母基于生育子女的行为取得父母的身份地位，收养会消除生父母与子女因生育而产生的亲子关系，引起双方情感纽带和权利义务的重大变化，对生父母及子女利益均有重大影响。收养同意权包括决定送养的权利、同意或拒绝收养的权利和选择收养人的权利。纵观各国和地区的相关规定，在普遍规定了生父母享有对子女的收养同意权的基础上，还规定了免除生父母收养同意权的若干情形，免除生父母收养同意权的事由较我国《民法典》的规定更为宽泛。

（一）生父母的收养同意权

未成年人的父母是其法定代理人和监护人。根据《妇女权益保障法》第49条规定，父母双方对未成年子女享有平等的监护权。父母双方亦应平等享有收养同意权，协商确定是否送养子女，未经协商或协商不能达成一致意见，父母一方不得单独送养子女。本条规定由生父母共同行使收养同意权，并不限于生父母为夫妻的情形，生父母虽非夫妻，子女为非婚生子女的，对子女的收养仍需生父母共同决定。本条文中规定的送养人为生父母双方，按文义解释不包括养父母、继父母。如生父母一方与他人结婚，子女随生父母一方和继父母共同生活，对子女的收养仍需征得生父母双方的同意，无需征得继父母的同意。

（二）免除生父母一方的收养同意权

收养同意权虽为父母双方固有的权利，但并非不可免除的权利。当父母一方既无法履行对子女的抚养、教育和保护的义务，又无法作出是否同意收养的意思表示，而这种境况对子女明显不利，导致子女无法得到适当的照料与教育，可免除该父或母一方的收养同意权。域外立法中普遍规定了免除父或母一方收养同意权的具体情形，包括父母一方死亡或不能表示意思、父母一方或其居住地不明、父母一方明显损害子女利益或被剥夺亲权、父母一方未对子女尽到保护教养义务等不利于子女的情事。

本条第2款规定了免除生父或生母一方收养同意权的一种事由，即生父母一方不明或查找不到。男女在生育子女时的生理特性决定了子女的生母较容易确定，而在特殊情况例如对非婚生子女，生父不明的可能性较大，包括生母拒绝透露生父或生母不知道生父的身份及去向。在生父母一方不明或查找不到时，其事实上无法行使对子女的收养同意权，相较于上述生父母对子女的亲权，子女的利益更应得到优先的考虑和保护。在生父母另一方难以单独抚养子女时，应允许其单独送养子女。

适用指引

一、生父母一方死亡或不具备完全行为能力时是否可单方送养

域外立法例中普遍规定了生父母一方死亡或不具备完全行为能力是免除其收养同意权的法定事由，可以由另一方单独行使收养同意权，决定子女的送养。我国《民法典》中并未明确将此种情形作为免除收养同意权的法定事由，但《民法典》第1108条中对生父母一方死亡，另一方送养子女作出了规定，配偶一方死亡，另一方送养未成年子女的，死亡一方的父母有优先抚养的权利。该条规定一方面肯定了配偶一方死亡时，另一方可以送养未成年人，同时赋予死亡一方的父母享有优先抚养权，作为对生存的生父或生母一方行使收养同意权的限制。生父母中生存一方送养未成年子女的，应当征得死亡一方的父母（即未成年子女的祖父母或外祖父母）的同意，否则死亡一方的父母可主张优先抚养权，要求解除收养关系。

二、生父母身份确定或重新出现对收养效力的影响

由于身份不明或查找不到的生父母一方的收养同意权已经依法免除，另一方单独享有收养同意权，另一方送养子女，符合收养的成立要件。收养关系一经登记确立即受法律保护，未经法定程序不得撤销和变更。收养产生的法律效果亦不受单方送养而有所区别，收养关系引起子女与生父母权利义务关系的消除、子女与养父母权利义务关系的建立。生父母一方不明或查找不到，并不表示其已经死亡。参照《民法典》第52条关于被宣告死亡的人在被宣告死亡期间，其子女被他人依法收养的，在死亡宣告被撤销后，不得以未经本人同意为由主张收养行为无效的规定，当生父母一方身份被查明或重新出现之后，该方不得以未经本人同意为由主张收养无效。

三、生父母离婚后的收养同意权

父母对未成年子女享有平等的监护权。《民法典》第1084条规定，父母与子女间的关系，不因父母离婚而消除。离婚后，子女无论由父或者母直接抚养，仍是父母双方的子女。该规定表明离婚不影响父或母与子女之间的父母子女关系，不直接抚养子女的父或母仍享有对子女的亲权。但收养会消除父母与

子女的亲权，对父母与子女关系影响重大。《民法典》中并未排除不直接抚养子女一方的父或母的收养同意权，离婚也不是免除父母收养同意权的法定情形。离婚后，无论是否直接抚养子女，父或母仍然平等享有收养同意权。父母应从最有利于子女的角度考虑，协商确定子女的收养，协商不成，不能将子女送养。如果直接抚养子女的父或母一方有特殊困难希望将子女送养，而不直接抚养子女的另一方不同意送养的，双方可以协商或诉讼变更直接抚养人。

类案检索

一、龚某1与黄某、姜某等确认收养关系、变更抚养关系纠纷案

关键词：共同送养 公序良俗

裁判摘要：收养应当有利于被收养的未成年人的成长，遵循平等自愿原则，不得违背善良风俗。《收养法》明确规定只有丧失父母的孤儿、查找不到生父母的弃婴和儿童、生父母有特殊困难无力抚养的子女才可以被收养，且生父母送养子女，须双方共同送养。本案中，姜某、张某在明知龚某2有生父母的情况下，以收养弃婴的名义，到姜堰区民政部门申请办理登记，收养行为并不符合上述三种情形之一，违反了法律的强制性规定，且姜某、张某在未征得龚某2父母同意的情况下，私自去姜堰区政府民政部门办理收养手续亦违背公序良俗，姜某、张某收养龚某2的行为无效，因姜某、张某未能在民政部门办理收养登记手续，故对造成的法律后果，不再处理。

对子女抚养问题，应从子女最佳利益原则出发，综合考虑父母双方的意愿、身体状况、经济条件、与子女的感情基础等。本案中，黄某与龚某1达成协议，龚某2随黄某生活，但黄某在未征得龚某1同意的情况下，私自将龚某2送至姜某、张某处收养，致使龚某2脱离父母的监管，黄某没有尽到保护被监护人的身体健康、照顾被监护人的生活等应有的义务，不利于小孩健康成长，也侵害了龚某1的监护权。起诉时，龚某2尚未满两周岁，且龚某2随母姓，户口亦登记在龚某1处，原审法院综合双方当事人的生活现状，从保障未成年人的健康成长的角度出发，确定非婚生女随龚某1生活，并判处黄某每年支付龚某2抚养费5000元，此款从2015年开始由黄某于每年9月底前给付龚某1，直至龚某2满18周岁时止，符合法律规定，本院予以确认。

【案　　号】（2015）泰中民四终字第00391号

【审理法院】江苏省泰州市中级人民法院

二、徐某某与周某某、王某某确认收养关系纠纷案

关键词：共同送养　经济补偿

裁判摘要：原审认定周某某、王某某与徐某某之子柳某2所形成的收养关系无效并予以解除是正确的。徐某某在未经孩子父亲柳某1同意的情况下擅自将柳某2送养给周某某、王某某，过错明显。双方之间的收养关系被解除后，柳某2的母亲徐某某应当对周某某与王某某为抚养柳某2所支出的抚养费用进行适当补偿。柳某2出生于2006年7月15日，现将近10周岁，原审按照每年1万元的标准酌定10万元的经济补偿金是适当的。徐某某以自己的收入水平和经济状况来衡量原审确定的经济补偿金数额过高，既无法律依据，也与客观事实不符。柳某1对亲生子柳某2的出生、被送养等一概不知情，其原因在于徐某某的刻意隐瞒，柳某1自身并无过错，且周某某、王某某也不要求柳某1共同承担支付经济补偿款的义务，故柳某1不承担支付责任。

【案　　号】（2016）豫08民终344号

【审理法院】河南省焦作市中级人民法院

第一千零九十八条　收养人应当同时具备下列条件：

（一）无子女或者只有一名子女；

（二）有抚养、教育和保护被收养人的能力；

（三）未患有在医学上认为不应当收养子女的疾病；

（四）无不利于被收养人健康成长的违法犯罪记录；

（五）年满三十周岁。

关联规定

法律、行政法规、司法解释

《中国公民收养子女登记办法》

第五条　收养人应当向收养登记机关提交收养申请书和下列证件、证明材料：

（一）收养人的居民户口簿和居民身份证；

（二）由收养人所在单位或者村民委员会、居民委员会出具的本人婚姻状况和抚养教育被收养人的能力等情况的证明，以及收养人出具的子女情况声明；

（三）县级以上医疗机构出具的未患有在医学上认为不应当收养子女的疾病的身体健康检查证明。

收养查找不到生父母的弃婴、儿童的，并应当提交收养人经常居住地计划生育部门出具的收养人生育情况证明；其中收养非社会福利机构抚养的查找不到生父母的弃婴、儿童的，收养人还应当提交下列证明材料：

（一）收养人经常居住地计划生育部门出具的收养人无子女的证明；

（二）公安机关出具的捡拾弃婴、儿童报案的证明。

收养继子女的，可以只提交居民户口簿、居民身份证和收养人与被收养人生父或者生母结婚的证明。

对收养人出具的子女情况声明，登记机关可以进行调查核实。

条文释义

一、本条主旨

本条是关于收养人的条件的规定。

二、条文演变

本条源于原《收养法》第6条的规定，在第6条基础上增加一项条件，即“无不利于被收养人健康成长的违法犯罪记录”，从收养人的人格品行和遵纪守法方面提出要求，强化对被收养人的利益保护；与国家计划生育政策的调整相协调，将收养人须“无子女”修改为“无子女或者只有一名子女”；在第2项条件中增加“保护”被收养人的能力的要求，体现了对被收养人权益保护的重视。

三、条文解读

本条规定列举了收养人收养子女需符合的五项条件，收养人同时符合该五项条件时才可收养子女。

（一）无子女或只有一名子女

我国是人口众多的国家，实行计划生育的基本国策。国家采取综合措施，控制人口数量，提高人口素质。计划生育政策于1982年9月被定为基本国策，同年12月写入《宪法》。原《婚姻法》将计划生育作为基本原则规定在总则中。原《收养法》第3条规定收养不得违背计划生育的法律、法规。按照原《收养法》施行时的计划生育政策，国家提倡一对夫妻生育一个孩子。因此，原《收养法》规定收养人须无子女，与当时的计划生育政策相适应。计划生育政策对控制我国人口数量起到了积极的作用，随着经济社会和人口结构发展形势的变化，国家对计划生育政策进行调整，2015年《人口与计划生育法》修正时，将提倡一对夫妻生育一个子女改变为国家提倡一对夫妻生育两个子女。为与计划生育政策的调整相协调，《民法典》将原《收养法》中规定的收养人“无子女”的条件修改为收养人“无子女或只有一名子女”。

（二）有抚养、教育和保护被收养人的能力

收养同时具有拟制和解销效力，收养生效后，生父母不再承担对子女的抚养教育和保护义务，子女无法从生父母处获得照顾和生活来源。养父母成为子女的法定代理人和监护人，全面承担起父母对子女的监护义务。因此，养父母必须具有抚养、教育和保护养子女的能力。具体包括以下几个方面：第一，养父母必须具有稳定的住所和收入来源，能够负担起养育子女所需支付的各项费用，包括基本生活费用和教育费用等；第二，养父母应具有高尚的道德情操，有利于培养教育养子女形成健全的人格；第三，养父母应从情感上能够给予养子女关心与爱护，使养子女在温暖的家庭环境中健康成长。[①]

（三）未患有在医学上认为不应当收养子女的疾病

《中国公民收养子女登记办法》第5条规定，收养人应当向收养登记机关提交的证明材料中包括县级以上医疗机构出具的未患有在医学上认为不应当收养子女的疾病的身体健康检查证明。收养人收养子女之前，应首先取得县级以上医疗机构出具的身体健康检查证明。法律和司法解释中并未明确医学上认为不应当收养子女的疾病的具体类型。适用时应从被收养人利益最大化角度考虑，结合当地有关医疗机构的证明和具体的医学科学标准予以认定。有观点认为不应当收养子女的疾病主要指精神疾病和严重的传染病。

（四）无不利于被收养人健康成长的违法犯罪记录

本项条件是《民法典》对收养人的条件新增加的一项内容。原《收养法》中缺少对收养人道德修养、法律意识层面的素质要求，而无不利于被收养人健康成长的违法犯罪记录是对收养人适格的最基本要求，表明收养人行为规范、品德良好，值得信赖。《民法典》中增加的这项要求将收养人收养子女的条件提高，对于保护被收养人的利益具有重要意义。对于有违法犯罪记录的收养

---

① 《民政部婚姻司对〈收养法〉的解答》第7条指出：有抚养教育被收养人的能力主要指收养人有抚养和教育被收养人的经济条件、健康条件和教育能力等。经济条件是指有足够而稳定的经济来源；健康条件是指必须没有影响被收养人成长的精神病或其他严重疾病；教育能力是指收养人有引导教育被收养人健康成长的能力。当然，收养人首先要有正确的收养目的和良好的道德品质。

人，虽该记录并不表明其必然对养子女实施侵害行为或不利于养子女的成长，但有违法犯罪记录表明其法律意识淡漠，具有不受法律约束的可能。收养人的人格、品行直接关系到收养的效果和被收养人的切身利益，对被收养人的健康成长有重大影响。收养人有不利于被收养人健康成长的违法犯罪记录将会使被收养人面临的风险增大，为被收养人利益考虑，应予以避免。收养人应尽量无违法犯罪记录，如果确有违法犯罪记录，需可以确信该记录并不会妨碍收养人对被收养人的抚养教育或不利于被收养人的健康成长。有不利于被收养人健康成长的违法犯罪记录之人不得作为收养人。收养登记机关在进行收养登记时，应增加要求收养人提交公安机关出具的无违法犯罪记录证明，收养人有违法犯罪记录的，收养登记机关应判断该违法犯罪记录是否不利于被收养人健康成长，并决定是否准许收养。

（五）年满 30 周岁

收养人的年龄条件应综合考虑婚姻制度、人类生育规律和收养效果进行确定。各国家或地区民法中对于收养人的年龄均进行了限制，但因各国经济、社会和人口结构等情况的不同，各国和地区规定中对收养人年龄范围的规定差异较大。例如，法国规定，未分居的夫妻结婚超过 2 年，或者双方年龄超过 28 岁，得请求收养子女。收养人的年龄应当比其拟收养的子女的年龄大 15 岁以上，如拟予收养的子女是被收养人配偶的子女，收养人与被收养人的年龄仅要求相差 10 岁以上。但是，法院如有正确理由，在收养人与被收养人年龄相差不到前款规定时，得宣告收养。德国规定，收养人必须年满 25 岁。日本规定，已达成年者，可以收养子女。有些国家或地区仅规定了收养人的年龄，但对收养人与被收养人年龄的差距未作规定，有些国家或地区同时规定了收养人的年龄限制和收养人与被收养人的年龄差距。此外，诸如法国、瑞士等国家，对于夫妻共同收养的，除有年龄限制外，还对婚姻存续时间作出了规定。其目的在于确保夫妻双方婚姻关系的稳定，防止收养之后收养人离婚，对收养关系造成不利影响。我国《民法典》中仅对收养人的最低年龄作出规定，除异性收养的年龄差距外，未对收养人与被收养人的年龄差距作出一般性的要求。

1992 年《收养法》规定收养人应年满 35 周岁，其目的在于将收养人限定于不适合生育子女的人。由于我国法定婚龄为男 22 周岁，女 20 周岁，1992 年《收养法》规定的收养人年龄过大，许多无法生育的夫妻在结婚十年之后才有资格收养子女，导致出现许多事实收养行为，社会效果不佳。1998年修正的《收养法》将收养人的年龄范围调低为30周岁以上，基本符合生育规律和社会人口发展状况的要求，有利于家庭收养的进行。收养人年满30周岁，通常已结婚数年，如未能孕育子女，则有收养子女并长期养育子女的真实意愿；30周岁以上的收养人身体和心理均已相对成熟，能够承担起养育子女的责任；30周岁以上的收养人通常已完成全部学业，有劳动技能和较为稳定的收入来源，经济上能够负担起养育子女的需要。因此，《民法典》继续沿用原《收养法》规定的收养人需年满30周岁的条件。夫妻双方共同收养子女时，双方均应年满30周岁。夫妻一方年满30周岁，另一方不满30周岁的，不符合收养子女的条件。

适用指引

一、排除本条适用的情形

本条为收养人收养子女的一般性规定，《民法典》第1099条、第1100条、第1103条关于近亲属间收养、收养孤残未成年人和查找不到生父母的未成年人、继父母收养继子女的规定，均排除了本条第1项关于收养人无子女或只有一名子女的限制。

二、不利于被收养人健康成长的违法犯罪记录的范围

实践中应注意防止对“不利于被收养人健康成长的违法犯罪记录”作出扩大解释，将有任何类型和程度的违法犯罪记录均视为不符合收养人的条件，有与抚养教育子女无关的轻微、过失违法犯罪记录，不应一律视为收养人不适格。收养登记机关或法院应结合收养人的行为记录、日常表现、社会评价和与被收养人感情的亲密程度等指标全面评估收养人的适格性。

类案检索

王某 1 与王某 2 确认收养关系纠纷案

关键词：收养关系无效 收养人的条件

裁判摘要：收养人应当同时具备抚养、教育和保护被收养人的能力，未患有在医学上认为不应当收养子女的疾病等条件。被送养人的条件为丧失父母的孤儿、查找不到生父母的未成年人或生父母有特殊困难无力抚养的子女。收养应当向县级以上人民政府民政部门登记。根据王某 1 之法定代理人徐某提交的病历，王某 1 在收养王某 2 之前即患有精神分裂症且未治愈，不符合收养人的条件。且根据双方及证人自述，王某 2 系王某 1 之姐徐某 1 的亲生子，并非收养登记档案中所记载的王某 2 为社会弃婴，存在向收养登记部门进行虚假陈述的行为，亦不符合被收养人的条件。综上，王某 1 之法定代理人徐某要求确认王某 1 与王某 2 的收养关系无效，具有事实与法律依据。

【案　　号】（2021）京 0108 民初 29219 号

【审理法院】北京市海淀区人民法院

第一千零九十九条　收养三代以内旁系同辈血亲的子女，可以不受本法第一千零九十三条第三项、第一千零九十四条第三项和第一千一百零二条规定的限制。

华侨收养三代以内旁系同辈血亲的子女，还可以不受本法第一千零九十八条第一项规定的限制。

关联规定

法律、行政法规、司法解释

《中华人民共和国归侨侨眷权益保护法》

第二条第一款　归侨是指回国定居的华侨。华侨是指定居在国外的中国公民。

条文释义

一、本条主旨

本条是关于亲属间收养的规定。

二、条文演变

本条源于原《收养法》第 7 条，内容无实质修改。文字表述上将“同辈旁系血亲”修改为“旁系同辈血亲”，表明对血亲间应首先区分直系与旁系，再区分辈分。

三、条文解读

本条对亲属之间的收养适当放宽条件，排除了非亲属间收养的若干限制。华侨收养亲属的子女，还可不受华侨子女人数的限制。

（一）收养三代以内旁系同辈血亲的子女

旁系血亲是相对于直系血亲而言，指与自己具有间接血缘关系的亲属，即除直系血亲以外的、与自己同出一源的血亲。三代以内旁系血亲是指同源于祖（外祖）父母的旁系血亲。按照我国婚姻制度中的推算方法，三代以内旁系血亲包括：伯、叔、姑、舅、姨、侄子（女）、外甥、外甥女、堂兄弟姐妹、姑舅表兄弟姐妹、姨表兄弟姐妹等。亲兄弟姐妹也属于旁系血亲。收养三代以内旁系同辈血亲的子女，是指收养兄弟姐妹、堂兄弟姐妹和表兄弟姐妹的子女。

（二）收养限制的例外

根据本条规定，收养三代以内旁系同辈血亲的子女，不受以下三项条件的限制：第一，被收养人生父母有特殊困难无力抚养；第二，送养人有特殊困难无力抚养子女；第三，无配偶者收养异性子女年龄相差 40 周岁以上。

三代以内旁系血亲之间因有血亲关系，具有一定感情基础，较容易建立起稳定持久的收养关系，保证收养的实质效果和双方的利益。收养三代以内旁系同辈血亲与我国民间传统的过继、立嗣等制度契合，应予以肯定和鼓励。《民法典》对于非血亲间的收养规定的限制条件均是在平衡收养关系各方主体的利益基础上作出。血亲间收养与非血亲间收养具有不同的特征，收养各方之间的亲缘关系决定各方产生纠纷的可能性小，被收养人的利益较有保障，且收养生效后，被收养人与生父母的亲子关系虽然消除，但仍产生其他亲属关系，并可保持较为密切的联系，因此对收养条件的限制可以适当放宽。

（三）华侨收养子女的特别规定

华侨，是指在国外定居的具有中国国籍的自然人。我国不承认双重国籍，对于具有中国血统，但已经加入或取得外国国籍的人，不能视为华侨。华侨收养三代以内旁系同辈血亲的子女，除不受上述三项条件的限制外，还不受华侨子女人数的限制。需要注意的是，如果华侨收养的子女并非其三代以内旁系同辈血亲的子女，因法律并未作出特别的除外规定，对子女人数的限制仍应适用。

适用指引

一、直系血亲之间是否可以收养

直系血亲是基于生育而产生直接血缘关系的亲属。亲缘关系的推算方式为自己为一代，往上推算父母为二代直系血亲，祖父母、外祖父母为三代直系血亲；往下推算子女为二代直系血亲，孙子女、外孙子女为三代直系血亲。直系血亲之间相较于旁系血亲，具有更加直接的血缘关系，直系血亲之间的收养应受传统伦理观念的限制。

第一，关于二代直系血亲的收养。二代直系血亲如为正常的婚生子女，自无收养之必要，但对于非婚生子女，能否为收养，则不无争议。我国《民法典》第 1071 条规定，非婚生子女享有与婚生子女同等的权利。非婚生子女与婚生子女相比，法律地位和权利义务并无实质区别，对非婚生子女似无收养之必要。但实践中在办理户籍、入学等事宜时，非婚生子女仍面临尴尬和不利境地。实践中有生父母为保全名誉、掩人耳目及给予非婚生子女正式身份等目的，不表明身份要求收养非婚生子女。能够被生父母收养，摆脱非婚生子女标签的同时，还能享受生父母的关爱照顾，对子女大有裨益。因此对收养非婚生子女的行为不宜一概否定。在收养关系已经合法成立生效之后，不得以被收养人是收养人的非婚生子女为由，主张收养无效。但由于《民法典》中并未对收养人收养非婚生子女作出特别规定，收养行为还需符合《民法典》规定的收养成立的其他条件。

第二，关于三代直系血亲的收养。在现代收养制度中，收养是指收养他人子女为自己子女的行为。对于祖父母、外祖父母要求收养孙子女、外孙子女的，一旦准许此种收养，在祖父母、外祖父母与孙子女、外孙子女之间建立起父母子女关系，导致孙子女、外孙子女与其生父母形成兄弟姐妹关系，各方身份错乱，有悖于传统伦理。我国《民法典》虽未直接规定直系血亲间不得收养，但在《民法典》第 1108 条中规定，配偶一方死亡，另一方送养未成年子女的，死亡一方的父母有优先抚养的权利。根据该条规定可见，生父母一方死亡，另一方送养子女时，死亡一方的父母（即祖父母或外祖父母）仅有优先抚养的权利，而非优先收养的权利。该条规定表明立法机关对于隔代直系血亲间收养持否定态度。

二、直系姻亲之间是否可以收养

直系姻亲可分为两种：一种指配偶的直系血亲；另一种指直系血亲的配偶。前者如公婆、岳父母以及继子女等，后者如儿媳、女婿、孙媳等。我国《民法典》中未明文规定不得收养直系姻亲。实践中应根据各方亲属关系具体分析并适用《民法典》中收养制度的规定。对于收养配偶的二代直系血亲（非双方共同子女），例如收养继子女的，根据《民法典》第1103条的规定，经继子女的生父母同意，可以收养。但对于收养配偶的三代直系血亲（非双方共同孙子女），例如，对于配偶一方的孙子女、外孙子女，需受隔代不得收养的限制。对于收养直系血亲的配偶，包括公婆收养儿媳、岳父母收养女婿，因直系姻亲之间的收养也易与传统伦理观念产生冲突，例如公婆收养儿媳，儿媳与公婆之间建立父母子女关系，会导致儿媳与自己的丈夫形成兄弟姐妹关系，违背伦常观念。且《民法典》规定被收养人需为未成年人，同时《民法典》规定的法定婚龄为男22周岁，女20周岁，儿媳与女婿既已成婚，应属达到法定婚龄之男女，已为成年人，我国《民法典》中并未规定对成年人的收养，故儿媳与女婿均不符合被收养人的条件，实践并不产生收养直系血亲配偶的问题。

类案检索

沈某2、沈某3、沈某4与沈某5确认收养关系纠纷案

关键词：三代以内旁系同辈血亲　收养行为效力

裁判摘要：本案所涉收养关系发生在1994年12月，应适用收养行为发生时的法律规定确认收养行为的效力。一审根据1992年4月1日施行的《收养法》确定收养人和被收养人收养关系有效符合法律规定。首先，沈某5的生父与沈某1是亲堂兄弟，沈某1收养沈某5属于收养三代以内同辈旁系血亲的子女，可以不受法律规定的相关年龄和经济条件等限制。其次，沈某1的收养行为没有违反计划生育规定。1992年《收养法》第19条规定送养人不得以送养子女为理由违反计划生育的规定再生育子女，该条是对送养人送养子女后再生育子女的约束，如沈某5的生父母违反计划生育规定可以接受行政处罚，但并不影响沈某1收养行为的效力，因沈某1无其他子女，仅收养沈某5一名子

女，没有违反计划生育规定，符合该法第8条只能收养一名子女的规定。最后，沈某1与沈某5之间形成收养关系。沈某5出生几个月后即被沈某1收养，由其所在村委会出具证明，且上诉人对收养时间也并不否认，沈某5自被收养后即离开生父母，与沈某1及二伯共同生活。沈某5与沈某1以父女相称，户籍登记亦是父女关系，沈某1也领取独生子女证，虽然沈某5期间在其二伯家生活时间较多，但沈某5称其为二伯，二伯也证明沈某1向其支付沈某的抚养费。二伯作为沈某1的兄弟，因沈某1无配偶和子女，其帮助兄弟抚育子女，以备老有所养符合农村居民一般想法。沈某长时间在二伯家生活并不能改变沈某1收养沈某的事实成立。综上，沈某1与沈某之间的收养行为符合当时的法律规定。

【案　　号】（2013）淮中民终字第0575号

【审理法院】江苏省淮安市中级人民法院

第一千一百条 无子女的收养人可以收养两名子女；有子女的收养人只能收养一名子女。

收养孤儿、残疾未成年人或者儿童福利机构抚养的查找不到生父母的未成年人，可以不受前款和本法第一千零九十八条第一项规定的限制。

关联规定

法律、行政法规、司法解释

《中华人民共和国人口与计划生育法》

第十八条 国家提倡适龄婚育、优生优育。一对夫妻可以生育三个子女。

符合法律、法规规定条件的，可以要求安排再生育子女。具体办法由省、自治区、直辖市人民代表大会或者其常务委员会规定。

少数民族也要实行计划生育，具体办法由省、自治区、直辖市人民代表大会或者其常务委员会规定。

夫妻双方户籍所在地的省、自治区、直辖市之间关于再生育子女的规定不一致的，按照有利于当事人的原则适用。

条文释义

一、本条主旨

本条是关于收养子女人数的规定。

二、条文演变

本条源于原《收养法》第8条，为适应我国计划生育政策的调整，本条对收养子女的人数进行了修改，由原来的只能收养一名子女，修改为无子女的收养人可以收养两名子女，有子女的收养人只能收养一名子女，其修改目的是与国家计划生育政策的调整保持一致。本条将“社会福利机构抚养的查找不到生父母的弃婴和儿童”修改为“儿童福利机构抚养的查找不到生父母的未成年人”，与《民法典》第1093条第2项规定的被收养人和第1094条第2项规定的送养人的表述一致。

三、条文解读

本条规定了收养子女人数限制的原则和例外。收养人收养子女的人数与亲生子女的人数之和原则上不得超过两名。但如果被收养人为孤残未成年人、儿童福利机构抚养的查找不到生父母的未成年人，则不受收养子女人数的限制和《民法典》关于收养人无子女或只有一名子女的条件限制。

（一）收养子女人数的原则性规定

2015年修正的《人口与计划生育法》全面推行“二孩政策”，计划生育政策由原来的提倡一对夫妻生育一个子女，改变为“国家提倡一对夫妻生育两个子女”，每个家庭可以养育两个孩子。虽然《民法典》中已取消原《收养法》中关于“收养不得违背计划生育的法律、法规”的原则性规定，但计划生育政策仍是我国的基本国策。现行法律、法规不应与之抵触。随着计划生育政策的调整，《民法典》也相应对收养子女的人数进行了调整，实际上要求收养人所养育的亲生子女和养子女人数之和不超过两名。需注意的是，《民法典》颁布施行后，《人口与计划生育法》于2021年再次修改，将计划生育政策由“二孩政策”调整为“三孩政策”，即“一对夫妻可以生育三个子女”。本条规定未来可以通过修法或制定司法解释的方式予以完善，与现行计划生育政策保持一致。

从收养的效果上看，每个家庭养育两名甚至三名子女的人数限制也符合我国社会发展实际状况和一般家庭的负担能力，有利于充分发挥收养的作用。对收养子女的人数进行限制，可以将每个家庭养育子女的人数控制在合理的范围之内，保证每个家庭都能负担起所有子女的生活所需，养子女与亲生子女同样获得充足的生存资源和教育资源，都能得到父母足够的关心爱护，有利于子女的健康成长。如果收养子女的人数过多，即使收养家庭在经济上可以负担起所有子女生活和教育费用支出，但由于父母时间精力有限，难以确保每名子女都能得到父母足够的关注爱护，满足心理和精神上的需求。

（二）收养孤、残和查找不到生父母的未成年人的例外规定

对于孤儿和残疾未成年人，无论是否由儿童福利机构养育，其境遇都颇为困顿，由机构抚养查找不到生父母的未成年人，对未成年人也非最佳成长环境。上述未成年人或肢体心智不健全，或因家庭变故遭受心理创伤，是社会中的弱势群体，能够被收养，在正常温馨的家庭环境中成长，得到父母的关爱照顾，对其最为有利。收养孤、残未成年人和儿童福利机构抚养的查找不到生父母的未成年人，不仅于被收养人颇有益处，还带有社会公益行为的性质，法律应鼓励此种行为，《民法典》中体现为放宽收养的条件，免除对于收养人子女人数和收养子女人数的限制。

残疾未成年人因身体不健全，收养之后可能需要后续的治疗看护，在生活上给予更多的照顾，收养残疾未成年人，比收养健全儿童更需要投入时间精力，养育费用可能更高。养父母应对养育中的困难有充分的预期，并有着较为坚定的收养意愿。对于孤儿和查找不到生父母的未成年人，其因家庭变故或意外事件脱离父母监护，人生际遇已属不幸，更需养父母小心呵护，弥补其心理的创伤。对于上述未成年人的收养，登记机关更应严格评估收养人的收养动机、收养意愿和收养能力，防止收养人因预期和准备不足，影响收养的实际效果。

适用指引

关于收养孤、残和查找不到生父母的未成年人的人数

为鼓励人们收养孤残未成年人和查找不到生父母的未成年人，本条对收养上述三类未成年人未作人数上的限制，并且在收养人条件上也予以放宽，未限定收养人无子女或只有一名子女。但收养子女不仅需要为子女提供必需的生活条件，还需要父母对子女精心照料、心理疏导和亲情关怀，尤其收养上述三类未成年人，更加需要父母投入时间和精力。因此，收养孤残未成年人和查找不到生父母的未成年人的人数不宜过多，否则无法保证每名被收养人都能得到充分的关注和适宜的养育，影响收养效果。更需注意的是，实践中有些收养人收

养目的不端正，以爱心为名，收养多名孤残儿童，骗取社会和他人同情，借机敛财，严重损害被收养人利益，属违法行为，应坚决予以杜绝。民政部门在评估收养孤残未成年人的申请时，应严格审查收养人的收养动机和收养能力，规范收养行为，防止损害孤残未成年人利益的情形发生。

类案检索

温某2等与廖某1等确认收养关系纠纷案

关键词：收养子女的人数　收养人的条件

裁判摘要：关于温某2与廖某1之间收养关系的问题。经查，温某1、廖某1夫妇育有二女一子，1996年12月，夫妻二人因儿子离世而按民俗视已成年的温某2为养子，并以父子关系名义为其办理户籍登记但未申办收养登记，三人之间关系一直维系至温某1逝世后的2013年8月间发生纠纷。《收养法》第15条第1款规定“收养应当向县级以上人民政府民政部门登记。收养关系自登记之日起成立”，第6条规定“收养人应当同时具备下列条件：（一）无子女”。故当事人之间的约定和公安机关户籍登记事实均不能对抗上述效力性强制性法律规定，因此，温某2与温某1、廖某1夫妇之间关系明显不符合法律规定的收养关系成立的形式要件和实质要件。又根据《收养法》第25条“违反《中华人民共和国民法通则》第五十五条和本法规定的收养行为无法律效力。收养行为被人民法院确认无效的，从行为开始时起就没有法律效力”的规定，廖某1与温某2的收养关系应当确认无效且自始不具有法律效力。

【案　　号】（2014）汕尾中法民一终字第68号

【审理法院】广东省汕尾市中级人民法院

第一千一百零一条　有配偶者收养子女，应当夫妻共同收养。

关联规定

法律、行政法规、司法解释

《中国公民收养子女登记办法》

第四条　收养关系当事人应当亲自到收养登记机关办理成立收养关系的登记手续。

夫妻共同收养子女的，应当共同到收养登记机关办理登记手续；一方因故不能亲自前往的，应当书面委托另一方办理登记手续，委托书应当经过村民委员会或者居民委员会证明或者经过公证。

条文释义

一、本条主旨

本条是关于夫妻共同收养的规定。

二、条文演变

本条源于原《收养法》第10条第2款。原《收养法》第10条规定了两款内容，第1款规定了生父母共同送养原则，第2款规定了夫妻共同收养原则，两款内容虽然都强调生父母或夫妻双方在收养关系中意见的一致性和权利义务的关联性，但因分别是从送养人送养和收养人收养两个不同角度加以规定，故《民法典》将两款内容分别作出规定，将生父母共同送养和夫妻共同收养分别规定为单独的条文。

三、条文解读

本条规定了有配偶者收养子女，夫妻双方应就收养达成一致意见，夫妻双方分别作为养父和养母，共同养育养子女，夫妻一方不同意收养的，不得收养。

收养为民法上的身份行为，会引起收养各方身份关系上的重大变化，对收养各方利益影响重大。纵观各国家或地区关于有配偶者收养子女的规定，普遍规定被收养人不得被不具有夫妻关系的二人收养，其目的在于防止伦理上的冲突。对于有配偶者收养子女是否必须夫妻双方共同收养的规定可分为三种立法例：第一种立法例原则上要求有配偶者收养子女应当夫妻双方共同收养，但规定了在夫妻一方不能正常表达意思或下落不明的例外情况下，可以由另一方单独收养，如瑞士；第二种立法例并未要求有配偶者收养子女须夫妻双方共同收养，但规定了一方收养子女应当征得另一方的同意或允许，如德国、俄罗斯；第三种立法例只规定了有配偶者收养子女应当夫妻共同收养，未规定夫妻一方单独收养的例外情形，如我国、韩国。确立有配偶者收养子女应当夫妻共同收养的基本原则有利于建立和谐稳定的收养和家庭关系。如果夫妻双方对于收养行为不能达成一致，被收养人不能得到家庭的一致接受，对被收养人不利。夫妻共同收养，能够保证被收养人生活在和睦、充满温情的家庭环境之中，有利于被收养人的健康成长。

（一）夫妻共同收养的涵义

收养的涵义可以从两个方面理解：一是收养行为；二是收养关系。夫妻共同收养，在法律行为层面是夫妻双方共同收养子女的身份行为。在法律关系层面夫妻双方均与被收养子女建立起父母子女关系，并承担起父母对子女的抚养教育和保护的义务。有配偶者收养，夫妻双方应对收养事宜达成一致意见，包括对收养子女的意见和养子女人选的确定，夫妻双方均需清楚地了解收养行为的意义和法律效果，对收养会引起的身份地位和权利义务关系的变化有着充分的认识，在此基础之上，共同决定收养特定子女。如果双方仅就收养子女的意愿达成一致，但就收养何人为子女存在分歧，也不能视为符合夫妻共同收养的条件。《民法典》中除夫妻共同收养之外，未规定其他共同收养的情形，无夫妻关系的两人不得共同收养子女，以免引起伦理冲突。

（二）夫妻共同收养的法律关系

收养是为形成身份关系而订立的契约。夫妻共同收养时，与子女订立的契约，并非以夫妻共同意思表示与子女订立的单一契约，而是夫妻各方分别以其意思表示与子女订立的两个契约，夫妻双方与子女分别成立两个收养关系，夫妻一方不符合收养的实质要件，导致收养关系无效或被撤销，不影响他方与子女之间收养关系的效力。在夫妻离婚时，双方与子女的收养关系也不因夫妻离婚的事实而受影响，双方与子女间的父母子女关系仍然存续。

适用指引

一、有配偶者收养配偶的子女

域外立法例中普遍允许有配偶者收养配偶的子女，该情形通常发生在再婚家庭中。有配偶者收养配偶子女，可以将子女与有配偶者之间的姻亲关系转变为血亲关系，有利于在继父母子女之间建立起更加亲密的亲子关系，构建和谐稳定的家庭环境。有配偶者收养配偶的子女，属于夫妻一方单独收养，与子女共同生活的生父或生母一方与子女之间天然具有父母子女关系，无从收养，收养关系仅发生在继父母与继子女之间，不属于夫妻共同收养的范畴。此种收养并不改变子女同与其共同生活的生父或生母的自然血亲关系。《民法典》第1103条专门对继父母收养继子女作出规定，应视为夫妻共同收养的法定例外情形。

二、夫妻一方无完全行为能力或被宣告失踪时能否单方收养

《民法典》中对此未明确规定，对此问题可区分以下两种情形分析：一是配偶一方不能正常表达意思的，按《民法典》规定不能正常表达意思的成年人属于限制行为能力人或无行为能力人，通常为智力有缺陷的人或精神病人，如果配偶一方为限制行为能力或无行为能力人，另一方收养子女，被收养人与限制行为能力人或无行为能力人共同生活，既无法得到来自夫妻双方的共同抚养照顾，还存在遭受限制行为能力人或无行为能力人伤害的可能，并且配偶另一方如果收养子女，其既要监护照顾无完全行为能力的配偶，又要抚养教育养子

女，无法兼顾，不能保证给予养子女适宜的生活和家庭环境，因此如果夫妻一方无完全行为能力，则另一方不适合单方收养子女。二是配偶一方下落不明的，《民法典》对自然人下落不明的情形规定了宣告失踪和宣告死亡制度，解决失踪人的身份和财产监管问题。对于配偶一方长期下落不明，被宣告死亡的，因婚姻关系自一方被宣告死亡时消灭，另一方可以以单身身份单独收养子女。如果一方被宣告失踪，因宣告失踪制度的目的是解决对失踪人的财产监督管理和保护问题，而不在于确定失踪人的身份关系，失踪人生死不明，如果允许配偶单独收养子女，而失踪人重新出现，则会引起失踪人夫妻双方及养子女之间人身关系错综复杂，并可能与《民法典》关于夫妻共同收养的基本原则产生冲突，因此对被宣告失踪之人，如果配偶欲收养子女，可待经过法定期间，达到宣告死亡条件之后，通过宣告死亡消灭婚姻关系，再行收养。对于失踪时间很长，失踪人生存并重新出现的可能性很小，但无人提出对失踪人的宣告失踪申请或宣告死亡申请的，似可不一概否定配偶单方收养子女的权利。

类案检索

李某与蒲某继承纠纷案

关键词：共同收养　收养关系解除

裁判摘要：收养关系作为一种拟制血亲关系，具有与自然血亲关系不同的特征，收养关系的建立及存续需要体现当事人的真实意愿，并需符合法律规定。《收养法》于1991年12月29日发布，1992年4月1日实施，后又于1998年进行了修正，关于《收养法》的溯及力问题，《最高人民法院关于学习、宣传、贯彻执行〈中华人民共和国收养法〉的通知》中规定：“收养法施行后，各级人民法院必须严格执行。收养法施行后发生的收养关系，审理时适用收养法。收养法施行前受理，施行时尚未审结的收养案件，或者收养法施行前发生的收养关系，收养法施行后当事人诉请确认收养关系的，审理时应适用当时的有关规定；当时没有规定的，可比照收养法处理。对于收养法施行前成立的收养关系，收养法施行后当事人诉请解除收养关系的，应适用收养法。”本案中，李某认为1986年与彭某某解除养父子关系后，其与尚某某的养母子关系仍然成立，对此，可比照《收养法》第10条第2款“有配偶者收养子女，须夫妻共同收养”的规定处理，按此规定，在解除收养关系上，养子女与养父、养母的收养关系亦应一并解除。

【案　　号】（2017）川 07 民终 1671 号

【审理法院】四川省绵阳市中级人民法院

第一千一百零二条　无配偶者收养异性子女的，收养人与被收养人的年龄应当相差四十周岁以上。

关联规定

法律、行政法规、司法解释

1.《中华人民共和国民法典》

第一千二百五十九条　民法所称的“以上”、“以下”、“以内”、“届满”，包括本数；所称的“不满”、“超过”、“以外”，不包括本数。

2.《中华人民共和国刑法》

第二百三十六条　对已满十四周岁不满十六周岁的未成年女性负有监护、收养、看护、教育、医疗等特殊职责的人员，与该未成年女性发生性关系的，处三年以下有期徒刑；情节恶劣的，处三年以上十年以下有期徒刑。

有前款行为，同时又构成本法第二百三十六条规定之罪的，依照处罚较重的规定定罪处罚。

条文释义

一、本条主旨

本条是关于异性收养的规定。

二、条文演变

本条源于原《收养法》第 9 条，该条文中仅规定了无配偶的男性单方收养女性应具有 40 周岁以上的年龄差距，而并未要求无配偶的女性收养男性需达到一定年龄差距，本条将仅针对单身男性收养女性的年龄差距限制扩大至所有的异性单方收养。根据本条规定，单身女性收养男性，也应具有 40 周岁以上的年龄差距。

三、条文解读

本条规定了异性单方收养时应与被收养人具有40周岁以上的年龄差距。

因男女生理结构特征不同、侵犯事件发生的概率不同，依原《收养法》制定之时社会通常观念，男性侵犯幼女的可能性较高，而女性侵犯幼子的可能性较低。原《收养法》规定异性收养的限制条件，其立法初衷为避免养父侵犯养女之事，保护女性被收养人的利益，故仅对单身男性收养女性作出限制。但该条规定曾受到质疑，且随着时代的发展变化，女性侵犯男性的事件亦有发生。故《民法典》将此条规定适用范围放宽，将女性收养男性需具备一定年龄差距的内容纳入条文中。

此外，由于长期以来，登记机关在进行收养登记时侧重于对申请材料的形式审查，主要根据收养人和被收养人是否符合原《收养法》规定的条件来判断收养人的适格性，故有必要在《民法典》中对异性单方收养的年龄差距作出规定，尽可能减少异性单方收养可能产生的伦理道德风险和违法事件的发生，最大限度保护被收养人的合法权益。

适用指引

一、年龄差距整四十周岁的符合本条规定

根据《民法典》第1259条规定，民法所称的“以上”“以下”“以内”“届满”，包括本数。本条规定异性单方收养年龄相差40岁以上，应包括40周岁本数。即异性间单方收养，收养人与被收养人年龄差距正好40周岁的，符合本条规定的条件，可以收养。

二、对无配偶者的理解

无配偶者包括未婚单身、离婚以及配偶死亡或被宣告死亡的人。配偶下落不明、被宣告失踪或无行为能力的，均不能视为无配偶者。

三、禁婚亲的限制

《民法典》第1048条规定直系血亲禁止结婚。该条规定的直系血亲既包括自然直系血亲，也包括拟制直系血亲。拟制血亲，谓本无血统关系，法律拟制视同有血统关系的血亲。[①] 收养人与被收养人之间，虽无实际的血缘关系，但已建立起拟制的父母子女关系，法律上视同父母子女关系，也受禁婚亲制度限制。在收养期间内，根据上述法律规定的限制，不得结婚。在收养关系解除后，收养人与被收养人之间是否还受禁婚亲制度的限制，我国民法中未作规定，按照世界各国家和地区的通常做法，在收养人与被收养人之间执行最严格的禁婚亲制度，不仅收养期内不得结婚，即使收养关系解除后，收养人与被收养人也不得结婚，以防止收养期间内可能产生的道德和伦理风险，保护养子女的利益。

四、排除本条适用的情形

《民法典》第1099条规定，收养三代以内旁系同辈血亲的子女，可以不受本条的限制，即自然人单方收养其三代以内旁系同辈血亲的子女，即使为异性单方收养，也不受本条限制，双方年龄相差不足40周岁，也可收养。

类案检索

方某1与方某2确认收养关系纠纷案

关键词：单方收养

裁判摘要：方某1收养方某2时，方某2刚出生不久、身体无残疾、不是孤儿，方某1当时还不满31周岁、未婚；根据1992年《收养法》第6条、第8条、第9条、第24条的规定，除收养孤儿或者残疾儿童外，收养人应当年满35周岁，同时，无配偶的男性收养女性的，年龄应当相差四十周岁以上，因此，方某1的收养行为违反了1992年《收养法》第6条及第9条的规定；另，根据1992年《收养法》第24条的规定，违反本法规定的收养行为无法律

① 参见史尚宽：《亲属法论》，中国政法大学出版社2000年版，第51页。

效力，故方某1的收养行为无效。至于方某1收养方某2十多年，期间所支出的生活费、教育费等问题，方某1可以向方某2主张权利，也可以另寻途径解决。

【案　　号】（2016）川16民终694号

【审理法院】四川省广安市中级人民法院

第一千一百零三条　继父或者继母经继子女的生父母同意，可以收养继子女，并可以不受本法第一千零九十三条第三项、第一千零九十四条第三项、第一千零九十八条和第一千一百条第一款规定的限制。

关联规定

法律、行政法规、司法解释

《中华人民共和国民法典》

第一千零九十三条　下列未成年人，可以被收养：

（一）丧失父母的孤儿；

（二）查找不到生父母的未成年人；

（三）生父母有特殊困难无力抚养的子女。

第一千零九十四条　下列个人、组织可以作送养人：

（一）孤儿的监护人；

（二）儿童福利机构；

（三）有特殊困难无力抚养子女的生父母。

第一千零九十八条　收养人应当同时具备下列条件：

（一）无子女或者只有一名子女；

（二）有抚养、教育和保护被收养人的能力；

（三）未患有在医学上认为不应当收养子女的疾病；

（四）无不利于被收养人健康成长的违法犯罪记录；

（五）年满三十周岁。

第一千一百条　无子女的收养人可以收养两名子女；有子女的收养人只能收养一名子女。

收养孤儿、残疾未成年人或者儿童福利机构抚养的查找不到生父母的未成年人，可以不受前款和本法第一千零九十八条第一项规定的限制。

条文释义

一、本条主旨

本条是关于继父母收养继子女的规定。

二、条文演变

本条源于原《收养法》第14条，内容无实质修改，仅在引用条文序号及文字表述上适当调整，取消了原《收养法》中关于继父母收养继子女不受被收养人不满14周岁的限制的规定，原因是《民法典》中已整体取消了被收养人须不满14周岁的条件限制，无需对继父母收养继子女时的被收养人年龄予以特殊规定。

三、条文解读

本条规定两项内容：一是继父母收养继子女时生父母享有收养同意权，未经继子女的生父母同意不得收养继子女；二是对继父母收养继子女条件予以放宽，可以不受非亲属间收养的若干限制。

（一）生父母的收养同意权

《民法典》第1084条规定，父母与子女间的关系，不因父母离婚而消除。离婚后，子女无论由父或者母直接抚养，仍是父母双方的子女。离婚后，父母对于子女仍有抚养、教育、保护的权利和义务。生父母的收养同意权是基于生父母生育子女而享有的固有权利，生父母离婚、再婚的事实均不改变生父母双方与子女的父母子女关系，生父母的收养同意权也不受生父母离婚、再婚的影响，生父母离婚后，不直接抚养子女的生父母一方，仍然享有对子女的收养同意权。继父母收养继子女，仍需征得继子女生父母双方的同意。实践中要求收养继子女的继父母，通常为直接抚养子女一方的生父或生母的配偶，收养应首先征得直接抚养子女一方的生父母的同意，还需征得不直接抚养子女、不与子女共同生活的生父母一方的同意。除因上述生父母天然享有收养同意权以外，还因子女被继父母收养后，与不直接抚养子女的生父或生母一方的父母子女关系消灭，对不直接抚养子女的生父或生母一方影响重大，故收养需征得其同意。

（二）收养前后亲属关系的变化

继父母与继子女之间因继子女的生父母再婚而形成直系姻亲关系。生父母双方分别再婚的，子女与生父母各自再婚后的配偶均形成继父母子女关系。根据《民法典》第 1072 条规定，继父或者继母和受其抚养教育的继子女间的权利义务关系，适用《民法典》关于父母子女关系的规定。生父母分别再婚，子女与继父母的权利义务关系，视是否形成抚养教育关系而不同。

1. 关于抚养教育关系的认定

对于如何认定子女与继父母是否形成抚养教育关系，《民法典》未直接规定。实践中应结合具体情况具体分析：第一，对于同直接抚养子女的生父母一方再婚的继父母，仍应视再婚时子女是否成年而再作区分。对于父母再婚时不满 18 周岁的子女，尚不具备独立生活的能力，直接抚养子女的生父母一方的配偶，通常与子女共同生活，组成完整的家庭，如无相反证据，应视为与继子女形成抚养教育关系。对于父母再婚时已年满 18 周岁的子女，应结合双方是否共同生活，继父母是否履行了抚养教育的义务具体认定。按照我国目前的教育事业发展水平，刚刚年满 18 周岁的子女，通常还在高校就读，虽已成年但尚未独立生活，还需父母提供生活费用和教育费用，如果继父母与生父母共同负担了子女的生活费用和教育费用，应视为形成了抚养教育关系。如果父母再婚时子女已经成年且通过自己的劳动获取生活来源，不再依赖父母提供生活和教育费用，则不能视为继父母与继子女形成抚养教育关系。第二，对于同不直接抚养子女的生父母一方再婚的继父母，通常并不与继子女共同生活，未与继子女组建独立的家庭单元，也未实际抚养教育继子女，如无相反证据，应视为未形成抚养教育关系。

2. 未进行收养的继父母子女关系

继父母收养继子女之前，继父母与继子女系直系姻亲关系。《民法典》第 1072 条规定继父母对受其抚养教育的继子女之间的关系适用《民法典》关于父母子女关系的规定。《最高人民法院关于继母与生父离婚后仍有权要求已与其形成抚养关系的继子女履行赡养义务的批复》指出："王淑梅与李春景姐弟五人之间，既存在继母与继子女间的姻亲关系，又存在由于长期共同生活而形成的抚养关系。尽管继母王淑梅与生父李明心离婚，婚姻关系消失，但王淑梅与李春景姐弟等人之间已经形成的抚养关系不能消失。因此，有负担能力的李春景姐弟等人，对曾经长期抚养教育过他们的年老体弱、生活困难的王淑梅应尽赡养扶助的义务。”由此可见，根据权利义务相一致原则和公平原则，对已形成抚养关系的继父母子女，即使继父或继母与生母或生父离婚，有负担能力的继子女仍对生活困难的继父母承担赡养扶助义务。

《民法典》对未形成抚养教育关系的继父母子女之间的权利义务关系未作出规定，对未形成抚养教育关系的继父母子女，仅具有名义上的继父母子女身份，不具有法律上的权利义务关系。虽然基于生父母一方再婚的事实而形成直系姻亲关系，但法律并未对双方设定权利义务负担。未实际抚养教育继子女的继父母，对继子女不承担抚养、教育和保护的法定义务，成年继子女对未形成抚养教育关系的继父母，也不承担赡养扶助的法定义务。由于双方之间亲属关系的建立是基于继父或继母与生母或生父结婚的事实，当继父或继母与生母或生父离婚，导致继父母子女间亲属关系建立的原因消失，继父母子女关系也随之消除。

3. 收养之后的继父母子女关系

经生父母同意收养继子女之后，继父母与继子女之间形成收养关系。法律规定的继父母子女关系与养父母子女关系有所区别，收养对子女、生父母和继父母之间权利义务关系的影响主要体现在以下方面：第一，继父母的配偶一方与子女的自然直系血亲关系不发生变化。直接抚养子女一方的生父母与子女之间具有自然直系血亲关系，无从收养，其配偶系单方收养子女而非夫妻共同收养，生父母仍与其子女具有自然直系血亲关系而非收养所形成的拟制血亲关系。第二，继父母与继子女之间形成拟制直系血亲关系。通过收养行为，继父母与继子女之间的亲属关系由直系姻亲关系，转变为拟制直系血亲关系。在直系姻亲关系之下，继父母并不承担法定的抚养教育义务，而形成拟制直系血亲关系之后，继父母在法律上的地位为养父母，对子女有法定的抚养教育和保护义务，在继父母年老生活困难时，继子女承担法定的赡养扶助义务。当继父或继母与生母或生父离婚时，由于继父母一方已与子女形成收养关系，该收养关系不因离婚而消除。离婚后，在依法解除收养关系之前，继父母与继子女仍具有父母子女的权利义务关系。继子女与不直接抚养他（她）的生父母一方的父母子女关系，也不因继父母与生父母离婚而恢复。第三，继父母的亲属与继子女形成亲属关系。对未形成收养关系的继父母子女，法律并未明确规定继父母的其他亲属与继子女之间形成亲属关系。而形成收养关系之后的继父母子女之间，已形成养父母子女关系，继子女与继父母的近亲属间的权利义务关系，应适用《民法典》关于子女与父母的近亲属关系的规定。

（三）收养条件的放宽

继父母收养继子女，可以加强继子女的归属感和继父母的责任感，继父母较易树立起家长的权威，更好地履行对继子女的抚养教育义务，继子女也更容易接受继父母的管教，融入再婚家庭，继父母对继子女的收养有利于再婚家庭关系的和睦与稳定，发挥家庭作为社会基本单元的作用，应予大力提倡。为鼓励继父母收养继子女的行为，《民法典》专门对继父母子女间的收养放宽了条件限制，具体包括：第一，不受生父母有特殊困难无力抚养子女的条件限制；第二，不受收养人的条件限制；第三，不受收养子女人数的限制。

本条规定对继父母收养继子女放宽条件限制的力度较大，规定了比收养三代以内旁系同辈血亲子女更为宽泛的条件，甚至不要求继父母符合收养人的条件，其作为继父母的身份就表明其作为收养人的适格性，可见立法机关对于继父母收养继子女行为的鼓励和支持的态度。

适用指引

一、继父母收养适格性的判断

在实践中登记机关在办理继父母收养继子女的登记手续时，虽不受上述条件的限制，但仍应对继父母的人格、品行和法律意识方面等进行评估，以保护被收养人的利益。对于继父母确有家庭暴力等不利于继子女健康成长的情形，可能严重伤害继子女利益的，登记机关应不予办理收养登记。

二、不直接抚养子女的生父母为被宣告失踪之人或无行为能力人的收养

被宣告失踪之人或无行为能力人，均无法对是否同意子女的收养作出意思表示，《民法典》中未规定生父母一方被宣告失踪或不具有完全行为能力时，他方可单独行使收养同意权，且收养对于不具有完全行为能力的生父母一方关系重大，但我们认为，继父母收养继子女有利于子女更好地融入生父母一方新

组建的家庭，与继父母建立起更加亲密的父母子女关系，使继父母放下戒心，更加全心全意照顾继子女，更有利于被收养人的健康成长，从未成年人利益最大化原则考虑，应允许直接抚养子女的生父母一方单独行使收养同意权。

第一千一百零四条　收养人收养与送养人送养，应当双方自愿。收养八周岁以上未成年人的，应当征得被收养人的同意。

关联规定

法律、行政法规、司法解释

《中华人民共和国民法典》

第十九条　八周岁以上的未成年人为限制民事行为能力人，实施民事法律行为由其法定代理人代理或者经其法定代理人同意、追认；但是，可以独立实施纯获利益的民事法律行为或者与其年龄、智力相适应的民事法律行为。

条文释义

一、本条主旨

本条是关于收养自愿原则的规定。

二、条文演变

本条源于原《收养法》第11条，无实质性修改，仅根据《民法典》关于未成年人限制行为能力年龄的调整，将须征得其同意的被收养人的年龄由“十周岁以上”修改为“八周岁以上”。

三、条文解读

本条规定了收养应当建立在收养人和送养人双方自愿的基础上，并应当征得年满8周岁的被收养人的同意。

本条规定了收养人和送养人双方自愿原则和被收养人的收养同意权。根据本条规定，收养契约的成立须由收养人、送养人和被收养人三方达成合意，收养过程中各方的合意是收养成立必须具备的实质要件。

（一）收养应遵循自愿原则

收养是收养人、送养人和被收养人订立的有关收养身份关系的契约，需要符合民法中契约成立的要件，在建立收养关系的过程中，各方应遵循自愿原则。自愿原则，是指收养过程中，各方依其意思表示的内容发生法律效果。各方意思表示一致，收养成立。

（二）被收养人的收养同意权

收养系以发生亲子关系为目的之身份契约，因此，须以当事人间有收养的意思表示之一致为必要。被收养人是收养契约的一方主体，收养决定了被收养人最重要的社会关系，直接影响未成年人生活的家庭环境和能够获得的抚养、教育的质量，收养应征得被收养人的同意。各国和地区民法中对于收养的成立普遍以被收养人的同意为必要，对于无行为能力的被收养人，由其法定代理人代为作出同意收养的意思表示。

收养作为身份行为，无须行为人具有完全的行为能力，具有意思能力即可，但原则上仅能由本人作出意思表示。《民法典》第 19 条规定 8 周岁以上的未成年人为限制民事行为能力人，可以独立实施纯获利益的民事法律行为或者与其年龄、智力相适应的民事法律行为。限制行为能力人已有意思能力，收养引起的身份、社会关系的变化应在被收养人能够认知和辨识的范围内。限制行为能力人能够对是否同意收养作出意思表示，收养应当征得其同意。原《收养法》施行当时，原《民法通则》规定 10 周岁以上的未成年人为限制行为能力人，随着我国经济社会的进步和教育事业的发展，未成年人的认知水平逐渐提高，《民法典》将能够行使收养同意权的被收养人的年龄范围也相应调整至 8 周岁以上。8 周岁以下的未成年人是无行为能力人，没有意思能力，为维护其权益，应由其法定代理人代为作出同意收养的意思表示。

（三）被收养人法定代理人的同意

我国民法中规定的收养均为完全收养，被收养人为未成年人，或为限制行为能力人，或为无行为能力人。无行为能力人无意思能力，限制行为能力人虽有意思能力，但其对事物的认知和判断能力难免有失周全、不够慎重。收养行为对被收养人意义重大，域外立法例中普遍规定了被收养人对收养表示同意或允许应征得法定代理人的同意。我国《民法典》中未规定被收养人同意收养应征得法定代理人的同意。但我国收养制度中的送养人往往与被收养人的监护人、法定代理人身份重合，例如被收养人为孤儿的，孤儿的监护人为送养人，《民法典》第23条规定，无民事行为能力人、限制民事行为能力人的监护人是其法定代理人。孤儿的监护人既是孤儿的法定代理人，又是孤儿的送养人。我国收养制度要求收养人、送养人也应对收养达成合意，因此被收养人的同意事实上已经得到其法定代理人的确认，与域外立法中关于未成年人被收养应得到法定代理人的同意实际效果相当。

适用指引

特别规定的限制

根据本条规定，收养须经收养人、送养人和8周岁以上的未成年人的同意，但收养并非仅上述三方同意即符合条件。《民法典》还对一些特殊情形规定了收养同意权的主体和特别的要件。例如《民法典》第1096条规定，监护人送养孤儿，应当征得有抚养义务的人同意。如果送养人为孤儿的监护人，收养除经收养人、送养人、8周岁以上未成年人同意之外，还须经对孤儿有法定抚养义务的人同意。《民法典》第1108条规定配偶一方死亡，另一方送养未成年子女的，死亡一方的父母有优先抚养的权利。该条文中虽然没有明确规定配偶一方死亡，另一方送养未成年子女，须经死亡一方的父母同意，但由于该条中规定了死亡一方父母的优先抚养权，如果送养人送养子女时，未征得死亡一方的父母的同意，死亡一方的父母可以主张优先抚养权并要求撤销收养，进而影响收养的效力。

类案检索

钱某1、钱某2等与黄某、钱某3确认收养关系纠纷案

关键词： 被收养人的同意　收养的条件

裁判摘要：本案系确认收养关系纠纷案。本案中的钱某1、钱某2、钱某3都是已故收养人钱某4的同胞弟妹。钱某3在征得当时已逾10周岁的钱某5（后更名为黄某）本人同意后，将黄某作为养女由钱某4收养，黄某的生父未提出异议，双方均符合《收养法》规定的送养条件和收养条件，并办理了收养公证，送养人及收养人的行为不违反《收养法》的规定。

【案　　号】（2020）皖07民终29号

【审理法院】安徽省铜陵市中级人民法院

第一千一百零五条　收养应当向县级以上人民政府民政部门登记。收养关系自登记之日起成立。

收养查找不到生父母的未成年人的，办理登记的民政部门应当在登记前予以公告。

收养关系当事人愿意签订收养协议的，可以签订收养协议。

收养关系当事人各方或者一方要求办理收养公证的，应当办理收养公证。

县级以上人民政府民政部门应当依法进行收养评估。

关联规定

一、法律、行政法规、司法解释

1.《中华人民共和国未成年人保护法》

第九十九条　地方人民政府应当培育、引导和规范有关社会组织、社会工作者参与未成年人保护工作，开展家庭教育指导服务，为未成年人的心理辅导、康复救助、监护及收养评估等提供专业服务。

2.《中华人民共和国家庭教育促进法》

第三十二条　婚姻登记机构和收养登记机构应当通过现场咨询辅导、播放宣传教育片等形式，向办理婚姻登记、收养登记的当事人宣传家庭教育知识，提供家庭教育指导。

3.《中华人民共和国公证法》

第二十六条　自然人、法人或者其他组织可以委托他人办理公证，但遗嘱、生存、收养关系等应当由本人办理公证的除外。

4.《中国公民收养子女登记办法》

第二条　中国公民在中国境内收养子女或者协议解除收养关系的，应当依照本办法的规定办理登记。

办理收养登记的机关是县级人民政府民政部门。

第四条 收养关系当事人应当亲自到收养登记机关办理成立收养关系的登记手续。

夫妻共同收养子女的，应当共同到收养登记机关办理登记手续；一方因故不能亲自前往的，应当书面委托另一方办理登记手续，委托书应当经过村民委员会或者居民委员会证明或者经过公证。

第七条 收养登记机关收到收养登记申请书及有关材料后，应当自次日起30日内进行审查。对符合收养法规定条件的，为当事人办理收养登记，发给收养登记证，收养关系自登记之日起成立；对不符合收养法规定条件的，不予登记，并对当事人说明理由。

收养查找不到生父母的弃婴、儿童的，收养登记机关应当在登记前公告查找其生父母；自公告之日起满60日，弃婴、儿童的生父母或者其他监护人未认领的，视为查找不到生父母的弃婴、儿童。公告期间不计算在登记办理期限内。

二、部门规章及规范性文件

《公证程序规则》

第十一条 当事人可以委托他人代理申办公证，但申办遗嘱、遗赠扶养协议、赠与、认领亲子、收养关系、解除收养关系、生存状况、委托、声明、保证及其他与自然人人身有密切关系的公证事项，应当由其本人亲自申办。

公证员、公证机构的其他工作人员不得代理当事人在本公证机构申办公证。

条文释义

一、本条主旨

本条是关于收养的程序的规定。

二、条文演变

本条源于原《收养法》第15条，将查找不到生父母的“弃婴和儿童”修改为“未成年人”，与《民法典》第1093条规定的被收养人的条件表述一致。

本条新增加规定民政部门应当依法进行收养评估，此内容标志着我国收养关系的建立由仅进行形式审查到开始注重对收养条件的实质审查的转变，是《民法典》收养一章中最重要的立法进步之一，是收养制度最有利于被收养人原则的重要体现，将极大地促进我国收养制度的进一步规范，切实保障被收养人的合法权益。

三、条文解读

本条规定了收养登记的程序、收养查找不到生父母的未成年人的公告程序和签订收养协议、办理收养公证等内容，特别规定了民政部门应当进行收养评估。

（一）收养登记及登记的效力

《民政部婚姻司谈收养登记的意义、范围和程序》中指出，收养登记是国家通过主管部门对申请建立收养关系的当事人，依照收养法规定的收养条件进行审查，对符合法定收养条件的，准予登记，发给《收养证》，收养关系即成立的一项制度。收养登记是我国公民收养查找不到生父母的弃婴、儿童以及社会福利机构抚养的孤儿和外国人收养我国儿童取得合法收养关系的必经程序。除收养关系的成立应以登记为生效要件外，收养关系的解除也应办理登记。收养登记将收养行为纳入国家的监督管理，保护收养各方当事人尤其是被收养人的合法权益，对充分发挥收养的作用，保证收养的社会效果具有重要意义。

收养登记程序包括当事人申请、登记机关审查和登记三个阶段。在当事人申请阶段，申请人应提交符合《中国公民收养子女登记办法》规定要求的各项申请和证明材料；审查是收养登记工作的中心环节。登记机关要对申请收养当事人进行全面的审查，具体审查的内容包括：第一，申请收养人是否符合收养人的条件。第二，申请人真实的收养目的。即收养是否其真实意思表示。第三，申请人是否具有完全的民事行为能力。第四，被收养人的情况，看其是否符合被收养人的条件，已满 8 周岁的被收养人，登记机关还要了解他（她）对收养的意见。第五，儿童福利机构的送养人资格；审查后，符合《民法典》规定的条件的，准予登记，发给《收养证》，收养关系自登记之日起成立。[1]

① 参见《民政部婚姻司谈收养登记的意义、范围和程序》。

收养为要式法律行为。[1] 只有履行了法定登记程序，收养才能成立并具有法律效力。我国原《收养法》自1992年4月1日起施行，在此之前，民间已有大量事实上的收养行为。原《收养法》公布施行之后，虽然其规定收养应当办理登记，但由于当时一些民众法律意识淡薄、收养程序繁杂、办理正式收养手续成本过高、村委会等机构不配合出具相关证明材料等多种原因，我国收养登记率不高，事实收养问题较为突出。

（二）收养前公告

查找不到生父母的未成年人主要指被遗弃、被拐获救的未成年人，《民法典》规定收养上述未成年人的，登记之前应当公告，是为了最大可能寻找未成年人的生父母或其他监护人，维护未成年人及其生父母利益。《中国公民收养子女登记办法》第7条规定了收养查找不到生父母的弃婴、儿童的公告程序，收养登记机关应当在登记前公告查找其生父母；自公告之日起满60日，弃婴、儿童的生父母或者其他监护人未认领的，视为查找不到生父母的弃婴、儿童。《民法典》将收养查找不到生父母的弃婴、儿童修改为收养查找不到生父母的未成年人之后，被收养人的范围扩大，不仅包括生父母遗弃的未成年人，还包括被拐获救未成年人。《中国公民收养子女登记办法》中没有规定被拐获救未成年人查找生父母的公告程序，应按《民政部、公安部关于开展查找不到生父母的打拐解救儿童收养工作的通知》的要求[2] 执行，除在儿童寻亲公告平台上发布30日儿童寻亲公告外，还需经过12个月查找期，期满确实未能查找到未成年人生父母的，才可将未成年人进行送养。被拐获救儿童是在违背生父母意愿的情况下，被强行带离生父母身边的，给生父母带来巨大的伤痛，为维护生父母和被拐获救未成年人的合法权益，应尽力寻找其生父母，使被拐获救

① 参见史尚宽：《亲属法论》，中国政法大学出版社2000年版，第584页。

② 《民政部、公安部关于开展查找不到生父母的打拐解救儿童收养工作的通知》要求，社会福利机构或者救助保护机构在接收打拐解救儿童后，应当在报纸和全国打拐解救儿童寻亲公告平台上发布儿童寻亲公告。公告满30日，儿童的生父母或者其他监护人未认领的，救助保护机构应当在7日内将儿童及相关材料移交当地社会福利机构。社会福利机构应当尽快为儿童办理入院手续并申报落户手续，公安机关应当积极办理落户手续。从儿童被送交社会福利机构或者救助保护机构之日起满12个月，公安机关未能查找到儿童生父母或其他监护人的，应当向社会福利机构出具查找不到生父母或其他监护人的证明。社会福利机构收到查找不到生父母或其他监护人的证明后，对于符合收养条件的儿童，应当及时进行国内送养，使儿童能够尽快回归正常的家庭生活。

未成年人回归原生家庭，确实无法查找到生父母的，才可将未成年人送养，且只能进行国内送养。

（三）收养协议和收养公证

对于国内收养，签订收养协议和办理收养公证并非收养行为成立或生效的法定要件，是否签订收养协议或办理公证，不影响收养关系的成立。收养协议和收养公证也不能代替收养登记。

在我国收养制度建立发展的历史过程中，收养协议和收养公证也曾发挥过重要作用。我国原《收养法》对于收养成立的形式要件的规定经历过三个阶段：第一阶段是在中华人民共和国成立后至 1992 年 4 月 1 日原《收养法》施行之前，此时对于收养成立的条件没有统一的法律规定，一般情况下，有收养的事实即承认收养关系。第二阶段是在 1992 年原《收养法》施行后至 1998 年 11 月 4 日原《收养法》修正前，1992 年施行的原《收养法》针对不同的被收养人分别规定了收养成立要件，收养查找不到生父母的弃婴、儿童以及社会福利机构抚养的孤儿的，应当向民政部门登记。除此之外，应当由收养人、送养人订立书面协议，并可以办理收养公证；收养人或者送养人要求办理收养公证的，应当办理收养公证。即对于收养弃婴、儿童和社会福利机构抚养的孤儿以外的儿童的，并未强制要求必须办理登记，而仅要求签订收养协议，可以办理收养公证。第三阶段是在 1998 年 11 月 4 日原《收养法》修正之后至今，法律正式将收养登记作为各类收养行为统一的成立要件，未经登记，收养不能成立。由此可见，在收养制度建立和发展过程中，收养协议和收养公证曾经被作为收养成立的要件。对于收养关系建立时，按当时施行的法律法规，以签订收养协议或办理收养公证作为收养成立形式要件的事实收养，根据法不溯及既往的原则，仍应承认其具有收养的效力，不能一概以未办理登记为由，否定收养的成立。

（四）收养评估

《中国公民收养子女登记办法》中详细规定了办理收养登记需提交的申请及证明材料，以及具体的办理程序。依照该办法，登记机关仅对收养人和送养人提供的材料进行形式审查。结合原《收养法》及《中国公民收养子女登记办法》的规定可见，《民法典》施行之前，我国收养登记采取形式审查主义，即对收养主体是否具备法定资质和相应条件仅进行书面材料上的审核而几乎不作实质审查。形式审查不能保证收养人和送养人提供材料的真实性和特定主体间建立收养关系是否适当。收养是关系被收养人利益的重大身份行为，对收养人、送养人和被收养人的权利义务关系将产生深远的影响，原《收养法》中规定的形式审查主义不能确保未成年人利益最大化。

收养制度发展的国际趋势是国家监督主义色彩日益浓厚，各国普遍加强对收养行为的法律监督，强调国家公权力的介入。主要表现在各国立法都对收养成立的程序作出严格规定，一般由法院对收养进行审查并作出是否准许收养的宣告，反映出国家对公民收养行为的干预力度不断增强，目的在于强化对收养当事人特别是被收养人合法权益的保护。缺乏对收养行为实质审查将导致被收养人的利益处于风险中，对被收养人利益的保护存在缺失。

对收养的实质审查涉及审查机关和审查内容两个方面。关于审查机关，由于收养的实质审查需要深入群众进行大量的走访调查等活动，我国人口众多，收养需求量大，统一由法院进行实质审查在我国目前的国情下并不适合，应将收养的实质审查纳入收养评估程序中，由评估机构对收养人的能力资质和与被收养人的相处情况进行审查。关于审查内容，民政部门应对收养人的婚姻状况、家庭生活、经济收入、居住条件、受教育程度、人格品性、生育或收养子女等情况进行实地考察，作出综合评判，形成评估报告。评估报告应当作为收养登记机关决定是否予以登记的重要参考，对符合收养条件、相关证明材料齐全有效，且收养评估结果支持收养的，予以登记；对于不符合收养条件，收养评估结果不支持收养的，不予登记。收养评估制度的建立，可以帮助登记机关运用专业知识和方法，更加科学地判断收养人是否具有抚养教育被收养人的能力，强调登记机关的义务和责任，加强对公民收养与送养行为的国家监督。

民政部于 2012 年发布《民政部关于开展收养评估试点工作的通知》，指出为全面保障被收养儿童权益，进一步提升收养工作水平，决定在上海、江苏、湖北、广东、重庆等地开展收养评估试点工作。随着第一批试点省份收养评估试点工作的辐射影响力的不断增强，民政部于 2014 年又下发了《民政部关于开展第二批收养评估试点工作的通知》，确定北京市房山区民政局等 37 个单位作为第二批收养评估试点单位。民政部于 2015 年印发《收养能力评估工作指引》，明确了收养能力评估的对象、流程、标准和评估方式，规范评估报告的内容及格式，确保收养能力评估工作规范、准确地开展，为科学评估收养家庭抚养教育能力提供了重要参考。目前上海、天津、山东、安徽、江苏等多地民政部门都已经广泛开展了收养评估的试点工作，并取得良好的成效，积累了一定经验。《民法典》中规定民政部门应当进行收养评估，民政部门正在推广的收养评估制度具有上位法的依据，将有利于收养评估制度的规范化发展，切实保障被收养人的利益。

适用指引

一、应当签订收养协议的情形

对于一般国内收养，收养各方可以自愿选择是否签订收养协议，但对于某些特殊类型的收养，按法律法规或部门规章的要求，应当签订收养协议，包括以下几种：第一，儿童福利机构进行涉外送养的，按照《民政部关于社会福利机构涉外送养工作的若干规定》的要求，收养人和送养人应当订立书面收养协议；第二，收养被拐获救未成年人的，按《民政部、公安部关于开展查找不到生父母的打拐解救儿童收养工作的通知》的要求，办理收养登记前，儿童福利机构应当与收养家庭签订收养协议；第三，外国人来华收养子女的，按照《外国人在中华人民共和国收养子女登记办法》第9条的规定，应当与送养人订立书面收养协议。

二、历史遗留的事实收养的处理

事实收养，又称私自收养，是指未办理收养登记手续而以父母子女身份共同生活。根据法不溯及既往原则，对于历史遗留的未办理收养登记的事实收养，应按照收养关系建立当时有效的法律法规和部门规章的规定办理。为明确事实收养的效力及收养各方当事人的权利义务关系，最高人民法院和民政部等部委先后出台多个规范性文件。《最高人民法院〈关于贯彻执行民事政策法律若干问题的意见〉》第28条规定："亲友、群众公认，或有关组织证明确以养父母与养子女关系长期共同生活的，虽未办理合法手续，也应按收养关系对待。"《司法部关于办理收养法实施前建立的事实收养关系公证的通知》规定："凡当事人能够证实双方确认共同生活多年，以父母子女相称，建立了事实上的父母子女关系，且被收养人与其生父母的权利义务关系确已消除的，可以为当事人办理收养公证。收养关系自当事人达成收养协议或因收养事实而共同生活时成立。”《民政部、公安部、司法部、卫生部、人口计生委关于解决国内公民私自收养子女有关问题的通知》中则区分不同情况提出解决事实收养问题的方案，通知中根据事实收养发生的时间分别规定了收养的效力。对于 1999 年 4 月 1 日，修正后的原《收养法》施行前国内公民私自收养子女的，依据司法部《关于办理收养法实施前建立的事实收养关系公证的通知》等文件的规定办理，主要内容为当事人以父母子女身份长期共同生活，且与生父母权利义务关系消除的，可以办理收养公证，收养关系成立。对于 1999 年 4 月 1 日原《收养法》修正案施行后发生的事实收养，再根据不同情形分别规定，基本内容为如果事实收养符合原《收养法》规定的收养条件，可以办理收养登记，收养关系成立；事实收养不符合原《收养法》规定的收养条件，收养关系不成立。该通知明确了事实收养的相关问题，否定了 1999 年 4 月 1 日以后发生的事实收养的法律效力，但同时规定了符合原《收养法》规定条件的事实收养可以办理收养登记。根据本条规定，收养关系自登记之日起成立。

类案检索

刘某 1 与刘某 2 确认收养关系纠纷案

关键词： 事实收养　收养登记

裁判摘要： 1992 年 4 月 1 日起施行的《收养法》第 15 条第 1 款规定：“收养查找不到生父母的弃婴和儿童以及社会福利机构抚养的孤儿的，应当向民政部门登记”；第 24 条规定：“违反《中华人民共和国民法通则》第五十五条和本法规定的收养行为无法律效力。收养行为被人民法院确认无效的，从行为开始时起就没有法律效力”。本案中，刘某 1 夫妇收养弃婴刘某 2 的时间为 1992 年 6 月 6 日，系在前述法律规定施行之后发生的收养关系，应受该法律规定的约束。按照前述法律规定，刘某 1 夫妇收养弃婴，未到民政部门办理收养登记的行为违反法律规定，该收养行为应当被认定为无效。对于刘某 2 辩称其与刘某 1 夫妇已形成事实收养关系的意见，因事实收养关系的法律依据是 1984 年《最高人民法院关于贯彻执行民事政策法律若干问题的意见》第 28 条的规定，而本案收养行为发生在1992年4月1日《收养法》施行后，根据新法优于旧法的原则，对不符合《收养法》规定的收养关系不能认定为事实收养。

【案　　号】（2017）渝民再273号

【审理法院】重庆市高级人民法院

第一千一百零六条 收养关系成立后，公安机关应当按照国家有关规定为被收养人办理户口登记。

关联规定

法律、行政法规、司法解释

1.《中国公民收养子女登记办法》

第八条 收养关系成立后，需要为被收养人办理户口登记或者迁移手续的，由收养人持收养登记证到户口登记机关按照国家有关规定办理。

2.《中华人民共和国户口登记条例》

第三条 户口登记工作，由各级公安机关主管。

城市和设有公安派出所的镇，以公安派出所管辖区为户口管辖区；乡和不设公安派出所的镇，以乡、镇管辖区为户口管辖区。乡、镇人民委员会和公安派出所为户口登记机关。

居住在机关、团体、学校、企业、事业等单位内部和公共宿舍的户口，由各单位指定专人，协助户口登记机关办理户口登记；分散居住的户口，由户口登记机关直接办理户口登记。

居住在军事机关和军人宿舍的非现役军人的户口，由各单位指定专人，协助户口登记机关办理户口登记。

农业、渔业、盐业、林业、牧畜业、手工业等生产合作社的户口，由合作社指定专人，协助户口登记机关办理户口登记。合作社以外的户口，由户口登记机关直接办理户口登记。

条文释义

一、本条主旨

本条是关于被收养人户口登记的规定。

二、条文演变

本条源于原《收养法》第 16 条，内容无实质修改，仅在文字上将“公安部门”修改为“公安机关”。《户口登记条例》第 3 条规定，户口登记工作，由各级公安机关主管。本条对文字进行细节处的修改，与户口登记条例的规定一致，表述更加准确。

三、条文解读

本条规定了为被收养人办理户口登记的条件和程序。

户口，是住户和人口的总称，以户籍（户口簿）为载体。户籍是由公安机关户政管理机构所制作，用以记载和留存住户人口基本信息的法律文书。中国的户籍制度最早可以追溯到两千多年前的春秋战国时期。户籍制度建立之初的目的是统计人口数量，便于国家对人的管理和控制，此后衍生出以户为单位课以赋税和征派劳役等功能。人类进入信息时代后，户籍制度更加侧重体现对人口的登记管理功能，是国家确认并依法保护被登记者合法权益的标志，公民办理身份证的前提是有户籍信息。

户口登记，是指国家主管户政的行政机关对自然人按户登记并予出证的行政行为。户口登记时需要将自然人的姓名、出生日期、亲属、婚姻状况等基本信息记载在户口登记簿上，户口登记簿是确立自然人在社会和家庭中作为民事主体的法律地位的基本证明文件之一。户口登记所提供的住户人口基本信息成为人们生产生活、社会服务管理和国家行政司法都不可或缺的信息基础。户籍所显示的公民的身份、年龄、行为能力是国家司法活动的必备基础，户籍所显示的住址是确定司法管辖权的重要标准之一。户口管理已成为近现代社会最主要的公共信息管理系统。例如，法国户籍管理制度要求对公民个人的信息详细记录，除公民出生年月、性别、单双胞胎等内容，还包括其父母的职业、经济收入、国籍、宗教信仰等相关内容。法国公民的户籍信息与医疗、存款等日常生活紧密相关。日本以家庭为单位标明每个人的身份、夫妻关系、父子关系等，未成年人无权独立设立自己的户籍，成年之后，才可将户籍独立出去。日本常使用“住民票”，它以每个人的居住地为基础设立，标有此人的姓名、出生年月日、性别、与户主的关系等。现代化的户口登记管理能有力支撑各项公共事业、公共服务、公共管理和公共安全工作。我国注重发挥户籍制度的人口登记管理功能，正在积极稳妥推进户籍制度改革，落实放宽户口迁移政策，但户籍在决定公民获得教育资源、就业扶持、住房保障、养老服务、社会福利、社会救助等方面仍发挥着重要作用。

根据《户口登记条例》第5条的规定，户口登记以户为单位。同主管人共同居住一处的立为一户，以主管人为户主。户主负责按照条例的规定申报户口登记。该条表明我国户口登记是按户内居住人员组成情况来划分的，一个家庭的成员共居一处，或虽非家庭成员，但共同生活居住在一起的，属于一户，可以进行户口登记造册。被收养人均为未成年人，其被收养后，加入收养人所在的家庭，与收养人共同生活，其户籍信息应当列入收养人家庭的户口登记簿中。《中国公民收养子女登记办法》第8条规定，收养关系成立后，需要为被收养人办理户口登记或者迁移手续的，由收养人持收养登记证到户口登记机关按照国家有关规定办理。收养之后进行户口登记，有利于被收养人的入托、入学等相关手续的及时办理，也有助于被收养人及时融入收养家庭，加强被收养人的归属感。收养成立后，公安机关应及时为被收养人办理户口登记。

适用指引

办理户口登记的条件

根据本条规定，为被收养人进行户口登记需在收养关系成立后办理，《民法典》第1105条规定了收养关系自登记之日起成立。因此，收养人应当在依法办理收养登记手续之后，持登记机关发给的收养登记证，到公安机关为被收养人办理户口登记或户口迁移手续。一般情况下收养协议和收养公证不是收养成立的要件，不能凭收养协议和收养公证办理被收养人的户口登记。但对于原《收养法》修正施行之前成立的收养关系，依当时生效的法律、法规规定，以收养协议和收养公证为收养成立形式要件的，可持收养协议或收养公证证明办理被收养人的户口登记。

类案检索

傅某1与傅某2确认收养关系纠纷案

关键词：户口　收养关系

裁判摘要：傅某1与傅某2的收养关系发生在1992年4月1日《收养法》实施以前，根据1992年《最高人民法院关于学习、宣传、贯彻执行〈中华人民共和国收养法〉的通知》的规定，《收养法》实施前发生的收养关系，《收养法》实施后当事人诉请确认收养关系的，审理时应适用当时的有关规定。我国一直实行严格的户籍管理制度，申报、迁移户口要经过层层审批。傅某2在尚未满8岁时即由傅某1从重庆接到成都与其共同生活，并同时将户口迁至傅某1的家庭户下。其常住户口登记表亦记载傅某1与傅某2的关系为父女关系。上述事实不仅表明将傅某2收为养女是傅某1的真实意思表示，同时说明当时管理户籍的有关组织已经认可傅某1与傅某2系父女关系。不管是傅某1在傅某2参加工作时由其亲自填写的《所有制单位招收工人登记表》中，将自己与傅某2的关系填写为父女关系，还是在傅某2大学毕业时傅某1以父亲名义给予的赠言，均可以判断傅某1一直是将傅某2作为女儿来看待的。综合案件事实，可以证明傅某2与傅某1已形成了事实上的收养关系。

【案　　号】（2013）成民终字第5395号

【审理法院】四川省成都市中级人民法院

第一千一百零七条　孤儿或者生父母无力抚养的子女，可以由生父母的亲属、朋友抚养；抚养人与被抚养人的关系不适用本章规定。

关联规定

法律、行政法规、司法解释

《国务院办公厅关于加强孤儿保障工作的意见》

孤儿是指失去父母、查找不到生父母的未满18周岁的未成年人，由地方县级以上民政部门依据有关规定和条件认定。地方各级政府要按照有利于孤儿身心健康成长的原则，采取多种方式，拓展孤儿安置渠道，妥善安置孤儿。

（一）亲属抚养。孤儿的监护人依照《中华人民共和国民法通则》等法律法规确定。孤儿的祖父母、外祖父母、兄、姐要依法承担抚养义务、履行监护职责；鼓励关系密切的其他亲属、朋友担任孤儿监护人；没有前述监护人的，未成年人的父、母的所在单位或者未成年人住所地的居民委员会、村民委员会或者民政部门担任监护人。监护人不履行监护职责或者侵害孤儿合法权益的，应承担相应的法律责任。

条文释义

一、本条主旨

本条是关于生父母亲友的抚养的规定。

二、条文演变

本条源于原《收养法》第17条，内容无实质修改。

三、条文解读

本条规定了生父母的亲属、朋友对未成年子女的抚养及抚养关系的属性。

抚养是指长辈对晚辈的供养。其上位概念为扶养，多数国家不再对扶养的概念进行区分，将亲属之间相互供养和扶助统称为扶养。《民法典》对于“扶养”一词，视条文具体情况，有的采用广义概念，有的采用狭义概念。

《民法典》中规定的抚养包括三种类型：一是父母对子女的抚养，父母对子女的抚养是父母子女关系的重要内容，父母基于生育子女的事实承担抚养、教育和保护未成年子女的义务；二是有负担能力的祖父母、外祖父母对孤儿或父母无力抚养的孙子女、外孙子女的抚养，此种抚养也属于法定义务，是在父母抚养缺失时的重要补位；三是生父母的其他亲属、朋友对孤儿或生父母无力抚养的子女的抚养。此种抚养并非法定义务，可以在自愿基础上，充分发挥亲属朋友间的互助互爱，为处于困境中的未成年子女提供基本生存条件，本条规定的即为此种类型的抚养。

由于年幼之人并无生存能力，需要依赖父母双亲的抚育，但在遭遇变故父母死亡或父母无力抚养之时，生活便无以为继。我国古代在家族制度的背景之下，对于遭遇变故不具有生存能力的家庭成员，可以通过其他亲属代为养育，使其得以生存。《国务院办公厅关于加强孤儿保障工作的意见》规定了对孤儿的四种安置方式，分别为亲属抚养、机构养育、家庭寄养和依法收养，表明抚养和收养均为孤儿的安置途径。1992 年原《收养法》中就已规定孤儿或者生父母无力抚养的子女，可以由生父母的亲属、朋友抚养，《民法典》中对此条规定予以保留。亲属、朋友抚养的规定，可以充分发挥家庭、社会在扶助弱小方面的积极作用，促进社会的和谐稳定。

（一）抚养的条件

对孤儿或生父母无力抚养的子女，《民法典》第 1074 条规定了一项法定抚养义务，即有负担能力的祖父母、外祖父母，对于父母已经死亡或者父母无力抚养的未成年孙子女、外孙子女，有抚养的义务。除有负担能力的祖父母、外祖父母之外，其他亲属、朋友对于孤儿或生父母无力抚养的子女，并无法定的抚养义务。其他亲属、朋友主动愿意抚养孤儿或生父母无力抚养的子女的，应予鼓励，但不能强制。

在上述抚养关系中，多数抚养人均不具有法定的抚养义务，抚养是发扬扶助弱小的善良之举，被抚养人必须确有接受抚养的必要。被抚养人符合下列条件之一可以由生父母的亲友抚养：第一，父母均死亡或被宣告死亡；第二，父母双方均无力抚养子女；第三，父母一方死亡，另一方无力抚养子女。

（二）抚养与收养的关系

抚养和收养均为孤儿的安置途径。但抚养与收养在具体制度设计上存在显著的区别。本条规定，抚养人与被抚养人的关系不适用《民法典》收养一章的规定，包括两层涵义：一是抚养不需要符合收养的条件；二是抚养不产生收养的法律效果。抚养与收养的主要区别体现为以下几个方面：第一，主体范围不同。抚养人限于被抚养人生父母的亲属和朋友，而收养人的范围则不受此限，符合《民法典》规定条件的民事主体都可以成为收养人。被抚养人限于孤儿和生父母无力抚养的子女，被收养人除上述两类未成年人外，还包括查找不到生父母的未成年人。因未成年人的生父母查找不到，无法确定其生父母的亲属和主要社会关系，也无从确定抚养人。第二，成立要件不同。收养为要式行为，必须采取一定形式或履行特定的程序才能成立。根据《民法典》第1105条的规定，收养应当向县级以上人民政府民政部门登记，收养关系自登记之日起成立。收养登记为收养关系的成立要件，未经依法登记，不产生收养的法律效果。而抚养为非要式行为，法律并未对其生父母亲友的抚养规定专门的成立或生效要件，也不要求抚养人履行特定程序，只要抚养人从事了人们通常理解的抚养行为，即可认为成立抚养关系。第三，法律效果不同。收养是一项法律行为，可在收养双方之间产生拟制的父母子女关系，双方享有父母子女间的权利，承担相应的义务；被收养人与生父母之间的父母子女关系消除。而抚养并不能引起上述法律效果，形成抚养关系的民事主体之间并未建立父母子女关系，也未消除被抚养人与生父母之间的血亲关系。

适用指引

一、关于抚养人的范围

本条规定的抚养人的范围非常广泛，并不限于法定抚养义务人。《民法典》

第1074条规定了有负担能力的祖父母、外祖父母，对于父母已经死亡或者父母无力抚养的未成年孙子女、外孙子女，有抚养的义务。该条中规定的抚养义务为法定抚养义务，有负担能力的祖父母、外祖父母不得拒绝履行抚养生父母已经死亡或者生父母无力抚养的未成年孙子女、外孙子女的义务，但并不表示生父母死亡或无力抚养的孙子女、外孙子女只能由祖父母、外祖父母抚养。如果其他亲属、朋友有抚养能力和抚养意愿，并且更加适合抚养孤儿或生父母无力抚养的子女，也可以在各方当事人协商一致的情况下，由生父母的其他亲属、朋友抚养。此处的亲属并不限于《民法典》第1045条规定的近亲属，除近亲属外的其他与被抚养人的生父母有亲属或朋友关系的人均可以作为抚养人。抚养一般用于指代长辈对晚辈的扶助供养义务，故此处所指亲属应限于被抚养人的尊亲属，如被抚养人的叔、伯、姑、舅等。

二、关于抚养的顺序

《民法典》中对于抚养的顺序未作规定，但由于祖父母、外祖父母对生父母已经死亡或无力抚养的孙子女、外孙子女所承担的是法定抚养义务，可优先于生父母的其他亲属、朋友抚养自己的孙子女、外孙子女。《民法典》第1108条规定了配偶一方死亡、另一方送养未成年子女的，死亡一方的父母有优先抚养的权利，该条规定可见祖父母或外祖父母，对于生父或生母死亡的孙子女或外孙子女享有优先抚养权，祖父母、外祖父母的抚养权既然可以优先于潜在的收养人进行抚养，当然也优先于生父母的其他亲属、朋友。因此，对于生父母的多名亲属、朋友愿意抚养生父母死亡或无力抚养的子女的，未成年人的祖父母、外祖父母享有优先抚养权，如果未成年人的祖父母、外祖父母愿意抚养未成年人，且具有抚养能力，应优先由祖父母、外祖父母抚养。当祖父母、外祖父母不愿意抚养未成年人时，而生父母的其他亲属、朋友愿意抚养的，应按照最有利于未成年人的原则，结合亲疏关系的远近、抚养能力和抚养意愿等因素综合考察确定抚养人。

类案检索

周某某与黄某遗嘱继承纠纷案

关键词: 抚养 收养

裁判摘要:《收养法》对于收养关系有严格的程序和条件予以规定，建立收养关系即受法律规定的权利义务调整和制约，认定事实收养关系应具备以下条件：第一，有较为明确的或者可推知的收养意思表示，即有将他人儿女作为自己儿女抚养的意思。第二，亲友、群众或者有关组织对收养关系予以认可或者证明。在本案中，依照《最高人民法院关于学习、宣传、贯彻执行〈中华人民共和国收养法〉的通知》的有关精神，确认当事人之间的收养，审理时应适用当时的有关规定，当时没有规定的，可比照《收养法》处理，故比照《收养法》第 17 条“孤儿或者生父母无力抚养的子女，可以由生父母的朋友、亲属抚养。抚养人与被抚养人的关系不适用收养关系”之规定，周某某不属于王某某、黄某 1 的养女，不能作为第一顺序的继承人享有继承权。

【案　　号】(2016) 黔 01 民终字第 11 号

【审理法院】贵州省贵阳市中级人民法院

第一千一百零八条　配偶一方死亡，另一方送养未成年子女的，死亡一方的父母有优先抚养的权利。

关联规定

司法指导性文件

《最高人民法院民事审判庭关于夫妻一方死亡另一方将子女送他人收养是否应当征得愿意并有能力抚养的祖父母或外祖父母同意的电话答复》

夫妻一方死亡，另一方有抚养子女的能力而不愿尽抚养义务，以及另一方无抚养能力，且子女已经由有抚养能力，又愿意抚养的祖父母、外祖父母抚养的，为送养子女发生争议时，从有利于子女健康成长考虑，子女由祖父母或外祖父母继续抚养较为合适。

条文释义

一、本条主旨

本条是关于优先抚养权的规定。

二、条文演变

本条源于原《收养法》第18条，内容未作修改。

三、条文解读

本条规定了配偶一方死亡，另一方送养子女的权利与死亡一方父母的抚养权的顺位，明确了死亡一方父母的优先抚养权。

父母作为子女的监护人享有收养同意权，生父母送养子女的，应当双方共同送养。《民法典》第1097条第2款也规定了允许单方送养的例外情形，即在生父母一方不明或者查找不到时，可以单方送养。我国《民法典》未明确规定生父母一方死亡，另一方可以单方送养。域外立法例中多数确立了生父母共同送养的一般原则，同时生父母一方死亡或无意思能力及住所不明、身份不明的，可以作为生父母共同送养的例外情形，由生父母一方单独送养。当生父或生母一方死亡时，已无法实现生父母双方共同送养，另一方以一人之力抚养子女，必然面临诸多困难，应当允许生存一方在无力抚养子女的情况下送养子女，确保子女能够得到较好的照顾和教育。故应从立法目的角度出发，对我国《民法典》第 1097 条第 2 款规定的生父母一方单方送养的规定进行扩张解释，理解为当生父母一方死亡时，另一方也可以单独送养。此外结合本条规定的内容，死亡一方的父母享有优先抚养权的前提条件是配偶一方死亡时，另一方送养子女，条文规定的内容隐含着肯定配偶一方死亡时，另一方单独送养子女的权利。

（一）优先抚养权

《民法典》第 1074 条规定了有负担能力的祖父母、外祖父母对父母已经死亡或者父母无力抚养的未成年孙子女有抚养的义务。对于有负担能力的祖父母、外祖父母，抚养父母已经死亡或父母无力抚养的未成年孙子女，即是其应当承担的法定抚养义务，也是其所享有的一项法定优先权。

收养的涵义是认领他人子女为自己的子女，祖父母、外祖父母与孙子女、外孙子女之间具有直系血亲关系，不能进行收养，否则会引起伦理冲突。但对于死亡一方的父母，老年丧子（女）已经非常悲痛，如孙子女、外孙子女再被送养他人，将导致孙子女、外孙子女与祖父母、外祖父母的亲属关系也被消除，给祖父母或外祖父母带来新的打击。祖父母、外祖父母与孙子女、外孙子女本就有血脉相承关系，与孙子女、外孙子女具有深厚的情感纽带。现代社会中，很多家庭夫妻双方均需工作，实际上也由祖父母、外祖父母帮助抚养孙子女、外孙子女。对于子女死亡的老人，如果能由其抚养孙子女、外孙子女，老人会将对子女的爱都倾注到孙子女、外孙子女身上，全力照顾孙子女、外孙子女的生活，有利于孙子女、外孙子女得到较好的抚养教育。同时孙辈承欢膝下，对老年丧子（女）的祖父母、外祖父母也是心灵上的巨大慰藉，还有助于解决祖父母、外祖父母未来的赡养问题。对父母一方死亡的未成年人，由祖父母或外祖父母抚养对各方均有助益。在未成年子女面临抚养缺失时，祖父母、外祖父母的抚养权应被优先保护。

（二）建立抚养关系的条件

本条文义上并未对享有优先抚养权的祖父母、外祖父母的条件加以限制。应根据抚养制度设计的目的角度对本条规定进行限缩解释。抚养关系的建立应符合以下三项条件：一是抚养人有抚养的能力，包括经济上能够负担被抚养人生活所需的基本支出和教育费用，抚养人身体健康，无不利于被抚养人健康成长的身体或精神疾病等；二是被抚养人有接受抚养的客观需要，未成年子女的父母死亡或父母无力抚养，未成年子女如不能被他人抚养，生活面临困境；三是抚养关系的建立有利于被抚养人的健康成长，抚养人无虐待或遗弃被抚养人的可能。

适用指引

一、关于优先抚养权的主体

从本条规定的文义进行解释，享有法定优先抚养权的祖父母、外祖父母应当为死亡一方的父母，即未成年子女的父亲死亡，祖父母享有优先抚养权，未成年子女的母亲死亡，外祖父母享有优先抚养权。生存一方的父母，并不依照本条规定享有法定的优先抚养权，但可以作为确定抚养权时酌情考虑的因素。

二、关于权利冲突问题

父母一方死亡，另一方有权单独决定送养。如果另一方希望将子女送养，而死亡一方的父母希望抚养孙子女、外孙子女时，会产生父母一方收养同意权与祖父母、外祖父母的优先抚养权的冲突。原《收养法》施行前，对此问题未予明确，实践中做法亦不统一。原《民法通则意见》第23条规定，夫妻一方死亡后，另一方将子女送给他人收养，如收养对子女的健康成长并无不利，又办了合法收养手续的，认定收养关系成立。其他有监护资格的人不得以收养未经其同意而主张收养关系无效。《最高人民法院民事审判庭关于夫妻一方死亡另一方将子女送他人收养是否应当征得愿意并有能力抚养的祖父母或外祖父母同意的电话答复》中指出，在审判实践中对不同情况的处理，需要具体研究。

如夫妻一方死亡，另一方有抚养子女的能力而不愿尽抚养义务，以及另一方无抚养能力，且子女已经由有抚养能力，又愿意抚养的祖父母、外祖父母抚养的，为送养子女发生争议时，从有利于子女健康成长考虑，子女由祖父母或外祖父母继续抚养较为合适。该答复已经体现出支持子女由祖父母、外祖父母抚养的倾向性意见。原《收养法》施行后，明确规定了祖父母、外祖父母的优先抚养权，对于配偶死亡，另一方送养子女的，应当征得死亡一方父母的同意，未征得死亡一方父母同意，将子女送养的，死亡一方父母有权提起诉讼，主张确认收养无效，并要求变更抚养关系。

三、放弃优先抚养权

优先抚养权是一项权利，根据处分原则，权利人可以主张优先抚养权，也可以放弃优先抚养权。优先抚养权的放弃可通过明示或默示两种方式为之，明示放弃优先抚养权，是指权利人明确表示不主张优先抚养权。默示放弃是生父母一方告知优先抚养权人将要送养子女，但优先抚养权人未在合理期限内就是否主张优先抚养权表明态度。上述两种情形下，生存一方的父或母均可单独送养子女。

类案检索

邢某1、王某1与蒋某某变更抚养关系纠纷案

关键词：祖父母、优先抚养权

裁判摘要：蒋某某（女）与邢某2（男）婚后生育邢某3、邢某4，2014年邢某2意外身亡。蒋某某独立抚养邢某3、邢某4。蒋某某经济收入较低，无力抚养两个孩子，邢某2的父母邢某1、王某1拒绝帮忙抚养孩子，故蒋某某将女儿邢某4送给远房表哥抚养，本案诉讼时正在办理相关收养手续。邢某1、王某1获悉后，想接回孩子遭拒，诉至法院。法院认为对未成年人的抚养问题应该从有利于未成年人的身心健康，保障未成年人的合法权益出发，并结合抚养人的抚养能力和抚养条件等具体情况进行处理。未成年人的父母是未成年人的法定监护人，在其父母没有能力或者未履行监护义务时，未成年人的祖父母、外祖父母可以担任未成年人的监护人。因蒋某某经济收入较低，没有能

力同时抚养两个孩子，并且有将孩子送养的事实存在，而邢某1、王某1是邢某3、邢某4的爷爷、奶奶，且两个孩子与邢某1、王某1一起生活过，有一定的感情基础，加之邢某1、王某1的身体状况良好，有一定的经济收入，可以维持和照顾好一个小孩的生活，鉴于女孩随母亲生活更有利于其身心健康成长，故邢某4由蒋某某继续抚养较为适宜，而邢某3由邢某1、王某1抚养较为适宜。

【案　　号】（2017）湘3123民初269号

【审理法院】湖南省凤凰县人民法院

第一千一百零九条 外国人依法可以在中华人民共和国收养子女。

外国人在中华人民共和国收养子女，应当经其所在国主管机关依照该国法律审查同意。收养人应当提供由其所在国有权机构出具的有关其年龄、婚姻、职业、财产、健康、有无受过刑事处罚等状况的证明材料，并与送养人签订书面协议，亲自向省、自治区、直辖市人民政府民政部门登记。

前款规定的证明材料应当经收养人所在国外交机关或者外交机关授权的机构认证，并经中华人民共和国驻该国使领馆认证，但是国家另有规定的除外。

关联规定

一、法律、行政法规、司法解释

1.《中华人民共和国涉外民事关系法律适用法》

第二十八条 收养的条件和手续，适用收养人和被收养人经常居所地法律。收养的效力，适用收养时收养人经常居所地法律。收养关系的解除，适用收养时被收养人经常居所地法律或者法院地法律。

2.《外国人在中华人民共和国收养子女登记办法》

第三条 外国人在华收养子女，应当符合中国有关收养法律的规定，并应当符合收养人所在国有关收养法律的规定；因收养人所在国法律的规定与中国法律的规定不一致而产生的问题，由两国政府有关部门协商处理。

第四条 外国人在华收养子女，应当通过所在国政府或者政府委托的收养组织（以下简称外国收养组织）向中国政府委托的收养组织（以下简称中国收养组织）转交收养申请并提交收养人的家庭情况报告和证明。

前款规定的收款人的收养申请、家庭情况报告和证明，是指由其所在国有权机构出具，经其所在国外交机关或者外交机关授权的机构认证，并经中华人民共和国驻该国使馆或者领馆认证的下列文件：

（一）跨国收养申请书；

（二）出生证明；

（三）婚姻状况证明；

（四）职业、经济收入和财产状况证明；

（五）身体健康检查证明；

（六）有无受过刑事处罚的证明；

（七）收养人所在国主管机关同意其跨国收养子女的证明；

（八）家庭情况报告，包括收养人的身份、收养的合格性和适当性、家庭状况和病史、收养动机以及适合于照顾儿童的特点等。

在华工作或者学习连续居住一年以上的外国人在华收养子女，应当提交前款规定的除身体健康检查证明以外的文件，并应当提交在华所在单位或者有关部门出具的婚姻状况证明，职业、经济收入或者财产状况证明，有无受过刑事处罚证明以及县级以上医疗机构出具的身体健康检查证明。

第八条 外国人来华收养子女，应当亲自来华办理登记手续。夫妻共同收养的，应当共同来华办理收养手续；一方因故不能来华的，应当书面委托另一方。委托书应当经所在国公证和认证。

二、部门规章及规范性文件

《华侨以及居住在香港、澳门、台湾地区的中国公民办理收养登记的管辖以及所需要出具的证件和证明材料的规定》

第二条 华侨以及居住在香港、澳门、台湾地区的中国公民在内地收养子女的，应当到被收养人常住户口所在地的直辖市、设区的市、自治州人民政府民政部门或者地区（盟）行政公署民政部门申请办理收养登记。

条文释义

一、本条主旨

本条是关于外国人在中国收养子女的规定。

二、条文演变

本条源于原《收养法》第 21 条，进行了四处修改：第一，将涉外收养的法律依据由“依照本法”修改为“依法”，表明涉外收养不仅应遵守《民法典》中关于收养的规定，还应遵守其他法律法规中有关涉外收养的规定内容。第二，涉外收养的登记机关由“省级人民政府民政部门”修改为“省、自治区、直辖市人民政府民政部门”，表述更加准确完整。第三，取消了有关办理收养公证的规定。涉外收养的登记机关层级较高，可以保证收养的真实、有效。第四，对于证明材料外交认证程序增加了国家另有规定的除外条件。

三、条文解读

本条明确了外国人可以在中国收养子女，外国人在中国收养子女属于涉外收养，并对涉外收养规定了不同于国内收养的严格程序条件，体现了保护被收养人利益的基本原则。

外国人在中国收养子女，属于涉外收养、跨国收养的范畴。涉外收养是指包含涉外因素的收养，通常理解为收养人和被收养人至少有一方为外国人。我国涉外收养经历了不同的发展阶段，在中华人民共和国成立后到 1978 年，受国际关系和国际形势制约，我国涉外收养的儿童数量很少。1978 年改革开放以后，涉外收养数量有所增加。这一时期作为传统被收养儿童主要供给国的韩国改变了对涉外收养的态度和政策，开始限制涉外收养，而欧洲国家随着经济社会发展变化，人口出生率降低，人口结构的变化产生了大量收养的需求。1988 年，我国政府放宽了涉外收养的政策，规定华裔、与中国有密切联系的外国人或长期定居在我国的外国人可以收养我国儿童。1992 年施行的原《收养法》进一步放开限制，规定外国人可依照原《收养法》在我国收养儿童。这一期间我国涉外收养数量逐年大幅增加。2005 年 4 月 27 日，全国人大常委会作出《全国人大常委会关于批准〈跨国收养方面保护儿童及合作公约〉的决定》，我国正式成为该公约的缔约国。当年我国涉外收养的数量达到顶峰，有 1.3 万余名儿童被国外家庭收养，占收养比例的 25.49%。近年来，我国遵循“儿童利益最大化”“国内收养优先”等基本原则开展收养工作，目前国内收养量占收养总数的近九成，涉外收养量近年呈下降趋势。根据民政部统计的数据显示：以 2017 年为例，全国被收养儿童合计 17 510 人，其中被中国公民收养

15 336 人，占被收养儿童总数的 87.6%，被外国人收养占比为 12.4%。从收养后跟踪和反馈的情况看，在外国养父母照料下，绝大多数被收养儿童都能很快适应新的生活环境，具有茁壮成长的良好基础。

涉外收养中存在着收养条件审核难、收养后监督回访难等问题，在儿童福利机构进行的涉外儿童送养中，曾经出现为获取外国养父母交纳的赞助费，违法将儿童送养的情况。为确保被收养人及其生父母的合法权益，规范涉外收养行为，原《收养法》对涉外收养规定了严格的条件和程序，相关规定也被《民法典》所吸收。

（一）关于外国人在中国收养子女的法律适用

原《收养法》第 21 条中规定："外国人依照本法可以在中华人民共和国收养子女。"其中"本法"即指原《收养法》，表明外国人应当按照我国原《收养法》规定的内容在中国境内收养子女。2011 年 4 月 1 日实施的《涉外民事关系法律适用法》第 28 条规定，收养的条件和手续，适用收养人和被收养人经常居所地法律。收养的效力，适用收养时收养人经常居所地法律。收养关系的解除，适用收养时被收养人经常居所地法律或者法院地法律。《涉外民事关系法律适用法》对收养的条件和手续、收养的效力、收养关系的解除分别规定了应当适用的法律，更加详细具体，经常居所地作为法律适用连接点，与 1993 年《海牙公约》的要求一致。外国人在中国收养子女，除需符合我国法律规定的收养条件外，还需符合其所在国法律关于收养条件的法律规定并经该国主管机关的审核同意，确保被收养的中国儿童在养父母所在国能得到法律的认可和保护。如果收养人所在国对涉外收养规定了特别的条件和程序，还应符合该国涉外收养的特别规定。根据《外国人在中华人民共和国收养子女登记办法》第 3 条的规定，因收养人所在国法律的规定与中国法律的规定不一致而产生的问题，由两国政府有关部门协商处理。

（二）收养人应提供经过认证的申请材料和相关证明

根据《外国人在中华人民共和国收养子女登记办法》第 4 条的规定，外国人在华收养子女，应当通过所在国政府或者政府委托的收养组织向中国政府委托的收养组织转交收养申请并提交收养人的家庭情况报告和证明。收养人的收养申请、家庭情况报告和证明，是指由其所在国有权机构出具，经其所在国外交机关或者外交机关授权的机构认证，并经中华人民共和国驻该国使馆或者领馆认证的下列文件：（1）跨国收养申请书；（2）出生证明；（3）婚姻状况证明；（4）职业、经济收入和财产状况证明；（5）身体健康检查证明；（6）有无受过刑事处罚的证明；（7）收养人所在国主管机关同意其跨国收养子女的证明；（8）家庭情况报告，包括收养人的身份、收养的合格性和适当性、家庭状况和病史、收养动机以及适合于照顾儿童的特点等。在华工作或者学习连续居住一年以上的外国人在华收养子女，应当提交前款规定的除身体健康检查证明以外的文件，并应当提交在华所在单位或者有关部门出具的婚姻状况证明，职业、经济收入或者财产状况证明，有无受过刑事处罚证明以及县级以上医疗机构出具的身体健康检查证明。上述申请和证明材料可以从收养动机目的、经济水平、身体健康程度、遵守法纪和道德水准等方面反映收养人条件的适格性。通过外交认证确保申请和证明材料的真实有效。

（三）涉外收养应当签订收养协议

国内收养制度建立之初，对于部分收养行为，曾经以签订收养协议或办理收养公证作为收养成立的条件，原《收养法》于 1998 年修正后，对于国内收养已经取消了要求双方签订收养协议的规定，但对涉外收养仍保留了要求签订收养协议的规定。《外国人在中华人民共和国收养子女登记办法》第 9 条规定，外国人来华收养子女，应当与送养人订立书面收养协议。协议一式三份，收养人、送养人各执一份，办理收养登记手续时收养登记机关收存一份。涉外收养中，被收养人不仅与外国养父母建立起拟制血亲关系，还可能面临国籍、社会关系和生活环境方面的重大改变，为表示慎重，涉外收养应当签订书面收养协议，以利于明确各方的权利义务关系，减少纠纷的发生。

（四）涉外收养的登记

关于登记机关。国内收养的登记机关为县级以上人民政府民政部门。对于涉外收养，为进一步加强监督管理，统一把握涉外收养的条件尺度，原《收养法》中规定应当向省级人民政府民政部门登记，本条基本沿用有关登记机关的规定，涉外收养应当向省、自治区、直辖市人民政府民政部门登记，限制了办理涉外收养登记的民政部门的级别。《外国人在中华人民共和国收养子女登记办法》第 9 条第 2 款将登记机关进一步明确为被收养人常住户口所在地的省、自治区、直辖市人民政府民政部门。根据本条规定，县级人民政府民政部门无权对涉外收养进行登记确认，未在省、自治区、直辖市人民政府民政部门办理登记的涉外收养不能成立。

亲自办理登记。《外国人在中华人民共和国收养子女登记办法》第 8 条第 1 款规定，外国人来华收养子女，应当亲自来华办理登记手续。夫妻共同收养的，应当共同来华办理收养手续；一方因故不能来华的，应当书面委托另一方。委托书应当经所在国公证和认证。根据该条规定要求，单独收养子女的，必须亲自来中国办理登记。夫妻双方共同收养的，至少夫妻一方亲自来华登记，且需提供经收养人所在国公证和认证的委托书。结合该办法第 9 条关于收养关系当事人共同到民政部门登记的规定，送养人和被收养人也应与收养人共同到民政部门现场办理收养登记。

适用指引

关于涉外收养中被收养人的国籍

《涉外民事关系法律适用法》和《民法典》中对涉外收养的被收养人的国籍问题都没有作出明确的规定，应按照《国籍法》的规定确定被收养人的国籍。《国籍法》第 4 条规定，父母双方或一方为中国公民，本人出生在中国，具有中国国籍。第 6 条规定，父母无国籍或国籍不明，定居在中国，本人出生在中国，具有中国国籍。结合上述两条规定，被收养人只要符合出生在中国，且父母双方或一方为中国公民，或者父母双方为定居在中国的无国籍或国籍不明人士，均具有中国国籍。收养所产生的法律效果并不包括对被收养人国籍的影响，因此被收养人并不因收养而丧失中国国籍。但因我国不承认双重国籍，如果被收养人符合养父母所在国的入籍条件而加入养父母所在国国籍，则被收养人自动丧失中国国籍。《国籍法》第 9 条规定，定居外国的中国公民，自愿加入或取得外国国籍的，即自动丧失中国国籍。第 10 条规定，中国公民系外国人的近亲属或定居在外国，可以申请退出中国国籍。被外国人收养并随其定居国外，属于《国籍法》规定的退出中国国籍的法定情形。我国收养制度中规定的被收养人均为未成年人，收养关系成立后，其外国养父母成为被收养人的法定代理人，可以为被收养人选择国籍。如果被收养人的外国养父母愿意被收养人保留中国国籍，而不在养父母所在国办理入籍手续，则被收养人可以保留中国国籍；如果养父母已经在其所在国为被收养人申请办理了入籍手续，被收养人已经取得外国国籍，则不论被收养人是否在我国办理退籍手续，均丧失中国国籍。

第一千一百一十条　收养人、送养人要求保守收养秘密的，其他人应当尊重其意愿，不得泄露。

关联规定

法律、行政法规、司法解释

《中华人民共和国民法典》

第一百一十条　自然人享有生命权、身体权、健康权、姓名权、肖像权、名誉权、荣誉权、隐私权、婚姻自主权等权利。

法人、非法人组织享有名称权、名誉权和荣誉权。

第九百九十条　人格权是民事主体享有的生命权、身体权、健康权、姓名权、名称权、肖像权、名誉权、荣誉权、隐私权等权利。

除前款规定的人格权外，自然人享有基于人身自由、人格尊严产生的其他人格权益。

第九百九十五条　人格权受到侵害的，受害人有权依照本法和其他法律的规定请求行为人承担民事责任。受害人的停止侵害、排除妨碍、消除危险、消除影响、恢复名誉、赔礼道歉请求权，不适用诉讼时效的规定。

第一千零三十二条　自然人享有隐私权。任何组织或者个人不得以刺探、侵扰、泄露、公开等方式侵害他人的隐私权。

隐私是自然人的私人生活安宁和不愿为他人知晓的私密空间、私密活动、私密信息。

第一千零三十三条　除法律另有规定或者权利人明确同意外，任何组织或者个人不得实施下列行为：

（一）以电话、短信、即时通讯工具、电子邮件、传单等方式侵扰他人的私人生活安宁；

（二）进入、拍摄、窥视他人的住宅、宾馆房间等私密空间；

（三）拍摄、窥视、窃听、公开他人的私密活动；

（四）拍摄、窥视他人身体的私密部位；

（五）处理他人的私密信息；

（六）以其他方式侵害他人的隐私权。

第一千零三十四条 自然人的个人信息受法律保护。

个人信息是以电子或者其他方式记录的能够单独或者与其他信息结合识别特定自然人的各种信息，包括自然人的姓名、出生日期、身份证件号码、生物识别信息、住址、电话号码、电子邮箱、健康信息、行踪信息等。

个人信息中的私密信息，适用有关隐私权的规定；没有规定的，适用有关个人信息保护的规定。

第一千零三十八条 信息处理者不得泄露或者篡改其收集、存储的个人信息；未经自然人同意，不得向他人非法提供其个人信息，但是经过加工无法识别特定个人且不能复原的除外。

信息处理者应当采取技术措施和其他必要措施，确保其收集、存储的个人信息安全，防止信息泄露、篡改、丢失；发生或者可能发生个人信息泄露、篡改、丢失的，应当及时采取补救措施，按照规定告知自然人并向有关主管部门报告。

第一千零三十九条 国家机关、承担行政职能的法定机构及其工作人员对于履行职责过程中知悉的自然人的隐私和个人信息，应当予以保密，不得泄露或者向他人非法提供。

条文释义

一、本条主旨

本条是关于收养保密的规定。

二、条文演变

本条沿用原《收养法》第22条的规定，未作修改。

三、条文解读

本条规定了收养人、送养人之外的其他人，对于所知悉的收养信息应当保密。收养中所涉的各种信息属收养各方当事人的隐私，未经当事人同意，其他得知收养秘密的人不得泄露，否则可能因侵犯他人隐私权而承担侵权损害赔偿责任。

根据收养过程中收养信息是否需要保密可以分为秘密收养与公开收养。收养信息是否应当保密与收养制度本身密切相关。在收养制度发展演变的历史过程中，对于收养信息是否应当保密的认识也在发生着变化。

我国古代为家族传承、延续宗嗣，宗法家庭制度中有立嗣、兼祧习俗，保证无子之男能够延续宗祧。立嗣制度中，在同宗近支卑亲属中选立嗣子，也称继子，与亲生子具有相同的法律地位，可以继承嗣父在家庭中的身份地位和财产。在封建宗法制度下，亦有一个男子同时继承两家宗祧的习俗，称为兼祧。兼祧人不脱离原来家庭的裔系，兼作所继承家庭的嗣子，兼祧制度与现代域外立法中不完全收养制度有相似之处。立嗣、兼祧制度是古代宗族制度的产物，属于收养制度发展的早期阶段。在立嗣、兼祧制度之下，嗣子、兼祧子的身份是明确的，既无保密的可能也无保密的需要。古代罗马法中曾经一度禁止收养未成年人，查士丁尼时代专门设置了不完全收养制度，法国 1804 年《拿破仑法典》也对收养采取严格限制，实际上取消了对未成年人的收养。鉴于当时普遍存在的收养形式为不完全收养，成年人对其身份地位已经知晓，亦无保密的可能和必要。

现代收养制度已发展出针对未成年人的完全收养，对收养保密的要求也逐渐体现在各国收养立法当中。美国收养法上较为严格地坚持秘密收养。收养过程中，养父母和养子女通常都不知道养子女的生父母的具体身份，相关记录常被封存至子女长大成人，有些州甚至要求将记录永久封存，仅能基于法院的命令或法定正当理由才能要求公开。由于有被收养人基于宪法权利对秘密收养质疑和反对，有些州颁布法律中开始允许被收养人成年后查看收养记录。《德国民法典》第 1758 条规定，非经收养人和被收养子女同意，不得披露或探问适合于透露收养及其情事的事实，但公共利益上的特殊原因要求这样做的除外。该条规定了秘密收养的原则和例外情形，由于德国民法中规定子女有知悉自己出身的权利，故在法律中还规定了子女享有查明自己身份的请求权。英国法中对于完全收养实行收养保密，但对简单收养规定了收养信息披露制度。纵观域外立法例，各国对于完全收养仍普遍坚持了秘密收养的基本原则，但为兼顾被收养人知悉身份的权利和自由，规定了披露收养信息的例外情形。对于不完全收养，则普遍实行公开收养，没有收养保密的要求。

收养是否应保密涉及如何平衡隐私权与知情权的冲突。支持秘密收养的理由主要认为：第一，公民隐私权不受侵犯。隐私是指自然人免于外界公开和干扰的私人秘密和私生活安宁的状态。隐私权是公民享有的私生活安宁与私人信息依法受到保护，不被他人非法侵扰、知悉、搜集、利用和公开的一种人格权。[①] 隐私权的权利主体对他人在何种程度上可以介入自己的私生活，对自己的隐私是否向他人公开以及公开的人群范围和程度等具有决定权。原《侵权责任法》第2条中规定民事权益中包括隐私权，首次将隐私权正式通过立法形式予以确立并加以保护，表明侵犯他人隐私权需要承担侵权责任。《民法典》第110条也确立了隐私权为自然人享有的基本权利。收养属于个人私生活范围内的事项，收养信息属于私人信息，收养各方当事人通常并不愿收养信息为他人知晓及传播，享有收养信息不被泄露传播和家庭不受打扰的权利。第二，保证收养关系稳定性的客观需要。我国收养制度属于完全收养，收养是在未成年人的生父母死亡或不愿、无法继续抚养未成年人的情况下，为未成年人另行确定养父母来履行监护职责的一种制度。未成年人被收养后，与生父母法律上的权利义务关系被切断，与养父母建立起父母子女关系，收养行为多发生在被收养人年龄较小之时，很多被收养人并不知晓其是被收养的事实，被收养人与养父母组成了非常稳定的家庭结构，各方均无嫌隙，而如果一旦被收养人知晓其被收养的事实，必将打破收养关系的稳定和家庭的安宁。被收养人为未成年人，辨识能力和承受能力有限，如果不能正确理解和接受收养的事实，将会对其心理造成负担，影响未成年人健康成长。

支持公开收养的理由主要认为：第一，儿童有知悉其身份及生父母身份的权利。联合国《儿童权利公约》第7条规定，儿童出生后应立即登记，并有自出生时起获得姓名的权利，有获得国籍的权利，以及尽可能知道谁是其父母并受其父母照料的权利。收养是关乎被收养人身份的重大事实，被收养人对收养信息享有知情权。第二，出于疾病救治和伦理因素的考虑。当被收养人遭遇重大疾病，需要来自生父母的血液、器官或其他方面的帮助才能得以救治时，不知晓其生父母的身份将导致被收养人丧失救治的机会；社会伦理和法律禁止近亲结婚，虽然收养切断了子女与生父母法律上的权利义务关系，但子女与生父

① 参见张新宝：《隐私权的法律保护》，群众出版社2004年版，第21页。

母及生父母近亲属的自然血缘关系无法改变，如果被收养人和生父母彼此不知晓对方身份，可能在不知情的状态下违反禁婚亲制度。

基于上述原因，理论上对于收养是否应坚持保密原则存在不同观点。原《收养法》及《民法典》中仍采纳收养信息保密的观点。对此应从以下几方面理解：第一，收养人、送养人要求保守收养秘密的，其他人不得泄露收养秘密，此为本条文义所指；第二，收养人、送养人未要求保守收养秘密，但也未明示同意泄露收养秘密的，基于收养秘密属收养各方当事人隐私的属性，其他人也不得泄露；第三，收养人、送养人明示同意披露收养信息的，其他人可以在收养人、送养人同意披露信息的范围内以适当方式予以披露；第四，收养关系成立和存续过程中形成的各种信息均属收养秘密，包括收养人的身份和条件、收养的事实、送养人的身份及条件等；第五，保密义务的主体包括儿童福利机构、公安机关、收养登记机关及其工作人员等收养过程中接触知晓收养信息的人；第六，未经收养人和送养人同意，泄露收养信息的，收养人和送养人有权以侵犯隐私权为由，要求泄密人承担侵权赔偿责任。

适用指引

泄露收养秘密的精神损害赔偿

收养秘密属于个人隐私，隐私权是民事主体所享有的一项人格权，民事主体的人格权受法律保护，任何组织或者个人不得侵害。侵害他人人格权，侵权行为人应当承担损害赔偿责任。泄露收养信息，既侵害了收养各方当事人的隐私权，又妨碍了收养人监护权的行使，还可能影响收养人与被收养人之间的亲子关系，给收养人的亲权造成损害，不仅可能给收养各方造成财产损失，更为常见的是造成收养各方当事人精神的痛苦。在符合其他侵权责任构成要件的条件下，收养各方当事人有权要求泄露收养秘密的人承担包括精神损害赔偿在内的侵权责任。

第二节 收养的效力

第一千一百一十一条 自收养关系成立之日起，养父母与养子女间的权利义务关系，适用本法关于父母子女关系的规定；养子女与养父母的近亲属间的权利义务关系，适用本法关于子女与父母的近亲属关系的规定。

养子女与生父母以及其他近亲属间的权利义务关系，因收养关系的成立而消除。

关联规定

一、法律、行政法规、司法解释

1.《中华人民共和国民法典》

第一千零四十五条 亲属包括配偶、血亲和姻亲。

配偶、父母、子女、兄弟姐妹、祖父母、外祖父母、孙子女、外孙子女为近亲属。

配偶、父母、子女和其他共同生活的近亲属为家庭成员。

第一千零六十七条 父母不履行抚养义务的，未成年子女或者不能独立生活的成年子女，有要求父母给付抚养费的权利。

成年子女不履行赡养义务的，缺乏劳动能力或者生活困难的父母，有要求成年子女给付赡养费的权利。

第一千零六十八条 父母有教育、保护未成年子女的权利和义务。未成年子女造成他人损害的，父母应当依法承担民事责任。

第一千零七十条 父母和子女有相互继承遗产的权利。

第一千零七十四条 有负担能力的祖父母、外祖父母，对于父母已经死亡或者父母无力抚养的未成年孙子女、外孙子女，有抚养的义务。

有负担能力的孙子女、外孙子女，对于子女已经死亡或者子女无力赡养的祖父母、外祖父母，有赡养的义务。

第一千零七十五条 有负担能力的兄、姐，对于父母已经死亡或者父母无力抚养的未成年弟、妹，有扶养的义务。

由兄、姐扶养长大的有负担能力的弟、妹，对于缺乏劳动能力又缺乏生活来源的兄、姐，有扶养的义务。

第一千一百二十七条 遗产按照下列顺序继承：

（一）第一顺序：配偶、子女、父母；

（二）第二顺序：兄弟姐妹、祖父母、外祖父母。

继承开始后，由第一顺序继承人继承，第二顺序继承人不继承；没有第一顺序继承人继承的，由第二顺序继承人继承。

本编所称子女，包括婚生子女、非婚生子女、养子女和有扶养关系的继子女。

本编所称父母，包括生父母、养父母和有扶养关系的继父母。

本编所称兄弟姐妹，包括同父母的兄弟姐妹、同父异母或者同母异父的兄弟姐妹、养兄弟姐妹、有扶养关系的继兄弟姐妹。

第一千一百二十八条 被继承人的子女先于被继承人死亡的，由被继承人的子女的直系晚辈血亲代位继承。

被继承人的兄弟姐妹先于被继承人死亡的，由被继承人的兄弟姐妹的子女代位继承。

代位继承人一般只能继承被代位继承人有权继承的遗产份额。

2.《最高人民法院关于适用〈中华人民共和国民法典〉继承编的解释（一）》

第十条 被收养人对养父母尽了赡养义务，同时又对生父母扶养较多的，除可以依照民法典第一千一百二十七条的规定继承养父母的遗产外，还可以依照民法典第一千一百三十一条的规定分得生父母适当的遗产。

第十二条 养子女与生子女之间、养子女与养子女之间，系养兄弟姐妹，可以互为第二顺序继承人。

被收养人与其亲兄弟姐妹之间的权利义务关系，因收养关系的成立而消除，不能互为第二顺序继承人。

第十五条 被继承人的养子女、已形成扶养关系的继子女的生子女可以代位继承；被继承人亲生子女的养子女可以代位继承；被继承人养子女的养子女可以代位继承；与被继承人已形成扶养关系的继子女的养子女也可以代位继承。

二、司法指导性文件

《最高人民法院民事审判庭关于对周德兴诉周阿金、杭根娣解除收养关系一案的电话答复》

周阿金、杭根娣夫妇与子女订立的《产权分配证据》不符合赠与的法律特征，其赠予关系不能成立。周阿金夫妇与子女订立《产权分配证据》系周阿金夫妇为保证晚年有所赡养的情况下订立的。因此，“赠与”房屋很难说完全反映了周阿金夫妇的真实意愿。本案《产权分配证据》以受赠人按月交付赡养费为条件，将赠与的无偿性变为有偿性，改变了赠予的性质。而且《产权分配证据》只有赠与人签名，没有受赠人签名，即未办理过户手续，产权人又未将产权证明与受赠人，也不符合赠予的形式要件。周阿金、杭根娣夫妇与周德兴是养父母和养子女关系。养父母将周德兴从小养大成人，周德兴对养父母具有法定的赡养义务。以取得财产为前提方对父母进行赡养，不仅违反了社会公德，而且违反了我国婚姻法第十五条“子女对父母有赡养扶助义务”的规定。

条文释义

一、本条主旨

本条是关于收养的效力的规定。

二、条文演变

本条源于原《收养法》第23条，内容无实质修改，仅作了文字调整。因我国法律中关于收养效力的规定主要见于《民法典》，故判定收养效力的主要法律依据就是《民法典》中收养一章的相关规定，故将“适用法律”修改为“适用本法”。

三、条文解读

本条规定了收养成立具有两方面的法律效力：一是收养的拟制效力，在养子女与养父母及其近亲属之间产生法律拟制血亲关系；二是收养的解销效力，养子女与其生父母及近亲属之间的权利义务关系消除。

收养亦称收养关系，谓收养人与被收养人之间，以发生亲子关系为目的之要式的法律行为。[①] 收养的目的是使收养人与被收养人之间发生法律上的拟制血亲关系，使被收养人取得收养人婚生子女的身份地位。法律行为依当事人的意思表示发生法律效果。大陆法系国家民法中完全收养、未成年人的收养的法律效果基本上都包括拟制和解销两种效力。收养的拟制效力和消除效力是收养法律效果的基本内涵，为各国立法例普遍接受。

（一）收养的拟制效力

收养人与被收养人因收养行为而形成拟制直系血亲关系，养父母取得养子女法定代理人和监护人的身份地位，养子女取得与养父母婚生子女相同的身份地位，双方各自享有法律规定的父母子女的权利，并承担父母子女的义务，此为收养的拟制效力。具体体现在以下三个方面：第一，养父母对未成年养子女负有抚养、教育和保护的义务；成年养子女对养父母负有赡养、扶助和保护的义务；第二，养子女与养父母互为第一顺位的法定继承人，享有相互继承遗产的权利；第三，养子女与养父母的近亲属发生法律规定的近亲属的权利义务关系。《民法典》第 1045 条规定，配偶、父母、子女、兄弟姐妹、祖父母、外祖父母、孙子女、外孙子女为近亲属。依本条文义解释，养子女与养父母的上述近亲属之间发生近亲属的权利义务，对养子女与养父母的其他亲属如三代旁系血亲之间是否具有亲属关系，《民法典》中没有规定，但因《民法典》中规定的亲属之间的权利义务关系，多指近亲属之间的权利义务关系，因此《民法典》中未对养子女与养父母近亲属之外的其他亲属之间是否具有亲属关系作出规定，实际上不影响养子女权利义务的具体内容。养子女与养父母的近亲属之间发生亲属关系，实践中较常见养子女与养父母的父母发生祖孙关系，与养父母的子女之间发生兄弟姐妹关系。

---

① 参见史尚宽：《亲属法论》，中国政法大学出版社 2000 年版，第 584 页。

养子女与养父母的父母发生拟制隔代血亲关系。按照《民法典》第1074条的规定，在养父母已经死亡或无抚养能力、赡养能力时，有负担能力的养子女与养父母的父母各自承担法定的赡养和抚养义务。根据《民法典》第1127条的规定，养父母的父母是养子女的第二顺位法定继承人。根据《民法典》第1128条规定，养父母死亡的，养子女可以代位继承养父母的父母的遗产。

养子女与养父母的子女发生拟制旁系血亲关系，即兄弟姐妹关系。养父母的子女包括养父母的婚生子女、非婚生子女、其他养子女或形成抚养关系的继子女。按照《民法典》第1120条的规定，养子女与养父母的其他子女之间彼此为第二顺位的法定继承人，在没有第一顺位的继承人时，可以相互继承遗产。在符合《民法典》第1075条规定条件的情况下，养兄弟姐妹之间亦发生法定的扶养关系。

（二）收养的解销效力

被收养人与其生父母之间具有自然血亲关系。自然血亲，谓有血统联络出于同一祖先之血亲。[①] 根据本条规定，收养消除养子女与生父母及其他近亲属间的权利义务关系，但自然血亲之间生理上天然具有血缘关系，该血缘关系无法基于法律的规定切断。法律只能消除养子女与生父母之间法律上的权利义务关系，生父母不再对已送养他人的子女承担抚养、教育和保护的义务，不再作为子女的法定代理人和监护人，互相之间也不再享有相互继承遗产的权利。除与生父母之外，养子女与生父母的其他近亲属之间的权利义务关系也相应消除，此为收养的解销效力。

（三）禁婚亲制度

禁婚亲是指依法不能与之结婚的亲属。不能与一定范围内的亲属结婚的制度称为禁婚亲制度。禁婚亲源于古代人类历史上两性关系的禁忌。从古至今国内外立法都禁止一定范围内的血亲结婚。禁止直系血亲之间结婚是各国立法的通例，对于旁系血亲之间的通婚，各国法律也都进行限制，但限制的范围有所不同。

罗马法中就已有完备的禁婚亲制度，优士丁尼在《法学阶梯》一书中详

① 参见史尚宽：《亲属法论》，中国政法大学出版社2000年版，第51页。

细介绍了罗马法中禁婚亲制度的具体内容，包括：第一，直系亲属。不论亲等远近，均不能结婚，即使是通过收养形成的拟制直系血亲关系，也不能结婚，并认为即使解除收养也同样如此。第二，兄弟姐妹之间不能结婚，即使是通过收养形成的兄弟姐妹关系，但如果收养关系已解除，则可以结婚。第三，三亲等的不同辈分的人不能结婚，因为必然有一方位于尊亲属的地位。第四，直系姻亲间不能结婚。罗马法中对收养形成的拟制血亲的禁婚亲也专门作出了规定，禁婚亲制度同样适用于拟制血亲之间，并且对于拟制直系血亲规定了严格的禁婚，即使收养关系解除，也不能结婚。对于包括兄弟姐妹在内的拟制旁系血亲，规定了在收养关系存续期间不能结婚，但在收养关系解除后可以结婚。此后各国立法普遍采纳了罗马法中根据亲属关系的性质和远近确定禁婚范围的原则和方法。

我国《民法典》中未直接规定收养之后各方当事人之间如何确定禁婚亲。结合《民法典》中关于婚姻制度和收养制度的相关规定，可从以下两个方面理解：第一，养子女与生父母及其亲属受禁婚亲制度限制。按照本条规定，养子女被收养后，与生父母及其近亲属的权利义务关系消灭，但养子女与生父母及其亲属仍具有事实上的血缘关系，从防止近亲结婚及维护传统伦理角度，养子女与生父母及其亲属仍应按实际自然血亲的性质和亲等远近执行禁婚亲制度，即直系血亲和三代以内旁系血亲禁止结婚。第二，养子女与养父母及其亲属受禁婚亲制度限制。养子女与养父母及其亲属之间，虽不具有自然血亲关系，但也具有父母子女的身份，为维护传统伦理观念，也应受禁婚亲制度限制。但对于如何确定禁婚亲的范围，《民法典》中未作出明确规定。我们认为，可借鉴罗马法及大陆法系民法中规定的拟制血亲的禁婚亲范围。对于养子女与拟制直系血亲间，应严格执行禁婚亲制度，即使收养关系解除，也不允许结婚。一方面，是为维护传统伦理道德观念。另一方面，是为维护被收养人之利益，防止收养动机不纯正及收养期间的侵害事件。对于养兄弟姐妹之间，如收养关系已解除，且符合其他结婚条件，可以结婚。因本条规定养子女与养父母的近亲属的权利义务关系，适用子女与父母的近亲属关系的规定，并未规定养子女与养父母的其他亲属之间的权利义务关系。对于《民法典》第 1045 条规定的近亲属范围之外的其他亲属，因养子女与其既非自然血亲，仅为拟制的旁系血亲，亲等关系较远，故养子女与养父母除近亲属外的其他亲属，似不属于禁婚亲的范围。

适用指引

一、夫妻一方收养另一方的子女

继父母一方收养继子女的，为单独收养，而非夫妻共同收养。对于继父母子女间收养的效力，域外立法例中普遍都作了专门规定。例如，法国规定，收养配偶的子女，对该配偶一方及其家庭仍然存在原有的亲子关系；除此之外，此种收养产生由夫妻二人进行收养所具有的诸种效果。德国规定，配偶一方收养其配偶子女的，只在子女与父母另一方及其血亲的关系中发生血统关系的消灭。因此，就收养的拟制效力而言，仅在继父或继母一方与继子女之间发生收养关系，子女和与其共同生活的生父母一方不发生收养关系，双方仍具有自然血亲关系。就收养的解销效力而言，如果认定收养已消除养子女与生父母双方的自然血亲关系，则子女和与其共同生活的生父母一方变为仅具有姻亲关系，而将子女和与其共同生活的生父母一方的关系认定为自然血亲关系，明显对子女更为有利。故，此种情况下的收养，仅消除子女和不与其共同生活的生父母一方之间的权利义务关系，解销效力不及于子女和与其共同生活的生父母一方之间的自然血亲关系。

二、收养成立后收养人与养子女的生父或生母结婚

收养关系一经成立，即产生拟制和解销两种法律效力。如果在收养成立后，收养人与养子女的生父或生母结婚，权利义务关系较为复杂。收养关系成立后，养子女与生父母的权利义务关系已经消除，与收养人已建立起父母子女关系。如收养人与养子女的生父或生母结婚，则养子女与结婚的生父或生母的关系较难界定，双方系事实上的自然血亲，又具有法律上的姻亲关系，实属矛盾，仍以认定养子女同与收养人结婚的生父或生母一方具有自然血亲关系最有利于养子女的利益。

三、被宣告死亡的生父母重新出现对收养效力的影响

根据《民法典》第 52 条的规定，被宣告死亡的人在被宣告死亡期间，其子女被他人依法收养的，在死亡宣告被撤销后，不得以未经本人同意为由主张收养行为无效。被宣告死亡的生父母重新出现后，可与收养人协商收养事宜。

依法登记确立的收养关系受法律保护，未经法定程序，不得撤销或宣告无效。生父母被宣告死亡期间对子女的收养，不因生父母重新出现而当然恢复原有的身份关系。

类案检索

杨某 1 与杨某 2 赡养纠纷案

关键词： 收养成立 父母子女关系

裁判摘要： 根据《民法典时间效力规定》第 1 条第 3 款的规定，本案法律事实发生在《民法典》施行前，但持续至《民法典》施行后，故本案应当适用《民法典》的相关规定。《民法典》第 1111 条第 1 款规定："自收养关系成立之日起，养父母与养子女间的权利义务关系，适用本法关于父母子女关系的规定；养子女与养父母的近亲属间的权利义务关系，适用本法关于子女与父母的近亲属关系的规定。"《老年人权益保障法》第 13 条规定："老年人养老以居家为基础，家庭成员应当尊重、关心和照料老年人。"第 15 条规定："赡养人应当使患病的老年人及时得到治疗和护理；对经济困难的老年人，应当提供医疗费用。对生活不能自理的老年人，赡养人应当承担照料责任；不能亲自照料的，可以按照老年人的意愿委托他人或者养老机构等照料。"赡养父母是中华民族的传统美德，也是子女应尽的法定义务，赡养义务是不能附加任何条件的，子女不得以任何理由拒绝履行赡养义务。杨某 2 作为杨某 1 的女儿，应当履行对母亲经济上的供养、生活上的照料和精神上慰藉的义务，故一审判决认定杨某 2 向杨某 1 支付赡养费以及医疗费用并无不妥。关于赡养费的具体数额及给付起始时间，一审法院依据杨某 1 的收入及实际需要，结合其实际生活水平和杨某 2 的经济负担能力等因素酌情予以确定并无不当。

【案　　号】（2021）京 02 民终 7538 号

【审理法院】 北京市第二中级人民法院

第一千一百一十二条 养子女可以随养父或者养母的姓氏，经当事人协商一致，也可以保留原姓氏。

关联规定

法律、行政法规、司法解释

《中华人民共和国民法典》

第一千零一十二条 自然人享有姓名权，有权依法决定、使用、变更或者许可他人使用自己的姓名，但是不得违背公序良俗。

第一千零一十五条 自然人应当随父姓或者母姓，但是有下列情形之一的，可以在父姓和母姓之外选取姓氏：

（一）选取其他直系长辈血亲的姓氏；

（二）因由法定扶养人以外的人扶养而选取扶养人姓氏；

（三）有不违背公序良俗的其他正当理由。

少数民族自然人的姓氏可以遵从本民族的文化传统和风俗习惯。

条文释义

一、本条主旨

本条是关于养子女姓氏的规定。

二、条文演变

本条源于原《收养法》第24条，内容无实质修改，仅在文字表述上将“姓”修改为“姓氏”，用语更加规范。姓与氏在文字起源时含义并不相同，《通鉴外纪》中有言“姓者，统其祖考之所自出；氏者，别其子孙之所自分”。姓是一种族号，氏是姓的分支。根据《通志·氏族略》的记载，在夏商周以前，姓与氏相互分开，男人称为氏，女人称为姓。根据姓来决定男女是否可以结婚，氏同姓不同者，可以通婚；姓同氏不同者，不可通婚，即“同姓不婚”制度。三代以后，秦汉以来，姓氏合而为一。《民法典》这一修改，遵从汉字起源发展变迁的历史过程，使用准确用语，避免产生歧义。

三、条文解读

本条规定了收养之后如何确定被收养人的姓氏。

现代社会中关于自然人姓氏的选择属于公民姓名权的范畴。姓名由姓氏和名字两部分组成，姓氏是标示家族血缘的符号，人们沿用父亲的姓氏或母亲的姓氏，表明与父母的血缘相承关系，同时也标志着身份的归属。名字是标识个体独立信息的符号，现代人为子女选取名字，通常寄予了对子女的美好期望。姓名权，是指公民依法决定、使用和变更自己姓名并要求他人尊重自己姓名的权利，属于人格权的一种，是公民作为民事主体不可缺少的一项重要权利。包括姓名决定权、姓名使用权和姓名变更权。《民法典》第1012条规定，自然人享有姓名权，有权依法决定、使用、变更或者许可他人使用自己的姓名，但是不得违背公序良俗。该条确立了我国公民享有姓名权及姓名权的基本内容。

对于名字的选择，只要不违反关于公民姓名的相关法律规定，不违反社会公德和公序良俗，都应当允许。而姓氏的选择越来越受到关注，姓氏代表着家族血脉的传承，在人类产生之初的母系氏族社会，子女隶属于以女性作为始祖的族群，跟随母亲的姓氏。进入父系氏族社会之后，子女不再隶属于母族而归于父族，随父亲的姓氏。人类进入近现代社会以后，男女平等的观念逐渐深入人心，很多家庭关于姓氏的选择，不再固守传统的跟随父姓的原则，子女也可以跟随母亲的姓氏，甚至可以在符合法律规定的情形下，选择父母姓氏之外的姓氏。《民法典》第1015条规定：“自然人应当随父姓或者母姓，但是有下列情形之一的，可以在父姓和母姓之外选取姓氏：（一）选取其他直系长辈血亲的姓氏；（二）因由法定扶养人以外的人扶养而选取扶养人姓氏；（三）有不违背公序良俗的其他正当理由。少数民族自然人的姓氏可以遵从本民族的文化传统和风俗习惯。”该条规定了自然人的姓氏原则上应当随父姓或母姓，但在有正当理由的情况下可以选择父姓或母姓之外的姓氏。

收养之后，养子女脱离其原生家庭，加入养父母的家庭，取得养父母婚生子女的法律地位，并据此享有权利、承担义务。同样也应按确定婚生子女姓氏的规则来确定养子女的姓氏，即原则上养子女应当随养父或养母的姓氏。养子女随养父或养母的姓氏，可以体现养子女身份地位和权利义务的转换，明确家庭结构，促进家庭关系的和睦，帮助养子女更快更好地融入与养父母共同组成的新家庭，对养子女较为有利。

因公民享有姓名决定权，《民法典》中还赋予公民在正当理由情况下可以选择父姓或母姓之外的其他姓氏的权利。本条中直接规定当事人可在协商一致的基础上，保留养子女的原姓氏。如收养时养子女已达到一定年龄，知晓其身份，并且使用原姓氏多年，在其所生活的社交范围内，人们已普遍接受养子女的原姓氏，贸然改变养子女的姓氏可能对养子女不利。因此，本条规定在各方协商一致的情况下，养子女可以保留原姓氏。对本条可从以下两方面理解：第一，保留原姓氏需经各方当事人协商一致，各方当事人包括收养人、被收养人和送养人，被收养人年龄较小，不能表达意思的，可以由其养父母作为法定代理人代为表达；第二，如果各方当事人经协商不能达成一致意见，例如送养人要求养子女保留原姓氏，而收养人希望养子女随养父或养母的姓氏，此时不符合本条规定的养子女保留原姓氏的条件，养子女仍应随养父或养母的姓氏，体现对养父母亲权的尊重和权利义务相一致原则。

适用指引

一、未确定姓氏不影响收养登记的效力

收养过程中，虽各方当事人未能就养子女姓氏达成一致意见，因养子女姓氏问题并非收养成立的条件，不影响收养登记手续的办理。收养人可在办理收养登记后，另行向公安机关申请更改姓名。

二、养子女可采用养父母双姓

我国男女平等的观念深入人心，很多家庭尤其是母亲一方对于子女的姓氏选择不愿再沿用传统的随父姓原则，一些家庭选择同时使用父母双方的姓氏，既可以表明子女与父母双方的家族和血缘关系，也有利于解决常见姓氏的姓名重复问题。目前公安机关对于选择父母双姓作为子女姓氏的做法采取支持的态

度，予以登记身份信息和办理相关证件。收养关系建立后，养子女与养父母婚生子女享有同样的权利，养父母也可为养子女选取父母双方姓氏作为养子女的姓氏。

第一千一百一十三条 有本法第一编关于民事法律行为无效规定情形或者违反本编规定的收养行为无效。

无效的收养行为自始没有法律约束力。

关联规定

法律、行政法规、司法解释

1.《中华人民共和国民法典》

第一百四十三条 具备下列条件的民事法律行为有效：

（一）行为人具有相应的民事行为能力；

（二）意思表示真实；

（三）不违反法律、行政法规的强制性规定，不违背公序良俗。

第一百四十四条 无民事行为能力人实施的民事法律行为无效。

第一百四十六条 行为人与相对人以虚假的意思表示实施的民事法律行为无效。

以虚假的意思表示隐藏的民事法律行为的效力，依照有关法律规定处理。

第一百五十三条 违反法律、行政法规的强制性规定的民事法律行为无效。但是，该强制性规定不导致该民事法律行为无效的除外。

违背公序良俗的民事法律行为无效。

第一百五十四条 行为人与相对人恶意串通，损害他人合法权益的民事法律行为无效。

第一百五十七条 民事法律行为无效、被撤销或者确定不发生效力后，行为人因该行为取得的财产，应当予以返还；不能返还或者没有必要返还的，应当折价补偿。有过错的一方应当赔偿对方由此所受到的损失；各方都有过错的，应当各自承担相应的责任。法律另有规定的，依照其规定。

2.《中国公民收养子女登记办法》

第十二条 收养关系当事人弄虚作假骗取收养登记的，收养关系无效，由收养登记机关撤销登记，收缴收养登记证。

条文释义

一、本条主旨

本条是关于收养无效的规定。

二、条文演变

本条源于原《收养法》第25条，原《收养法》中规定违反原《民法通则》第55条的收养行为无效，原《民法通则》第55条是关于法律行为生效要件的一般规定，本条文对该项内容的规定从立法技术层面加以改进，修改为“有本法第一编关于民事法律行为无效规定情形”，语言更加精练明确。

三、条文解读

本条规定了收养无效的情形以及溯及力。《民法典》第464条第2款规定，婚姻、收养、监护等有关身份关系的协议，适用有关该身份关系的法律规定；没有规定的，可以根据其性质参照适用合同编的规定。该条规定明确收养等身份协议准用合同编的规定。收养是一种法律行为，首先应符合《民法典》第一编总则部分规定的法律行为的一般生效要件，收养又是形成身份关系的特殊法律行为，还应符合《民法典》规定的收养的特别生效要件。无效的收养行为溯及收养登记时不具有法律约束力。

收养是关于公民身份的重要法律行为，域外立法虽然都规定了收养需符合的各种条件，但对于违反收养条件的收养行为，法律的评价机制和态度并不相同。对于不符合收养条件的收养行为，有些国家根据收养行为违反的具体规定的不同，将收养行为区分为无效行为和可撤销行为。违反涉及伦理、被收养人利益和社会公益的收养条件时，收养无效；违反一般性条款或可以补正时，收养为可撤销，撤销权人可以选择提起或不提起撤销之诉，依其意思表示决定收养的效力。我国《民法典》中仅规定了收养无效，未规定收养的撤销。

（一）违反一般法律行为的生效要件

《民法典》第 143 条规定了法律行为的生效要件：一是行为人具有相应的行为能力；二是意思表示真实；三是不违反法律、行政法规的强制性规定，不违背公序良俗。不具备上述三项条件之一的法律行为无效。《民法典》第 144 条、第 146 条、第 153 条和第 154 条分别规定了民事法律行为无效的具体情形。其中，第 144 条是从行为能力方面规定民事法律行为的效力。收养在各方当事人之间引起身份关系的重大变化，对当事人利益有重大影响，除被收养人外，收养人和送养人均应具备完全行为能力，否则收养无效。第 146 条是从意思表示真实方面规定法律行为的效力。收养人的收养动机应纯正，各方当事人应具有真实的收养意思。第 153 条是从法律行为的合法性和公序良俗方面规定法律行为的效力。违反法律强制性规定的收养行为无效，违背公序良俗的收养行为无效。第 154 条是从法律行为不得损害他人利益方面规定法律行为的效力。收养各方当事人如有恶意串通，损害他人利益的情形，收养无效。

（二）违反收养的特别生效要件

《民法典》在收养一章第一节集中规定了收养成立的特别生效要件，主要包括以下五个方面：

第一，收养各方当事人的条件。《民法典》第 1093 条规定了被收养人的条件；第 1094 条规定了送养人的条件；第 1098 条规定了收养人的条件。收养各方当事人不符合上述法律规定条件的，收养无效。但该节中规定了除外条款和排除限制的情形，例如收养三代旁系同辈血亲的子女，可以不受被收养人的生父母有特殊困难无力抚养的条件限制，符合除外规定和排除限制情形的，不影响收养的效力。

第二，收养同意权人的同意。为保护被收养人的合法权益，防止假借收养名义侵害被收养人利益，收养必须征得有收养同意权人的同意。《民法典》第 1096 条规定了孤儿的抚养义务人的收养同意权；第 1097 条规定了生父母的收养同意权以及生父母共同行使收养同意权。第 1104 条规定了年龄在 8 周岁以上的被收养人的收养同意权。收养未经收养同意权人的同意，收养无效。第 1095 条规定了一项收养同意权的例外，即生父母均不具备完全民事行为能力且可能严重危害该未成年人的，可以不征得其同意，而由未成年人的监护人行使收养同意权。

第三，收养子女的人数。由于我国仍然实行计划生育的基本国策，控制每个家庭养育子女的人数，《民法典》第1100条规定了收养子女人数的限制，超出人数限制的，超出限制部分的收养无效。

第四，异性收养的年龄差距。为防止伦理风险及侵害未成年人利益的风险，《民法典》第1102条规定了异性收养的，收养人与被收养人年龄差距应在40周岁以上，否则收养无效。

第五，夫妻共同收养。为维护收养家庭的和睦安宁，理顺家庭成员之间的亲属关系，保证被收养人被全体家庭成员接受，有配偶者收养子女的，应夫妻共同收养。有配偶者单独作为收养人办理收养登记，且其配偶不同意收养的，收养无效。

（三）收养无效的法律溯及力

因法律未对收养的生效时间作出特别规定，收养应自成立起生效，收养自登记时成立，并发生法律约束力。因本条规定收养无效的法律后果具有溯及力，无效的收养行为自始没有法律约束力。收养无效的后果应溯及收养登记时不发生法律效力，收养的拟制效力和解销效力均视为自始未发生。被收养人与收养人之间未成立父母子女关系，被收养人与其生父母之间的父母子女关系也未消灭。

适用指引

一、收养无效应当通过诉讼方式确认

收养为事关被收养人身份地位的重要法律行为，为维护收养关系的稳定和被收养人的利益，不宜轻易宣告收养的无效。当收养确实违反法律行为的一般生效要件或收养的特别要件时，应当由主张收养无效的一方当事人提起确认收养关系无效之诉，由法院宣告收养关系无效，以示慎重。法院作出确认收养无效的判决后，由当事人持法院生效判决，到收养登记机关请求撤销收养登记，收养登记机关应当撤销收养登记，并收缴收养登记证。

二、收养无效之诉需针对已成立并生效的收养行为提起

收养为一项法律行为，法律行为必先成立，方产生是否有效的问题，未成立的法律行为不涉及无效问题。根据《民法典》第1105条规定，收养关系自登记之日起成立。未经登记，收养关系不成立，亦无从提起收养无效之诉。但应注意，在我国民间一直存在事实上的收养行为，1992年原《收养法》施行前，我国并未建立起统一的收养制度法律法规，不同地区自行制订一些收养规则规范收养行为，在有些地区当事人甚至不需要办理正式的收养手续，只要当事人间以父母子女关系共同生活，并得到当地居民的承认，就认可其收养关系。在1992年原《收养法》施行后，又经历了1998年原《收养法》修正直到《民法典》颁布，在我国收养法律制度发展的不同阶段，对于收养成立的条件和收养的形式要件等规定也发生了变化。根据法不溯及既往的原则，对虽未办理登记，但按收养当时的法律、法规已经成立的收养，不应一概以未经收养登记否定收养成立的事实。并且法院在对收养的效力进行审查时，涉及对收养是否符合法律规定的收养条件和生效要件的认定，也应注意适用收养成立时施行的规范性文件。

类案检索

宗某与吴某确认收养关系纠纷案

关键词： 真实意思表示　收养行为无效

裁判摘要：《民法典》第1105条第1款规定，收养应当向县级以上人民政府民政部门登记。收养关系自登记之日起成立，同时第1113条还规定，有《民法典》第一编关于民事法律行为无效规定情形或者违反《民法典》第五编规定的收养行为无效。无效的收养行为自始没有法律约束力。具体到本案，宗某与吴某在办理收养公证后，吴某一直随其亲生父母生活居住，未与宗某生活，双方在主观上没有建立收养关系的真实意思表示，在客观上也不存在抚养的事实，同时双方亦未到民政部门办理收养登记，该收养行为违反了法律的强制性规定，故收养关系无效。

【案　　号】（2021）渝0151民初755号

【审理法院】 重庆市铜梁区人民法院

第三节　收养关系的解除

第一千一百一十四条　收养人在被收养人成年以前，不得解除收养关系，但是收养人、送养人双方协议解除的除外。养子女八周岁以上的，应当征得本人同意。

收养人不履行抚养义务，有虐待、遗弃等侵害未成年养子女合法权益行为的，送养人有权要求解除养父母与养子女间的收养关系。送养人、收养人不能达成解除收养关系协议的，可以向人民法院提起诉讼。

关联规定

司法指导性文件

《最高人民法院关于许秀英夫妇与王青芸间是否已事实解除收养关系的复函》

1937 年王青芸两岁时被其伯父母王在起、许秀英夫妇收养，并共同生活了 20 年，这一收养事实为亲戚、朋友、当地群众、基层组织所承认，应依法予以保护。虽然王青芸于 1957 年将户口从王在起处迁出到其单位落户，后又迁入其生母处，但双方未以书面或口头协议公开解除收养关系。而且，王在起生前与王青芸有书信来往，并以父女相称，王青芸对王在起夫妇也尽有一些义务。据此，我们同意你院第一种意见，即以认定许秀英夫妇与王青芸的收养关系事实上未解除为妥。

以上意见，供参考。

条文释义

一、本条主旨

本条是关于被收养人成年之前解除收养关系的规定。

二、条文演变

本条源于原《收养法》第 26 条，内容无实质性修改，根据《民法典》关于限制行为能力年龄的修改，将应当征求其同意的养子女的年龄范围由“十周岁以上”调整为“八周岁以上”，与《民法典》总则编的规定一致。

三、条文解读

本条规定了被收养人成年之前可以解除收养关系的两种情形：一是经 8 周岁以上养子女同意，收养人和送养人协议解除收养关系；二是收养人不履行抚养义务或有虐待、遗弃等侵害未成年养子女合法权益的行为，且双方无法达成解除收养关系协议的，送养人起诉要求解除收养关系。

民事法律关系遵循意思自治原则，法律关系可基于当事人实施的法律行为而产生。收养是一种法律行为，可以在各方当事人之间引起收养关系的产生。法律关系在符合法定原因时也可终止。引起收养关系终止的原因有两种：一是因收养人或被收养人死亡而终止；二是因收养的解除而终止。《民法典》并未规定因收养人或被收养人死亡而终止收养关系，法律关系一方主体死亡是引起法律关系终止的当然原因，虽《民法典》中未对此项事由引起收养关系的终止作出专门规定，基于法律关系的基本理论也可推导出这一结论。《民法典》中对收养关系的解除作出了详细规定。收养关系的解除可以两种方式进行：一是各方当事人的合意解除；二是一方当事人请求解除收养关系。两种解除方式对应不同的解除程序，对于合意解除，可由各方当事人在达成解除收养关系的书面协议以后，自行到收养登记机关办理解除收养关系的登记，由收养登记机关登记解除；对于一方当事人请求解除收养关系，按《民法典》规定，应通过诉讼方式向法院提出主张，并由法院经过审理，作出是否准许解除收养关系的判决。

为了保护被收养人的利益，各国立法例中普遍都限制收养关系的解除和撤销，有些国家甚至禁止完全收养的解除。由于域外立法中规定了不同的收养类型，故在法律中针对不同的收养类型，规定了不同的解除条件和解除程序。为了实现对收养关系解除的国家监督，域外立法例中普遍都规定由法院在对收养解除的条件进行实质审查后，以判决形式宣告收养关系的解除。域外立法例中规定的收养解除的条件和程序较为严格，其目的都在于维护收养关系的稳定，保护被收养人的利益。在被收养人为未成年人时，被收养人如被随意退养，经常性地变更社会关系和身份会给未成年人造成心灵上的压力，不利于被收养人的成长。我国《民法典》中虽未禁止被收养人成年前解除收养关系，但也规定了较为严格的解除条件，以保护被收养人的利益。我国《民法典》中所规定的收养均为完全收养，并无域外立法中的不完全收养、成年人的收养和简单收养等制度。因此收养解除的条件并未因收养类型的不同而作区分，仅根据收养关系解除时被收养人是否成年，分别作出规定。

本条即是关于被收养人成年之前能否解除收养关系的规定，具体分为三种情形：第一，被收养人成年前，收养人无权要求解除收养关系。被收养的未成年人或父母双亡，或被遗弃拐卖，或因生父母无力抚养而被迫送养他人，均经历了人生的变故，身世可怜，心灵脆弱，迫切需要温暖、稳定和安宁的家庭环境确保其健康成长。如允许收养人在被收养人尚未成年之前，任意解除与被收养人的收养关系，将使被收养人再次面临失去家人，无人抚养、无处可归的艰难境地，未成年人心理承受能力有限，频繁更换抚养人对未成年人的健康成长非常不利。按照最有利于被收养人的原则，在被收养人成年之前，收养人不得单方要求解除与被收养人的收养关系。在被收养人成年之前，收养人向法院提起诉讼，要求解除与被收养人的收养关系，人民法院应驳回收养人的诉讼请求。

由于被收养人成年之前收养人无权要求解除收养关系，这就要求收养人在收养之前做好充分的准备。被收养的未成年人，或有肢体残疾或有心灵创伤，比其他未成年人更加需要父母的关爱照顾，养育这些未成年人，需要父母投入更多的时间和精力。收养人应当对收养之后的各种困难有一定的心理预期，一旦收养未成年人，就要承担父母的责任，不能因养育过程中的困难和阻碍随意放弃被收养人，给其造成二次的伤害。

第二，被收养人成年前，收养人和送养人可以协议解除收养关系，但须征得 8 周岁以上被收养人的同意。世间万物总是处在不断变化的过程中，如果收养成立后，收养当事人情况发生变化，收养人不再适宜养育未成年人，而送养人重新取得抚养能力，并愿意领回被收养人，则收养人、送养人双方可以在平等自愿协商的基础上，就解除收养关系达成协议，按法定程序到民政部门办理解除收养关系的登记手续。收养为身份契约行为，被收养人是契约一方主体，如果被收养人为限制行为能力人，其已具有意思表示能力，对于解除收养的意义和效果具有一定的判断和辨识能力，解除收养应当征得 8 周岁以上的被收养人的同意。

第三，收养人不履行抚养义务，损害被收养人利益时，送养人有权单方要求解除收养关系。《民法典》中对收养的解除及解除效力的规定体现出侧重保护收养关系中弱势一方的价值取向，在被收养人未成年时，侧重保护被收养人的利益，在被收养人成年后，侧重保护收养人的利益。被收养人成年之前，其作为限制行为能力人，在体力、智力和生存能力方面与已成年的收养人相比处于弱势。如果收养人不履行抚养义务，甚至遗弃、虐待被收养人，对被收养人的成长极其不利。未成年人自我保护和自我救助能力有限，而送养人作为被收养人的生父母或对其曾经负有监护照顾义务的人或机构，对未成年人被收养后的生活状态应有一定的关注，如果收养人有损害被收养人合法权益的行为，送养人应当有权单方提起要求解除收养关系的诉讼。人民法院经审理查明收养人确有不履行抚养义务或遗弃、虐待被收养人的行为，损害被收养人的合法权益，应当判决解除收养关系。

适用指引

一、夫妻共同协议解除收养

《民法典》第 1097 条规定了生父母送养子女，应当双方共同送养。第 1101 条规定了有配偶者收养子女，应当夫妻共同收养。因收养关系到父母双方的亲权及家庭的和睦，在建立收养关系时应由生父母双方或有配偶的收养人夫妻双方共同决定，由此收养的法律效果才能及于生父母双方及收养人夫妻双方。在协议解除收养关系时，也应由生父母双方或有配偶的收养人夫妻双方协商决定，解除收养关系的协议必须由生父母双方或收养人夫妻双方共同签字确认。如果生父母双方之间或收养人夫妻双方之间不能就解除收养关系及相关事宜达成一致，应视为各方未达成解除收养关系协议。但如果建立收养关系时，送养人依法单方送养的，虽送养人在送养后结婚，因送养人的配偶与被收养人既无自然血亲关系，也无法律上的权利义务关系，送养人的配偶并不享有解除收养关系的同意权，仍应由送养人单方行使解除收养的同意权。同理，收养人在收养时为单方收养的，收养人在收养后结婚，其配偶与被收养人应属继父母子女关系，在收养关系建立时收养人的配偶并非契约的主体，在解除收养关系时，也无须征得上述收养人配偶的同意。总之，除自然人死亡或丧失行为能力等原因，解除收养关系时有收养同意权的主体应与建立收养关系时有收养同意权的主体范围一致。

二、关于案由的确定

《民事案件案由规定》中有关收养纠纷的案由包括一个三级案由“收养关系纠纷”和其下两个四级案由，分别为“确认收养关系纠纷”和“解除收养关系纠纷”。一审法院立案时应当根据当事人诉争法律关系的性质，首先适用《民事案件案由规定》列出的第四级案由，送养人向法院起诉请求解除收养关系的，应适用解除收养关系纠纷案由。收养当事人、利害关系人向法院起诉请求确认收养有效或无效的，应适用确认收养关系纠纷案由。第四级案由没有规定的，可适用第三级案由，即“收养关系纠纷”。

三、过错方不得要求解除收养关系

依本条第 2 款规定，当收养人不履行抚养义务，或有遗弃、虐待被收养人的行为时，仅有送养人有权单方要求解除收养关系，而收养人作为过错方，无权以其存在上述侵权行为为由，要求解除收养关系，否则将会面临道德风险。收养人遗弃、虐待被收养人，侵害被收养人合法权益的，被收养人有权要求收养人承担侵权损害赔偿责任。

四、收养的解除不具有溯及力

收养解除与收养无效的效力发生时间不同，对收养无效而言，因收养不符合法定要件而自始无效，收养人可以要求送养人返还收养人为抚养教育被收养人支出的费用。收养解除属于收养终止的一种情形，收养解除建立在收养有效的前提下，在收养关系存续期间发生的法律行为，不因收养解除而受到影响。

收养解除向未来发生效力，自收养解除生效时起，收养关系消灭。收养人为抚养教育被收养人支出的费用，不得要求送养人返还，但可在符合法定条件时，要求被收养人或送养人予以补偿。

类案检索

熊某1与孔某某解除收养关系纠纷案

关键词：解除收养　侵害未成年养子女合法权益

裁判摘要：孔某某要求解除收养关系的理由为熊某1对熊某2有长期殴打、虐待行为，侵害熊某2的身心健康，对于自己的主张，孔某某提供了六水桥派出所出具的家庭暴力告诫书、临川四小情况说明、西大街居委会情况说明等证据予以证实，上述证据可以证实熊某1在家庭环境、家庭教育、生活水平诸多方面不能为熊某2提供一个健康成长的生活环境。其要求解除收养关系于法有据。关于熊某1收养熊某2期间支出的生活费和教育费问题，熊某1主张其花费了412 200元，对该主张，熊某1仅在一审提供了抚州市好时光精品幼儿园的证明，并未附有相关凭证，对于其他费用并未提供证据予以证明，法院对其该项主张不予认定。熊某1和熊某2平时居住在抚州市临川区利民嘉苑南区的廉租房，熊某1没有固定工作，两人主要依靠政府低保金生活，原判按照2009年至2018年的江西省城镇人均消费支出酌定熊某2的生活费、教育费后，扣除收养期间政府对熊某2个人生活帮扶的低保金43 140元，确定孔某某应补偿熊某1、何某某的生活费、教育费为88 847元并不不当。

【案　　号】（2019）赣10民终1185号

【审理法院】江西省抚州市中级人民法院

第一千一百一十五条　养父母与成年养子女关系恶化、无法共同生活的，可以协议解除收养关系。不能达成协议的，可以向人民法院提起诉讼。

关联规定

法律、行政法规、司法解释

1.《中华人民共和国民事诉讼法》

第一百零一条　下列案件调解达成协议，人民法院可以不制作调解书：

（一）调解和好的离婚案件；

（二）调解维持收养关系的案件；

（三）能够即时履行的案件；

（四）其他不需要制作调解书的案件。

对不需要制作调解书的协议，应当记入笔录，由双方当事人、审判人员、书记员签名或者盖章后，即具有法律效力。

第一百二十七条　人民法院对下列起诉，分别情形，予以处理：

（一）依照行政诉讼法的规定，属于行政诉讼受案范围的，告知原告提起行政诉讼；

（二）依照法律规定，双方当事人达成书面仲裁协议申请仲裁、不得向人民法院起诉的，告知原告向仲裁机构申请仲裁；

（三）依照法律规定，应当由其他机关处理的争议，告知原告向有关机关申请解决；

（四）对不属于本院管辖的案件，告知原告向有管辖权的人民法院起诉；

（五）对判决、裁定、调解书已经发生法律效力的案件，当事人又起诉的，告知原告申请再审，但人民法院准许撤诉的裁定除外；

（六）依照法律规定，在一定期限内不得起诉的案件，在不得起诉的期限内起诉的，不予受理；

（七）判决不准离婚和调解和好的离婚案件，判决、调解维持收养关系的案件，没有新情况、新理由，原告在六个月内又起诉的，不予受理。

第一百五十四条 有下列情形之一的，终结诉讼：

（一）原告死亡，没有继承人，或者继承人放弃诉讼权利的；

（二）被告死亡，没有遗产，也没有应当承担义务的人的；

（三）离婚案件一方当事人死亡的；

（四）追索赡养费、扶养费、抚养费以及解除收养关系案件的一方当事人死亡的。

2.《最高人民法院关于适用〈中华人民共和国民事诉讼法〉的解释》

第三十四条 当事人因同居或者在解除婚姻、收养关系后发生财产争议，约定管辖的，可以适用民事诉讼法第三十五条规定确定管辖。

条文释义

一、本条主旨

本条是关于被收养人成年之后解除收养关系的规定。

二、条文演变

本条源于原《收养法》第 27 条，内容基本未作修改。

三、条文解读

本条规定了被收养人成年之后通过协议或诉讼方式解除收养关系的两种情形。养父母与成年养子女可以在平等自愿原则基础上，签订协议解除收养关系；无法达成协议时，任何一方均可向法院提起诉讼，请求解除收养关系，由法院对收养关系是否应当解除进行审理并作出判决。

《民法典》第 5 条规定，民事主体从事民事活动，应当遵循自愿原则，按照自己的意思设立、变更、终止民事法律关系。收养关系是基于收养当事人的合意由法律拟制设立，也可以在法定情形下终止。收养终止的原因分为因收养当事人的死亡而自然终止和因收养的解除而终止。

现代收养法已进入为子之收养的发展阶段，收养法的宗旨是使无人抚养的被收养人得到照顾并能健康成长。当被收养人已经成年，成为完全行为能力之人，具有生存能力之后，收养的目的已经基本实现。养父母抚养教育养子女至成年，花费的时间精力和金钱甚多，养子女成年之后，应当孝顺赡养养父母。但养子女与养父母之间并无自然血亲关系，属于法律拟制的血亲关系，其亲子感情并无血缘关系作为基础，如果双方关系确已恶化，无法共同生活，如不允许解除双方之收养关系，强令并无血缘关系且已不和睦的养父母子女共同生活，则于收养双方均无益处。因此，本条规定了被收养人成年之后解除收养关系的条件和程序。

（一）合意解除收养关系

《民法典》第133条规定，民事法律行为是民事主体通过意思表示设立、变更、终止民事法律关系的行为。收养各方当事人可以通过订立收养身份契约设立拟制血亲关系，也可以通过契约解除收养关系。被收养人成年之前可由收养人和送养人在征得被收养人同意情况下达成解除收养关系的协议。被收养人成年之后，具有完全行为能力，可以自行判断解除收养关系的意义和效果，无须送养人代理被收养人作出意思表示。可由收养人与被收养人在平等自愿基础上，协商解除收养关系。双方达成解除收养关系的协议后，到收养登记机关办理解除收养关系登记，收养关系自登记机关办理解除登记时终止。双方应在协议中对收养人抚养被收养人所支付费用的补偿问题以及收养人的养老问题一并商讨明确。被收养人成年之后，送养人不再享有请求解除收养关系的权利。

（二）诉讼解除收养关系

当收养人与被收养人关系恶化，无法共同生活，但又未能就解除收养关系及相关事宜达成一致时，收养人和被收养人均有权向人民法院提起诉讼，请求解除收养关系。人民法院应结合收养的事实及亲子感情、纠纷原因等综合分析，在确定双方确实无法再以父母子女关系共同生活后，应当依法判决解除收养关系。因收养人已将被收养人抚养至成年，被收养人具有生存能力和自我保护能力，而收养人常已年老体弱，在收养关系解除时处于弱势地位，因此对收养人抚养被收养人至成年的，解除收养关系时应注重保护收养人的合法权益。

解除收养关系的诉讼属于形成之诉。形成之诉，是指原告要求法院变动或消灭一定法律状态（权利义务关系）的诉法。[①] 当事人提起解除收养关系之诉，是要求消灭收养双方之间的收养关系及因此产生的父母子女权利义务关系。解除收养关系的诉讼涉及当事人身份关系的变更，属于身份诉讼。但如果当事人向法院起诉请求解除收养关系的同时，还提出进行财产分割或提出经济补偿、赔偿的请求，则属于给付之诉。人民法院可以对形成之诉与给付之诉合并审理，一并作出判决。由于身份诉讼具有不同于一般财产诉讼的特殊性，《民事诉讼法》对身份诉讼作出了一些特别的规定。在审理合并之后的案件时，应区别对待，对于当事人要求解除收养关系的形成之诉，应适用身份诉讼的特别规定；对于当事人要求分割、给付财产的给付之诉，可不适用身份诉讼的特别规定，按照一般民事诉讼的规定审理。

（三）解除收养关系效力发生时间

解除收养关系效力发生时间因解除方式不同而有所区别。协议解除收养关系的，收养关系自双方当事人至收养登记机关办理完成解除登记，发给解除收养关系证明时终止；诉讼解除收养关系的，自法院作出解除收养关系的判决生效时收养关系终止。我国民事诉讼实行两审终审制，一审判决作出后，当事人有权在判决书送达之日起 15 日内向上一级人民法院提起上诉。双方当事人均未提起上诉的，一审判决自上诉期满生效；当事人提起上诉的，二审判决作出时生效。

适用指引

一、注重调解，调判结合

养父母抚养养子女至成年，表明双方收养关系已存续较长时间，养父母为抚养养子女付出很多，双方已有一定亲情基础，如果随意解除收养关系，养子女无法回报养父母的养育之恩，与中华民族知恩图报的传统美德不符，且养父母未来的养老问题也将面临困难。人民法院在审理一方起诉请求解除收养关系的案件时，应注重调解。对于双方仅因生活琐事产生纠纷，一时激情起诉要求

① 参见张卫平：《民事诉讼法》（第五版），法律出版社 2019 年版，第 188 页。

解除收养关系的，人民法院应以说服劝导为主，动之以情、晓之以理，尽可能维系收养关系；对于双方确实积怨已深，存在不可调和的矛盾，尤其是养父母在养育过程中曾有不履行抚养义务、遗弃或虐待养子女等严重伤害养子女感情的行为，或养子女成年后有不赡养、遗弃或虐待养父母行为，双方亲子感情确已无法修复的，应及时判决解除收养关系，并根据当事人提出的诉讼请求，依法对解除收养后的财产关系一并审理并判决。

二、解除收养关系案件诉讼程序的特别规定

收养关系属于身份关系，要求确认、撤销和解除身份关系的案件可称为身份诉讼，例如离婚案件属于典型的身份诉讼。当事人的身份关系不仅关乎当事人的人格、身份，还关系到以当事人为核心的亲属关系和社会关系的稳定。对于身份诉讼，应从伦理因素考虑，注重维护社会的公序良俗。域外立法中一般都对身份诉讼作出特别的规定，总体体现出法院职权的扩张与对当事人意思自由进行必要限制的趋势。我国《民事诉讼法》及司法解释中对于身份诉讼的审理程序也作出了一些特别规定，在审理收养关系纠纷案件中应准确适用，包括如下五点：

第一，不适用约定管辖。《民事诉讼法》第35条规定："合同或者其他财产权益纠纷的当事人可以书面协议选择被告住所地、合同履行地、合同签订地、原告住所地、标的物所在地等与争议有实际联系的地点的人民法院管辖，但不得违反本法对级别管辖和专属管辖的规定。"该条规定表明约定管辖仅适用于合同和财产权益纠纷，涉及身份关系的案件不能由当事人约定管辖法院。《民事诉讼法解释》第34条规定："当事人因同居或者在解除婚姻、收养关系后发生财产争议，约定管辖的，可以适用民事诉讼法第三十五条规定确定管辖。"该规定表明虽然当事人不能对解除收养关系案件约定管辖，但对于收养关系解除后，当事人因分割财产、追索抚养费、要求经济补偿或损害赔偿等诉至法院，可作为财产权益案件，由当事人协议约定管辖法院。

第二，人民法院应依职权取证。《民事诉讼法》第67条第2款规定："当事人及其诉讼代理人因客观原因不能自行收集的证据，或者人民法院认为审理案件需要的证据，人民法院应当调查收集。"《民事诉讼法解释》第96条规定，《民事诉讼法》第67条第2款规定的人民法院认为审理案件需要的证据包括涉及身份关系的证据。以上规定表明，对于收养关系纠纷案件中涉及收养效力、

收养是否应予解除的事实及证据，不能仅依靠当事人自行举证。例如对于收养是否符合《民法典》中规定的收养条件、收养当事人是否存在不依法履行抚养义务，是否有遗弃、虐待等行为的，因直接关系到收养的效力，人民法院应当主动依职权调查取证。

第三，不适用自认规则。《民事诉讼法解释》第92条规定："一方当事人在法庭审理中，或者在起诉状、答辩状、代理词等书面材料中，对于己不利的事实明确表示承认的，另一方当事人无须举证证明。对于涉及身份关系、国家利益、社会公共利益等应当由人民法院依职权调查的事实，不适用前款自认的规定。自认的事实与查明的事实不符的，人民法院不予确认。"该条规定了自认规则及适用的例外。对于身份诉讼不适用自认规则是各国立法的通例。身份关系涉及社会公序良俗，不能仅依当事人意思承认或否认。在解除收养关系案件中，对涉及收养关系应否解除的重要事实，不能仅凭当事人自认予以确认，人民法院应依职权调查取证。人民法院查明的事实与当事人自认的事实相符的，予以确认；人民法院查明的事实与当事人自认的事实不符的，不予确认，人民法院应在依职权查明的事实基础上作出判决。但对于解除收养关系案件中涉及的财产内容，不能排除自认规则的适用。

第四，身份诉讼申请再审程序的限制。《民事诉讼法》第209条规定："当事人对已经发生法律效力的解除婚姻关系的判决、调解书，不得申请再审。"《民事诉讼法解释》第380条规定："当事人就离婚案件中的财产分割问题申请再审，如涉及判决中已分割的财产，人民法院应当依照民事诉讼法第二百零七条的规定进行审查，符合再审条件的，应当裁定再审；如涉及判决中未作处理的夫妻共同财产，应当告知当事人另行起诉。"结合上述两项条文的规定，对于离婚案件，当事人对于判决中涉及婚姻关系的判项不服，不得申请再审；对于判决中涉及财产分割、给付的判项不服，可以申请再审。该两项规定虽然是针对解除婚姻关系的案件作出，但解除收养关系的诉讼与解除婚姻关系的诉讼均为身份诉讼，具有不同于财产诉讼的特殊属性。解除收养关系的判决生效会立即引起当事人身份关系的重要变化。例如，被收养人为未成年人的，解除收养关系的判决一经生效，被收养人与养父母的权利义务关系消灭，与生父母恢复父母子女关系。收养解除的法律效力不可逆，因此应当参照适用《民事诉讼法》关于解除婚姻关系案件的诉讼程序。对于解除收养关系的判决中涉及收养关系的判项内容，当事人不得申请再审，但仅对财产分割、抚养费支付及经济补偿等财产给付的判决内容不服的，当事人可以申请再审。

第五，当事人死亡时诉讼终结。《民事诉讼法》第 153 条和第 154 条规定了诉讼的中止和终结。根据《民事诉讼法》第 153 条的规定，对于一般民事案件，一方当事人死亡时，人民法院应当中止诉讼，等待继承人表明是否参加诉讼。只有在当事人死亡且没有权利义务承继人时，才可按照《民事诉讼法》第 154 条第 1 项、第 2 项的规定，终结诉讼。而对于解除收养关系案件，在一方当事人死亡时，无须等待继承人表明是否参加诉讼，人民法院可直接依据《民事诉讼法》第 154 条第 4 项的规定，裁定终结诉讼。《民事诉讼法解释》第 320 条规定："上诉案件的当事人死亡或者终止的，人民法院依法通知其权利义务承继者参加诉讼。需要终结诉讼的，适用民事诉讼法第一百五十四条规定。"该条规定表明解除收养关系纠纷因当事人死亡而终结诉讼的规定，同样适用于二审程序。

类案检索

孙某与何某解除收养关系纠纷案

关键词：关系恶化　解除收养关系

裁判摘要：养父母与成年养子女关系恶化、无法共同生活的，可以协议解除收养关系。不能达成协议的，可以向人民法院起诉。近年来何某多次诉至法院，要求解除与孙某的收养关系。经一审法院向何某本人征询意见，何某坚称其与孙某关系严重恶化，无法共同生活。二审中，再次征询何某本人意见，何某表示坚持要求解除与孙某的收养关系。考虑到何某之前起诉后双方关系未见改善，且何某本人坚持要求解除收养关系，可以认定维系养父母子女关系之感情基础已不复存在，双方已无共同生活之可能，考虑到孙某已成年，有独立生活能力，一审法院认定解除何某与孙某的收养关系并无不当。因何某将孙某抚养成人，现何某年事已高，缺乏固定生活来源，一审法院结合当地生活水平及孙某的支付能力酌情确定孙某支付何某生活费，并无不当。

【案　　号】（2021）京 03 民终 10581 号

【审理法院】北京市第三中级人民法院

第一千一百一十六条　当事人协议解除收养关系的，应当到民政部门办理解除收养关系登记。

关联规定

一、法律、行政法规、司法解释

《中国公民收养子女登记办法》

第九条　收养关系当事人协议解除收养关系的，应当持居民户口簿、居民身份证、收养登记证和解除收养关系的书面协议，共同到被收养人常住户口所在地的收养登记机关办理解除收养关系登记。

第十条　收养登记机关收到解除收养关系登记申请书及有关材料后，应当自次日起 30 日内进行审查；对符合收养法规定的，为当事人办理解除收养关系的登记，收回收养登记证，发给解除收养关系证明。

二、司法指导性文件

《最高人民法院关于许秀英夫妇与王青芸间是否已事实解除收养关系的复函》

1937 年王青芸两岁时被其伯父母王在起、许秀英夫妇收养，并共同生活了 20 年，这一收养事实为亲戚、朋友、当地群众、基层组织所承认，应依法予以保护。虽然王青芸于 1957 年将户口从王在起处迁出到其单位落户，后又迁入其生母处，但双方未以书面或口头协议公开解除收养关系。而且，王在起生前与王青芸有书信来往，并以父女相称，王青芸对王在起夫妇也尽有一些义务。据此，我们同意你院第一种意见，即以认定许秀英夫妇与王青芸的收养关系事实上未解除为妥。

条文释义

一、本条主旨

本条是关于解除收养登记的规定。

二、条文演变

本条源于原《收养法》第 28 条，内容基本未作修改。

三、条文解读

本条规定了合意解除收养关系的法定条件和程序。收养是要式法律行为，收养的成立需要符合法律规定的程序和要件，收养关系的解除也同样需按法律规定的程序进行，未经履行法定程序，不发生收养解除的法律效果。

（一）协议解除的条件

解除收养关系建立在收养关系已合法成立并生效的基础上，如果收养因未经登记而不能成立，或因不符合《民法典》规定的收养条件而不能生效，则不产生解除收养关系的问题。当事人对收养的效力产生争议，应通过提起确认之诉，请求确认收养关系的效力。

对于收养关系是否可以解除，域外立法例中规定并不相同。但都在一定程度上限制收养的解除。尤其是在被收养人为未成年人时，经常性地变更社会关系和身份会给被收养人造成心灵上的压力，不利于被收养人的成长。收养既可以通过当事人的合意成立，也可以通过当事人意思表示一致予以解除。当事人只要达成解除收养关系的协议，就可以合法地终止收养关系。

协议解除适用于收养各方已对收养关系的解除达成一致意见，并对收养人在收养过程中支付费用的补偿等问题均无实质争议的情形。因登记机关在办理协议解除收养登记手续时只进行形式审查，不作实体审查，也不处理收养各方家庭财产分割、抚养费用补偿或收养人的养老问题等纠纷，收养各方如对上述纠纷的解决未达成一致意见，不宜采用合意解除方式终止收养关系，而应通过诉讼方式，在解除收养关系的同时，由法院一并对上述纠纷进行审理和判决。

（二）协议解除的程序

解除收养将引起收养各方当事人身份关系的重大变化，为维护收养关系的稳定，保护收养各方当事人的合法权益，《民法典》规定了收养的解除也必须按法律规定的程序进行，才能发生收养关系解除的法律效果。《中国公民收养子女登记办法》第 9 条规定了解除收养登记的申请程序，收养关系当事人协议解除收养关系的，应当持居民户口簿、居民身份证、收养登记证和解除收养关系的书面协议，共同到被收养人常住户口所在地的收养登记机关办理解除收养关系登记。第 10 条规定了解除收养登记的办理程序，登记机关审查认为申请材料符合法律规定的，为当事人办理解除收养关系的登记，收回收养登记证，发给解除收养关系证明。不同于收养无效自始不发生法律约束力，解除收养登记不具有溯及力，收养关系自登记机关为各方当事人办理解除收养关系登记，收回收养登记证，发给解除收养关系证明时终止。养父母与养子女间因收养形成的权利义务关系自收养关系解除时终止，未成年养子女与生父母因收养消除的权利义务关系自动恢复。

适用指引

一、亲自到场办理解除登记

收养具有身份行为的属性，根据身份行为不得代理的原则和《中国公民收养子女登记办法》第 9 条的规定，办理解除收养登记时应由收养各方当事人亲自到登记机关，当场办理解除登记手续，不得由他人代替或委托他人办理。

二、事实解除收养

实践中有些收养当事人双方因关系不睦，实际上已不再以父母子女关系相称和共同生活，但未签订解除收养关系的协议，或者虽然签订解除收养关系的协议，但未到登记机关办理解除收养关系登记，形成事实上解除收养关系。对此能否视为收养关系在法律层面已解除，应根据双方收养关系成立时履行的程序要件有所区别。如果双方收养关系成立于 1998 年修正的原《收养法》施行之后，双方收养关系的成立应以办理收养登记为要件，则收养解除也应通过登记为之。虽双方已符合解除收养关系的条件，但因登记是法律规定的协议解除收养关系的程序要件，未办理登记的，解除收养无效，双方仍具有父母子女关系。如果双方收养关系成立于1998年修正的原《收养法》施行之前，则根据收养关系成立时有效的法律法规规定，收养可以通过事实收养、签订协议和办理公证而取得法律认可与保护的，则收养的解除也可以通过事实上不再承认父母子女关系、签订解除收养关系协议或办理解除收养的公证等方式予以解除。

类案检索

曾某1与曾某2收养关系纠纷案

关键词：解除收养关系登记

裁判摘要：关于2018年5月25日曾某1、曾某2签订的便条效力问题。根据《收养法》第28条“当事人协议解除收养关系的，应当到民政部门办理解除收养关系的登记”的规定，曾某1、曾某2虽然签订便条，但并未到民政部门进行登记，该便条不具备法定的解除效力。一审法院认为，曾某1、曾某2身份关系解除的协议，不符合法定的生效条件，一审法院不予认可该便条的有效性。

【案　　号】（2018）川0108民初5422号

【审理法院】四川省成都市成华区人民法院

第一千一百一十七条　收养关系解除后，养子女与养父母以及其他近亲属间的权利义务关系即行消除，与生父母以及其他近亲属间的权利义务关系自行恢复。但是，成年养子女与生父母以及其他近亲属间的权利义务关系是否恢复，可以协商确定。

关联规定

法律、行政法规、司法解释

《中国公民收养子女登记办法》

第九条　收养关系当事人协议解除收养关系的，应当持居民户口簿、居民身份证、收养登记证和解除收养关系的书面协议，共同到被收养人常住户口所在地的收养登记机关办理解除收养关系登记。

条文释义

一、本条主旨

本条是关于解除收养的身份效果的规定。

二、条文演变

本条源于原《收养法》第 29 条，基本未作修改。

三、条文解读

本条规定了收养关系解除后所引起的收养各方之间权利义务的变化，养子女与养父母及其近亲属之间，因收养而产生的权利义务关系消除；养子女与生父母及其近亲属之间的法律关系则视养子女是否成年而有所区别，养子女尚未成年的，其与生父母的权利义务关系自动恢复；养子女已成年的，应与生父母在平等自愿基础上协商确定权利义务关系是否恢复。

各国家或地区收养制度中一般都规定了收养解除在身份上的效力和解除效力发生的时间两方面内容。域外立法例中规定的收养解除在身份上的效力都包括了拟制血亲关系的消灭和自然血亲关系的恢复两个方面。对于收养解除效力发生的时间，都规定为不具有溯及力或向未来发生效力。我国《民法典》中对收养解除的效力和发生时间的规定与各国家或地区关于收养解除的规定基本一致，但也具有我国收养制度的特点，为体现对被收养人独立人格的保护，《民法典》中规定对于被收养人成年后解除收养关系的，被收养人有权选择是否与生父母恢复自然血亲关系。

（一）拟制血亲关系的消除

养父母与养子女间本无自然血亲关系，双方基于收养行为而产生法律拟制的血亲关系，收养是双方之间拟制血亲关系产生的原因。当收养被解除，双方产生拟制血亲关系的原因消失，因收养而产生的拟制效力也应当消除。收养解除后，养父母与养子女间的身份关系发生变化，不再具有父母子女的身份，对于未成年养子女，养父母不再作为养子女的法定代理人和监护人。双方不再具有民法典中规定的父母子女间的权利义务关系，包括养父母对未成年养子女的抚养教育和保护的义务，成年养子女对养父母的赡养义务，双方不再享有相互继承遗产的权利。

收养关系解除对收养各方主体身份上的效果还应包括姓氏的变更。《民法典》中虽未规定收养关系解除对养子女姓氏的影响，但养子女姓氏的变更是收养解除身份效果的应有之义。收养关系解除后，养子女可以恢复其本姓，如果养子女使用养父母姓氏已有较长时间，或养子女已经成年，其姓名已成为其人格象征，变更姓氏会给养子女参与社会生活带来不便，也可以继续使用养父母的姓氏。

（二）自然血亲关系视情况恢复

养子女与其生父母之间具有自然血亲关系，该自然血亲关系因收养所具有的解销效力而消除。当收养被解除，引起养子女与其生父母之间自然血亲关系消除的原因消失，养子女与其生父母的自然血亲关系可以恢复。对于未成年养子女，由于尚不具有完全行为能力和独立生活的能力，需要有人代理未成年人作出法律行为，并履行监护职责。为了保证未成年养子女在收养关系解除之后，能有人继续承担抚养教育和保护的义务，确保未成年人的生活不因收养关系的解除而陷入困顿，法律规定在养子女未成年时解除收养关系的，养子女与生父母的血亲关系自然恢复。养子女在收养后改变姓氏的，可以恢复为生父或生母的姓氏。生父母重新承担抚养教育和保护子女的义务，双方可相互继承遗产。

养子女成年之后，因其已具有完全行为能力和意思能力，能够判断、辨识社会关系及其意义，决定自己的身份，法律上为尊重养子女的独立人格及其意愿，赋予养子女以身份选择权，养子女可以选择恢复与生父母的血亲关系，经与生父母协商一致，重新加入生父母的家庭之中，取得与生父母互相继承遗产的权利，并承担赡养生父母的义务。应注意的是如果养子女与生父母协商决定恢复父母子女关系，则双方之间的权利义务关系是完全的，不因生父母曾经将子女送养而受到影响，子女应承担赡养生父母的义务，不得以生父母曾经将其送养，未履行抚养教育和保护义务，而拒绝履行对生父母的赡养义务。如果成年养子女对生父母将其送养的事实始终无法释怀，因常年不与生父母共同生活感情淡漠，不愿与生父母恢复父母子女关系，则双方不能恢复父母子女关系，不能相互继承遗产，成年子女也不承担赡养生父母的法定义务。

适用指引

一、关于收养解除法律效力的溯及力

收养解除对收养各方当事人身份和财产的法律效果不具有溯及力，自收养解除生效时产生解除的法律效果。对于收养期间基于收养人和被收养人的父母子女关系而从事的法律行为和取得的财产，不受收养解除法律效果的影响。例如，养父母为养子女生活、教育支出的各项费用，养父母不得以收养关系已解除为由，要求第三人返还。在收养解除之前，生父或生母死亡，并发生遗产继承事实，收养关系解除后，养子女不得以收养关系已解除，其与生父母的血亲关系已恢复为由，要求生父或生母的继承人返还养子女应当分得的份额。

二、收养解除对养子女的直系卑亲属的效力

收养关系解除后，养子女的子女与养父母之间的祖孙关系一并解除，养子女与生父母恢复父母子女关系的，生父母与养子女的子女具有祖父母、外祖父母与孙子女、外孙子女的关系。

类案检索

黎某1与黎某2继承纠纷案

关键词：收养关系解除　父母子女关系恢复

裁判摘要：因前述黎某1于1999年7月21日与黎某3的关系由养子变为侄子，即黎某3与黎某1之间解除了收养关系，而黎某4与黎某1之间存在亲子关系，根据《收养法》第29条“收养关系解除后，养子女与养父母及其他近亲属间的权利义务关系即行消除，与生父母及其他近亲属间的权利义务关系自行恢复，但成年养子女与生父母及其他近亲属间的权利义务关系是否恢复，可以协商确定”的规定，黎某1与黎某4之间的父子关系自然恢复。现黎某4与梁某均已去世，黎某1有权继承黎某4、梁某在几家银行账户内的1/2财产。

【案　　号】（2018）粤19民终799号

【审理法院】广东省东莞市中级人民法院

第一千一百一十八条 收养关系解除后，经养父母抚养的成年养子女，对缺乏劳动能力又缺乏生活来源的养父母，应当给付生活费。因养子女成年后虐待、遗弃养父母而解除收养关系的，养父母可以要求养子女补偿收养期间支出的抚养费。

生父母要求解除收养关系的，养父母可以要求生父母适当补偿收养期间支出的抚养费；但是，因养父母虐待、遗弃养子女而解除收养关系的除外。

关联规定

法律、行政法规、司法解释

《中华人民共和国老年人权益保障法》

第十三条 老年人养老以居家为基础，家庭成员应当尊重、关心和照料老年人。

第十五条 赡养人应当使患病的老年人及时得到治疗和护理；对经济困难的老年人，应当提供医疗费用。

对生活不能自理的老年人，赡养人应当承担照料责任；不能亲自照料的，可以按照老年人的意愿委托他人或者养老机构等照料。

第七十五条 老年人与家庭成员因赡养、扶养或者住房、财产等发生纠纷，可以申请人民调解委员会或者其他有关组织进行调解，也可以直接向人民法院提起诉讼。

人民调解委员会或者其他有关组织调解前款纠纷时，应当通过说服、疏导等方式化解矛盾和纠纷；对有过错的家庭成员，应当给予批评教育。

人民法院对老年人追索赡养费或者扶养费的申请，可以依法裁定先予执行。

条文释义

一、本条主旨

本条是关于解除收养的财产效果的规定。

二、条文演变

本条源于原《收养法》第30条，条文内容无实质性修改，仅在文字表述上进行调整，将原《收养法》中规定的“生活费和教育费”修改为“抚养费”。原因在于原《收养法》该条既规定了成年养子女对养父母应当给付生活费，又规定了养父母可以要求补偿收养期间支出的生活费和教育费，两处同时使用“生活费”的表述，指代的涵义并不相同，为避免歧义和重复，本条将养父母经济补偿权中涉及的“生活费和教育费”修改为“抚养费”，“抚养费”可以涵盖“生活费和教育费”的内容。

三、条文解读

本条规定了收养关系解除后，成年养子女对缺乏劳动能力和生活来源的养父母，承担给付生活费的义务。如因养子女的过错或生父母的原因导致收养关系解除的，养父母享有经济补偿权，有权要求养子女或生父母补偿收养期间支出的抚养费。

现代收养法进入为子之收养的发展阶段，《民法典》第1044条确立了最有利于被收养人的原则。收养制度最主要的目的是使遭遇变故，无所依托的未成年人能够被他人收养，得到妥善的照顾和养育，得以健康成长。在收养的条件和效力等方面，均体现出最有利于被收养人的基本原则。在收养关系存续期间，养父母承担起抚养教育和保护养子女的义务，为养子女的生活和教育付出了大量的时间和精力。如果收养关系解除，养子女不再承担赡养养父母的义务，养父母虽为抚养养子女付出很多，却无以回报，不符合民法中的公平原则和权利义务一致的原则。尤其是养父母抚养养子女至成年之后，养子女已取得劳动和生存的能力，能够独立生活，而养父母通常已年老体弱，在收养关系中处于相对弱势的地位，需要法律对养父母在解除收养之后的合法权益予以规定和保护。收养制度在收养的不同阶段体现出不同的保护重点。在收养关系存续期间，因被收养人为未成年人，处于弱势地位，收养法侧重于保护被收养人的利益；当收养关系解除时，尤其是被收养人已成年之后，收养法体现出侧重保护收养人合法权益的立法精神。

收养是各方当事人订立的身份契约，各方通过收养行为建立起收养关系，明确各方的身份地位和权利义务。养父母履行抚养教育和保护养子女的义务，当养父母年老之时，能够得到养子女的赡养照顾，既保证幼有所养，又能保证老有所依，各方当事人的利益处于平衡、稳定的状态。而收养的解除是对已经建立起的收养关系的破坏，打破收养各方当事人的利益平衡，造成了权利义务不一致的不公平现象。我国收养制度在规定收养解除的法律效果时，通过对导致收养解除的过错方作出否定性评价，加重过错方的违约成本和责任负担，体现出惩罚过错方的立法意旨。本条规定了收养关系解除时收养人享有两项财产请求权及例外，根据收养人和被收养人对于收养的解除是否具有主观上的过错，明确责任的承担，要求过错方承担经济上的补偿义务，或者因过错丧失要求经济补偿的权利。

本条规定收养关系解除时收养人的两项财产请求权分别为生活费给付请求权和经济补偿权。生活费给付请求权是养父母对由其抚养至成年的养子女所享有的权利，主要适用于双方对于收养关系的解除均无明显过错的情形。因养父母已将养子女抚养至成年，投入了大量的精力和金钱，如收养关系解除，养父母无法得到养子女的赡养，双方的权利义务不一致，从公平原则角度，法律规定成年养子女对缺乏劳动能力和生活来源的养父母，应当给付生活费。养父母的生活费给付请求权适用于养父母缺乏劳动能力和生活来源的情形，如果养父母具有劳动能力和收入来源，并不存在生活困难的情形，则无权向养子女要求给付生活费。

养父母的经济补偿权可分为向养子女主张补偿和向生父母主张补偿两种类型，补偿的条件和范围不同。养父母向养子女提出经济补偿的条件是养子女已经成年，养子女成年之后对养父母有虐待、遗弃的行为，因养子女的上述过错行为导致了收养关系的解除；补偿义务的主体是已成年的养子女本人。经济补偿的范围是全额补偿养父母在收养期间支出的抚养费。养父母向生父母提出经济补偿的条件是养子女尚未成年，生父母要求解除收养关系，收养并非因养父母对养子女的虐待、遗弃行为导致。补偿义务的主体是生父母。补偿的范围是适当补偿养父母在收养期间支出的抚养费。通过比较可见，因养子女的虐待、遗弃导致解除收养关系的，养子女对收养关系的解除具有重大过错，为了惩罚养子女的不道德行为，不论养父母是否处于生活困难状况以及养子女本身的经济状况如何，养子女均应按养父母在收养期间支付的抚养费数额，全额向养父母进行补偿。而对于生父母要求解除收养关系的，按《民法典》第1114条的规定，只能发生在被收养人成年之前。因被收养人尚未成年，养父母抚养养子女投入有限，且生父母要求解除收养关系的原因不能一概归咎于生父母，故对于生父母要求解除收养时的补偿范围，不宜确定为全额补偿，而为适当补偿。实践中应结合双方对于解除收养关系的比较过错、生父母的负担能力、养父母的经济状况等因素综合考量确定补偿标准和补偿数额。并且生父母承担补偿义务以养父母无虐待、遗弃养子女的情形为条件，如果生父母是因养父母虐待、遗弃养子女提出解除收养，为体现对养父母过错行为的惩罚，养父母无权向生父母提出经济补偿要求。

适用指引

一、养父母的经济补偿权

本条规定了生父母要求解除收养关系和因成年养子女遗弃、虐待养父母导致解除收养关系时，养父母享有经济补偿权。但养子女未成年时，养父母要求解除收养关系，收养人与送养人达成协议解除收养关系的，养父母是否有权要求经济补偿，本条文中未直接规定。我们认为，对此问题首先应尊重收养各方意思自治，收养各方在解除收养协议中已对收养解除后的经济、财产事宜作出约定的，应按当事人的约定处理；各方在解除收养时未对相关经济补偿事宜达成一致意见，诉至人民法院的，人民法院应结合收养各方对于解除收养关系的比较过错具体分析认定。在被收养人成年之前，虽养父母要求解除收养关系，其原因并不一定是养父母主观过错造成，不能一概认为养父母不享有经济补偿权。例如，因生父母在送养时故意隐瞒养子女存在的重大疾病或残疾，养父母发现后要求解除收养关系，此种情况下收养的解除是因生父母刻意隐瞒与收养有关的重要事实，导致养父母在意思不自由的情况下作出收养的决定和意思表示，生父母对于收养的解除有明显过错，此种情形下养父母享有经济补偿权，有权要求生父母适当补偿收养期间支出的生活、教育和医疗费用。如养父母要求解除收养并非因生父母的明显过错，而是因养父母自身原因或因不可归责于双方的客观原因，导致养父母要求解除收养关系，则养父母不享有经济补偿权。

二、养子女个人所有财产依法应予以保护

在收养关系存续期间，养子女依法取得的应由其个人享有的财产应允许养子女保留。例如养子女因继承、接受赠与等原因取得的财产，养子女合法劳动所得，在收养关系解除时，可以通过分家析产明确养子女应得的属于其个人所有的财产份额。收养关系存续期间，养父母一方死亡，养子女有权作为法定继承人获得相应的遗产份额，虽事后养子女与养父母另一方解除收养关系，因解除收养关系不具有溯及力，养子女在与养父母解除收养关系前已继承取得的遗产份额仍归其所有。遗产尚未进行分割的，养子女有权要求分割遗产并取得其应有份额。

类案检索

一、仲某 1、何某某与仲某 2 收养关系纠纷案

关键词：收养关系解除　给付生活费

裁判摘要：《民法典》第 1115 条规定，养父母与成年养子女关系恶化、无法共同生活的，可以协议解除收养关系。不能达成协议的，可以向人民法院起诉。本案中，仲某 1 与何某某在 1991 年 10 月 23 日收养仲某 2 为子，虽未办理收养登记手续，但双方之间形成事实上的收养关系。现双方因性格和生活琐事等发生矛盾，导致关系恶化、无法维系，仲某 1、何某某曾起诉要求解除收养关系，虽经法院调解维持收养关系不变，但仅时隔一个多月时间，仲某 1、何某某再次起诉，请求解除与仲某 2 的收养关系，且态度坚决，一审判决解除双方之间的收养关系于法有据。

《民法典》第 1118 条规定，收养关系解除后，经养父母抚养的成年养子女，对缺乏劳动能力又缺乏生活来源的养父母，应当给付生活费。仲某 1、何某某将仲某 2 抚养成年。仲某 1、何某某现均已达到法定退休年龄，收入数额有限，且仲某 1 患有疾病，仲某 2 应对仲某 1、何某某承担给付生活费的

义务。一审判决酌定仲某2每月给付仲某1、何某某生活费各500元，并无不妥。

【案　　号】（2021）苏09民终1527号

【审理法院】江苏省盐城市中级人民法院

二、李某与陈某解除收养关系纠纷案

关键词：收养关系解除　补偿抚养费

裁判摘要：收养关系解除后，系因养子女成年后虐待、遗弃养父母而解除收养关系的，养父母可以要求养子女补偿收养期间支出的生活费和教育费。本案中，上诉人李某与被上诉人陈某之间虽未依法办理收养登记，结合相关证据，足以认定双方之间存在事实上的收养关系。现陈某缺乏劳动能力和收入来源，需要养子李某的照料，但李某不尽赡养义务、遗弃陈某，被上诉人陈某有权要求与上诉人李某解除收养关系并要求李某补偿其收养上诉人期间支出的费用。一审法院根据查明的事实，结合当地经济水平和生活实际需要等因素，确定解除陈某与李某的收养关系并由李某补偿陈某65 000元适当，予以确认。李某所提其未遗弃陈某、其要抚养两个孩子而无能力支付补偿款的上诉理由，于法无据，不予采纳。

【案　　号】（2020）豫03民终8656号

【审理法院】河南省洛阳市中级人民法院

索 引

一、关键词索引

二、条文索引

《中华人民共和国民法典》

三、案例索引

（一）指导案例

（二）典型案例

（三）类案检索

四、参考文献

（一）图书

北京市法学会编:《新婚姻法指南》，民族出版社 2001 年版。

陈甦主编:《中国社会科学院民法典分则草案建议稿》，法律出版社 2019 年版。

陈苇主编:《婚姻家庭继承法学》（第二版），中国政法大学出版社 2015 年版。

胡康生主编:《中华人民共和国婚姻法释义》，法律出版社 2001 年版。

黄薇主编:《中华人民共和国民法典婚姻家庭编释义》，法律出版社 2020 年版。

梁慧星主编:《中国民法典草案建议稿附理由：亲属编》，法律出版社 2013 年版。

马俊驹、余延满:《民法原论》，法律出版社 2010 年版。

马忆南:《婚姻家庭继承法学》，北京大学出版社 2019 年版。

石宏主编:《〈中华人民共和国民法典〉释解与适用 · 婚姻家庭编继承编》，人民法院出版社 2020 年版。

王利明:《人格权研究》，中国人民大学出版社 2012 年版。

王利明主编:《中国民法典学者建议稿及立法理由：人格权编 · 婚姻家庭编 · 继承编》，法律出版社 2005 年版。

魏振瀛主编:《民法学》（第三版），北京大学出版社、高等教育出版社 2007 年版。

巫昌祯、夏吟兰主编:《婚姻家庭法学》，中国政法大学出版社 2016 年版。

巫昌祯:《〈中华人民共和国婚姻法〉讲话》，中央文献出版社 2001 年版。

夏吟兰:《离婚自由与限制论》，中国政法大学出版社 2007 年版。

夏吟兰、龙翼飞、曹思婕、姚邢、赫欣:《中国民法典释评 · 婚姻家庭编》，中国人民大学出版社 2020 年版。

夏吟兰、薛宁兰主编:《民法典之婚姻家庭编立法研究》,北京大学出版社2016年版。

薛宁兰、谢鸿飞主编:《民法典评注·婚姻家庭编》,中国法制出版社2020年版。

杨大文主编:《亲属法》,法律出版社2012年版。

杨大文主编:《亲属法与继承法》,法律出版社2013年版。

杨立新:《亲属法专论》,高等教育出版社2005年版。

杨立新:《最高人民法院婚姻法司法解释(三)理解与适用》,中国法制出版社2011年版。

余延满:《亲属法原论》,法律出版社2007年版。

张卫平:《民事诉讼法学》(第五版),法律出版社2019年版。

张新宝:《隐私权的法律保护》,群众出版社2004年版。

最高人民法院民法典贯彻实施工作领导小组主编:《中华人民共和国民法典婚姻家庭编继承编理解与适用》,人民法院出版社2020年版。

最高人民法院民事审判第一庭编著:《最高人民法院婚姻法司法解释(三)理解与适用》,人民法院出版社2015年版。

最高人民法院民事审判第一庭编著:《最高人民法院民法典婚姻家庭编司法解释(一)理解与适用》,人民法院出版社2021年版。

最高人民法院民事审判第一庭编著:《最高人民法院新民事诉讼证据规定理解与适用》,人民法院出版社2020年版。

(二)期刊、报纸

陈颖:《家务劳动补偿制度的实践反思与制度调适》,载《人民司法》2015年第21期。

陈兴良:《非家庭成员间遗弃行为之定性研究——王益民等遗弃案之分析》,载《法学评论》2005年第4期。

何晓航、何志:《夫妻忠诚协议的法律思考》,载《法学论坛》2012年第3期。

李俊:《离婚后扶养制度的性质探析与检讨》,载《甘肃政法学院学报》2007年第6期。

廖宇航：《家务劳动价值的估算》，载《统计与决策》2018 年第 8 期。

龙翼飞：《编纂民法典婚姻家庭编的法理思考与立法建议》，载《法制与社会发展》2020 第 2 期。

马忆南：《离婚救济制度的评价与选择》，载《中外法学》2005 年第 2 期。

马忆南、罗玲：《裁判离婚理由立法研究》，载《法学论坛》2014 年第 4 期。

孙若军：《离婚救济制度立法研究》，载《法学家》2018 年第 6 期。

巫昌祯、夏吟兰：《〈民法典 · 婚姻家庭编〉之我见》，载《政法论坛（中国政法大学学报）》2003 年第 1 期。

吴燕华：《居民家务劳动时间经济价值研究——以杭州市为例》，载《吉林工商学院学报》2015 年第 3 期。

夏吟兰：《对中国登记离婚制度的评价与反思》，载《法学杂志》2008 年第 2 期。

后 记

2022年10月22日胜利闭幕的中国共产党第二十次全国代表大会，是在全党全国各族人民迈上全面建设社会主义现代化新征程、向第二个百年奋斗目标进军的关键时刻召开的一次十分重要的大会，大会制定的行动纲领和大政方针为新时代人民法院审判执行工作指明了方向。编辑出版《中国民法典适用大全》，是最高人民法院深入学习贯彻党的二十大精神，全面贯彻习近平新时代中国特色社会主义思想，全面把握新时代新征程党和国家事业发展新要求、人民群众新期待，助力民法典统一正确实施的有力举措。

习近平总书记指出："民法典实施水平和效果，是衡量各级党和国家机关履行为人民服务宗旨的重要尺度。"[①] 学习好、贯彻好、实施好民法典是人民法院的重要职责和光荣使命。最高人民法院党组深入学习贯彻习近平法治思想，认真贯彻落实党中央决策部署，围绕切实实施民法典这一工作重心，采取系列举措把民法典贯彻实施工作不断引向深入，有效提升了民商事司法审判工作质效。为帮助广大法官牢固树立法典化思维，全面认识民法典各编和谐统一的体系关系，确立以民法典为中心的民事实体法律适用理念，确保民法典在各级人民法院统一正确实施，同时向社会公众宣传普及民法典司法适用知识，最高人民法院民法典贯彻实施工作领导小组组织力量编写了本套丛书。本套丛书以民法典的统一正确适用为中心，结合我国民商合一的立法模式，将有关的商事、

① 习近平：《充分认识颁布实施民法典重大意义 依法更好保障人民合法权益》，载《求是》2020年第12期。

知识产权等法律的适用问题一并纳入编辑范围，形成完整体系，旨在凸显民法典在民商事实体法中的基本法地位，进一步统一民商事裁判尺度，更好地辅助司法办案、便利社会生活。

为贯彻落实习近平总书记关于推动媒体融合发展重要讲话精神，人民法院出版社依托“法信”平台，把《中国民法典适用大全》作为重点融媒体出版项目进行编辑加工，在出版纸质书和手机阅读版的同时，配套推出《中国民法典适用大全》专题库，为读者提供民法典、知识产权与竞争、生态环境、商事、涉外商事海事等审判数字资源检索服务，并推出图书的电子书和“民法典适用大全”小程序，满足读者在各种数字化场景下的阅读需求。

本卷为婚姻家庭卷。民法典婚姻家庭编内容涵盖一般规定、结婚、家庭关系、离婚、收养多个方面，与人民群众日常生活息息相关。《中国民法典适用大全（婚姻家庭卷）》的编辑工作紧扣婚姻家庭编的适用，突出以下特点：一是权威性。在立法机关有关权威释义、最高人民法院民法典贯彻实施工作领导小组主编的《中华人民共和国民法典婚姻家庭编理解与适用》等著作基础上，结合司法实践优秀成果和最新裁判规则，吸收立法机关、专家学者有关意见，重点对民法典婚姻家庭编的具体司法适用进行详细阐述。二是全面性。对涉及婚姻家庭的有关法律、行政法规、司法解释、部门规章和司法指导性文件进行了系统梳理，就有关法律法规与民法典条文的衔接适用问题作了系统论述。三是实用性。紧密结合审判实践，对近年来尤其是民法典实施后婚姻家庭领域有关指导性案例、典型案例和相关类案进行了系统检索和整理，为准确适用相关条文提供了鲜活参照。

参与婚姻家庭卷编写和审核的人员主要是最高人民法院资深法官或业务骨干。编写人员有（按照姓氏笔画排序）王丹、代秋影、朱琳、刘忠伟、肖峰、汪治平、张一宸、张娜、徐上、唐倩。核稿人员有刘敏、吴景丽、胡田野、王丹、谢爱梅、柳凝、徐上、王灯、张娜、代秋影。案例审核人员有陈志远、李予霞、张乐园、甄月、潘园园、朱琳、张科、方硕、李彦。

《中国民法典适用大全》的编辑出版是有关各方共同努力的结果。感谢全国人大常委会法工委等单位一直以来对人民法院工作的有力指导和大力支持！感谢积极支持人民法院民事审判执行工作的专家学者和其他法律从业人员！感谢有关地方法院对《中国民法典适用大全》编写工作提供的大力支持、所提出的宝贵意见建议！感谢人民法院出版社的各位编辑对本套丛书出版的辛苦付出和不懈努力！

疏漏不周之处在所难免，敬请各位读者批评指正。

编 者

二〇二二年十一月